中国近代史学文献丛刊

王　东　李孝迁／主编

历史教育论

尤学工／选编

上海古籍出版社

上海市教育委员会科研创新计划重大项目
"重构中国:中国现代史学的知识谱系(1901—1949)"
(2017-01-07-00-05-E00029)

教育部人文社会科学重点研究基地重大项目
"中国古代历史教育与文化传承"(16JJD770007)

丛刊缘起

学术的发展离不开新史料、新视野和新方法,而新史料则尤为关键。就史学而言,世人尝谓无史料便无史学。王国维曾说:"古来新学问之起,大都由于新发现。"无独有偶,陈寅恪亦以为"一时代之学术,必有其新材料与新问题",取用此材料,以研求问题,则为此时代学术之新潮流;顺此潮流者,谓之预流,否则谓之未入流。王、陈二氏所言,实为至论。抚今追昔,中国史学之发达,每每与新史料的发现有着内在联系。举凡学术领域之开拓、学术热点之生成,乃至学术风气之转移、研究方法之创新,往往均缘起于新史料之发现。职是之故,丛刊之编辑,即旨在为中国近代史学史学科向纵深推进,提供丰富的史料支持。

当下的数字化技术为发掘新史料提供了捷径。晚近以来大量文献数据库的推陈出新,中西文报刊图书资料的影印和数字化,各地图书馆、档案馆开放程度的提高,近代学人文集、书信、日记不断影印整理出版,凡此种种,都注定这个时代将是一个史料大发现的时代。我们有幸处在一个图书资讯极度发达的年代,当不负时代赋予我们的绝好机遇,做出更好的研究业绩。

以往研究中国近代史学,大多关注史家生平及其著作,所用材料以正式出版的书籍和期刊文献为主,研究主题和视野均有很大的局限。如果放宽学术视野,把史学作为整个社会、政治、思潮的有机组成部分,互相联络,那么研究中国近代史学所凭借的资料将甚为丰富,且对其也有更为立体动态的观察,而不仅就史论史。令人遗憾的是,近代史学文献资料尚未有系统全面的搜集和整理,从而成为学科发展的瓶颈之一。适值数字化时代,我们有志于从事这项为人作嫁衣裳的事业,推出《中国近代史学文献丛刊》,计划陆续出版各种文献资料,以飨学界同仁。

丛刊收录文献的原则：其一"详人所略，略人所详"，丛刊以发掘新史料为主，尤其是中西文报刊以及档案资料；其二"应有尽有，应无尽无"，丛刊并非常见文献的大杂烩，在文献搜集的广度和深度上，力求涸泽而渔，为研究者提供一份全新的资料，使之具有长久的学术价值。我们立志让丛刊成为相关研究者的案头必备。

这项资料整理工作，涉及面极广，非凭一手一足之力，亦非一朝一夕之功，便可期而成，必待众缘，发挥集体作业的优势，方能集腋成裘，形成规模。华东师范大学历史学系，在史学理论与史学史研究领域有着长久深厚的学术传统，素为海内外所共识。我们有责任，也有雄心和耐心为本学科的发展贡献绵薄之力。在当下的学术评价机制中，这些努力或许不被认可，然为学术自身计，不较一时得失，同仁仍勉力为之。

欢迎学界同道的批评！

前　言

　　历史教育主要是指历史知识的生产与传播,它是沟通史学与社会的桥梁,是史学社会价值的直接体现。历史教育作为一种社会教育现象,很早就开始萌生了。中国古代素有重视历史教育的传统,大致走过了先秦至汉初的萌芽期,汉初至唐初的产生期,唐初至北宋的发展期,南宋至清代前期的深化期。在这个发展过程中,历史教育的施教者和受教者由最初的贵族阶级逐渐扩展到普通民众,由社会的上层逐渐走向整个社会;具有历史教育意识的人由少而渐多,历史教育意识也由缺少自觉性而逐渐走向自觉,历史教育思想由简单渐趋丰富;从教育方式看,由以客观历史教育人逐渐走向以史书和史学教育人,史家成为历史教育的主要力量,史学成为历史教育的主要基础,各种普及和通俗形式也发挥了重要作用;内容上既有具体历史经验的总结,也有一般历史原理的探索,还有各种普及性的历史知识和智慧,呈现出灵活多样、层次鲜明的特点。而明末清初出现的新的历史批判和经世致用思想,以及清代前期史学的总结与嬗变,为中国古代历史教育向近代转变准备了一定的条件。

　　中国近代历史教育面临着从"四部之学"向"七科之学"的巨大转变,学术形态的转变对历史知识的生产与传播产生了很大影响。历史学的学科化、学院化、职业化塑造了历史教育的新形态,也提出了不少新问题。这些问题常常伴随着对众多史学与社会基本问题的思考,反映出明显的转型期特点。本书所汇集的文献,就是这一时期中国学人对历史教育近代转型所作的思考。这些思考造就了近代历史教育的基本形态,对当今历史教育的发展具有重要的思想价值。

　　本书所收文献分为六个专题,分别是《历史教育论》、近代历史教学转型、历史教育思想、历史教育社会化、抗战历史教育和外国历史教育。

徐文珊所著《历史教育论》是中国历史教育走向近代之后第一部系统性专书,具有重要的学术史意义,因此将其全文收入本书。《历史教育论》十二章,分别是《历史与民族》《历史与现实》《历史与将来》《历史与文化演进》《历史与文化建设》《历史与戏剧》《历史与小说及其他艺术》《论史观》《历史的特性》《论大时代》《史学风气之改革》《历史教育之实施》。该书明确提出学校历史教育和社会历史教育之分,倡导民生史观,主张历史教育以情感教育为先,以"小我"成就"大我",关注国族前途命运,推动历史教育大众化和文艺化,对历史教育的价值、内容、途径、问题、实施等提出了认识,在一定程度上反映了当时中国历史教育的研究水平。

近代历史教学的转型反映了历史教育的学科化进程。本专题所涉,既有小学、中学和大学等不同学段的历史教育,也有历史教法、历史教材、历史课程等不同领域的重要问题;既有教育目标、教学原则等思想性的讨论,也有改进历史教育的设想与议案。这些讨论和设想勾勒出了中国历史学科教育早期发展的蹒跚步履。

近代历史教育的理论探索是中国学人历史教育思想的结晶。转型期往往意味着对根本性问题的重新定位与思考。对于近代历史教育来说,由于史学的性质、对象、内容、功能等发生了根本性转变,同时面临着内忧外患的社会环境,历史教育的性质、对象、渠道、方式、功能、作用等根本性问题就不能不进行重新思考,提出不同于古代历史教育的解答。这些解答影响和决定了中国近代历史教育的发展方向和发展模式。

历史教育的社会化是史学的社会性所决定的,也是历史教育受众的基本需求。近代中国学人已经意识到专业化的历史学与普通民众之间的隔阂,也意识到这种隔阂是实现史学社会价值和功能的一大障碍。为打破隔阂,消除障碍,通俗化与社会化是必然的选择。所以,他们大力倡导历史教育要普遍化,力主扩大和优化社会历史教育,甚至想到了运用电影作为历史教育的手段。这种注重发挥史学的社会价值、尊重受众的多层次需求、强调通俗化手段重要性的认识是值得肯定与借鉴的。

抗战时期被视为中国的"大时代",既是危机,也是转机。历史教育作为精神国防,被赋予了凝聚历史文化认同、振奋民族精神、塑造民族意识、促进民众自觉、激发救国责任、挽救民族危难的重任。中国学人不但积极转变治学态度和方式,而且全力投入历史教育,使得历史教育至此掀起了一个裹挟整个学术界的热潮。他们讨论"大时代"中历史教育的重点,探讨历史教育对于民族复兴的意义,尝试不同的教育方式,反思历史教育存在的问题,提出改进的方案。这一时期中国学人对历史教育的热情和投入,无愧于"大时代",至今令人感动。

外国历史教育是近代中国历史教育发展的他山之石。中国学人将他们的目光投向德国、美国、法国、苏联、日本等国的历史教育,探讨它们的历史教育思想,研究它们开展历史教育的方法与程序,评估其得失,为中国历史教育的发展苦寻良方。这种国际视野和拳拳之心是值得钦佩的。

本书文献收录原则:一是全面性。所收文献涉及近代历史教育的不同侧面,力图通过不同视角,全面呈现中国近代历史教育的发展历程和基本风貌。二是多元性。文献作者分属于不同学派,既有史学名家,亦有一般学人,还有历史教师、青年学生,具有多样化的社会身份,可以反映多元化的历史教育需求与风格。这种多元性让历史教育有了立体感,也是历史教育的活力所在。文献编次以发表时间先后为序,编校以保持文献原貌为原则,文字明显错、衍、倒者径改,脱漏者酌情增补,加括号和按语以示区别。

本书整理过程中,李孝迁教授给予很多支持和鼓励,张杰、封霄、宣扬、邓凯、刘锐、王澎、吴文杰、程谦诸君协助整理资料,在此一并致谢!

中国近代历史教育是一个宏大的历史场域,本书所录不过是沧海一粟,定有遗珠之憾。笔者学识浅陋,编校讹误在所难免,恳请读者指正!

尤学工
2019 年 3 月于武汉桂子山

目　录

丛刊缘起 / 1
前言 / 1

《历史教育论》

自　序 / 3
第一章　历史与民族 / 4
第二章　历史与现实 / 14
第三章　历史与将来 / 23
第四章　历史与文化演进 / 30
第五章　历史与文化建设 / 43
第六章　历史与戏剧 / 53
第七章　历史与小说及其他艺术 / 60
第八章　论史观 / 65
第九章　历史的特性 / 82
第十章　论大时代 / 88
第十一章　史学风气之改革 / 94
第十二章　历史教育之实施 / 103

近代历史教学转型

历史教育及教授法　[日]中岛健依别著　禹朋译 / 107
教授历史厄言　顾元弼 / 109

适应主义之历史教育　[美]加撒尼(J.Madison Gathany)著　钱泰基、黄道生译 / 111

历史教育上之心理问题　徐则陵 / 116

今夏中华教育改进社关于史地教育之提案及历史教育组、地理教学组之会议纪录 / 119

教育观点上的历史学科　常乃悳 / 132

中学历史教育　吴晗 / 141

关于中学历史教育的几句话　达生 / 145

高中历史教师应注意的几个问题　李则纲 / 148

小学历史教学问题　唐卢锋 / 153

历史教学的我见　金兆梓 / 159

略谈历史教学的诸大问题　刘真如 / 164

中等学校历史教学漫谈　孙正容 / 173

中学本国历史的教学及其设备问题　张暮骞 / 179

中学历史教学法的商榷　顾颉刚 / 193

历史教育的重要与中学历史教学法的检讨　吴自强 / 199

小学历史教育之改进　李季谷 / 205

中小学本国史教授的目标　郑鹤声 / 220

中小学本国史教材的运用　郑鹤声 / 228

中学历史教学的基本原则　章人钧 / 232

中小学历史教育的改善　李季谷 / 239

我国各级学校历史课程及其教育之沿革　郑鹤声 / 242

论大学历史教育　李季谷 / 257

对于中国历史教学的几点意见　韩槟 / 260

中等学校外国史教学问题　蔡维藩 / 263

中学生与历史的教育作用　李絜非 / 266

历史教育思想

唯物史观在现代史学上的价值　李大钊 / 273

历史之社会的价值　陈训慈 / 278
我们为什么学历史　朱经农 / 280
历史学科在教育上的价值　胡哲敷 / 284
改造民族性与发展历史文化教育　卿会 / 289
精神教育与历史　J.Gould 著　重湖译 / 294
历史教育之本质　吴绳海 / 299
历史教学与品格教育　Lynn.E.Caste 著　黄广勤译 / 304
现代历史教育的批判　金高 / 310
民族主义的历史教育论　宋念慈 / 317
论历史教育之重要　姚公书 / 326
历史与教育　钱穆 / 333
论历史教育　苏沉简 / 339
历史教育的价值　顾倪非 / 346
历史教育的建设　丁夫 / 355
新历史教育论　李季谷 / 359
历史教育之任务　郑鹤声 / 371
历史教授与世界公民资格之关系　[英]G.P.Gooch 讲演　H.C.Chaug 译 / 378
论历史教育　陈东原 / 388
历史教育的现实性　刘熊祥 / 395
历史教育的新认识　王康 / 400
论历史的教育价值　白如初 / 405
历史与人生　郭沫若 / 408

历史教育社会化

电影与历史教育　任重 / 415
普及历史知识与民族复兴（为中华史学社成立宣言）　葛定华 / 420
通俗读物编刊社宣言　佚名 / 424

社会教育上的历史教授　马宗荣 / 432
现阶段历史教育普遍化的我见　杨崇英 / 436
历史教育与民众教育　傅也文 / 443
历史教育要普遍化　孙克刚 / 453
通俗读物编刊社的自我批判　向林永 / 455
对于普及历史教育的一个建议　康伯 / 460
西洋历史与公民教育　万九河 / 466
历史教育与民众　李絜非 / 473
提高和普及　吴晗 / 476

抗战历史教育

边疆问题与历史教育　林同济 / 481
国防教育的历史教育法　钟伯庸 / 486
国难中历史教育的重心问题：养成忠义的正气　郑鹤声 / 489
历史教训与国防教育　郑鹤声 / 494
民族复兴与历史教育　李季谷 / 501
备战历史教育工作大纲　国立中山大学 / 506
精神国防与历史教育　曹明道 / 515
历史教育与国防　杨友群 / 518
历史教育的改进问题　初拓 / 525
历史教育的新动向　王辑五 / 529
非常时期之历史教材的商讨　尹炎农 / 531
战时历史教育问题　朱杰勤 / 535
抗战建国中之历史教育　王敬堂 / 541
历史教育与民族复兴　刘守曾 / 553
战后历史教育的改进　蔡尚思 / 559
台湾的历史教育　李季谷 / 563

外国历史教育

战后之德意志历史教学 History teaching in Germany ［美］葛尔绥教
　　授原著　陈训慈译 / 569
战后欧美各国小学校历史教育的目标及其内容　觉明译 / 577
战后欧美各国小学校历史教育的方法和程序　觉明译 / 597
法国中等学校的历史教育　O.W.Mosher，G.Quesnal 合著
　　觉明译 / 602
苏联小学校的历史教育　觉明译 / 612
各国历史教育比较　廖鸢扬 / 618
日本之历史研究与历史教育　吴自强 / 637
苏联的历史教育　仲持 / 647
尼采与近代历史教育　陈铨 / 649
史大林治下的历史教育　Paul Olberg 著　鞠子明译 / 669
德意志历史教育之目的与方法　伊藤文雄著　王镜译 / 674
论日本历史教育　瞿络琛 / 679

《历史教育论》

徐文珊

自　序

　　文珊于学,独嗜文史;于史之中,又偏于古代。方法上则承晚清民国治史之余风,不脱于古史之考订。虽拘拘自限,但初不自知其庸陋,翻用自喜。晚近涉览渐广,始领所谓博通融贯之真意义与真精神。知昔所用以自喜者适足以自悼! 乃翻然改图,决宏其业。抗战以来,目击身受,感触既多,憬悟渐觉。因从思力所及,耳目所达,为上下古今之虑。终以目前严重之事实,促成根本之觉悟。自此坚信一切知识学问,无不当以现实为归趋。背此旨者当矫之使正,迂曲者当伸之使直,淡薄者当加之使强。因已然之势,应目前之需,启未来之运。本兹理则,奏其事功;为国人当务之急,为学问当趋之的。盱衡世局,检讨时弊,觉需要之迫切无过于历史教育。益以编刊《文化先锋》,得陈东原先生之启迪(一卷六期载陈东原《论历史教育》),用兹殚虑,撰著斯篇。历时两载,随时披露。嘤鸣求友,颇获同情。勇气既增,惕勉益励,几经修正,遂成此书。期际复兴之运,效其沧粟之诚。倘能由此蔚为风气,有所助于民族,实为馨香祷祝之求。若云著述,则吾岂敢! 海内贤达,幸垂教焉!

徐文珊
民国三十三年六月　陪都

第一章　历史与民族

引　　论

当前的巨变破坏了世界安定的秩序。危疑震撼的局势,动摇了自信不坚、自立不固人们的心理。这现象究竟何自而来,何向而往？在这混乱的激流中又当如何应付？如何控制？将来的方向又当如何寻找？如何拟定？这都是在动荡时期急待解决的问题。

此问题虽甚复杂困难,但有一中心,吾人设能将此中心寻到,进而在此中探求,则一切问题,可以迎刃而解。此中心为何？曰历史。

站在国家、民族的立场,第一个问题,是生存、自由、平等,而第一个条件则是自知自信与自立自强。换句话说,就是先要使每个国人都有坚强的国家、民族观念,都能堂堂地作一个中国人,都能担当起复兴国家、民族的责任。必这样,才能谈到个人生存、民族生存,以至于全人类的共同生存。又必当了解当前巨变的前因后果,以及现代的时代意义、时代危机与趋向,才能求得应付与控制的方法,操住必胜必成的把握。欲达到此目的,也有一个中心,能寻出此中心而追求研讨,拳拳服膺,则以上诸问题亦均迎刃而解。此中心为何？曰本国历史。

为要解决当前的问题,固然要乞灵于历史,但在平时,也当提倡历史风气,以民族历史作教育的中心。因为它不但富有精神教育的功用,同时也是充当精神生活的绝好食粮。我们断不能把历史看作机械的学科,或单纯的智识资料,因为它是有生命的,有情感的,它能对人生发生绝大的情感力量,使我们在心理上精神上得到无限的安慰、启示与刺激;能改造我们,能诱导和教育我们,平时已经需要,战时尤其迫切。蒋主席深明此旨,屡有剀切指示,但现在的教育以及一般风气,无庸讳言的,尚未达到此种理想,是历史之真意义犹待探讨与阐发,以便国人皆能对之有真实之认识,因而重视此科,相与提倡,以唤起民族精神,增强民族自信,发挥民族潜力。作者固不敏,但如能因此而造成浓厚之历史风气,改革教育制度,对国家民族,对抗战建国,得有涓滴之贡献,则不独作者之幸,海内贤达幸进而教之。

一

本国历史是自己祖先活动的纪录,现在的状况,是历代先祖继续用他们心力体力创造的成绩,一代接着一代,一步接着一步,经过多少年、多少人前后合力所造成。在进展途中,不但无外力可假,甚至随时随地有外面的阻碍,为了排除这些阻碍不知耗费先祖们多少可贵的心力体力。自然界当然是创造文化的主要对象,人事的阻碍尤其是难于克服的困难。我们先祖们由洪荒世界中赤手空拳,纵横天下,筚路蓝缕,一砖一石、一草一木的从根本作起,漫无边际的荒田垦为沃壤;荒凉冷落的村居,变成闹市;泛滥无归的洪水,导入江海;坚定的意志,百折不回的精神,使他们创造出灿烂文明的世界,作出多少轰轰烈烈的事迹,同时给我们遗留下多少千古不磨的宏规法典,表现出多少光昭千古、上贯日星的做人精神,开出多少光明磊落的行径。这些先祖所遗,在在都使我们景仰赞叹,感发兴起,足以给我们取法。固然有许多事物在我们现在看来平平无奇,甚至于可笑,但我们要把眼光回看到几千百年以前的原始时代,或者自己实际创造一番事业,才知道当初开创时的艰难。我们非常幸运,论精神遗产,无限的崇高,无限的富厚,使我们遵循应用,时时脱离不开,永永享受不尽。直到现在还在指引我们以光明大路,作着民族的灵魂。论物质遗产,在一般浅见的人看来,以为较之欧西民族是相形见绌了,因而自卑自馁,信念动摇。但我们试一读本国历史,不要说指南针、造纸、印刷、火药四大发明都是我们先祖的自力,在欧西民族尚极幼稚时代所发明,即就日常生活事物而言,蚕桑的发明,农业的发展,陶瓷、纺织的创始,都远在三千多年以前,那时欧洲文化尚极幼稚。钱币在三代以前已经发明,钞票在元朝也已使用,雕刻、建筑到现在西洋人对我们还赞叹惊讶。用煤作燃料,在元朝马哥孛罗游记中已津津乐道之,但不知其名而称之曰黑石头。欧人读之,讶为奇迹。至于吃的文化更足以自豪,不但烹调的花样多,味道美,而许多科学上的发明,早已一声不响地应用进来,作豆腐要用石膏或卤水,蒸馒头要用碱,要发酵。此外如谷类酿酒、豆类造酱、蔗类制糖,都是食一方面的事。关于用的,则采矿冶金为其荦荦大端。譬如山石炼成石灰,树根烧成木炭,胰脏制肥皂,炭灰制碱,骨类取磷,硝类制火药,又那一件不是化学上的重要发明。这些事物我们在今天并不觉其艰难与可贵,那是我们习用已久的缘故。在初发明的时候并不简单。在现代自然科学上都有极高的价值,有极奥妙的学理,由这种自然科学上的发明,已可证明我中华民族在物质文化方面不但不落后,并且同样的是世界上先进的国家。若再把历史遗迹游览考查,则更能亲切认识古人之伟大与坚贞。到大同云冈,看看北魏的造像,大,能大到你不可思议(露天的坐佛石像如一座小山。人立在臂上,远望犹如蚊虫在吸血);巧,能巧到精致玲珑,各具姿态,千百不重。登万里长城,谁不惊讶气势之雄,工程之大。看泰安岳庙之壁画、历史博物馆的艺术作品,谁不惊讶其艺术价值之高、匠心之巧。登北平天坛,观庐山栖贤桥,方知古代建筑之惊人……诸如此类,数不胜数。老实说,许许多多古人遗业,现代人赶不上作不出了。读此我们对自己固当奋发,对民族历史则不但不当自馁,甚至当自豪。置于现在有些地方今不如古,乃至被欧洲人后来居上,我们反而相形见绌,那是我们作为后代子孙们的事。俗语说:"师傅领进门,学艺在个人。"先祖开创了,作子孙的便当负继长增高的责任。不能继长增高,则文化的进展归于停顿。停顿的后面,便是僵化与死亡。如果我们有志气,有血性,不当甘作先祖的不肖子孙,使他们的事业及我而中断或衰退。我们又当坚信,今人的智力、体力应该比古人强,最低限度也不弱于古人,亦不应使之弱于古人,这是定律,也是今人当有的信念。古人能开创,我们一定能继起,能为之发扬光大。我们读了历史,知道了先祖们创业的光荣史迹,天良会激励我们的志气,事实会强固我们的信念。历史上为了生存,为了公理正义,人与自然争,人与人争,造出无数灿烂勋迹与丰功伟烈,使我们对古人力量之雄伟、气魄之宏大,发生无限之敬意与钦佩。他们能旋乾转坤,能勘定祸乱,能克服艰难,忍受痛苦。多少意想不到的壮烈行径、伟大精神,都在历史上有连续不断的事实记载,有如田横五百,有如搜孤救孤,有如淝水克敌,有如于谦之公忠体国、文山阁部之浩气长存。只要有血有肉的人类,面对着这些事实,若谓其不能廉顽立懦,自知自信,自立自强,则吾不信。

二

　　人是群居的动物,任何人不能离群索居,欲求生存,只有共存;只有国家、民族的共存,才有个人生存乃至生活的福利。单独生活和出尘超世的思想,那只是幻想,事实上绝不可能。必定要与人群隔离,与人群不合作,小之是自取灭亡,大之便是亡国灭种,国家、民族的组织是客观事实促成的天然要求,任何民族所不能免。我们由"族"字的构成,便可明白民族结合的原理。族字从"𭃂"从"矢"。"𭃂"是"旗"的本字,是战时用以集合与指挥的工具;"矢"是弓矢,是战具。在一杆大旗统一指挥之下集矢对外的便是一族。小之是家族、宗族,大之便是民族、国族。这是一种求共同生产的武力自卫结合。组成的条件,一是血缘,一是地缘。一个"民族"就是在同一地区的血缘集团,也就是家族宗族的扩大。这种武力结合的血缘集团的自卫对象一是自然界,二是利害冲突、血缘地缘不同的人类。这种外面的侵害有大有小,但绝不会没有。换言之,也正因有外面的侵害与障碍,才产生文化,创造历史;那么民族的集团便不能没有。国家的"国"字尤其明显,"囗"即"围"字,便是团体,对内是团体,在这团体里大家讨共同生活;对外便是防线,外侮来时便团结起来一致对外,这就是形成国家的原始意义。我们的历史太远的不讲,姑从黄帝起。一上来便要战蚩尤。平定蚩尤,我们才得在中原立足。接着尧舜时候窜三苗于三危,使益烈山泽而驱禽兽,禹平洪水,民始得安居。这都是为求生存而发的有组织的大规模的自卫行动,不是少数人可以济事。用考证的眼光看,典籍所记,这些事迹的时、地、人物与事实经过,其可靠性固不无可疑之处,但这些行动都是人类进化必经的阶段。我们虽不必信史籍所载为必实,但可相信其事之必有,犹之巢居火食为必然,但有巢氏、燧人氏则为后人所依托。吾人用此种态度治古史,则典籍所载虽不全可征信,但亦不致全属空中楼阁。要之学术上之考订为一事,推行历史教育又为一事,固可并行而不悖也。

设若我们再依此读下去,则周初伐玁狁为周初赫赫之功。一至东周,则"尊王攘夷"为大家的中心口号,"尊王"是巩固统一,加强团结;"攘夷"是御外侮。由于喊此口号我们可以得到两种教训:第一,是团结御侮,是求生存的必要条件,换句话说,就是国家、民族的组织非有不可,且非强固不可。第二,由于当时喊出此种口号可以反映出当时对内团结、对外御侮的精神不够强固,所以东周的局势纷乱震荡,迄不安定。只这两种教训,已够我们警惕了!有三国的天下分崩,外族势力内移的种因,才有晋时五胡乱华的后果。有东晋士大夫的宴安江左,不思恢复,才有志士们力竭声嘶终不能恢复中原的后果。有谢安之淝水破秦,才免于国亡种灭。宋室偃武修文,终一代困于外患,且最后亡于外患。明室泄沓因循,萎靡不振,亦终亡于外患。这都是古代史上的惨痛教训。至于民国以来,则日本一贯在政治上施行分化政策,如怂恿回教同胞立回回国,怂恿内蒙立东蒙国,怂恿西藏立西藏国,皆杀人不见血之毒辣手段。过去利用军阀内讧,现在则"以华制华"。在军事上又惯用个个击破之战略战术,是岂非攻击我之弱点。不特此也,即在学术上,亦不惜歪曲事实,强词夺理,以施其同样伎俩。如声言满洲原非中国领土;为我政治区划巧立名目,阴施其分化作用,如"本部""藩属""华北""华中""华南""华西"等皆是。但我们一为深究,则凡属中国领土,孰非本部?热、察、绥、宁、新以北,才是华北,黄河流域为华中,长江以南皆属华南,新疆、西藏才是"华西"。它无形中把我们全国东南十八省以外的偌大领土,轻轻地用几个名词给我们划出版图以外,不打在我们的账上,腾下来的好给它分割。"满蒙"二字连称,也是为吞食的便利而创造。设若我们再打开近百年史,详细研究中日的关系,便可明白:它一贯地用着分化、分割吞并的手段。朝鲜、琉球、台湾、东北四省,这一连串的事实,已深深地教训了我们。我们一定要警觉:凡是敌人的行动、言论、企图,我们都应当统统反转过来,因为我们利害是冲突的。为亲者痛、为仇者快的事既不能作,习而不察地上他的当也一样不应该,必须时刻小心提防。如"华北""华中""华南"等名词的使用,即其一例。

总之,历史的事实太清楚了。团结、统一、尚武、自强,一定强盛,一定国泰民安,文化进步。西周四百年,两汉四百年,盛唐三百年,已够我们歌颂羡慕了。上举东周、东晋、宋、明,也够我们戒惧了。国家、民族,非要不可,非强不可。要强国强种,非团结、牺牲不可,非自立自强不可。稍一松弛泄沓,便是现世报,立竿见影,丝毫不爽。甚么是民族主义? 这就是民族主义,本国历史便是民族主义。

我们是古老的民族,先祖遗产富厚。但我们对这些遗产必须一一查点,一一享用,不然便如将金银窖藏在地下,而得不到它的利益。遗产在那里? 在历史上。精神的、物质的,查点清楚之后,再照目前市价"重新估定一切价值"。但要注意,这价值必须亲自去估,不能听旁人信口开河的批评。价估完了,也许才真真知道自己是个富翁,也才能享受、利用这些遗产,更进一步,也才能守业,能继续先祖而创业。

我们的遗产不仅在历史上保存,同时也一一在历史上发挥过力量,奏过功效。好的,坏的,都经过这毫不容情、不隐蔽的"时间"磨炼过,试验过,它们都无所隐藏地表露过特征,供出它本身价值。是真理,随时有显明的征验,到现在,依然放射着万丈光芒。尽管不识货的欢乐攻击,但终无损于它的价值。是渣滓,早已沉淀在底层;有毒质的,也清楚地在历史上作过罪恶。我们如在历史上清算民族文化的老账,则洞若观火,历历在目。不但盛衰迟速之演进迹象可以一目了然,即其得失利弊,亦可了如指掌,因"时间"是最公允的裁判者,最有效的试金石。无论任何人,任何事物,惟有在历史上,是丝毫不能隐藏遮蔽的。也只有熟读历史,才能知道中国文化的真正价值、真正可贵,现在大家都说我们民族伟大,但究竟伟大在何处? 如不读历史,那只有模糊影响的印象,非真知灼见。所以不能发出真正的伟大力量。这又是历史之所以可贵的另一原因。

三

其次,论到生命。我们对于生命要有透彻超越的看法,有了透彻超越的看法,才能在生命上立下稳固的继承,在心性与气魄上有大的涵养,理想上亦有光明伟大的归趋,文化之进步,民族之发展,全基于此种思想之上。然而此种思想必须训练培养。读历史,就是最好的方法。

历史上我们时时看到有许多人为了旁人,为了群体,为了国家,受极大的苦难,乃至最后牺牲了性命。一身还不算,有时连带到了一家一族、一大群体。无所企图,只有牺牲。并且前仆后继,踵趾相接,毫不踌躇畏惧。这一定有一种精神力量为之推动。此种精神力量是甚么?无疑的,就是前面所说的对生命透彻的看法。

个人生命是个体的、有限的,民族生命是群体的、无穷的。民族生命是个人生命的综合与积累,由上节所述,知民族生命是个人生命所寄托。换句话说:没有群体的民族生命,就没有个人生命。相互依倚,绝不可分。故称个人为小我,称群体为大我。这永永不断的大生命之中,前,有孕育我们的文化与先祖;后,有等待我们孕育的无穷子孙。我们的精神,上与远古相接,下可以影响到无穷的未来。如果我们有出息,有志气,能为未来开积出多少精神的、物质的产业,我们将永远生活在后人的心灵上。论空间,我的个体是我,民族群体也是我;论时间,过去是我,未来也是我;充满于宇宙的无一而非我。这种人生的看法,就是我先祖所讲所抱的仁的人生观。更由此演进,便成国父所谓服务的人生观。说"仁"是抽象的,说"服务"是具体的,也可以说是相互表里的。他们有这样透彻而超越的看法,所以视人犹己,视死如归,赴汤蹈火,有所不辞。明末夏完淳抗清被执,赴义前上母书有云:"人生孰无死,贵得死所耳。父得为忠臣,子得为孝子。含笑归太虚,了我分内事。大道本无生,视身若敝屣。但为气所激,缘悟天人理。……"悟了天人之理,乃能含笑就义。论其心为仁,其才为智,其事为勇。智、仁、勇的怀抱是牺牲、贡献、创造,眼光是超脱、远大、透彻,行为是勇敢、光明、牺牲。在浅见人看来,或以为愚,但这愚是超过一般所谓智的愚,即郑板桥所谓"聪明难,糊涂难,由聪明而转入糊涂尤难"。这由聪明而转入糊涂才真真可贵,孔子"知其不可而为之"就是这种精神。老实说,人类之生存、进化、幸福,全仗这种愚的精神。设若大家都聪明起来,不做这种似乎愚的事,相率自私,不但人生无幸福可享,文化要停顿,而整个人类也将走到末日。由自私的动机,得到自杀的结果。究竟何者为真智,何者为真愚,明眼人不难辨之。

我中华民族究竟怎样走到今天?民族文化怎样造成现在的果实?在危难途中是怎样挽救支持渡过了难关?历史上都有清楚的记录。我们可以看看有谁在危急存亡、千钧一发的时候慷慨地牺牲了小我,挽救了大我。有谁绞尽了脑汁,为民族开积创造出不朽的功业。有谁在这无穷尽的生命之中立下了生命的主宰,给未来子孙留下精神力量,使这大生命纵然躯体有时死去,而精神却耿耿不屈地在生存,在发着光辉,在促使着已死的躯壳复苏起来,挺立起来。假如我们历史上没有这些人物,试掩卷闭目以思,中华民族的历史该是甚么样子?中华民族到今天又该是甚么样子?又如把历史上只知自私自利的浅见人,以及丧心病狂、危害国家民族的败类剔除,而把公忠体国、舍己为人的人物替换上去,再把许许多多醉生梦死、无所短长的平庸之辈和懒鬼都唤醒转来,挺起胸,伸出手,贡献出自己的力量,那中国历史又将是甚么样子?中华民族今天的现状又该是甚么样子?如果每个人都能这样读历史,这样看人生,就明白了,为什么人要牺牲、创造?也才能明白那些牺牲小我的人并不是凯子,而那些不肯出力,不肯为人,反自认为聪明的人才真是千古痴人!我们生在今天,如感觉那些贡献、牺牲、创造的人对我有恩赐,可感激钦佩,那么这种行径、这种精神便是可贵的,便是人生的真理。我们自己也应该效法前贤,对人类贡献、牺牲、创造。现在我们景仰古人,钦敬感谢古人,觉他们对我有恩赐,又觉得他们虽死犹生,在历史上是不朽的人物。假如我们有历史的知识、历史的修养,则这是易如反掌的事,不必临渊羡鱼,只要退而结网。只要我们有出息,民族生命是永永无穷的,历史是永永不断的,闭一闭眼,五百年,一千年两千年,在历史上算不了甚么,转眼就过去,那时后人对我们景仰、感谢,正和我们今天对古人一样,"后之视今,亦犹今之视昔"。那么你的精神、事业、功勋、人格,留传下去,永生下去。谁说您会死去?尽管你的躯体消逝,但你的生命将永不息灭。看人生如不这样看,人生有何价值,所以我们对人生的看法是前,前到原始;后,后到无穷;远到全宇宙、全人类。必这样,生命的意义才充实伟大,有趣味。所以说智者不惑,仁者不忧,勇者不惧。颜回虽在陋巷,一箪食,一瓢饮,曲肱而枕之,仍能不改其乐,不然他乐个何来? 必知此理,乃能明白何以孔子一生栖栖遑遑,席不暇暖,"知其不可而为之","不知老之将至",也才能明白国父孙中山先生何以一生从事革命? 又为何革命必要唤起世界上以平等待我之民族共同奋斗。蒋主席昭示我们,说人生的意义在创造宇宙继起的生命。到此,我才了解其价值,了解其为真理,亦可藉此知道历史对于人生的重要。

四

我们大家都讲爱国家爱民族,尤希望每个国人都爱国家爱民族,但如何能使人爱国,则是先要解决的问题。第一,要使人爱国,必先使之真知道自己的国家民族可爱,知其可爱,乃能自发地去爱。这爱不爱国的问题完全是自动的、自主的,不是强迫得来的。要使人自动去爱国,最根本的方法,就是使他切实认识自己的国家民族过去、现在,是如何可贵可爱,具体一点说,就是必须熟读自己的历史,才能知道他可爱。第二,"爱"是一种情感作用,要使人在情绪上发生爱的作用,就必须用情感教育启发诱导,教育中最富情感作用的,当首推历史,因为历史是活的,是有生命的。历史上的活动,虽然不能武断其全出于情感所推动,但实以情感为其主要动力。事情尽管是死的,但情感却在永生,这情感活动的遗痕,都还弈弈然活在历史上,富有鼓舞、刺激的功用。人是情感动物,情感的相感互应,才能在精神上发生情感力量。读史的拍案叫绝者有之,唏嘘感叹者有之,拔剑起舞者亦有之,这都是情感教育的作用。要鼓动人的情感,必用情感教育,因此历史是每个人所必不可少的教育。我们读历史,知识在其次,情感在第一。因为人的行动是等待情感去推动的,因此我们主张,现在大家讲爱国家爱民族,当以推行历史教育为第一要务。

五

现在我们的当前急务是复兴民族,为什么民族而有待于"复兴"?

无庸讳言的"复兴"的背后有个"衰落",因为已经衰落了,才要复兴。但我们有过极光荣历史的民族为什么会衰落?衰落到了什么程度?过去怎样走上衰落的路?以后又当怎样挽回衰落之势而走上复兴之路?病怎样得?怎样医?过去的复兴运动何者成功?何者失败?这种种问题都是致力于民族复兴运动的应当透彻的事。前事不忘,后事之师;前车之覆,后车之鉴。除了熟读历史之外,还有甚么更好的办法?

第二章　历史与现实

一

现在我们姑且抛开空洞的理论不讲，只就实际人生来研究，则更可知历史的价值如何的高，如何与人生密不可分。

现状，是历史造成的；现代的人，也是历史造成的，上文（《历史与民族》）已经说过。我们要使人生有价值，有意义，有贡献，必须在现实中作个继往开来的中心人物。继往如何继，开来如何开，先决问题，必须对现实有深切之认识。然而欲认识现实必明其所"自来"，以及其"势"之所趋。要达到这两个目的，只有乞灵于历史。"由历史可以认识现实，由现实亦可认识历史"，这是作者由自身经验得来的历史功用。自己生在现时代里，但对现时代所发生的事件所演成的趋势，许多不能明白。慢慢地读历史，使我对现势有的"顿悟"，有的逐渐明白，也有的当时不明白，过一个时期，成了历史的往事以后才明白。为什么袁世凯一定要作大皇帝？在清末民初的时代历史上的"势"容许不容许这样拼了许多万志士头颅热血才刚刚铲除的大皇帝立刻复活？由中国四五千年的全部历史看下来，这历史上的"势"是否能允许这已死之灰复燃。若再放大眼界，看看世界史，又是否容许车向倒开，流向逆转？稍稍有一点历史眼光的人，当能判断其不可。然而袁世凯一定要倒行逆施，非逆流不可，非开倒车不可，这历史上的"势"他似乎完全不曾看见。他一定要一手扭转这时代之轮，阻住这时代潮流，同时要以一手掩尽天下目。失败是注定了的，但他不管，荒唐悖谬到了极点。但你说，袁氏糊涂吗？这又不然。他不但不糊涂，且有他绝顶的聪明，过人的聪明。为什么越大聪明人越办大糊涂事？始而苦思不得其解。及读史至秦，见始皇措施与结局一如袁氏。秦承战国之后，思想、学术，纵横奔放，如怒潮，如春笋，辩难争雄，此仆彼起。王纲解纽，贵族式微，平民得势，游说诸侯，上书权贵，布衣可以为卿相，片言可以致富贵。而始皇一统之后，先焚书后坑儒，以古非今者罪，偶语诗书者弃市。息言谈，禁说士，收兵器，止暴乱，天下事一决于法。此种措施在"百家争鸣""处士横议""民为贵，社稷次之，君为轻"的时代其不可行明甚，而始皇行之。他不但违背了进化的公例，更逆了历史上的"势"，不但一手掩尽天下目，且要一手阻尽天下口，缚尽天下手。这种近乎梦想的行为必遭失败，是任人皆知的事，何以始皇为之？若论智愚，则始皇又为古代绝顶聪明的人。越聪明越办糊涂事，前后如出一辙，有始皇之不旋踵而亡，就能有袁世凯自掘坟墓，他们都失败于不明历史的势是只可因可导而不可"逆"，没有历史的修养和认识，所以一个个聪明人都走上失败的路。若问他的动机，则一言以蔽之，曰自私，曰"利令智昏"。两眼完全为利欲所蒙蔽，因为蔽于利，其他便一切看不见了。自从读了上古史，读了《始皇本纪》，我明白了袁世凯。

从前读宋史恨秦桧，恨对金人主和议的所有人，不了解刘豫、张邦昌为什么丧心病狂，背叛了国家民族而认贼作父，去作傀儡的帝王。何以竟至无心肝，不明利害，至此地步！明明是火坑，何以向下跳？他们的心理是什么？他们不得已的苦衷又是什么？在现在看当时的史实很清楚，何以他们自己不清楚？这个疑团有了许久，到了抗战，到了现在，眼看着溥仪、郑孝胥、殷汝耕、王克敏、汪兆铭……我对宋史得到了清楚的了解。我考察目前这些人的经历、言论行动与处境，分析他们的心理，我彻底地明白了他们，因而也明白了秦桧、刘豫、张邦昌等。事实尽管前后不同，道理则今古一贯。他们必不得已的原因，他们的心理，就是彻头彻尾的自私。自私是什么？自私就是有所"蔽"。因有所蔽，心里所虑，不出自己；目光所及，不出自己，结果所预料，不出肉眼所能看见的一点小小物质的利害。他们想，想不到自身以外的国家民族；看，看不到自己以外的无数同胞；谋，谋不到明天以后的结果。由于此种基本心理，所以一切行动措施皆倒行逆施，自以为巧，而实大拙；自以为利,而实为大害。前途命运悉操于人,而自己却燕雀处堂,自以为安。纵然有时自己明知其为危,但无改过向善之勇,迷途而不能返。最近汪兆铭之流虽拼命地在作欺世愚众的工作,也欲以一手掩尽天下目,但由于常理,由于历史上的因果律,以及历史趋势,他们的结果我们可以清楚地预料,他纵瞒过一时,但瞒不了永久。时间是最公平的裁判官,事实是久而自明。时间又是什么?时间就是历史。世人燃犀以照妖,其实历史就是照妖镜,又何必燃犀?

历史上不少错综复杂、迷离恍惚之现象,不可捉摸,但我们可以在现实生活中体认出来。同理,现实生活中有捉摸不出的道理或现象,亦可由历史上的事实得到清楚的解释。

二

此外随时随地都可以把历史与现实相互发明,得到许多知识与教训。看见后方灯红酒绿,一掷万金,便不禁联想到东晋士大夫以及北方流徙来的豪家大族,宴安泄沓,终不能挽偏安之局,复一统之业!使祖逖、刘琨等志士终不能成其恢复之功。想至此不由自主地要发一身冷汗!听见团结御侮、集中意志的呼声,又不禁会想起南明的阮大铖、马士英之不能与史阁部、黄道周和衷共济,卒召灭亡!想至此,又不禁为我抗建前途捏一把热汗。情感上使我不敢向坏处想,但理智又不容我不想。万分虔诚的祷盼我们不要再走上历史的覆辙。

兹就目前实际问题而论,现在的国民革命是历史趋势演进的阶段,非爆发不可。大家试闭目一想:历史到了清末,能不能再听那种局势继续下去,历史上的下坡路已走到不可再下的地步。国内,国外,人民生活,人民自觉,都到了成熟的阶段,这都是历史上的势逼出来的,演出来的。革命倡导者、国父孙中山先生,也是历史造成的;没有当时的局势,绝没有革命的孙中山。这时代英雄是历史造成的;自孙中山革命以后,新局势又是孙中山造成的,这就叫做"时势造英雄,英雄造时势"。这革命是继往,也是开来,三民主义是时代的需要,是历史所演成,是中国文化的积累与进步;没有中国古文化,就没有三民主义;中国古文化不走到清末，也没有三民主义。在精神文化上，三民主义是总结算，在未来的前途上是新道路。换言之，一面是承上，一面是启下。我们放大了眼界，纵览全部中国历史，当可了然，目前的大变动、大浑乱、大劫难是必然的果。而这大革命、大抗战、大奋斗，是民族求生存所必采的手段，必经的阶段。如果我们有历史修养，可以知道革命、抗战建国，是"必然"的"势"。我们对此"势"只有因之，利之，努力以促成之，而把未来的历史操纵在手里。三民主义是"自然"的文化产物，因为它是上承历史命运，适应时代的需要所"创造"。我们对主义只有发扬光大它，提早使之实现。我们要用历史的眼光看他，研究他，才能真正认识它的伟大性、时代性与必然性。这又是历史对现实的实际功用的又一义。

三

由历史我们认识了现实，由现实也认识了历史。得到认识之后，便要把历史与现实融合在一起，用历史领导现实，充实人生。"为学问而学问"的口号我们虽不愿公然反对，但究竟我们主张学问——特别是历史——一定要和现实生活配合融化到一起，必使它对现实生活有益处有功用，这学术才不落空，也才有意义。不然就是无的放矢，虚耗精力，对自己，对人群，皆无贡献。因此我们主张运用历史到现实生活上。现实历史化，历史也要现实化。

司马光的《通鉴》以"鉴"字为名，已是借镜的意思，又加"资治"二字，是于个人生活之外，又扩展到国家、民族的群体上去，意义显明，一望而知。论政治，历史可以"资治"；论个人生活，又何尝不可以"资生"。秦鉴于周行封建之分崩离析，尾大不掉，而废封建，行郡县。汉又鉴于秦郡县之孤立无援，而兼采封建与郡县。宋鉴于唐之亡于藩镇而杯酒释兵权，施行中央集权制。明又鉴于宰相制之专权误国，而废宰相制。论学术则汉矫秦之焚书而兴学术，宋明又矫汉之训诂而言义理，清初则厌宋学之空疏而言经世致用。此皆以历史资治之要端，可数而不尽者也。世之言者多，此不复赘。

今论资生。生活要有生活力，要有意趣。生活力之增强，意趣之鼓舞，也都有赖于历史，读历史可以使人兴奋鼓舞。就小事而论，无论小儿与成人都喜欢听故事，听了故事便高兴，人为什么喜欢故事？因为古史是过去人的活动，这活动中有生命，有情感，有起伏不平的波浪，这生命与情感和我们相通相感，可以给我们以精神上的填补、安慰；起伏不平的波浪尤能予我们情感上的刺激与愉快，人的精神生活有一种动的要求，喜曲折不喜平板。所以要听故事，看戏剧，看小说。

人无不喜读《三国演义》，读《三国演义》可以入迷，有时甚至废寝忘餐，眉飞色舞。谁曾看见读了《三国》而愁眉不展的？又谁曾看见有历史修养的人烦闷悲哀，以至自杀的？这就是历史的功用。也许人说《三国演义》是小说而不是信史，诚然。但我们又何妨把全部历史在不妨害史实的原则下趣味化了，使他更富有吸引人的魔力呢？如果人手一编类似《三国演义》的历史故事书，使他朝于斯夕于斯，不是可以使每人都活跃地要跳起来吗？不但愁闷悲哀、消极颓废等病象可以消除，且可使每个人心中都有拳拳服膺的人物，仰慕赞叹，见贤思齐。甚至读至兴奋处可以摩拳擦掌，拔剑起舞，可以心痒难挠。枯燥的心灵可以得到润泽，空虚的生活可以得到充实，烦闷的情绪可以得到解脱，摇动疑虑的念头可以得到指引。且不只如此，潜移默化，熏陶渐染，即冷酷的性格亦未尝不可变成仁慈热烈，孤寂的生活亦可得到温暖与慰藉。吾人不欲复兴则已，欲复兴则首须用历史恢复吾人已死之心灵，浇灌吾人枯燥的心田，焕发吾人颓废散漫的精神。多少人的成功，是由历史上成功事迹所鼓励；多少惊天地泣鬼神的行径，是伟大崇高的人格所感召。总之，凡古人的嘉言懿行、成败得失、气魄涵养，均足以感发兴起，培养人格，鼓舞志气。一个小故事，可以影响人的一生；一个古人的片言只字，可以确定一个人的终身志向。我们素常不理会，故不感觉历史与人生关系之密切，设一体会，则知人生各方面都在无形中受着历史的影响与支配。

四

人做事贵有经验，因必有经验才有见识，有见识就是对于未来预有所认识。经验多、见识高的对未来的认识与判断,可以大体不错,因而可以趋吉避凶,不至走上失败的路。原因就是由往事的种因、发展、演变、结果,一件一件的考察,久而久之,得到一种定理、定律。天下事虽多,但都循着一个道理走。道理明白了,再得到历史的"势",当然可以知道一件事如何种因,如何发展,最后一定要结怎样的果实。所以有历史修养的人能料事如神,能"以类行杂","以一持万",进而"以不变应万变"。不明白历史功用的便要说是未卜先知,通于神明,走上迷信的路。诸葛亮便是一个极好的例:他有经验,有历史知识,因而他认识现实,认识历史上的"势",因而能在隆中料定三分之局,所以抵掌谈天下事,历史如在目前。他能体察每一件事、每一个人,由每事每人的过去,观察出原理原则,再由历史的势预料到未来,所以他能料事如神。不知道历史功用的人,不知道诸葛亮之所以为诸葛亮,所以只能把这运用历史于现实的人神化起来。于是乎孔明可以呼风唤雨,可以掐指一算,预知吉凶。在小说和戏曲上,孔明就成了半仙体,其实哪里有这回事?不信我们试看世界各国政治界非年在五六十岁以上者不能作首相,这就是重视经验的明证。然而尽一个人一生耳目所接的事实能有多少?所以要求丰富完备的经验就只有读历史。

五

俗语说:"时势造英雄,英雄造时势。"但我以为与其如此说,不如说"历史造英雄,英雄造历史"。历史的教训、历史的刺激、历史的需要,可以造出英雄。但英雄既经造成之后,便将造成时势,控制时势,创造未来的历史。历史与英雄是互为因果的。春秋战国、秦汉之交、三国、六朝、隋唐……人才济济,大半都是历史造成的。但这些人才既出之后,便把握了时代,控制时代,把时代操纵在手里。他们有的叱咤风云,使风云变色;有的旋乾转坤,使乾坤底定;有的挽狂澜于既倒,支大厦于将倾;有的移风易俗,戡乱除强;也有的为天地立心,为生民立命,为往圣继绝学,为万世开太平。治乱兴衰,起伏上下,历史造人,人造历史,历史与人生,不可分矣。

近读冯友兰《新理学》,其自序中有云:"去年中日战起,随学校南来,居于南岳。所见胜迹,多与哲学史有关者。怀昔贤之高风,对当世之剧变,中心感发,不能自已。又以山居,除授课外无杂事,每日皆写二千字,积二月余之力,遂成此书'。……此书虽'不着实际',而当前许多实际问题,其解决与此书所论,不无关系,故虽明知其中必有须修正之处,亦决及早印行,以期对于当前之大时代,即有涓埃之贡献,且以自珍其敝帚焉。……"这是一篇忠实的供状、真切的历史功用的写照。由此我们知道此书著作的动机是"怀昔贤之高风,对当世之剧变,中心感发,不能自已"。读此,我们能不惊叹历史对人生之影响?此书自民国二十八年问世,三十一年而再版,风行全国,深入人心,教育部颁发奖金,学术界交口赞誉,纸贵洛阳,不胫而走。其对于当前大时代已有不少之贡献。如果我们人人都有历史修养,不都可以由"怀昔贤之高风,对当世之剧变,中心感发,不能自已"而各在其本位上有所贡献吗?据作者所知,现在第九战区司令长官薛岳将军,便是为仰慕岳忠武而命名,而治军干国。诸葛亮持躬立志,以管乐自期。又友人某君新自成都归来,为同人历述其旅行之观感,论其建筑则具宏阔伟大之规模,有古代之遗风。论历史博物馆,则古色古香、琳琅满目,犹其小者,乃由古器物与艺术作品而知我国在汉唐时,已有超越之成就,当时文化已可惊人,较并时之欧美,实远过之。论灌县之水利、竹索桥,则对古人之伟大坚贞唏嘘感叹,赞美不止。论宫宇遗痕、楼台亭榭,则悠然神往。论武侯祠、工部庙,乃至薛涛井,亦均景仰敬佩,慨然想见其为人。言时匪特眉飞色舞,滔滔不绝,直欲手舞足蹈,乘风凌云而追踪古人之后。即对桂湖之参天古桂,也同样咋舌赞叹,追思仰慕其初时。听者则屏息凝神,兴奋感动,与之俱化,无不思发奋以继古人之业,恢宏古人之遗风余韵。但一论到今人,则痛恨惋惜其不能继续前贤,因而椎胸顿足,思有以挽救之。奋发之气,溢于言表。若问所以然之故,则显然是历史刺激了我们,鼓励了我们,教训了我们。历史指使的我们眉飞色舞,跃跃欲试,因而增长了志气。论其妙,有如催眠术。论其功,过于千军万马。可以起死回生,可以廉顽立懦。我们应该相信,历史上许多惊天动地的大事业,就是这样完成的;多少不朽的人物,就是这样培养的。

人类有一种共同性格，就是念旧。住过的房子、念过的旧书、儿时玩过的玩具，我们都发生兴趣，见了都有一种依恋不舍之情。曾经认识或接触过的人，无论投缘不投缘，见了面，总有一番亲热，不知不觉地要笑而相迎，殷殷话旧。其交愈久，其情愈浓，故论交者辄论新交抑旧友。世世代代居住的父母之邦，无论如何要怀念。人无古今，莫不有怀乡之念。老杜《闻官军收河南河北》诗，人人知道是好诗，好在何处？好在情感真挚而深厚，所抒情感固然爱国爱民占一大部，但怀乡的观念却是主体。"剑外忽传收蓟北，初闻涕泪满衣裳"，是喜极而悲。"却看妻子愁何在，漫卷诗书喜欲狂"，原来太太欢喜的是收拾行囊，准备回乡。"白日放歌须纵酒，青春作伴好还乡"，忠实地说出了归心似箭。"即从巴峡穿巫峡，便下襄阳向洛阳"，简直急不可待了。儒家讲君子仁心仁术，说"见其生，不忍见其死，闻其声不忍食其肉"，也是同样的道理。总之，凡是和我们的精神曾相交通，在心灵上留下痕迹的，对它都有一种感情，尽管是无生之物，一样要把玩，要重温旧情，要唏嘘凭吊。这是人性的要求，必这样心理才能安慰愉快和舒松。古人古事虽离我们较远，但一则饮水思源，为身之所出；一则事业文化息息相关，有不可分之关系。因而有睹物思人，有触景伤怀，有对古人古事"慨然发思古之幽情"。思古，念旧，是人性，是人生的要求，为使历史发生功用，要读历史；为满足人生要求，亦要读历史。

在生活上，人常常感到空虚与苦闷，需要有高尚的理想，为之指引，亦需要古人伟大事迹为之启发领导，使精神上能充实，有归宿，有方向。人的理想有高下，人格有优劣，在教育上需要一种潜移默化的功用，为之补救。孟子说："居移气，养移体，大哉居乎！"人侠骨慧心、嘉言懿行之中，则奸邪之心自然不生，卑鄙之念不禁而止。入孔子庙，入关岳庙、先贤祠、忠义庙，睹其遗容，念其行径，可使人端然庄，肃然敬，贪夫廉，懦夫有立志。苦登万里长城，游天坛，见古人艰难缔造之事功、心力体力的成果，则自将神往心醉，仰慕古人之伟大坚贞，胸襟气魄自然恢宏广大，志趣自然高尚。我们在现实生活中如能接受古人精神之遗产，用这遗产来充实我们的精神生活，指导方向，培养人格，浇灌心灵，便可由此得到新生，增加无限生命力量，创造出无限的事功。这历史与人生的功用大到不可形容了。

  我们对现实不满意吗？这事寻常得很，历史上对现实满意的能有几个人！但不满意当怎样？逃避？咒诅？颓丧？聪明人当知这都不是好办法。逃，无可逃；咒诅，没有用；颓丧，不过是自寻苦恼。真正聪明人是改造现实，极力使它美化。美化了现实，自己享受，大家享受，无穷的未来子孙永永享受。要美化现实，必先替它医病，欲医先诊，这诊病的方法，又归到历史上去了。前面说过：现状，是历史造成的。说来说去，我们有什么办法把历史和现实分成两事呢？

第三章　历史与将来

一

历史是民族生命延续的轨迹。生命是活的,所以历史也是活的;生命是动的,所以历史也是动的;民族生命是永续的,所以历史也是无终无极的。过去人与事虽都死去,但我们翻开历史,他们依旧弈弈然活在纸上,活在我们的心灵上。虽然已经成了陈迹,但他仍然影响我们的现实生活,我们有许许多多地方都是历史所决定,无形中受它的支配。生活有情感,所以历史也有情感;我们读历史可以在情感上起共鸣作用,也可以由历史情感的刺激而发生情感作用与精神力量。历史上一个个人的接续,一吸一呼的绵延,一时代一时代的交替,有谁能把它清楚地划分,截然地分为两段?俗语说"抽刀断水水还流",历史之不能划分,就和流水之不能斩断一样。其不能终极,亦如源头流水之永远不能干涸。因此我们可以纵览历史,站在历史圈外去看,某事何自而来,何向而往,观其"势"之所趋,然后乃能因其"势"而利导之,操纵之。某人某事某种功业与理想尚待发挥,尚待绵延,当如何为之继续完成,为之求其实现。某事有缺,当为之改革;某事当兴,宜为之创造。有了历史训练,才有继往开来的志气。眼光不只看见自己,也看见民族;不只看见目前,也看到将来。这样,一个人的心胸气魄,才不为一己一时所囿。在大生命中一事之兴办,其成功不必自我。必欲自我而观成,则事之能成者有几?其眼光、心境又如何之短浅、狭隘!大事之完成,端赖群策群力,踵趾相接。古人未竟之功,吾人继成之;吾人所创之事业,后人继成之。如此继继绳绳,文化乃愈进步,生命乃愈充实、乐利,而富有生机,饶有意义。

"将来"是要创造的,不可以等待,创造需要力量。历史能鼓励我们的志气,志气就是力量;历史能鼓舞我们的情感,情感也是力量。历史是供给创造力量的源泉,换句话说,就是将来,是由历史产生的,没有历史,发生不出美丽的将来。历史是过去的事实,但我们的生活和前途是在现在和未来。我们的路是要向前走,并不要向后退,读历史的目的是为了美化现实,创造未来,并不想重回到历史上的某一种境界。假如我们为了憧憬历史上某一个时代而幻想着某种境界之重现,或更作"恨不作羲皇上人"的痴想,那就是开倒车的思想。我们羡慕历史上某一时代,当求所以造成其时代的道理而发挥之,运用之,以造成一更美丽的境界于未来,我们要顺应进化的理则,极力作创造的工作,向前进取,逗留停顿,已不应该,逆流而上,更是死路。胶柱鼓瑟,或刻舟求剑,都是不通之路。我们必先明白:读历史是为了将来,而不是留恋过去,或重返到过去。过去的已经过去,无所用其留恋,也无所用其唏嘘感叹。既往不咎,已往的失败也已无法挽救,我们只有让它过去,但现在、将来,在我们手中,非把握住不可。由历史上求得教训,拼命地用在现实与将来,这才是合理的态度。换言之,即今人所谓"检讨过去,把握现在,创造未来"。

我们这里屡次讲到现在,前面且有专章论历史与现实,其实都是相对的说法。如果照哲学的讲法,"现在"是捉不住的,根本就没有一个静止不动的现在供我们把捉。刚一开口,已经过去,宇宙间那一分那一秒的时间曾有丝毫的逗留。时间根本不存在,只是过,过,过,过,不断地过下去。"逝者如斯夫,不舍昼夜!"就这样熬过多少人,多少生命,一个个都过到历史上去,因而造成所谓历史。"大江东去,浪淘尽千古风流人物"。我们口说"现实",是不得已的说法,是指较近的将来而言。如认真地讲,则与其说是为了现在,毋宁干脆说是为了将来,因为我们的活动是只为将来,不为过去。不怕是为了明天,已是将来,为了下一小时,下一分一秒钟,也是将来,所以严格讲,除了过去,就是将来,根本没有一个"现在"存在。这样讲,历史只有对将来的意义,而"现在"应该被消灭。但要声明的是:我们并不要在此讨论哲学问题,而为要对"将来"

有真确的认识,而强调历史对将来的意义,一面对所谓"现实"作宽泛的看法,而免陷于矛盾。

由上面所论,我们可以说:研究历史的意义,全在于将来,任务全在于"创造"。眼光看在前面,志向立在前面,力量用在前面,这样我们才有前途,人类才有幸福。如果没有将来,则历史的研究将全无意义,历史一学科完全失其功用。

历史上的"势"能给吾人极大的启示,现实生活,未来路径,皆须藉镜于此"势"。善书的在写大幅字时,必时时昂首向前张望已写的字迹,原因是为求行气的连贯,笔势之划一。不能散神,不能停顿,必须一气呵成,方能使全幅风神贯注,精神凝聚,不然便非佳构。这种前后连贯的道理便和历史一样。为要向下继续写字,使前后成为一气,必须时时向前张望。同理,为要继续生活,开未来的前途,便须时时诵读历史,以使前后生活连成一气。自然为要使国家民族走上复兴之路,是更非熟读历史不可了。

由于这种"势",我们可以明白历史上某种运动之发生,皆由其势所自然造成。国父看清了这种"势",勇敢地承受了这伟大艰巨的历史使命,所以发动了继往开来的革命运动,造出了救世救民的三民主义。同理,我们也可明白,蒋主席的革命、抗战、建国也是承受的历史使命。论革命,论建国,是操纵这危疑震撼的时代,为未来冲出一条血路,奠下万世的太平基础的大功业。这功业的艰难,是前古所未有;伟大,也是前古所未有。我们必须用历史的眼光看,才能认识革命、抗战、建国功业的伟大而艰巨,也才能明白这是历史上所必不可免的阶段。这些功业完全是为了将来,是为将来求出路,打江山。向前说,是承先;向后看,是启后。论性质,是创造;论其价值,则在为未来奠定基业,打出新生路。即张横渠所谓"为万世开太平"。假如我们放过机会,放弃责任,不革命,不抗战,不建国,我们的民族能不能想象?可以断言,一定没有前途,没有明日,今天的活动,来,是自昨日;去,是向明天。我们必定有这样一种信念与决心:就是自己的前途,一定要由自己操纵。万万不能与时推移,任环境来摆布。要主动,不要被动。我们一定要在今天控制明天,预定明天的前途,创造明天的历史。人无此决心无此能力,便是弱者,自己的前途完全委之于不可知的命运,听凭环境支配,是最无出息,最危险的事。论个人,是如此;论国家民族,更是如此。谁的决心强,谁的能力大,谁就能支配自己,进而支配一切;不能时,只有作鱼肉,作受支配的弱者。前途的光芒与黑暗,完全在自己,在今天的操纵与把持。这在生命上讲,就是"创造",这是一种历史信念、历史活动。这种信念的培养,控制操纵能力的训练,只有历史可以供给我们。这就是历史的意义和功用。我们有了历史的知识、历史的修养,对革命、抗战、建国,才能有深切的认识,知道这种种运动就是为了自己的明日。然后才能决定态度,下最大决心,发挥最大力量。成功以后的权利,不是一个人享;当然奋斗的义务,也不能一个人去干。失败以后的苦难,不是一个人受,所以奋斗的工作不能观望、推诿,一定要群策群力,每个人贡献出自己的力量,求共同生存,谋共同幸福。这就是民族主义的又一义。

佛家讲因果,历史也讲因果,但二者所论不同。佛家是因果循环,善恶所报,虽百世不爽,冥冥中有主宰控制的东西,是宗教的讲法,非本文所论。本文所论为历史上的因果律。这因果律是一种自然的趋势,必然的现象,是科学的,也是逻辑的。俗语说"种瓜得瓜,种豆得豆",便是此理。种豆的不能得瓜,要得瓜的便不能种豆。此理说来甚简,但是实际往往被人忽视,不种因的要结果,种恶因要求善果,吾人日常于社会上往往见之。世界上只有历史最公平、最忠实,而又明显。没有偏私,没有遗漏。任何人在历史上不能取巧,不能隐藏逃避,丝毫不容人躲懒。多少聪明奸诈的人,瞒过了当时所有人,但一到了历史上便五脏六腑阴私巧诈,无隐不现,生前所作所为,所种善恶种子,一一表现出忠实清楚的面目。买半斤得八两,何尝差过分毫。世界上绝对没有无因之果,也没有无果之因。换句话说,就是不努力的无收获,努力的一定有收获。下一分力量有一分收获,是自然的,也是必然的。农夫坐在田里不下种而想收稻,天底下没有那种便宜事。我们研究历史,不妨一一清算。有那件事是突然发生的?那件事是凭空而来,或偶然发生的?追根究底,没有一件事没有来源。发生的时候尽管是突然的,但它一定有足量的因子预先潜伏,到了饱和点时乃突然爆发。不能因其爆发时的突然,遂谓为无因而至,或偶然发生。历史上治乱交替并不如表面那样可截然划分。治后有乱,是在治时已伏下乱源;乱后有治,是在乱时已种下治的种子。明白了这一点,便可得到处乱世之道。乱是在治时造成的,我们不必咒诅;治是在乱时种因的,我们不可空空期待,而要努力在乱世造治因,播治的种子。治乱都是人造的,不是天定的。止戈者为武(武为会意字,从止从戈,言能勘定祸乱也),拨乱反正,旋乾转坤的,才是顶天立地的人物。

嬴秦那样强大,仅仅统一了十五年,便被一些耕夫罪犯们所推翻。看似违背常理,实有其极有力的因素潜伏在里面,那便是:违反民意、抹煞人性、仇恨累积、自身腐化等原因促成了人民的反抗。是他自己掘了坟墓,民众不过为他们发丧而已。五胡乱华,是东汉衰落,三国纷争,同时外族强大,逐渐内移,又不预为之防的必然趋势。我们读江统《徙戎论》,便可明白此事的前因后果,以及责任之所在。回头再看越报吴仇,实是他们忍辱负重,卧薪尝胆,君民合作,十年生聚,十年教训的因所造成。有东晋与南宋的偏安江左,士大夫宴安泄沓,才有晋宋的终于亡国。有汉唐的朝气勃发,上下同心,励精图治,才有汉唐两代的伟烈丰功。因果的表现,何尝差过分毫?

我们在历史上讲因果,并不仅以证明其理论为满足,更不预备走上宗教的路,而是要国人藉此理而知所警惕与勉励,要在明天结好果,当在今天种好因。多下一粒种,多得一颗稻,我们要彻底猛醒,彻底认识,历史是人造的,使之盛则盛,使之衰则衰。一个人的前途,是一个人所自定;全民族的前途,是全民族万万千千的人所共定。责任不能委之一二人的身上。郭象注《庄子·天运篇》:"承百代之流,而会乎当今之变,其弊至于斯者,非禹也,故曰天下耳。"想委责于人,那便是不负责任的懒鬼。顾炎武说:"天下兴亡,匹夫有责。"便是此理。想不劳而获,那是守株待兔的办法。我们必定要明白今天的事实,是昨天以前造成的;明天的事实,是今天造成的。自己的前途,是自己造成的。万不能坐待天书之降,佳运之来。要想明天吃饭,就要今天作工;要想在十年后享受森林的利益,就要在今天赶快植树造林;要为国家民族定百年大计,就要在今天作育人才,培养国本,施行以国家民族为中心的教育。我们不欲自强则已,欲自强就必定把住时机,努力种因,操纵未来的前途。要有计划,要下决心。"往者不可谏,来者犹可追"。过去的只有让他过去,未来的一定要把握在手里。要创出新生的光明大道,给自己享受,子孙享受。历史上清楚地记载着一篇篇的账:努力的、躲懒的、聪明的、愚鲁的,多少人成功,多少人失败。得失的关键有几个不是蹉跎过时机,放弃了把握自己前途的权利和义务。要想创造光明的未来,必须在今日努力种好因。明白历史的因果,顺应因果律,才能把握未来的前途。

二

文化连续不断地演进与创造,无非为生活而产生,所以为了生活,应该创造它。又因它是大家的共业,所以当由大家共同维护与发扬。假如我们不能继续发扬古人的事业、学问,使无数古人多年心血所造成的文化及我而衰歇停顿,使后世子孙不能继续享受开拓,则不但是先祖的罪人,且是未来无穷子孙的大大罪人,换言之,就是全民族的罪人。继往开来,是每个人的义务,是每个人当有的志气。要发挥这种志气,担当起这种责任,无疑地还是要先读本国历史。读了历史才能知道既往,知既往才能"继往",能继往才能开来。对古人说是继承,对未来说便是创造,对小我说是贡献是牺牲,对大我说就是自利是自谋。老子说得好:"己愈为人己愈有,己愈与人己愈多。"虽然老子此语另有其意义,但我们在此亦觉其可贵。因为人就是我,我就是人,本不可分。所以人生的义务就是继往、开来,做全民族生命的一个渡桥。古人不做继往的工作,既往便在历史上死去;不做开来的工作,便没有今天的产生。这全民族的大生命不容有一个人躲懒,一个人躲了懒在这大生命中便是一个死细胞、一块死肉,无数人都受他的累。如果我们有血性,当不甘于作民族罪人,也不忍于作一个累人的行尸走肉。

历史是进化的,并且进化的速度是时代愈晚,速度愈快。据现代自然科学家和社会科学家的研究,自有生物至现在已有几万万年,然而人类历史有文字可考的不过几千年。就在这几千年中进化的步骤又可分为几个阶段,而这几个阶段中又是时代愈晚速度愈快,这就证明历史不但是进化的,而且是愈进愈快。我们生在这一代的人当是如何庆幸,不生在原始,而生在现代。我们不费力地承受了几万万年以来先祖们积累创造的遗产,不但目前得到享受的机会,并且"接着"前人的脚步跑下去,是愈跑愈快,以视古人,可事半而功倍,进化愈快,人类福利愈大,目前的世界该是如何的灿烂光明。大家齐头并进,可得互助互利之益,但如有人落在后面,躲在后面,则生存竞争的道理将把不肯进取的懒人丢下去,打下去,挤下去,活活吞吃下去,再也不能生存。如果妄想承受先祖遗产那样容易地等待享受现代先进民族的文化创造,那简直是做梦。当前的大战争,已使我们深深地尝到这种苦头,受到这种教训,最近的将来,摆着一个更美丽更幸福的世界,但那是肯创造、能进取人们的福利,懒鬼们不但没分去享受,简直欲求生存而不可得。明眼人当知这并非"危言耸听"。

美丽的将来固然在前面摆列着,但有史以来所未有的大波折,却横在我们的面前,欲迈步到美丽的将来,非冲破这一大波浪不可,此关打不破,冲不出,便将死在关前,美丽的将来成了泡影。自己过去光荣的历史也被浪头卷走,自己枉受了历史教育,枉作了历史上一代人。岂止于枉作历史上一代人,简直是民族的大罪人。因为民族的过去被他们汩没,民族的前途被他断送,这罪过是承当不起的。

第四章　历史与文化演进

一

现在大家都注意文化问题，都在热烈地讨论，且在分头实际地工作着，是极好的现象，可证现时代文化问题是如何迫切！大家知道：历史上任何事业之推进与造成，都有它适当的时机；能抓住时机，及时努力，可如顺手牵羊之便，得水到渠成之功。蹉跎因循，坐失机宜，只有与时推移，受着自然趋势的摆布。一个人要作成被动的可怜虫，还有什么味道？受苦，是咎由自取。如果我们要作历史主动的人物，要自己创造自己未来的前途，那就必须紧抓住时代，看准局势的需要，而针对着作适当的因应。准此而论，在现在致力于文化事业，是历史使命，也是我们这一代人所特有的权利与际遇。前此五十年，时机未成熟，失之早；后此五十年，时机已过去，失之迟。只有今天，是恰当其可的机会；只有我们，才得到这成大功、立大业的机会。上，继五千年列祖列宗的丰功伟烈；下，奠万世不拔的太平基业。有功可立，有事可为；有本领，有经纶，尽管施展发挥，英雄有用武之地。只有无勇气、无魄力的人，才痛恨自己的命运；只有无历史眼光、历史修养的人，才咒诅这时代。现在大家能看到此，是有眼光；能协力以赴，是有决心，有勇气，无论从那一方面讲，都是可喜的。

文化事业之重要，固已不成问题，但现在谈文化，当从何谈起，现在所需要的文化，是甚么样的文化？将来的方向，要朝何处走？……凡此种种，都是先决问题，这些问题如果不解决，则一切工夫将无从下手，或纵下手亦终成枉费。不然便是误入歧途，陷民族于危境，但究竟解决这些问题，又当由何途径？大家都当承认：这文化问题是民族复兴、抗战建国的根本大计；研究根本大计要从根本上着眼，从根本上着手，才不致把楼阁建筑在沙滩上或半空中。如果要从根本上着手，那么无疑的，要从历史上下功夫了。

文化是甚么？定义怎样下？关于这问题，非不可旁征博引，列举众说，然后折衷为一新义，作成一篇热闹文章，但非本文主旨，而名贤论者已多，且作者素性，不愿袭人滥调，因决舍此不论。至于文化和文明的区别，站在本文的立场，无关宏旨，也不愿多费笔墨。顾名思义，本文的任务，是侧重在历史与文化的关系，在用历史的眼光研究文化，用文化的眼光研究历史。要从历史的研究，求文化问题的根本，奠定文化建设的基础。不过在这里要声明一点，提请大家注意：所谓文化，是有生命的，要连历史合到一起看，不但整个的民族文化是由历史演进所造成，即单论现代文化，亦不能从今天或昨天截取一个平面现象而名之曰现代文化。抛开历史讲文化，文化便成了死的，是不完全的。

二

历史是人类活动的记录，而人类活动各循着一种方式，各朝着一个方向向前进行。由于自然条件的不同，把人类造成许多不同的生活方式和不同的理想，因而形成许多不同的民族。这生活方式、生活理想，以及为生活而产生的精神的、物质的事物，在社会学上讲，就是所谓文化。如单指为生活而产生的某一方面的具体事物，就是所谓"文化特质"；如果只说"文化"，便包括活动在内。活动的方法不同，那就是文化的不同，这不同有形式的歧异，也有高下的悬殊，各民族用他们不同的文化各自活动发展，造成各民族不同的历史。因此我们可以说：历史就是文化的结晶，它是文化写成的，甲种文化写不出乙种历史，低文化写不出高明的历史，各种文化都忠实地在历史上反映出它的本来面目。民族不亡，历史不断，文化不灭，如影之随形，如因之有果。无论民族盛衰强弱，只能说文化程度有高低，而不便说某民族根本没有文化。文化附丽于民族而存在，民族藉文化而生存，历史由文化而创造，民族不断的活动,永久的生存,文化也随着活动、生存,前后不断,不能分割。所以说文化是活的,前后联贯的。

历史既是文化所创造,那也就可以说历史是文化的实验报告。一个民族循着他的生活方式,使用他的生活工具,朝着他的生活理想向前活动,如果这方式工具和理想,是适宜于人类生存的,他的生活一定是优越的、舒适的、进步的。他的生活记录一定是美丽的,前途也是广大而光明的。如果有疵病,或并不适于人类生存,马上要吃它的亏,经过一个时期这有疵病或根本不适于人类生存的部分一定衰微、停顿,乃至于灭亡;也断断不可使之继续支配着人类的实际生活。人们纵不想抛弃它,它很可能自归淘汰。如果人们无形中受了某种病态文化的病,到了自觉是吃了它[的亏]的时候,便自然地会把它扬弃。不肯毅然决然扬弃的,那便是惰性太深,自累其生存进步,甚者或竟被断送了前途。在历史上明显昭著,不能遁隐。我们要想检阅文化之优劣,打开历史便可一目了然,这里丝毫不容作假,也不容勉强。是违背进化原理的、违反人性的,如曾实行的,都在历史上作过罪恶,使人类发展的程度打了回旋,受了挫折,而其自身终归淘汰。不曾实行的,不是在历史上自生自灭的夭折,便是被人类所扬弃。是合乎进化理则,合乎人性,为人类生活所不可少的真理或宝贵事物,一定与人类并生,与日月常存,尽管有人攻击毁灭,终不能损其毫末,且将欲损反益,越使之发扬光大。

但我们又当注意,文化有的是永久的,也有时间性的,永久性的虽历万世不变,时间性的则随着人类进化而改良、进步、创新。时间性的文化不能算他好不好,也不能因为它已僵死,在历史上成了文化化石而对之有所褒贬。如石器时代所用的石器,在当时是利器,是不可少的生活工具,铜器时代人看了它,便觉好笑。在现代人看来,则只成了历史上的遗痕,徒供考古家之研究资料而已。如果我们笑它愚蠢,或批评它不适于人类生活,那就是没有历史观念与文化学的知识,这有时间性的东西一定要用时代的眼光去看,假如是二十世纪的人而仍然作八股文、试帖诗,那才真可耻可笑。至于没有时间性的东西如维持秩序的伦理、发挥人类善性的道德,则是放诸四海而皆准,百世以竢圣人而不惑的文化基础,应当永久固定不变。如果有时间性,应该随时代进步的东西到了适当时候不改变,那就是没有进步,证明这民族没出息,不长进。没有时间性的原理原则,人生的理想或信条反而摇摆不定,朝秦暮楚,羡慕新奇,那便是立脚不稳、基础不固,证明这民族自信力不坚、自尊心不够,不但是可笑可耻的,且是极其危险的。一个民族有没有前途,能不能发荣滋长,竞争图存,就要看他的文化是不是当改变进步的,能适时改变进步;当坚定不摇、永久不变的,也能脚跟立得稳,基础打得牢,目标看得准。因此我们研究历史,检阅文化,当把时间观念弄清楚,不可失于笼统。

三

历史与文化的进展是相辅相成,互为因果的。上面说过,历史是文化写成的,低文化写不出高明历史,高文化也造不成丑历史。那么,一个民族要想使他的历史幸福美丽,那就赶快改进它的文化,用适宜、稳妥、高尚的文化,赶快促进他的历史。不过这里所谓历史,是指未来的部分而言,与其谓为历史,毋宁说是前途,或未来的生活,为更觉明显而干脆。归纳起来,也就无异于说:设若一个民族要给创造一个美丽的前途、舒适的生活,那就只有从改造文化入手。精神的、物质的,改进,创造,发挥,猛进。把眼光放远,把工夫作实,把心思手脚放敏捷、迅速,万众一心,齐一步调,脚踏实地,各给自己民族创造一套适合于自身生活的文化,使它民族化,也就是个性化、地理化、历史化。换句话说:就是适者生存,求其"适"的道理,但如果是一个眼光远大的民族,并不仅以求自己之适为满足,同时亦求在不违背本身之生存与进步原则下,本着民胞物与的怀抱,兼容并包的精神,进而谋全人类之共存共荣,使各适其生活,各有其光明幸福的前途。真正目光远大的民族,才能明白:只有大家有饭吃,大家有前途,自己才真能生存,才真有幸福。只想自己才配生存,配高高在上,旁人都只应该受我宰割,为我的生活与享乐而下十八层地狱,这实在是可恨而又可怜的短见,分明是此路不通,甚至是自取败亡的死路,而世界上却有一部分人睁着眼睛向此路跑。那就是现在德国和日本。他们的眼睛,他们的心理,被民族优越感、文化优越感所遮蔽,只看见自己是人,只想到自己要生存,要享乐,而忘记了旁人也是人,旁人也有求生之欲,也要幸福安乐。"只许州官放火,不许百姓点灯",究竟是不平的现象;不平就要鸣,求生不得的就要争,必达到平的地步,能与人共同生存,共同享乐的地步才算罢休。这是浅近明白的道理,必然的趋势,顺之者存,逆之者亡。所以真正优秀的民族,他的文化是物我一体、共存共荣的。也只有此种优秀民族才真有前途,有幸福。他们不但能创造自己美丽的历史,即世界人类的幸福,也待他们而谋取;世界的历史,也将由他们去创造。老子说得好:"己愈为人己愈有,己愈与人己愈多。"越想占先取巧的野心家,越要下十八层地狱,或落在后头。越谦退让人的,越能得到最后胜利,而受人的拥戴推崇。其实这也是很明显的道理,但是浅见的人却不肯解其蔽,或放开眼光看远看大,睁着眼向败亡的路上跑。可怜亦复可恨! 真正智、仁、勇的民族,心目中不只有我,也有人;不只看到目前,也能看到久远;不仅看到有形的事物,同时也能看到无形的力量,与历史的趋势和因果律。欲改造文化,创造文化,这是先要具备的基本观念、基本知识。

　　调转来说,历史对文化也有促进、改造的功能。历史的现象,或趋势,往往清楚地表现其某种乱源是由文化的某一部门不健全所造成,某种病原是由于文化上某一部门有了缺陷所表现。举例来说:晋室的播迁瓦解,清谈的风气要负一大部分责任,也就是说,老庄学说要负些责任。现在我们对日抗战的初期失败,武器配备的落后是最大的原因。这些历史现象,把我们教训苦了,这历史趋势也把我们惊吓得清醒了。抗战七年来国防科学的进步,谁能说不是历史教训出来的成绩?救世救民的三民主义,又谁能说不是清末岌岌不可终日的国势和不平等条约所逼迫而产生的新中国文化之花? 这样的例,多不胜举。摆在目前的漏洞,尚待我们努力填补的更是俯拾即得,举明显的例:国民知识不够水准,法治精神的不够彻底,纪律的不够严明,社会组织不新不旧、不中不西,文化学术之缺乏中心,缺乏有条不紊的体系与步骤,政治、经济教育之不能与抗战建国的军事相配合而协调并进,都是历史现象给我们摆在面前文化上的缺陷,给我们的惨痛教训。接在这后面的,应该是觉悟,忏悔,勇敢地担负起这历史使命,在这大时代中创造出一套伟大的新文化,开出美丽的前途,建设一个崭新的国家。

历史对我们已尽了它的功能,有没有效果,就要看我们是不是能认识历史趋势,接受历史教训,担负历史使命了。认识历史趋势,要有历史知识和修养;接受历史教训,要有自立自强的志气;担负历史使命,要有仁爱的胸怀,能干肯干的决心和勇气。"需要"摆在我们面前,力量藏在我们身上,问题只在睁开眼看看"需要",伸出手使用力量。如果睁着眼错过这机会,放弃这责任,那便是对不起历史,对不起自己的国家民族。

四

现在中国文化是怎样构成的?要看他的演进。演进就是历史。知道它怎样演成,内容包括些甚么东西,才能为适当之因应。若专论中国文化演进史,是一部专书,非本文所能胜,我们在这里只能讲几个文化演进的要点,寻几条原理原则出来。

就中国历史观察中国文化的演进,有下列几种现象:

(一)进步

人的智力体力随时在活动,随时产生文化,所以文化事业是积累的、接续的,愈积愈多,愈接愈长,所以文化是进步的。人的智力体力又是随时进步的,创造文化的能力是继长增高的,所以文化进展的速率是愈来愈大,人类进步的速率也是愈来愈大的。不过进步有快慢,有迟早,有有形的,有无形的,无论怎样讲,无论怎样看,都是进步的。不过民族如果机警些,进步快,少停顿,少回旋而已。明显的进步,固然大家看得见,但结算起来,每一个时代总较前一代是进步的。在心理学上讲潜意识,正常心理活动时,潜意识被压下;正常意识停顿时,潜意识却在暗中活动,形成一种沉在底层的暗流。表面上虽然停顿,暗地里却在流动进步,且此种暗流进展的速度未必低于正常意识所推动的主流,因此教育家并不主张正常心理的正面学习继续不断,而有时却利用这潜意识所形成的暗流以推进学习的进度,所以有长短不同的假期。在心理学上又有"夏天学溜冰,冬天学游泳"的说法。就写字、作画、作文而论,一天连续不断八小时的学习,功效一定不如每天一小时两小时继续四天或八天的学习功效来得大。其他学问也是此理。这就是在停顿时期给潜意识留出一个推动暗流的机会。文化之在人心上、手上,何尝不是此理,表面停顿的时候,暗流却在继续不断地推进。宋学之与汉学,清学之与宋学,虽然都还不能使我们满意,但由主流与暗流推进的作用,都视前者为进步,则是无可疑的事实。

(二)创造

需要是事实之母,实际生活上有此需要,自然有此供给。不要说人类繁衍,人事日趋复杂,需要随之增加,而人生的希望也是需要的源泉。旧的不够,随时要创造新的,以资补充而谋适应。最初为生活需要而制造文字,继而为文字而创笔墨、纸张,更后为推广而创印刷术。层层推进,愈创愈多,都是应需要而产生。根据人类进化的道理,是需要一天天增加,因之文化上的创造也是一天天加多。如果把近五十年的发明创造和前五十年作一比较,无疑地是有极大的差异。逐层推上,愈少愈慢;递推而下,愈多愈快。社会学家、考古学家讲人类历史,有史阶段较史前阶段不够几十万分之一。现在大家所孜孜研究的历史,在人类全部历史中不过仅仅这短短的一段,即在这一段中又分出多少小阶段,在这许多小阶段中已是明显地表出后来居上。准此推想下去,以后的进化、创造,简直是不可思议。但话又说回来,如果听任优秀的民族跑在前面,自己坐在后面看热闹,睡大觉,等候拾人牙慧,或吃现成饭,那他前途的黑暗也将是不可思议的。

(三)吸收

自己创造的,自己固然可以享受应用,旁人创造的成货如果于我们生活方式和理想不违背,也未尝不可吸收,世界各民族都不免,而以我们中国文化吸收力为最大。"泰山不让土壤,故能成其大;河海不择细流,故能就其深",此亦我文化所以伟大之一因。无庸讳言,我国文化以汉文化为主,但汉文化自始即富于吸收能力,有兼容并包之精神。从历史上一一数下来,北方各宗族的文化显著的如胡床、胡椅、胡琴、胡服、骑射等都被我们吸收过来。寖假融化改良,成了我们全民族的,也成了新的。西方的宗族亦有,如羌笛,即来自西羌。若论中国外来的,则较早有佛教、耶教、回教，较近的有天文、历算、地理，更近的则精神方面的哲学、政治学、社会学、文学……物质方面自然科学及其工业品，一股脑儿被我们这大嘴吞了下去。直到现在，仍然继续吸收，只要是我们所没有的，或是比我们强的，我们都吸收、容纳。所以要分析起我们文化的成分，则无论国内各宗族、国外各优秀民族，或多或少的都包含一点，且所包含都是其优秀部分，这是我国文化的特色。

（四）融化

吸收是一件事，消化运用又是一件事，如果只吸收而不消化，则不能起融化作用，而仍不能算是自己的。如果邯郸学步而忘其故步，只跟着人跑，而忘其故我，则既失自己的个性与立场，则必至于非驴非马，并不适合于自己生活的需要，也并不能算是自己的文化。如果吸收只于是不加别择地囫囵吞枣，则能吸收并不是可贵的特点。吸收之所以可贵，是在乎能融化，融化的效果直接的是消化之后得到它的营养，间接的是使之与自己的精神相融合，而产生新文化。此新文化不纯出于自己，也不全是外来的生货，而是经过自己制炼，适合于自身需要的熟货。一个民族的文化全凭自力去创，未始不好，但究竟难期其如何渊博完备。一个民族的天然条件和本身智力、体力，究竟有相当限度；不加入新血球，不受外文化的刺激和启示，不易焕发新生命，增加创造力，也很难开阔文化上的新领域。但是话又说回来，到底是吸收易，而融化难，继而开创新文化尤难。说到此，才又觉得我国文化真真可贵，我们不但大量的吸收，且都能融化、运用，且更因而创新，最显著的是佛教。佛教是印度文化，传入中国之后，我们接受了。佛教有大小乘，虽都来到中国，但我们真正吸取精髓加以发扬的，是大乘而非小乘，我们所悦者大乘精妙之哲理，对趣味低下的小乘不能满足我们的要求，不能使我们折服，所以我们对它并不感觉兴趣。虽也流行，至多只在民间，未登大雅。对吸收进来的部分，研究发挥，加入中国的精神成分，乃创出新的东西。据梁任公研究，佛教十宗之中，有三宗是印度所无而中国自创。也有几宗大乘佛印度极衰微而中国特盛。论禅宗则有印度禅，有中国禅，据专家研究，两相比较是以中国为胜。这是中国文化特殊、可贵之点。准此而推，大都类是，三民主义、五权宪法固然大部分是中国旧有文化而加以发挥,但毕竟吸收的外国成分不少。但如分析三民主义、五权宪法究竟何者为中,何者为西,则任何人不能再行划分,因已融化为一新物质,有中有西,亦中亦西,有如羚羊挂角,无迹可求。此文化之所以为"文化"。不化不成其为文化,既化则不复能见其本来面目,而成为一种新事物。中国有许多古籍讲到"化"的道理,如"化成万物""万物化生",此"化"字即宇宙进化的根本原理。化就是变,不变就是永远保持原状。换句话说:就是永无新东西产生,旧东西也都停留在某种现象而不进。这样宇宙便要停滞,以至于僵死。化有自化,如生物之生长,也有的待人加以精神力量或体力而变化,析言之,可有下列各种方式:

物质加物质加时间(如动植物之生长)

物质加精神加时间(如生活工具)

精神加精神加时间(如宗教、哲学、伦理、艺术)

无论是何种方式、何种条件,都可由变化而造成一种新现象或事物。倒转来说:无论任何事物之创造或某些事物之变成新现象,都必须经过一番"化"的作用;经过"化"之后,原来的事物都变了原样而成为一种新事物,有如化学氢二加氧一,便成了水;水非氢亦非氧,然有氢亦有氧。由氢、氧"化"而为水,成为氢、氧之外的新物质。我国《易经》即以此理为核心,《易》之言变也,变之言化也。老子亦言此理,所谓"道生一,一生二,二生三,三生万物"。无论从《易经》八卦讲,从老子"道生一"讲,都不能离一"化"字。物而不化,便停滞,死亡。人类能捉住这种道理而化生万物,则万物之发生无尽,亦即供人生活之事物将无穷地供给,不停地改进。由历史上看,在此点我们可以自豪;就目前现象看,我们当惴恐,当努力,对先民当继长增高此种优良特性;对自己,对子孙,当求适应,求推进文化,并实际在"化"字上用功夫,而求其民族化、现实化。

(五)分泌

和吸收相反的作用是分泌,吸收是由外而内的,分泌是由内而外的。一个是以人益己,一个是以己益人。虽然外面看来好像是一增一减,一损一益,但实际不然。吸收固然是于己有益的,分泌却于己并无损害,这是文化与其他事物不同的地方。从历史上看中国文化,固然随时在吸收,同时也在随时向外分泌。四邻的民族不要讲,即远在欧洲的民族,也不断吸收我们的文化,受中国文化的浸润与启示,人人知道的显例便是敌人日本。他自己本无文化,根本讲,甚至他的民族都是我们繁衍孳生出去的,到现在北海道还有徐福庙。它从初生起,就受着母国文化的培育,一直陆续不断地吸收着母乳生活,后来渐就乖巧,一面又吸收欧洲文化,先得到欧洲来的新血液的滋养,遂成为后来居上的后起之秀。但它没良心,数典忘祖,遂有今日侵略与抵抗之局。此外历数四邻各民族,朝鲜本是我国民族、我国文化,更无待论,安南、缅甸、泰国,他们自身几乎本无文化,全由中国文化启迪滋润。印度虽自有文化系统,且是文化输出的国家,但自佛教传入中国,经由中国研究改进、创新,复迭经法显、玄奘等高僧交通输送,虽然目的只为吸收,但无形中把中国文化带到印度,早起交流融化作用,无形中已掺入中国成分,不能保持它文化上的纯血统。到了近代交通日繁,往还日密,文化上之往还更日见繁密。中亚细亚、小亚细亚一带则自唐宋突厥族兴衰聚散,颇及西方各国,乃至今之土耳其。聚族建国,历时颇久,其文化上之传播分泌,自当随民族活动而发展。论欧洲,若自近世欧化东渐一点观之,似乎是只有输出而无收入的文化系统,其实他们近世文化之发达是由于先吸收了中国文化,才发荣滋长起来,中国文化上的四大发明,以至蚕丝等等,实在是欧洲现代文化的母亲。现代科学虽然繁复万端,但归纳起来,当以此为骨干。如果不是数典忘祖,欧洲人应该承认。到了近代,他们对中国文化之精神部分加以研究得到认识之后,已深致赞佩和倾倒,分别在欧洲和中国,拼命地研究吸收,分泌交流的作用,日益加深。美国对此,更不遗余力。综计世界各国、各文化系统,无不有中国文化的成分,惟多少深浅有不同耳。此次世界大战便是和平正义、仁爱互助的文化,与侵略暴力、强权独占的文化战争,壁垒鲜明。胜败的趋势也极鲜明,世界人心之倾向也已分明的表现出来。如果我们要根绝乱源,消弭战祸,只有从文化改造入手。天然的,这责任落在我们中国身上。假如我国文化精神能渗入世界各文化系统里去,而根本改造之,则以后这样残暴无理的侵略战争将会绝迹于人类。这不是我们自豪,而是以我国文化为最适于此种需要。更不是我们有甚么野心,而是要本仁爱的精神达到救世救民的抱负。文化上分泌功用作到如此地步，那才算是伟大纯一，至高至上。

（六）变质

文化的演进固然仗着变化，但变化要循着正轨向前推演，而不是歪曲事实，变其本质乃至以假乱真，走入另外的歧途。可是我们不幸的很，却颇有这种病象，致使大家蒙蔽着眼睛不拜真佛拜假佛，拿着黄土当黄金，使文化进展迂曲回旋，受了多少折磨，费了多少冤枉力气，错过多久的宝贵时间，而不能得到正常发展。这是我们的大不幸。孔子讲孝，在《论语》是一个样子，到了《孝经》而改变了本来面目。孔子《春秋》是一个样子，至《三传》而纷歧，至董仲舒《春秋繁露》而根本变质。孔子在经书是一个样子，在西汉纬书便又是一副怪样子。经书是一个样子，到了传记、经说又是一个样子；到东汉训诂、六朝、隋、唐的注疏，又各是一个样子，到了宋、明理学又是一个样子。最后到了明、清科举八股文，大家虽都口口声声不离孔子，但离孔子本来面目已不知其几千万里！老子在《老子》书中是一个样子，到了道教竟成了作《老子化胡经》的太上老君！如果我们把道教中的太上老君当作老子，岂不冤枉了真老子。假如他死而有知，也要在地下叫屈。如果我们把宋儒口中的孔子，或西汉纬书中的孔子当作真孔子，岂不冤枉了孔子？孔子地下有知，也要发怒。五四发动的启蒙运动，喊出一个口号"打倒孔家店"，因为失于笼统，冤屈了先圣，到了民廿以后，张申府等发起新启蒙运动，才喊出"打倒孔家店，救出孔夫子"的口号，说明孔家店是一回事，孔夫子又是一回事：该打倒的是挂羊头卖狗肉的冒牌孔子，该救出的、该发扬的，是货真价实的真孔子。替孔子洗了冤屈，也替中国文化之变质作了有力的证据。中国文化以儒家为主流，以孔子为正统，偏偏就是孔子学说变质最厉害。如果我们真尊孔子，当替孔子作一番洗冤辩诬的工作。此事今人论者多，我们不引据，引据梁启超论清学的话为证。他说清学自顾炎武起，即以复古为解放：第一步，复宋之古，以证明儒之失；第二步，复唐之古，以证宋儒之失；第三步，复东汉之古，以证六朝隋唐之失；第四步复西汉之古，以证东汉之失；第五步复周之古，以证西汉之失。这叫做层剥而上的方法。此法非不可用，但我以为未始不可直溯周秦，径窥堂奥,然后以疾风扫落叶的办法,一直扫荡下来。但我们要谨慎,先秦古籍中真真可信为孔子学说的只有一部《论语》,其他非伪托,即只有一部分可信,而有一部分为伪托或增衍。周汉典籍,谁不引据孔子?然真出孔子口者有几?随便拿两书对勘,立可见其矛盾。倘并信而并存之,不但陷孔子于矛盾,而自己亦陷于不逻辑、不科学。二十世纪的人,不容许不科学,科学的大敌是笼统,科学的精神是条理、系统、实事求是,实事求是的精神运用于学术的方法,就是考证。所以我以为欲为学者必具考证精神,有考证常识,能运用考证方法。大家也许听了考证的名词而头痛,或斥为陈旧迂腐,殊不知考证正是现代的科学精神,这科学精神是必须具备的,不然便陷于矛盾笼统而不自知,那学问是建筑在沙滩上的,经不起分析,质问和攻击。考证孔子学说虽头绪万端,然我们可以借太史公的话引申为一新义。《史记·五帝本纪》讲:"百家言黄帝,其文不雅驯,要之不离古文者近是。"现在我们可以说:"百家言孔子,其文不雅驯,要之合于《论语》者近是。"至于时代先后本有发展迹象可寻,尤不可强以后人之说归之孔子,王安石读《孔子世家》说:"为之列传,孔子之道不为之小;为之世家,孔子之道不为之大,而迁也自乱其例,是自取抵牾者也。"我们也可以引申此义而说:"后人之说归之后人,孔子之道不为之小;后人之说归之孔子,孔子之道不为之大;而论者自紊学术发展之系统,是失于笼统而乏科学精神者也。"

(七)畸形发展

人生的需要是多方面的,所以文化的范围也是广泛的。各部门本当齐头并进,同时发展,但也有时为受了某种病症而有所偏袒,形成畸形发展的变态现象。《尚书》的"玩物丧志"和西汉的重农抑末(工商)政策,形成一种轻视物质文化的错误观念,寖假深刻普遍,遂把我们的科学发展道路无形堵塞,因而造成今日的现象。"这"一面堵住了,另一面自然得到畸形的发展机会,所以弄成近于半身不遂的病态,正如朱子所谓"教学如扶醉人,扶得东来西又倒",这当是古人始料所不及。艺术在历史上也不被人重视,认为是不足重轻的消遣品,所以中国艺术的发展也是若断若续地打不起精神。受宠若惊的古文倒得到顺利的发展机会,这种现象是不合理的,也是不适宜的,足使自己吃亏。要想补救,便须在缺陷的部分多下些工夫，多用些力气。这是现在致力于文化工作的人所当注意的。

（八）顿荡

历史的进展是波纹的、顿荡的，有起伏，有快慢，不是循着一定的速度作直线形的进展的。文化的进展也是一样，所以当我们在历史上观察文化演进迹象时，常使我们有不能满意的现象，好像捉摸不定它的规律。极盛的时候，灿烂、美丽、迅速，使人目眩神迷，有应接不暇之感，但到了衰敝的时候却暗淡无光，了无生气，其不绝者如缕。过一个时期又慢慢复活起来。晚周极盛，至秦而停滞，两汉复盛，六朝又衰，唐盛而五代衰，宋盛而元衰，历明至清而又大盛。一起一伏，有如波浪。此固有一种自然的道理，但大半实由于人为，且非不可用人力控制或挽回，断不能全委之命运或自然趋势。秦之停滞是人力所造成，汉之复盛亦由人为之提倡。准此类推，人事之兴废实为其主因。假如历代先祖都能为适时之因应，善尽人事，吾人可确信中国文化史要美丽得多。到了现代也要比现状高明得多，不致使我们作成落伍的民族。但这是过去的事，追悔无用，今天的责任就是据现实说现实。历史的现象已清楚地摆给我们，趋势也已指给我们。我们为自己，为目前，不能装作痴聋，因循延宕，自己放弃权利。为子孙，为将来，更不能糊糊涂涂躲懒推托（按：应为脱），使后世万代也骂我们不负责任。"悟已往之不谏，知来者犹可追"，这是两句万古不灭的格言，无论为学问，为事业，都当拳拳服膺而勿失之。

五

明白了这些演进的原理原则，才能明白中国文化之有今日，是那几点有了功劳，有了贡献；那几点有了罪恶，有了过失。好的当发挥，当继续；坏的当痛改，当补救。真要认识中国文化，必须读历史，在历史上寻求它发展的这些理则和现象。真要想在现代致力于文化工作，更当鉴往知来，看准历史上的势，接受历史上的教训，而为适当之措施。这是历史与文化不可分割的关系。

第五章　历史与文化建设

一

文化为生活而产生，因此便要和实生活密切配合。实生活要和时代配合。样样配合得好，可使国家鼎盛，民生康乐；一样配合不上，便要落后，使国家和民族感受痛苦。时代是无情的，尽管你生活委顿停滞，文化顿荡，时代是尽管向前飞越的。世界上民族不止一个，所处的环境有不同，所秉赋的心力体力也不同，因此文化进展的速度也不一样。快的跑在前面，处处占着上风；慢的拖在后面，样样相形见绌。站在某一方面看人生，固然是互助互利的，但从另一方面看，则生活又简直就是战斗，且是时刻不停的战斗和竞赛，放松一步，落后十年。万一拖在后面，则非加速地跳越，不能与在前面的并驾齐驱。战斗的工具，竞赛的方式，纵然千变万化，形色不一，但万变不离宗，根本问题还是文化。前面说过，历史可以促进文化，文化也可以促进历史，要想竞赛图存，就只有从建设文化，促进文化入手，用文化配合生活，用生活配合时代，换句话说，也就是用文化领导民族，加速历史的创造。由现状看，已感文化与时代不能配合，非加速建设改造不可了。

再从历史上讲，盛衰的顿荡固然是事实所难免，但究不适于人类生存，为人类所不希望。停顿一次，吃亏一次，多少年缓不上元气，走不上正轨。在从前，我民族的遭遇虽也曾有险恶局势，但所接触的民族或宗族，都是比我们文化低的，纵然一时在武力上凭着他们新兴的朝气，以及自然条件所造成的强悍体质，使我们因力不逮而服于人，但我们文化却始终占着上风，不曾受到威胁。一旦入侵宗族朝气消失，强悍的体格由于安适而衰退,对我们即失其统制力。同时在文化上受我熏陶,被我同化,渐见我宗庙之美、百官之富,小巫见大巫,立刻便要东施效颦,往往却邯郸学步而失其故步,最后终为我文化所战胜,说的好听些是同化,说的赤裸些,便是征服。且我民族极富弹性,能屈能伸,而文化之潜在力量亦优于外在力量,包容同化的特性也优于其他文化。文化上的混乱争逐,最后胜利总归于我,可巧所遇到的文化,也并没有比较高明,能胜过我们或威胁我们的,所以我们并不怕。但是历史发展到了现在,就一切不同了,最近一世纪整个世界都变了,都通了。科学的发达,交通的便利,把整个地球缩小了,彼此都接触起来,谁也再闭不起门来。不想交通也要交通,不想开门也要开门。这时起,才把整个世界作成一个真正竞争图存的世界,没有一个例外。也就从这时起,我们才真正遇见文化上的大敌,与以前所遇的不同了。再不容我们马马虎虎,泄沓因循,或是夜郎自大了。

二

从清初到中叶,由复兴到全盛,开出文化上的灿烂之花,未尝不是光荣的记录,但这次发达是病态的,不是正常的,其因有二:

一、清室是由东北突起的新宗族,本身文化甚低,全恃勃兴的朝气、强悍的武力,夺取明朝宗社而入主中原。统一之后,怀着极强烈的种族偏见,大施其高压手段。又为了在中国文化观点上自惭形秽,于是大肆其卑鄙而毒辣的手段,侵略及于文化的核心,欲一鼓而压碎文化上的正统意识,以消除传统已久的以及新兴的民族意识,而一面又在装模作样地自充内行,提倡文化,既以羁縻优秀分子,且以掩护其丑恶毒辣之诡计,因而造成失却民族意识、民族立场的没有灵魂的文化。外表看去,非不热闹,然考其内容,却是偏颇的、病态的,并不是由本来面目循着正常轨道、正常理则,自然发展成的合理现象。它并不能代表中国精神和民族特性。同时,若要把有形无形的损失一并统计在内,则得失相抵,所余正恐不多也。

二、接着历史上相沿已久的畸形发展,尽管往而不返,有清一代文化发展的路向,仍然是用纸上的材料作偏重于精神方面的研究,天文、历算等学问固然是自然科学领域以内的东西,但以实生活为对象、以实际物质为材料、以双手为工具的实用科学,究竟无人注意。所以发展尽管发展,和民族实际生活终未发生多少关系,并未能用文化提高人民生活,增加人民福祉,使文化与生活配合,生活与时代配合。虽不说是脱节,然究竟未能发生文化对人生的全部功用。

基于以上二因,清代文化的发展,民族所得的赐与并不多,不能使我们满意。至于由此而下的情形,那就更惨了,此可分就下列各点述之:

一、就一般理则和历史趋势讲,清代文化的兴盛是随着清初盛世而发展的,一面固有自然的趋势,但大半是由人事所造成。及清势至乾隆盛极而衰,即从此时文化的演进也开始渐就衰退,成强弩之末。梁任公对清学分期,以乾嘉之际为全盛期、蜕分期的分水岭,实具卓识。这种趋势一直演到清末民初,成每况愈下之局,久久打不起精神来。究其原因,"虽曰天命,岂非人事哉"!

二、鸦片战争的结果开了不平等条约的恶例,损了国家体面,伤了民族自尊心,连带地使民族文化受了莫大的屈辱。接着《南京条约》的便是《天津条约》,至《辛丑条约》而集其大成。这一连串的不平等条约,把中华民族自尊心打得粉碎。随着又把民族地位降到次殖民地,把民族生活打到日益穷困,变成牛马之不如。以视欧美人之生活,形同天壤之隔。综计不平等条约给予吾国之影响,普遍而深刻,历数之,如政治、军事、法律、经济、社会、教育、交通等,都直接受到显著的影响,领土主权不复完整,经济残破,社会彷徨不安,教育尤丧失其独立自主之精神,学术日趋于堕落。总之,无论民族生活之某一方面,无不受重大之影响,非根本改变其面目,即因其拘牵压迫而不得正常之发展。换言之,即全民族之各方面无不受不平等条约直接、间接之影响。然此皆有形的、表面的,其最可忧的莫过于人民思想,因受其压迫而无形改变,不知不觉形成一种次殖民地的思想,更可怕的是久而不察,忘记其独立自主之本分而视为当然,忘记其祖先之光荣历史,忘记其本身文化之优越可贵,而默认受压迫受统制为当然。"哀莫大于心死",坚船利炮之侵略不足畏，此种奴化之思想乃真真可畏。此种趋势而不挽救，民族前途将自行断送。盖此为民族生命之根本，根本一动摇，凡百措施，全无是处。吾人不欲复兴自强则已，欲复兴自强，必先解决此根本问题，此最当注意者也。

三、欧洲文化固然最早就有传入，但正式大量输入在国内发生普遍影响者，则自鸦片战后始。随着欧洲的武力和经济的侵略而来的便是欧洲文化。一方面由西人自行输送，一面由国人研究吸取，考察翻译，大量的介绍，清末五十年，几如怒潮之至。国人至此，乃一反从前对西人之轻视心理，与模糊笼统的认识，寖假始知其物质文化之外亦有精神文化，且其价值亦并不低微，又加其优越的物质文化打击得我们吃了大亏，炫耀得我们目眩心迷，几"忘其所怀来"，失其所固有，在从前视为夷狄的，现在几变为神圣，猛然失掉民族自信心，几不复信任自己尚有文化，或己身文化尚有优良、高尚之价值，于是疯狂地予自身固有文化以猛烈之打击，欲一举根本推翻之然后快。浮浅者流遂乘虚倡为"全盘西化"之说以为变本加厉之图，其为矫枉过正之偏激言论固无待言，而其失却民族文化之自信，则最为彻底。

四、上面说过，文化的演进有时变质，由于变质失却其本来面目，因而减少其价值。在历史上不乏此种事例。演进至清，即得到畸形发展机会的精神文化，某些部分也是愈演愈讹，去本来面目愈远。尤其到了清末，简直把事实歪曲到不成样子。一般冬烘先生、八股文人，心目中的孔子那里还有灵魂，还有生气，木雕泥塑的偶像之不如。假如孔子真的那样，便早该打倒，如果中国文化的精髓真像清末的样子，也真该脱胎换骨。这种病态为历史上所少见，是民族的耻辱，也是危机。断断不能使他继续下去的。

五、中国文化自身发展到了清末，恰恰演至极度衰微的时期，正走倒霉运，前此畸形的、病态的发展，先天上根本不曾打下健全的基础，衰落下来之后又恰恰遇到西方正在盛壮之年的欧洲文化，用着另外一种姿态潮涌般地袭击过来，偏偏又以人之长，遇己之短，难怪要相形见绌，失其自信力。在这时不平等条约接连不断地给我们刺激、压迫，打掉了我们的自尊心，清室初入关时的朝气至此发泄无余，萎靡不振，终不能起衰振敝,自励自强,领导全民致力复兴事业,然而它在命运将终之际,不能知几而退,且更变本加厉,续施高压以图维持其统制权,一误再误,误自身、误国家、误民族、误文化之演进途程。当时国民对政府失去信仰,失去服从拥护的热诚,对传统文化失去自信力,对民族失却自尊心,情绪上充满了恐怖、自卑、愤恨的心理,感觉到自己的空虚,因而意志摇动,羡慕外人,拼命地做着破坏工作。无论是满清政权、传统文化,都不能满足他们的要求,都要把它一锤打碎。到了民初,这种心愿都实现了,清政权推翻,传统文化打倒,都成功了。但这两件工作都未作到充分满意,清政权虽然打倒,但当时支持清政权的北洋余孽,却留在那里,这工作做得不彻底,所以又继续革命,继续流血,到民国十七年才算澄清。旧文化固然打倒了,但太失于笼统,旧文化有缺点,有病症,有冒牌假货,我们都承认,但若说根本要不得,必须一股脑儿铲除,却断断不能承认。这种不分青红皂白的蛮干,我们根本反对。当时激于情感,作风上有些过火,当是大家承认的事实。但就从此把腹中泻空了,用甚么来补充,却拿不出货色来,于是乎悬空起来。所以紧接着造成的便是徘徊、苦闷、无出路、奇形怪状的时期都产生出来。心理上无共同目标,社会上无共同是非标准,随你东也好,西也好,没有人能批评你不是;跪拜也好,作揖也好,鞠躬握手也好,都不算不对;守贞操,媒妁之言父母之命也好,自由恋爱、订婚、结婚、离婚,唱着婚姻三部曲也好,也没人批评一声不是。"一人则一义,十人则十义",究竟是过渡时期不合理的怪现象,断不能使之继续,终究要归到"车同轨,书同文,行同伦"的地步。空虚的必须填补,摇动的必须稳定,这是必然的局势,也是自然的趋势。

文化上已不如人的心理已根本要不得,此种奴隶心理推演至极,乃影响民族心理,认为自己的民族根本不如人,此已不是文化问题,而是民族生存问题,也可说是由于文化问题影响到民族生存问题。换言之,即由于文化上奴隶思想,造成民族自馁心理。这种精神上的损失是不可以数计,影响既深且远的。不但及于外表,也及于骨髓,不但及于现在,也及于无穷未来。溯本穷源,不平等条约实为之历阶,可怕、可耻、可恨,无过于此——现在不平等条约废除,精神上的压迫解除,文化事业应当打起精神干出个样儿来了。

综观清代文化现象,一面由于自身的不健全,一面受西洋文化的袭击,一面受不平等条约的恶影响,已呈岌岌不可终日的局势,非重整旗鼓、振衰起敝不可。这是民族自己操纵命运的紧急措施,不容放弃权责,不容错过时机。

假如我们由历史上观察下来,则六朝的衰敝颇有类于清末民初的病象,然而随着隋唐盛世,文化亦由衰敝而强盛,更进而大放异彩,由民族性而成世界性,影响到全世界的文化。纵然我们不能过分夸张,说隋唐之盛是由文化所造成,然也可断言,设抛开文化,则隋唐盛世之所以造成,乃至隋唐之所以为隋唐,都失掉其内在的主因。历史上的盛世,文化一定灿烂而辉煌;文化上占着优势,历史纵有时中衰,也终能复兴。所以真能操纵历史时代的,一定要利用文化。

文化的进化应当是齐头的,大家并进,各部门各地域也都当是协同一致的。但历史上的事实并不如此。高的高入青天,低的低在地狱;快的跑在前头,慢的拖在后面,各走极端,相去乃甚远,造成各种畸形现象。试把现在社会状况作一横截面,解剖分析,可得一部中国文化演进史。从原始到现代,每个阶段差不多都可得到现实的标本,各地域不同,各宗族不同,各部门亦不同。就因此累得全民族不能步调齐一地向前迈进,创造美丽的历史,寻求共同的生活幸福,排除共同的生活障碍。民族文化不能得到完美而健全的发展,后面的拖住前面的不能放开脚大踏步向前,前面的要时时顾虑到乃至于回过头去帮助后面的伙伴。不但力量不能集中,且要因此而消耗。"夫物之不齐,物之情也",此种现象固为世界各民族所难免,但无如我国之甚。所以现在我们致力于新文化之建设要标榜民族的文化,意思就是全民族的,而不能有所遗弃,也不是部分适宜而另一部分毫不顾忌的。又为要求共同生存、共同福祉,要群策群力,携手迈进的,所以一面要努力向前,追上时代,迎头赶上西洋文化,而一面又要分出一大部分力量作唤起民众,提携后面同胞的工作。这力量费得有些冤枉,但非做不可,且非努力快做不可。因为假如听任百分之七十以上的同胞一直拖在时代的后面,民族前途是要吃大亏的,因为现在的时代不比从前,这种现象不但要使民族吃眼前亏,且是继续不下的。必定要听其自然,前面的不回头拉,后面的不向前赶,那迟早是要被消灭的,不必用武力,只有文化,活活拖,也拖死;活活挤,也挤死,天然淘汰是不能逃避的。想至此,使我们不寒而栗,这教育文化的工作是必须赶紧求普及而深入的。

站在大众的立场,自己当想想,为什么我不如人,而被拖在后面?过去的不讲,现在大家在分出力量来拉我们,帮助我们,替我们排除进步的障碍,谋取进步的便利,不该再醉生梦死,不该再推托甚么外在原因。老实讲,不进步的原因,惰性常居大半。自己唯一的办法,铲除内在的原因,尽其在我,然后进而求外在条件的配合。要知耻,要振奋,要咬紧牙根急起直追,为爱群,为自爱,都不容我们自甘落伍。

综上所述,无论从那方面讲,都证明中国文化必须积极建设,再不容蹉跎迟疑了。

三

依上述,我们的文化非赶快建设不可了。但建设甚么样的文化呢?

我们所要建设的文化是民族的文化,所谓民族文化有下列四个特点:

一、适合于全民族之生存的。此又有二义,即:一、对国内各宗族是合同一体,不畸重畸轻,力求其原有文化之融合,并发挥其特长,齐一其文化水准,使此新文化无不适宜之宗族,皆能提高之到一现代适存之水准。各宗族自身文化之优长得以发挥,他宗族之优长得以吸收融合,成互助互利、互相提高的局势。二、文化是生活的产物,不适于生存的即失其所以为文化,不过时代的演进使生活的条件时时在改变,因此文化必随时代而改变其面目,具有适应性。如不能与时代相配合,则民族生存将根本发生问题。

二、无疑地,在现代建设文化,使它现代化,要现代化便必须吸收外民族的文化。因为所要建设的文化是民族的,所以吸收要有条件,有标准和限度。而万变归一,以适于民族生存,不失其民族本位为原则。又因为新文化是民族的,所以必须以自身传统旧文化为主而斟酌损益之,去取之,改造之,使之适于民族之永久生存。旧的变成新的,死的成了活的。

三、民族的文化第一个条件便是消极的能自存，积极的能自卫。生活的事情并不简单，丰富的生命力要有，进步的生活技巧要有，为了生存而营集体生活的能力、道德，以及种种必需条件尤须具备。生活的障碍要有能力排除，生活的困难要有能力打破，生活的危害要有能力抵抗。对于自然界，要能征服，对于同类的人群要有生存上容忍退让的最低限度，过此限度再不抵抗，便是懦弱，是自己放弃生存权利。危害及于自身生存，或有扰害全人类生存和共同安宁与福利的危险分子，要有能力起而反抗、排除、消灭之的力量和勇气。"害人之心不可有，防人之心不可无"，为求自存，为维持全人类共同生存、共同幸福而仗义牺牲的怀抱必须有。这新文化的内在性必须是武装的，虽然并不想去侵略人，但武装不可不具备，"有文事者必有武备"，民族文化不具备武装，民族生存时时要受威胁，时时有被侵害或被消灭的危险，自身生存之不能保，更提不到维护全人类的共同生存，拥护正义和平了。

四、新的民族文化本质是和平的，是永久的。惟其和平，所以于民族本位之外同时具有世界大同的性能。惟其永久，所以民族能永久生存，在自身，生命力时时丰富而新鲜，生活技巧时时改良而进步，生活幸福能继续保持而促进；在外面，生存上的危害与障碍能永久排拒而解除。又唯其是和平的，所以是永久的，因为相对的暴力是不平的，不平的要鸣，要奋斗挣扎必归于平而后已。这样，世界永远是不安定的。唯有人道正义的文化是大家共存共荣、互助互利的。只有大家能生存，大家有饭吃，才能彼此相安，才能保持永久的和平幸福。和平连着正义，有正义才能持久，持久才有共同幸福。因此我们所要建设的文化是和平的、永久的，虽然名义上是民族的，实际骨子里却是世界大同的。

四

新的民族文化"内容"我们希望是如此的。技巧上、程序上希望大家不要忘了历史：第一，前事不忘，后事之师；第二，新文化并不是与旧文化截然划分，成为两事，而是前后连贯，成为一气的。抛开历史只讲现代新文化,是舍本逐末,没有根基的讲法。前后不接气的做法容易陷于与民族脱节的病象。

冯友兰先生讲新理学,说他是"接着"宋儒讲的,而不是照着宋儒讲的。"接着"是历史的做法,是抄近的路,也是进化的做法,最经济也最合理。历史的演进犹如接力赛跑,古人已走了八十里,我们接着从八十一里跑起,承继了古人遗产,事功上可节省多少力量。如果抛弃历史上的遗产而从头作起,于事为不智,乃至显然之理。实际上亦不能脱离历史,不过有历史眼光、历史修养的人,能更进一步因应历史趋势,运用历史理则与方法,为更能事半功倍。理智一点的当然会重视历史事实,而"接着"向前走,将事功成得敏捷而迅速,事功建筑在历史基础上。必如此,才能把基础打得牢固,把功业作得灿烂而美丽。

五

还有一种基本观念,必须弄清楚的,就是建设新文化必须就旧文化加以改造创新,对旧的予以整理、清算、改造,然后增加新血液,运用新方法而予以改造。惟必须注意:"改造"不是"改换",文化是民族灵魂,不好时可以"改造"而不可"改换","改造"是对症下药,予以医治;"改换"是弃其旧有,借尸还魂。有病可以医,医好了可以恢复健康,祛除病痛。弃其旧有,借尸还魂,是因其病而弃之,连根拔起,另易新株,改换一个新生命。但文化这里[只]可以改造而不可以改换。改造者生,改换者死;改造者存,保守者亡。

近五十年的历史,证明了中国文化的特有价值。六年的抗战,更见出只有中国文化才是世界上最光明悠久的文化,将来人类的福祉、战祸的消弭,有待于中国文化的振救。此次战争更证明和平正义的文化是人类的救星,终能得到最后胜利。暴力侵略的民族尽管它横行一世,但这混世魔王终不容于人类。我炎黄民族,要警觉:历史演进到今天,为了自救,必须建设新文化;为了拯救人类也不容我们袖手旁观,在一旁躲懒。收拾残局,责任在我们肩上;为人类开万世太平基业,责任也在我们肩上,生在这一代的中国人责任特别大,机会也特别好,全在我们的及时因应,担负这历史使命了。

至于肩上文化的步骤、办法,是技巧问题,求详细,可以作成万言的计划书,扼要举其原则或要点,则三言五语可尽,这里不想求详,只举其要:

第一,先集思广益,由理论之研讨求原则之确立。

第二,由中央主持领导,发动全国人力物力,悉力以赴。

第三,时间上尽量加速,必在抗战未结束以前积极动员,至少,在抗战胜利以前奠下基础,走上轨道。

第六章 历史与戏剧

戏剧是艺术中一个最大部门,晚近无论在西洋,在中国,戏剧事业都日渐发达,戏剧学术之研究,亦益见精深,虽然仍是艺术中一个部门,但颇有附庸蔚为大国的趋势,并与历史和教育都有极密切而复杂的关系,因有艺术篇新出,另立专章,单独论述。但作者对戏剧并无研究,今兹所论,并非为戏剧而言戏剧,乃为历史教育而言戏剧,所以本文论述范围,以与历史有关各点为主。

从前在乡下看戏,听见一般人对戏剧的观感,戏就是游戏,并不庄严,又是假的,也不必认真。同时因为戏剧所表演的是人生,于是觉得人生也就是戏,不过如此,真真假假,虚虚实实,无非是一场热闹的戏,何必认真?对于戏取一种轻蔑的态度,并没有庄重、严肃的气氛。当时年纪轻,对戏剧比现在更没有研究,所以不知道这种观感是否正确合理。但有时觉得观众所得的效果——连持游戏态度的人在内——并不是这样简单。看见表演古人大忠大孝的事迹,观众的表情是那样严肃、敬佩、感动,甚至啧啧称道,赞美不止,有时且替古人着急,陪古人掉泪。看见表演大奸大憝的行径时,切齿,愤恨,怒骂,一股不平之气充分流露在外面。记得有一次,乡村演戏,大家轮流管饭,一天唱曹操斩吉平,主妇看了戏,到吃饭时不准扮演曹操的人吃饭。旁人替他解释,说那是假的。谁知道主妇答得好得很,她说:"我知道他是假的,才不准他吃饭,如果是真的,我早把他杀了。"看了这,谁能说是非公道不在人心?这种强烈的正义感由那里来的,当然是戏剧启发的。正面的由感动、敬重而仰慕,而模仿,油然发生一种见贤思齐的念头。反面的由愤恨、怒骂而深恶痛绝,而自勉勉人,自励励人,这不但在情理中是一贯相连的后果,亦为有目共睹的事实。此外如诙谐的戏使人愉快,淫秽的戏使人放荡,卑鄙的戏引人入于下流,诸如此类,都有如立竿见影之效。由此渐渐觉得从前所见所闻的那种戏剧评价,并不正确,有些低估了戏剧,也歪曲了戏剧,慢慢地改变了自己对戏剧的观念。

　　历史是过去人生的如实记录,不实的不是真历史,历史之所以可贵,在实,在详。但它对我们报告的媒介,以文字为主,是静的,古人的一言一动,以及其声音笑貌,须凭想象而得,不亲切,对于读者的刺激力不太大。古人的生活对我们现实生活影响也嫌不够强大。假如戏剧家把古人生活中的某一种面相、某一种足以惊天地而动鬼神的生活杰作搬上舞台,使它重现在观众面前,把已死的古人借尸还魂,复活在观众面前,则我们顿时觉得古人与我们接近了。如果戏剧家的观点正确,取材得宜,手法灵活,用老练的演员,以纯熟的技巧表演出来,则不但古人的一言一动,亲切地摆在我们面前,而其人格、性情,亦一一渗入我们的心灵,刺激我们的内心,感染我们的志趣,涤清我们的思虑,顿觉古人已加入我们生活的队伍,立刻把我们的生活充实、丰富起来,而无形中使我们受了戏剧的升华作用,不知不觉把我们的境界提高。尽管它是戏,是假的,但观众看到入神的时候,却已忘记它是假的,即使知道,也不这上追求,而在精神上与之相交通,相融化。这时古人与我为一,不复辨谁真谁假。是古人变成活人了呢?还是活人变成古人了呢?是蝴蝶之梦为庄周欤,抑庄周梦为蝴蝶欤?到此时已成不可分的一体,算不清的一笔账了。戏剧的最高效用在此,而历史对现实的效用,到此也发挥到了最高顶点。历史对现实效用发展到顶点,也就是历史教育的最大功用。所以假如我们说"戏剧就是活的历史教育",也不为过。

　　上面说过,舞台上的古人是假的,动作也是假的,但表演到入神的阶段,观众却忘记其为假的,即使知道是假,在此时也不再认真,不以假的眼光和心理看他。但这还指的是以真的史实作题材的戏剧而言,实际纵然使戏剧表演的故事是只根据粗枝大叶的史实而加以渲染描绘的,换言之,即半出戏剧作家的演义的,观众也不以为怪,也忠实地当真故事看,而不去吹求那里是真的事实,那里是出于戏剧家所增演。事实上又有那个剧不经过剧作家的改造,因为不经过剪裁、描绘、穿插,不能成其为戏剧,究竟古人的声音笑貌一言一动有几个剧作家是曾亲眼见到的?还不是凭着想象根据情理而把它加详,把它放大?不过顶多忠实的剧作家对史实比较忠实些罢了。

这还不够,添枝增叶的戏纵然是添枝增叶了,但总还有个史实的骨干在。即使戏剧里的故事完全是出于虚构的,观众也一样受感染,看到入神的时候,也仍然是与之俱化。所以戏剧的力量,实在不容忽视的。因为人生是要以人生来填补,来充实,以至于提高的。历史是人生,故事是人生,所以人喜欢历史,爱听故事,戏剧也是人生,所以人爱看戏。所不同的,历史必定是实际的人生,而戏剧是可以虚构的而已。这就是戏剧与历史的不同处。但人喜欢看戏较甚于历史,这是甚么缘故呢?就因为戏剧是动的,历史是静的,由文字的媒介去想象过去的人生,到底不如用演员的媒介去现成的欣赏,比较来得直接而有力,并且一个细腻,一个粗略;一个静止,一个生动,当然要舍彼取此,舍难就易。因此,推进历史教育的人,必须一面减少文字媒介的阻力(如文字艰深、叙述简略)而增加其兴趣,一面要好好利用戏剧这块园地。

上面说过,历史是如实的生活记录,不会经过组合制炼,在艺术上说,是生货。戏剧则是经过戏剧家用艺术的手法,再组合、再表现的人生,是熟货。两相比较,虽同以人生为内容的东西,但在对人发生的效用而言,显然有所不同。假若戏剧家在再组合、再制炼的时候,除了运用艺术手法而外,再考虑到戏剧本身对人生所自然发生的教育作用,而牢牢地站在教育立场,为民族的群体生存下一点工夫,那么戏剧的艺术价值将更尊严而神圣。

历史又是整个的,也是有连续性的。但一件事的各方面、各阶段,不一定完全有教育价值。人,也没有绝对完人,总难免有功有过,有醇有疵。作史的人,遮掩了事实,歪曲了事实,或遗漏了事实,我们纵可以略其过而原其情,但失掉实与详两大要素,在学术上讲,终不能算是好历史。但是戏剧则不然了。戏剧家尽可以选择采取某一事的某一段,某个人的某一端,特别把它放大,特别把它描写,摆在观众的面前,那消过毒的纯维生素送进观众精神的胃口。这样一来,历史与戏剧对人生的贡献,就越发不同了。如能站在教育立场,通过戏剧家再提炼、再组合的戏剧,那就是我们理想的历史教育,也就是理想的戏剧了。

因为戏剧影响人生的力量大得惊人,所以当尽量利用这块园地,又因为戏剧可以把古人生活描绘增演,可能将古人歪曲冤屈,乃至可以完全虚构一个故事,虚构一个境界,来供人欣赏和仰慕追求,所以这园地最为危险。因为戏剧家对戏剧的取材、编制、表演,有无限的自由,权限太多,责任太大,所以最容易发生流弊。做好了是教育功臣,做坏了便是民族罪人,因为它的影响太普遍、太深刻,好的影响可以传之无穷,坏影响也一样流毒千古。一不小心,便造成无穷罪孽。论名称虽叫作"戏",但事实真真非同儿戏!古代的各种戏,现代的各种地方戏,都各有其优点,也都在国家、民族贡献过大的功绩。但另一方面,却也不敢说毫无不满意的缺点。戏剧本身的理论,这里不谈,只简略地说明戏剧对历史、对教育的几点意见。

第一要义,戏剧家非有历史修养不可。假如写的是历史戏,则更非彻底地精通历史不可。历史的意义、历史与戏剧的关系、历史的发展、对现实的影响、取材时代的生活状况、与现代的距离、材料的真象、意义与评价、人物的特征与道德价值,都先要有成竹在胸,尽管添枝增叶,或剪截支冗,但自己对这一切,都必须有清楚的认识、正确的理解。最要提防的是要表彰那个人,但演出来却是骂了他。要描写那个人的性格,而结果却歪曲了他,使古人在地下叫屈。其次要提防的是不要以现代意识、现代生活习惯加在古人身上,使古人出洋固然不可,使古人谈现代式的恋爱,又何尝可以?写一个人,要写他的一生杰作,或人格上的最高点。写某件事要抓住某事的意义和它的关键。此外又须随时顾到其对现代可能发生的影响,我们必须警觉,挖苦了古人,比较的罪过还小,发生反教育的效用,罪乃真不可赦!假如对某人某事本很清楚,或后世已有确当的定评的,但写出来欲益反损,这不是别有用心,便是戏剧上的笨蛋,这教育的手法,反面的刺激,究竟不如正面的鼓舞,虽非绝不可用,但究以少用为上。

历史是有目共睹的事实,作史剧固然可以穿插描绘,但不可改变太多。观众对戏剧的观感与信仰,与改变事实的多少成反比例,去事实愈远,信仰力愈低,所以写历史剧最好不要作翻案文章。一方面硬把明明白白的事实反过来写，先在观众上起一种反感，随即减少其信仰而消失了戏剧的教育作用，甚或由此而发生反教育作用。再说，与其故意反史实，何如另起炉灶之为愈。必定要这样写，不但戕害了历史，同时也伤损了戏剧。事实究竟是事实，增删演义一点，以求便于演出，未始不可，瞪着眼睛说假话，那就只有惹人反感了。平剧里的上天台，把一个优礼功臣的汉光武，硬写成一个杀戮功臣，而自己亦与功臣同归于尽的暴君，无论如何解释，我是难于首肯的。一定要写杀戮功臣，为什么不取材于汉高祖？

其次，写现代戏剧好像与历史无关了，其实还是需要历史修养的。无论是历史剧、现代剧，当然都以人生为题材，又无论其为真的事实，或出于虚构，也是都以人生为中心。戏剧之有教育功能，有指导现实生活的力量，也就因它捉住了人生作它的内容，但现实生活，来，来自何处？去，去向何方？什么是古人成功的路？什么是古人失败的路？这一切等等，没有清楚的认识、正确的观念，是不配作领导人生的导师的。但这知识与观念如何获得呢？一句话，历史修养。

站在戏剧的立场来看历史，则历史为戏剧的绝好资料。固然我们不能说把全部戏剧都作成历史剧，但戏剧如舍弃了历史的资料而不用，其损失将更甚于推行历史教育的舍弃戏剧园地，为最不智之事。因为观众心理比较起来究竟愿意听实际的故事，而不愿听想象来的虚幻境界。接受历史所给的教训，总比接受由戏剧家虚构故事所指示的教训更坚决而不疑。因为事实胜于雄辩，并且事实是已验之真理，换句话说，事实就是教训。观众看戏的动机虽并不是为受教育而来，但也颇愿由娱乐中得到前人得失成败的道理，作自己的参考。作者在看历史剧的时候，就常作设身处地的设想：假如我是剧中人，对目前的局面如何处置？看了剧中人处理的结果，常常予以道德的评价，得到事理的认识，以及处世接物的教育。经过这种心理过程，好的剧，真能得到益处；不好的戏，也真能引起反感。看了歪曲事实、污辱古人的戏，真替古人生气，为他叫屈。看了搔不到痒处的戏，真替剧作家着急。至于一般观众对虚构的故事，终须用自己的生活经验证明其为真理，才得到某种启示，而在心理上起共鸣作用，同时感到愉快，受到影响。又必须写得入情入理、丝丝入扣，才能对之发生信仰。但写戏剧是要以生活经验为资本的，假如剧作家的生活经验与认识并不如观众的丰富而深刻，被观众看出破绽，或感到浮浅，则剧作家的精心结构全归失败，不能发生作用，甚至发生反感或讥评。为了避免这种损失，我们为戏剧家借箸代筹，觉得与其煞费苦心，凭想象而创造故事，不如利用现成的历史材料，比较来得省力而又稳妥有效。并且有一些问题不能用现实材料写，必须藉历史写，亦有些问题，用现实材料写须十分力量才能写出来，用历史材料写，轻描淡写几句话，一两个动作，便可写得充分满意。如果要用讽刺的手法，则更必须用历史写。用历史教训人，人没有话讲，尽管舞台上挖苦某个人是教训某一些观众，或明明是借古人的嘴作指桑骂槐的勾当，被骂的也只有哑子吃黄连，偷偷地把苦头吃下去，暗暗地受着良心的惩处。用现实材料写，很可能发生反感，而对剧作家有所不满，认为是有意拿甚么人开心。剧作家纵想站在圈子外，结果或者要打入圈子内。用历史材料，大家都是客观的地位，大家没话讲。

历史剧是把历史趣味化、教育化了。为了趣味，自然不妨穿插些人物和情节，但最要小心的，是不可因为增加的陪衬人物和情节而累及剧情，转移了故事的意义，或轻重倒置，以至于歪曲了人物的个性与人格。这是要注意的。

人类有一种通性：喜欢看戏而厌恶现实，虽然现实与戏剧的内容同是人生，但对自身所处的现实人生总有厌恶之感而不感觉兴趣。这一面是由于朝夕居处的人生和自己没有距离，太亲，太切，久而生厌，同时也是由现实生活触目都是不满意的缺陷，太丑恶，太不理想，所以时时想找寻与我同类的实际生活里之比较美的、比较没有缺陷的部分，来补偿自己的需求。最合于这种需求的，莫过于戏剧，尤其是历史戏。前面说过，历史本身是艺术，而戏剧更是艺术中最生动、最完全、最能感人的一种。选取比较完美的、比较理想的艺术材料，把它更加艺术化，当然为不满现实、厌恶现实的人们所欢迎，情愿把全部精神思想，交给戏剧家去操纵，由他引入甚么境界，自己不管了。所以戏剧家的权限特别大，而责任也特别大。至于我们所以要侧重于历史剧的原因，一则是观众信任事实，欢迎实有其事的理想境界；一则是比较稳妥而便利。因此在选材与运用手法上，不能不特别注意。

创造现时代新戏剧的，应当吸收西洋戏剧的精髓，当然不成问题，但若完全舍己而耘人，轻己而重人，则似乎不大合理。中国历史上尽有好的戏剧，如现在的各种戏，也都有历史价值，多少保存些历史上戏剧的优点。元、明的杂剧、传奇，不但是戏剧文学的上乘，即在中国全部文学史上，也占着后来居上的地位。音乐、舞蹈、舞台上动作，也都保存不少历史上可宝贵的东西。若说这些东西全不值一顾，我总觉得似乎过火。怎样把这些东西融化吸收，运用到现代戏剧上去，使它更发扬，更进步，以造成中国型的新戏剧，这是现代戏剧家的责任。

古代文化的某些部分藉戏剧而保存的，仍能表演在现代人面前的，也有不少，这是借了戏剧这部车子载下来的。如揖让进退之节、衣冠服饰之度、生活日用之事、热肠豪侠之风、婚丧庆吊之礼、君臣父子之分、战争交通之器等，我们都远可在戏剧上得窥古代文化之一斑，是历史藉戏剧而无形中流传至今者，颇值得我们珍视。治历史的固然要理会这些东西，治戏剧的又何尝不当理会，亦何尝不当分别予以保存、利用与发扬。

前几章讲过我们对历史的看法是艺术的看法，用艺术的眼光看历史，简直可以说，历史就是戏。这两种艺术作品，又都是用"人生"写成的。没有人生，就没有历史，也就没有戏剧。二者同以"人生"为起点，亦同以"人生"为归宿。戏剧以历史为题材，而历史藉戏剧乃对人生发挥最高的教育效能，同时亦藉戏剧保存、流传了一部分材料。互为因果，相得益彰，合之则双美，离之则两伤。如果历史家与戏剧家携起手来，应该对民族有更好的成就、更多的贡献。吾不禁翘足以待之。

第七章　历史与小说及其他艺术

在上篇我们主张要使历史发挥更大的教育功用，当利用戏剧的园地，在这一篇，根据同样理由，我们要主张于戏剧之外，更推广到小说园地上。

同样的戏剧是艺术，小说也是艺术。历史要利用艺术，原因就是使它美化，美化就是增加趣味，有了趣味，才容易动人，才受人欢迎，也才能发挥教育功用。板起面孔训人，是不受人欢迎的。除了正规教育不能不采用外，是不宜多用的。像广大的民众教育，就当以艺术的方式，用趣味引人入胜，使之在不知不觉中受到感染，即所谓潜移默化是也。戏剧和小说，都有这种功用，而历史的性质又最近于这两种艺术，也最宜于这两种艺术。天然的历史是戏剧和小说的最好内容，而戏剧和小说是历史的最好表现方式，内容与形式合作，双方都得其所，而坐享其成的却是教育。所以我们站在国家、民族的立场，站在历史教育的立场，要使历史和戏剧小说都能结婚，互助互利，都得到正常发展，而国家、民族却得现成的便宜。

小说和戏剧相同之点甚多，如同是以人生为内容，都可以写实，也可以虚构，都可以很细腻的叙述故事和构写人物，对欣赏的人都有极大的吸引力和感染力，也都能使人悲欢喜怒，情感上发生激烈的变化。所不同者，一以演员为媒介，"演"成言语动作，是动的；一以文字为媒介，"写"出言语动作，是静的。欣赏的人由前者可直接耳闻目睹，由后者却须想象，而其将故事美化与减少文字的阻力则一。还有一点，是小说胜过戏剧的，即戏剧受了演出上种种限制，不能把长的故事，原原本本地写下来，使它完整而细腻。所以大都是片段的，观众不能有头有尾地把一件事得一个完整的概念，往往是兴趣刚刚引起，而戏已经完了，或竟是还未摸着头脑便已终结，缺乏连续性，旧戏虽有许多成本的长戏，可以连续演出，但因观者、演者的种种限制，很少能连演几场或几天的。小说则颇能弥补这种缺陷，一件故事尽可以前前后后叙述得原委分明，也可以有旁枝有陪衬。不厌其细腻，也不厌其长。而读者拿到手中，不但娓娓忘倦，甚至手不释卷，废寝忘餐。到这时还唯恐其不长，随便拿在手上，床头枕畔都可以读，方便到了极点，不受时间和空间的限制。这是小说比较便利的特点，假如我们把戏剧和小说相辅而行，使它们互相弥补缺陷，则可得相得益彰之效。

由于我们自己读史的经验，深深觉得越写得生动的、细腻的、越有兴趣，也容易记忆，因而受影响也愈大。粗枝大叶的记账式的纲目，尽管有它学术上的价值，但一般民众是不发生兴趣的。即或是成篇章的文字，假如是呆板平直的叙述，纵使我们钦佩它对史事很忠实，但发生的作用仍很有限。读《春秋》的都喜欢读《左传》，而不喜欢经文与《公》《谷》两传，就因为《左传》重在事实，且写得相当生动，但《左传》文字仍极艰深，非一般人所能畅读通晓，我相信假如有人把它穿插描绘，站在教育立场，予以增删详略，用流畅的白说文写成连贯的小说，一定要发生极大的教育作用。且无待宣传，不胫而走。不但《左传》，也不仅历史，一切书都是富有文学性的受欢迎。《三国志》和《三国演义》，便是最好的例证。尽管《三国志》是冠冕堂皇的正史，《三国演义》是不能登大雅的稗史小说，但就功效而言，则显然的，陈寿是失败了，试问一般妇人孺子无不知有诸葛亮、关公、刘先主，无不痛恨曹氏而同情西蜀，是谁的力量？假如没有罗贯中把它演为小说，再没有旧剧中的许多三国戏，则恐怕大家连这些人与事的踪影都没有，还不是和其他朝代一样的模糊暗淡，漠漠然不生影响？可惜像《三国演义》这样书太少，像罗贯中的人也太少！过去未能将历代史事都这样作下来，也都写那样好，使我们灿烂光辉的历史未能发挥伟大的教育作用，把全民过去活动的遗迹，也介绍给全民，使大众都对自己祖先的伟绩有个清楚的轮廓，心目中也都有几个追思向往的活的人物。以鼓舞其生命力，而作其生命的资本，这不能不算是最可惋惜之事，同时也是不智之事。近年虽也有几种历史小说,但一方面文字不如罗贯中,一方面材料亦多偏于宫廷琐屑,不够理想,其影响读者的魔力小,所以未能畅行。我们要知道,写小说必须有一种极强大的魔力,才能抓住读者,其影响力量之大小与魔力成正比例,魔力就是小说的灵魂。但若问这魔力到底是怎样一种力?内容是什么,则又很难说,因于它是抽象的东西,无法形容,是可以意会而不可言传的,也无法教人。但熟读小说的,与常作小说的,都心领神会地有这种感觉。如必定要问它的内容,或者勉强可以说就是情感。

人要看小说,主要的动机,是情感上的要求,平板的生活,到了时候是要求刺激一下的,也要求它起个波澜的。此外也要求寄托,要求发泄。小说最能适合这种要求,它以故事为内容,先天上就受人欢迎。写的人如能把里面的人物写得人格清晰、个性分明,再整个拿情感贯穿起来,该哭的教人哭,该笑的教人笑,该愤怒的教人怒目切齿,则读者的灵魂即被他抓住,随着他操纵;同情、愤怒、怜悯、愉快完全随着小说的笔为转移。到了情感冲动的时候,一切都忘了,与小说便合而为一,这便是魔力。有这样本领的,能使读者爱不释手,而在其情感随之起伏时,便是教育作用的发挥,至于无形的感染的境界,则在写的人在取材料、描写与剪裁种种手法上加以注意了。

还有一种,情感的使用不单在全书故事的结构穿插上,同时还要能连用在文笔上。梁任公批评他自己时会说:"纵笔所至,不检束,笔锋常带情感,对于读者别有一种魔力焉。"老实讲,作者就是深受他的魔力的,他的笔锋常带情感这一特点,不但使我深切地感到,同时亦觉颇受其影响。读他的文章,觉得气充调沛,情感恳切,犹如当面对语。所以他写的虽然不是小说,而多是些教训人的话,以及讲学问的话,但是读了特别感得有趣,所以他编的报纸杂志、著的书,能不胫而走,销行之数大得惊人。清末民初的时候,一般青年读者,几乎被他一人垄断了。假如用他的笔调写历史小说,那真太理想了。

小说的魔力除了情感就是境界了。境界凭想象,要虚构,写历史小说虽然也赖一点想象力,美化历史的境界,但究以情感为主,想象的境界为辅,故此不再多论。

也许有人说,历史是事实,贵真,贵详;小说纵能详,但不能全真,于历史意义相违背,提倡历史教育不当利用小说。

我们此有两点可答。

第一，要把历史学术与推行历史教育分开，学术上的研究尽管忠实谨慎，也尽管求其高深，但那是专家的事，读者对象也为知识阶级。发展历史教育，是使它在全民族上发生力量，这力量有理智的成分，也有情感的成分。所以历史教育是理智教育，也是情感教育。推行历史教育要运用灵活的手法，如果死守在呆板的简单事实上，只凭强迫注入的方法，不加一点趣味，不给它一点生命，则所能发生的作用将微细到十分可怜。只要给历史学术留有余地，运用一点灵活的手法，使它发生大的力量，不是不合理的办法。

第二，真的历史本身就是小说，本不离人情事理，每个人都有言语笑貌，举止动作。每件事都由细微的情节所穿插，所构成。可惜现在我们对这些过去事实的细微情节所知太少，所能知道的只是一些轮廓。若再深进一层，则这些轮廓的可靠性已很难说。作者在"历史的特性"篇讲过去事实流传在横的空间，是一传再传，越传越讹，去真象越远。在纵的时间方面，也是越传越简单越模糊，寖假演变，就只剩轮廓了。有的事越传越详细，越热闹，那便是遇到野心家、好事者，或是小说家，把它装点穿插，凭他的生活经验，照他的生活理想，描绘放大了。只可惜这些人并不全是站在民族国家的立场、教育的态度来下手的。所以或不发生作用，或发生不好的作用。其发生好作用的是侥幸，而不是有计划的。现在我们设想，那一件简单模糊的事迹，没有细微情节？那一件事不是生命情感来穿插成功的？欣赏历史的人，所需要的、所欢迎的，也是有生命、有情感、有细微情节的生动故事，而不是简单模糊的轮廓。能发生力量的，也是前者而不是后者。因此我们要供给，索性就供给大家所欢迎的、所需要的东西，不要只给他一点点空洞的影子。固然我们对古事所知甚少，但万事不离乎人情事理，在不违背人情事理与事实意义的原则下，把简单的事实加详放大，加上生命情感，这不能算是份外的要求，也不能算是不合理的作风。我们现在所提倡的历史戏剧化、小说化，就是此意义。

姜蕴刚先生在其所著《历史艺术论》（商务版）中索性赤裸裸地讲历史就是撒谎，虽然作者有嫌其过火，不主张明明白白的撒谎政策（因为那颇有近于日本作风的嫌疑），但后人所能知道的历史有不少是撒谎来的东西,则是无可讳言的事实。在这些地方如果太认真、太老实,那我们对历史便毫无办法。"尽信书,不如无书","桀纣之恶不如是之甚也。是故君子恶居下流,天下之恶皆归之"。是此理自古已然,并不为怪。

此外一般艺术也具同理也当利用。

诗是任何民族都有的,抒情诗、说理诗、叙事诗,比较起来最不受欢迎的是说理诗。抒情诗受欢迎,叙事诗若写得成功,是最受欢迎的。因为里面有事实也有情感,藉事实以表现的情感比仅为抒情的为更能动人,更能引起人的同情,不过比较的难作。伟大的史诗,永远被人传诵的。中国的"孔雀东南飞",老杜的《三吏》与《歌行》,是每个人都忘不了的,元白诗、后主词、稼轩词、放翁诗,以及晚清的黄遵宪诗,都特别感动人,被人传诵,就是因为他们藉事实以发泄情感。事实本身就是有情感的东西,再加上作者的情感,所以最能动人。西洋的荷马史诗、马赛曲、拜伦的诗,不也都是传诵不绝的诗篇吗?伟大的诗家要立志写伟大的史诗。

传记、游记、日记、杂史都有历史价值,都是可以利用的东西,都可对历史教育贡献很大的力量。史家传、文人传、碑铭墓志都是历史,但据我们自己读书的经验,呆板的公式化,滥调陈套,看了便头痛。富有文学性的生动灵活文字,最受欢迎,最有力量。

绘画也是和历史关系极其密切的艺术。大的艺术家如能把时代精神、人民生活之可贵的特点,以及伟大的民族精神采作题材,搬上画面,可以永远留给人欣赏,而观者在欣赏的时候无形中便已受到启示,发生感发兴起的作用。参观过古画展览,常常在心理上起仰慕赞佩的心理,因而感到自己的渺小、不长进,对不起先祖。这就是历史藉着图画发生了教育作用。当代的画家也应该立志向这方面努力。

建筑雕刻,也有和绘画相近的作用。大同和龙门的造像、北平天坛、故宫等的建筑物,都使我们发生同类的感觉。这也是历史上某一部分精神遗产对我们发生了教育作用。

总结起来我们的愿望是:

历史文艺化!

文艺历史化!

历史与文艺完全教育化——教育化也就是民族化。

第八章　论史观

一

本篇讨论对历史演进的看法,也就是现代所谓"史观",关历史哲学方面事。

历史是进化的,这是古今中外大致相同的看法,纵间有不同,亦无关重要,不必援古证今,多费笔墨。这里所要讨论的是:历史演进以何为中心?唯心乎?唯物乎?唯生乎?此中心如把捉不住,则研究历史根本既误,将一错百错,全无是处,中外论者对此问题争议颇多,晚近为甚,必先解决,俾历史教育早入正轨。

先要声明:我们所要讲的历史,是指全民族整体活动的经过而言;空间上包括全民族、全地域,时间上包括从原始到现在。在此范围内的所有活动、所有遗迹,皆为吾人研究之对象。

历史是事实的积累,研究历史必须从根本上就一件件的事实去探求和认识,由事实上建筑起的知识才是真正的历史学;离开事实而由空想,或一偏之见得来的知识,是空中楼阁,是没有根基的学问。研究事实只观其表相还不够,必更求其所以构成,乃能明其因果。构成事实的是人的行动。行动受心理的指使,因而有人捉住了这一点大加发挥,遂产生了唯心史观。人靠物质生活所以行动要受物质的支配。因而又有人捉住了这一点,大加发挥,遂产生了唯物史观。这两派中又分许多派别,如英雄史观、社会心理史观、地理史观、科学史观等。

心理指使行动,这是事实。但进一步问心理活动的动机是甚么?目标是甚么?在此当然不能否认物质的力量,实际人生那一天能离开物质,没有物质根本就没有人类,离开物质讲人生,也正如离开事实讲历史,一样地没有基础。不过我们这里所讲的物质是广义的,除了自发的精神活动之外的所有自然条件,如影响衣食住行以及体质的有形、无形事物都包括在内。具体一点,也可以说是地理条件。无形的气候,属于地理;有形的山川、地势、交通、物产,以地理为根本。这种种事物直接影响到人生,然而这些条件空间上有不同,时间上有演变,所以造成世界不同的民族、不同的文化,因而也写成不同的历史。由于现在地球上优劣民族的地理分布,已证明地理条件对人生关系的密切。我们看历次与历史有关的各种展览会,特别是边疆文物,已得一定理,即自然条件恶劣的民族,文化的程度低;自然条件渐次优越,文化程度也渐次提高,显明真切,不可否认。土质硗瘠之区,竭其心力体力勤苦终年,不得一饱,更无余力创造文化,求更高之生活。自然条件较优越之区有余力享受精神生活,运用其心力体力以产生文化。愈能产生文化,愈能克服自然界之困难,因而控制物质,利用物质,因果相循,于是民族文化强弱相悬愈远。寒带、热带的民族,天然地不能与温带民族比较,因为他在先天上已吃了大亏,事实上没有两个物质条件绝对相同的人或民族。孪生兄弟还不能样样环境相同,何况乎民族? 如果说物质不影响人生,那全世界的人类,都应一样,历史也应该相同。如果我们把物质条件从人类历史中抽出,又怎能把全人类的历史融会纵横地讲通? 行动固然受心理的指使,但心理活动又以什么为中心? 固然精神条件上的要求不可忽视,但究竟寻求维持生存的物质,为其根本。解决精神要求的行动究竟在物质相当满足之后,才渐渐发展,原始人除了经济活动之外纯精神部分到底有限。

假如只笼统地就民族讲,不易明白,那么就一个人的历史讲,便可了然。现在我们常常听见"经济压迫"的名词,经济压迫可以使一个人才能不得展布,行动不得自由,志气不得发挥。为了环境的恶劣,竭其心力体力,不能满足生活上最低限度的要求。像这样不知埋没了多少有才有志的英雄豪杰! 经济限制,使一个人不能尽情地创造生命,推进文化,用心力体力写灿烂光辉的历史。这铁的事实能不使我们正视这物质条件! 讲历史而忽略了物质,怎能算得到历史意义的全部? 无论如何，不能不算是一偏之见。

讲英雄史观的侧重在操纵时代，创造历史的少数杰出人物的活动力量，人物活动靠心理的指使推动，所以唯心史观中有这么一派。人物的因素在历史演进中占很重要的地位，我们不但承认，且曾在以前各章强调此旨，以期唤醒国人起而操纵时势，创造美丽的未来。但这说法用以推进历史教育，说明历史动力则可，若以之解释全部历史演进的意义，则不可。显然的，这种看法是没有深厚根基的一偏之见，尽管人物活动的动机不在于物质，但他不能离开物质的基础，尤不能违背全民生活精神的、物质的要求原则。换句话说，就是不能违背全民意志和全民利益。尽管你有回天之力，如站在反民族的立场，无论如何是不能成功的。论项羽光明磊落的人格、拔山举鼎的体力、反抗强暴的无畏精神，无不十倍于刘邦，论成败，当属项羽而不属刘，但这叱咤风云的人物，终究惨败下来，身死于刘邦之手！历代史论家举其得失，无不归咎其于不能用人。然此乃末节，非问题之根本。其持论之失在就表面现象论事之得失，而非历史的看法。历史的看法对于一件事并不自此事本身发生时看起，而要从其未发以前看起，还要深进一层看到所以有某种现象发生的内在意义与无形力量。如果我们明白了暴秦之失败是败于全民没有武器的武力，是以至柔克至刚，则我们可以得到一个教训：就是秦违背了全民生活精神上、物质上的要求原则。站在反民众意志与利益上，任何人不能存在，任何事不能成功。他不但失掉了民族的基础，并且就由这基础反过来，给他个泰山压顶。尽管民众们赤手空拳，而他有天大的武力，一样要覆灭崩溃。不这样讲，我们如何能讲通：以强秦之固而竟亡于斩木为兵揭竿为旗的囚徒陈涉？秦之亡，亡于民众没有武器的武力，这没有武器的武力是甚么？是反民众生活意志和利益所发生的反动力量。我们明白了秦之所以亡，也就明白了项羽之所以亡。不从秦看起，也讲不通项羽之所以亡。项羽擅秦之强力，但他没有历史修养，睁着眼向秦覆亡的路上跑，焉得而不败！由他起兵起，一贯的作风都是亡秦之续，就是残暴嗜杀，唯力是视，不把没有武器的民众看在眼里，不明白历史的演进必须循着民族生存的原则而发展，妄想不顾一切地只凭自己的力气去开创，可不知道这历史上的"势"，逆不得，民众生存意志和利益，违背不得。一定要凭力气创，只有自己吃亏，说一个比喻：中国好武术家对付笨勇士并不用多大力气，就用他来的力量回敬他自己，所以来势愈猛，吃亏愈大。项羽先杀自己的统帅宋义，继坑秦降卒二十万于新安，又焚咸阳，自封诸侯，杀义帝，所至屠杀无辜，人人自危。种种措施，都是秦走过的失败之路。反观刘邦，约法三章，除秦苛法，为义帝发丧，所至抚安百姓……人民之向背，判然可见。所以论刘项之得失，能否用人等都是细枝末节，无关重要，根本问题乃是对于全民生活意志与利益的向背。不然，以旷古罕见的英雄项羽，为何不能凭他自己的意志与力气创出一番天下，而瞬息趋于覆亡，身死人手？所以说用英雄史观解释全部历史，是讲不通的。

此外社会心理史观等等，亦皆一偏之见，现见上述，不复多论。

二

讲历史固然一定要重视物质，但我们并不是马克斯论者，讲唯物史观，或经济史观、地理史观等。相反的，我们反对偏颇的唯心论者，同样也反对唯物史观或经济史观，因为他们同样是偏颇不全的，甚至较唯心论者有过之而无不及。

物质生活极其重要，自无待言。但从时间上讲，物质生活在人类全部生活中所占的成分不是一成不变，而是有消长演变的。空间上各地民族由于自然条件的不同，而物质生活也多少不等。原始人只有物质生活，由于进化的道理，逐渐有了精神活动，慢慢地产生了宗教、艺术、伦理、政治等精神产物，只会愈用愈多，精神愈活动愈发达，克服自然条件与控制物质的能力亦愈大，逐渐从大自然手中夺得更多决定物质的力量。人类历史渐渐地精神成分多于物质成分，精神控制物质的活动也将日见增加，而物质生活亦将日趋精神化，即物质生活中掺入精神成分亦日益增加。例如由原始采集经济，逐渐演进而为农业经济，又由原始农业经济，更进而为工业化的农业经济，这就是物质生活中加入精神成分的证明。我们对历史固然不能用现代的眼光看古代，同样亦不能用看原始的眼光看现代。讲原始社会，侧重一点物质条件，或者可以

（我们说或者可以，是要在哲学上留一点地步，因为照哲学的眼光看，尤其是用辩证法看，绝对的、单纯的原始时代，采集经济，实在已极难肯定与划分。即使指定，而此时代亦时刻在演进中，精神逐渐由萌芽而发达，并无绝对单纯的无识无知的物质活动），稍后已不可，到了现在更不可。此就时间之演进而论者。若就空间之差异而论，据上述，以侧重物质的眼光看未开化的民族，或者勉强可以，看半开化民族已不可，看文化灿烂、旋乾转坤的文明民族更不可。所以如分开讲，在某种情形之下，或者可以勉强相对地讲，一定要武断地赅括全部历史，无论如何不能讲通，稍有科学头脑、逻辑知识的，当能承认这个道理。

人究竟是人，与一般的物不同。所不同的就是人有精神，有情感和理智，物质生活之外还有精神生活。一般的下等动物得到物质生活的满足之后，已别无所求。他们的活动，单纯地以寻求物质为范围。而人则在物质生活既足之后，仍有所求。且其所求永永无有止境，因而有不断的活动、不断的文化产物，也就因此人类才能促进文化，提高生活，创造历史。此即人之所以为人，所以与物不同的地方，现在的世界，是人的世界；历史，也只是人的历史。如果我们的眼光"唯"物是观，甚或只看到经济，说人的活动只是为求饱肚子，那就等于承认一个"人"无异于一只猪，连狗都不如。因为狗于饱食之外还能守夜，能侦探，能为主人做事，它有机警的性能、忠义的道德，也还有求食以外精神方面的活动。惟有猪，才只是"饱食终日，无所用心"，吃饱了只有睡觉。但谁又能承认人的生活不过如此？近，可以睁开眼看看现实，看看自己；远，可以翻翻历史，一件一件查点过去的事实，除了为物质和经济而活动之外，再没有活动了吗？这个问题便可用事实去答复。

如果一口咬定在物质上，"唯"物是观，那我们就要问：哲学、宗教、艺术……是怎样产生的？历史里面有没有它们的成分？民族演进受不受它们的影响？但是哲学东西那一样和"物"有关？那一样只建筑在经济基础上！但是地无分中外，时无间于今古，任何民族都或多或少的有这些精神文化创造，享这些精神文化的生活，并且一天也离不开它们，这是甚么缘故？唯物论者能给我们以满意的解答吗？

人是有欲望的，藜藿之食既足之后，更求粱肉，粱肉既足之后，更求珍馐，珍馐既足之后，该无所求了，但享尽人间福的秦皇汉武却是最不满足的人。国内国外经营开拓，最后还要求长生不老，求海中神仙。纵然抛开这些不论，就广泛的人群说，又有哪个蠢猪只有物质欲望，没有精神要求！有戏剧，有电影，说书的，唱曲的，尽管食不饱衣不暖，也一样要去看。戏是看完了，肚子还是饿的，谁教他去的？精神的要求。无论甚么人，有物质的欲望，也有精神的要求；有现实生活，也有理想世界；有物质行为，也有精神活动，这可以眼前的事实替我们作驳不倒的证明。

欧洲历史上有大规模的宗教战争，也有小规模的宗教牺牲。在中国历史上有大规模的抑强扶弱、维护正义和平的侠义行为（墨子非攻，止楚攻宋，巨子孟胜率其徒八十五人死阳城君之难），有为求精神舒畅、人格完整而舍弃安富尊荣的物质生活的牺牲，有为发扬正气、力挽狂澜的超然行径。于是乎有"千夫所指，无病而死"的力量，因而丘迟一纸书，使强悍的陈伯之率兵反正。这类事实在中国历史上一件挨一件，数不清，举不尽。中国历史之所以构成，所以进展，大部分靠这些动力。其实放开点说，西洋史又何尝不是如此，假如人类历史中没有这些精神行动和非物质力量，那么历史上还有甚么？如果一定要"唯"物是观，也要请把这些事实替我们讲通。

我们并不要离开物质讲精神，我们重视物质，讲足食足兵，民信之矣。可拿正统派的儒家思想作代表。孔子讲富而后教，孟子讲恒产，讲保民，这是我们传统的政治理想和步骤。在次序上固然是食、兵、信，先富后教，但在必不得已情形之下，则先去兵去食，而独留信，理由是"自古皆有死，民无信不立"。此论似乎冲突，实为真理，我们在此必须深思：假如国民物质条件完全充裕，不成问题，但各个人之间全无信义，不能互信互谅，大家能不能一日相安？人是群居动物，不能一刻离人群而独居，这话我们已在第一篇"历史与民族"中讲过。孟子说"一日之身百工之所为备"即此理之说明。这彼此互相依靠、互相交通、互相帮助的社会，所以能维持个人生存、社会组织与秩序的，全赖彼此的相互信赖，不要说广大的社会，即是盗，亦有道。盗之道亦以信为基础。设若盗而无道，亦不能存在，其团体全无信，则其组织必瓦解。某盗个人而无信，则其人必不能在其社会中立足。盗尚如此,何况广大纯正的社会?这个信可说是凝结社会的士敏土,虽然看不见,但没有它社会便立刻瓦解,任何人都不能生存,尽管你有充分的物质,是不中用的。

伦理道德又是空洞的东西,饥不能食,寒不能衣,但你说他不重要吗?请试试看,没有伦理的社会,没有道德的人群,将是怎样情形?也许有人以为我们有法律、军警,可以维持社会秩序。不错,我们不能否认法律、军警的力量,但这力量究有多大?它的效能有没有限度?已经表现出的过失行为是不是还有一大部分在法外自在逍遥?未作成的罪恶之念是不是在那里纵情奔放,希图漏网?这法律、军警的力量不但是消极的,且是有相当限度的。它只能消极地防止和惩罚一部分有害于人群的罪恶行为,并没有积极的作用,更没有推进人类互助合作、相爱相谅的力量,也不能提高文化,发展人民生活。然而历史的向上、人类的福祉,全仗这些相爱相谅、互助互信的力量。而这些力量的来源乃是伦理道德,而不是法律军警。我们试一分析,可辨人类日常行动中有多少是法律行为(包括政令,是被动的),多少是道德行为,多少是非道德行为(不属于道德范围的行为)。维持社会秩序的道德行为和法律行为有同样功用,而促进社会向上,为人类谋共同幸福的则只有道德行为,而法律行为不与焉。创造历史是应当有积极性的行动,而不是消极的不危害行动。纵然我们退一步,只就维持社会秩序一端而言,也是要忠实伦理道德的。卫君待孔子而为政,必先正名,必使君的君,臣的臣,父的父,子的子,这就是正名定分的工作,是伦理的初步,理由是甚么呢?是如果"君不君,臣不臣,父不父,子不子,虽有粟,吾岂得而食诸"。此理甚明,我们当承认。精神条件不够,可以达到虽有粟而不得食的程度,到了这里,我们能不勇敢地承认单单物质条件的不够吗?

三

也许又有人讲:"唯物史观"或"经济史观"并不是把精神条件一笔抹煞,而是重视物质,说物质条件决定精神条件,有人用图表明,便像是金字塔的一样,经济在最下面,是一切其他条件的基础。换言之,即一切决定于经济。此论看似可通，其实不然。因为我们如持此论，则无异承认人完全受物质的支配，只是被动的，逃不出物质的天然限制，而作了物质的俘虏。这样讲，又等于说人无异于一只猪，只看了"天定胜人"而不曾看见"人定亦能胜天"，是知其一不知其二的说法。只看见了问题的表面，而未能深入一层更进一步地去"观"察问题的里层。

人在生物中，是与众不同的动物，因为人不但有生命，也有精神，有情感和智识。我们能活动，且能有理想的活动，以求我们生活的各方面舒适而幸福，因此要改变环境，克服环境，物质不够了，要想尽方法去生产去增加。无中可以生有，少的可以增多，不适于人的可以改变或铲除消灭，是主动的而不是被动的，是创造的而不是保守的。这就是用精神胜过物质的人类特有能力。北冰洋可以开发，赤道下的大沙漠可以变成能生产的沃壤。这一方面是人有克服环境，不甘作自然条件的俘虏的精神，一方面也是人有用精神力量创造的科学，作为改造物质的方法和工具。最近两世纪科学对人生的贡献，现代人都应该知道，也应该承认。

中国的哲学思想重精神而轻物质，遂造成物质文化落后的偏颇现象。近年来受西洋物质文化的影响，思想上有了改变，因而科学研究、工业制造、人民生活等等，都跟着有极大的变化。哲学改变科学，决定科学，科学又决定物质，改变物质。更进一步讲，古老的农业社会思想，受了工业的刺激，可以放弃古老的农业方式而走向工业化。家庭手工业可以变成机器工业，紧接着社会的改变立刻影响到政治、宗教、哲学、艺术，都要改换一副面目。一个思想的刺激、启发，一连串的改变多少形下形上的东西，到底是物质决定精神，还是精神决定物质，画起图来，这金字塔的基层到底该是精神或物质，恐须重新考虑一下吧？

也许又有人说，生产方式与经济制度决定人的活动，所以二者如有变更，历史亦随之而变。甚至伦理意识如忠、孝、仁、爱、信、义、和平之类，也都是在以上两条件之下所产生，所以也要随着变。这话在论者当以为是根本的看法了，但实际是浮浅的、末流的看法，毛病仍在只看见物质决定人的力量，而忽略人决定物质的力量，同时亦未看到人的思想行动固有些要受生产方式、经济制度的影响，但也有与二者毫无关系的,并不是一变百变,全盘随之动摇。首先我们要问生产方式和经济制度是谁使它变的,自然的演化？抑人类精神活动的结果？方式和制度都是人事,当然与物无关,那么说,纵依论者所说,亦仍是人决定人,而非物质决定人。其次,人的活动跟着文化程度而随时演进,另有其自然的规律。生产方式变,某些活动可以随着变,但也可有些部分并不随着改变。反过来说,生活方式不改变,思想行动到了适当时候有了适当条件也一样要变。最明显的证据,是我国现在的农业生产方式,还是三千年以前的老样式,中间并未改变,然而翻开这三千年的历史看一看,又是如何的热闹？如何的进步？假如说三千年的中国历史没有变化,没有进步,当属欺人之谈。至于纯属于精神方面的行动与经济毫无关系的,前面已讲了很多,此不再赘。若论经济制度,则以家庭为本位的经济制度又是三千年的老制度了,到如今还未改变,然而思想的演进,却又缭乱了眼光,在历史上开过美丽灿烂的花朵。这又证明思想与经济制度并无多大关系,更进一步讲,为了生的要求,生的舒适美丽的理想,却要苦心焦思,用尽心力体力去求生活方式、经济制度的改变,以求达到目的,美化人生。这样不断的努力、活动,才造成了许多美丽的历史,这历史的发展就是人类为求共同生命之延续、共同生活之美满乐利所写成。生产方式、经济制度的改变是人类此种活动的成果,而不是原因。唯物论者把本末倒置了。本来人类的希望无穷,时时在求进化,因而时时作此活动以求改善现实生活,因此要改变生产方式、经济制度,就目前看,中国人的经济思想早已超过现实经济实况,然而方式和制度却仍然停滞在三千年的古老样式,久久改变不掉,反成了拖在后面的累。这是目前的事实,当然无法否认。

  伦理思想和经济有关系,我们不否认,但否认全决定于经济条件。中国经济制度以家庭为本位,即就家庭而论,父慈子孝,兄友弟恭,这是家庭道德;孝友睦姻任恤,这是宗族道德。这些道德如果一定要向经济上讲,只有睦姻任恤含有经济意识在内,但它的出发点并不是经济,目的也不是经济。慈孝友恭,更与经济无关,完全贴不上,不能牵强附会。现在我们把这一大套东西合起来看:慈孝友恭、睦姻任恤,有一个共同出发点,就是"仁"。这些条目不过由"仁"心推衍至不同对象的不同名称而已,实际归纳起来,都不离一个"仁"字,仁心本于善性,性不善心不仁,心不仁,这些道德统统无从产生。道德是先天的、本能的,经济是后天的、功利的,如果没有先天的道德本能,只有后天的功利,道德绝不成其为道德,家庭无从组织,社会亦无法维系。这是值得大家深思的根本问题。

这些道德有一个共同中心,也可以说是一个共同目的,那就是"生"。这个生是指生殖、生命而言,这些道德的关系人,都是一个生的系统(家族宗族,都是一个生的系统的联合),家族的组成都是由于生的系统。经济是求此同□生的系统的共同生存的自然要求,是果而非因,是手段而不是目的。这些道德的观念都由生出发。本能的感情、酬报、扶植、繁衍,是无形的作用。周予同先生在《古史辨》第三册中讲孝的道德是生殖崇拜、生殖器崇拜,说得固然有些露骨,但意义却并不错,纵或多少带一点经济成分,但那既不是出发点,亦不是目的,而只是手段。总而言之,伦理思想不自经济始,不自经济终,亦不随经济制度而转变。它完全是超经济的、非功利的,纵有涉及经济的行为亦为手段,而非主体,不能说伦理思想受经济支配。以家庭为经济本位的道德尚且如此,其他非经济的社会道德更无论矣。

四

人有物质生活,也有精神生活,两者不可或缺,自然不应扪鼻而谓为全象。为求物质生活的满足,而有经济行动;为求精神生活的满足而有精神行动。经济生活显明易见,此不多论,略论精神生活。

因为人有智慧,因而有求知欲,所以我说每个人有两个胃口,一个是吞吃物质的胃,在腹中;一个是吸收知识的胃,在头脑。为求物质,要活动;为求知识,也一样要活动。物质有足而知识无厌。尽管老庄绝圣弃智,讲"以有涯逐无涯殆矣",但这天然的求知欲毕竟堵塞不住,焚书坑儒不但没有效果,反而加强了求知欲,促成了反抗。又因为人有情感,能喜怒哀乐,为求情感上之舒适愉快,也因而发生许多行动,也有些情感与理智相配合的行动。路见不平,理智告诉他,这事不平,应该抑强扶弱,情感上发生正义感,发了怒,因而拔刀相助。见君父,理智告诉他当忠孝,情感上发生敬爱之情,因而作出许多震烁千古的大忠大孝的行径。情意所趋,虽赴汤蹈火而不辞。这些活动都不属于经济范围,如果精神上安慰愉快,虽物质生活极苦,亦能安能乐,所以颜回一箪食,一瓢饮,在陋巷,曲肱而枕之,人不堪其忧,而回也不改其乐。反之,设若精神上不舒畅,不能安,虽然物质生活极其优越,亦不能恬然地继续生活下去,因而有种种超乎物质的活动,这类活动充其极,便是杀身成仁,舍生取义,或者竟是"使我得如黄帝,则视弃天下如敝履耳"。

单调平板的物质生活,常使精神上感到莫名其妙的枯寂,渴望着精神上的甘露润泽这干燥的心灵,于是乎产生了艺术。在人类现实生活中产生了超乎经济的艺术生活。

人不但有情感生活,且无时不在情感中生活。人类社会是热烈的、温暖的,到处充满着爱。尽管彼此不相识,不发生任何关系,但彼此都有一种爱,潜伏在内心,或表现在行动。自然,关系密切的,爱的成分更多、更大。不要咒诅人类社会的冷酷吧,假使每个人心中无一点炙热的爱情,那世界是不堪想象的,一天也活不下去的。不过我们日处此热情中,如入芝兰之室,久而不闻其香,故并不觉其可贵。但设将一人置冷酷环境中,与其所接触之人彼此全不相爱,不相知,不相谅解与互助,冷冰冰,相互报以白眼,试问此人能不能生活下去!正如素常不觉得空气对人的可贵,由电影场戏院散场出门时,觉得空气是甜的。到了防空洞里,才觉得空气的宝贵。情感上冷酷孤寂之痛苦,较之物质上之贫乏与饥饿,有过之无不及。孟子说:"君之视臣如手足,则臣视君如腹心;君之视臣如犬马,则臣视君如路人;君之视臣如草芥,则臣视君如寇仇。"这情感作用,情感上的报复,是不是用法律规章所能强迫?是否物质所能挽回或改变?情感破裂之后,局势断断不能继续维持的。社会组织到了这种地步,那真无法收拾,不成其为社会了。我们可以断言:情感破裂之后,不但其组织不能用物质维系于不坠,且亦不能用物质补偿其精神上之苦痛,任凭你有多大物质力量,是不中用的。反转来说:假如情感融洽,得到人和之益,则团结,物质条件优越,反而要松懈下来,乃至于瓦解。俗语说得好,"三人同心,黄土变金"。为了情感的融洽而牺牲物质的实例,普天下到处都是,举不胜举。只要你不抹煞事实,遮蔽真理,那就便无法否认这普遍于人群的情感。至于更进一步的所谓感恩图报,士为知己者死,……那更是由于情感的指使,把生活提高到另一个境界了。我坚信人类历史所以美丽,所以可歌可泣,能激发情感,发生绝大功用,全仗这种力量。前在"历史与现实"中所举冯友兰先生由"怀昔贤之高风,对当世之巨变,中心感发,不能已"因而著作新理学,不是强有力的证据吗?人类共存的道理由此表现,人类文化由此提高。人类的创造、人类生存的绵延,都以此情感生活作主要的动力。如果一定说只有经济活动才是历史的中心,那又无异说人类生活只是吃饱肚子的问题。我们看历史是活的,是有情感力量的,就因为历史上有这些情感活动,我们看人生是高尚的、复杂的,有意义有创造的,就因为人类有这种超乎物质的生活。

又因为人有知识能力,当对现实生活不满,因而有一种想象中的优美生活、高尚环境,向此理想迈进,此之谓理想。这理想时时促使着人向前进取活动,指引着人向此理想迈进,因而有许多创造,使人类文化有许多进步。过去的人照此活动,有许多好的收获、好的成绩,到了我们现在,一样对现实不满,一样有理想的生活。我们固然有我们的新的理想,但古人的理想仍然作着我们的指路标。因为有这目标,使得我们的活动有计划、有步骤,万众齐一地奔向这共同目标,发生大规模的行动,造成多少辉煌灿烂的成果,一天天接近理想世界。并且由此而加速了文化的进步,提高了人生的幸福。人类活动有了理想作标的,可免误入歧途,可免力量分散,推进历史的力量,这"理想"是不可忽视的条件。

五

无论物质活动也罢,精神活动也罢,都绕着一个中心走,这中心是甚么?一言以蔽之,曰"生"。

生有纵横两面,横曰"生活",纵曰"生命"。生活求美满,求幸福;生命求绵延,不但自己生命求绵延,群体生命也求绵延。无论为生活之福利,为生命之绵延,都有创造,都包括精神、物质两方面,无论那个人,活动都包括这两种。因为求生活美满,才可有横的发展;有横的发展,民族才发荣滋长,独立自存。更进一步说,人类幸福才能日进无疆。因为求生命绵延,才有纵的发展;有纵的发展,民族才能生存,才有进步,才有前途。

"生"固然是人类活动的中心,但单举一个生字不能概括历史演进的中心。因为单说一个"生"字不能说明这生是个体或是全民族,个人的生,可以影响历史,但不是历史的全部。上面说过:我们这里所要讲的历史是全民族的总体活动的遗迹。构成历史的是全民族,求生存不仅一个人,创造历史的活动也不只一个人,而是全民族。历史上之兴衰治乱,既非少数人所造成,也不只影响及于少数人。民生殷富康强,历史势盛,文化突飞;民生凋敝,历史衰落,黯淡无光。论为政,则得民者昌;失民者,不死即亡。从没有全民凋困而运祚悠长,亦绝无民生康乐而历史向下。全民生活,支配历史之升降;全民意志,决定历史之归趋。无数个人为全民之生,而牺牲、奋斗,全民也都为全民之生而进取创造。全民族之生才真是历史整体,支配历史命运的是全民生活,所以看历史既要以生为中心,而此生系指全体民生,而非个人之人生,此之谓"民生",此之谓"民生史观"。

"民生"与"人生"不同,因为"人生"是抽象名词,泛指人之生活,不能代表全民生活,非历史中心,"民生"才是实指全民生活的具体名称。所以,国父讲主义叫"民生"而不叫"人生",讲史观叫"民生史观"而不叫"唯生史观"。

六

究竟所谓"民生"的道理在甚么地方,特点在那里?

在"历史与民族"一章里我们已讲过人是群居动物,不能单独生存,非营共同生活不可。共同生活有三个特点:一是互助,二是互利,三是竞争。互助基于互爱,互利基于事实上的需要,竞争基于外界的逼迫,也是事实上不得不然。

上面说过,人之性善,生来便有一颗爱人的心,人类之互助,即基于此种爱人的心。由于爱的趋使,天然地要急人之事,解人之困,成人之美。纯洁的动机超乎功利之上。人有情感,便有同情心,由同情心而发为行动,积极的是助人的义举,消极的是推己及人的恕道。这种行动无论多少,人人都有,古今皆然。假如我们细细留心社会上繁密复杂的行动,十之八九都是互助的友情,每个人都做,每个人也都受。假如有一个人不做,社会便少一促进民生的动力;一个人不受,便立刻不能生存。大家不做,大家都无可受,社会亦立将瓦解,民生立时陷入绝境。不管此种互助是精神的,还是物质的,任何人时刻离不开,实际任何人也或多或少地在做;即(按:应为既)受人助,亦助人。此并非唱高调,或说来好听,实是人类的真理、目前的事实。虚玄的我们不必讲,讲老实话,我们大家都有朋友,天天在朋友的热情中周旋来往,习惯了不觉得怎样。试一设想,某一个人没有一个朋友,所接触都是陌路人,冷冰冰打打官腔,说说官话,得不到一点精神的温暖或物质的帮助,请问这个人能不能一天生活下去,能不能在社会上存在?朋友尚且如此,假如再把百工交易之社会的行动完全停止,又能不能生活?作者有一种小经验,在年节的几天,商店完全停业休息,拿着钱尽跑,买不到一点生活应用的东西,感觉到说不出的别扭,想读者不乏同感。素常不感觉人类互助的必需与可贵,一到不能得时,才感觉出来。这人类互助的事实弥漫于所有的空间,存在于无穷的时间,无人不施,无人不受,温暖了我们的灵魂,帮助了我们的物质,推进了人类的文化,写成了人类的历史。

人各有所长,也各有所短,各有所备,也各有所缺。盲者有足而无目,跛者有目而无足,盲者背负起跛者,便都逃出了火坑。合之则双美,离之则两伤。社会的构造与活动,一大部都是在这原则下完成的,许多创造是综合的,人不只一个,成分不只一种,地域或者也不只一处。许多历史上大规模行动更非少数人所能单独构成。上古时生活简单,然已需日中为市,粟帛相易。关起门来,尽管粟满仓,但无衣穿;尽管帛满室,但无米吃。两相交易,各得所需,各安其所。后世人事日繁,分工愈细,相互利赖之事日益增加,顷刻不能离。互利实归互助,所不同者,一为功利的,一为超功利的耳。

竞争是催促进化的主要条件,为了自存,为了不落后,时时要戒慎恐惧地充实自己,促进自己。竞争是对外的,是为求生存的对外集体行动。竞争的对象,一是自然界,如为人喜的禽兽,不利于生活的山川、气候、物产等;一是同类的人。人同禽兽争,要集中力量作集体行动。人同大自然争,要集中心力体力相互合作。人同人争,是甲集团与乙集团争,亦即甲民族与乙民族争。原因是生存上的利害冲突,或生活方式、生活理想的不同(按,即文化之不同)。与禽兽争易,与自然争难,与人争尤难。然而就在这艰难的竞争中促进了自己,提高了文化,推进了人类历史。自有人类以来,无一日不在争,亦即无一日不在进步。而最重要的收获、最主要的意义,乃是由竞争而促成了人类的团结起来,营共同生活,事实上使谁也不敢离开人群,生则同生,死则同死。外患加强了民族的组织,教训了民族非齐心合力谋共同生活不可。因此人类以求生为中心的活动多半是集体的,至少是相互联系、相互利赖依倚的。因此,我们研究历史,要看在全民族以生活为中心的集体行动、全体意向上。无论互助也罢,互利也罢,竞争也罢,都以全民之生活为动的中心。这才真是历史演进的原理,也才是"民生史观"的真谛。

用历史的眼光看人类发展的现象,颇有一像,像滚雪球,越滚越大,人口的繁衍固然是越来越多,人事的活动越来越复杂,生活的幸福日益增加,人类共同生活之不可分性亦日以明显,日见加强。这是自然的趋势,然同时亦是自然的要求。在生物学的立场讲,人固有生殖繁衍的本能;在人类生活的意识上,亦有一种生命绵延交替的欲望,尤以我中国民族为甚:所以不孝有三,无后为大,断绝后嗣的对祖先为不孝,对自己为莫大的悲哀,友朋相吊,家属同忧,因而有承嗣及兼祧制度的生产。究竟这是甚么心理? 大家习之久,但或不能言其故,实际子女就是自己的化身,亦即自己的第二身。自己虽死,有了子女,仍觉这人世上有一个"我"在,我的生命、我的精神、我的衣钵、我的未竟功业、未实现的理想,可托在子女身上而不灭。但我们若问:究竟在死后留一个我在世上有甚么用处? 是甚么心理? 我们在此虽不能抹煞事实说没有自私的成分,但究竟在个人贪恋的意念之外还有贡献的成分。有光荣祖先在历史上有过贡献的,无不引以为荣。同理,有光荣子孙在社会上有贡献,作祖先的也当引以为慰。纵然我们不信鬼神,不讲迷信,不能说祖先的幽灵在九泉含笑,但若追溯祖先对于绵延宗脉的动机,则不能说无此成分。假若世界上只有一个人、两个人,则并无人世可贪恋和贡献,那便无取乎绵延不绵延,其生殖将一如禽兽,全为本能的,而毫无意志的。事实上人不但求绵延,且求无穷的绵延,不惜用道德的、政治的种种手段以求达到其目的,这是纵的。至于横的,则求扩展,求繁滋。这种心理我们虽不能谓无占有的动机,但也有增强群体力量,以求经济之发展、社会之繁荣的意念。经济发展固可直接影响生活,但社会繁荣于个人能有多少关系? 俗语说鸟奔旺处飞,大家喜欢奔繁华的都市跑,也都希望着社会的繁荣。国家且用政治力量促使着社会繁荣。这趋向繁荣、喜慕繁荣的心理,便是共存共荣的内在意义的表现。

　　人无不对于家族求繁荣发展,显而易见,对家族亦仍可见,对民族、对社会亦同样地企求其繁荣发展,但不易见。民族意识的鼓动与刺激,是外铄的、功利的动力;和平爱人的善性是内在推进的动力。内外夹攻,遂使人类的行动不仅是自私的,也是牺牲的;不仅是自谋的,也是互助的;不仅是狭隘的,也是广大的。于是乎人类生活上的行动以民族共同生存、共同福利为中心。因此民族的组织益强固而明显,民生相互利赖的现象愈益昭著而繁多。这雪球也越滚越大、越远。如果没有一种向心力的作用,而各自为战,各自谋生,则人类社会早已由涣散而消灭。由这里,我们可以彻头彻尾地明白了历史演进的中心是全民生活,而不是偏颇的、个别的,因而也可得到对历史演进的看法。

　　从文化的观点看,一个民族有一个民族的生活方式、生存理想,大家不约而同地在同一生活方式中向共同的目标一致向前活动,因为是集体的、协调的,并且目标是一致的,所以力量大,影响广,速度快。由各方面表现出的文化行动都或多或少地显示着全民生活是整体的、不可分的。不过由地缘和血缘的关系,把人类自然分成多少集团,即所谓民族。这一集团中的人民讨共同生活,相互倚靠,相互关联,密不可分。这种意识,随时有意无意地都有表现。小之入孝出悌、揖让进退、围桌而食、聚族而居,大之守望相助、患难相扶、和平正义、共存共荣,侠义的行为,牺牲的精神……都是为了民族的共同生存而发生的文化行动。世界各民族文化不同,所以历史也不同,而各有以其民族共同生活为中心的文化则相同,一大民族内的各小宗支以地域关系而偶有小异固所难免,但绝不出于一个"大同",文化有演进,即生活方式、生存理想有改变,则历史亦随之改变演进。然而万变不离其宗,以民生为中心的意义则永远不变。进一步讲,且是只有逐渐加强而绝无减退。由我国近世史而益明:三民主义以民生为主,实际就是意义之具体表著,愈加强调。其次第以民族始,以民生终,中间夹着民权;实际民族、民生为一事,而民权则是指示我们生活之权操在自己,责任也在自己。也是全民共同生活的事,所以其名虽三分,义则一贯。其理早已存在,但发而明之,标举而出之,以唤起吾人一致觉醒,共力以赴者,则为国父孙中山先生。此三民主义之根本义。由此我们可以说历史就是民族文化的反映和结晶,人类为了生活的福利而改进文化,文化改进了也可以提高人类生活,互为因果,互相提高,创造文化的是全民族,享受文化的也是全民族,我们看历史可以由文化方面看。假如由文化看历史,则更可证明推动历史的力量是全民生活。

七

我们不反对用心理观点看历史,也不反对用物质、经济,以及其他各种观点去看历史,因为历史里面都有它们的成分和动力,我们所反对的是"唯"某是观,因为那是以偏概全的看法,是不合理的。造成历史的有心力,有物力;有人的成分,也有自然的成分,无论那一样,也不能单独构成历史的全部。许多条件合拢起来,才能看清历史演进的现象。假如判断一出戏的演出是否完美,必须就剧场、布景、服装、光影、剧本、每个演员、音乐,以至于观众等方面一一考查,然后下一综合的判断。其中一个条件不具备,这戏就不能称为完美,只就其一端而遽下判断的,又何异于唯心或唯物以观历史的现象?所以我们必须把这许多条件合而观之,然后综合起来下个判断。也惟有这样综合起来看,才能得出民生史观的真谛,明了民生史观之所以伟大。

第九章　历史的特性

一

要研究历史,要发展历史教育,必先认识它的性质,知道它到底是怎样一种东西,才好把握住要害而收事半功倍之效,使矢不虚发,力不枉费。

近年学术界几乎一致地把历史看作科学,但有的划入社会科学,有的划入人文科学。"社会科学"是大家习见已久的老名词,"人文科学"的名词则好像是后起的。这名称虽不一定是专为历史而起,至少也以历史为主。由此我们可得一消息,即把历史列入社会科学,与社会学、政治学、经济学等同样看待,用同样的方法研究,终觉有些勉强。换言之,历史之为科学,极其勉强,亦明甚。"人文"究竟与静止的科学不同。自然科学研究的对象是静的物,尽管它是有生的动物,但我们仍认为它是静的事物。因为它纵然是生的、动的,但终循着一定的规律或理则活动。科学家可以把它完全操纵在手中。(历史固然也有理则,但人的活动并不能精密而准确地循此理则发展,科学家不能完全操纵之。)人文科学则不同了,它以人的活动为研究对象,而人是有生命,有意志,有理智和情感的。人的活动是依着这些抽象的精神方面事物主使和推动的。然而生命力有荣枯,意志有强弱,理智有清浊,情感有盛衰起伏。甲与乙既不相同,而一个人的今昔亦不相同。这受情感支配,用精神、用生命力创的历史,时时在变动,日日在演进。所造成的现象不像静里事物那样准确,那样有固定理则可寻,有尺度权衡可以计及锱铢。"瞻之在前,忽焉在后",令人有捉摸不定之感。按进化的理则讲,历史是时时在演进中,同是一件事,在昨天、今天或明天发生,都有所不同。庄子所谓:"今之隐几者,非昔之隐几者也。"按辩证法讲,无论任何有生无生之物无时不在变化中。同样一件事,在三千年前用十分力量可成,在今天便要用十五分,或只用五分,这一个道理是历史所特有的,也是与自然科学不同的要点。自然科学上一条定理时间上可以应用至无穷久,空间上可以应用到无穷远,且可以一概万,为准确的判断。但谁能把历史上的每一件事肯定、准确地判断得丝毫不爽?科学的真精神在真,在确,在精密,其真价值在有肯定而准确的判断。但这些可贵的科学精神、科学价值一到历史,便大半失其效用,是科学之所以为科学者,不能全得之于历史。我们如果一定要用科学的眼光和态度责之历史家,求其实效而课其事功,几何不焦头烂额,狼狈而走?这就是科学之所以为科学,历史之所以为历史。

但是话要说回来,历史虽不说纯科学,但并非不可用科学方法去研究。广义地说,我们无论研究甚么学问,无不当有科学精神,可能范围内都要用科学方法。对历史虽不能全用科学方法,求科学效果,但科学的头脑要有,实事求是、打破砂锅问到底的态度要有,分析、比较、统计等普通科学方法在适当的场合上要酌量采用。只是对它的看法必须是灵活的、生动的、艺术的、情感的,而不能把它看成显微镜下的事物。因为它不但是活的,且是有情感的、变动的、演进的。"人文科学"的名称如果我们重视"人文",那便是没有什么流弊;如果一口咬定在"科学"上,那便全盘失败,而这名词也将发生极大的流弊。我们既不反对用科学方法治历史,亦不反对把历史划入科学的领域,也本不愿在此咬文嚼字地讨论名词,予以褒贬,只就历史说明历史的性质,使治史读史的人都能得到正确的认识,运用适当的方法。但最重要的是对历史的看法,必须是灵活的。这是研究历史的根本义,不可忽视。

二

历史固然是实际民生的记录,但实际真象究竟是甚么样?我们能指导多少?留传下来的历史详确性怎样?都很难肯定答复,也很难使我们读史的人有多大自信。吾人必须认清，事实真象是一件事，留传下来的历史书、历史观念，又是一件事。如执现在的历史观念，历史书籍完全信为事实，那就很容易上当。但当注意吾人此论并非否定全盘历史，而是要我们把基本观念弄清，不要含混笼统，自己把自己引入五里雾中，反而把事实歪曲。我们一方面要设想，修史的人对事实所得资料是原始资料抑经人整理，甚至伪造。详细，抑简略？真实，抑谬误？他所得消息与印象是直接闻见，抑由间接，或间接而又间接？一方面还要设想修史的人驾驭史料的能力、选择的标准、鉴别的眼光、剪裁的手法，以至于动机、史德……这些问题都值得考虑。我敢断言，同一史料两个人所记述的两样，十个人要有十样，这不是由于有意，而是种种条件的限制。那么我们又怎么能呆守在现有史籍之下，或囿于传统传说而不能自拔。历史不是照像，也不是留声机，不能使它丝丝入扣，分毫不爽。不是太简单，便是走了原样，至少也淡淡地笼罩着一层轻纱。

为了事实的需要，修史的、研究历史的，都不能不有所谓断代史，或在历史上分期分段。但这都是必不得已的办法。分的人要小心，读的人、听的人要活看。必定要刻舟求剑，把整个历史一刀一刀斩成多少段，那便把这有生命的活东西肢解成一块块的死肉，失掉历史之所以为历史。《史记》上孔子赞美老子，"其犹龙乎"！我们也可赞美历史"其犹龙乎"，其实还是不对，因为龙虽然见首不见尾，前后联贯，但究竟龙的生命有限，而历史期与日月、与人类共寿，是无终无极的。所以喻之者，取其前后一气，有生命，不可分割之性耳。严格讲，历史这东西，不但时间上前后一气，不能斩断，即空间上也彼此联系，不能截然划分，使各个独立。至于门类上也不能剖析得清楚，现在史书的断代撰写、史事的分期、各种专史之分类，都是相对的，不得已的办法，按理讲，是不合适的。

三

历史不重演。

因为历史是进化的，所以只有演进、变化，而不重演。

今天吃饱了不饿，明天吃饱了也不饿；张三不吃饭饿死，李四不吃饭也饿死。这是同一理则不同的实证，而不是重演。周行封建，汉也兼采封建制，这是采用古代的成法，而不是重演。实际汉的封建与周之封建本质上已不相同。秦始皇中央集权，宋太祖也中央集权，虽同是中央集权，但性质上亦已有不同，而效果亦相异。民间经济之一荣一枯，民族之一盛一衰，国家之一治一乱，有时从外表上很像是历史上之某一现象之再现，但实际一察其内容，则各有各的面目，各有各的意义与因果。并不是像星期的周而复始、岁月的由冬而春。月亮每月一圆，千篇一律，这叫重演，人事的繁衍，并不是无机物般的机械。人类社会的现象随着时代时时在演进，人类的知识能力，也随着时代时时在进步。不要说一代和一代不同，一年一月一日，都不相同。就文化程度而言，由旧石器时代而新石器时代，由石器而铜器，由铜器而铁器，由铁器而钢器、电器。谁曾见铁器时代又重回到石器铜器，把古史重演一番？由原始采集经济而牧畜，由畜牧而农业，由农业而工业，谁曾看见由工业、农业重回到渔猎畜牧？这是显然易见的道理，当无人否认。人事的变化，社会现象的推演，又何尝不是一理？历史的理则只有演变进步，没有重演。老子的"小国寡民虽有什伯之器而不用，鸡犬之声相闻，民至老死不相往来"的政治理论却有一点想要重演古史，但历史的理则、历史的趋势，终竟不允许，于是乎终使它成为不能实现的理想。这就明明告诉我们纵然人类有意要重演古史，亦为历史所不许。尽管你想向回走，但历史却一直向前跑，并不因为一部分人的留恋古代，而掉一掉头，或停一停脚。它向前跑，一直向前跑，一点不客气，不停留。某种制度的重新使用，某种覆辙之重蹈，某种现象的再见，都是进展途中不能免的现象，并非古代史的周而复始，重新表演。认为历史会重演的人，是只就表面现象，见其与古代类似的情形，遽下判断，这都是浮浅的看法与讲法，站不住脚的。

四

　　人生是一种艺术，每个人一生的事迹就是他的艺术作品。一个民族历史，就是这民族的艺术作品。艺术里面有生命有性灵，其实历史就是用这两样东西写成的。艺术必须含咏、咀嚼、感情移入,才能领略到它的美感。又必须放到一个相当距离去看,才能观其全体,领略它的意味,与它的生命性灵相交通,看画如只是迫近去看,固能得其用笔之妙,但不能得到全幅精神所在。所以必须退到一个适当距离去观赏,这样才能总揽其全体,而得其布局、意境、气韵,以及其所表现之生命性灵等,然后才能欣赏到它的美。人世的扰攘,社会之奇妙变幻,复杂而热闹,有理智的主使,有情感的穿插,远一点去看,或把目前现象隔一个时间再回看,确有美妙的艺术价值。

最明显的比喻是戏剧,戏剧以故事为体,无论这故事是实有其事,或出于灵构,都是采自实际人生,人生就是戏剧的题材,离开人生便没了戏剧。站在戏剧的立场,就是艺术家从实际人生中选取某一种面相,某一种用性情、灵感等等写成的特殊精彩的事迹,把它搬上舞台,在观众面前重述一番,使它在观众心理上复活,而起一种美感作用、共鸣作用,净化人的意绪,陶醉人的心情,观众在面前可以大哭大笑、愤怒、同情,以至于发狂,暗地里受着严重的精神惩罚,或在内心深处受着温暖的慰藉。戏剧的艺术价值在此。站在人生的立场,每个人都是剧中人,都是演员,每个人的活动就是戏剧动作。几个人联系穿插,交互往来,或是一个人经历多少不同的坎坷境遇,创造出多少轰轰烈烈的功绩,或可歌可泣的行径,那就构成复杂美丽、紧张热烈的戏剧。所以有人简直就赤裸地说人生就是戏剧。不过所不同的是戏剧经过艺术家的"再组合""再表现",是熟货,实际人生未经艺术家的"再组合""再表现",是生货而已。

目前的现实是现代人的实际生活,历史是较远时代的实际生活,同样都是戏剧,也都是艺术。现实的艺术要放到适当距离去看,才能看出它的生气、情感,了解其全体。历史已经和我们有一段距离,拿过来便可欣赏。大家喜欢看戏,也喜欢听故事,但很少人对读历史发生极大兴趣,殊不知读史就是看戏,也就是听故事。大家把它忽略,实是淹没了历史,冤枉了自己。

五

历史就是教育。古人称史为"鉴",就是取资借鉴之意。借鉴就是教育,就是要择其善者而从之,其不善者而改之。换句话说,就是"取其成功者而从之,其失败者而戒之"。尽管历史本不欲教人,但是里面的一人一事、一举一动都对读者发生教育的功用。但此种功用之大小有无,要看读者的态度,是否重视,是否虚心。如能时时以借鉴或受教的态度读史,则历史上每个人物都足以教训我们,可从此得到多少师表,得到多少得失成败的理则与经验,作我们立身处事的宝训。这样,读历史就是受教育。同时历史对现实发生了功用,死去的古人对活的今人也有了力量,虽已死去,仍如活在世上。这样历史学科本身才有意义。假如用漠不关心的态度看看热闹,固然也能在无形中受其感染刺激,不无教育功效,但究竟比较微弱了。读的人没有意识,历史学科也将减少其意义。

  读历史就像跟在一群人后面在一条漫长的路上长征,这条路坎坷不平、崎岖危险,前面那个人跌在水中,那个人坠入山涧,那个人走错了路,奔向火坑或孽海,那个人意志不坚,畏难而退,牺牲在半途。遇见坎坷,怎样度过?遇见困苦艰难,路劫土匪,如何应付?甚么样人成功,甚么样人失败?……都清楚地看在眼里。大家跌跤的地方,不再走上去;平坦光明的地方,大踏步迈上去。那个地方要转个弯绕过去,那个地方要硬着头皮、咬紧牙根挺过去。这千千万万人用生命换来的宝贵经验,都摆在历史上留给我们,我们睁着眼不接受这遗产,对人为不仁,对己为不智,都是不好的。

第十章　论大时代

抗战以来，大家都称目前为"大时代"，"约定俗成"，遂成口语，顾名思义，此种命名，不但恰当，且有意义。但吾人若一深问，究竟"时代"这抽象的东西何所谓大小？所谓"大"大在何处？有何特征？则又恐大家习而不察，或未必尽能洞察入微，道中肯要。然吾人生于此大时代，不容不对它有清楚的认识。因为我们要作时代的主人，不甘于作时代的俘虏，或沉淀物。因此，我们应该由彻底的了解而为适时之因应与措施，以求操纵这时代而不为其所遗弃或牺牲。问题严重而迫切，因论大时代。

一

任何时代都是历史上一阶段，由历史所演成。因此，要了解大时代，须从历史讲起。大小是比较的名词，时代的大小是纵的比较，亦历史上问题，所以也要从历史讲起。基于此，本文站在历史的立场，用历史的眼光与方法讲大时代。

有形的事物大小易见，但时代是抽象的东西，无形可见，论大小不能就"形"来立论，而当在其意义中求之。风平浪静、顺理成章的时代，没甚么奇特，不能说它大与不大。太平盛世、进步迅速的时代，只能算历史中盛世，而不能以大小相称。每况愈下的衰颓时代，自然更无足比较。那么究竟所谓大时代大在何处？特殊意义在甚么地方？这是问题的核心。

千言万语，千头万绪，一言以蔽之，曰"变"。

第十章 论大时代

　　大家试想：有史以来那个时代的变动比现在更剧烈、更普遍而彻底？这无情的时代巨潮，把四五千（按：应加"年"字）的历史根本改变了面目。一切一切，无可幸免，大毁灭，大改造，大混乱，整个世界给它搅翻。这时代浪潮汹涌而迅速，谁软弱无能，自身不健全，谁被淘汰；谁立脚不稳，摇摆不定，谁被冲倒。不长进的，它把他卷走；想逗留的，它把他淘汰；想逆流的，它便迎头予以惨酷的教训、猛烈的打击，使他站不住脚，存在不住。丝毫不迁就，不容情，不等待。不但逆不得，并且拖延不得。懒鬼想躲懒，守旧的想保守，想抱残守缺，它都不容许。性急的想超越时代，偏激的想走偏锋入歧路，它照样不允许，雷霆万钧的力量不足喻其大。多少事物被它毁坏了，多少人物被它遗弃了，埋葬了，或卷走了，破坏的局面，前古所未有。

　　假如这时代只是破坏的、毁灭的，那便只当咒诅，而无可称赞。实际大家叫它"大时代"，是称说它的伟大，是赞美的意思。这样说，可咒诅之外，一定还有可称赞、可感谢的地方。

　　这时代恶魔杀了多少人，毁灭了多少物质，破坏了多少传统文化。人杀人，物也杀人；人毁物，物也毁物，文化毁文化，人和物也都在毁灭文化。文化毁人，人毁文化，搅成一团，乱成一气。不曾死的人目眩神迷，彷徨不定；不曾毁灭的事物，也都在摇摆震荡，根本动摇。然而事情是相对的，紧接着毁灭破坏的，便是建设创造，只有毁灭破坏而不建设创造，世界将走到末日，非人力之所求，亦非事势之所许。按自然理则与人类要求，是要生，要求幸福，要物、我共同存在。"万物并育而不相害"，所以相对的，破坏之后，便是建设；毁灭之后便是创造、生长。旧的不去，新的不来。坏的不除，好的也无从建起。所以从消极意义看，这时代是恐怖的、凶恶的、可咒诅的。但若从积极意义看，又未尝不是人类福祉的转机、民族复兴的际会，是乐观的、可喜的。就从此给人类一可怕的教训、可喜的消息，与光明的前途。假如全人类都自此而彻底觉醒，则人类前途将永远光明幸福，不再有惨祸。因此，我们索性希望这时代所予人类的教训更彻底些，好使它更能普遍唤醒疯狂的、愚昧的人们，都根本觉悟，翻然悔改，以求人类之共同而永久之幸福，奠定世界永久之和平。

古代的文化、社会，以及人民生活的实际状况，我们现代人都不曾目睹，但可从文字上、古器物上，雕刻、绘画、建筑上，以及其他艺术上看出一些轮廓。尤其是绘画。作者在一年前参观第三次全国美术展览会，有清人临本《清明上河图》，据说原本是宋人所作。三丈以上的长卷，简直是一幅活现的民俗写生。举凡生活上的事物几无不具备：婚丧庆吊、行旅、负贩、居室、市街、乡村、城市、农忙、纺织、显宦、士兵、衙署、军队、市廛交易、儿童戏婴，乃至松江大布的布标、专治内外两科的医药店铺、三家村的酒帘茶肆、寺庙庵观、鸣锣喝道的威风、揖让进退的仪节等，数不尽数，画中所绘，固然都写的是宋代的社会实况，但这些事物，一直保存到现在，作者都曾观眼目睹这些实况，大家如肯留神，或到乡下，也还都能看见。这就证明，至少自宋朝到现在，中国文化没有多大改变。从宋朝向上推，虽不能在这幅画上看出，但由常理推断，并非一朝一夕所演成。前此有演变，自属当然，但是渐进的、部分的。我们虽不敢武断，说现在的文化形态凝固在多少年以前，但大致推论，两千年左右已大致形成。最近这两千年只有随时逐渐的演进，没有剧烈的改变，更没有普遍的动摇。但现在不同了，两三千年不曾动摇的东西，整个动摇了！且是连根拔起了。大大小小、有形无形的各种事物，没有一样能保持原有形态，毫无变更的。其普遍与剧烈，殆难笔述！

本国如此，全世界又何尝不然。整个人类文化将自此重新改造，世界秩序亦将重新调整，影响所及，不仅是战火烧到的地域。全人类的历史不曾有过这样大规模的战争、这样普遍而深刻的改变，而全世界各国家、各民族之变化最剧烈的则又无过于我们中国。单就我国而论，又因为历史悠久，素少变化，所以格外感觉积重难返，困难太多。旧的虽已动摇，但一时尚难除尽，而新的又如怒潮之至，急不可待，于是乎造成不中不西、亦中亦西、不今不古、亦今亦古、兼容并包的怪现象。这边牛车小轿，坎坷窄小的道路，这边是飞机、火车、轮船、铁路、公路和沥青马路；这边是宽袍大袖、瓜皮小帽，那边西装革履、中山装、学生服；这边三跪九叩，那边鞠躬握手；这边父母之命、媒妁之言、彩轿拜堂，那边自由恋爱、订婚、结婚、离婚，唱着婚姻三部曲。……种种现象，热闹而不调和。父兄守旧，子弟维新；制度守旧，风气维新；思想守旧，而行动上又不得不维新。于是乎由不调和而造成许多痛苦,乃至于由此而发生惨剧。

为甚么这样变化剧烈?内在的,自身演进是必然的趋势;外在的,世界各民族文化之大交通、大融会。天作的孽,自作的孽,样样都有。论因果,论历史趋势,都是必不可免的阶段,咒诅也罢,欢迎也罢,时机既熟之后,它是一样要来的,那么我们次论因应的道理。

二

一部《易经》讲一个"变"的道理。宇宙不变,便永久停滞在原始阶段。变是进步的原则,小变小进步,大变大进步,不变不进步。国父说:"革命就是无中生有。"再从另一方面讲,无中生有就是改变现状,是因为它"不变",才用人力强之使"变","变"了好有进步。现在时代自己演到大变局,正是使人进步的好机会。千载难逢,英雄用武之秋,有功可立,有事可为。我们有能力,有经纶,要在此时发挥;此时不发挥,不能成大功,立大业,再也找不到这样时代。固然"变"的道理是永久继续的,但是变的剧烈与普遍,则无过于此时;因之我们操纵利用的机会,也无过于此时。所以,我们对大时代的道理,便是利用这变局使之进步,使我们走向理想的光明幸福大道,不错过机会,不放弃这伟大的历史使命。

第一件要注意的,是自己先站住脚,不要给时代浪头卷走,或冲倒。要睁开眼打定主意,不要被卷入迷途。要下决心,把手脚放敏捷迅速,不要被时代拖在后面。要用功夫求学问,把自家的旧东西公平地估价,深刻地考察,不要硬拿黄土当黄金,也不要随手把黄金当土块抛弃了。

第二,要有计划、有步骤,不要杂乱无章、枝枝节节。要分工合作,发挥群体的力量,不要各自为政,使力量抵消、力量分散。要迅速确实,不要错过机会,或因循敷衍,虚应故事。要把目光放远,胸襟放大,心地放光明磊落。大家协同一致,齐一步调,站稳脚步,一步一步向共同目标勇往迈进。

第三,大时代虽然险恶,但能利用它的,便是大时代的主人,可以操纵它,左右它。心灵手敏地站在时代前面,而领导着潮头;不能的便被它征服,成他的俘虏,糊里糊涂地被牺牲。

第四，应付大时代不当仅有招架之功，尤要的须有主动的、永久的打算。抗战是排除目前的外患，建国是奠定万世的太平基业，所以忙乱中要镇定稳健。此时一着错误，万世蒙其害。此不可不严密注意者。

现在是社会解纽、青黄不接的时代，旧的已破坏，新的未产生；社会无一定归趋，人心亦无一定是非，一切在顿荡摇动。睁开眼，茫茫大海；张开耳，议论纷纷。最足使人迷惑，有如炉中铁汁，镕而未凝，在此时期正可利用之铸成理想形式的器物。问题就是及时准备适当的范型，时机一过，铁汁凝固，不复就范，不能得心应手造成理想的适用器物了。

战争是毁灭文化的黑煞神，大时代所以为大时代，亦在此黑煞神之帮同毁灭。从正面讲，它堵截住正在进展的文化，或归泯灭，或归停顿。破坏了安定的秩序，带走了人类的福祉，使人类历史受莫大的折磨，损失不可以道里计。但从另一方面看，战争固能破坏，然也未尝不可利用它的破坏而创造而进步。不仅是科学发明和制造如此，无形的学术思想、政治组织等，也都在这残破中应运而生出新的东西。有意的也有，无心的也有；改革的也有，创造的也有，运会逼迫出来的改革与创造，一定比旧的要进步得多。因为它一面是教训出来的，一面是需要逼出来的，不进步不足以适应需要也。所以按整个局势看，尽管无情地破坏，但破坏的另一面就是建设；尽管无情地毁灭，毁灭的后面便是创造。庄子说过："其成也毁也，其合也分也。"树木毁了，桌椅成了。军队集合了，家庭分散了。即简单如结婚，夫妻结合了，父母与儿女拆散了。照这样看，凡事都是相对的。大时代中的实例近在眼前的大家都可以看见。陪都重庆，被残酷的敌人几年的轰炸焚烧，几乎成为废墟了！但是我们却就在这废墟上建设起理想的新重庆了。有计划，有步骤，有条理，街市、道路、建筑、码头……一切都按计划，一砖一石地建设起来。建一新屋，除一旧室，都不随便动手。敌人炸过、烧过的地方，都按新计划，重新布置起来；未炸烧的，也有的已自行拆除，重新按整个计划从事建设。我们虽绝不企盼敌人来炸来烧，但由他之炸烧却促成我们的新建设。老实讲，敌人不来炸烧，这新的理想陪都都要迟下几十年建设。这就是我们在战争中成长，在战争中寻求新生命的实证。换句话说，也就是大时代所促成的进步。同理，横被敌人蹂躏的战区经济、社会、土地……一切残破了，凌乱了。我们相信，失地收复之后，不但一切立时建设起来，并且，一切现代化、合理化、计划化了。但要注意的是，事在人为，房屋不会自己起来，计划不会自己出现，而是要我们把住时机，未雨绸缪，等机会成熟，立时动手起来，新东西才能按照理想而实现。这样我们退可以复兴民族，进可以救济全世界、全人类。

三

大时代是我们民族的一步大难，不能不忍受；也是一道大难关，必须闯过。万一闯不过，那我们民族前途便不堪想象了！如果我们大家齐心协力，忍痛奋斗，闯过这一关，那以后的世界全是我们的。闯不过目前这一关，民族便无前途。蒋主席在《中国之命运》中一再昭告我们："尤望我全国国民，深切认识我中国的命运，担在我们全国国民的双肩，而决于战局发展的今日。绝没有瞻顾徘徊的余地，更不容有盲从倚赖的心理。"（第十一页）"这是我们中国之命运分水岭，其决定即在此抗战时期，而不出这二年之中。"（第一九一页）其眼光之远大明透，实使我们叹服！这就明明告诉我们，中国之命运就决定于此抗战的大时代。时机一过，铁汁已凝，再不能得心应手，使之就范了。

我们民族演至此境，固为极不幸之事，但不幸中有大幸，那便是我们前，有国父给我们创造三民主义，作救国家、救民族、救人类的最高指导原则；现在，有贤明的领袖蒋主席，领导我们抗战建国，致力民族复兴事业。虽然像在黑暗中摸索，但抬头却有一线曙光，在指引我们的迷途。建国的事业固然艰巨，但国父孙中山已给我们画出轮廓，那便是救国救民的三民主义。实施上感觉困难，面前却有万民拥戴的领袖，这实是我们不幸中的大幸。我们生在这大时代的人，有立德立功的机会，有承先启后、担负历史使命的神圣义务，我们如果肯向上，可以建功立业。民族国家乃至于全人类，都将受我们的恩惠，万一迟疑堕落，不但自己被牺牲，而亦是国家民族的大罪人，成了时代的俘虏。我们必须注意，自己牺牲事小，贻误国家民族，断送亿万世子孙的命运，这罪过是担当不起的！

第十一章　史学风气之改革

历史学术的风气随时代而又演进转变，确已逐渐进步，由模糊笼统的崇古观念逐渐发展成为有体系、有方法的学术。这是由文化演进的公例自然发展而成。虽然已有长足的进步，但无可讳言的，尚未能发挥其最大效用，以促进并指导人民生活。在抗战建国进程中，有用人为力量促进其发展，改革其趋向，变换史学界作风，以求其对民生发生最大效用之必要。现在本此意旨提出几个要点，分别讨论于下：

一、教　育　化

教育是一切学术的归趋，不仅是历史。我们说此话，并不是板起面孔唱高调，想教训人，而是自然的、合理的归趋。欲阐明此理，首先要说明教育是甚么？我们并不想在此讨论教育的界说或定义，只想借用美国教育学家杜威的一句话，作一个简括扼要的说明，那就是"教育即生活"。假设我们再给他引申一句，就可以说"教育即告诉我们怎样生活的学问"。准此而论，则举凡有助于生活的知识技能，都是我们要学习、要吸收的。更进一步，则我们所有的心力体力都应该用在与生活有关的事物上。站在广大的民生的立场，一切与生活无关的东西都是浪费，都不必要。因此，假设我们把话由外向内说，则一切不能归宿到生活上的学问知识，都是不必要的，它的本身也就是没有根基的，这种学问我们不当提倡。假设要是某种学问的本身原是以生活始、以生活终的学问，慢慢转入歧途，和生活渐渐隔离，未能发挥它本身的效用，表现它的价值，那我们便当拉回它来，使入正轨，使它发挥效用，和生活打成一片。现在我们所要讲的历史,便是这样一种学科。我们要改革的风气,便是这种意旨。所谓教育化,也就是使它和生活打成一片的意思。并不是我们唱高调,也并不是想教训人。

不过在此要补充说明一句,所谓与生活有关,是广义的,并不是浅狭的功利主义,而是精神的、物质的、人类生活的全体。尤其重要的,是生活的群体性,与绵延性、扩展性。狭小的个人物质生活,是全部人类生活中极渺小的一部分,不是我们所讲的生活。能够代表我们这里所谓的生活,只有国父所提出的"民生"一词,最为确当。

本来中国古代历史的观感就是教育的,完全拿历史作生活的轨范和理想,不折不扣地照着实行或警戒,教育家把它操纵在手中,索性就利用它作为教育工具,因此极力美化历史,把自己的理想世界寄托在历史,于是历史成了教育家乃至政治家、思想家发表主张的工具。所以康有为称孔子为托古改制。(其实托古改制的何止孔子?)所谓托古改制实际就是托历史以实施教育。不过作风逐渐过火,演进的结果,简直改变事实、增减事实以迁就教育,弄到历史不很成其为历史了!最显著的是孔子《春秋》。平心而论,《春秋》是一部很好的伦理书、教育书,而不是好的历史书。寓褒贬,别善恶,使乱臣贼子惧,是它的最大使命、最初的著述动机,而传述史实不过是它的手段。因此不惜改变事实、淹没事实而迁就其教育上之主张。这种动机我们虽能曲谅,但这种作风我们却觉得失于过火。因为彰明较著的事实硬要睁着眼睛说假话,先失掉了信仰,而教育作用反而减少了。同时纵然要使历史发挥教育作用,但仍要对历史学术本身留有余地,不能一笔抹煞。

秦汉以后,这种浓厚的教育色彩逐渐减退,一般人对历史的教育观感慢慢有些改变,不再有先秦时代那样兴趣,所以这本来切合于人生的东西,竟与生活隔离,实际以过去的生活充实现实生活、指导现实生活为最合理而经济的办法。现在留给我们当前的问题,就是恢复古代对历史的教育观念,而改进其作风,使它发挥最大的教育作用而不妨害学术本身。在技术上要根据下列几个原则:

第一,教育有积极作用、消极作用两种,两者相权,以多采用积极方法,作领导的功夫,少用消极的警惕为上。在详略上要选教育意义浓厚的加强加详,其次的简略,足以发生反教育作用的,便根本不提。这是取材方面的事。

第二,要尽量运用艺术的手法。本来历史本身就是艺术,最适合运用艺术方法表现。假如我们用历史的材料作成生动的艺术,那就是把严肃的教育披上一层美丽的外衣,不用板起面孔教训人的方式,而用美化的方法使人乐于接受,就像苦口的良药加一层糖衣,病人高兴地吞了下去,药的效用在腹内发生,把病治好了。教育之于人心理,有如良药之苦口,不受人欢迎的,医生拿苦药直接给病人吃,必须病人明白他确是治病的良药,下大决心才能把它狠狠地吞下。包上一层糖衣,就是不懂事的小孩,也高兴地吞吃,治病的效用却不费力地达到了。把历史艺术化,借艺术的方式来表现,就是加糖衣的手法。受教的人高高兴兴,不知不觉地得到益处,即所谓潜移默化者是也。艺术的门类很多,最适合于表现历史的无过于小说与戏剧,于此两端已另有专章论述,此不复赘。

在态度上我们必须折衷至当。不能不忠实,但也不能太呆板。德国的学术界完全没有自由,成了御用的东西。即其他欧美各国学术也都在政府领导、控制之下。至于敌国日本,更无丝毫自由,甚至有些学术整个由政府包办,尤其是历史。大家都知道日本的历史既短浅,又丑恶鄙陋,自身没有创造,没有自生自长的文化。日本稍微像点样,也不过近一百年的事。他是吃我们中华民族乳汁长大的。他自知历史本不光荣,既不足以夸耀于人,又不能鼓励民气,使知自尊,使能自信,于是把丑恶的完全遮盖起,另外凭空虚构一套冠冕堂皇的美丽历史,以欺骗民众,意思就是要利用历史提高其民族自信力、自尊心,以至于自傲性。他们近一百年的进步,受此影响甚大。反观我们中国,本有光荣的伟绩,本可以自豪,以视日本,几不可同年而语,但我们史学界的作风并不重视这一点,于真正伟大的史实无人为之作宣扬工作,反把后人装点上去似是而非的假东西大家相与崇拜,奉为至宝。晚近由于方法上的进步,倒不知不觉地做了些自己拆穿西洋镜的工作,把一向人民心中奉为至宝的假境界推翻,这在历史学术上固是莫大的功劳、极可称赞的进步,但在历史的教育功用上却得了很不利的效果。接着来的则是谨慎的态度。就上古一段而论,拆了旧的台,而新的台则等待地下宝物的发现,然后一砖一石地重新建筑,自己不知不觉造成个青黄不接的现象。其甚者竟有人将中华通史仅仅从秦讲起,先秦一大段留作空白,等待考古家、科学家去慢慢填补,待至何年始能补起,则十分渺茫,不能预知。这种作风,谨严、科学,是做到了,但若站在民族国家的立场来一想,则似乎太老实了。和日本相较,一个太失于狡猾,一个太失于老实,由近一百年的历史看,分明我们在这方面吃了亏。抗战以前作者治史,亦喜于考证古史上致力;抗战以后,受了惨痛的教训,思想上颇有转变,不愿在近于拆台的工作上用功夫,而愿在历史教育上多出些力气了。日本的作风失之太狡猾,我们不采取,但我们从前过于谨严的态度,也必须改变。在不妨害历史学术的原则下,把比较可信的事实理出系统,选择富有教育价值的部分尽量把它放大,把它美化,具体说,就可以说把它小说化、戏剧化、艺术化,使之在广大的民众上发生力量,该不是过分的要求,也不能算是狡猾不忠实。历史学者对此应该首肯,政治家、教育家当然也不会反对。

二、民　族　化

对此又有二义:一是民族本位化,一是民族大众化。

假如我们国家民族的进展是有目标的,那无疑的,一切为民族,一切为现实生活:与民族无关,与现实生活隔离的,都不是我们所需要,应该排斥的。总理领导革命,总裁领导抗战建国以来,已有三民主义作我们共同一致的目标。一切学术,都应该在此原则下尽它的力量,发挥它的效用。历史是全民族过去自己走的道路,是全民族所创造的伟绩,也是全民族的镜子,它本身对我们有效用,当然要使它发挥出来,现在的任务就是使它尽量发挥可能有的效用,以指导民族的前路。研究的时候,要立在自己民族的立场。无论本国史、世界史,都是一理。如果忽略了这根本立场,轻则全无着落,对民族不生影响,重则本末倒置,以人为主,以己为奴,不知不觉在精神上把自己作成人的奴隶。这一点最危险。但我们试一检讨,现在的史学界却多少有一点此类嫌疑。由于

"中国之命运"的指示,知为不平等条约的影响。因不平等条约的刺激,以及中西文化乍相接触之相形见绌,遂造成普遍之民族自卑心理,觉得一切不如人。由这种成见的作祟,在外国史所见的觉得都是优点,自己的全是弱点。此基本观念错误者也。在方法上、学术理论上,因为我们过去虽有"史学",但少系统著述,西洋人在此一端,先我们走一步,于是在理论上、方法上采用吸收,唯人之马首是瞻。但西人所论并不见得尽合于我国国史,东西民族与文化之发展亦未必恰好两两对称,不能强为比附,更不可乌烟瘴气新名词堆上一大堆,或把西洋历史的套数硬套在中国历史上。讲历史重在事实,事实忽略在一旁而专讲甚么阶级、时代、意识、制度等,那是没有根干的花朵,说对了是枉费力气,说错了便贻害无穷。中国历史之特点西洋学者也并不都有正确深刻的了解。这要待自己去研究发现,以至于发扬,不能等旁人,尤不能只跟在人家后面,替人家作宣传,而把自己丢在后头。此后我们必须站在自己的立场,斟酌采用西洋的方法,来研究本国史的特点,然后与西洋比较彼此的优劣而求其得失之故。

大众化的意思是要从少数学人手中,扩展到全民族。祖宗的遗产大家有份,继承先祖遗业,大家也有责任。生活上需要充实,需要资鉴,也是大家所同。过去学人专利而广大民众都漠不相关,不是合理的现象,必须扩展推行,使它普及到全民族。学人要负责传播、供给,民众要吸收、追求;两方面通力合作,才能有大成效,政府当局尤其要努力加速历史教育之普及。

三、全 盘 化

过去的历史只讲政治,很少讲到民间,也不大讲到政治以外的各端,所以大家都斥旧历史为帝王谱牒,这是实在情形。地域上偏于国都,问题上偏于政治,人物上偏于王室,对全民族演进之迹象、文化发展之状况、民族盛衰、国家兴亡,以及人民生活,最多不过附带一提,甚至完全忽略,致使今人治史每苦无完整体系。此不得不谓为过去史学之最大缺点。今人整理古史,当扩展领域,资料上不限于典籍,而典籍上又不限于史乘,广事搜考,参互比证,庶可得些端绪。至撰著新史,发扬史教,则当以新观点扩展历史领域,必使不偏颇、不狭隘,使更能与大众相接近,必如此,史学本身方称完备,而对民族所发生之影响亦始能大而且广。

关于此点,一般人观念已改,认识已清,逐渐走入正轨,惟仍待百尺竿头更进一步,使史教之发扬更广大而迅速完备。

以上三条原则,是我们标举出的积极主张,下面再列举改革侧重点的几点意见。

一、成功重于成仁

成功与成仁在历史上都有不朽的价值,同受着后人的歌颂与钦仰,但是两两相较,究竟成功为上,成仁次之。成仁的人本皆以成功为职志,并不以成仁相期许,迨至势穷力竭,功不克立,乃不得已成仁以报国家。正如《左传》所谓"竭股肱之力,继之以忠贞"。无论就立身行道讲,就尽职尽责讲,都以达成任务为第一。功成业就,再能谦退不居的,永远为人类所膜拜。为了达成任务而牺牲生命的——既成功又成仁——将永远彪炳于宇宙,时间、空间都不能磨灭。不能成功而成仁以谢的,在人格是成功了,足以为民族留正气,立楷模。但在事业上是我们所认为不圆满的,不是我们所希望的。因为成功才是我们的目的,成仁只是不能成功时退一步谋在人格上补救的最低限度办法,用以惕勉那些既不成功,又不肯成仁,而觍颜苟活者流,为他们在人格上悬一标准。所以我们无论站在国家民族的立场,或推进历史教育的立场讲,都以表扬成功人物为第一,以赞颂成仁人物为第二,我们对古人固然持此态度,对今后也希望大家成功,而不希望大家成仁。在军事上讲,只有达成任务,才是唯一要求。有时在某种情形之下,任务不能达成,虽成仁亦不足以蔽其辜。固然我们不能一律如此苛责于人,但高高悬起的目标,应该是成功,而不是成仁。如站在教育的立场,则在功业上积极的兴奋鼓舞,究竟比消极的警惕戒勉要强得多。总之,无论如何,我们应该鼓励人向成功的路上走,在开创进取、建功立业上多下功夫。抗战建国的时代以抗战胜利、建国成功为第一,是建功立业、开创进取的时代,尤其需要积极的鼓舞。

但是不幸得很,我们过去史学界风气却有些偏重于后者,而忽略了前者,歌颂成仁的多,而表彰成功的少。因此大家心中景慕的是文天祥、史可法,而不是越王勾践、汉武帝、班超、唐太宗。这并不是说,文天祥、史可法不当作,或说他们在历史上的道德价值不够高,而是说,功业彪炳,成功而不必成仁的,更好些。究竟演喜剧比悲剧强,如果要藉古人以励志气,甚么理由不选越王勾践、汉武帝、班超、唐太宗,而只选文天祥、史可法? 历史是情感教育,无形中感染人的志趣,影响人的理想。此后的史学风气毫无疑问的,应该向这方面走。具体点说,就是:在时代上,要多讲汉唐,少讲宋明;在人物上,多讲张骞、班超,少讲文天祥、史可法;在故事上,多讲成功的喜剧,少讲失败的悲剧。

二、详近略远

详近略远也是现代亟待提倡的风气。清初的明代遗老,由亡国的惨痛,与当时的民族畛域,遂使一般有志气的学人特别珍惜明代的历史,相与潜心致力于此。这种可贵的历史风气一方面随着经学的考据而逐渐转入古史的考订,一方面受经今古文学勃兴的影响而走到托古改制的研究。到了晚清和民国,遂造成颇为盛行的古史考订风气。民国以来,并不像清初之对明史,大家对近在眼前的清史并不感觉强烈的研究兴趣。这固然一方面由于民国之于清,并不像清初对于明室之依恋不忍忘,一方面截至今日止,尚没有完备的清史典籍完成。但大家对古史比较感觉兴趣,实为主因。然而在历史教育的功效上着想,则近愈于远。现在我们如对较近的明清史多下些功夫,于现实当有更多的了解,得到更多的助益。理由很简单,无待申论。为今之计,政府当局和史学界本身,当在整理清史上协同致力,使理想的清史典籍早日完成,研究清史的一般风气赶紧养成。已成的《清史稿》,如无大问题,可解禁刊行;有问题而可以局部修改,当立即修改。置之高阁,不闻不问,总不是好办法。

三、由古典研究与发掘到宣传推广

古典研究在学术上不可少，它有它自身的价值。但大部分的力量都用在古典研究上，很容易造成偏狭的显微镜下工作，对当前的现实、广大的民众，很少发生关系，纵不至完全与现实隔绝，但也很少贡献，不会有多大效用。目前的时代急待我们利用民族过去光荣史迹提高民族自尊心，加强自信心，以情感教育唤起民族精神。古典的研究虽不能停顿，但不容我们把十九的力量费在这上面，而把目前的课题放下不管。一般的风气，应该转向民众推广历史教育上去了。

由古物的自己出土，而有计划的发掘；由古物的出土与发掘而在古史的重建上有了极大的贡献，这在历史学术上是清末民初的重大功绩，是不可忽视的大事。但是同样理由，不容我们把全部目光移注到上面。在目前史学界有限的人力与物力，也实不允许我们在这方面分配的太多。

我们一再强调历史教育的推进，并不是轻视历史学术的研究，究竟支持历史教育的还要仗历史学术的研究。就因为站在一切学术现实化的立场，必求其与现实接近，求其对现实发生更多的效用。这样学术才有根基，有着落。若再站在现时代而论，则局势之迫切、民族情绪之待鼓舞、民族精神之待发扬，实未有过于此时者。换言之，即历史教育之待推进，无急迫于此时者。基此观点而权衡轻重，实不能不使我们侧重于现实之功用。

四、由无机到有机，由有机到超机

毋庸讳言的，过去一般人对历史的看法与讲法大部分是片段的、呆板的，无生气，无性灵，是一件件故事的堆积、一个个人的拼凑。把生龙活虎般的有生命、有性灵的历史，看成一块块的死肉，当作无生的静物。这样汩没历史性灵的看法与讲法，真真对不起历史！

由无机的看法，到有机的看法、讲法，自然是史学上一大进步。能认识其生命，认识其各种现象、各种因果之相关性，明白某人某事之造成，不是偶然的，这便是近代史学之重大演进。但这还不够，因为说历史是有机的，并不能道尽历史之性能。作者前在"历史之特性"中说过，无机的矿物，有机的动物，科学家都可以把它当静的事物看，而用科学方法、科学定律研究之，寻求出科学的答案。因为动物虽然是有机体，但终循一定的规律走，有固定演变形式，科学家可以把它操纵在手中而寻出结果，下肯定的判断。但历史这东西谁能把它操纵在手中，予某事以准确而肯定的判断？这是从有形的事象看，它是更近乎有机体的。若再跳出有形的事象从大体上看，则它更有一种前后联贯、超乎形质的气势在。这种气势无"机"可言，而在"有机"之上。无以名之，名之曰"超机"。认识历史能得到它超机的妙用，才算得到历史中之三昧。

无机和有机的东西，科学家都可以用科学方法研究分析，得到精确的判断。超机的则不能，所以超机的历史，必须用艺术的和哲学的方法观赏之，研究之，而不能用科学方法为精确之判断。有机的事物可以循一定理则而重演，但历史从不重演。

对这超机的历史当用两种研究态度：一是入而察之，一是出而观之。察其事实以明其真象，得到教训；观其气势，以见其来龙去脉，演进中心。前者重在史料之审订与考据，贵乎精；后者重在历史演进之中心，与气势之升降和趋向，贵乎大。前者是近于科学的，后者是近于哲学的、艺术的。所谓超机的，即由于后者而立言。治史而不得其超机的意义，其学问不能算是完全的。

最后要附带一提的是史书之体裁亦有改良之必要。纪传体、编年体、纪事本末体等，已不能尽此后史书之责任。图创新体裁，实为今后史学家的任务。

第十二章　历史教育之实施

历史教育的重要，前面几章已经讲过，但现在历史教育实施的状况并不理想，还有待我们积极努力。蒋主席前在二十七年关于中央训练团第一期毕业典礼训话时曾痛心地说："现在教出来的学生，简直不知他自己是那一国人！"明白地说出国史教育的失败。现在大家对此都有认识，也都在大声疾呼地喊加强历史教育，但实际设施方面则尚未能与理想相配合。这固然有许多事实的限制，但如下定决心，亦未尝不可在困难情形下展开新姿态，创造新作风。困难虽多，而在于心理与人事者实居大半，物质方面并无多大关系。吾人如认加强历史教育为复兴民族所必需，则当立定决心，鼓起勇气，改革教育制度之与历史教育有关部分，断不可拘守成规，顾忌牵涉。畏首畏尾，身其余几？革命时代、革命事业，自当用革命精神、革命手段，改革创造。瞻徇顾忌，所就者能有几何？为今之计，舍大刀阔斧切实改造之外，实无他途径。今就学校教育与社会教育两方面分论之。

一

学校方面首先应将本国历史定为各级学校、各科门院系共同必修科目，认真执行，切实教授、考核，非及格不得升级及毕业。加重其重量，增加授课时数。现行教育制度，中等学校中，本国文史实占极小之比例数，国文不如英文，国史同于世界史。内外轻重显然有失其平，更提不到国家民族的本位。至数理化方面更占全课程十之六七。学生朝夕孜孜以求者，非英文即数理，此为有目共睹之事实，绝无增饰过甚之词。就教材数量而论，美国一百五十年之历史，皇皇两巨册，而中国五千年之历史仅薄薄两小册，或三小册，不能抵其半。宁非怪事！至各级学校教材详略、进度之迟速，均当有适当之规定、整个之计划，不能各自为政，不能畸重畸轻，偏颇遗漏。毕业升学考试，尤当严加考核，认真执行，不能稍事疏忽。

教材方面当先确定史观，制定原则，认定目标，拟定步骤，然后逐步编纂。各级学校各科门院系，深浅详略有不同，而中心意识则一。使读者循序而进，如以贯穿珠。其参考材料当按其年级及性质为适当之供给。此外如各种图表、名人画像，均有极大之功用，尤必广为制备，一以便其诵览，一以感发兴起，鼓舞其志趣。

二

社会教育方面，宜以戏剧与小说为主（已专章详论此不复赘），兼重史学风气之扩展。上者见重于士林，下者深入于里巷，使下里巴者，鼓词皆以历史为中心。民众教育馆以历史教育为主：演讲、艺术、电化教育、图书杂志以及各种教育方面之活动，均当熔铸历史意义于其中，以焕发民族意识。此外如崇敬先贤、保存古迹、纪念有历史意义之节日与人物、整理史籍、保存史料等，均为加强历史教育之设施，而亟待推行者。

至于新史观之确立、新史风之改革（已详《史学风气之改革》章）、新系统之建立、新理论之阐发，均为历史学术界亟当致力之任务。完备伟大、面面俱到之中国通史之纂述、中国史教之提示，各种专史、别史、传记谱牒、地方志图表等之著作，又均为不可稍缓之工作。

此外种种设施，可本此意旨，因时因地而制其宜。当运用新方法、新作风，实行新计划，推进新历史教育。要复兴民族必须提高民族意识，奋起民族情绪。要提高人民生活，尤必自提高艺术生活入手。为今日之中国计，为未来之中国计，为今日与未来之人民生活计，积极推行历史教育，实为不可缓之急务。

中华民国三十四年十二月初版

著作者　徐文珊

发行人　郑逢原

发行所　史学书局（重庆中山三路二一〇号）

近代历史教学转型

历史教育及教授法

[日]中岛健依别著　禹朋译

现今普通教育中，所谓历史教育及教授法者，其理论与实际，均在幼稚时期。其从理论上而概括地以言历史教育者，率以仅识皮毛之浅见者与为简单的团体论者为多。彼浅见者流，于历史上最重要之开发的陶冶的一方面，则抛弃之，而以罗列史实为能事。为简单的团体论者，则朝夕反覆忠君爱国之义，殆若忠臣与爱国者当下便可出现者焉。夫历史教育者，一面为国家生存之纲目，他一面即为人类发展之信条。个人非有精神之明觉则无由上进，与国家之不能由盲从而得发展，其理一也。而吾人者更不得不藉历史教育，以养成一种之人物。其人物为何？即由历史教育而增长其理解力与判断力，更能自动地以默察国家之前途，从而企划自己之将来者是也。

更从实际教育上以观今日之历史教育，其主义之不贯彻、形式之不具备，所谓历史教育及教授法者，吾人固不惮断言之曰皆无有耳。

今之教授历史者，其视事实也过重，谓有技尽乎此之观。不知所谓史实者，当吾人之使用之也，宜有一较高之目的存焉。盖自国民教育的历史教授观之，则史实者乃其一小部分，不过为达此目的之一方便法门而已。譬诸建筑，搜集材料，继极勤劳，而其所目注心营之第宅，固犹未完成也。彼诸史实之罗列注入，其犹建筑材料之搜集也。而教育家所应努力之要点，则在支配此等材料，而完成其真正之教育焉。然而今之教授历史者，但知尽瘁于手段上、方法上之低级的劳动（即材料之搜集）。而最重要之第宅，其所以组成之、建筑之者，转为其意虑所弗及。是宁得谓今之尚有历史教育耶？

夫予辈岂好辩嘲世之徒，构理想于高远，弄事实于幽渺，而沾沾自喜者哉。今有至平易之理论、最明显之事实在，请得暂述其所怀。

一、史学者与教育者

纯正史学者，以最公平之心，解释历史上之事实，一切依其本质以研究之，盖以探得历史上之真相为唯一之目的者也。在普通教育则不然。普通教育之历史，则操索历史事实，而以教育的组织法组织之，因而据以施国民教育，此其目的也。盖一则欲得其真相，一则以之供教育的组织，以是两比目的之相异。而史学者与历史教育者之任务，遂生划然之区别焉。即前者为一种之科学，而后者则术也。从事于前者为史学家，任后者之务则教育家也。再以前例比喻之，以将有事于建筑，而运搬、搜集种种之材料者，史学家也。选择取舍之以完成其建筑者，则历史教育者之任务也。故历史教育者，其于选择此等材料，不可不具识别若者于建筑为适当，而若者则否之鉴识，与所以使用此等材料而完成其正式建筑之特殊技能，斯固不待论矣。苟教育者而无鉴别史料之能力，则史学家所运搬搜集如许夥颐之材料，其于教育上究竟适宜与否，有害与否，弗能识也。既不能识，则构朽木为栋宇，积粪土为崇垣，其愚昧抑将有不能免者矣。倘更举完成建筑之技能而无之，则所谓未受教育之教育家者，其必终于此种无味之徽号，又何疑乎？故历史教育者，一面须具鉴别之识，故不可不为史学家；一面宜有建筑之能，故又不可不为教育家。

然史学家者，自教育之地位言之，仅负搜集提供材料之任务而已。且其材料之于教育，有视为有害者，有视为无害者。唯此固史学家寻常之事，彼但以发见搜集事实为能尽其职者也。且勿论史学家仅为材料之搜集，即有研究材料与材料间之关系，而统一之完成之为一个之史实或事件者，此统一完成之史实与事件，自教育家之眼光视之，仍不得不仅以之作一个材料观耳。由斯以谈史学家与教育家之任务职掌，盖判然而无复丝毫之疑义也已。（未完）

［原文刊于《教育杂志》第二年(1913年)第10期］

教授历史卮言

顾元弼

中学程度本国史之教材既复，则教授时必本乎生徒所已有观念中之人物，以为新授事项本末之中心，以顺次推究其余。故凡授一事，必先提出其主要人物，使生徒引起其旧有观念，以充发乎新授之事域，各得其满足愉快而反。而对于其事之解决，其臧否无毫发之遗，方能如镜取物，妍丑毕肖。

关于大事者，如前所言。至若文明史，则关于物者既多，而风俗、礼教、学术之变迁，又较纪事为复，则惟有择其遗于今者为引起，藉之以旁征推测，阙疑存信，使生徒得真确之观念。然此非教者平时留心观察社会之现状，以究其遗传而追溯之，其真不睹。

历史教授重图表，为不易之法。然教者声音笑貌，古昔精神，藉之传出者不少。故他科可以多用问答，而历史科有时不得不凭讲演，以振起学者听觉之精神，而增益其自动之兴味。

阳明先生谓人一日间，古今世界都经过一番，只是人不见耳。夜气清明时，无视无听，无思无作，淡然平怀，就是羲皇世界。平旦时神清气朗，雍雍穆穆，就是尧舜世界。日中以前，礼仪交会，气象秩然，就是三代世界。日中以后，神气渐昏，往来杂扰，就是春秋战国世界。渐渐昏夜，万物寝息，景象寂寥，就是人消物尽世界。学者信得良知过，不为气所乱，便常做个羲皇以上人，此为历史关于修身之最要。业师范者，尤当参透此境，方能至安贫乐道之活泼泼地。故教者能于每时期中，默示以种种气象，使生徒神会意领，则良知自无所蔽。日中以后之衰颓景况，如魑魅魍魉之莫能逢矣。至于嘉言懿行之择示，在高等小学时，已备其大要，此时更加详焉可。

历史科与修身地理之关系，小学教授者已究其详，至中等程度，惟扩充其范围耳。其与图画之关系，有可言者，古人本故事以作画。亭林先生谓有故事，便须立意结构，事事考订，人物衣冠，制度宫室，规模大略，城郭山川，形势向背，皆不得草草下笔。非若今人任意师心，卤莽灭裂，动辄托之写意而止。其所引证历代绘图数十种，多不传于今。见于金石者，又高远而难摹。今人所摹而行者，类多神佛变相、隐逸独行之事。如顾恺之之箴谏、仇十洲之孝行，绝少。由此言之，教者遇有史中可法可戒事实，可仿此例以言语、文字形容之，令学者得诸想象。精于画法者，或可由之写出，如陶侃运甓、闻鸡起舞之类是。得其一二，皆有裨益。其关于物者，如博古之类，则于教历代美术工艺时示之。我国历史，浩博无涯，以昔日学者言，大抵为哲学、文学、政治学所本。然普通教科，则惟有随时施宜，择其一二尤要者，积极方面少，消极方面多，防其误入旧学窠臼，徒叹汪洋，而靡弊其精神也。

（原文刊于《南通师范校友会杂志》1919 年第 8 期）

适应主义之历史教育

[美]加撒尼(J.Madison Gathany)著 钱泰基、黄道生译

何谓适应主义

人类每一动作必有某种刺激,驱之使然。凡为教师、为父母者,有教导一般青年之责任,于规正行为、诱进学业时,须予以正当之刺激。其刺激非为暂时的,因暂时的刺激,仅令避去目前之困难责罚羞辱,所成事实与受正当刺激者,迥不相同也。此种教育,名之曰适应主义。适应主义者,以特种之训练,引起学者诚实之注意。俾其所习,均有实在的价值,必将学问之主旨与学者之经历愿望,适相应合也。欲实行此主义,教师宜定一需要之标的。标的者,非灌输而为鼓励,使学者自由发表其意思,自由实现其才能。至强记之典,实无用之背诵,决无存留之余地,是已。在笃信适应主义之教师,能将所授学科,准对个人适合社会之需要而发,无沿袭之教法,无似是而非之成绩,方能为名实相副之教育家。

适应主义与历史

教授历史之适应主义,人各不同。其浅者以为读历史可多谙掌故,考试列前茅,可为入大学之捷径。其稍切实者,以为可熟悉当地或一国之已往情形,可入公共机关任职。即不为此,仅以历史之醇醇有味,可供著作之印证,可助谈话之资料,何尝不合于实用。惟吾之所谓适应主义则异是。以上所拟读史宗旨,全无足取。其范围小,其功用暂,未能

达养成健全国民之目的也。

历史教员于教授历史时,欲得正确之效用,则当视其课室为民主国国民之产地,即欲引学生明晓民治制如何成立,现行之民治制若何,其基本问题若何,个人与民治制之关系若何,彼于民治制中之职分若何。以是种种,训练学生,成一完美之民治国国民。虽然,设学生于上述之事均已明晓,而未能于此诸事上,养成独立之思想、勇往之胆魄,不过信守之而已,犹未得谓达于适应主义也。

教授历史之基本观念

关于教授历史之基本观念有三:(一)教师所怀教育之意趣,(二)教师对于历史之主张,(三)教师教授历史之缘由。

教育之意趣 或谓一国中之优秀分子,及上流社会人,当然受教育。或谓受教育之后,得于社会占优胜地位。两者所见,未尝不是,然历史教员之意趣当超出乎此,而视教育为国家发达之关键,为青年国民产生国家精神之基础。由是学生之需要与社会之需要,得以接近,互相联络,而造就青年为高尚有用之国民。更于教授之时,不视受教者如空中之器皿,用机械的方法,以事实注入其中;亦不视为旁听者,采取异说珍闻,为谈话之资料。而视学生为推理家,求实益之经验家,俾能察知人类治化之进行,了解社会及政治上各问题。又使当青春之年,富于崇拜英雄之性,善于力趋上游,导之于智识上、道德上、社交上,各成善良之习惯,乘至佳之机会,具非常之能力,以造成国家日后之命运,则适应主义的历史教育之成功也。

教授历史之主张 历史不仅为人类生活之记载,当作人类之生命观。因其有一种原力,呈变化进行之程序,为人类发达之渊源,始于理想的奋斗,奋斗而成高尚之文明,无有止境,无有穷期也。故欲验民治制之进化者,必观历史。欲明宗教与科学之关系者,必观历史。推之世界战争之起伏、劳动与资本家之争执、贵族与平民之激斗、男女问题之解决,凡此种种,萦绕世人之心目,惹起公共及私人之研究者,皆必取资乎历史。故教历史时,不惟考古,亦必通今。因现世史为将来历史之前驱，犹之古史为现世史之前驱也。所注意者，务求适合民主国社会及政治之需要耳。

教授历史之缘由　研究历史，所以发达心智，非仅资博闻多识而已。必使学者于社会中成一思想活泼之分子，于生命之发展，社会之组织，政治上、道义上之责任，皆有连带之感觉。例如罗马格拉克氏兄弟（Gracchi）为平民争权，吾侪亦享其利乎。十五世纪之文艺复兴，吾侪亦受其益乎。他如美国之独立、法国之大革命，均与吾人有密切之关系。盖历史上种种重大之变革，均有一公理在其后。此公理，昔人以之而生存，而进步。今日吾人亦以之而生存，而进步。即在数千百年后之人，亦复如是。故真正历史，有现在，无过去。过去之事实，俱当删除，而集中于实际的问题，即合乎现在所迫求也。教授历史者，必对夫群与己之生活、当前之经济，以及政治信仰，一皆依据历史之事实，确切发挥，不以一己之臆见，遗误学者。夫而后其所教授有目的，有意义，能扼其要。教者学者，兼受其益矣。

教授历史之方法

就上所述，则历史教授，其方法如次。

思想之启导　教师引全班学生，推究现世文明之渊源、世界诸强国发展之程序，其有助于世界文化者何若。以言人类，则阶级制度之渐废也，强权压制之渐归淘汰也，妇女在进化史中之地位也。以言政治，则政权渐及于平民也，法律上有平等之建设也。以言教育，则平民教育之扩张也。以言宗教，则信仰自由之尊重也。以言科学，则应用机力、汽力、电力于各等人事也。凡此种种，务究其进行之次第，视学生能贯通否，有进求之欲望否。要之使学生注意现今所享之自由，乃经冗长之时间、重大之奋斗、无量数人类流血所易得者，当珍重维护成一独立之思想家，而不为盲从者。

实例之比较　教授历史，当自一课至末课，为层累递进之比较。比较能显相同点与相异点，以上古、中古、近古，一一与现今相比较，如是方能探本溯源，知现世繁复之文明，经长途跋涉，始达于今日之地位。

文明之真价值，关于学者之本身，非细故也。

字义之研究 大抵教师以为学生之背诵佳者，必已通晓课中之字义，不知著史者所用重要之定名，非背诵即能了解。吾人如欲为明晰之考虑、正确之剖白，则研究字义，得其确解，乃至不可忽。今学校中各科，除文学外，几无研究及于字义者。学生谙于字义，欲其会通全书，致之实用，不亦难乎？故研究字义，正欲解去障碍也。缘历史上之名词，关系人事至切。今试以历史、政府、宪法、法律、民主、国民、人民、议案、文明、专制、政党、国家、公益、党派、和平主义、无政府主义、教化、宗教、社会、爱国心、道德，及推类之千百名词，逐一询诸历史班学生，鲜有能举其正确之意义者。教师宜令学生于每一名词，得其的确，则于作史者之旨，益以明了，功候益以深造。于其连类之学科，如政治、法律、经济、社会诸学，亦加增研究之兴趣。他如读报章杂志，亦愈有意味。对于世界、社会、国家之事，更为关切矣。

课程之预备 学生平日预备功课，宜令其将提出问题之答案，书之于纸，出呈教师。问题之种类，限于本日课程中要项，如财政、军事、民主、宗教、教育等。其在当时，已有人解决此问题乎？苟未解决，学者能以较良之法解决之否？今日于吾人或他族人之中，有问题与此相类者乎？逐一提出，以备课室中之讨论。如是，则历史教育之益趋于适应方面，可无疑也。

注重讨论 讨论不仅使学生表明其已知，更可实验其已否能用此比较归纳之法，运以一己之思想也。各学校以为令学生背诵，益可使历史事实，深印脑中，实为大谬。夫背诵不能鼓励人之精神，如用讨论之法，全体学生之精神，为之奋兴，各欲舒己见，多取资料，多用研究之功夫。且互相切磋，互相驳诘，则事理愈以显明，愈可知以身涉世之道。历史教育之大用，于是益显讨论之要则。例如一国何以能成民主，个人对于政府有何关系，政府于个人有何利益，今所居之村镇城邑省会国家，有何种服务必当为之。假令正当之法律，不能通过于议会，与公共之资产，不得正当之用途，何人当任其咎。每一国民，有不注意其代表在议院之作为乎。此等问题。可随宜施之。

现世史之研究 现世史者，即目今世界发生之事，不载入教科书，必取之于报章杂志者也。虽有人反对学校学生研究现世史，然有充足之理由，主张现世史之必当研究。言其大者，现世史为千百载过去史酿成之结果。略今崇古，是取历史之前一部分，而遗其重要之后一部分也。理由一：古来重大之事，无不影响于现世界之大势。现今发生之事变，其直接影响于世界与吾人者又何如。理由二：文明人目光所注，在于将来，为世界谋将来之幸福，多借鉴于过去之事实。而现今之事实，尤为吾人谋将来幸福着手之处。理由三：读现世史，方知已往事变之重要，增重吾人对于过去史之价值。现世史与过去史，多互相发明之处。理由四：读现世史，可知吾人对于世界、国家、社会之关系与责任，人生之价值，益以增重。理由五：世人之思想日趋高大，行谊益日趋于公正。今人之言论行为，与数年前之人不相同。如此次美国加入世界大战，威尔逊宣言，其战争之目的，为使世界民治制，臻于巩固之地位。所宣布之政策，务求与此旨相符，非四年前欧战发生时意料所及。故仅读过去史者，其思想囿于过去，不能与世界潮流相应。故现世史不可不研究。理由六（按：此处原文有缺）有此六因，反对者亦可以息喙矣。

结　语

今日学校之设立，非不夥也，规模非不美也，教科非不完备也。而入其中者，对于所学无研究之兴味，勉强为之，冀幸教师之拔升。毕业以后，对于所学，抛弃无遗。其故何哉？以在学校所作之工夫，仅为一时涂饰计。校中采取之资料，施授之方法，因循旧法，闭塞拙滞，遏灭少年好学有为之勇气，可慨孰甚！使教师而有造就人才之志愿，安可不取适应主义，于其教授科目，勤加研求，务使配合于学生身心之体用，以及社会之需要，用启导之法，不以记诵为能。讵惟历史为然，而以历史为尤难。夫历史载人群进化之要道，为吾人立身行事之指南。社会之隆污、民治之兴废、世界之治乱，均系于是。教授者详审主旨，引学生入于公道正谊，有不容辞者矣。

（原文刊于《青年进步》1919年第21期）

历史教育上之心理问题

徐则陵

三十余年来，学者之研究教育心理学，不为不力。然其成绩尚渺焉不足道。普通学习过程之性质，学者虽略有发明，然对于各科之学习过程，研究未彻底。故论列某科心理之专书尚不多觏。关于历史一科心理之著作有价值者，更寥若晨星矣。何以讨论学习历史心理过程之作独鲜？其最大原因，在历史一科学生所应学习者为何一问题，尚无共认为满意之解决。甲派教师以为学生研究历史应记忆事实，多多益善。乙派教师则以为学生研究历史应养成解释人群大事之意义之能力，记忆则不必注重。各走一端，截成两橛。于是分析学习历史之心理过程，遂无标准。盖教师主张既不同，则所提示之教材各异，而学生学习过程因而亦分歧矣。吾侪平心论事，甲乙两派所持意见，未免偏重，实则记忆力与解释力当同时注重。若然则学习历史者记得人群重大事实，且识其意旨之谓也。

吾侪假定此为中小学学习历史之正当主张，说明学习历史上心理过程之普通性质如次。

设有学生于此，读史至"一五八三年（万历十一年）利玛窦到肇庆"一句，正文共计不过十言，有人物、行为、年期、地点。学生习之而能记得此事，识其意义。其心理过程可分析而言者有七种：

（一）关于本事中间之人物、行为、地点三者，在心目中先绘一幅画图。

（二）想定时间位置。

（三）用一、二两种心理过程以推想前于此事之史事。

（四）用一、二两种心理过程以推想后于此事之史事。

（五）揣摩利玛窦到肇庆之动机，及决断其所以到此之外缘状况。

（六）揣摩到肇庆一事对于利玛窦原有动机之影响，及继利玛窦而来中国者之动机、之影响，决断复于本事之史事上的外缘状况。

（七）记得以上所举心理过程之六步骤，自然能记得"一五八三年利玛窦到肇庆"一事。

学者在此七大步骤中所用之心理过程，括而言之，共有四种。自一至四所用为想象，五、六两步所用为断裁与理解，第七步所用为记忆。学习一句历史文字所用心理过程复杂如是，慎勿谓历史教学是易事也。盖谓"一五八三利玛窦到肇庆"一句文字，因文见义，不求甚解，过眼云烟，不久即忘，诚易事也。然读此而能知利玛窦所以能来华即欧亚及中欧交通之结果、科学之渐入中国、义和团之肇祸、吾国人今日犹负重大赔款之原因。在儿童则非易事也。故学生读此句能明了其意义，识得此事之前后关系，久忆而不忘之，则其所用心理过程之性质，有非上文之解释所能尽者，请更申说之如下：

（一）读者关于利玛窦之容貌、服饰、行装，海船之形式，海水之颜色，登陆时之情形，须有活泼之想象。

（二）读者须有时间之概念，一五八三距今有几何年，在时间上位置于何点。

（三）读者关于笛亚士之发现印度、葡人之到澳门、耶稣社教主之遣利玛窦来华，及利玛窦之到澳门等事须作活泼之想象。

（四）读者关于利玛窦抵肇庆以后，学习中国语言文字，译《天算》诸书，须作种种想象。

（五）关于耶稣社教主遣利玛窦之用意，及其自身航海来华之动机，须作断裁，利玛窦所以能来华之理由须索解，是即所谓关于外缘状况之理解。

（六）关于抵肇庆一事所发生之影响，如译《几何原本》等书之用意，往来南京、北京识王应麟、徐光启诸名流，讲学传道，及后来耶稣教社友相继来华等事，须作种种理解，下种种断裁。

（七）平常学生读此句史文一过，未必能永记勿忘，惟前后在此事之关系上复习之,而后能牢记此一件重大史事。

　　学生读此史文时,上所举七种心理作用,未必一一发现。即发现,亦未必按此步骤,惟欲充分理会此句史文,非步步俱到不可。如何激起学生思想使经过此种步骤,此则教师之事也。

　　　　　　　　（原文刊于《史地学报》第2卷第1号,1922年）

今夏中华教育改进社关于史地教育之提案及历史教育组、地理教学组之会议纪录

(甲) 历史教育组

中华教育改进社以研究教育学术为宗旨之一。鉴于教育学术所包者广,非罗致国内关心教育之士分门研究无以收专精之效,非开会研究、交换意见无以收贯通之益。故在本届开年会数月前,即邀请国内专家分组研究提出议案,在举行年会时分组讨论,历史教学即其中之一组也。该社年会于七月三日在济南举行,并开分组会议。历史教学组出席者,有梁启超、何炳松、朱经农、柳翼谋、徐则陵五人。议案五件,梁启超、何炳松、徐则陵、陈衡哲、朱希祖各一件,开会讨论者三次,记录另详。除陈衡哲女士所提议案,业经否决外,余均俟中小学历史教学研究委员会成立后,汇案从长讨论。盖以问题复杂,非短时间所能解决也。现闻该社以各组讨论结果,议决设委员会者甚多,规则参差,办事不易。拟由董事会先行拟定委员会总则,以谋各委员会根本上之统一。而后着手组织分组委员云。兹将历史教学组会议纪录议案等汇录于后。

徐则陵识

议案一
徐则陵提议

〔主文〕历史一科。关于陶养公民至为重要。吾国中小学历史教学各方面,亟宜加以研究,以期改善而收历史一科应有之效果。兹请提议

组织委员会,研究关于中小学历史教学之问题:

（1）中小学历史教学之宗旨。

（2）中小学历史课程之种类及其支配。

（3）选择中小学历史教材之标准。

（4）中小学历史教学法之纲领。

（5）中小学历史课程之衔接（中学大学历史课程之衔接附）。

（6）历史地理公民学之会通。

（7）中小学历史教员之培养。

委员会应由历史教学组同人发起。其组织方法,应开筹备会共同酌夺。

〔理由及办法〕

教育之目的不一,以发展学生之社会效能为最大。学科之内容于发展项效能,有特殊贡献者,首推历史。盖社会效能之教育,含有知识、兴趣、习惯、能力等方面。一切学科,皆可用以养成学生有益于社会之兴趣、习惯、能力。惟关于社会之知识方面,如社会现状之由来,政治、经济、学术及其他一切社会状况之相互关系、因果关系,今日文化上之重要问题之性质与原委等,皆历史一门所特有之内容。学生对此有充分之知识者,始能参与群的活动,使社会日进。教育家公认历史一门,于发展学生社会效能,有优越之机会,其理由固甚充分也。虽然,学校设一科,未必即能收一科之效果。历史一科,有因宗旨乖戾,而贻学生以谬误观念者。有因目的浮泛而成效难必者,有因教材取舍不当,无关于领会社会演进之理者。有教材之排次不适于学习过程者,教法有过于抽象,学生不得正确观念者。有偏重记忆而置思想想象、董理事实能力之训练于不顾者,流弊甚多。此第就最普通者言之耳。凡此则学校虽设历史一科,历史一门,虽有教材,而发展学生社会效能之效用不可必得。学校设科,而至于徒具名目,此事之至可惜者也。

吾国今日学校设历史一科,有无明定之公共宗旨？中小学各级教历史,有无特定之目标？选择教材,有无根本标准及用科学方法而定之详细标准？编纂历史教科书者所定之标准,以何事实为根据？排次教材之标准,是否合乎学习心理？已有教材,曾否用精审方法（控制不相干涉之原子在单纯状况下试验之谓,以试验其效果)?历史、地理、公民科性质相近,何以高小以上必采分科办法,而不能合为一科,以收融会贯通之益,而免枝枝节节勉强牵合之弊?凡此诸点,今日皆未解决。故学校现有历史教材,不得视为有发展社会效能之效用。盖社会生活未经分析,则需要所在,不可确知。凭主观以选择教材,其无当也明矣。今日不欲解决中小历史教(按:原文缺"学"字)问题则已,如欲稍稍致力于是,必须先有彻底研究,而后拟议,始稍有准则。其问题之荦荦大者有八:

一、中小学设历史一科应以何者为宗旨?

二、历史教学各级应有特定目的,历史学程亦应各有特定之目的。凡此详细目的应如何确定之?

三、选择历史教材应以何者为根本标准及详细标准?

四、历史中之至少最精教材应如何审定?

五、排次教材应用何种原则?

六、历史、地理、公民科有分科教学之办法,亦有消除界限合并教学之办法,二者孰优?如采用合组办法,教材应如何组织?

七、中小学历史课程应有几种?如何支配而新、旧两种学制下之学校皆可采用?

八、照所定课程而培养教师应如何进行?

凡此种种问题非详加研究难期彻底解决。鄙意以为宜组织中学历史教学委员会集合国内史学家、教育家分部研究,尤宜预定研究之计划逐渐进行。其可循之途径略举于下:

一、调查今日历史教学之状况。

(一)调查现在历史教学之目的。

(二)调查各学程时间之分量。

(三)分析教科书、参考书、讲义之内容,统计其结果。

二、参考今日各国试用之编制历史课程之方法。

三、制定试用之历史课程与教材兼定可用之教学方法。

四、设法实验试用之课程及方法,统计其结果。

五、确定历史课程应有之内容。

六、新教材试教后应用测验方法以考查其成绩。

七、报告研究结果于国内教育界，共同讨论，以便推行。

历史在教育上所处之地位既共认为重要，而关于历史教学之问题又亟待解决，则陵以为组织委员会共同研究诚为今日当务之急，幸历史教学组同人加之意焉。

议案二
何炳松提议

〔主文〕编辑或讲授历史，应以说明历代社会状况之进化，使学生明白现代状况之如何递嬗而来为标准。

〔理由〕

历史范围甚广，材料甚杂。若专为事实而研究事实，则汗牛充栋，着手甚难。材料既杂，故抉择不易。在中小学中历史教授时间本甚有限，若仅述大人与大事，则正如火山大洋不足以代表地理学，虎豹犀象不足以代表动物学。若用断章主义方法，则因主观不同之故，所编或所讲之历史必无显著之目的。故为抉择材料便利起见，当编辑或讲授历史时，应有一定之标准。历史之目的，在于使学生明白现状之如何递嬗而来，否则历史之效用不著。故为达此种目的起见，编辑或讲授历史时，应有一定之准标。根据上述理由，兹故提议如主文。

〔办法〕

（一）关于材料方面者：（甲）史非文学，应以材料为根据，并以最初材料为根据。（乙）引用材料，应说明来历，附于每章或每段之末。

（二）关于抉择材料方面者：（甲）选择事实，须以足以说明过去一般状况者为主。凡与状况有关者虽小亦取，否则虽奇亦去。换言之，编辑或讲授历史，当以说明过去为目的，而以事实为手段。（乙）所有奇异事迹，无论如何有趣，如与一般状况无关者，均应割爱不提，以省篇幅而免误会。

（三）编辑者、讲授者应有之主观观察点：（甲）对于过去事实，须穷源竟委以进化观念贯彻其间。（乙）通史不应偏重政治，不以多列人名地名为贵。时期之无关紧要者不宜多提。(丙)通史不宜断代,因各种制度变迁之迹渐而不骤,而且一时代中之各种制度亦往往新陈代谢,迟速不同,并不一致。

(四)辅助学生研究历史之方法:(甲)书中每章或每节之后,应附参考书目及章段页。对于参考书应加以一二言之批评,唯参考书不宜多举,仅列最佳者三四种已足。(乙)应将历代历史名著,撷其精华,纯用原文分章段编辑成书,以备学生参考之用。不但可以使学生了然于历代史笔之不同,亦且可以使学生以贱价而得管窥历代宏篇之机会。其长短字数,最好与课本相仿。

议案三
梁启超提议

中学国史教本改造案并目录

国史为中学主要科目,然现行之教科书及教授法,实不能与教育目的相应。今举其缺点之最著者如下:

(一)现行教科书全属政治史性质,其实政治史不能赅历史之全部。

(二)旧式的政治史,专注重朝代兴亡及战争,并政治趋势之变迁亦不能说明。

(三)关于社会及文化事项,虽于每朝代之后间有叙述,然太简略,且不联贯。

因此缺点,其所生恶影响如下:

一、学生受国史教育完了之后,于先民之作业全不能得明确的印象,则对于祖国不能发生深厚的情爱。

二、所教授之史迹与现代生活隔离太远,致学生将学问与生活打成两橛。

三、以数千年绝少变化之政治现象,其中且充满以机诈黑暗,学生学之徒增长保守性或其他恶德,与民治主义之教育适相背驰。

四、坐此诸因,令学生对于国史一科不惟不能发生兴味,而且有厌恶之倾向。

今为矫正固有缺点，顺应时代新要求起见，提出本案。其主要之点有二：

第一，以文化史代政治史。

第二，以纵断史代横断史。

历史本为整个的，强分时代——如西洋旧史之分上古、中世、近世等，已属无理。若如中国旧史以一姓兴亡断代为书，则无理更甚。今将全史纵断为六部：(1)年代，(2)地理，(3)民族，(4)政治，(5)社会及经济，(6)文化。虽谓为六部专门史亦可。但于各门皆为极简单之叙述，且相互间有严密之组织，则合之成一普通史耳。

年代之部。现行教科书中所述朝代兴亡事项全纳其中，而所占篇幅不及全部二十分之一，吾以为即此已足。盖一姓之篡夺兴仆，以今世史观之殆可谓全无关系，不过借作标识定时间经过之位置而已。

中国幅员如此其广，各地开化先后不同，有相距千数百年者。旧史纯以帝王宅都之地为中心，致各地方发展之迹散而难稽。欲使学生了解整个的中国，非以分区叙述为基础不可。今列地理一部占全篇幅百分之十五，专从历史上记述各地开展之次第。此案采行之后，本国地理教科书可以节省一大部分，亦令学生对于极干燥之地理一门加增趣味。

民族之部。专记述中华民族之成立及扩大。其异族之侵入及同化，实即本族扩大之一阶段也，故应稍为详叙。而彼我交涉之迹，亦即形成政治史中一重要部分。

政治之部对于一时君相之功业及罪恶皆从略，专记政制变迁之各大节目，令学生于二千年政象得抽象的概念。

社会及经济与文化之两部。现行教科书中大率在每朝代之后简单略叙，视为附庸，实则此为历史之主要部分，且不容以时代割裂，故各独立为两部，其篇幅占全书之半。内容且如目录所列。

全书略定为二百课内外。将来三三制实行后，拟以前三年教授完毕，后三年即不复授此科。其更进之研究，则委诸大学之史学系。

本案若承采择，谓宜由本社试编一教本，俟海内教育家实验是正之。

附中学国史教本目录：

第一部　年代

第一课 神话期与历史黎明期　　第二课 春秋战国
第三课 秦汉三国　　　　　　　第四课 两晋南北朝
第五课 隋唐五代　　　　　　　第六课 宋辽金元
第七课 明清

第二部　地理

第八课 现在领域概说　　　　　第九课 文化根核地之山东及
　　　　　　　　　　　　　　　　　　河南
第十课 其二　　　　　　　　　第十一课 山西之史的开拓
第十二课 陕西之史的开拓　　　第十三课 江汉间之史的开拓
第十四课 淮域之史的开拓　　　第十五课 江南之史的开拓江西附
第十六课 其二　　　　　　　　第十七课 蓟辽之史的开拓
第十八课 甘凉之史的开拓　　　第十九课 浙闽之史的开拓
第二十课 巴蜀之史的开拓　　　第二一课 湘黔之史的开拓
第二二课 两粤之史的开拓　　　第二三课 云南之史的开拓
第二四课 新疆内属沿革　　　　第二五课 东三省内属沿革
第二六课 热察绥三区内属沿革　第二七课 川边及青海内属沿革
第二八课 外蒙古叛服沿革　　　第二九课 西藏叛服沿革
第三十课 朝鲜之内属及丧失　　第三一课 安南之内属及丧失
第三二课 历代内争主要地理　　第三三课 其二
第三四课 历代外竞主要地理　　第三五课 其二
第三六课 经济关系主要地理　　第三七课 其二

第三部　民族

第三八课 亚洲东部历史上之　　第三九课 现在中华民国国籍
　　　　主要民族　　　　　　　　　　所包含之诸民族
第四十课 中华民族之成分　　　第四一课 其二
第四二课 其三　　　　　　　　第四三课 苗蛮族同化之次第

第四四课 苗蛮族与南诏大理　　第四五课 氐羌族之部分同化
第四六课 氐羌族与月氏　　　　第四七课 氐羌族与西夏
第四八课 氐羌族与吐蕃西藏　　第四九课 土耳其族概说
第五十课 匈奴与中国关系　　　第五一课 附匈奴与世界关系
第五二课 突厥与中国关系　　　第五三课 其他之土耳其族与中国关系
第五四课 东胡族概说　　　　　第五五课 鲜卑与中国关系
第五六课 契丹与中国关系　　　第五七课 女真(金清)与中国关系
第五八课 蒙古与中国关系　　　第五九课 附蒙古与世界关系
第六十课 中华民族扩大强固之原因

第四部　政治

第六一课 古代之部落政治　　　第六二课 周代之封建政治
第六三课 封建政治之崩坏　　　第六四课 秦汉后之封建余烬
第六五课 君主政治之确立　　　第六六课 郡县制度之史的沿革
第六七课 阶级政治之蜕变及消灭　第六八课 法律之制定及实施
第六九课 其二　　　　　　　　第七十课 司法制度之史的沿革
第七一课 中央政权运用之史的变迁　第七二课 其二
第七三课 行政监督机关之史的变迁　第七四课 舆论之影响于政治
第七五课 军政之史的沿革　　　第七六课 其二
第七七课 武力之影响于政治　　第七八课 外交变迁大势
第七九课 汉唐对西域关系　　　第八十课 六朝迄明对日本关系
第八一课 汉迄明对欧洲交通　　第八二课 明对南洋关系
第八三课 清初对俄关系　　　　第八四课 鸦片战役后对外关系
第八五课 法越战役后对外关系　第八六课 中日战役后对外关系
第八七课 拳匪事件后对外关系　第八八课 民权论之渊源与其勃发
第八九课 清季变法立宪之失败　第九十课 辛亥革命
第九一课 民国十年来政治概况

第五部　社会及经济

第九二课　姓氏　　　　　　　第九三课　婚姻之习惯及制度
第九四课　其二　　　　　　　第九五课　宗法
第九六课　继嗣法之各种　　　第九七课　丧礼及丧服沿革
第九八课　葬礼及其迷信　　　第九九课　祭祀
第一百课　其二　　　　　　　第一〇一课　奴婢制度沿革
第一〇二课　其二　　　　　　第一〇三课　杂户
第一〇四课　历代人口概算及　第一〇五课　其二
　　　　　　人口问题
第一〇六课　土地制度沿革　　第一〇七课　其二
第一〇八课　农业之发生及进步　第一〇九课　植物之新输入及
　　　　　　　　　　　　　　　　　　　　种类加增
第一一〇课　地主与佃丁　　　第一一一课　现在农村组织概况
第一一二课　水利行政　　　　第一一三课　荒政
第一一四课　牧业之史的沿革　第一一五课　矿业之史的沿革
第一一六课　盐业之史的沿革　第一一七课　原始工业
第一一八课　丝织及毛织业　　第一一九课　陶瓷业
第一二〇课　冶金业　　　　　第一二一课　其他工业之史的
　　　　　　　　　　　　　　　　　　　　发展
第一二二课　市与商贾　　　　第一二三课　商人在社会上地
　　　　　　　　　　　　　　　　　　　　位之变迁
第一二四课　中古之对外贸易　第一二五课　其二
第一二六课　市舶司　　　　　第一二七课　实物交易时代
第一二八课　货币之起源及沿革　第一二九课　其二
第一三〇课　钞币沿革　　　　第一三一课　旧金融沿革
第一三二课　航业沿革　　　　第一三三课　近六十年之工商业
第一三四课　其二　　　　　　第一三五课　其三
第一三六课　租税制度沿革　　第一三七课　其二
第一三八课　其三　　　　　　第一三九课　现往之公债

第六部　文化

第一四〇课 文字之发生及变迁　第一四一课 其二
第一四二课 其三　第一四三课 境内各异族文字之存灭
第一四四课 书籍之起源及发达　第一四五课 六经
第一四六课 先秦学术一(儒家)　第一四七课 其二(道家)
第一四八课 其三(墨家)　第一四九课 其四(法家)
第一五〇课 其五(阴阳家)　第一五一课 两汉经学
第一五二课 两晋玄学　第一五三课 道教之起源及其扩大
第一五四课 其二　第一五五课 佛教略说
第一五六课 佛典之翻译及研究　第一五七课 佛教诸宗旨成立
第一五八课 儒佛教之教争　第一五九课 唐代诸外教
第一六〇课 六朝隋唐经学　第一六一课 宋代学术
第一六二课 其二　第一六三课 明代学术
第一六四课 元明以后之基督教　第一六五课 清代学术
第一六六课 其二　第一六七课 史学之发展
第一六八课 其二　第一六九课 文学变迁概说
第一七〇课 诗　第一七一课 其二
第一七二课 词　第一七三课 戏曲
第一七四课 小说　第一七五课 骈散文
第一七六课 绘画之发达　第一七七课 其二
第一七八课 其三　第一七九课 雕塑之发达
第一八〇课 建筑之变迁　第一八一课 其二
第一八二课 音乐之发达　第一八三课 其二
第一八四课 历学之发明及进步　第一八五课 其二
第一八六课 算术之发明及进步　第一八七课 医药之发明及进步
第一八八课 其二　第一八九课 其他科学之发明
第一九〇课 历代教育事业　第一九一课 其二
第一九二课 现代之教育界及学术界

议案四
朱希祖提议　何炳松附议

〔主文〕中学校宜先教地理后教历史，教地理、历史均以本国、外国同时并授。本国、外国历史时间之分配均宜以上古、中古、近古史占二分之一，近世、现代史占二分之一。本国、外国现代史均宜提前先授，其后随时补讲，至毕业时之时事为止。

〔理由〕

一、教授地理、历史，均以认识现代社会以创造将来为目的。地理固偏于现代社会，历史则更追溯现代社会之所由来。古人所谓藏往知来，皆以现代为枢纽。既以现代为枢纽，则今日以前之现代史尤为重要。此本国、外国现代史所以宜教至毕业时之时事为止也。

二、旧制本国史在第二学年教完，至毕业时尚须二年。此二年中之现代史弃置不教，则历史教授之职任尚未完，学习历史之目的尚未达。故本国之现代史必须移至第四年毕业之时教完。

三、本国地理与外国地理，本国历史与外国历史，各宜同时并教。盖同一地理，本国与各国何以不同。同一时代之历史，本国与外国亦何以有异。异同之间，可资比较，乃能识文化程度高下之所以然。遗传与环境不同，优胜与劣败斯异也。若授孤独的地理、孤独的历史，各不相谋，无可比较，则非科学有系统之教法矣。

四、或有主张先教历史，后教地理，以为地理上往往须以历史说明。不知数理地理、地文地理固无须历史说明，人文地理亦以现代为重，追溯历史，不过十分之一，高等小学所讲历史，已足应用。外国史虽未或讲，则彼纪元分明时代之观念易了，亦不足虑也。且地理之应用历史者少，历史之应用地理者多。先教地理，历史更明一也。先有地球，后有人类。先讲地球发生之历史，后讲人类发达之历史，次序较顺二也。历史以现代为重，今日以前之时事皆现代史也，故宜后讲。地理虽多现代制，亦随时更变，然有现代史在后讲可以补救。故现代史可以补地理，地理实不足以充现代史三也。

五、东洋、西洋之名史,乃日本苟且之称谓。其实西洋史中古代、近代皆涉东洋,东洋史亦自涉于西洋。东亚之名则更名不副实,岂置西亚而不讲耶。故本国史外,无论东洋、西洋各国史,皆以外国史名之。

六、中学校现行制,本国史上古、中古、近古授一年,近世、现代授一年,时间之分配颇得其宜。惟先教东亚各国史,后教西洋史,不分时代,其缺点甚多。今宜并为外国史,其时代之分配与本国史同。盖历史以理解现代社会为目的,自以近世、现代史为尤密切重要,故宜占全部二分之一。此理欧美教育家固知之,而我国历史大家司马迁亦知之,其作史百三十篇,自黄帝以至秦楚之际篇数占其半,汉代亦占其半,汉代之史高、惠、文、景略当近世史者占其半,武帝初年以至司马迁作史最后之日,略当现代史者亦占其半。而吾国现在各中学校历史教员,不知时间分配之精义,往往详于上古以至近古,至近世、现代史或因时间已无,弃置不讲。此真所谓轻重倒置,不识史学究竟目的者也。

七、本国、外国现代史,在第三学年初授历史时先讲,使与近日时事相接,其后讲上古、中古、近古、近世史时,随时补讲现代史,至毕业时为止。如此则为历史教育者,常记载时事以为史,使作史之事业不在官而在民,使全国生出无数历史家,其记载之真确、势力之伟大,当在全国新闻记者之上。其利一矣。中学校学生大半多不喜阅日报,即有阅者亦无判断时事之能力,故史学与国文皆不能进步。今在第三学年之初,即教以本国、外国现代史,便与时事相接触,则自然唤起其阅报之兴趣,对于中外大事无异史论。接续于二年,则判断时事之能力、喜读日报之兴趣,皆已养成。毕业之前,史学、国文交相进步。举业之后,亦必日进不已。其利二矣。

〔办法〕

中学校现行制为四年制。第一学年每星期授本国地理二小时,本国史上古、中古、近古史二小时。第二学年本国地理二小时,本国史(近世、现代史)二小时。第三学年外国地理二小时,东亚各国史、西洋史二小时。第四学年外国地理二小时,西洋史二小时。今拟改为第一学年每星期授本国地理二小时,外国地理二小时。第二学年本国地理二小时,外国地理二小时。第三学年本国史(上古、中古史先授,现代史后授,上古、中古、近古、近世史时宜随时补讲,现代史至毕业时为止。外国史仿此)二小时,外国史(现代、上古、中古史不分东亚、西洋,除本国史外皆称外国史)二小时。第四学年本国史(近古、近代、现代史)二小时。外国史(近古、近代、现代史)二小时。将来如改为三三制时,则亦以此法按时间平均分配之。

议案五
陈衡哲提议　任鸿隽附议

〔主文〕中等以上学校之历史教授法,应废弃讲义(至少须废弃印成之讲义)而用学生自修法。

〔理由〕

西洋教授历史之方法虽不止一端,而成效最著者实为学生自动之一法。盖所贵乎治历史者,不在能知多数之事迹,而在能得到治此学之方法。然欲使学生得到治历史之方法,舍课室中之训练外未由而学生自修,教授从而指导纠正之,又实为训练法中之最有效率者也。吾国教授历史之法,大抵中学则用一呆板之教科书,大学则用预先编成之讲义,偏重注入事实,而不求发展学生研究学问之本能,遂使教者、学者胥视历史一科如嚼蜡,欲求史学之发达其可得哉。故愚以为完全废止讲义,即一时不能办到,至少亦当用口述之讲义,而令学生笔记其大要。同时又令学生参考书籍,以为他日完全自修之预备。

(原文刊于《史地学报》第 2 卷第 1 号,1922 年)

教育观点上的历史学科

常乃惪

为什么中小学校之内定要教授历史的科目呢?这个问题虽似乎不成问题,但却是值得研究的,提到这个问题我们就不能不先从教育原理方面去研究研究教育的目的是为何?古今教育学家对于教育目的的主张各有不同,几乎人各一义。斯宾塞尔(Herbert Spencer)在他有名的《教育论》(Essays on Education)中,主张教育的目的是在预备完全的生活。所谓完全生活者,依他的分类可分为以下五种活动:

(一)直接有关于自己生存者。

(二)间接有关于自己生存者。

(三)有关于子女之教养者。

(四)有关于健全国民资格之养成者。

(五)有关于闲暇时间之消费者。

他的主张有点倾向于个人主义,因为他本是个个人主义的哲学家。现今美国派的教育学者大抵和他的主张相同,不过较他更为精密而已。如美国哥仑比亚大学师范院教育学教授庞锡尔(Frederick Gordon Bonser)在《设计组织小学课程论》(The Elementary School Curriculum)中分析人类的活动为以下四类:

(一)生命健康之保存与维持,其方法在应用生活上之物质的必需品,及对于身体为相当的爱护。

(二)人生必需品与奢侈品之生产与交换。

(三)与他人合作以维持保护的与调节的设施(如法律的)而增加公共幸福并保护社会生活之制度——如家庭、职业学校等。

（四）闲暇时间之娱乐的利用。

又美国教育联合会改组中等教育委员会规定中等教育的目的约有七条：

（一）健康。

（二）基本知识。

（三）家庭中之善良分子。

（四）职业。

（五）公民职分。

（六）利用闲暇。

（七）道德。

又美国北部中央教育联合会（North Central Association）分中等教育之目的为最终目的及特殊与直接目的二种。其最终目的分类如下：

（一）保持身体健康。

（二）善用闲暇时间。

（三）成就从事职业之行为。

（四）成就对家庭、团体，及国家之行为。

以上两种规定，虽系专指中等教育，其实与普通教育目的也很有关系。我们只要稍微比较一下，就可见后来这几种说法，大体上都仍不出乎斯宾塞尔的范围。大抵英美民族在思想上多偏重于个人主义，故在教育上也以个体为本位，以发展个性为教育终极目的。他们虽也承认国家、社会等群体组织对于个人有关系，教育不能不注意及之，但所以注意仍是以个体利害为出发点，而不是以群体利害为出发点。他们以为只有个体是真实的，群体则不过个人集合的假相罢了。殊不知若说假相，则群体固然是假相，个体又何尝不是假相。个体也不过是许多细胞组织所集成的假体罢了。若从真实方面去观察，则个体固然实在，国家、社会等群体组织又何尝不实在。从近来社会心理学和群众心理学发达以后，才晓得社会不但有实际的组织，并且有独立的心灵，并不是将每个人的心灵联合起来，便能构成社会的心灵。所以我们在承认个体的真实以外，必须同时也承认群体的真实。再就生物进化的目的看来，真的进化并不仅是个体的进化，而却是群体的进化。现今有许多事实，若单就个体的出发点看来，不但不是进化，反而是退化的。如同分工合作原理之推广以致个人失去了普遍技术的能力，变成了专攻一门琐细职业的机械。又如政治和社会制裁力的进步使个人失去许多自由。这些就个人主义的观点上看来，都不能说不是退化。然而就社会的观点看来就是进化了。生物进化的趋势所表现给我们的就是个体的群化，以至于群体的真正成立。如同蜂蚁、珊瑚虫、有孔虫等生活状态，就是个性今已消灭，变成了大的群体之一部分了。这也可以说是真正的个性发展，因为将小我已经扩充成大我了。所以就生物的进化趋势看来，最终的目的乃是消灭个性以造成群性，或者说消灭小个性而发展大个性。教育既为发展生活起见，就不能不注重这种事实。不过进化的原则是渐变的，我们虽不能反抗潮流，却也不能"揠苗助长"。今日人类的进化既未到个性完全消灭、群性完全成立的时候，我们教育的目的自然也不能完全抹杀个性以迁就群性。不过不可单注意个性而忽略群体的利益罢了。因此，我们对于教育的目的，就主张依据下列的理论程序而规定。

生物进化的趋势是小我——个体——逐渐组织化（Organization）、融洽化（Association），而促进大我——群体的实现，教育的最大目的就是适应这个趋势，一方面使个体能够生存和进步，一方面使个体与群体发生关系，另一方面则促成群体的成功。因此我们主张教育应该有三部分目的：

第一是维持个体的生存和进步的。其中可分为以下数项：

（1）个体生理的锻炼。

（2）养成维持个体生活的技能。

（3）养成维持个体生活的智识。

（4）发展个体的创造能力。

第二是维持个体与个体间的关系或个体与群体间的关系的。其中可分为以下数项：

（1）家庭的维持和后代的教养。

（2）职业的交换和经济的互助。

（3）交际的礼貌和常识。

（4）各种智识上或实际事业上的互助。

第三是养成或促进群体之成功与发展的。其中可分为以下数项：

（1）精神上个体的群化。

（2）组织上个体的群化。

（3）实际行动上个体的群化。

关于第一部目的的，在现今则有生理学、体育、职业教育、自然科学、艺术等科。关于第二部目的的，在现今则有教育学、家事学、遗传学、职业训练、社会常识等科。关于第三部目的的，在现今则有政治、公民、法律等科。虽然现今学校的课程尚未能依此标准而增减，有时不免遗漏。但依理论上看来，若想完全达到教育的整个目的，则非具备上列的诸种学科不可。

历史在这种理想的教育系统中间占甚么位置呢？不用说，自然是属于最后的"养成或促进群体之成功与发展"的这一类了。真正抛弃了个人主义，而实现大我的群的生活最紧要的前提，不在实质而在精神。因为只有组织和行动上构成了群的形式，而精神上仍保持着个人自利的思想习惯，则真正的群体生活必不能出现，至多只能做形式的联合而已。联合与融化是不同的，前者只是个人相互间的联络关系，后者则是真正地构成了水乳交融的大群意识。这完全须靠心理的建设。历史便是建设群体意识的最有力而几乎唯一的工具。在以往，历史诚然被各时代的人利用了作种种偏私的工具，替帝王辩护，替宗教宣传，替特殊阶级作向导，然而这并不是历史本身的过。即在近代教育家的眼中对于历史的功用也还是不能认得很清楚。他们只看见了历史的许多琐屑的功用，而忘记了它还有更重大的意义。现在我们对于这些琐屑的见解也不妨研究一下，作为讲到我们的见解的衬托。而且这些见解当然也各有他一部分的理由的。

从前以及现在有许多教育家，对于历史在教育上的价值，多是从个人的观点去解释的，他们的说法，约有以下数种：

第一种意见以为历史可以训练学生的记忆力。旧式的历史，常常以许多无谓的人名、地名、年表夹杂到里面。旧式的教授法，也往往特别注重使学生熟记这些名词，就是根据这种原理而来。这种教法的不当，已为一般所公认。记忆力固然应当训练，历史固然也是训练记忆力的较便的工具，但历史决不能单注重记忆的方面。单重记忆的历史教授，不但使历史本来的大目的因而隐没，而且使学生走入一层枯燥机械的道路，萎缩了青年的创造力，利不敌害。如果历史的功用仅止于此，则历史早就应该摒弃于教育之外了。

第二种意见恰与第一种意见相反，有些人以历史在教育上的功用不在训练学生的记忆力，而在训练想象力。历史上有许多丰富的事实和有趣的活动，可以供青年的想象和吟赏，这是不错的。但这样一来，便把历史的功用看得尚不如小说、稗史、诗歌、图画之大。故训练想象不妨为历史的教育功用之一，但决非其主要之功用，则可以断言的。

第三种说法是以为历史是可以训练学生的判断力的。历史上有许多善恶是非的事实，可以供青年的判断，也是不错的。并且一件事情发生的原因，和将来的结果，给学生完全了解之后，对于推理力无形增进许多，这种功用比之前两种都较为重要，我们应该承认。不过世间的因果关系往往较历史上所记载的复杂得多，历史所给我们的因果判断，往往是一种牵强的、疏阔的。他们只是将许多并不密切的事实勉强构入一种人造的因果关系之内。受这种纸上的训练太久了，往往养成一种迂阔的观念，于实际的真正因果倒反看不清楚。如同相信唯物史观过甚的人，往往拿这种见解去勉强解释一切的事实，结果反将真实的真相隐晦了。要知事实的因果决不就像纸上的因果那样简单。因此受历史的推理训练过深的人，反变成一事不通的书呆子。历史如果仅有这一点功用，也就早该落位了。

还有第四种意见是就伦理道德方面着眼的。他们以为历史可以供给我们许多好的教训，使我们可以"鉴古以知今"，旧式历史家和教育家都抱有这种见解。他们要教学生从历史找他们立身处世的模范。不错，历史上的确可以找到许多这种事实。但历史的事实决不都是好的、善的。无论就人物上或事实上，历史都不能替伦理道德供有力的证据。历史的事实并不是恶人都受罚，善人都成功。况且历史上的人物性格、行动，大都是复杂的，没有绝对的善，也没有绝对的恶，——因为事实本来如此——因此很不容易向历史去找寻善恶因果的模范。与其这样还不如向小说稗史中去找。其实就是小说，自从受过自然主义的洗礼以后，这种极端理想的模范人物和行动也很难找出了。

第五种的见解是主张历史可以训练学生求真理的能力和方法的。这是科学化的历史家的主张。他们以为历史的任务是传达过去的真相。使学生了解过去的真相，并且学会自己找寻这种真相的方法，乃是教育上容纳历史学科的唯一目的。历史并不能如实地传达过去的真相，我在《历史的印象主义》一文中已经详细说过。教育的目的是否单以教人明白过去真相为目的更是疑问。过去的真事实如此之多，即令真能令学者全部了解，也无一定了解之必要的。至于历史研究方法之训练固应为历史教授的目的之一，但此不过一个副目的，学历史的主要目的决不仅此，是很容易明白的。

还有一种意见——第六种的意见——以为历史教授的主要功用是在激发学生的兴趣，这是站在美的观点来讲话的。这种见解不待批评自易知其谬误。历史不仅是人类的娱乐品，与戏剧、音乐不同。我们在学校中教历史，决不是来替学生开游艺会，来说大鼓书，我想这是大家总可承认的罢。

此外有一种较重要的意见——依我们的排列算他第七种——以为历史是在供给人类以有用的智识，以便为生活的指导和参考。这是拿真与善的观念结合在一处的。我们为什么要教青年们学历史？因为我们要教青年了解了过去。因为现在和过去是分不开的。因为我们的青年将来或者现在是时时刻刻要生活着的，而一切现在的生活环境都在在与过去有关。不明白过去便不知道我们现在生活的由来，便不知道我们生活的方向，便不能从过去的谬误中帮助我们现在的纠正。因此我们必须要学习历史，必须自未入社会的青春时代起便学习历史，这是历史所以在教育上占主要地位的理由。这种见解我们自然无可非难。不过这仍是站在以个人利害为本位的出发点。我们知道历史上有许多事例是不能于我们个人的生活有较好的帮助的。历史上教我们杀身成仁，但杀身一事是于个体有害无利的，无论你怎样曲解，无论怎样拿乐利主义的眼光去计算个人的幸福，但杀头究竟是惨事，站在个人本位的观点上计算起来,究竟是不合算的。倘若历史的目的是完全教人改善个人的生活,则最好教人都做乡愿,都做庸众,自然永远不至为他人牺牲自己,自然个人生活可以永远舒服快乐,然而历史所教的并非如此。老实说起来,历史上有许多教训是正与个人本位的利害观点相反的。历史教我们怎样为他人服务,怎样互助,怎样爱乡里、爱国家、爱人类,怎样为群众幸福牺牲个体的利益。——这些都不是纯粹站在个人本位上所能解答出来的。因此历史虽是为解决生活的困难而设,但所谓生活决不是单指个人的生活。

由上看起来,普通所有对于历史在教育上的意见,都不无可以非难之处,所谓历史的重要目的,都不成其为重要,因此有些燥妄的批评家,就不免要根本怀疑历史的价值了。他们怀抱很极端的意见,以为历史根本不必教的,甚至人类根本就不必有历史。他们以为历史是束缚人类的创造力、想象力,使人们只知后顾,不往前进。人类因为有历史,才有了保守性,才不能充分进步。尤其是青年不应该受历史的教育,因为青年本是有勇气能开创的,一受了历史的束缚之后,便不免减少许多勇气变成庸人了。这种说法是由于误认人类的本性是善的,或者有无限能力的。他们以为只要顺人性的自然去发展,不必加以人为的陶冶,结果反倒好些。殊不知事实决非如此。人性善恶的问题是人类根本需要教育与否的问题,我们暂时不必讨论,实在也用不着讨论,因为事理是很显明的。即单就智识和能力而论,人类今日在精神和物质生活上所有种种的较良生活,都是由于几千万年的经验辛苦学来的,决不是先天就是有的。野蛮人比我们历史少,但野蛮人的生活也比我们退化得多。禽兽根本没有历史,禽兽的生活也就不容易进步,一个现代人所以称为"文化人"的缘故,正因为他所接受的社会遗传比非文化人多的缘故。没有历史(广义的),便没有社会遗传;没有社会遗传,便没有累积的文化,便没有一日一日的进步。不受历史经验的帮助,而能够独立发展的天才,不过是一种梦想而已。

因此我们对于历史在教育上的功用是不能否认的,不过它的真正最大的功用是甚么,却是个待解决的问题。我们的意思,以为要想考察历史真正最大的功用,不能但从个人本位着眼。就个人本位上去观察,无论如何解释历史,总不曾完全适应个人的需要的。历史最大的功用还是在群的方面,尤其是在建设群体意识的方面,历史有唯一的功用。个人本位主义的教育家,也承认历史可以帮助个人建设群众生活的习惯,但他们的着眼仍是从个人本位出发。他们以为个人的需要群体生活,乃是由于为帮助个体生活的便利起见,这个意见仍然错误。群体生活有时不但不便利个体生活,反而于个体自由和利益有冲突,但我们仍需要群体生活,可见群体生活不是单为个体生活的便利而设的了。在生物进化的大法上,个体是真实的,群体也是真实的。两种都是时时刻刻在进化,两种的进化是关联的,而且就通盘计算起来,个体的进化不过就是群体进化的预备,个体进化的最终目的乃是构成整个的群体生活。教育是不能和这个方向违背的。在这个目的之下,历史的功用是非常之大的。历史是帮助我们抛弃个人种种狭小的、自私的见解,而走入一个广大的群众团体生活的最得力的工具。我们平常晓得个人的整个人格,也是由许多过去现在、此处彼处片段的心理过程所构成的,但许多片段的心理学现象怎么统摄起来构成一个整个的总人格,这就全靠记忆的作用。因为我们有记忆的作用,所以我们能够把过去的我、现在的我,整个地融成一处,构成一个独立的人格。群体是由许多零碎的个体集合成的,个体不但在实质上有独立的形体,即在精神上也有独立的心灵,怎样能把这许多孤立的心灵联合在一处,构成一种广大的总人格,是历史所效的最大的功用。无论任何偏见和奇诡的历史,他们所给予我们的,总是这种普泛的同类意识。尽管最旧式的历史家,着力要描写"超人",但在我们的眼中看来,我们总发现他"超人"的性格少,还是"人"的性格多。因此历史的第一步功用,是使我们自然地发生了同类意识。使我们觉察了我不是孤立在世界上的,在我的前后,在我的左右,都有许多许多和我相似的人类在那里活动着,他们活动的方式虽然与我不尽相同,并且也彼此各各不同,但我仍然可以分辨出他们是我的同类来,因为在根本的人性方面,是彼此无有不同的。历史第一步,教我们发现了群众,第二步便将我自己放在群众中适当的位置上去。我学了历史,晓得我是现在公历纪元之一千九百二十九年,我的时代之前,已经有若干年;晓得我现在亚洲大陆东端的中国,在我的国家之外,还有许多国;晓得我的祖先是谁,晓得我的生活是怎样来的,晓得我与周围的同类、异类有何种复杂的关系?——这样,最终的结果,我就不是从前自命孤立的我,我不自主地便被推入群众的组织中去了。我已与群众的荣辱休戚共分其命运了。一个独立的齿轮已经套上了大机器的机梏,不得不随着全体动转了。历史便是消灭独立的人性而变成合群的人性的最有力的工具。在极端个人主义者看来,这真是大逆不道的,然而在社会进化的观点上看来却是非常有功的。

这是我们所认为历史对于社会的唯一价值。就教育的意义看来,对于未入社会的青年,让他们早点明白社会的一切,明白自己在社会中的地位,养成一种与群体共分荣辱休戚的心理,促进群化的作用,是非常需要历史的帮助的。凡未受过这种陶冶的民族,往往养成一种自私自利的个人主义,"各人自扫门前雪,休管他人瓦上霜",这种自私的个人主义的发达,小之则促进民族之灭亡,大之则妨碍世界的进化。我们无论为宇宙、为人类、为国家、为民族起见,都不能不用力打倒这种个人主义,尤其是在教育上要首先打倒。打倒的方法须要彻底更换教育的观点,几十年来英美式的个人主义的教育哲学是非根本取消不可的。教育是为群体而设,不是为个体而设。教育所要发展的是群体的生活,不是个体的生活。教育的目的是帮助小我的消灭与大我的构成,是促进整个的、有机的群体意识之出现。在这一点上,我们不得不需要历史的帮助,不得不努力祈求历史的帮助,这就是历史在教育上最伟大的效用。

(原文刊于《中华教育界》第 18 卷第 2 期,1930 年)

中学历史教育

吴晗

在四千本的大学入学试验中国史试卷中——这些试卷的答者都是中学会考及格的——费了一点事,抄出一部分错误的答案,归纳一下,借这缘由来谈一谈中学历史教育,虽然我对于这一题目完全是一个门外汉。

题目一共是二十五个,印好了叫考生填空格。时代是周代到最近,差不多每一朝代都有一个题目。

四千本卷子中大约及格以上的总有四分之一,也许还更多一些,从正面看,成绩不算坏。可是我们假如肯把眼界放远一些,把考试这两字撇开,从反面看去,不禁为中学的历史教育前途悲观。

题目全部是极简易的常识测验,是每一个人都应当知道的事。例如第二十三题"'九一八事变'发生于民国几年、西历几年",假如中国人不是一个健忘的民族的时候,至少这一答案我们希望能全部答出。结果是答对的还不到半数!

第二十四题"廿四史试举八种",全对的也不到半数。有人说:"《金瓶梅》《西游记》《红楼梦》《水浒传》……"有人说是:"《儒林外史》《新民史》《列国志》《清朝演义》《西厢》《琵琶》……"更有人说是《前出师表》《后出师表》《游侠列传》……多数答的是"《春秋》《礼记》《乐史》《中庸》《自治通鉴》《论语》《大学》《孟子》"和"《前汉史》《后汉史》《晋史》《隋史》《赵史》《唐史》《汗书》……"

时代的观念最闹不清楚,司马光有百分之七十以上的答案说他是汉朝人,洪承畴反之,只有几十本卷子肯定他是明清间人。第十三题成绩最坏,考生大部没有弄清楚朝代的顺序,错得最厉害、最多。有一部分人以为西汉为东汉所灭,北宋为唐所灭,或南宋所灭。另一部人以为西汉为唐所灭,金为明所灭。第三题答者分三派,一派以为周厉王、宣王间之时期称春秋,一派则以为是战国时期,一派是投机派,有人以为是极盛时期,也有人以为是极衰时期。唐代流行中国之外族宗教有百分之八十以上的人举例喇嘛教出来。明代外患有匈奴、外戚、党锢、八王之乱、东林党、南洋入寇、五胡乱华、十字军东征、洪水、旱、中法之役、犬戎之乱、八国联军、王莽、黄兴、王安石变法、太平天国、苗、狄……明末流寇有五胡、安禄山、赵匡胤、柳宗元、捻匪、倭寇、林清、陈友谅……唐流寇有女娲、柳宗元……最滑稽的是竟有人把汤尔和先生算作明末最初来中国之天主教传教士!

有一部分答案错误的原因是慌张中没有看清题目。例如第四题一看有三国两字,便给填上魏、蜀、吴,结果闹了这样的笑话:

春秋战国间晋国分裂为魏、蜀、吴三国。

一看见五刑两字便给填上"鞭、笞、徒、流、斩",却忘记了问的是成周五刑。这一类卷子约占全数十分之六七。

也有根本莫名其妙、信笔乱填的,例如把战国七雄分配给南北朝,东周建都东京,西周西京,北宋北京,南宋南京。唐代天子在外藩称节度使、藩镇、幸(朕)门生、镇守使、外夷、侍、诸侯、唐明皇、驻跸、蛮夷。五代时(玄奘、石达开、王安石、宋、辽、戚继光、汤若望……)以燕云十六州与(俄、英、法、匈奴、宋、晋、齐……)。唐代六部为(1.工、木、金、土、草、石;2.尚书、户、内务、外务、考试、御史;3.天子、公侯、伯、子、男……)元代四阶级是士、倡伎、乞丐、贵族或有眉人、有色人、有目人、无目人。王安石变法项目是耕田、保牛、肥耕、工读。晋代五胡是梁、唐、晋、汉、周和宫、商、角、徵、羽。

有一部分的答者可信其为各科常识答问一类书所误,例如明末流寇张献宗,北京、上海、汉口、广州的卷子一样地是张献宗。

最可注意的是别字问题,劓、荆、辟、朕、羯、氐、羌、袄、隋、窦、倭,大多数不能写。以致满纸的矮寇、妖教在作怪。有人用注音字母代替,有人用罗马拼音,有人以幸代朕,下加小注声明是同音字,有人作义务翻译,不能写宫刑,就写"割小便"!

四千本卷子中没有一本是全对的,反之零分的也只有一本。从这次考试的结果来看,很可悲观的是能具有本国通俗历史常识的高中毕业生寥寥可数,谈不上百分数。这些人而且是四万万人中的优秀分子。

历史假如是仅仅叫人熟记姓名、年代,那诚然是太无聊,不幸我们现在还找不到一部专记姓名、年代的好书。不幸不但找不到,而且三十年前的中学历史教本,现在还把它升级为大学丛书。退一步说,现有的一些中学课本虽然都不好,假如肯细心看,到底也还可以得到一点事物,不幸都嫌太多,不如看百科常识问答来得快。虽然是二十世纪,虽然已经在名义上废了八股文,但是一般新式举人和新式投机者仍然是迷恋着"策府统宗""大题文府"一类东西的残骸!

这是谁的过错?

政府在提倡理工教育,社会名流在提倡理工教育,不错,我们深信现在提倡理工教育是必要的。但是,同时我们也要请问,没有本国历史常识,甚至忘记了十六世纪的倭寇和最近的"九一八事变"的智识份子,是不是我们这老大民族所需要的? 我们要请问:一个不但不明世界大势,连本国过去史实都不清楚的人,他能替国家和社会做什么事?

我们不希望每一个学生将来都是史学家,我们希望每一个学生将来都是社会上的健全公民。但在中学或大学时期应当给他们以充分的关于国家和民族的常识。

我没有在中学教过书,却曾受过中学教育。一直到现在为止,据我所知道的,中学一切历史课本大抵都从夏曾佑的中学历史课本系统下来,那是十九世纪的书。教科书的编制和发行都由书贾一手包办,在贾卖制度下,书贾拿出少数的金钱,雇用了能拿得起毛笔的任何人,用两三个月的短时间,东抄西凑成功一部书。这一类书经过官样的注册手续,便成为中学生课堂用书。

教师也不一定是对历史有兴趣,教国文钟点不够,再来一班本国史凑数,念教科书,抄黑板,教学生背人名、地名、年代,记分数,这是他们的工作。

学生一方面苦于人名、地名、年代的难记,枯燥乏味,教师不能给他们以帮助。课外又没有补充读物可以使他们对历史发生兴趣,直接看二十四史和其他史料,能力和时间又都不够,结果自然不能不敷衍塞责,照例上堂应到。到考试时自然不能不借重于各科常识问答一类书了。

从小学到初中、高中、大学,都有本国史一门课。先是薄薄的一本,满跳着人名、地名;再是薄薄的两册,又是人名、地名;再是厚厚的两册,加上了一些故事、相杀相斫的戏文,仍是人名、地名。小学念历史的目的是在进初中,初中要进高中,高中要进大学,念历史的目的是在进学校。进学校要考人名、地名,所以只要记得人名、地名,念一念百科常识问答就够了。

这四千本卷子中的失败者,是连各科常识问答都没有念熟的学生。

我不主张学时髦要提倡什么什么,我要求主持教育的人注意下列几件事:

第一是注意课本的编订。由政府延请专家担任撰述。坊间教科书一律禁止发行。

第二是养成学生的历史兴趣,认定这是每一公民应有的常识。

第三是教员须任专门人材,勿以治不相干学问者充数。即使是专治历史,也不能让一个治西洋史或美国史、秦汉史的人来教通史。

第四是应当多预备课外读物,例如历史小说(要请专门家写,坊间已有的荒陋不能用)和单题小册子,这种小册子不妨题目小而包括多,用简练有趣的文笔,叙述精确的史事。

一九三四,八,一五

(原文刊于《独立评论》1934 年第 115 期)

关于中学历史教育的几句话

达生

前不久,有位清华大学的助教吴晗先生,在《独立评论》(第一一五号)上发表过一篇谈《中学历史教育》的文章。他在四千本的大学入学试验中国史试卷中——这些试卷的答者都是中学会考及格的——费了一点事,抄出一部分错误的答案,归纳一下,借这缘由便谈到这问题上面来了。这些错误的答案,经吴先生归纳之后发表出来的,实在叫人读了哭不得,笑也不得。假使有人不曾看到这篇文章,我倒很义务地劝他去买那一份《独立评论》来看,因为,即使他对于这问题不关心和对于这事实不痛心的话,至少也可以抵得看《论语》,看一篇所谓"幽默"文字。其实,各科成绩的坏,坏到闹笑话的,决不限于中学这一个阶级,也决不限于本国历史这一门学科;历史成绩的坏,闹笑话,更是我们意料中的事实,也是常常闻见得到的事实。吴先生的这篇文章,不过是进一步提出更有力的些证据来叫我们注意罢了。

在科举时代,一般读书的人所注意的是经义,对于读史,仅仅当作附属的、消遣的、装饰的。可是,从秀才以上,假使某一个人平日只读些什么《袁了凡纲鉴》……之类,没有读过司马温公的《资治通鉴》,和一两部以上的正史,几乎要被认为算不得读书人,惹人笑话的。我小时在乡下读书,还赶着尝过一点快完了的旧风气,亲身听到一些老前辈盱衡品评的议论。科举废了,学校里特地把历史升做一门正课,直到今日落得这样结果,这又难免不叫那般做八股的老先生们摇头叹气了。清华大学在国内是比较有名的学府,投考的学生自己总得有个分量,况且又都是会考及格的人,照理说来,成绩真不应该坏到这个田地!闹笑话不应该闹得这么大,这么普遍!

大家天天喊国难,喊民族复兴,喊文化建设,成人这样喊,青年学生也跟着这样喊,但是,试问:连"'九一八事变'发生于民国几年、西历几年"都答不出的青年们,还谈得上什么国难不国难、报仇不报仇呢?连一个最简明的时代观念,都闹不清楚的,每一个朝代的重要人物、重要事迹记不清、举不出的青年们,还谈得上什么复兴民族、建设文化呢?大家都知道,近几十年来,日本人的汉学进步非常地迅速,有许多方面的成绩,几乎要超过我们。过去已成过去,前一辈不如人家,我们做后辈的也不是正像永远赶不上人家吗?

"这是谁的过错?"我也要和吴先生同样地发声问道。说到这里,我更有几句要说的话。

政府在提倡理工教育,社会名流在提倡理工教育,仿佛都会影响我们的历史教育的成绩。其实,这个推想也不确。实际上,我们很相信理工教育的重要,更相信理工教育应不妨碍最低限度的历史教育,也不会怎样妨碍最低限度的历史教育。在前面我曾说过的,各科成绩的坏,坏到闹笑话的,决不限中学一级,也决不限于本国历史一科。我敢说:现在各级学校、各门科目,平均都不好;历史成绩坏,地理成绩也坏,生物学成绩也坏,甚至像数、理都坏。最近会考制度的确立,有几项被认为重要的功课,像国文、英文、算学三类,考试中得到的成绩,比较前几年,多少总有点进步。除了少数天资好、肯用功的学生外,头天从百科常识问答这一类书籍中打进一点零碎肤浅的杂货,第二天便在考试场中卖出来,算作成绩,算作混文凭的条件,这类的学生,恐怕要占大多数了。假设真的理工方面的成绩好,那倒可以说是矫枉过正了,我们今后再想法去补救。既是政府所提倡的理工教育的成绩,和我们所痛心的历史教育的成绩都差不远,我们又怎样解嘲呢?

目前中学的一个致命伤便是教师授课的时间太多,学生自修的时间过少。过于看重教科书,过于忽略课外的读物,刚巧,我们这里所提及的历史教育,它是最需要自修的,最要注重课外的阅读,所以在教室里面,在课本里面,它决不会有好的成绩,只会坏,坏到闹笑话。中国历史的材料丰富的非常,而又缺乏系统的整理,没有成就一部很好的通史出来。拿二十四史来讲,假想计划读完它的话,一个人每天能够抽出三点钟的功夫来,至少也非三四年不可。靠每周两点钟的历史课,那只能由先生指示方法,指示读物,求学生能略知一二,便非由学生自己去看不可,便非给予学生自修的时间让他们去看不可。中国连功课表也是抄从外国的,日本和美国的历史都很短,他们在每星期一两个钟头之内,也许可以教过大略,但是,在我们是办不通的。这是顶要注意的地方。假使前面所说的这个致命伤不设法诊治好,我相信学校里面什么成绩都产生不出来,不论是不是中学,不管是不是本国史。自然,在这个情形之下,历史教育是最容易看出劣点、最容易发生笑话的。

其他,像注意课本的编订、课外读物的预备、专门化教员的聘任,这一些当然都是紧要的事,大家已经感到的,恕我不多说了。

(原文刊于《中兴周刊(武昌)》第 3 卷第 25 期,1934 年)

高中历史教师应注意的几个问题

李则纲

我们读了吴晗先生的《中学历史教育》①后,无论何人,不能不惊异中等学生历史成绩的低劣,出乎意料之外罢!尤其是投考清华的学生,还是高中毕业优秀分子。纵把小学除外,从初中算起,已经是受过六年中等历史教育,照讲成绩不至那样的低劣。但据吴先生的统计,四千投考学生中,能及格者只四分之一,尤奇者,对于"'九一八事变'发生于民国几年、西历几年"一题,能及格的还不到半数。至于把《金瓶梅》《西厢》《红楼梦》《水浒》《儒林外史》《西游记》《大学》《中庸》等,列为二十四史,认司马光是汉朝的人,汤尔和先生为明末清初来中国的天主传教士,种种笑话,不可胜述。这篇文章,直接总是一页高中毕业生历史成绩悲惨的记录,间接也就是高中历史教师的罪状。我们读了,能不赧颜!能不愧汗!有人说历史就如国民的账籍,吾国国民,所谓优秀分子,如高中毕业生,对于自己的账籍,还是那样糊里糊涂,这是怎样一件危险的事!?要想救济这个问题,就不能不向身任历史教师先生们请愿。一个高中毕业生,他的升学问题还小,他的做人问题甚大。纵然他不升学,关系学生利害的历史一科,总要有相当的认识。学生的成绩好坏,固在学生本身,先生也不能不负相当的责任。作者本人也在高中和大学里担任多年的历史课程,所以有很多的感想,现在我先提出四点,以就教于高中的历史的先生们:

第一要充实自己的修养。我们提出这个希望,似乎对于先生,太不客气了。不过教书是一种吃苦的工作,我们认为历史一科,尤其是中等

---

① 见《独立评论》第一一五期。

学校里最不容易对付的课程。现在中学所授的历史，文学、哲学、政治、经济，无一不包，范围广泛，真有令人望洋兴叹之感。一部薄薄的教科书，里面确是千头万绪、五花八门。设使我们对于这些千头万绪的来源，未尝探讨；五花八门的窍奥，未尝透彻，纵然口若悬河、舌如流簧，亦必捉襟见肘。试就部颁之高中历史课程标准而论，所谓"叙述我国民族之拓展，与历代文化、政治、社会之变迁"，所谓"叙述各重要民族之发展，与各国文化、政治之变迁"，所谓"注重近代外交失败之经过，及政治、经济诸问题之起源"，所谓"叙述各民族在世界文化上之贡献，及其学术、思想、演进之状况"。假使我们对于人类学、民族学、社会学、政治学、经济学、文化史、学术史、交通史、外交史等无相当的研究，能作梗概的说明么？所以一个高中历史先生，要想胜任愉快，除准备教科书里面的教材外，还须兼习其他种种有关系的学科，以为之助。历史的事实，虽然古今没有什么变化，而这些辅助学科则时时在变化途中。纵然我们以前对于这些辅助学科，已有研究，而新出之图籍，设未寓目，拿过去的认识，来理解现代所需的历史，仍是一件危险的事。这是我们希望现任历史教师，不能不随时充实自己的需要，增加生力军，以求克敌制胜，一个最大的原因。

第二要审查教科书的内容。教师的活动，多被教科书所规定。教科书对于教学的效力，影响甚大。孟子说："尽信书，不如无书。"这句话好像注定历史书籍永久的命运。约翰生亨利说："从前有一个著名的历史家，著了一部有名的美国史教科书。第一次出版的时候，因为他不是内行，竟将一八六○年大维斯（Davis）派民主党的党纲同杜格拉斯（Dauglas）派的民主党党纲掉错了。又有一个著名的历史家，亦著了一部有名的美国史教科书，亦因为他不是内行，所以将一八六七年《善后法案》（Reconstruction Act）同另外一件议案混错。"（约翰生亨利著，何炳松译：《历史教学法》，二九一页）著名的历史家，编辑教科书，尚且如此。其他执觚操笔之流，更可想知！照说我国现行之历史教科书，其教材既经教部规定大纲于先，复经教部审定于后，似乎不容再有错误。那知事实与此相反，粗制滥造、内容颠倒错乱的教科书，实在亦有侥幸的流行。姑无论这书组织方法如何，叙述的技巧如何，以不容错误的历史的事实，亦不免错误，其价值可想。我们对于这一类的教科书，总宜严加选取，毫不客气。纵然难得完全善本，勉强使用，亦须对其内容，时时加以估计，或纠正其错误。盖教科书所述的历史事实，本只从历史宝库里取来很少的一两件东西。假使不但不能从沙拣金，而且有赝品。教者以是教，学者以是学。谬误流传，岂非笑话！我们并非希望一个历史教师成为一个考订家。诚以现行的历史教科书，有些实在令人不能完全相信。我们遇着这种教科书，似乎不容忽略，说到此层，不但对于历史教师是如此，还希望决定教科书命运的教育部，对于历史教科书的审定，固须特别认真；还不能一经审定，即为了事。应多多鼓励历史教师对于教科书的批判。因历史的事实，如无边之海，教科书所采取者，不过一点一滴，最易滋误。此一点一滴，有无错误？有无价值？历史教师，比之他人，似易辨认与评判。

第三勿轻视现实问题。历史的叙述，原为过去的事实，怎样使这些事实生动起来，只有把它与现代人们的生活发生关联。中等学生，对于历史虽不能说怎样特有兴趣，但多数对于现代问题，来请教先生。如果我们予以满意的答复，则他们喜不自胜。可知他们对于现实的问题，是如何的关心！我们不能因为他们的提问轶出教材范围，加以抑压。正可利用机会，来作历史的说明，指陈某问题怎样地发生，怎样地演进，怎样地造成今日现象，与其他事项又有怎样的关系。使已死的事迹，复活起来，化腐朽为神奇，正赖有此。我们认为与其多说几句秦始皇如何求神仙，汉武帝如何封禅，王莽如何图谋汉室，诸葛武侯如何进取中原；倒不如多说几句富有历史性的现代问题，如"中国本位文化建设""白银出口""中日经济提携""俄法协定""希特列施行强制军役"等。历史的责任，固在叙述过去、说明现在、指导将来，缺一则不能成为善本。

第四勿偏重记忆的考试。因为历史所记的是过去的事实。有些人误会，以为教授历史的责任，就是要学生把那些事实装进脑袋里，越记得多越好。又因会考制度施行以后，学生惶惶然唯恐不能毕业，既以熟读教科书为能事；先生亦以学生毕业问题，关系重大，只以督责学生熟记教科书为职志。因为要达到这个目的，于是在考试题目里，大做其记忆力测验的工夫。枯燥的人名、地名，成为试验学生的利器，岂知历史本为有兴趣的学科。学生因为苦于记忆,致视历史为畏途。其与历史不能断绝关系者,亦不过为应付考试而已。记忆力弱的学生,考试时固常居失败地位。记忆力强的学生,虽然在考试时记得一些人名、地名,或于某些事项,一五一十,清清楚楚。究竟对于历史真正的价值,收获了没有?历史不过供给我们了解问题的工具,现在因要记忆某一些工具,致阻碍我们学习历史真正的旨趣,减少学生亲近历史的兴味,岂非失策?约翰生亨利说:"记忆的测验,在历史考试里面,不应该占重要位置。实在说起来,假使考试里面,记忆力的测验,占四分之一以上,或者三分之一以上,那就很可怀疑。"(何炳松译:《历史教学法》,四三九页)这话是值得我们注意的。

怎样使学生对于历史一科得有进步,怎样成一个优良的历史教师,要讨论的问题,当然不止这些。上面所说,不过是现时最普通的缺憾,希望我们历史教师注意和矫正罢了。

现在暑期已届,各大学又将举行新生考试。最后我们还要顺便代学生向大学出历史试题的先生们请命:第一,就是测验新生的题目,应顾到高中历史教材范围。譬如去岁清华招考新生,历史测验,闹出那些笑话。但把清华所出历史试题研究起来,一方固由学生对于历史常识缺乏,一方也由测验题目超出高中历史教材界限。要知题目虽然浅易,若是出了教材范围,虽浅易亦属困难。盖历史知识,原无边际。第二,所出的题目,也和我们前面希望高中历史教师一样,勿偏重记忆。或问某事发生于某年,或某人系何时人物,或预留一大串空白,以备学生填入适当的人名、地名。像这样的题目,最好少出。盖此种记忆,诚如约翰生亨利所说:"在历史考试里面,不应该占重要位置。"而记忆的效能,应该让大事记、人名辞典、地名辞典一类的东西来补充。第三,所拟题目,不妨稍涉历史理论与研究方法。因为一个高中毕业生,把司马光当做司马迁,把汤尔和当做汤若望,固属不该。倘使一个高中毕业生,对于历史演进的过程、变动的因子、支配的法则,或对于怎样搜集史料、鉴别史料、编比史料,尚属茫然,其关系又如何?章太炎先生说:"历史书多而理浅,只宜自修而不宜听讲。"(中央大学《文艺丛刊》第一卷第二期,《读史与文化复兴之关系》)假使一个教师,仅仅根据教科书,作事实的铺叙,学生程度高一点,诚无听讲之必要。我们以为历史诚然书多而理浅,但宜自修亦宜听讲,正以理论的阐明、方法的介绍,有待先生的讲授。关于此层,我们又不能不希望高中历史教师,对于史学入门书籍,如《历史研究法》《史学通论》等等,不能不稍向学生介绍。不但为升学计,一个高中毕业生,而不能自己去理解历史,去研究历史,则所学习的价值一定是微薄得很!

(原文刊于《教与学》第 1 卷第 1 期,1935 年)

小学历史教学问题

唐卢锋

小学校中为什么要教学历史？杜威有过几句话，他说："历史之价值，在于使人了解过去。所谓现在者，无处不受过去的影响。实际上极难将现在与过去，完全分隔。进言之，除非追溯到过去恐难令人明白现在。对于一切事情，若是没有一种历史的了解，其知识总是肤浅的。譬如有人要研究一国的租税制度，此条与全部历史相纠缠，非常复杂，没有人能彻底研究此问题，除非他知悉全部的过去历史。历史的价值就在于此。"这就是说世间各种事情，不论大至典章制度，小至日用起居，从没有一件事，是突如其来、没有历史背景的。各种事情，不论他的变迁怎样繁多，情形怎样复杂，总有个因果关系。要彻底了解一件事情，必须先明白他的原因，才可推测他的结果。根据了这个因果关系，才可以加以改良或补救。

社会现象的因果关系，虽然不像自然现象的因果关系那样明显，断定既往，推测将来，也不能像自然科学那样正确；可是原因、结果之间，既有一定不可移易的关系，形成各种社会现象，支配吾人现在的生活，而吾人既生活在"现在"状态之中，那么，对于"现在"的种种情形，自必须加以解释；对于造成"现在"的原因，也必须加以探求。了解"现在"，探求"现在"的成因，这便是历史最大的价值，也便是学校所以要有历史教学的最重要的原因。

历史在从前的"高等小学"中，是独立成一个科目的。那时的所谓"国民学校"里，并没有历史的科目，不过在国文中插入一些历史材料而已。等到新学制运动发生以后，初级小学里增加了知识科目，如自然社会等,历史就包括在社会科中。现在照小学课程标准的规定,历史一项,初级、高级都归纳入社会科中,不特设一个科目。在初级小学中,并且得将社会、自然、卫生三科合并为常设科。因此有许多从事小学教育的同志,不免发生一种误会。以为这样变更之后,小学的历史教学,仅占社会科或常识科中的一部分,在小学全部课程中,所占的地位是很轻的了。这种误会,在小学整个课程的教学中,关系很大,似有加以解释的必要。

小学课程标准,所以把历史一个科目,归纳入社会科中,绝不是忽视历史教学,绝不是减轻历史教学的分量。其积极的意义,正在指示出历史教学的重要目的和历史教学的正当方法。

第一,因为社会上的事情,大至典章制度,小至日用起居,从没有一件事,是突如其来,没有历史背景的。要了解现在的政治制度、经济组织、民族地位,以及实际生活状况等的意义,非根据历史,就无从加以说明;所以关于公民知识方面的教学,必须和历史密切联络,才能得到明白的解释。又如我国边界失地及黄河水灾等事件,原是地理上应讨论研究的问题,但是这些问题,又都和历史有重大关系,非密切联络,不易得到明白的解释。反过来讲,历史上的种种材料,倘使不与"公民""地理"以及其他各科联络教学,不用以解释现在的实际问题,不与现在人生连成一片,那么历史材料,不过是些过去的僵石,历史教学便毫无意义了。小学课程标准所以把历史和"公民""地理"合并成一个社会科,正在指示出历史教学的重要目的,就是历史教学必须与"公民""地理"等密切联络,以期达到探求"现在"成因,了解"现在"的目的。

第二,以前小学校中历史教学的目的和他的方法,概括讲起来,不外三派。(一)增加知识。这一派以为历史所记载的,无非是国家的得失兴衰、往哲的言论行为。学校所以设历史一科,就在使儿童吸收这些知识。教学方法也只在训练记忆,能将各个事实和年号、人名等等,牢记无遗,便算尽了历史教学的能事。(二)垂示教训。这一派以为历史所记载的兴亡成败、是非善恶,是供后人取法和鉴戒的。所以教学方法,只在从历史上找寻立身处世的模范方式,使人遵守毋违。(三)扩充理解。这一派是比较进步的;他们以为历史教学,不专在增进知识和找寻立身处世的方法，而在训练想象力和判断力。于是教学的时候，力求丰富的材料和有趣的事实，供儿童想象；或拿历史上是非善恶的问题，供儿童判断。以为如此可以于不知不觉之间，养成儿童寻求真理的能力。诚然所谓知识的增进、道德涵养和启发想象与判断的能力，都是教学上应该注意的。但是单纯地用这些方法去教授历史，都不能达到探求"现在"成因和了解"现在"的目的，都不是教授历史的适当方法。小学课程标准，所以要把历史和"公民""地理"等并成一个社会科，正在指示出历史教学的正当方法。社会课程教学要点第一条说："社会教学，应当和劳作等科联络设计，以便打成一片。"第四条说："社会教材的选择，应注意和我们关系最深切而有代表价值的项目。"第六条说："社会教学，应注重儿童亲身经历、亲眼观察，或亲手调查、记载、制作、发表等的活动。"第九条说："教材排列，应以一个问题为经，以前由上古史顺次而下的历史系统……都须打破，因为理论的排列，不宜于小学儿童。"第十条说："平时教学的材料，应以儿童眼前的日常问题做出发点。"这许多条文，就是表示必须运用这几种方法，才能达到历史教学的终极目的——探求"现在"成因，了解"现在"。

由上所述，我们可以知道小学课程标准把历史和"公民""地理"归并成一个社会科，是在纠正历史教学的目的，充实历史教学的内容，改进历史教学的方法；决不是减少历史教学的分量，决不是忽视历史教学。进一层讲，我们可以说小学历史之并入社会科，实在是想把他们和"公民""地理"等融化成一个科目，以期达到教育上一种重大使命。所以我们不可稍有误会，以致轻视历史在小学课程中的地位，忽视小学中的历史教学。

历史教学的目的，既不在增加知识、垂示教训等等，而在探求"现在"成因，了解"现在"。所以历史科的取材，必须与这个目的相符，关于历史教材，小学社会课程作业要项中，已详细规定了，我们再把它归纳起来，大概有下列各方面：

（一）民族的演进。

（二）文化的演进。

（三）经济的演进。

（四）政治的演进。

（五）我国与世界各国的关系。

这许多方面，都是与现在人生，有密切关系的事项，生活在现代的人，不可不深切了解的。小学社会课程作业要项，胪列关于上述各方面的各种事项，而将以前历史科中列朝的盛衰兴亡，以及是非善恶等等教材，一律删去，这是现在小学历史取材，与以前历史科取材根本不同的一点。因为历史不是帝王或英雄的历史，而是民族的、社会的、人类的历史。吾人果然不能说一姓的兴亡和少数人的生死行止的行状，不是历史上的事迹，果然也不能说古来帝王、英雄的行动与民族社会绝对不发生影响，但是这种少数人的事迹，不能表示全民族、全社会、全人类的一般发达、一般进化，所以不是小学历史的教材。真正的小学历史教材，一定是全民族、全社会，或是全人类继续一贯的进化过程。历史教学，必须运用这种教材，才可探求到现在社会状态的成因，才能了解现在的一切情形。

或者以为上述各方面，都是历史上的重大问题，专家毕生研究，尚不易解决，要使小学儿童相当了解，恐非易事。但这是材料的深浅问题和教学的方法问题。小学历史教学，本来和专门家的研究历史不同的，根本并不是要使儿童考证未有定案的历史问题。小学的历史教学，不过就和儿童关系最深切而必须了解的现实问题，研究过去变迁的情形，推求现状成立的原因，以期现实问题之明白了解而已。所以如果能依照课程标准，将教材妥为选择，妥为排列，再用适当的方法去教学，那么上述各方面的了解，是决不成问题的。

至于历史要怎样去教学，才算适当，这不是三言两语说得完全的。其实小学社会课程教学要点中，已给我们指示一个轮廓，融会而贯通之，历史教学的方法，已大略具备，不必赘述了。不过就作者以前观察学校所感觉到的，内地许多小学校中，历史的教学仍旧脱不了书本，仍旧凭借教科书为唯一的教材，甚至还有按照课文诵读研习的。照这种情形，不论课程如何变更，要想达到历史教学的目的，恐怕是很难的。所以不惮辞费，再提出下列几个要点。

（一）社会课程教学要点中"应以儿童眼前的日常问题作出发点"。

这句话必须特别注意，因历史本来是过去的，与儿童相隔很远的，倘使凭空讲解，决不能使儿童了解，决无是处。况且历史教学的目的，本来就在解释"现在"，倘使不以儿童日常问题作出发点，不用以去解释和儿童最切近的现实问题，根本便不是历史教学。儿童眼前的问题，是很丰富的，只要教师随时随地去注意，就随时随地可以抓住有价值的问题，以供教学。例如看见了牛头小车、马车、人力车，或独木船、帆船等等，便可以研究交通进化问题。又如游览过本地的庙宇等，便是研究建筑进化极好的资料。研究的时候，应指导儿童亲自去观察、调查，并记载、发表出来。

（二）"应以一个问题为经"，也是一句极重要的话。因为伦理的排列，根本与儿童心理不合，不能引起儿童研究的兴味。儿童所需要的，是各个具体问题的了解，空洞的概念，在儿童是不发生反应的。所以小学历史教学，不仅要把由上古史顺次而下的历史系统打破，连教科书中按课编列的次序，也必须打破，视事实上的需要，随时提出中心问题来讨论。例如讨论陶瓷问题，便将中外陶瓷的进化史迹，以及我国陶瓷业的状况等，集在一起，加以讨论。每一个问题讨论时，应将本问题的事实、原因、背景、结果，以及影响等等，深入浅出，善为启迪，以期儿童对于某个问题，得到具体的了解。

（三）与各科教学密切联络。因为历史事实，都是过去的，如果单就历史而教学历史，一定不能与现实问题发生关系，所得仍旧是一些空洞的概念。所以历史教学，必须与各科所讨论的实际问题，密切联络，打成一片。例如地理方面讨论边界失地，必须同时研究帝国主义侵略我国的历史。公民方面讨论我国现在的政治制度，必须同时研究本国革命运动的历史。凡各科中所讨论的现实问题，须用历史事实来说明的，就用历史来说明。反之，凡历史事实所关联的现实问题，尽量运用到各科方面去。这样才能达到历史教学的目的，完成历史教学的使命。

（四）注意儿童的亲自体念。例如农具中的风车、水车，由轮轴配合而能转动，各种机器也由轮轴的配合而能转动。这是绝好的研究机械进化史的资料。但是只凭教师的讲解，儿童是不会明了的。如果使儿童亲自去观察风车、水车的组织如何简单，各种机器的组织如何精密，比较其效用的大小等，亲自体念之后，那么机器进化的情形，自然呈露眼前，不待教师的讲解，已能明白一个大概了。所以社会课程教学要点中"社会教学，应注重儿童亲身经历、亲眼观察，或亲手调查、记载、制作、发表等的活动"，也是教学方法中一个极重要的原则，担任教学的同志，应特别注意。

内地许多小学校，因为经济关系，设备简单，各科教学不免因陋就简，历史教学，自然也不能例外，我人果然不能求全责备。不过历史教学，决不是空空洞洞，凭借一本教科书，按课讲解所能了事的。即使因为经济关系、设备关系，缺少教具、图表等物资上的助力，但是必须彻底明白了教学的目的和教学的重要原则，从经济限度以外去设法改进。这便是作者最大的愿望。

（原文刊于《教与学》第 1 卷第 4 期，1935 年）

历史教学的我见

金兆梓

关于历史教学一名,大要不外两个意义:其一是历史教学的意义,其一是历史教学的方法。即此两义,若平心静气加以客观的讨论与批评,怕可以写成一厚册的巨著,不是本文所能容纳,也不是经验、学识两俱不足像我这样的人所能胜任。这里只能就我个人对于历史教学的见解,枝枝节节写一些下来,和当世实际担任历史教学的教育家作一个商榷。我现在所提供的意见,可以括为以下两个目的来讨论。

一、历史研究和历史教学是否一物

历史研究,是就历史这一门学问,不管史实的大小,不管史实的真伪,也不管史实有无实用的价值,只要是史实,便足为研究的对象,便当平心静气加以客观的批判,以求得史实的真面目,或近于史实的真面目为依归。概括的一句话,历史研究的对象,是历史的本体,其态度是科学的。至于历史教学却不然,那是要有一个预定的教育目的和作用,在提出史实讨论之前,要当以这预定的目的或作用为标准来衡量而加以别择——合于这预定的目的或作用的便提出来讨论,否则只好一笔抹杀。概括的一句话,历史教学的对象是历史的作用,其态度是教育的。这种区分,在其他科目原未尝没有,要以历史为甚。这原是由于历史这一门学问内在的缺点而来。因为历史这一门学问,其征实性根本就不像其他科学那样具备。其他科学,不论是自然科学或社会科学,其研究对象,是呈现在眼前的现象或事实;历史所研究者,乃是已经过去了的现象或事实。过去的既已过去了，我们无法使他再重演一遍来供我们观察和研究，我们所能凭籍以研究者只有不实不尽的记载，所能凭籍以征实者，只有不完不备的古物。要将他构成一种有系统的学问，只能凭着推理和想象两种力量。所以尽管你怎样地抱着客观的、科学的态度去研究，没有推理和想象力总无下手处；而且其所得的征实性，也只有程度的差异，绝不会得到正负的不同。他种学问有正负的不同，是则是，非则非。历史既只有程度的差异，百步固然不错，五十步也不能一定说他错。譬如一个井田制度，有人以为有，有人以为无；有人以为是原始共产制，有人以为是儒家的托古改制，乃至有人以为井田只是治田，有人以为井田是平原上的田，都未尝不持之有故，言之成理。异说纷呈，莫衷一是：此亦一是非，彼亦一是非，固然不能说都是都非，究也没有人能判断个谁是谁非；最多只能说一个某一说或比较地近是。因为这制度已过去了两千余年，已是个我们所看不见、听不到、摸不着的过去的制度了，所以无从实证，无从死抱着科学的金科玉律，这就是历史本身的一个内在缺点。当然以历史教学的立场来讲历史，不能像文学那样可以纯凭自己的主观或造作的事实来发挥自己的目的或作用，但是为要达到预定的目的，而加以别择或取舍，是不可避免的。因此在历史研究上所以得到的近是的结论，有时历史教学上认为和历史教学的目的或作用不无冲突，则历史教学者便往往本其教学目的的立场加以取舍。例如前几年曾一度引起争论的古史问题，在历史研究者以我们"黄炎华胄"的民族始祖黄帝、炎帝都是神话中的人物，当初并没有这样两个人物；而在历史教学者为要达到培养民族精神的目的，势不能不维持他们向来那民族始祖的地位，并且还要维持其人性的存在。又如历史研究者，从某种方面证明殷和周是两个分头发展的民族，而在以历史教学为立场者看来，却以为这种说法有妨碍民族的统一性。这种论争，本不是正面的论争，而是由于立场的不同，这种情形，就是由于历史本身内在的缺点而来，在其他科目中似乎不曾有。

二、借历史教学来激发民族精神应该用怎样的一种方式

历史教学和历史研究的不同，既在有一定的目的或作用，那末这种

目的或作用究竟是甚么呢？这话我自己竟无从作简单的答复。因为这个问题的解答,是国与国不同,一时代与一时代不同,甚至一个人与一个人不同。例如我国,孔子作《春秋》,据孟子说为的是正褒贬,使乱臣贼子有所戒惧；司马迁作《史记》,据他自己说欲以明天人之际,通古今之变；司马光作《通鉴》,据说为的是陈古今得失成败以供帝王借鉴；朱熹作《通鉴纲目》,为的是定历朝正统,这都是我国古代讲历史的一些作用。欧洲在十八世纪以前的历史,大概注重伦理而尤其是宗教,到十九世纪则一转而注重民族精神的培养。我国现行学制中各级学校关于历史一科的教学目的,已由教育部于新课程标准中明白规定。综小学社会科及初、高级中学历史科课程标准规定的目标而撮其大要,大约不外下开的四项：

(1) 唤起民族的自觉。

(2) 阐发三民主义之历史的根据。

(3) 由过去的政治社会,认识现代之政治社会所由形成,以为因应之方针。

(4) 明了本国、外国古今文化的演进,以策进国民在文化上的努力。

这四项的中心,便是民族复兴思想的培养,换句话说便是激发民族精神。这原和欧洲十九世纪时学校里历史一课所负的使命差不多。在我们这一切落后的国家,还是地方割据观念极浓厚的国家,这不能不说是对症之药。可是有一点要在这里说一说,就是我觉得大家都将国耻教材看得太重了些,以为用现在我民族的受人凌辱和过去的光荣一陪衬,是激发民族精神的好教材。就课程标准中所定的教材大纲关于近代、现代两部分,可说大半都是外交失败史,亦即国耻史：甚么鸦片战争、不平等条约之缔结、英法联军、中俄交涉、中法战争、西南藩属之丧失、中日战争、中俄密约、沿海港湾之租借、八国联军与《辛丑条约》、日俄战争与东三省、民国初年之蒙藏问题、二十一条要求、山东问题、华盛顿会议,乃至五卅惨案、五三惨案、九一八、一二八、东北四省之被侵等等,我敢说一句话,假如有人对外交往再注重些,将近代以来的外交史另外定出几点来讲授,恐怕历史一科中所谓近代、现代部分几乎要别无话可说了。此外,学校中悬挂的有国耻教材,教师补充的有国史教材,纪念日报告的有国耻教材，小学校用的教科书中而尤其是历史教科书不必说国耻教材尤尽量采用。这原是想拿"痛定思痛"的一种情感作业来刺激儿童和青年，使他们会得因受刺激而兴奋，而愤发，企图借此达到激发民族精神的目的。其用心良苦，而在学校教育上也确能收一时之效。但是我最近对于这个方式来激发民族精神忽有点怀疑。事实是这样起来的，偶然有一次几位朋友坐谈，忽谈及现在大学生的跳舞迷、电影迷，因而谈及近来大学生及各级学生乃至社会人士的意气消沉。友人散后，我转辗思维这于教育上究竟以何因缘遂至于此。讲到目前的教育，刺激性不能不谓之强，而尤其对国耻教材不能算不注意，按理似乎应该人人具有卧薪尝胆的精神了，何以结果会适得其反？当时我也不曾由自己找到答复。过几天偶然在家中旧书堆里翻到一本残缺的《石头记》，随手翻开了第五十六回看看，上面写着贾探春知道了一个破荷叶、一根枯草居然会值钱，便似发现了奇迹，要兴利除弊，整顿起大观园来了。薛宝钗笑他纨绔，没有曾见朱夫子"不自弃"的一篇文字，探春以为这是朱子勉人自励的空虚浮词。宝钗便笑他办了两天事便把朱夫子看虚浮了，再出去见些利弊，越发连孔夫子也看虚了。我读完了这段一问一答，因念及在书本上勉人自励的话，在读得多的人原来会当做空虚浮词忽略了过去的，必要在事实上见到了机会理解。又顺着看下去看到了第五十七回，说史湘云拿了一张当票不认识，及知是当铺中所发的当票，便和林黛玉问薛姨妈道："姨妈家当铺也有这个不成？"薛姨妈只好搭讪着拿了"天下老鸦一般黑"来解嘲。等到薛宝钗说明是邢岫烟之物，史湘云便气愤愤要打一个抱不平。薛宝钗见惯了这样的东西就不以为奇，史湘云因为不曾见过，一知道便生气。我因又念及原来同是一件东西，见惯了和见不惯，是动感情和不动感情的根源。撂下书后，因更念及生老病死是任何人在世上必经的过程，何以一入释迦牟尼眼中便成了重要问题要想去求解脱，这无非因净饭王将他的儿子从小养在深宫，不使他同任何苦痛相接触的缘故。释迦牟尼正惟从不曾见过老病死那些个苦痛，才会去想，才会去求解脱。在我们年年看见，月月看见，天天看见，有时还要身受，那就成了"司空见惯混闲事"了，再不会在这上头去想一想，再不会去求解脱。由此想到情感的刺激这一作用，是不能拿来当家常便饭的,多了要失其作用。这和生理上受的刺激同一个道理,刺激得太多了,结果是麻木。现在一般人的意气消沉,或者即因受得刺激太多,其初是"一鼓作气",不久即"再而衰",到如今大概是"三而竭"了。譬如一张洁白雪亮的白纸,污上了一点蝇矢,便给你个心理的不痛快,若曾经过乱笔涂鸦的纸,不要说污上一点蝇矢,便再加上些粗枝大叶的朱墨勒帛也不过如此了。儿童、青年——中小学生——还是纯洁的白纸,硬要叫他们常常受国史的刺激,究竟是否适当,我不能无疑。

  我倒有一个偏见,我们现在的历史教学的目标,既已规定是借此激发民族精神,我们似乎应该仿效德国和日本,一意以积极地养成民族自尊心为重心。因为自从清季以来,我民族因清政府的无能,上尽了当,吃尽了亏,洋鬼子变成洋大人,久已媚外性成,自己看不起自己了。再要拿这些国史去刺激,依我看恐怕要非徒无益,或者要陷溺益深。这犹之小孩子听谈鬼,越听越怕,越怕越听,便至于连回房睡觉也不敢而后止。所以我们现在这薄脆的民族精神是只可从正面去培养,不可再从反面去刺激。自然近代以来我民族的日趋衰弱是铁般的事实,我们不能一笔抹杀,也不容我们一笔抹杀,不能不从此中求得一个原因、结果来定此后努力的方向。但对此等史事,必要用纯理智的、科学的态度去求因果,而不可用感情的、文学的态度去做刺激功夫;尤其那些惨案等等要在必要的过程上去说,而对杀人放火的勾搭要少铺张。我不是说这些惨痛的事实,我们应当把他们忘掉了,不过以为不必尽拿来刺激儿童和青年。情感的刺激原不是可当家常便饭来受用的,只能作一种临时的兴奋剂。平时的培养,要吃饭,不可饮药,把药当饭吃,毕竟不是事。所以我的意思,这种材料要保留着,等到有实际行动时作兴奋剂,不要在平时将儿童们、青年们兴奋惯了,到临时反不起作用。自然这是我的偏见,是我最近对于历史教材取舍别择的一个偏见,但我觉得似乎还有提出来讨论一下的价值。至于因我这种偏见而责我抹杀历史事实,我却不敢承受。因为这里所讨论的原是历史教学,而不是历史本身。在教育的立场上,历史不过是工具之一,另外还有一个教育的目的在。

(原文刊于《教与学》第 1 卷第 4 期,1935 年)

略谈历史教学的诸大问题

刘真如

倘若有人问我什么是公民教育最基本的知识？我的回答是说：历史与地理。没有历史观念我们不能明了我们民族在时代上所具有的意义，没有地理观念我们不能认识我人在人类上所居的地位。就国家生活上说，若是我们缺少历史、地理的观念，我们必然地不会发生国家的思想和社会的意识，于是构成国家生活的重心无由发生了，其结果是根本说不上有组织国家的资格。从个人生活的观点上看来，所有我们的生活方式、行为状态，无一而非历史的和地理的产物。换句话说，我们的意识内容与张本，并不是我们自身的产物，它纯然是受之于社会的或历史的遗传。这是历史对于国家和个人生活的明确的影响。历史和地理在生活上既有这样重要的实践价值，它在教育上所占有的意义是不问可知了。虽然历史和地理是社会灵魂，民族意识和个人思想降生的母亲，可是在中国真正注意历史、地理的公民教育价值的人们并不很多。十年前梁启超在南开大学讲演的《中国历史研究法》，虽然是重在中国历史方法的研究，然而在内容上却有无限的历史的爱国热情，使读者时时地悠然赞叹我们祖先伟大的成就。这可以说是在中国历史教学上最有意味的著作。后来有一本何炳松君翻译的《历史教学法》完全是适用于美国社会的教科书，对于中国社会上除去能在西洋通史教学上微微的也许有点用处外，根本上可以说是没有什么价值的著作。在中国出版界中这是和历史教学最接近的两本书。除此之外历史教学方面最重要的著作是孙中山先生的《民族主义》。孙中山先生的《民族主义》可以说是中国历史哲学的精华。教学历史和地理的人们应该合乎它当作历史教学的出发点,当做历史批判的逻辑。这样才能使学生由历史、地理上发生浓厚的社会情操与民族意识。虽然我们有了史地教学的哲学,但是我们却并没有完美的史地教科书,这个责任应该是从速完成的。庞大的历史博物馆固然必须建立,而关于国民教育的通史和普通地理教科书的制作,在今日的中国是尤其需要的。在这个教育的严重需要下,我们保留地理教学问题的讨论,我们在我们命题下略略地谈谈历史教学所发生的几个重大的问题。这个问题在国内的出版界上是从来没有人去注意的。

　　研究历史的人们应该认识历史是一种科学,是一种教育,同时也应该认识它是一种民族的武器。法国著名历史家米舍勒(Michelet)说:历史就是民族的武器。这句话是一般的历史研究者应当遵守的信条。有人也许责难这种思想有些偏于狭义的爱国主义,容易降低历史在科学上的地位。可是由国民教育的眼光看来,这种态度却是无可否认的。孟纳德(Monod)是近代主张科学的史学最有名的一人,他也说过:"历史应当以稳妥、秘密的态度去做它的工作。"这是指出史家的责任不仅是编订校勘,尤其是在于教人。如是则史家同时是一个实践的教育家,他对于民族生活是负有国家精神任务的,甚而可以说历史是一种最重要的精神国防。试以十九世纪的欧洲史家作为简单的例证,就可以知道历史是时代的最大的精神武器。如兰克(Ranke)、格林(Green)、季佑(Quizot),甚而至于泰纳(Taine)和有名的古郎日(Fustel de Coulange)几乎没有不在那儿将历史当作民族的武器的。他们以唇枪舌剑的花样去制作国家的成见,在客观的科学地位上也许有他们的错误,可是由教育的观点上这正是历史家的态度。历史既然是国民教育的灵魂,在教学的本身上,史家应注重国家生活实际的需要,同时并不能放弃人类最终的理想。因为我们是不能纯粹地建设国家精神而忘记了世界精神。就这个范围以内我们认定史家应该承认包含无限过去、无限未来的历史始终要注重现在实际的功能。古今伟大的史家是没有放弃过这种观念的。换句话说,史家的任务是以"过去"去鉴证"现在"并且要去预测"将来",在这种意义下史家必须认定他所存在的社会制度、文明文化是一种最高的实体。古代的史家处处几乎尽是以历史当作社会维护的方法，中古的史家几乎无人不以教权当做历史的核心，近代的史家几乎尽受了民族主义勃兴的影响。帝国主义发展的结果，欧美许多的史家尽力在人种主义的绝对主义去说明文化的高下是基于人种生理的差异，结果是他们承认雅利安人种是人类的主宰。于是他们认为有色人种之征服、殖民地之开拓，是合乎正义、真理的事。这种偏见在科学上自然是没有什么根据和价值，然而在以帝国主义为中心的教育的作用上，我们是不能否认他们的态度的，因为他们的目的就是要造成他们"自是"的成见。我们打开各国的通史一看，便可发现许多矛盾的事实，这些矛盾的事实在国民教育的作用上有时倒是真理。我们可以滑铁卢战事的纪事作为浅近的实例。英国史家分外地描写英国民族的威风与法国史家尽量地掩饰法军的缺点，完全是件十分矛盾的事。中法战役中明明是法兵曾经遭受中国兵卒甚大的残败，而拉维士（Lavisse）教授的《法国通史》偏偏地完全抹杀了这回重要的事实。从科学上看，这自然是不可原谅的错误和成见。若是由国家生活的观念上说，谁能否认它对于国民精神训练上所具有的意义呢？这是史家对于历史教育所用正面武器之一例。反之，史家往往用反想的方法去充实国民的意识。它的目的乃是利用人类羞恶心理去刺激国民的情绪，使国民在国耻的羞愤情感下去作真实的努力，有时他们画蛇添足，用尽力气去描写自身民族所受外来侮辱的欺凌，把历史当作造成国民羞恶心理最好的手段。我们可以用普法战争作为通俗的释例。在普法战后的时代，法国史家是善于利用使用此种方法的，古郎日在这个时代于其名作《现在历史问题》，一本与德国史家论战的小书中曾一方面说过历史是一种科学，历史是应避免爱国主义的束缚而求真理发现的科学。这句话是他攻击德国史家宣称德国占据的亚尔沙斯、鲁连两省在文化、宗教、人种等条件上应该属于德国的错误的理论。同时他一方面又说真正的爱国主义不在于土地的占有而在于不忘他自身民族过去的伟大这一类的话，这话又是他认为那个惨痛时代法国史家应有的伦理。因为能以不忘过去才能激发民族的自信，有了自信才能说上扫灭耻辱和创造未来。我们大概都知道莫泊桑的短篇小说《最后一课》，和以史地为背景的法国有名的公民教科书《爱国二童子》，可以说是国民历史教育最好的读物。它那描写亡种失地的惨痛，读了是没有不令人流泪的。这几件事是说一个史家是必须在国家生活的实际下去创造民族的意识，这是历史在国家生活上所占的意义之一例。其次我们认为史家对于时代所需要的制度应该以批判的态度加以肯定。司马光的《资治通鉴》和朱熹的《紫阳纲目》关于主魏、主蜀的分歧，正是因为他们注意于时代的立场。鲍须涯（Bossuet）的《世界史话》所拥护君权神授的主张在某些方面自然是种错误，然而在他的时代上应该认为那是需要。法国大革命后的史家大都以民治主义为重心，正是因为民治主义是国家的组织具体的精神。新德意志和意大利的史家似乎又在那里提倡马其维里主义与尼采主义的以及赫格尔主义的历史哲学，恰是由于他们现实的需要。我们在这个历史观念下去检阅我们的历史教科书，似乎尚未深入这种根本的精神。历史教学的三民主义的原理已到了必须应用的时代了，我们为什么不把现代中国建国基础的三民主义当作历史教学的哲学呢？这是关心教育的人们应当立即去做的事。

我们从教育的观点上已经说明历史对于国家生活上最大的作用是在于，利用历史的事实去强固并且创造一种适应现实需要的民族观念与社会意义。这种看法认为历史在教育的作用上只能做到利用过去来启发现在，使其认知必须就现实方面去努力。但是我们不愿人人泥于历史的定律。现在的事相虽如哲学家来布尼兹所说，它包含着无限的过去，怀有着无尽的未来，认为一切事物都藏有不能分离的联系。但是我们不能妄用史律作为一成不变的逻辑。知识的进步、科学的发明、流传不息的社会现象已经使我人承认史律应用仅限于极小的部位。历史上并没有告诉我们今日一定会有机械、电学的应用，而我们却已完全利用这些科学的发明；史律告诉我们说社会愈进步则人类的食量愈少，但我们不能依此论足将来的人类不饮不食，因为决定社会事相的人类时时有那新异的发明来促进知能的进步，这种知能的进步可以说是破坏史律的主军。史律虽然不能尽用之于任何方面，但史家却可以说人类将有无限的进步。孔道西、圣西门、吐尔葛、孔德一流人的人类进步历史哲学的结论已经成了常识的哲学，我们不须介绍了。在这种观察下证明人类社会进步观念最有力的方法莫过于历史的方法。但进步观念在教育价值上究竟有什么意义？我们可以说它是促进社会努力的推动力。倘若一个社会中的个人缺乏这种思想，这个社会就等于个人缺乏意志是一样，它是不会发展的。所以我们以为历史教学的最高的原理有两方面：一是国家意识的创造，一是进步的观念的信仰。这两个概念不仅是历史教学上最根本的原则，同时它们却是国家存在的基础条件。可惜我国到现在还没有人把它们组织成为史学教学的基础呢。

就教育的作用方面，我人已经看出历史是国家政治的灵魂。我仿佛记得政治科学的机威勃拉衣斯(J.Bruyye)曾说过历史就是政治史的一句话。我人如以实际政治的眼光来看，历史可以说是政治生活的唯一工具。国民意识是历史的产物，就是我人的一切行为亦往往无一不受历史的影响。所谓社会的形态，无一而非历史的形态。我们的思想、语言、习惯以及一般生活的方式并不是和我们自己 Sui Generis 而生的东西，它乃是历史遗传的结果。孔德说社会是死人组织起来的，正足以表明历史在社会上的价值。个人的行为既然是历史的产物，然而如何利用历史去改造个人使其成为健全的社会的一员，应是历史教学上不能忽略的问题。在这个问题下我们应该假定人类生存的基础条件是在于个人以服务社会为最高的德性。因为社会国家的健全或萎弱完全是系乎它的成员的社会性是否健全，这种假定是历史上归纳的结论。教育学家采用这个原则当作教学的中心理想，社会学者和政治学家、道德学者取之建立了社会的理想。所以无论任何学说学派虽然在实际方面有若干手段的差异，然而对于社会本位的理想却是一致的。社会生存既然是社会活动的中心，无疑的，所有语言、政治、文艺、美术、法律、道德、经济、科学种种不过是这种动力辐射的作用，归根溯源，这都不过仅仅是生存的工具而已。可是使这些生存工具(即社会元素或社会单位)复生不已的，必定有一种根本的法则，这就等于维持宇宙天体也有一种根本法则是一样的道理。这种社会生存的法则我认为就是道德。这种法则的动力即孙中山先生谓之"生"、傅易乐(Fouillée)谓之"观念力"(Idée-Force)、柏格森称之为"生能"(Elan Vital)。所有经济的活动、政治的行为、社会正义的判断无一不受这种道德法则的支配。现在的社会活动应承认这 Apriori 是社会的根本原理。过去的历史自然亦以此种观念为中心。道德观念既然是社会生存的基础，历史教学正应充分依籍史实发挥这种思想。养成最好的道德资料既然是历史，但历史上足以构成道德元素的有那些事实？我们必须以发生学的眼光从道德的眼光与其律令的强制性的条件上来考查才能解答这个问题。从道德律的内容上看，构成道德实践的法则多半是过去的合乎正义的经验行为。此种合于正义的人类经验，直接地说就是有利大众的行为。表现这种行为的在积极方面是为大众去创造，在消极方面是为众牺牲。所以伟大的宗教家、革命家、科学家、政治家、艺术家的壮烈言行，遂成为道德有力的训条。把这些训条使其复活当作我人行为规范的最有力的方式，我们可以说，就是历史。古代史家波里比士（Polybius）说历史就是以事为训的哲学。这就是认清历史是道德教育的最好手段。此类主张几乎是中国、希腊、罗马史家共有的信念。就是现在各国的公民教学亦无一不以各国的历史为主要的背影。所以我以为史家的最大作用，就是在于教育，此种教育从社会上说它是锻炼个人德性的艺术。如果我们承认"健全的社会基于健全的个人"的原理是对的，那么个人的解放应是社会解放的条件。在这个条件下，道德的养成可以说是个人解放的起点。近代英国有位著名的学者哈布浩斯对于这个观念算是发挥最称彻底的一人。我们以为养成这种道德性条件的无疑的是一方面就"现在"去创造合乎现实需要新行为标准，一方面是就"过去"去采取有功于民族国家伟大领袖的言行作为行为的参证。此种历史道德教育的使命，我认为在初级教育上甚而至于中等教育上有极大的价值。

我们已经说过历史教育对于国家生活的作用，现在我们再谈谈历史对于我人认识事实的关系。质言之，就是历史对于认识论上的贡献。这个问题与上面所说的诸大问题有密切的关系。我们通常都以为认识论是玄之又玄的问题，似乎它是纯粹的形而上学的问题，研究社会科学的人们也大都不把认识论问题当作社会哲学的问题。研究历史的是更少把这个问题当他的必须讨论的问题。自社会科学成立以后，不仅是各种特殊科学无形中对于哲学提供了许多解释，而历史研究的范围亦因社会科学之发达而改变了它的面目。现在历史与社会学实际上已达到了相依为用的程度。近代所谓新史学（美国学者的名目），本质上可以说就是历史的社会学或社会学的历史。这种科学的渊源,是历史哲学发展的结果尤其是德、法的历史哲学,影响于这种科学的发生是最大的。新式历史研究的结果,与其说是注重于史迹因果的探究,毋宁说它对于意识科学的内容与方法上之研究。我们知道意识科学的重大问题,就是认识问题,而认识问题之最大问题可以说就是逻辑问题,但是从来都忽略了逻辑结构的元素——所谓社会经验(或历史经验)。因为逻辑和数学似的完全是经验的抽象科学,没有经验便没逻辑。所以无论是任何可以认知的事物,无一而非经验复现的结果。因为我们认知现在必须根据过去的经验,尤其是社会事物之判断,除了历史以外,可以说没有最可信的方法。当代史家亨利白尔(Henri Berr)说历史就是活的逻辑,确乎是没有否认的余地。德国的民族心理学派以为历史是民族心灵的产物,我们要认识现在的社会不能不以历史为主要的手段。法国学者高伯娄(Goblot)在他的《逻辑学》上也特意地指出社会学是逻辑结构的条件。归纳起来说,一切观念的内容、意识的元素,无一不与历史有密切的关系。社会学的历史的范围探究越大,则我们认识事物的方法愈广。所以我在上面说无论是我人的言语、思想、行止、坐卧,都是历史遗传的结果。历史在我们日常行为既然有这样密切的关系,所以在教学上应该注意它在精神现象上的价值,能明确地认识历史是在我人生活上和科学上所占的地位,方足以明白历史科学的意识。因为如果我们能以认知了历史是我人观念认识的最可靠的方法,我们对于道德本务的意识(无论对于个人或社会)必定更加稳固。如是则历史无形中是思想行为启示的手段了。现代德国社会学权威施雷(M.Scheler)和法国涂尔干老早地把社会学当作认识的根本方法。我们可以说社会的认识论必须依藉历史方法才能做到的,所以历史是判断上必要的逻辑。在此方向努力的动向正是现代历史科学的新趋势。近来国内学者也有提倡所谓新史学的人们,他们不过是因袭美国鲁滨逊氏所谓新史学的一个空洞的名词而已。实际上他们尚没有把社会学方法应用在历史方面研究的。现代许多的史家在实际方面已经自地球结构、宇宙成因、生命起源一直近述到我人今日科学发达的时代,处处要在进化观念之下去说明人类的迈进,使我人很乐观地去相信未来的进步有待于我人现在的努力,强固此种信念使我人在实际环境上有所去取以求人类目的完成的动力的,莫过于新史学的观念了。

也许有人以为国家所需要的只能说是历史的成见,并不是人类共同要求的真理。但我们要求历史家应该有国家本位的精神,同时要有由国家本位的精神走入世界精神的理想。这两种精神表面也许有许多冲突,但因人类知识的进步、科学技术的发达、所有国际生活扩大的种种现象,国际政治上、文化上、经济上、婚姻上渐渐地已由国家的进而为世界的了。这种趋势正是倾向于大同主义的样式。斯宾塞尔在他的《第一原理》和《社会学原理》上曾由宇宙自然现象上推论到人类社会现象上是由无限的单生(Homogeneity)进化到有限的异生(Heterogeneity),依他的假定,则大同理想是不能实现的。现代哲学家拉兰德(Laland)在他的《同化论》(*La Dissolution opposée a l'Evolution dans les Sciences physiques et Morales*)曾根据自然现象和精神现象的研究上证明人类社会有溶化的现象,他极力地否认斯氏的学说。我认为这可以作为历史的世界主义的参考。赫格尔主义的社会学者魏伯(A.Weber)是现代德国有名的人物。他在他的《文化社会学》一篇不朽的文章上曾把国民文化与世界文化划分两开,认为国家精神与世界精神是不能协调的两种东西,这可以说是没有什么根据的。我们认为人类精神的进步,足以促进国民精神与世界精神的调和。如是则孙文主义所主张的由国民解放而进于世界解放的思想,由历史的进化上当为将来必然实现的理想。所以我们在上面曾经提出历史教学于民族主义之下不应忽略了大同的理想。这个关乎国民历史和世界历史争论的理论,是历史教育家应该考虑的问题。

上面所提出的历史对于道德教育的影响问题似乎太注重于个人影响了。我们并不是如加尔来(Carlyle)的个人主义似的,以为决定历史的只是他所谓英雄。我们承认个人足以影响历史,但他并不是完全决定历史的。这就是说社会的进化自然需有伟大的领袖,但只有领袖并不能使社会达于完满的表现。这与一个军队必须有军官同时必须也要有各类兵士是一样的理由。因此就社会的分工合作上,我们应该使学生就历史的事迹上充分地认识社会进化是一种集体的大意志的表现,能明确地认识历史价值纯然是无限的大我决定的,这样才能使他明白他自身不过是由大我而生的结果。于是他会觉悟到他所以能成为一个人是因为先有社会的婚姻制度,于是他会发生婚姻的观念;他感觉到他会识字明理是由于社会有教育组织;他所以能以生存是因为他有他所属于的社会。能以充分地说明社会是一种超于个人的实体的就是历史。养成这社会本位情操的思想,是历史教学必须的标准。这个概念,在民族复兴运动中的中国教育上是最大的需要。与其大家提倡空洞的礼义廉耻的道德教育,不如提倡社会本位的道德教育了。

我们只谈到历史教学的几条基本的论理,对于各级历史教材的分配与夫史迹编订的多寡,不属我们所谈的范围,我们在这儿不谈了。

民国二十四年八月十三日于南京

(原文刊于《教与学》第 1 卷第 4 期,1935 年)

中等学校历史教学漫谈

孙正容

记得《独立评论》里有位吴先生的《中学历史教育》一文，说现在高中学生的历史程度坏得出乎一般人想象之外，遂归罪历史教师教授之不合理和不负责。这固然不能为历史教师摆脱这种责任，可是完全由历史教师独负其咎，也未免不公允。自"科学救国"的口号叫得震天价响以来，中学里的历史科便不能和物理、化学一样地放在注意科里，优良的学生除了课堂里听讲、笔记之外，自修的时间只够应付理科功课；秉赋鲁钝的学生更不必说了。纵有少数对历史较有兴趣的人，因为社会上对历史的漠视，学校里对历史成绩和其他注意科的成绩的歧视，也就不敢多看课外参考书。在这种环境之下，历史程度怎样不会坏呢！

蒋委员长在《为学做人与复兴民族之道》里说："先要学做人（精神道德），然后再学做事（学术技能）；精神道德是基本学术，技能为末务。"又说："因为精神道德是一切学术技能的根本，一个人如果没有精神和道德，任他有什么好的学问和本领，都是无用，对于国家民族，一点也没有效益；而且一切聪明才智，反可资为济奸作恶之工具，对于国家社会格外有害。"这段话确实至理名言。现在中等学校没有专门训练精神和道德的课程，而在各学科中附有这种训练功效的，只是历史和公民两科；而且历史较公民尤为显著。刘知几《史通·外篇·史官建置》里说："向使世无竹帛，时阙史官，虽尧舜之与桀纣，伊周之与莽卓，夷惠之与跖蹻，商冒之与曾闵，但一从物化，坟土未干，则善恶不分，妍媸永灭者矣。苟史官不绝，竹帛长存，则其人已亡，杳成空寂；而其事如在，皎同星汉。用使后之学者,坐披囊箧,而神交万古,不出户庭,而穷览千载,见贤而思齐,见不贤而内自省。若乃《春秋》成而逆子惧,南史至而贼臣书,其记事载言也则如彼,其劝善惩恶也又如此;则史之为用,其利甚博,乃生人之急务,为国家之要道,有国有家者可缺之哉!"刘知幾这段话虽未免忽略历史的本质,太偏重于道德方面;可是历史无形中有"奖善惩恶""潜移默化"的功能,那是不能抹煞的。不是说科学不能救国,科学不应该提倡,诚如蒋委员长所说,有优良的技术,必先有优良的道德,才能用之于有益之途。所以我主张历史在中学课程中至少要和理化一样地列为注意科,乃能转移目前空气,提高历史程度。这是使历史学科显著出挽救衰颓民族功能的第一个基本要求。

政府和学校当局既重视历史,而历史教师不善于利导,学生仍旧不会感着兴趣的。所以为中等学校历史教师们,对于下列的工作,必须切实做到:

(一)中学教师生活,与其说靠脑吃饭,不如说靠嘴吃饭;学问的根底固然要紧,若是单靠学问而不会讲解,任凭你博极群书,经纶满腹,也绝不会受学生的欢迎。历史科需要口讲指划,手舞足蹈,比其他各科尤其厉害。所以历史教师若要在课堂内引起学生注意,必须议论风生,口若悬河。

(二)青年的注意力,最不容易持续,在课堂内自始至终目不旁视,耳不外听,聚精会神,听教师讲解,恐怕一班中不到半数人,况在某种特殊环境之下,如星期六的下午,或暮春下午的天气,更容易困人,没有不会打瞌睡的。所以当教师的人,要想课堂内秩序优良(学生不听课,便要在课堂内玩耍),学生注意力集中,只有使他们手不停地做笔记工作。旧式教师的笔记,只是将课本以外的参考材料抄在黑板上,令学生照抄。这种方法,实在劳而无功,时间既不经济,于学生也没有益处。我所谓笔记,是将一小时内所要讲的材料,条理其次序,列纲目于黑板上(随讲随写),纲目之下的正文,则由学生自记。如此可有五点显著的功效:(1)教师必先有一番预备工作,才能讲来条理不乱;(2)可将课本以外的材料,融化于教材之内;(3)使学生练习速记的技能,同时促进国语的写作;(4)笔记上有疑义的地方(教师口讲即逝,学生不能尽记,必有疑问之处),可使学生翻阅参考书;(5)至其能集中注意力,维持课堂秩序,又是余事了。

（三）现在中学课程的繁重,和钟点的增多,最是教育界不良的现象。有些学校为要争会考的虚名,毕业班每星期往往增至五十小时。这样刻板被动的生活,绝不会有善良的结果。所以我主张与其在课堂内勉强装进学生不能再装的智识(即使一时装进去,因为不能溶化,过了些时也便遗忘了),不如让学生有休闲的时间,使其自动地研究,教师只处于指导、监督的地位,较为有利。现在各学校也都有课外研究会的组织,可是都是表面上的点缀品,每到开会时间,会员到的很少,为主席者东拉西扯,才勉强成会。这其中原因,学生功课太重,无暇再做功课以外的事,固是一种阻力;而研究会本身之空洞,无实际工作,实为主要原因。为教师者必须有具体计划,切实指导,才不至于流于形同虚设。现在即以历史研究会而言:第一,研究会工作须要课堂内教材有联系之处。譬如教到汉唐域外经营的时候,我们即可将那些干燥无味的地理名词省去,而可出一"汉唐全盛时代疆域之比较"等题目,让学生自去考查,较为真切有味。又如教到近代外交史的时候,我们即可出"海通以来国人对外人心理改变的方向及其影响"等题,于是"鸦片战争""英法联军""八国联军"等战役群众心理的因素,皆有着落。又如教到康、雍、乾三朝武功的时候,即可出"中英殖民政策之比较观"一题,令学生研究二国势力有消长之由来,俾憬然有所觉悟。诸如此类,不胜枚举。第二,研究工作须与时事有联系之处。譬如本年五月十二日波兰毕苏资基上将逝世,即可以此为中心,研究领袖与民族复兴的关系。又如最近意阿风云,喧腾国际,我们即可以阿西比尼亚的国势和中国比较,以资砥砺。第三,研究会工作须带有地方性。中等学校的所在地,大都属于较有名的都市,而该处的先贤先哲和有关历史的名胜,都可以供研究的对象。譬如研究会在杭州,杭州人对岳飞、于谦、张煌言、朱舜水等照理应该比他处人为明了,我们自然要探讨其中生平事迹。又学生大多来自各地,其本地的风土习俗又各不同,可令其每人各就自己的本乡作成乡土小志,向会里报告。第四,须多请学者演讲。现在各学校每星期一纪念周,都由当地的官僚来担任演讲,可是这种演讲,老实说只有浪费,没有利益。因为学术这样东西，是要有真实功夫的才行，没有根底，没有准备，任凭你非常聪明，也不过几句口头敷衍的名词而已。况且集全校学生于一堂，各人的胃口又各不同。倒不如以研究会的名义，以研究员为听众，请了与研究会宗旨相合的殷实学者，较为切实有意。第五，导师须代学生介绍文章于各刊物。青年的发表欲大多是很强的，凡是在报章杂志里当过编辑的人，总会承认我这句话是不错的。我们研究会中既有研究的题目、研究的资料，和学者的演讲笔记，若是其中有很好的文章，不使他发表，一则埋没真才，二则也减少了学生的兴趣。可是自办刊物，既非中等学校经费所能任，而且销路也一定不广；自不如把他介绍到相当的杂志里，如杭州的《晨光》《浙江青年学校生活》（这不过就杭州一地而言，其他各地像这类的刊物，当也不少）等，学校既可省费，同时学生且可拿到少数的津贴。如此，则学生的研究精神和兴趣自然会增加了不少，即使没有入会的学生们，也一定闻风鼓舞，来踊跃参加。不过此地有点要求，必须历史教师钟点少，班数不多，才能对于课外指导，充分运用。若是像现在的情形，每个历史教师在二十小时左右，几至教遍全校，那里还有精力应付这许多学生呢！

（四）青年的心理，对于心所悦服的人，常常会模仿其行动与思想。所以有许多学校里专管训育的先生们，虽然有进退学生的权力，而学生却不愿受其干涉；即使不敢显然地表示反抗，而暗里决不会以其所干涉的为然。反是一二不兼职的教员，如果他平日已取得学生的信仰，倒有左右学生行动的潜势力。现在政府当局提倡"教训合一"，也就是这个道理。历史效果既像刘知幾所说的有"奖善惩恶"的功用，那么为历史教师者更应以身作则，为学生模楷。在过去书院制度下，讲学者决不仅是传授智识，他们主要的目的，却是躬行实践。如果像现在学校情形，教员下了课堂之后，便和学生不发生其他关系，我主张该废除学校，由每个专门家设立智识贩卖店，倒为国家省了许多经费。譬如历史教员可设一历史智识贩卖店，人家对历史上有疑问的地方，可来此求答，则出报酬多少，岂不是很简单痛快么？惟其教育意义不是如此，所以我们为历史教师者当首先有转移这种风气的责任。现在史学家前辈丹徒柳翼谋先生实可为我们很好的模范。

上列四点，是历史教师普通教学上所应该留意的。此外在国难期间，于教材方面的选择，亦当适应环境，以"此时""此地"所需要的为标准。就我个人所见，有两点须要特别指出。

（一）养成对于领袖的崇拜

处现在"山雨欲来风满楼"的世界动荡局面之下，中国又是"百孔千疮""任人宰割"的弱国，其需要一能负起复兴民族、抵抗列强的政治领袖，是何等的迫切！而中国目前事实上虽也有政治的领袖，而民众对于领袖的态度，却缺乏两种要素：(1)拥护领袖的热诚，(2)忠实地服从领袖的指挥。中国人对于政治，向来秉承"不在其位，不谋其政"的格言，凡属国家大事、施政方针，均漠然不甚关怀。而白种人则不然，当萨尔投票解决归德，柏林举行庆祝之夕，真是城开不夜，说不尽欢欣鼓舞的情形。像这种无丝毫虚伪的群众情绪，在中国民族史上却不多看见。而希特拉、莫索里尼等叱咤风云、雷厉风行的独裁政治，也即建筑于这种情绪之上。我们目前不需要领袖则已，如其不然，当先养成民众也有这种情绪才行。关于这点，历史教师于讨论中外民族性的时候，或民众运动、选举运动的时候，应该多多灌输些国家观念。第二点对于领袖忠实的问题。"忠"本来是中国固有的道德，数千年来君主专制制度之所以根深蒂固，相沿勿革，与这种道德哲学，实有密切关系。日本天皇之"万世一系"，也是受此种伦理的优惠。可是自"新文化运动"以来，群众的心理骤然得了解放，遂极端的趋向于个人自由主义；而昔日的伦理观念，完全受其破坏，于是遂形成今日散漫无秩序的现象。若长此以往，非但亡国，实足灭种。所以我们为要救中国、救民族起见，非恢复固有的"忠"字不可。不过过去所谓"忠"，多误解忠于一家一姓，其意义尚不甚深刻明显；我们现在更当进一步矫正过去的错误，发挥忠于民族的精神。可是民族这个对象，比较来得抽象，不容易捉摸；而复兴民族责任的领袖，则只有少数人，甚或只一个人，所以我们为要效忠全民族必先从效忠于民族的领袖做起。这点意思，为现代公民的，却不可不切实领会。而中学各学科中能详细发挥这种哲理，领导学生从事实行的，只有历史教师，堪负这责。因为本国史上关于"忠"的史料，实在太多，只为向来编教科书的人所忽略罢了。

(二) 恢复民族自尊心

一个民族的灵魂,是寄托在人民对于自己民族的信仰;换句话说,即是民族的自尊心。如果失去了这自信心,无疑地必趋于灭亡。中国自新航线发现以来,民族心理起了好几次变化。在鸦片战争以前,那时非常骄傲、自大,所以马克特尼来华,乾隆强要以"英吉利朝贡"的旗帜树立在他所坐的船上,于敕书中自称"天朝",称他为"西洋远夷",这是何等的气焰啊!自列强以大炮轰开了国门以后,对外战争连三接四地失败,于是由鄙夷外人的心理转而为愤恨外人,义和团事变便在这种空气之下酿成。及缔结了《辛丑和约》,国人自知实力与列强相差甚远,徒然愤恨也是没用;再益以近几十年外国科学的猛进,资本的雄厚,工商品的精巧,经营技术的聪敏,相形之下,到处都觉得"自惭形秽",于是"畏外""媚外"的心理,油然而生;而"中国人根本比外国人差"的观念,便牢不可破地印在一般人的脑海中。一直到现在,这种观念还是不断地在闪耀着,这实在是最危险不过的事;因为我们民族的自信心已经发生动摇了。现在为要挽救这种趋势,只有使历史上光荣的事迹,证明中国民族并不根本比别人差,现代的落伍,只是暂时的现象。这实在是复兴民族最紧要的关键,也是历史学科最紧要的功用。为历史教师者自当格外多选些关于这问题的课外材料,俾学生领悟中国民族过去的伟大,和今后无穷的希望。

本来以感情的论调,把别种目的浸透于历史描写之中,是科学的历史家所大忌的。可是史实的本身本具有原始的反映作用,而历史家使这种作用特别显著出来,那是学术上应有的责任。况在国难期间,一切均失其平衡的理智;而历史教师仅仅于教材中偏重上列二种标准,于科学的纪律上,于道德的义务上,可均告无咎。否则,将要被讥为"麻木不仁"的冷血动物了。

(原文刊于《教与学》第 1 卷第 4 期,1935 年)

中学本国历史的教学及其设备问题

张暮骞

历史是过去人类活动总成绩之记录,亦就是过去人类经验之记载。它有鉴往知今、居今察来的功用;同时还可以因先民的光荣历史,而引起我们对于国家、对于民族的爱护心,所以历史之重要差不多各个人都晓得,而各个人都应该读的。不过历史既是一种有文字的记载,那末要得些历史知识,只要自己从书本上用功夫就好了,何以还要学校里定这一门学程上这门课呢?这无非是一方面因为学校既是传授知识的所在,各种功课都设立,重要的历史门,自然也不容例外;而事实上,离开学校,也没有功夫给你读历史,读历史而没有人指导,也是不行的,此其一;另一方面因为根据教学的经验,自己看书,往往不如从优良教师那边听到的来得深切著明。从前人曾经有一句批评音乐的话讲得好:"丝不如竹,竹不如肉。"意思就是说琴弦上的发音,不如箫管来得好,而笙簧的雅奏,又终不若人类歌喉呗唻之悦耳动听。况且文字完全是无声的,谈不到什么抑扬节奏,而书本的编制,又常限于体例,不能如言语之伸缩自如,且有神情姿态之辅助;同时教者对于讲题,多少总有点研究,扼要叙述,也可以免得学生自己去看时转弯抹角、事倍功半之苦。所以课堂上的讲授,实有特别重视之必要;而学校中之所以普设历史课程,也就是这个道理。

如此说来,似乎从学校里出来的学生,对于历史知识应该是很丰富的了;可是事实上却大谬不然,近几年来,尤其是每况愈下:中学会考闹出不少笑话,大学入学试验也留下不少的谈资,怪不得有人大声疾呼的说"我国历史教育失败"了。这种责任,难道叫学生去负么?不行的;应该由我们教历史的人自己反省反省,我们的教授方式是否是对的?这就是历史教学法的问题。

历史是那么重要的一种科学,对它如何教学,自然应该特别讲求才是;为什么大家都晓得重要的历史,而教者却终于得法者少,而不得法者多呢?这问题就很值得讨论了。欧美史学家早已注意及此,美国的约翰生·亨利,且为此著了一本洋洋巨著的《历史教学法》,何炳松先生也已经把它翻译过来,我想看到此书和受到它影响的人,总不在少罢?不过那一本书,还嫌太琐碎了一点;并且完全为西洋人着想,立论举证,供中国人参考,虽不致如方枘之与圆凿,但亦不能完全可以应用过来。胡哲敷编的《历史教学法》,听说很好,可惜还没有看到过,想起来本国人做的东西,总该切合本国人的脾胃的。我对于历史,本来不配说有什么研究,不过当此大家都晓得历史教学问题已到严重的时候,似乎一得之愚,亦不妨提出来,供各位教师参考。

我以为历史教学问题,可以分两方面来讲:第一是抽象的理论,第二是具体的办法。在理论方面,又可以分作两点:一是"律己",二是对人。律己就是教师要认清自己的责任(常常要反省我的教授法是否是对的),要有"诲人不倦"的精神,要懂得"学敩半""教学相长"的原理;如此才能精益求精,完成其良好的教学修养。否则,不但是"贼夫人之子",而且会对不起国家,对不起民族了。对人,就是对付学生,要怎样才可以使他们起爱好历史之心的问题。关于这一点,我以为可分作三层说:

第一,要使学生对于本课发生兴趣。历史学固然不一定处处能够引人入胜,但是执教鞭的我们,总该想办法如何使讲题能趣味化;换句话说,就是不要使学生因教材的枯燥,而发生厌恶心理。许多有用的学科,往往因厌恶而浅尝即止,或者随即自甘放弃,索性不要的,实在不乏其例。依照普通一般学生心理,照书直讲或讲义直念的教者,是最足使学生催眠的,因为书固然是教材的大本营,讲义出自教者手编,更不必说可以完全代表你所要讲的材料了;然而讲时却仍要别出心裁,采提要勾玄的手段,用抽蕉剥笋的方法,随时把书本以外的新资料补充进去,还要能够于近取譬,好好地活用。切不可使本来大可动人的一段史实,点金成铁,变作刻板讨厌的东西。

第二,要使学生了解历史是实用的。做学问的人,本该不计功利才对,然而假如你能够把所教的使得听者觉得是有用,不是浪费时间的,那末学生对于历史的印象,就会愈形良好起来。例如现行的典章制度,如中国之郡县行省制,没有一种没有它的历史背景,你须得随方指示,来表示历史不是空文。这种例证,在历史本身上也可以找到许多,如:明嘉靖时大礼之议,就有人援宋代濮议来作论争的干橹,南宋理宗时结蒙古以灭金,赵范就进"宣和海上之盟迄以取祸,不可不鉴也"的警告,不更可证明历史是可以供后人活动的资鉴吗?

第三,要使学生对于本课有易读易学之感。最足败坏事功的,要莫过于畏难的心理;所谓"怀与安,实败名",做学问也是如此。其实"学如牛毛,成如麟角",天下那里会有容易研究的学问呢?尤其是历史学如此。然而我们教者,晓尽管晓得,但是在学生面前,却万不可给他们一个难字的暗示。有时且还要故意骗他说"这是很容易的,只要你努力,总会达到成功之路"的一类话。因为唯有鼓励,可以增加勇气。比方是爬山吧,高高的山,那里会不难上呢,然而你这领导游览者,最好只说此山上头是如何如何好玩,同时还要说"再走一程,就要到了",那末跑路的人就会无形地兴奋起来了。从前曹孟德所使的"望梅止渴"的一出把戏,就是这个道理。

依照上述理论,我想出几种具体办法来,那几种呢?

一、要提纲挈领。凡是一种功课,在上讲堂之先,统须打算一下,前一点钟已经讲到什么地方,今天要教些什么东西。除此以外,还要把你所想讲的教材,撮举大意,列成纲要,默记在胸;或者就在黑板上写出。一方既可以使自己讲授时不致杂乱无章,同时亦可以使学生们豫先晓得你今天所讲的大意,那末做起听讲笔记来,也就不致茫无头绪了。——做听讲笔记的难易,与教师讲辞之有无系统,是成正比例的。——这于使学生觉得此科并不难学的观念上,是很有影响的。况且历史事实是那么丰富,课堂钟点是那么匆促,你对于讲题如果不用提要勾玄的方法,结果必致博而寡要,泛滥无归。譬如教本国史教到三国时候,对于官渡、赤壁、猇亭诸大战争,固然不妨有声有色地讲上一大段,可是你不能够细大不捐的像《三国演义》般讲下去,同时更不要忘记了这三次战役的时代背景及其关系之如何重大。又如教到唐代宦官之祸时,你不能把陈弘志、王守澄、仇士良、鱼弘志、马元贽、王宗实、刘行深、韩文约、杨复恭等一流人,刻画得怎样详细,并且他们祸国的事实,讲也讲不完,你最好只捡其中几宗顶重要的来讲,如阉宦之何以得志,王叔文、宋申锡之狱以及甘露之变,究竟是什么一回事,甚至于自唐宪宗以迄亡国的唐昭宗止七八代帝皇都会废立于宦官之手;因此他们可以包揽朝政,贿赂公行,以致大乱蜂起,唐社亦随以覆灭。唐文宗之自悲受制家奴,比觍、献还不如,也不足怪了。诸如此类,才够得上说能够握住史心,而无茫无畔岸、不得要领之弊了。

二、要有通史观念。绵延性是人类动作变化二大定律之一,尤其在典章制度方面为显而易见,如中国史上的殿阁制度、行省制度,以及历代宫闱干政等等,均须用一贯的眼光,才观测得出它的由来和演进。即如上面所述唐代宦官之祸罢,我们不但要使学生能了解此种畸形人物对于唐朝的影响,还要能够回溯既往,有没有相类似的事情发生过。这于提起学生读史的兴趣,是很有关系的,所以我们教历史的,在为讲授便利起见,固然不能不多采横断(即断代)的办法,而在脑筋中,却不可不时时存有纵贯的见解。这就是通史的观念。能如此,讲历史才不至于如一盘散沙,这种联想力,在研究外国史,亦可以用得,有时节还可以因读中国史,而联想到西洋史上去。譬如中国古代有伏羲氏教民渔猎、神农氏教民稼穑等传说,西洋各国史亦没有一国不先有狩猎时代而后进化到农业时代的;中国先民早已晓得舟楫之利,西洋史上记载也是如此,这种相仿佛的举动,还易于解释。至如中国的内侍制度和西史中的宗教战争,以至于日本的万世一系办法等,那尤非对全史有相当的鸟瞰及认识,而又肯作进一步的探讨不可了。所以这种方法是很有益的,无形中并且可以灌输学生一点历史研究法。

三、要常常发问。教育学上有所谓"注入式"和"启发式"两种教授法,现代的教育家,大概都主张应多多采用启发式。因为这种教法,可以促进学生悟性及自动学习的能力;有时候并且还可以因学生之反应,而更可提起教者本人的求知欲。上面第二项所述的,似乎还偏重单方面,倘欲培养学生的联想力,最好还是常常发问;好像刚才所说的宗教战争吧,我们不要自己先和盘托出,而当以中国史上有无此事去问学生,让他们自己思考。说不出的,然后去告诉他;说得出的,你还可以更进一步地追问他为什么中国史上没有这种战争呢(有的人以夏启伐有扈当之,那是不大对的)？那就应用到第四种方法了。

四、要推求因果。历史最重因果律,我们碰到一种事件,既不许囫囵吞枣,亦不可只求对于当前问题的经过情形获得了解为满足;而应当还问:(一)这是如何发生的？(二)后来又怎样？再一追问,就是远因的推求和影响的玩索了。

这样,对于一种史实的前前后后,才会有清晰的概念,并且也容易记着。举例说,如中英鸦片之战,我们不但要为学生略述当时双方交绥之经过情形,而一定还要把起衅的原因、战争的结果和后来的影响,一一地提到。又如新近发生的意大利与阿尔巴尼亚事件,其结果固尚在不可知之数,但意国所以居心要实行吞并,却不是空穴来风的,在这时候而教到现代史或谈时事时,你就可因联想而向学生作此事历史上原因之发问了。

附带的话,还有一种利用推求因果,可以增加教学兴趣,适符上述理论第二条第一项办法的,也不妨说说。例如:中国史上南朝宋、齐、梁、陈四姓易代时之互相屠戮,赵匡胤陈桥兵变之与他的前朝后周郭威代汉亦由于师次澶州,部下以黄旗被体劝进的,先后如出一辙(这或者可以说是显系抄袭)。后来金人灭宋,掳宋徽钦二帝、后妃等于青城,其间尤可切齿的,莫过于卖主求荣的汉奸范琼了;而百余年后,金国之亡于蒙古,其所受的惨状,也是一般无二,还有一个崔立来配配范琼。这种事实,我们固不容丝毫假借,如"历史感应统纪"之全用佛家果报说法,然而种瓜得瓜,种豆得豆,究也是很近人情的,亦何妨就事言事,借此插说一些凑凑趣,使上课讲授时不致感到单调与枯燥,总也是可以的罢。(不过这种材料在教科书中不能编进的,这是编书与教书不同的分野。)

五、要用比较法。比较是科学方法中最重要步骤之一,历史学既也是科学之一种,自然亦用得着。上面不曾说到联想吗？当你教到某一种史事时，既然联想得过去也曾经有相类似或同性质的事件发生过，那末最好还得把它们比照一下，看看有什么同异。譬如西晋怀、愍二帝和北宋徽、钦二帝之被掳，如果讲到宋史时只会回忆到西晋也有这么民族奇耻而止，那还是没有多大意义的，也可以说未能畅联想之用。我们于此，必须将两事排在一起看，然后才可以晓得它们的经过情形是差不多的：祸乱的造因，亦由于中邦积弱，外族日强；结果则晋室东移，赵宋南渡，引起了中原华族的大迁徙，定下了南方文化发皇之根基。这辞符合了梁启超予旧史以新意义的说法了（梁说见所著《中国历史研究法补编》首章，这种予旧史以新意义的例子很多，如秦始皇之新评价，宋王韶、章惇之开边等，不胜枚举）。又如中国史上有南北朝时代，日本史上亦有所谓南北朝时代，我们教到世界史或东洋史（或者在读过中国史后讲日本史时）时，也不妨联络比较一番；无论对照的结果怎样，至少可以见得我们是能够"日知其所亡，月无忘其所能"。亦唯有这样，更使得听众容易印入脑筋。久而久之，应用愈熟，教学双方，均感到"为学日益"之乐了。

六、要利用图表。"左图右史"，是从前学者的口头禅，特别是研究历史，离不开图表的。图是包括历史地图、画像、照片，以及其他的画片；而尤以历史地图用处为最多。盖地图可以辨方向，定部位，举凡疆域之沿革、民族之流动、政治势力以及文化区域之扩展等，通统可以于图表中见之。凡言语文字所不能达意者，惟图能胜其任。如中国史中最烦赜难理的，莫过于五胡十六国时代（其实是一共十九国），因为它们建国不是同时的，其间分合兴衰，疆域伸缩，非有适当的图，不容易使学生了解的。西洋近古史上波兰之瓜分，也差不多是如此。（关于波兰瓜分的图，侯君仁之有很好的设计，见所著《初中历史教材设计举例》，载天津《大公报·史地副刊》第四十八期，本年八月十八日出版。）表同图一样是执简驭繁的好办法，刘子玄所谓："阅文便睹，举目可详。"万季野所谓："史之所表，所以通纪传之穷。"都很能道得出它的功用。不过图、表二者各有其长处，而用之得当，更有相得益彰之妙；如几幅五胡十六国图，虽已足表示其领域及方位，但并兼之迹，那就非借重表不行了。总之，这都要设计者好好安排，相机行事的。

以上六端,可说是最重要的几种。不过历史事实太多,口说又极有限,区区教本及讲义一类东西,更未必即可以餍学生求知之欲;于是贤明的教师欲达到"循循善诱"目的,尤应以不仅仅能使学生在课堂上领受一点知识为已足,而应该晓得给学生以阅读参考的指导。所以下列步骤,又是值得注意的:

七、要指导参观。指导阅读,就是启示研究的门径,这不是很容易的。教师固然不一定能有求必应、全知全能像百科全书一样,不过你总得有相当的准备和渊博丰富之史学常识,才可以负得起指导参考的责任。如果你怕学生也许因功课忙,不肯去参考时,你还得出题目作论文,或者指定作读书札记,亦无不可的。

此外教历史时,还要参用一点乡土资料。因为一种事情,凡是同我们关系愈切,则兴趣亦愈浓厚。假如我们在南京教历史的话,那末讲到三国南北朝以至朱明太平天国等之奠都时,自应多渲染一些;在浙江杭州讲到南宋,在湖北嘉鱼讲到赤壁鏖兵,在龙州讲到中法之战,亦应有相当之描摹。对人方面尤其是如此,凡是他们出身的地方,坟墓或成仁取义的地方,以及建功立业履迹所经的所在,通统都该说详细些(此其例如在杭州鄮城汤阴之讲到南宋初年历史);倘能就现存当地古迹或传说来互相印证,那自然更觉言之有物,津津有味了。又如在东南沿海一带,读到自明嘉靖以后的历史,亦不妨采该县志乘或私家纪事所载可歌可泣的拒倭事实,插述一二,一方既可以增学生读史的兴致,一方亦可以作同仇敌忾之民心,这岂非是完成我们历史教学使命之一种吗?

综括以上所述种种,再归纳一下,大概最重要的还逃不出下列五项:(一)鸟瞰法,(二)解剖法,(三)问答法,(四)联络法,(五)比较法。前述的提纲挈领,就是第一类,推求因果属于第二类,要有通史的观念就是联络法,第三、第五两类,更显然了。现在再从本国史上举一个例——明代宦寺之祸——以说明之。

在讲明代宦寺祸国之前,第一,固然要对他们乱政情形,先有一个清楚的概念。关于这一点,我们要晓得有明一代的内政,差不多始终为阉竖所把持。洪武开国之初,虽禁中官预政,然建文时已有中官奉使侵暴之事。燕师南下,且潜以京中守备空虚,可袭之状,输情于敌。成祖即位,才设东厂,叫太监刺探外事,滥用淫威。英宗宠王振,招土木之祸。景帝时夺门之变,曹吉祥亦为要角(后来曹氏想谋反篡国,以历史上有无太监行大事之前例为疑,或以"君家曹孟德非耶"为对,反谋遂决,这亦可以作说明历史的实用性之助)。天顺重祚以后,锦衣卫门达、逯杲等弄权,广遣校尉,四出刺探,敲诈官吏,诬害平民,天下骚然。宪宗时门达虽除,仍任汪直,且于东厂外,别立西厂。武宗宠刘瑾,更置内厂,毒焰尤煽。天启任魏忠贤,宦官怙权,越发登峰造极,有明国脉,遂斫丧无余,非亡不止了。由这一步鸟瞰以后,然后用解剖式去看他们究竟怎样地祸国虐民,他们攫得政权,到底是"谁生厉阶",结果影响又是怎么样。第三步就可以因联络法而应用到问答,学生是否对于已读过的明以前历史还记得住没有?有若唐若汉的亡国原因,宦祸是否是其中顶重要的一种?因此我们又可以用比较法把它们对照一下,作异同之观察,同时还可以因明太祖之所以禁内侍干政,愈明了历史之有资于鉴戒;而太祖但惩汉唐之取祸,终不能自绝其蠹国覆宗之祸水,这就可知城狐社鼠设喻之确切不移,而专制政体流弊之有以致之了。如此一层一层推敲下去,这问题自然可以很清楚,所以这种教授法,也可以叫做"抽蕉剥笋式"。讲演终了,还可以趁便举列几种重要的参考书,如《通鉴纪事本末》《明史纪事本末》之类,给学生自己去看,以补课堂讲授之所不备处。那末连指导阅览也应用着了。

关于历史科设备,说起来却很简单,除掉教本外,大致不出下列范围:

甲、图

1. 图　历史地图、现代地图。(包括挂图及地图册)

2. 画　历史画,过去的如汉武梁祠画像,近代的如清薛福成所见巴黎普法战争油画,以至于最近之《淞沪抗日画史》《古北口回忆》等。

3. 像　历代名人画像,如唐吴道子画孔子像以迄上海商务印书馆印《清代学者像传》,浙江省立图书馆印《名人像传》(共四套四十人,包括当代世界名人、革命先烈、历代民族英雄、浙江学术大师)等。又旧《国粹学报》载历代名人像颇多,最近《中华教育界》(中华书局出版)自第二十三卷起逐期载有近代中国教育人物像传,亦可参考。

4. 摄影　包括古绘画、古器物遗影,及古迹照片等。

乙、表

1.大事年表;2.世系表;3.历代兴亡表;4.历代疆域沿革表;5.其他(如五胡十六国表、南北朝表等)。

丙、模型　以关于文物方面为最需要,如交通器具、宫室规制等。

丁、实物　如古泉币、甲骨文、唐人写经等。

实物如不可必得,亦可用仿造品充之,甲文货布又可以拓本代替。这种布置,最好要有系统,如钱币当使其自周秦以至近代,顺序排列,以觇其演变;卜辞,除足表示殷商文化外,还可以和籀、篆、隶、楷并排以示我国文字之进化。唐人写经也是一样,可以设计使龟甲文、折本、线装等书平列,用示我国书籍制度之沿革。

戊、幻灯　图片照相,形体有限,可以利用幻灯扩大之,使活跃于观众之前。惟幻灯需费颇大,在目前之中国,仅大学校与经费充裕之高级中学,尚可勉力措置,更不必再谈到利用电影了。

己、参考书　书本杂志以及检查用书均要酌置,以求足用。

庚、特设教室

右述种种设备,已卑之无甚高论;但国内自初中以上各校,有几处已经达到这水准,却很难讲了。盖除参考书以至于实物幻灯等,只要有钱便可办到外,其余则一半系于人材问题,一半亦系于教育当局及出版家之努力关系。试问现在历史教师所最感到的困难是什么?自然是设备问题,而设备中尤以挂图为缺乏。国内也有不少的大出版家,然而能注意到此的,竟绝无而仅有;商务印书馆以前虽出过几张春秋战国图,一直到现在还止这么几张。图表对于历史教学功用之大如彼,教育界需要之亟又如此,倘有人把它编印行世,你想销路那里会不好呢?然而现在的历史教师,还是终于没有挂图可用,这岂不是怪事吗?推求它的原因,我想一方由于商人贸利,眼光欠远,一方亦由于知既维艰,行亦不易之故。盖历史教学时所需要者是那种图表?除图表外还有什么?非躬亲甘苦者,实在应答不来。况且此种工作,一个人的智力也不够,必须多人合作才行,并且还要有相当的经济力,私人是无论如何很难办到的。所以我颇希望出版家能与富有教学经验而声望素孚的教师协作,一方出钱，一方出力，(有的人主张中等教科书，也该由优良教师合作，这话也有理由。)那末，这个多年渴望的历史设备问题，或许可以从此而得到相当的解决罢。

本来这种问题，应该由教育行政当局，通盘筹划才是，然不幸他们对于历史学是不大重视的，只看中等学校历史钟点之朝三暮四，和其在总时数中所占地位之渺小，就可想而知，还谈得到肯替设备上着想吗？所以我不能不退而思其次，来希望出版家了。

现在再把我对于制作历史图表的意见，略述于次：

图表在课堂上的需要，我以为大张的立轴，较之书本式的图表，来得更重要，而编制起来，却又比较容易，特别是图如此。因为地图册须详明精赅，挂图则只求能简明醒目就行了。再者地图册不见得短时间内可以编成，挂图却粗通大意，只要你设计大体不差就是。不过话要说转过回来，如果地图册已先期完成，那末挂图就可因有蓝本而更易于绘制了。近年来坊间所出版的历史地图册，也有好几种，然而大抵不过依据前人遗作(如清李兆洛之《历代地理沿革图》、杨守敬之《历代地理疆域图》、日本重野安绎、河田熊合编之《支那疆域沿革图》等)增损填绘于现行的地图上面而已。所以三代的地理，可以和现今中国的地形一样，渤海可以老早地把营州、青州隔离开。就是稍近的，如指现存的长城为秦始皇所建筑，隋炀帝创开的运河，亦就是仅仅纵贯燕、鲁、苏、浙四省的现在河道了。其他疵谬，殆难尽纪，欲求精赅，势非再经专家之研究不可的。近来北平禹贡学会顾颉刚先生等，正在做这工作，将来完成，当有刮目相看之价值，不过现在可有些缓不济急罢了。为目前打算，我以为当先就教科上所汲汲需要的，如下列中国史方面各种：

历代疆域图(此图须特别注意比例尺之划一)

民族迁徙图(先从秦汉以后着手)

历代都邑图(由此一方可以见当日政治中心之所在，一方亦可以居今鉴古，窥当年中国文化孳乳之阶梯)

历代人文分布图	历代政治区域图	楚汉分争图
汉初封建图	汉武时东亚形势图	后汉时代东亚形势图
两汉末群雄割据图	五胡十九国图	隋开运河图

隋末唐初群雄割据图	唐代亚洲形势图	唐代海上交通图
唐代方镇图	唐代流寇图	五代十国图
宋辽夏鼎峙图	宋金夏鼎峙图	宋金和议前后疆索图
蒙古西征图	元四大汗国图	元末群雄割据图
明代南倭北房图	明代郑和出使西洋经行图	明末流寇图
清代盛衰疆域比较图(后者即中国丧地图)		清初前后三藩图
太平天国图	捻回诸变图	鸦片战争图
英法联军图	中法战役图	伊犁交涉图
中日甲午之役图	庚子八国联军图	辛亥革命图
民国军阀割据图	奉直战图(直皖江浙诸图,不备列)	
国民革命军北伐图	"九一八""一·二八"国耻图	民国十九年以来剿共图

择要拟绘,使得讲授时不致空无依傍。至于如何设计绘制,虽亦薄有管见,但是已非本文范围,不欲赘说;他日有暇,或当另文详之。惟切愿有志之士,急起直追,力促其成,共纾我历史教学界同仁之热望耳。表之编制,视图为易,大约以表示群雄分合、世系递嬗,及国祚年期等数目字之意义为多;但由教者自能设计,便可着手,不必如图之非普通人所可为力也。

其他如历史画及模型,须期待史家与艺术家的合作;而最好,还是要政府或大有力之出版家,全盘筹划,广罗英才,妥为设计;那末这种本来不是什么十分了不得的工作,总可以"不日成之"罢。如果学校所在地有设备完全的历史博物馆,那就更好了,只要带领学生去参观,也不必一定自己另起炉灶的。

把历史教学及设备问题约略讨论过了,最后我还有几点意见:

一、希望各校教师多多互相观摩。因为上面所讲的历史教学等等,大抵是专就教者本身着想;但是一个人智虑有限,闭门造车,庸知合辙;所以我主张史学教师(其实似乎各科均可如此),应该利用余暇,多多参观他校同科教师之教授法,看看我所感到的教学困难,人家是否也是如此? 讲授时的声调同姿势应该怎么样才对? 如此舍短取长,互资功错,我想于己于人,均有很大的利益的(因为被参观的人自然会更觉谨慎小心)。倘若再能够召集一个同志讨论会之类,公同商榷,那末于历史教学之改进上,必有大大的贡献。听说江苏有省立中等学校有各科教学研究会(?)之设,浙江近两年来也有这种组织,不过似乎总嫌联络感情之意义多,而互相切磋之机会太少。

二、希望教育当局矫正对于历史科的概念。教育为国家百年树人之大计,历史有关于民族精神,亦即国魂之所寄托,政府应当如何重视?然而国立戏剧音乐院及美术陈列馆等等却已力促其成,而国史馆倒从缓创设,这就可见各人见解不同了。学校中历史课程可说是灌输民族精神、促进爱国思想之唯一的稳健办法,然而自高级中学以次各校之历史钟点,数量犹远不及外国语文,每周多者不过三小时、四小时。甚至如民众教育实验学校之类,每周不过上两小时,而三年级还没有历史这门功课。以繁赜如彼之历史学,乃欲以如此短促之时间,使学生得到相当的鸟瞰,这岂不是淳于髡所笑的"所持者狭,而所欲者奢"吗?此外对于教师人选,亦太无限制,《外国史》则英文教师可以兼任,《中国史》则国文教师亦可代庖(其在大学本兼读文史者固可不论),彼专研史学者反学非所用,或者甚至于英雄无用武之地。其直接影响于教育效率者还小,间接影响于整个国家的(生聚)教训大计者,实至大。昔秦并六国,弃毁其史,日夷朝鲜,亦纂乱其典籍,意果何为?不过以历史所系之重要而已。窃愿当今"具瞻"有以革易观念,而速思所以扶衰振敝也。

三、希望各校当局特设历史教室。历史教学有待于设备者既已如上述,但有设备而无专门教室亦不行的。单就图表而论,倘参考图表,每点钟均由教师随身附带,既不胜其麻烦,亦易于损坏;如能特设专室,那就不至于如此了。况且学生时时徘徊其间,耳濡目染,岂不是更易收到心领神会之效呢?

历史同地理,关系很密切,经费宽裕,能各设专门教室固好;否则,并设在一起,亦还使得。那末在空间上,所费用更有限了。然而学校当局,一般多只顾扩充理化、生物设备,于史地科终不能一样看待,这不能不怪教育当局歧视观念之作俑了。你看现在不是又有充实中等学校理化设备之明令吗?不过我想学校当局如果想各科平均发展,或者了解历史的重要性，总该在可能范围内，尽力设法把历史或史地专室建设起来。

附记：右文百忙中匆匆草成后，才从图书馆中借到胡哲敷著《历史教学法》，粗粗翻阅一遍，觉得彼此所说，颇多暗合处，可谓此心此理，本自相同也。全书共十五章，内容颇佳，亦多曾经甘苦之谈，立论取证，大体以本国为出发点，较之约翰生·亨利所著者，似尤适用，敢介绍于此，愿现任历史教师者，注意及之。是书全一册，民国二十一年九月中华书局出版，定价八角。胡书末章为参考书提要，共举纵的方面、横的方面、史评方面十几种书，末了还提到报章杂志教师也要留意云云。拙作论到设备问题时，也论举列必备的参考书若干种，继以节省篇幅故，临时割弃，今读及胡君书，爰再补录于此，以其间率为胡君所未见，而于一般历史教师，似颇有可参考处也。

中等学校历史科最低限度的参考书目：

"二十四史"——版本以商务印书馆百衲本最佳，但费昂又未出齐，开明书店影印《二十五史》虽字体太小，但费省易置，又检查颇便，可用也。如能兼备补编，更好。

"十通"（商务印书馆新印，现已出《通志》三册）

正、续《资治通鉴》（世界书局缩印本仅厚四册，价廉，字亦不甚妨目，可用。惟《通鉴》不附目录，是其缺点）

"九朝纪事本末"

《清史稿》《史通》《文史通义》

《史姓韵编》（清汪辉祖编。最近开明版《二十五史》附有人名索引，如编制完善，则彼可取而代也）

以上旧书。

《史学述林》（双流刘咸炘著）

《中国历史研究法》及《补编》（梁启超著。商务印书馆《万有文库》本）

《中国上古史》（清夏曾佑著。商务本）

《中国文化史》（柳诒徵著。南京钟山书店本。商务本李继煌译日本高桑驹吉原著《中国文化史》虽不精，但亦可参看）

《中国通史纲要》（缪凤林著。南京钟山书店本）

《中国近代史》（陈恭禄著。商务本）

《世界史纲》(韦尔斯原著,梁思成等译。商务本)

《元史学》(李思纯著。中华书局本)

《中国人名大辞典》《中国古今地名大辞典》(民国廿三年一月廿七日天津《大公报·图书副刊》禾子撰"中国历代地名辞典四种"一文批评,可以参看)

《中国大事年表》(陈庆骐编。商务本)

《世界大事年表》(商务傅运森编本尚不佳,以日本三省堂出"模范新世界年表"最详细,虽稍有谬误,如《大公报·图书副刊》第十一期吴春晗君及十六期禾子君所指摘,然一眚不足相掩也。其书逐年增订,故购时当注意最新版本)

《历代名人生卒年表》(梁廷灿编。商务本)

《国学论文索引》(中华图书协会出版,现已出至三版。在未有史学论文索引以前,只有藉手于此,以睹近二三十年来国人治史之业绩,及如何找寻参考资料之途径)

日本期刊三十八种中《东方学论文篇目附引得》(于式玉编。民廿二年九月北平燕京大学引得编纂处出版)

西文《东方学报论文举要》(美国贝德士编。金陵大学中国文化研究所民国廿二年出版)

杂志方面,国内新出纯史学的期刊,现极式微,北方仅有燕京大学之《史学年报》(民十八年创刊)、北京大学之《史学》(本年一月创刊,不定期),南方仅有广东中山大学之《现代史学》(民二十一年十月创刊),其他兼职史学论著者有:《燕京学报》(燕京大学出版)、《辅仁学志》(北平辅仁大学)、《文澜学报》(浙江省立图书馆)、《清华学报》(清华大学)、《文哲季刊》(武汉大学)、《金陵学报》(金陵大学)、《国闻周报》(天津国闻周报社)、《人文月刊》(上海《人文月刊》社)等较为重要。《人文月刊》著重于近代史之研究,末附新出期刊索引,尤便治史学者之参稽。

又,关于宦官制度,古代西亚诸国如回教国及印度莫卧儿王家,以及欧洲之希腊罗马,固亦有之。惟其祸国之烈及历时之久,与华绝异而已。前文云云,系属断章取义,览者幸毋以辞害意。(作者记)

(原文刊于《教与学》第1卷第4期,1935年)

中学历史教学法的商榷

顾颉刚

无论教什么,教员都该对于他所教的功课有充分的素养,教历史当然不能例外。假如教员本身素养不足,那么即使懂得教学法也是没用的。所谓素养的"充分",还不如说"相当",因为国家人材缺乏,有相当程度的人已迫为人师了;同时学问无穷,人生有限,"充分"二字总不过是相对的说法罢了。但是我们应该知道,不但要学然后教,并且教也是学呢。我们该一面教一面学,使我们的学问渐趋于"充分"。自己不懂得学而能教人学,自己糊涂而能令人明了,自己小知而能令人大知,都是从来未有的事,所以充实自己乃是教学的先决条件。

现在假定我们已有相当的历史素养,试共同讨论它的教学方法。我以为第一步是选择教材。在未选择教材之先,对于历史的本身应该有清楚的认识。我国的上古史大都是过去的传说和后人的理想而不是当时的事实,我们应该利用考古学家的成绩来辨别它的真伪,不该人云亦云。自己盲从事小,贻害青年事大;有可疑而没法证实的地方,不妨当作疑案看待。

从前的历史简直是帝王的家谱,无论什么叙述,都是以说明一姓的兴衰为主:战争是为的正帝统,灾异是为的警帝心,以至于一治一乱、一离一合,无非世运使然;他们以为到了相当时候就该有王者应时应运而兴起了。那时的人不是人,是王者的爪牙或工具,因此,从前的历史就只得以皇帝做中心而成为一姓的家谱。现在则"人"已经发现了,我们该有"人"的历史了。其实古代何尝无"人",火的发明,铁的利用,"人"已经跟着出现;不过旧式的历史家不懂得"事实"和"历史的事实"

的分别,误把"人"遮掩过了。现在我们教历史的人,应该用披沙拣金的手段在古代的文献里把"人"找出来。可是我们所需要找出的人乃是活人而不是死骸,我们要一并把他的社会经济的背景都找出来,尤其是要把他在他的背景里活动时的真相找出来。

  我们教历史不能说"为教历史而教历史",我们教历史是要有高尚的目的和特殊的使命的。我们不但要使青年们知道过去的光荣,负起承前启后的责任,并且要使他们知道自己是古往今来的大建筑里的一块材料。台柱也许比窗棂堂皇,地基也许比檐瓦重要,然而一块砖、一颗石、一堆土、一把沙,都是这伟大建筑里所不能少的东西;从效用上说来,这些东西都有它的功劳,而一切的功劳是相等的。凡人想做工程师则进工科,想做医生则进医科,想做历史上的人当然要懂得历史了。我们不懂得历史怎能知道现在该轮到我们干什么呢?英国人主张自由主义,意国人主张国家主义,俄国人主张社会主义,都是和他们的历史背景有关的。我们今日深受外力压迫,辱国丧权的事常常发生,处境和未统一前之意国、十九世纪中叶之德国相仿佛。她们之所以有今日全由于提倡民族主义,这一点我们很可以取法。其实一个民族的历史,无论如何应该以民族精神为中心思想。一个民族假如忘记了它的精神,即使它能存在,也是不健全的民族了。注意民族精神,自然会使青年人爱国家和纪念他们的先人,巩固和团结国家的力量不就是在这里吗?

  事实的影响人不如人格的影响人厉害。如叙述齐国得霸,历举治迹,还不如说管仲怎样相桓公而得霸;因为齐国称霸的事情今日断不能复现,可是像管仲这样的民族英雄,如果有志的青年晓得"有为者亦若是",就谁不可为管仲呢?有了一个管仲,中国的前途已是有望,何况有许多的管仲呢?所以我认为介绍历史上的民族英雄来激励青年人是历史教员的责任。介绍历史英雄,我们要注意他的社会上的地位。拿项羽和汉高祖比较,当然是项羽英雄,无怪太史公把他放在本纪里,为他精心写一篇优美绝伦的文章了。不过这一篇杰作究竟是文学的成分多过历史的,同时项羽这一个人也不见得配称民族英雄,他在社会上的地位远不如管仲;介绍他还不如介绍申包胥、班超、缇萦、杜甫……这一类的人。有时为着连贯的叙述整个阶段的事情，也许要提出几个无关紧要的人和事，我们对此当然不能忽略；可是我们可以轻描淡写地说过去，而留多些时间介绍重要的人物：这一点在选择教材时是应该特别留心的。

　　无论是有教本或者自编讲义，预备的方法最好先看题目，看自己懂得多少，然后去从事补充；补充时贵精审，不贵芜滥。关于本题的参考材料须尽可能的程度作博览，因为偏听易蔽，一知半解是不足以为人师的。预备时理论和事实两方面都要顾到。所谓理论，不一定是判别是非，把什么事情都拉扯到道德的教训去；而分轻重，别取舍，定责任之所归，都可以表示发言者的立场和主张。谁敢说这些是不属于理论的呢？如日本稻叶君山所著的《清朝全史》（民国三年已由但焘君译订），一读便知它是外人所著的，因为著者随处都表示了袒护侵略中国的外人，对于中国的企图废除不平等条约的举动一点都不给同情。如本书第六十九章述英法联军入北京，他开端便提出清廷的蔑视条约，并且说："盖自《南京条约》成立后，英人意甚满足，轻于撤退驻兵，使清廷视为易与，而清廷之大望不在改正屈辱的条约而在逐外人于中国领域以外，故英之自恃而不设防，即英人之失败也。"这样鼓励外人侵略中国的说法，无论怎样丧心病狂的中国人是不忍出诸口的。侵略者那里晓得被侵略者的痛苦；双方的利益冲突，当然双方的理论也相反了。

　　我们为什么要费心去念误解我们的史书呢？因为我们不能因噎废食，我们要从各方面来观察中国，找出一个正当和明确的结论来介绍给我们的青年。否则恐怕我们连一本参考书也得不着，因为官书式的史书、检查后的政治新闻、严刑下的口供……可信的地方实在太少了。假如来源取自间接而又间接的东西，那么它的可靠性必更薄弱。所以选择教材时，很需要有深入的眼光和精明的判断力。我所说的深入的眼光和精明的判断力并不是一般人所说的天才，这两种好处是可以从博览和精研得来的。像我刚才提出的先看题目，考考自己懂得多少的方法，现在训练眼光和判断力也是很用得着的。我们可以把自己的见解、知识、叙述技巧，和著名历史家所有的比较一下：现在是看看我们的优劣怎样，将来是看看我们的进境怎样。这样下去，我们的眼光和判断力会很快地跟着我们的学问进步呢。这和"学而不思",滥收死记的人们相比,真会有天壤之别。

教材选好,便要把它有系统地整理出来,又利用大纲、图表,甚至实物来帮助说明。大纲里要分开史期或阶段(虽事实上必不能断然划分,但不分期则学习时更有困难)。图的一类,如历史上真迹或人物的摄影,它们会使学生更加感到历史的真实性;其他如地图,尤其是地理沿革图,是读历史时所不能少的辅助品。表的功用也和图一样。图表如教学生自制更为有效,因为看现成的总不如自己动手为亲切有味。实物是前代遗留的东西,如远自石器时代的石刀石斧、殷墟出土的甲骨,近至清末的刀枪和民国初年的服装等都属于这一类。实物也是证明历史的真实性的,不过私人所藏恐怕不多,于必要时最好带学生去旅行有历史价值的地方和参观历史博物馆,这样的观摩定能使学生明白历史和对它发生趣味。

教授时如不能引起学生的趣味,弄到"言者谆谆,听者藐藐",你还能教什么呢?引起趣味可说是教学法中最重要的一条。至于怎样能够引起趣味,这是很费思索的事情。天文学家整夜不睡去研究星座,觉得乐而忘倦;而我们仰视繁星满布的天,不上半个钟头便头晕目眩了,这是由于知识不够所以不能生出趣味来。老祖母扶着手杖到公共演讲厅去听刚从欧洲留学回来的孙儿演讲国际大势,她虽然不懂得她的孙儿所说的是什么,也能听得非常高兴,因为她爱她的孙儿,乐得他能享受荣誉,同时她也觉得他的荣誉就等于她自己的荣誉;此时与其说这位祖母在听讲还不如说她在演讲。健康的人对于医药问题大都是漠不关心;一朝有病,听见可以用什么方法来治好这个病的,一定非常注意,因为这是急切所需要的缘故。同样一个笑谈,第一次对一群人说,会令他们大笑;第二次对他们说,他们会不觉得什么;第三次又对他们说,他们便掩耳却走了。我记得有一位年青的朋友对我谈及他的教哲学的先生,说他第一次上课时,说得非常动人,使学生敬慕得五体投地;不想教了半年书,每次所说的都是这一套,弄到班里的学生溜的溜睡的睡,他自己觉得没味,只好辞职不干。由这样看来,无论什么有趣的事情,陈套了就会使人生厌的。

那末我们教历史,想使学生发生趣味,乐意求学,自然应从他们的所知入手,对他们说些他们所能了解的东西。要具体地说明,最好多举些例子,把历史的事迹和现代的情形相比较。比方讲科举制度,我们不妨从现代的学校生活说起,然后说及科举制度下的读书人生活和它的沿革。不过有一点我们要注意,我们预定的功课一定要说完,借事参证和引起趣味最好是在范围内的东西;否则恰到好处就须停止,以免妨碍功课。其次要使学生知道历史上的一切光荣都是属于他们的,他们喜欢享受他们自己的光荣,当然爱读历史了。跟着进一步要使他们觉得明白历史的必要。比方教近百年史,当然讲到历年的失败外交,此时就可以提出:我们之所以颠连困苦全由于不平等条约的束缚,农村破产、工商业落后是由于关税不能自主和准许外人在内地开设工厂等,其他任何的内乱外争莫不与不平等条约有关,想救国家和救自己非取消不平等条约不可。又可以提出:现代许多强国,从前也曾陷在和我们同样的困境,就是我们古代也曾经过好几次的外强的侵凌;懂得了历史就会使我们不至灰心,而能知道病源所在,着手去找疗治它的方法。末了有伤趣味的陈调滥套都要切戒。其实历史上的事实是日新月异从来不会重复的,说得陈套无味当然全是教员之过。

历史教员最好分题教授,用演讲式,不必跟着念教本。未讲书之前,要指定范围使学生预习,每课出些简单的问题让学生试答,这样可以帮助他们读得明白;又要教学生自己懂得读历史,不光是靠耳朵听。除教本外应指定些补充读物给他们自修,教他们做札记和论文。青年人往往是英雄的崇拜者,喜欢读名人的传记。补充读物最好多介绍些名家所写的民族英雄的故事,其他的历史名著也要节选其尤者介绍给学生读,养成他们的高尚嗜好。

我们应该使学生懂得历史不是偶然事件的集合,它们都有因果的关系,如想了解它光用记忆是不够的,还要用理解力。讲解时对于事实的因果关系和相互间的影响要明白指示出来;又把类似的事项和人物相比较,使学生明白它的异同的地方。

在堂上考问学生,共同讨论和教学生做笔记都是不能少的手续。考试学生的问题不要只考他们的知识,同时要考他们的能力,目的在养成他们的整理材料和解释事件的技术,使得他们将来有灵活的创作贡献给人类。

教也和学一样,永远是在实习中。方法也离不了实习,只有实习才能证明方法的是否有用。同时方法决不是刻板的东西,它会因时因地因人而变更其效用。所以我们处处须得留心思想。

二十四,八,八

(原文刊于《教与学》第 1 卷第 4 期,1935 年)

历史教育的重要与中学历史教学法的检讨

吴自强

一、绪　　言

历史教育在东西各国，均极注意，因为这是精神国防上最重要的利器，普法战争之后，俾斯麦把战胜的功劳，归在历史教员身上，也就是这个意思。西哲有言曰："真正伟大精神，都要藉历史生活去实现。"国民的英雄之高尚理想和真的伟大精神，活跃于儿童青年内心时，都可说是历史生活本身，给儿童青年的好影响，而造成热烈的爱国心和拥护国体的心理，以效忠于国家。欧美各国和日本，没有那一国不是以教授历史（特别是本国史）为国民教化之第一要义。尤其是自十九世纪以后，国民主义的呼声，高入云际，像土耳其、德国等旧帝国，都渐次由分解作用，独立于国民主义旗帜之下，在世界大战时，美国大总统以民族自决主义，列为十四条宣言之第一位，经凡尔赛和议之结果，奥大利完全解体，造成很多国民主义的独立国，因此，欧美各国，都以历史科为国民教科中最重要的科目，以促进儿童青年之国民的自觉，这不能不说是新的觉悟，同时也可说是历史教育的伟大。因此，一般人都说："历史是民族的武器。"一个民族若是不知道自己祖先开拓国运和创造文化的精神，那就不能发生自尊自信的心理，没有这种自尊自信的心理，就不能产生抵御外侮的民族精神，没有抵御外侮的民族精神，那国家不亡而自亡了。所以我们觉得要复兴民族，首先就要注意这种民族精神的历史的研讨，那才好了。

二、历史教育的重要

　　我国曩昔,对于历史教育,只注意朝代之兴废,无论其为编年,为传记,为纪事本末,大率以材料之宏富、文词之华丽,为极史家之能事。可是现在则不然,应该极力注重于国防文化之消长与人类生活之变迁,研究其因果相互之关系,而断定其民族之盛衰,历史教育有关于民族国家之兴亡,盖非浅鲜。龚自珍说:"灭人之国,必先去其史;隳人之枋,败人之纪纲,必先去其史;绝人之材,湮塞人之教,必先去其史;夷人之祖宗,必先去其史。"(见《龚定会续集》卷二,龚自珍:《古史钩沉论》)就是邵元冲氏亦说:"凡强国之兼并弱小,非但兼并其土地、人民、政治而已,必并其历史与文化摧残而灭绝之。使大多数人不知有祖国,不知有历史,不知祖先艰难缔造之精神,不知固有文化之美点,然后甲国临其上则可为甲国之奴,乙国据其上则可受乙国之命,甚至犬戎夷貊,苟有刀锯鞭笞之威,皆可伈伈俔俔,蒲伏而听命。故古今来之民族,其本来无完备之历史者,则任何强族皆得而奴之,非洲之黑种、美洲之红种,以及大洋群岛文化低落之诸种族是矣。即其原有历史之民族,若一旦为异族宰制而后,而尽力于毁灭其民族之历史文化,则数传而后,亦将认贼作父,而漠然于其有生之所自来,则其反抗之精神,亦将渐就澌灭而甘为异族之臣仆,故英之并印度,法之并安南,日本之并朝鲜,皆孳孳以消灭印度、安南、朝鲜之历史文化,以剪除其历史之民族性与其反抗之精神。"(见邵元冲《民族之涵义及发挥》,《建国月刊》第九卷第五期)实非虚语,所以世界各国,凡以复兴民族为目的者,必注意于历史教育,兹举一二事实证明如下。

　　十八世纪以来,普鲁士欲建立一统一之国家,于是民族主义之史学,所谓普鲁士学派(Prussan School)者,遂风靡全国,其他如特罗生(Droysen)所著之《普鲁士政治史》、齐勃尔(Sybel)所著之《德意志国会之基础》,皆盛誉普鲁士之精神,他如特赉切(Treitsehke)所著《十九世纪德意志史》,益大张日耳曼主义,故德意志帝国卒赖以成立。又如意大利诸邦之志士,看见德国之成功,也企图国家之统一,史学界乃大显其民族主义之色彩,如勃尔波(Balbo)、雪勃拉里(Eibrario)等,都直接参与独立运动，洒其热血，成为史著，卒能树立意大利独立建国之功效。就是日本自中日战后，明治维新运动的成功，日人都归功于亢禄时代德川家国所著之《大日本史》，到日俄战后，全国一致地又说："日本之强盛，由于日本新历史助成之。"（李季谷：《民族复兴与历史教学》，《中国新论》第一卷第二期）观此，可知东西各国欲谋民族的复兴者，没有不注重历史教育。他如一八八四年，中法战争，法国明明打了败仗，而拉维士的《法国通史》，反把战败的事实，大都抹杀。最奇妙的，还有英、法两国史学家，关于滑铁卢战争的记载，两方面都是尽量夸耀自己军队的英勇，都是尽量描写对方的畏怯，在第三者看来，不免有些地方不很妥当，可是他们本国的教育家，决不承认这种态度是不对的，因为他们认为历史教育，是精神国防的重要工具之一，所以应该有这种态度。（见叶楚伧《编刊历史教学专号之旨趣》，《教与学月刊》第一卷第四期）这都是重视历史教育的表现，不容我们忽视的。

三、中学历史教学的目标

历史教育之重要，已如上述，但是要怎样教学，才能达到这种目的，那就不能不详加研究。中国过去对于历史的教授，还脱离不了朝代兴废与国家盛衰之叙述，而于国防文化以及民族复兴诸问题，很少有人注意，故于历史教学，漫无目标，一直到清季兴办学校以来，始有目标之可言。初等小学方面，略举古来圣主贤君重大美善之事迹，俾得中国文化所由来，以养成国民忠爱之本源；高等小学方面，则陈述黄帝、尧、舜以来历朝治乱兴衰之大略，俾知古今世界之变迁，以养成国民自强之志气、忠爱之性情；中学方面，则专举历代帝王及中国百年以内之大事，兼讲古今忠良贤臣之事迹，以及学术技艺之隆替、武备之弛张、政治之沿革、农工商业之进境、风俗之变迁等，注意发明事实之关系，辨文化之由来，使得省悟强弱兴亡之故，以振发国民之志气。（见《学堂章程》，《大清光绪新法令》第七类《教育》）民国以来，时势屡变，中小学的历史教学目标亦时有变更，专指中学方面而言，在二十一年教育部曾颁布高级中学历史教学目标，施行未及四年，本年五月又略加修改，是项规程其关

于发扬民族精神者,有下列之规定:

甲、关于初中方面者

(一)研求中国民族之演进,特别说明其历史上之光荣,及近代所受列强侵略之经过与其原因,以激发学生民族复兴之思想。

(二)叙述中国文化演进之概况,特别说明其对于世界文化之贡献,使学生明了吾先民伟大之事迹,以养成其高尚之志趣,与自强不息之精神。

(三)叙述各国历史之概况,说明其文化之特点,以培养学生世界的常识,并特别注意国际现势之由来,与吾国所处之地位,以唤醒学生在本国民族运动上责任的自觉。

乙、关于高中方面者

(一)叙述我国民族之拓展,与历代文化、政治、社会之变迁,以说明本国现状之由来,而阐发三民主义之历史的根据。

(二)注重近代外交失败之经过,及政治、经济诸问题之起源,以说明本国国民革命的背景,指示今后本国民族应有之努力。

(三)说明近世帝国主义的发展、民族运动之大势,与现代国际重要问题之由来,以研讨我国应付世界事变之方策,而促成国际上自由平等之实现。

(四)叙述各民族在世界文化上之贡献,及其学术思想演进之状况,应特别注重科学,对于现代文明之影响,以策进我国国民在文化上急起直追之努力。

我们看了这种教学目标以后,就可知道我国目前中学历史教学之目的,就是要指示学生以我国过去文化之光荣与现代世界科学之进步,与夫我民族衰弱之原因,而求得其如何复兴之道而已。我们必须本着这种目标,慎选教材,运用教法,使学生受了历史教科以后,民族观念和民族自信力,均为之增加,而达到总理所谓"把世界文化迎头赶上去,把中华民族根本救起来"的目的,那历史教学,才算成功。

四、中学历史教学的方法

历史教学法,各专家研究得很多,发表改进意见者,亦复不少,可是做起来却很难。记得早前《独立评论》里有位吴先生写了一篇《中学历史教育》，说现在高中学生的历史程度，坏得出乎一般人想象之外，遂归罪历史教师教授之不合理和不负责任。最近雷海宗先生又写了一篇对于大学历史课程的一点意见（见《独立评论》二二四号）劈头第一段就说：

> 近年来时常得机会与各大学比较熟识的历史学系毕业生谈话，他们都表示，回想已往四年的工作，觉得对史学的园地，并没有得到一个清楚的认识。他们都很客气，不肯把责任归到各位教授身上，总是说他们自己未曾用心读书。但事后自省，我们这些教历史的人，实在不能摆脱责任，并且大半的责任，在我们方面，学生当负的责任甚少。

所以我们教历史的人，所负的责任委实太大，我们不能说"为教历史而教历史"，我们除了要有历史的素养以外，并要有高尚之目的和特殊的使命。我们不但要使青年们知道过去的光荣，负起承前启后的责任，并且要认识自己是古往今来的承继者。因此，我觉得中学历史教师，最低限度，应注意下面几种教学方法：

第一，选择教材。在未选教材之先，对于历史的本身，应该有清楚的认识，世界各国之上古史，大都是过去的传说和后人的理想，而不完全是事实，我们应该利用考古学家的成绩，来辨别它的真伪，万一有不确实者，情愿作疑案看待。又若从前的历史，简直是帝王的家谱，而忽略了民族的历史，所以我们对于历史教材，除参照教科用书外，最紧要的，就是一切补充教材，要以民族精神为中心思想，一个民族假如忘记了它的精神，即使它能存在，也是不健全的民族，又有什么作用呢？

第二，教态活泼。中学教师，与其说靠脑吃饭，不如说靠嘴吃饭，学问之根底固然要紧，若是专有学问，而不长于讲解，任凭你博极群书，也决不会受学生之欢迎。历史科需要口讲指画，手舞足踏，比其他各科，尤为厉害，所以教历史的人，若需使学生在课室内，有兴趣的听讲，必定要议论风生，口若悬河，才可。

第三，抄写笔记。青年学生的注意力，极不易持久，继续数小时之内，若要自始至终，目不旁观，耳不外听，聚精会神，听教师讲解，恐怕一班中难得半数。况在特种环境之下，如下午第三时，或暮春下午的天气，极易困人，没有不打瞌睡的。所以做教师的人，要想课堂内秩序优良，学生注意力集中，只有多写笔记。不过这里所说的写笔记，是教师将大纲写在黑板上，至于详细内容，应由学生自己笔记，如此教师与学生，才都有益处。

第四，以身作则。教历史的人，为什么要以身作则？这是因为历史一科，是有"奖善惩恶"的作用、"观今鉴古"的规律。青年人的心理，极易模仿，假设对于心所悦服的人，就常常会模仿其行动与思想。尝见许多学校里，专管训育的先生们，虽有进退学生的权力，而学生却不愿受其干涉，纵使不敢明目张胆的反对，也是心里不悦服的。反之不兼任何职务的一二先生，若其平日已取得学生信仰，倒有左右学生的潜势力。教历史的先生们，是有移风易俗的责任，对于这点，更应特别注意。

五、结　　语

以上所述，不过是历史教师，对于教学上普通应该注意的地方。此外对于学生的课外指导，以及历史功课的分配和组织——在在都应力谋改进。尤其是在目前这种国难期间，对于教材之选择，亦应偏重国难环境，以求适合于"此时""此地"的需要，至于养成青年对于领袖的崇拜和民族的自信力，更为中学历史教学上所首先应该注意者。

（原文刊于《江西教育》1936 年第 23 期）

小学历史教育之改进

李季谷

一、历史教育与民族复兴

十九世纪德意志帝国之勃兴与统一,德国国民常归功于新历史家兰盖氏(Leopold von Ranke,1795—1886)所著之《罗马及日耳曼民族史》(*Geschichte der Romanischen und Germanischen Völker*,一八二四年出版)。日本明治维新运动之成功,亦多归功于德川光圀①等所著之《大日本史》。的确,历史可昭示国民以许多爱国家、救民族的英雄伟人的大事业——那些宏猷大计,是如何地激发青年或儿童对国家、对民族之努力及奋发。历史可昭示国民以个人与民族群体之利害关系,如何地使青年或儿童觉悟个人之不能孤立、不能自私,个人之应为民族群体服务,应为民族群体牺牲!历史中的许多嘉言懿行,不但增长青年及儿童之智识,而且亦如何鼓励着青年及儿童之前进!历史中的许多人事及文化现象,如何地帮助青年及儿童明白自己的环境,了解目前的状况!历史中许多争斗演变及困难克服,又如何地使青年及儿童增加自己的责任感及自己应该努力的新方向!

我国自"九一八"事变以后,国难日急,国危益甚,汉奸日多,外患益烈。于是知识阶级中,有提倡"民族主义"者,有高呼"民族复兴"者,各省文化机关有编纂乡贤传者,各地人士有标榜过去卫国济民之志士先烈以示模楷者。此种工作,分头发展进行,其有补于民族复兴与运动,自不待言。但鄙见所及,以为改造小学历史教育,实为民族复兴运动之

---

① 圀,日本之国字,与我国之"国"字同。

基本工作；小学历史教科书，实为民族复兴运动之基本酵素，以其有潜伏的普遍力量故也。

二、历史课程之独立——反对史地公民之混合

新近有许多教育家都主张把历史、地理、公民三课程并为一课，称作"社会"。他们所以如此主张者，约有下列三个原因：(1)儿童脑力有限，功课不宜过于繁复，故并三者而混合之，使之简单化；(2)一切均属知识，教育者灌输教导被教育者，其目的亦只属一切知识之传授，三者相互关联，不宜过事分裂，多列名目，合并以后，且有相互说明之便；(3)儿童头脑中也本无"历史""地理"及"公民"等名称之分，三者合授，或更有趣味。

但我对于此种办法及主义，俱不能赞成，而且深切希望教育家再作精密而虚心之讨论。我终深深觉得混合教科书及混合教法，益使儿童感到困难与麻烦，益使儿童感到繁复和杂乱，而且有使儿童厌恶这一门功课之危险！

儿童爱好历史，本属天性；每个儿童都喜欢听故事，便是儿童爱好历史的证据。而且他们深深地想明白一段事实之前因后果。当我们对儿童讲历史或故事时，他们常常这样问："以前是如何的？""后来怎样呢？"他们想晓得事情之全体，而且想明白得的的确确。所以你讲完一课历史教材时，他们必定热情地期待以后的演变，普通小说中的每回终束时，终要来一句"且听下回分解"，也便是利用这点心理作用。

现在的混合教科书中，你讲完一课历史，偏偏接上一课地理，虽然也有一点关系，决不会凭空起的，然究竟是两样味道、两个系统，这简直会使儿童莫名其妙。

我并不反对减少教材，也不反对教育者应该注意儿童负担力。减少尽可减少，混合大可不必；勉强地混合，尤其可恶，几乎有与儿童故意为难之嫌了。我是主张不妨今年教地理，明年教历史，后年再来教公民。勉强混合起来，三管齐下，简直使儿童无法接受。尤其在历史教课

方面,把因果关系都割裂得不相联属,把儿童本有的联想与期待心都被牺牲而去,此无论在教育兴趣之立场上说,在课程性质之单纯化之立脚点说,史、地、公民三项之勉强合并,不是合理的。

如果你不相信,我来举个例子吧:

高级小学用的社会课本中,傅彬然先生编辑的《开明社会课本》,要算最好的了。傅彬然先生是小学教育专家,我与他是二十多年的老朋友,我是最佩服他而且最喜欢读他的著作。但是因为用了混合式的编法,这课本中也不免许多割裂的地方。例如:

第一册(《开明社会课本》高级小学生用)

一三　两晋南北朝

〔八王之乱〕结束三国鼎立的局面的是晋武帝(司马炎)他定都洛阳,建立晋朝。晋初……

〔五胡乱华和晋朝东迁〕汉武帝为对付匈奴起见,曾收服许多异族人使他们住在北方边境上。后代君王……

〔南北朝〕民元前一四九二年,东晋受权臣刘裕的逼迫,让位给刘氏,建国号为宋;……

〔五胡乱华与长江流域的繁荣〕我国先民最初活动的地域是黄河流域,由那里逐渐向南方发展。长江流域,当春秋时有楚国……称霸,已逐渐开发,经三国时吴的建国,更为发达。五胡乱华以后,北方既作了各异族的竞争场所,长江流域便成为汉族退守的地方。当时北方汉族人士迁移到南方去住的很多,从此,长江流域更一天天繁荣起来了。

一四　长江流域

〔长江〕长江又称扬子江,全长五千七百多公里,是我国第一大川。从青海发源……

〔长江流域的物产〕长江流域……农产物以米、棉、丝、茶和麻等为大宗。米以洞庭湖、太湖和巢湖……为主产地。棉以……新工业……多集中在上海、汉口、无锡、南通各大都市。

一五　长江流域的都市名胜(一)

〔南京〕……

〔上海〕……自"一·二八"事变,受日本帝国主义的大炮、飞机猛烈轰炸后,竟成一片焦土;吴淞炮台也尽被毁坏………..

一六　长江流域的都市名胜(二)

〔杭州和西湖〕……

〔武汉〕……

〔巴县和成都〕……

〔泸定和康定〕……

一七　隋唐

〔从隋到唐〕……

〔唐初的国势〕……

〔藏族接受中国文化〕……

〔唐朝的衰亡和五代的纷争〕……

上述五课的内容都写得非常得当,傅先生的文笔,尤清丽有趣,极适儿童的诵读与模作。但是第"十三"课《两晋南北朝》讲毕时,儿童们正想晓得南北朝以后的新局面,而书上却接着第"十四"之《长江流域》,讲长江的发源与物产,而且讲到新工业集中于上海、汉口等处的最近四五十年来的动向;第"十五""十六"二课《长江流域的都市名胜》中,还讲到上海当"一·二八"事变时,被日本的大炮、飞机的轰炸,竟成了一片焦土;武昌是辛亥起义的国庆纪念地,汉口的俄、德、英三国租界,已收回的事情。到了第"十七"课,又突然回来讲隋唐的史实。如此跳跃式的、错杂的讲法,抹煞了事实的原因、结果,使儿童对于史实的时间观念,弄得糊里糊涂;使儿童简直无法安排或明白上海"一·二八"与隋唐时间,究竟孰迟孰早？当然,这在成人们看起来是很简单的,在我们读过几本历史的人看起来,是绝无弄不清楚的困难。然而这是供给儿童读的书,儿童对于如此错杂、如此先后颠倒的东西,确乎有愈读愈糊涂的危险！

三、时间观念的注意

地理是横面的问题,也就是空间的问题;历史是纵列的问题,也就是时间的问题。如果历史的课程已经讲完了,你问他:周公与诸葛亮孰早?班超与岳飞孰早?他回答一个"不晓得",那就算教授失败,那就算历史教育失败!

近半年来,我每次遇到小学生,终要试问他们一下:你晓得唐朝早呢,还是汉朝早?明朝早呢,还是宋朝早?所得的结果,不是说"不晓得",便是瞎猜一回。没有一个把朝代的前后弄得清楚的,此实为历史教育上的一个严重问题!小学历史教育上所不可不注意的一个重要问题!

所以我主张——

第一,历史教材的排列,不应前后错出,必须一代一代地顺次下去,使儿童极易明白史实的因果关系及先后次序。此在前节已举例说明,可不赘谈。

第二,历史教科书的第一课,就该把列朝名称加以叙述,并作表系,以明眉目。例如说:

我国为世界古国之一,历史很长,传说中的三皇五帝时代以后,经过凡十四朝,就是:唐、虞、夏、商、周、秦、汉、晋、隋、唐、宋、元、明、清。清亡以后,即现在的中华民国。周室东迁以后,中央政府权力日趋衰弱,各国诸侯拥兵自强,相互争夺,计从公元前七二二年至四八一年,称为春秋时代。各国争夺兼并的结果,后来只剩来了齐、楚、燕、韩、赵、魏、秦的七国,这又称作战国时代(公元前四八一——二二一)。汉末晋兴之间,曾有魏、蜀、吴三国鼎立的局面,这就是称作三国时代。晋朝统一不久,即天下大乱,又形成五胡十六国的局面。晋室东迁,偏安江南,历宋、齐、梁、陈,以至于隋,江北则历后魏、北齐、北周,此之谓南北朝。南朝合晋、宋、齐、梁、陈、隋六代,称为六朝。唐末宋前,有后梁、后唐、后晋、后汉、后周的五代,五代凡十三帝,五十三年。宋室偏安江南,北方有辽、金二国,后辽为金灭,蒙古又灭金,亡宋而兴元室。元后又经明、清二朝,以至于中华民国。

附历代表:

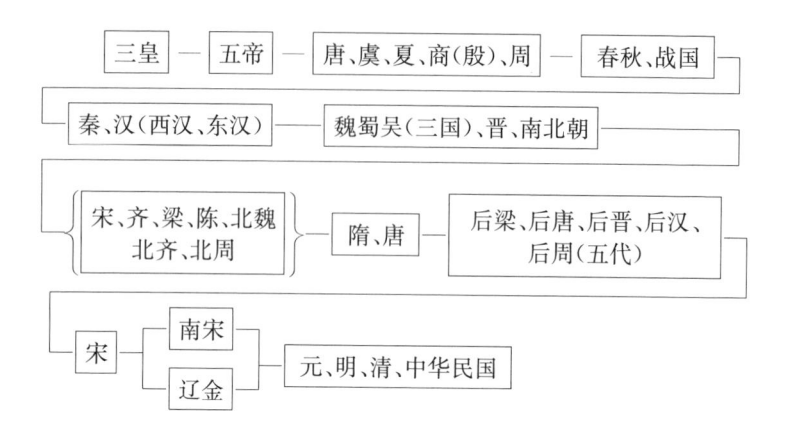

```
三皇 — 五帝 — 唐、虞、夏、商(殷)、周 — 春秋、战国
秦、汉(西汉、东汉) — 魏蜀吴(三国)、晋、南北朝
宋、齐、梁、陈、北魏、北齐、北周 — 隋、唐 — 后梁、后唐、后晋、后汉、后周(五代)
宋 ┬ 南宋
   └ 辽金 — 元、明、清、中华民国
```

我想,历史教科书,首冠以这样一课,对于时间观念一端,一定是很有力量。后来讲到什么朝代的什么人,他们就会明白,这是比什么人早或迟。

或许有人会觉得这样一课的朝代名称,太无兴趣了。但是我觉得太讲兴趣,流弊是很多的。有许多干燥的名词,不能不使儿童强记。因为要讲兴趣,勉强避去那些必要的名词,使教材中失去来了骨干,这不免近于因噎废食了。而且我觉得有许多名词,正因利用儿童的记忆力,使之强记,才能收事半功倍之效。关于记忆一端,儿童并不觉得困难,不会像我们所想象的那样繁重。如像"人、刀、山、弓……"一类不相连续的单字,我们并不要求儿童去背诵,然而儿童自己却很顺口的能背诵了!有许多还未上学的小孩,只听到他的哥哥或姊姊的诵读,他也就能朗朗背诵了。所以不宜避省的教材,即使稍微干燥一点,也不必完全避去的。

所以我主张:(一)历史教材中,历史教学法中,不可把时间观念一笔抹煞!(二)历史教科书首宜冠以叙述列朝名称之一课,使儿童明白各朝代之前后关系,及各朝代与现在相距远近之概略。(三)宜使儿童能背诵此课。

四、标题之商榷

教科书内每课的标题及小节目,究竟应用怎样的文句,也是一个比较重要的问题。我是主张标题至少须注意下列三个条件：（一）能揭出要义，使儿童一望而知其中含义；（二）文字简当；（三）能应用原有"历史术语"，使儿（按：此处脱一"童"字）多得些历史上必须的常识及基本名词。

所以写东周历史的标题，与其用"从一千八百国到七国"（世界书局社会课本用此，朱翊新、宋子俊编）不如老老实实用"春秋及战国"来得简明。商务印书馆出版徐映川君所编的《复兴历史教科书》里，把自尧、舜到战国时代，止用了"古代的社会变革"，我觉得这样一个标题，未免太宽泛了些。这么长的一段史实，包括在一课中写完，也似乎太简单些。

总之，新近有许多中小学用的历史教本，都采取了很新式的标题，我觉得都有斟酌之必要。在中学教本或者还有若干的理由，不妨采用一部分，至于小学教本中，实在不宜采用的。例如：写"春秋时代及战国七雄"的史实，加上一个"中国古代封建制度的发展"的标题，就不算很合式。因为儿童最怕悬空不着边际的概念的名词；而且"封建制度"这术语，本来就很难解释及说明的，小学生一看这题目，就会怕难起来。

又例如写春秋时代的思想，如用"中国高等文化的产生"（世界书局《社会课本》）为标题，毋宁用"孔、老、墨"（中华书局《小学历史课本》）或"孔子和孟子""老子和庄子""墨子和其余的人"（开明历史课本，金井秋编）来得一目了然。

此外，例如我们写万里长城时，就该老实就写上"秦始皇造长城"的标题，用不着另行造作一新句，如商务的《复兴历史教科书》中，称作"国防上的伟大建筑"。我们要写张骞、班超，就该明白提出"张骞及班超"使儿童得一明确概念，可不必立异作题，如"立功异域的冒险家"或"汉朝的两个冒险家"。张骞、班超的冒险精神，当然可在课文中叙述，标题终以简当易记为原则。

新近各书肆出版的小学历史教科书，我大概都略涉了一下。对于各书的编辑者的革新精神，我都谨致十二分的敬意；选材的精当，文字的简练，都使我异常佩服。但是对于书内的课标题，我觉得过于趋新，会有流弊，反使儿童不易得到明白概念。就鄙见所及，标题之最合适者当推中华姚绍华编的《小学历史课本》。例如他的第一册目次：……"禹治洪水""商汤革命""武王与周公""骊山烽火""齐桓、晋文""孔、老、墨""苏秦、张仪""秦始皇"……；第二册目次：……"五胡乱华""淝水之战"……"隋炀开运河"……"澶渊之盟""岳飞""宋代的理学"……"喇嘛教""意大利人马哥孛罗之东来""明太祖"等，都很简单明白、一目了然，绝无拖泥带水、弄巧成拙之弊！

五、教材的选择及繁简问题

德国历史学家班海穆氏（E.Berhrim）说："历史学是以研究并叙述人类在空间及时间之进展的事实为职志，而这些事实为心与物双方的共同行动，且须依当时的共同价值，以推定其间的因果关系。"关于历史学的定义问题，本文无暇讨论，但我们于上述定义中，可知历史取材之范围，实至广大。梁启超在《中国历史研究法》里说："史者何？记述人类社会赓续活动之体相，校其总成绩，求得其因果关系，以为现代一般人活动之资鉴者也。"所说殆与班海穆氏大同小异。故选择史料实为写历史者重大问题之一。

编辑中小学历史教科书，与著述一般历史或研究历史上之某一问题，其意义不同。盖研究及著述历史颇希望在新的直接史料中获得某种新结果；至于编辑教科书不过运用已成熟的史料而已。惟史料至多且至复杂，何者须删，何者须用，何者只须约略一提即可？何者须详述，何者为一不可忽略之事？编辑历史者宜于此处着眼。

就我所看过的几种小学历史教科书——商务版的《复兴历史教科书》、中华版的《小学历史课本》、世界版的《社会课本历史编》、开明版的《开明社会课本》及《开明历史课本》——有二种共同的毛病，一是把西洋历史教材采取得太多，二是日本历史教材又似嫌太少。第一项的毛病尤为显著，西洋在"文艺复兴"（Renaissance）运动以前，与东方关系至少，在有限的小学历史教材中，实无暇把希腊、罗马及"中世纪"的历史详为叙述，只要把那时期的轮廓及几件要事简单提及，就算毕其能事。不必将巴比伦人、埃及人、腓尼基人、"黑暗时代"、"十字军"、"基督教"等等，来分别地噜苏叙述。上述的几种教本中，比较起来，以中华版的《小学历史课本》的分量最为适当，商务次之，世界及开明的三种教本，都嫌取材太多，即宜减削。至于第二项的毛病大都相差不多，大家都藐视日本文化，不愿注意日本史实，故中国人大多不能认识日本及日本人，吾深愿小学教育界同志能深切注意此点。

上述二种通病外，尚有一点须特别一谈，即我们应注意何种史料。是中小学历史教材，须注重民族精神，此为近二三年来智识阶级所异口同声的主张。但大多数的人，只知注意那些最后抗斗以至于为国捐躯、与城共殉之忠臣烈士，而不注意培养民力，胸怀远谋宏猷、埋种革命种子于将来之宿儒大师。前一种人是威武不能屈、富贵不能淫的忠烈之士，他们能舍身取义，他们能杀身成仁，他们能明白"死或重于泰山，或轻于鸿毛"的真义。这不但使我们佩服，使我们景仰，使我们赞叹，而且能使懦夫立，弱者起，而且能使弃地而逃之守将汗颜至于无地可容。当然我们应该表彰的。但那时我觉得第二种人实际上更为重要，他们的思想及主张，对于民族复兴的精神，更为有效，更为伟大！文天祥、史可法之忠烈，固然可歌可泣，可以万古流芳；但是顾炎武、黄宗羲、王夫之等之思想与精神，更能使我们奋发有为，更能使我们感泣不已。

此外，如王莽、王安石等之热心改革社会者，宜加以表彰，事虽未成，其理想与计划，实令人佩服。我国文人相轻，自古而然。自己无思想无善政，其不自馁，尚可原谅，见他人有一善策善政，必起而反对之破坏之，此种人最为可恶、最为无耻！王莽、王安石等之新政策之失败，其原因即在于此。历史上对于此种善恶，宜有正确之批评与暗示，中小学时代能对此种问题、此种人物等，以明白之解剖，当有大裨于民族复兴运动之前途。

总之，我对于中小学历史材料的选择及繁简问题，有下列五个注意点：

1. 西洋史料无须太详，尤其文艺复兴运动前，不宜太事噜苏，以分学生之注意力。此非外视西洋史实，以中小学生的历史智识，终应以本国史为基调。

2.日本史料不宜太忽,以中日历史关系、地理关系俱最密切,此后中日关系及邦交将益复杂,有使国人更注意、更认识日本之必要。

3.注意忠臣烈士的事迹,以提倡民族精神。

4.注意名儒处士的思想、主张及其传布的功绩,以暗示大众的救亡工作!

5.注意有改造社会思想、运用远大计划的名臣伟人,以促社会之进展。

6.应注意与文化有关之发明与建设。

六、中西史混合及时间记用法问题

历史应以世界全体为对象,应自个别的研究以达到综合及统一。——这是德国康德(Kant)所极端主张的法则。他以为自然科学史整理自然界之一切,历史科学是探求历史世界的全体。易言之,康德氏的历史哲学的意义是在综合地考察文化发展之过程。

但是我该替他郑重地申明一句,康德氏所注意者是历史的关联性。无论何事不会突然而起,也不会突然而止,都有相互关系。所以如果无关系而勉强拉在一块,绝非康德氏的原意,这点,我们不能不特别注意。

因此我觉得:我们把西洋的上古、中古史勉强与中国史拉在一起,而它们的关联性却一点也看不出,说不出;这样的历史,不是我们所需要的。老实说一句,我是反对把东西洋史生硬地拉在一块。

其次,我要提出来讨论的是历史上的纪年方法。照现在新出的几种历史教科书,归纳起来,有下列二种方法:

1.用民国纪元为标准。《开明社会课本》就用这个方法。例如第一册第八课中的一节:姬发(周武王)继父亲昌(文王)之后,势力很强大,便联合诸侯打倒商纣,建立周朝,定都在今陕西东南部(镐)地方,这是民元前三〇三三年的事。又如第十一课中第二节的末句:民元前二一三二年,秦王政就统一中国。

2.用公元为标准。《开明历史课本》就用这个方法了。商务《复兴历史教科书》及中华《小学历史课本》也都用公元,我觉这是对的。如此使用儿童对于时间观念更明白、更准确、更简单。

总之,我是赞成以"公元"来统一时间的。中国重要史实下注以"公元"几年,极为适当。《开明社会课本》大都是用民国纪元为标准,到了最后几课,却又用公元,如此两种标准参用,益使儿童不易记忆,宜即改正。

七、文辞的简洁

此外还有一件事,也该提出来谈谈了。这就是叙述历史的文辞须明白简洁。

同一件事情,由二人来叙述,一人只用极明白显现的几句话,把要讲的事都不遗漏地讲了,另一人写了一大堆,依旧囫囵吞枣,真正该讲的话,依旧没有讲到。别人读了,也依然得不到一个明确的概念。这是常有的事!现在在一般小学教科书的文字,都有"欠简洁"的毛病,历史教科书,当然不在例外,但是我不想在这里举例。

写历史,本来是一件难事。选择材料,安排次序,阐明关系,提出要点,都有了,都做到了,到末了,如果所叙述的文字滞重、干燥无味、生硬、深奥,使读者不感到有趣、轻盈、愉快,那便是失败。

八、简评商务、中华、开明、世界各小学历史课本

现在以最忠实的态度,就鄙见所及,对上述例举过的几种小学历史课本作一次客观的综合批评,希望将来能改善。而且,我应该先郑重申明一句,我的批评,一点也没有责备的意思,一来因为编者如宋子俊、傅彬然二先生都是我向来所敬服的老友,决不敢加以责备。二来写好就成完本,原非易事。但是有缺点,便须改善,改善是必要的。为人所敬服编者,也宜虚心接受别人的批评。我深信宋、傅二老友一定可以原谅我的,同时我也深深地希望徐映川、金井秋、姚绍华三先生也都能原谅我的憨愚与诚意。

第一,《复兴历史教科书》,徐映川编,商务印书馆出版。

第一册：

(1) 第八、第九两课，可并为一课，即尧、舜禅让与夏禹治水，连续讲解，其势极顺；且应移至第四课以上去。因第四课一直讲到春秋战国及秦并各国，如此前后颠倒，会使无时间观念的儿童越发莫名其妙。

(2) 第十一课，从部落到国家，应紧接第一课"新发见的石器"下讲授。

(3) 第七课，标题为"立功异域的冒险家"，我觉得不如直截了当用"张骞及班超"来的妥当。儿童的心理很不愿用抽象的句子或题目。

(4) 讲周初时期，没有提到文王与周公，亦不妥当，文王与周公之重要性远在武王之上。

第二册：

(1) 讲到宋朝时，连王安石都没有提到，不免有失检之嫌，因王安石是一个了不得的社会改造家，他的计划，虽未实现，然而读历史、写历史的人都不该放弃。

(2) 第十三课"太平天国的兴亡"，何以放在中日战争及八国联军之后；我深深觉得编者对于史料的排列太忽略了。几乎会令人怀疑编者有意和小学生为难了。

第三册：

(1) 一、二、三、四的四课西洋史料，繁简很得宜。

(2) 第五课"孔、老、墨三家的学说和影响"，我认为应在春秋时代插入讲授。

(3) 六、七两课，"汉以后的尊儒"及"佛教的传入和道教的创始"，都以在讲汉朝史时插入讲授为宜。

(4) 第八"宋代的理学"亦以讲宋朝史时讲授为妥。

(5) 讲西洋中古史时，突然跳出三课"中国的思想潮流"，我以为太勉强。如此混合，殊属错误。

(6) 第十四课以后的西洋史料，略嫌过详，宜加节删。

第四册：

(1) 日本史料欠详，日本与我国自汉以后，即有交通。至唐而益盛，宋、元、明以降，无一代无繁复的关系，今仅以第五课"日本的自强"

一题了之，总嫌忽略。

（2）第六课后取材俱宜，能诱起儿童的爱国心，甚佳。

第二，《小学历史课本》，姚绍华编，中华书局出版。

这小学历史课本，我想可以不必分册批评，就大体讲，我是比较最满意的。第一，我觉得它的标题都很好，不噜苏，也不勉强凑时髦，老老实实写来，能使儿童得到很明确的观念。譬如写周初的武王与周公，他老实说武王与周公，不肯学时下滥调来一个：周朝初年的两个伟人。讲齐桓公、晋文公，便老实说：齐桓、晋文，不肯装腔作势叫做：我国封建初期的领袖。后面的五胡乱华、淝水之役、澶渊之盟等标题，都很恰当，都是应使儿童晓得而且牢记的。第二，取材好，如明末三先生的革命思想、郑成功的反清运动……这一类有关民族精神的事迹，都能特别提醒，特别注意！第三，西洋史的分量亦好，他是从英国大宪章运动时开始讲到的。关于希腊、罗马的史实，一句也不提，自然也不很妥当，但是讲得太多，实在不应该。依我的意思，自埃及、巴比伦、希伯来、希腊、罗马以至中世纪，不能占到二课以上的。

第三，《开明社会课本》，傅彬然编，开明书店出版。

"社会"这一课程是包括历史、地理及公民三种教材的混合本，这本来就不好编，而且我是认为不合理的。傅彬然先生把这三种材料混合起来的苦心，我是很佩服的，而且他对于文字十分注意，也值得大家尊敬。然而其中有一个最大的毛病，就是他对于材料的次序安排太不注意了，或者傅先生也注意过，然而这样排法，究竟是不妥当的，这种跳跃式的安排法，会使儿童对于时间观念愈弄愈模糊，或者竟对于历史这一门功课发生不好的反应。儿童读历史对于时间观念，不能了如指掌，那就不能不算失败！现在来举几个例子吧！例如：

（1）第一册之"九"，已讲秦朝以前的燕、赵、秦诸国了，何以到"十一"，又讲纪"西周和春秋战国"来？我觉得"八"唐、虞、夏、商、周以后，即可接"十一"西周和春秋战国一课的，关于长城的一段，也便可于此插入。

（2）十三五胡乱华后，即接着十四之长江物产，十五之"一·二八事件"，再拉到杭州与西湖。这样跳跃式的讲法，把时间系统打得粉碎了，把事实的原因、结果的关系，也一概抹煞了，这就历史方法的立场讲,是绝对不可以的,就小学教学方法的立场讲,也不是经济而且不应该的。

(3) 第二册,"九"及"十","甲午之战"及从"五九"到"九一八"应该与"五四运动"与"五卅运动"连讲的。

(4) 第三册"十五",孔子与儒家应在第一册十一下接讲,讲了徐光启以后,再来讲孔子,是极不妥当的。

(5) 第四册"二、鸦片战争"起直至"十二、收回租界和废除不平等条约运动"各课应接第一册"二十一、满清全盛时代"以后。

根本社会课本混合教材是一件难事,而且是不合理的。但是勉强要适应这个标准,好好地安排一下,也可避去若干缺点的。我深切地希望我的老友傅彬然兄能重为安排一下,否则此书简直不能用的。

第四,《开明历史课本》,金井秋编,开明版。

这本课本就大体言,内容兴趣很多,取材亦颇合理,惟文字有须修饰处。此外所有者,也多是小毛病,例如:

(1) "七、从治水到均田"一课中,连文王与周公都不提及一字,不妥。

(2) "八、当时各民族的斗争",这样一个抽象的标题,本来就不很适宜的,"当时"二字太混沌,更不妥当。该确定说明自何时起到何时止。

(3) 同课述到"春秋"一段,不该连齐桓、晋文的几个重要人物一语不提。

(4) 一一及一二讲埃及和巴比伦、腓尼基,大可并为一课。

(5) "十六、秦始皇与汉武帝"一课,把张骞与班超轻描淡写地过去,亦觉不妥,宜为另立一课。

(6) 第二册,"一、黄祸的由来"一课,取材太复杂不是儿童所能了解的。如西峨特人赶向罗马,汪达人南侵西班牙,盎格鲁撒克逊人占领不列颠等,这些都太使儿童为难,宜减削其繁冗难记者。

(7) "一四、五子",这标题太暧昧,而且也欠提早讲。把孔子的思想来迁就朱陆,并到宋亡以后来讲,究属不妥。

(8) "十五、王安石"一课,特别另立,极宜。因王安石确属一有改造社会思想及魄力之人,我们应该特别提醒的。虽其所见,结果并不甚佳,但王安石的思想,却值得颂扬的。

(9) 第三册,"一五、明末三先生",特别提出,极有见地。

(10) 第四册,排列与取材俱当。

本文就此结束,鄙见所及,未必全是,尚望我研究历史诸同志,多多予以指正,倘能抛砖引玉,极所企望!

(原文刊于《教与学》第 2 卷第 5 期,1936 年)

中小学本国史教授的目标

郑鹤声

诸位听众,今天要讲的题目是《中小学本国史教授的目标》。我国古来对于历史一项,向来认为独立的学科,因为我国学者,向以穷经为一切学问主体,古史的材料,多不离乎经籍,读史不过作为穷经的注脚罢了。自从清朝末年,模仿东西各国的学制,才把历史一门,独立起来。清光绪二十九年清政府颁行重订学堂章程,自大学以至小学,皆设立历史一学科。其教授本国史的目标,在初等小学堂,大抵在略举古来圣主贤君重大美善的事迹,使知本国文化的由来和本朝君主的德政,以养成国民忠爱的本源;并主张先讲乡土历史,采取本境内乡贤、名宦、流寓诸名人中,能令敬仰叹慕增长志气的事迹,加以解说,以激动其希贤慕圣的心理。在高等小学方面,在陈述黄帝、尧、舜以来历朝治乱兴衰的大略,使知古今世界的变迁;尤注重于本朝的政治,使知本朝君主德泽的深厚,以养成国民自强的志气、忠爱的性情。在中学校方面,主张先授本国史,专举历代帝王的大事,陈述本朝君主的善政德泽和本国百年以内的大事,次讲古今忠良贤哲的事迹以及学术技艺的隆替、武术的弛张、政治的沿革、农工商事的进境、风俗的变迁等,凡教历史者,注意在发明实事的关系,辨明文化的由来,使得省悟强弱兴亡的道理,以振发国民的志气。

自政体改革以来,情势颇有不同。民国五年,政府规定高等小学方面主张略授黄帝开国的功绩、历代伟人的言行、亚东文化治体的渊源和近百年来中外的关系,其要旨在使儿童知道国体的大要,兼养成国民的志操。中学方面,授以历代政治、文化递演的现象和其重要事迹。其要在使学生知道历史上重要事迹,明于人群的进化、社会的变迁、邦国的盛衰,尤宜注意于政治的因革和国家建立的本源。

自国民革命以后,情势又有不同,二十一年国民政府颁布中小学课程标准小学方面,将历史包括社会科中,使儿童在环境所接触和想象所能及的古今人生活、古今文物制度、古今历史大事、纪念日、国耻史、民族运动史、时事等,探讨、比较、记载、发表等,使儿童了解国家民族的历史演进,培养儿童爱护国家、努力自卫的精神。初中方面教授目标约有下列三点:①在研求本国历史的演进,特别说明其历史上的光荣,及近代所受列强侵略的经过与原因,以激发学生民族复兴的思想,且培养其自信自觉、发扬光大的精神;②叙述本国文化演进的概况,特别说明其对于世界文化的贡献,使学生明了吾先民伟大的事迹,以养成高尚的志趣与自强不息的精神;③叙述各时代文化的变迁,应特别说明现代政治制度及经济状况的由来,以确立学生对于民权主义、民生主义的信念。高中方面,除续初中所规定的目标以外,特别注意下列各点:①叙述我国民族的拓展与历史、文化、政治、社会的变迁,以说明本国现状的由来,而阐发三民主义之历史的根据;②注重近代外交失败的经过,及政治、经济诸问题的起源,以说明本国国民革命的背景,指示今后本国民族应有的努力;③过去的政治、经济诸问题,其有影响于现代社会者,应特别注意,使学生得由历史事实的启示,以研讨现代问题,并培养其观察判断的能力。

根据上述各项历史教育的目标,我们对于中小学本国史教授的目标,应该注意于下列各点:

① 应该发扬民族的精神国家的建立,应该注意民族主义的推行,我们要提倡民族主义,必以讲述历史事实为其原动力。自从十八世纪以来,普鲁士为欲建立一个统一的国家,于是有普鲁士学派史学的发生,这派史学的宗旨,就在发扬普鲁士的民族精神,当时史家如特罗生的《普鲁士政治史》、齐勒尔的《德意志国会的基础》等书,他的内容,都是发扬普鲁士民族的精神。特赉切克的《十九世纪德意志史》,更张大日耳曼主义,并且倡导普鲁士当为日耳曼民族领袖的学说,德意志就赖以统一。同时意大利诸邦的志士,因企图国家的统一,史学界亦大显其民族

主义的色彩,史学家如勃尔波、雷勃拉里诸人,不但直接参预独立运动,洒其热血,并且成为史著,广为宣传,以促成意大利的独立建国运动。

总理尝说:"我们鉴于古今民族生活的道程,要救中国,想中国民族永远存在,必要提倡民族主义,如果再不留心提倡民族主义结合四万万人成一个坚固的民族,中国便有亡国灭种之忧,我们要挽救这种危亡,便要提倡民族主义,用民族精神来救国。"总理这段训示,说得十分透澈,年来教育当局,已经明白地实行民族主义的教育,而历史教育上所负的使命,最为重大,历史教育的目标虽有多端,而发扬其民族的精神,以激励其团结的情绪,坚定其自信的能力,藉以引起其爱护种族的观念,以为复兴民族的基础,诚为我国目下国难期间应有的努力,其努力的途径,在消极的方面,应该调和各族的情感;在积极方面,应该树立中心的文化。

我国民族,久经同化,本无所谓种界。自从清季以来,始有所谓汉、满、蒙、回、藏等的名词,民国成立,倡用五族的名称,嗣后历史教科书中,以五族并列,或加苗族为六族,或加韩族为七族,亦有加越族为八族者,并且分述其根据的地域和其个别的系统,虽其所包含的范围,广狭不同,流弊所及,形成对峙的现象,造成分裂的趋势。总理以为欲实行民族主义,当以美国为模范,国内各民族必须平等待遇,在平等待遇之先,须做一番调和的工作,便是放弃汉族的名称,另造一民族名称曰"中华民族"如是,我们可以建立一民族的国家,而其人亦皆为国家的民族。其实所谓汉、满、蒙、回、藏等名称,或为地方上的名词,或为宗教上的名词,而非民族的名词。既非民族的名词,自当一律禁用,代以现行行政区域的名称。例如所谓满族,可分别称为辽宁人、吉林人、黑龙江人;所谓藏族,可分别称为前藏人、后藏人;所谓回族,可分别称为新疆人、青海人;如所谓汉族的,分别称为浙江人、江苏人,没有差异。至于所谓各民族间事迹的叙述,亦当避免争斗的事实,注意于互相同化的趋向以明造成今日整个中华民族的经过,不可妄分地域,任植统系,民族感情,自可逐渐调和。

造成整个民族的基本条件,虽在调和民族的感情,但欲造成一种坚强的民族团体,必须树立其文化的中心。在昔各族的同化,纯系所谓汉族者的文明为其文化的中心，实际所谓汉族，已成为各族混合以后的一个总民族。总理以为我们既欲实行民族主义，当以汉人的文明，另造一五族混合的新民族，如惧满、蒙等怀疑及于并吞，则必出以平等的待遇。我们应该本此原则，以从事于历史教育的改进，即以三民主义为其文化创造的中心，历史教材注重各族先哲的事功言行，研究其文化的程度、生活的状况，以为互相融合改进的资料。

②应该养成国家的观念。国家的成立，除具备领土、人民、主权三种要素而外，还要有一种强固的政治组织，这种国家观念的养成，亦以历史教育为其主要的工具。欧洲各国在十九世纪的初年，已将历史教育作为提倡爱国精神的学科，注重于本国史的讲授，例如普鲁士大学家利特尔说："本国史在所有我们的学校里面，统应该讲授的。他（指本国史）在我们大学里面，亦应该有一个地位；爱国的人，应该常常提及他，我们的目的就是要养成一种亲爱同尊重现在制度的精神，不懂本国史的人，无论一件什么公务，我们不应该付托他。"同时史家格鲁充，亦有本国史应占第一个位置的论调。而可尔劳须编的普通学校德国史，先讲德国同拿破仑冲突的失败，再讲胜利，能将读者的精神大大的激励。这书自从一八一六年（嘉庆二十一年）出版以后，立刻大受欢迎，而且成为许多初等和高等历史教科书的模范。法国在拿破仑时，对于普通公民亦有一种历史的讲授，在一八零六年（嘉庆十一年）出版的钦定问答体教科书，列举基督教徒对于他们君主应尽的义务，而以保护国家为前提，并有"我们有没有特别的用心，使得我们格外忠于我们的皇帝拿破仑第一"的问题。爱国精神，事实上变为一个学校中讲授历史的主要目的，到了十九世纪中叶以后，这种精神的影响，格外显著，小学校历史课程的规定，差不多都是本国史。

日本在明治维新以前，幕府擅权，封建的制度尚未泯灭，于是德川光国著《大日本史》，主张尊王攘夷，忠君爱国，群相鼓吹，于是"倒幕论"普及全国。浅见纲斋因之著《靖献遗言》，备述中国古烈士之事迹，以鼓舞国民的爱国精神。山县大贰、顿山阳诸名流又从而响应之，因此倒幕空气，益为嚣张，幕府既倒，维新局面，赖以成功。日本史家向自称为吴太伯或徐福之后为荣，其后喜言国体，俱削而不书，文部省常令那珂通世等,编著日本历史,从新作东洋史,以提高国民自尊和自信的心理,所以日俄战后,即有"日本的强盛,由于日本历史助成"的论调。(未完)

(原文见《申报》上海版,1936年1月16日第11版)

　　(续)外国人常说中国人是一片散沙,中国人对于国家观念,本是一片散沙,本没有民族团体,但是除了民族团体以外,倒有很坚固的家族和宗族团体。总理以为中国国民和国家结构的关系,先有家族,再推到宗族,再然后才是国族,一级一级地放大,有条不紊,大小结构的关系,当中是很实在的,主张用宗族做单位,改良当中的组织,再联合成国族。但我们如何能完成这个联合的工作,达到"化家为国"的目的当然要有一个爱国的观念,但欲养成其爱国的观念,一方面须打破"不在其位,不谋其政"的恶习惯,而奉行顾亭林先生所谓"天下兴亡,匹夫有责"的遗训,一方面须发挥历史上光荣的伟绩,养成其自信的能力,以引起其国家可爱的情绪。我国自从黄帝开国以来,有久远的历史,有显著的文化。清朝末年以来,误信外人的谰言,认定我民族出自西方,固不免数典忘祖的笑柄,更有以黄帝、尧、舜为无其人,以夏禹为九鼎上之动物,是无异毁弃先民光荣的历史。现在为激引爱国观念起见,应该发扬我们祖先伟大的精神和基业,年来中央政府崇祀黄陵、周陵,就是这个意思。

　　爱国的举动,政府中人,固然应该负责,全国民众,也应该共同负责,一旦国家有危难的时候,有知识的人应该贡献意见,有钱的人,应该出钱,有力的人,应该出力,关于这类事实,求之国史,不一其例。好像春秋时候有一次齐国攻打鲁国,鲁人预备应战,鲁人曹刿就请见鲁公,他的乡人劝他这在位者自有谋画,勿必干预其事,曹刿不听,就请入见,贡献作战的计划和意见,果然大胜。又秦人将要袭攻郑国,已经到了郑国的境界,郑国政府中人还不知道,这时郑国的商人叫弦高在路上遇到,就伪托郑伯的命令,把自己所有的十二头牛,犒赏秦兵,并且派人告知政府,预为防备,秦将孟明知道计划失败,就此退兵。又汉朝时候,河南有个姓卜名式的实业家,他本以牧羊致富,这时汉武帝方欲攻伐匈奴,卜式上书愿出一半家财助政府努力边事,政府要他做官,他不愿要,问他输财的目的,他表示国家现在要打匈奴,贤者应该死节,有财的应该出钱,匈奴才可灭掉!我们看这几位先民爱国的热忱,就可晓得当时各国胜利的由来。我们讲授本国史,关于这类事实,应该尽量发挥。我们现在国家的情形,内忧外患,交迫而来,国家行政意见的纷歧,人民爱国思想的薄弱,在在可以亡国,我们应该怎样的挽救呢?历史上兴亡治乱的因果,昭然可见,我国应该加以详细的研究,以养成国民爱国的观念,这就是我们学术界和教育界对于爱护国家的一点责任。

③ 应该研究社会的真相。历史的讲授,固然要注重于民族国家的兴亡,同时还要明了社会的真相,以为改造推进的张本。因为整个的历史,除了少数的领袖以外,更寄托包含于多数常人之潜在的社会势力。所以讨论社会进化的痕迹和现今社会的问题,虽为社会学家研究的要点,但同时亦为历史家所重视。我国历史,向以朝代帝王将相等伟大人物为记载的中心,对于整个社会的变迁、整个文化的消长,都没有加以注意。其实不但我国如此,西洋从前史学家,亦有主张以伟人事迹代表整个历史的,例如加来尔说"历史为伟人的传记"一语,可以为这派史观的代表,他著《伟人与伟人崇拜》一书,分述关于神明、帝王、宗教家、教士、文学家、诗人等伟人,以为彼等惊心动魄的伟业,遗留世间,实为形成历史的大部,到了十八世纪中叶的时候,有个史学家叫福尔退尔的,才把一时代全部社会的生活,归纳于历史的范围,他所著《路易十四的世纪》一书内,关于风俗论一篇,将沙立曼以来到路易十三止,欧洲道德的、社会的、经济的、美术的和文学的生活描写出来,可谓产生真正文明史的第一部著作,以后欧西史家,注重社会史的人很多,便不胜枚举了。

我国自从欧西新史学的学说传入已来,对于社会史的研究,才有人加以注意。民国十一年中华教育改进社开会,梁任公先生曾提出"中学国史教本改造"一案。他以为现行教科书全属政治性质,其实政治史不能包括历史的全部,旧式政治史,专注重朝代兴亡及战争,并政治趋势的变迁亦不能说明。关于社会及文化事项,虽于每朝代之后,间有叙述,然太简略,且不联贯。因此缺点,学生受国史教育完了之后,于先民的作业,全不能得明确的印象,故对于祖国不能发生深厚的情爱。其次所授的史迹与现代生活隔离太远,致学生将学问与生活打成两橛。再次以数年绝少变化的政治现象，其中且充满着机诈黑暗，学生读之徒增长保守性或其他恶德，与民治主义的教育适相背驰。坐此诸因，令学生对于国史一科，不惟不能发生兴味，而且有厌恶的倾向。梁先生为欲矫正固有缺点，顺应时代的新要求起见，主张以文化史代政治史。同时何柏丞先生亦有"编辑或讲授历史，应以说明历代社会状况的进化，使学生明白现代状况之如何递嬗而来为标准"一个提案，他提案的理由是：历史的范围很广，材料很杂，若专为事实而研究事实，则汗牛充栋，着手很难，因为材料既杂，所以抉择不易。而在中小学中历史教授时间本很有限，若仅述大人与大事，则正如火山大洋不足以代表地理学，虎豹犀象不足以代表动物学。若用断章取义方法，则因主观不同的缘故，所编成或所讲的历史，必无显著的目的。为抉择材料便利起见，当编辑或讲授历史的时候，应有一定的标准。历史的目的，在于使学生明白现状之如何递嬗而来，否则历史的效用不著，为达此种目的起见，应注重社会状况的进化。这种提案，便是我国创造新史学的开端，不过这种以社会活动为主体的史著，到今还没有出世，可见这种企图是不很容易的。

关于研究社会的演化，自然有许多困难，何先生对于这个问题，已经有过详细的研究。他说，我们研究社会的历史，有两层特别困难的地方：一属材料问题，一属编比问题。就材料方面讲：第一就是社会史的材料非常缺乏，例如我们中国的二十四史，可算是一种汗牛充栋的著作了，但是其中关于一般社会方面的材料却是很少。第二，因为材料缺乏，所以我们研究一个社会历史的时候，往往容易犯了挂一漏万或以偏概全的错误。第三，根本上社会史的材料，大部分都是他人的记载，不是我们自己由观察得来，我们要利用他们，必先解决他们的真伪和伪误等种种问题。就编比方而讲：第一，研究的范围不容易确定，某一种社会的现象是否普及于社会的全部，还是仅及于一部分，我们要确定他的范围很困难。第二，现象的种类不容易分清，一种现象往往在表面上看起来好像政治，但是实际上却由于经济的动机，亦有在表面上显然属于宗教的，而实际上他的动机在于政治，所以究竟那一种社会现象是纯粹政治的现象，那一种现象是纯粹经济的现象，是不容易辨明。第三，因为各种现象的种类很难辨别，所以我们要在各种社会运动中研究他们的因果关系，就非常困难。政治运动的原因，不一定就在政治；经济运动的原因，也不一定就在经济中间。有许多交互错综的关系，决不是单在表面上可以看得出来的。何先生这番议论，的确是研究过社会史以后所发出的真话。我们承认社会部分历史的研究，比较任何部分历史，都感觉困难，尤其是要想研究中国的社会史，但我们应该想法打破这种困难。至于研究社会史的目的，自然是要明了社会文化的真相，因为现在一般国民，对于本国社会的情形，太不明白了，对于本位文化，殊多隔膜，要想改革社会，促进文化，没有根据，自从东西文化输入以后，胡乱摹仿，往往失了固有的面目，而蹈于纷乱的状态。我们研究本国的社会史，应该把社会的组织、社会的风俗、社会的经济等，加以详尽的讨论，至于我国固有文化，例如哲学伦理的系统、文艺小说的思潮，以及科学建筑的发明等，也要作一比较的研究，庶几对于我国社会文化，有一明确的了解。根据这些研究，加以改造和推进，自然能达发扬民族的或国家的精神，希望我们尽量的努力，逐渐完成罢。

综上三点，我们讲授中小学本国史的目标，无论对于社会、国家和民族，应该有个一贯的主张，就是要注重国民的训练。诚如傅孟真先生所说，借历史事实做榜样、启发爱国心、民族向上心、纪律性、民族不屈性、前进的启示、公德的要求、建国的榜样，借历史形容比借空话形容切实、动听得多。教育当局，曾经宣示中学教学的目的，在于养成健全国民，使成中华民族组织的中坚与骨干，而其内容乃为科学常识的充分培养、国民道德的严格训练，使凡受中学教育者，无论研究学术、服务社会，均有完整的基础，这历史的一课程，就是训练国民道德的工具。但于此有一宜注意之点，就是对于教材的编纂或讲授，应该注重于积极的勖勉，勿为消极的悲观；应该注重于有效的鼓励，勿为浅忿的刺激；应该注重于事实的真相，勿为盲目的宣传；应该注重于真理的研究，勿为虚妄的幻想；应该注重于实际的理论，勿为奢侈的欲望；务使学生具备正大光明的态度、坚卓不拔的精神，养成健全的国民。我们果能从历史教育上而激发学生爱社会、爱国家、爱民族的决心，因而推及各界人士，迎头赶上，挽救国难，那末中小学本国史的教育，才有成功的希望，完了。

(原文见《申报》上海版，1936年1月17日第8版)

中小学本国史教材的运用

郑鹤声

我国中小学历史课程标准,所规定的教材大纲,除小学部分自成单位不说外,其初、高中部分,叙述节目,皆以时代为纲,事实为纬,其节目分配,初中部分统计六十有三,高中部分统计一百十三,约为一与二之比,列如下表:

课　　程	绪论	上古史	中古史	近世史	现代史	综论或总结	共计
初中本国史		九	二四	一七	九	四(综论)	六三
高中本国史	四	十四	四七	二四	二二	三(结论)	一一三

其节目标题,大抵初中较为疏略,高中较为详密,但其详略的分量也有不同。例如上古史中讲到春秋战国的历史,初中部分仅表出"春秋与战国"和"春秋战国的学术思想"两个节目,高中部分就表出"春秋的霸业""战国的七雄""中原文化的广播与疆域的拓展""春秋战国的学术思想"和"春秋战国的政制改革"五个节目;中古史讲到秦朝的历史,初中部分表出"秦代的统一及其政策"和"秦汉的武功"一个半节目;近代史中讲到中西交通的历史,初中部分表出"中西交通的渐盛和西学的输入"一个节目,高中部分表出"明清之际""欧人的东略"和"基督教与西方科学的传入"三个节目;现代史中讲到清季革命运动的历史,初中部分表出综论"孙中山先生与革命运动"和"辛亥革命和中华民国的成立"二个节目,高中部分表出"革命思想的勃兴与孙中山先生""清季的革命运动"和"辛亥革命与中华民国的成立"三个节目;又如讲到综论或结论,初中部分表出综论,只有四个节目,高中部分为绪论、结论二部,共

有六个节目。以上高中教材和初中教材分配的详略,有的为三与一之比,有的为五与二之比,有的为三与二之比,有的为一点五与一之比,其详细分别的标准,是在该种事实本身上的重要与否和学生知识上的需要与否为定。

其余关于作业要项方面,还有一个重要的区别,就是初中方面,规定教者宜应用纲要,以驭繁博的史实,助学生了解,一面亦可指定教本中简明易晓的部份,令学生度作纲要(即将原文分若干节,每节依次分为小目)。使学生练习于史实提纲絜领了解大意的能力。高中方面,主张采用问题式的讨论,同时应当练习学生研究问题的能力,因为高中教学历史,已有初中三年的基础。更当注意培养自由学习的能力,教育当局曾经宣示历史功课的学习,初中仅取其常识,求能应用,高中则须深切学习,作为学问根本。

最近傅孟真先生批评:"这种课程标准的作者,似未见到几个贯串上下的原则,但忙于一代一代的堆积题目,弄得读者觉得颇像一部策府统宗一类的目录,这就是只见呆的节目,而没有看到活的教法的误会。"试问初中学生,对于本国史实,毫无概念,教以几个贯串上下的原则,他们能够懂得么?傅先生又说:"历史一科,若想不使学生反感,而收到设此一课的效用,与其多说此事,而说不明白;不如少说些事,而说得明白。现在编教科书者,格于制定标准,有些事不得不说,其情可原,但因此发生的弊端,要设法改正才好,无论教部方面或编者方面。"先生根据上述的理由,定下列一个原则,就是:"在规定的字数及时限内,将历史事件之件数减少到最低限度,将每一历史事件之叙述,充分到最大限度。"关于这个原则,个人极端表示赞同,但这种办法,是适宜于编纂高中的教科书,而不宜于编纂初中的教科书。

对于初中和高中历史教材的支配问题,似乎已经引起了人们的注意。本年中学本国史教科书编纂会,发出征稿启事,就到这个问题,他们对于这分配的问题的解答是这样:①在初中采用纵的划分,在高中采横的划分,所谓纵的划分者,即是将历史的纵方面,如民族的斗争和离合、国境的开拓、物质生活的变迁、社会结构的演化等,分别叙述,各方面从古及今,自为段落。他们以为这种方法,最宜于简要的鸟瞰和现状的溯源，这些正是初步的历史智识所需要的。所谓横的划分，即是以整个的时代为段落，其目的在显示各时代的特殊面目，他们以为这正适合于历史之深刻的认识。②在初中详今略古，详近略远，在高中则各时代的叙述，力求比较的平均，他们以为初中的历史教材，应侧重解释现在，以大概而论，愈近的历史对于现在的影响愈深，故应当愈详；高中的历史课程，应当测得各时代之比较深刻的认识，故需要比较平均的叙述。这种意见，很值得注意。

现在初、高中教材的分配，虽有详略的分别，但皆以属节目式的排列，又同以时代为限断，颇有重复的弊病，且高中节目，较初中更为繁碎，对于历史上整个中心问题，也有不易表示的地方，似乎有改进的必要。好在课程标准作业要项里面，说明初中学生应该将简明易晓的部分，试作纲要，以培植了解大意的能力；高中学生主张采用问题式的讨论，以培植研究事物的能力，可以挽救这个弊病。据个人的意见，初中学生年龄尚幼，对于本国史实的普通常识，未有接受的机会，应将历史的政治、军事、疆域、社会、经济、交通、外交、宗教、学术、文艺诸端，提纲挈领，作为普通的讲授，而且要以时代为主干，使学生对于各时代各事件的概况，有普通的常识，而不必于特种时事，加以详细之解释和研究。至于高中学生，年龄既长，普通历史知识，已有根柢，不妨将历史上最重要而与现代生活有关的事件，加以详细的检讨，使其彻底了解，并须提出整个的中心思想。此种事件可以整个问题为教材，例如国家政制问题、社会组织问题、土地问题、经济问题、风俗问题、选举问题、考试问题、监察问题等，皆可作为研究的质料。

综上二点，纯以教材为对象，一个是属于教材的范围问题，一个是属于教材程度问题，无论教者、编者，似宜加以注意。此外教科书虽为教育上最重要的工具，但讲授材料，应该由教者加以灵活的运用，切不可为课本所限定，应该明白的指示学生应该研究的材料，或教他们读书的方法，使他们自己能够寻出他们应该研究的问题。对于图表和器物，尤宜尽量的应用，不但使学生得到明确的观念，而且得到实用的知识。

但近来我国历史教育的失败，渐渐为一般学术界所公认，因为近来教授历史的人们，主张打破朝代的限制，所以一般投考大学的高中毕业生，对于朝代的前后，大都说不清楚。其他事实，亦缺乏时代的观念，对于中学生历史程度低落，报章杂志讥笑百出，据有报记载，有的把禹认为一个朝代，而周、夏并列，有的把汤认为一个朝代，而与商并列，有的把东汉列在西汉之后，有的把隋唐列于两晋之前，有的以西汉为东汉所灭，北宋为唐所灭，或南宋所灭，有的以西汉为唐所灭，金为明所灭，有的以宋朝开国皇帝为李世民，也有以清朝开国皇帝为袁世凯的，有的以张居正为司法院长，于谦为考试院长，有的以造铁路为王安石变法之一种。这种种错误，出于高中学生的手，诚是梦想所不到，但在历史教科书方面决没有这样离奇的错误，当然不能负责，应当负责的，就是学校和教员。因为许多中等学校，对于史地实在过于轻视，有的讲历史没有课外参考书和各种图表，设备多半欠佳，学校规模较大的，尚有专任历史的教员；至于规模小的学校，则往往由他科教员兼任，在中学担任历史教职的，热心者固大有人在，但敷衍了事的，更在所多有。至于学生方面，受了学校轻视和教员敷衍的影响，对于历史功课，若有若无，对于历史与社会、国家、民族兴衰得失的关系，更非所注意。这种学生，怎能成为健全的国民；这种教员，又怎能挽救国难于万一呢？因为前此中等历史教育失败的结果，所以我们希望编纂教科书的人，固当加以努力，但学校当局和教授历史的教员，更当猛自反省，切不可如从前的轻视敷衍，然后学生的知识程度，自是可以提高，否则，不但为教育界的罪人，也是社会、国家、民族的罪人。（完）

（原文见《申报》上海版，1936年2月14日第9版）

中学历史教学的基本原则

章人钧

读历史不是为求知道人类过去的事迹及其记述,而是在这些事迹及记述里面研究人类社会生活发展的过程,以求了解那贯通进化的全阶段的客观法则来支配现在,预计未来。美人鲁滨孙(J.H.Robinson)在其所著的《新史学》(*The New History*)中说:"不是因为过去可以供给我们行动的先例,实因我们的行动必须基于完全了解现在,而完全了解现在又本于完全了解过去。"

这是因为现在是过去的结果,而未来又是现在的结果,所以要预计未来,又必须了解现在。历史是整个的,某一时期,只是历史过程中的一个阶段,古往今来,就如许多铁环连系着的一条锁链。

由于生活经验的增进,社会科学的发达,人们对历史有了新的认识。欧战后,历史一科在世界各先进国教育课程中渐占重要位置,不但重视本国历史,且重视世界历史,这因为历史不仅是学术的一部门,而是人类生活的指南,更是集团争斗的利器。龚自珍说:"灭人之国,必先去其史;隳人之坊,败人之纪纲,必先去其史;绝人之材,湮塞人之教,必先去其史;夷人之祖宗,必先去其史。"(《龚定庵续集》卷二,《古史钩沉论二》)邵元冲说:"凡强国之兼并弱小,非但兼并其土地人民政治而已,必并其历史与文化,摧毁而灭绝之,使大多数人不知有祖国,不知有历史……然后甲国临其上,则可为甲国之奴;乙国据其上,则可受乙国之命……即其原有历史之民族,若一旦为异族宰制而后,而尽力于毁灭其民族之历史文化,则数传而后,亦将认贼作父,而漠然于其有生之所自来,则其反抗之精神,亦将渐就渐灭而甘为异族之臣仆。故英之并印度、法之并安南、日本之并朝鲜,皆孳孳以消灭印度、安南、朝鲜之历史文化,以铲除其历史之民族性与其反抗之精神。"(《建国月刊》九卷五期,《民族之涵义及发挥》)所以一个国家的历史,不啻就是一个国家的精神国防。在这里面认识了祖先缔造文化的艰难,显现了目前局势的成因,启示了未来生活的道路,给了我们一面明镜。

历史既有这样的价值,教授历史是应当如何尽量阐发其内在的功用,要能尽量阐发其内在的功用,教者应该有一个根本的信念,就是要立定几个施教的原则,以为教材的选择及教法的运用的根据。

中学里面的历史教学,一方面是指导学生研究的入门,另一方面要尽量发挥历史教学的作用,而后者更重于前者。因为历史教学的目的,不是为教历史而教历史,而是使学生从历史的事实里,了解现在,从历史发展的法则里去预测未来,培养其世界观与人生观,以寻觅出立身处世的方针。中学生与社会接触的时期不远,如何在社会上做人,如何为大众服务,如何求得学以致用,就要在这个时候,获得一个清楚的认识。所以我觉得中学的历史教学应该有两个基本原则:

(一)发挥历史在现时代的效能。历史的事实既然是支配现在的参考,在教授历史的时候,当然要选择阐述能够配合现时代需要的史料,这并不是说要零碎地抽出历史的某一部分材料来讲述,而是在整个的系统中特别注重切合现时代需要的史料。从前君主时代,"国之治乱,尽在人君"(司马光《稽古录》卷之十六语)。编纂历史的,也就以与人君有关的政治上的治乱现象为中心,希望君主藉此省察而为人民谋福利。如司马温公的《进资治通鉴表》中说:"臣之精力,尽于此书,伏望陛下宽其妄作之诛,察其愿忠之意,以清闲之燕时赐省览,监前世之兴衰,考当今之得失,嘉善矜恶,取是舍非,足以懋稽古之盛德,跻无前之至治,俾四海群生,咸蒙其福,则臣虽委骨九泉,志愿永毕矣。"(《司马文正公集》卷二)现在时代变更,国家民主,一切以全民生活福利为中心,讲述历史就要着眼在整个民族,推动整个民族走向历史所规定的前进的路线。目前的中华民族已到了危亡的最后关头,不打倒敌人,就要被敌人灭亡,所以这时候历史教学应负有挽救民族危亡的使命。普法战争之后,俾斯麦(Bismarck)把战胜的功劳,归在历史教员身上。德国国民亦把德意志帝国之勃兴与统一,归功于特罗生(Droysen)、特赉切克(Treitsehke)等所著的史学。意大利诸邦之志士,因企图国家统一,史学家如勃尔波(Balbo)等都直接参与独立运动,同时洒其热血,成为史著,而促成意大利独立建国的功效。日本明治维新运动的成功,日人亦多归功于德川光国所著的《大日本史》。我国清政府之被推翻,亦多得力于晚明王夫之、顾炎武、黄宗羲辈的著述与其志行以及历来潜藏国人心中反清复明的思想。明季遗臣行事最悲壮激烈的首推张煌言,章炳麟序其遗文《奇零草》,结语谓:"有读公书而犹忍与彼虏终古者非人也。"(《章氏丛书》,《张苍水集后序》)由此可见历史的功用及其激动人心的力量。当然,一个时代有一个时代的需要,一个环境有一个环境的需要,在这帝国主义要维持其资本主义的最后挣扎必然地要侵略弱小民族的时代里,在这敌人积极地进攻眼前就要灭亡我们的环境里,如何才能击退敌人的进攻,如何才能从帝国主义的压迫下求得解放,就要在历史的事实里举出例证和现状联系、比较,指导学生对现状的认识而激发其抗争的情绪。这一类的例证历史上很多。譬如十八世纪英国在英王乔治第三(George Ⅲ)的统治下,采取榨取殖民地的政策,为了自己国内的富强和繁荣,不惜牺牲殖民地的生存,对北美的十三州征收苛税。如果那时北美十三州的人民,为英国的威力所屈服,就只好在残酷的剥削下苟延残喘而趋于灭亡,又如何会有今日的金元帝国呢?然而那时的十三州人民,为了生存和自由,不管实力是怎样的悬殊,咬紧牙关,挺身一战,终于打败英国,获得独立自由,成立了合众共和国。在起始,殖民地人并不存心革命,更没有存心建立政府,依旧承认英国是他们的母国,英国国王是他们的君主,只希望废除苛捐杂税,并请求在没有得到殖民地同意以前,不得随意向他们征税。然而所得的答覆是到美洲平乱的大兵。所以在这个史实里,就能配合现状,启示出要使侵略者收敛它的野心,只有用自己的力量去抗争,委曲求全而希望侵略者放下屠刀,无异痴人说梦,至多在缓缓宰割下完毕生命罢了。当时十三州的实力与英国比较起来,不啻卵与石,然而终于从压迫中解放出来,虽说法兰西等国家牵制住英国是一个很大的助力,可是现在我们也有爱好和平的国家及与我们的敌人在我国利益冲突的国家牵制住我们的敌人。并且在实力方面,还不至于如十三州与英国的那样悬殊,加之压迫的程度,远过于英国对十三州的征税,这种种方面,还不够我们挺身一战吗?

当然,时代不同,环境不同,事实亦不尽相同,历史如何能与现在的状况比较哩!可是在历史的事实里,我们可以找到几个共同点:第一,压迫者为了自己的利益,对于被压迫者的压迫,绝不会停止或放松的,除非受着其他力量的牵制;第二,压迫者与被压迫者间的实力,总是悬殊的,否则也不能造成压迫的情势;第三,被压迫者要从压迫者的压迫下解放出来,只有抗争的一途。这里应该有个疑问,实力既相悬殊,抗战只有早趋灭亡,如何会获得胜利呢?但是被压迫者的抗战是为着生存,不抗则必亡,抗战才有生路。为生存而抗战,士气当然比敌人旺盛,获胜之例,中外历史所载很多,军力的条件,自然不能否认是抗战的一个重要因素,然而不能完全依赖军力。所以讲述历史的时候,要把历史上的事实联系着现在的状况说明要解除我们所受的侵略压迫的痛苦,要能挽救我们民族的危亡,只有抗战,使学生认识抗战的意义,抱定抗战的决心。并说明我们的抗战不是希望战胜之后,做一个头等的强国,再去压迫别人,我们是一个著名的爱好和平的民族,惟其爱好和平,必需对侵略者抗战,以求得自己的生存及进而谋世界人类的和平。年来政府对于军事的力量,已有相当的增进,抗战的日期当不致过远,等到大规模的为民族生存的抗战开始后,让我们把四十年的忿怒,一起发泄在疆场。

(二)指示青年对进化观的认识。讲述历史固应注重现实的需要,同时也不能忽略了进化的认识,一切事物都在不断地流动发展,所以历史的车轮是不会停滞的。自人类发生直到现在,始终不断地在进化。由原始共产社会到奴隶制度社会,再到封建制度社会,又转入资本主义制度社会。现在已是资本主义制度社会的最后挣扎的时期。资本主义制度社会能不能继续存在,或必然地要灭亡而进入一更高阶段的社会,应该使学生彻底的明了。因为学生是社会的一份子,并且正在学习技能预备为人类社会服务,如果对现社会状况不明了,对现社会发展的前途不能把握,如何能在社会中求得适应而生存,如何能为人类社会尽最大的努力谋福利呢？要使得学生对于社会的进化获得深切的认识与信任，就要在历史的事实里阐明进化的原理，社会为什么必然地进化，进化的原动力又是什么？这样获得了客观的进化法则，才能明白现时代社会的成因，及其发展的前途。

要说明进化的必然性，在历史上找例证是唯一的办法。譬如由原始共产社会转到奴隶制度社会，就是进化。然而原始共产社会为什么会转到奴隶制度社会，原始共产社会何以不能永久存在，这些都让史实去说明。在原始共产社会里，没有什么私有财产，一切财富为社会的财产，社会在共同的计划之下，行着共同的劳动。可是因为熔炼矿的发明，社会内部的生产力发展了，使人类由耕种植物的原始方法，进到更完善的农业方法，出现了最初的在其中驾以家畜的耕种工具。以前要十个人共同劳动才能耕种的地面，这时一个人就能耕种，像这样劳动工具的改善，创造了单独经营的可能性，获得了满足那社会内部需要以外的剩余生产物，其结果，财货的私有、土地的私有，就必要起来。同时，因为剩余生产物能够养活氏族团体成员以外的人，而生产力的发达，又必须多求劳动力于氏族团体成员以外，于是把战争中的俘虏变成奴隶以代替自己劳动，这样原始共产社会崩坏下去，奴隶制度社会代之兴起。

从这里面知道了社会进化的原动力是生产力的发达。由于生产力的发达与现存的生产关系（人与人之间的关系。人类为要将一切生产要素结合起来而进行劳动的生产，不但要和自然结成关系，同时人和人之间，也必须形成一定的关系）发生冲突的时候，社会就改变了形态而向前一步。现在更要问生产力何以会发达？要解答这一个问题，先要知道生产力是什么？生产力是劳动工具、劳动对象与人的劳动力之和，劳动对象与人的劳动力没有什么大变更，而劳动工具却能不断地改进，所以生产力的发达，也就是劳动工具的改进，换句话说，即技术的发明。人类要战胜自然，征服自然，发明劳动工具帮助自己行动，并且依着直接从事生产的人的愿望，想使劳动更有效、更迅速，以增进自己与社会全体的富裕和安乐，而有不断的改进与发明。劳动工具既有所改进或新的发明，生产力自然会发达。所以生产力决定生产关系而生产关系也能反作用去促进生产力。但当生产力发达到一定阶段,就要与生产关系发生矛盾而引起社会的变革了。希腊、罗马时代的奴隶制度,创造了农业与手工业之间的分工扩大,因生产力发达,在形成了"科罗诺"(Kolonot)的类似庄园的制度之后,就否定了奴隶制度社会。由于机器的发明,封建制度社会又转入到资本主义制度社会。这都是生产力发达到与生产关系冲突而转变的结果。

　　从上面的例证,阐明了进化的原动力是生产力的发达,生产力发达到与生产关系冲突的时候,社会就改变了形态。现在资本主义已发展到最高阶段,在政治上表现了殖民政策与帝国主义,生产方式采取了"卡特尔"(Kartell)、"托辣斯"(Trust)等独占形式,周期的经济恐慌——缩减生产、劳动者失业、市场狭隘化、技术与发展被妨碍等,已掘下了资本主义制度社会的坟墓,开辟了历史的前程。

　　当然,一个社会形态的转变,是一个阶段的进化,在未达到转变的社会形态的内部,也是不断地进化的。量增加到一定之点,才会引起质的突变。没有量的逐渐增加,不会引起质的突变的。譬如中国由周、秦一直到明、清,始终陷在封建制度社会里,只有朝代的一起一伏,社会的经济构造并未受政治风云的来复所影响,然而二千多年的中国历史,生产力并未停留在同一的水准上,只是像龟步一般的爬行罢了。生产力既未停留,社会形态当然是要转变的,不过在资本主义刚萌发了嫩芽,外来的力量,已冲破了闭关自守的天朝,用它们雄厚的资本、政治和军事的力量,巩固了支配中国经济命脉的根基,使中国成为一个畸形的半殖民地化的半封建社会。在帝国主义及封建势力的两重剥削之下,整个的农村破了产,全国民众呻吟挣扎在困苦颠连的生活里,人们都希求着一个新的生存的前途,因而反帝反封建的呼声,弥漫了全国。在这种情形下,历史又展开了新阶段的远景。

　　历史既然是不断地向前进展,而进展的原动力又是生产力的发达,换句话说,历史就是人类在一定的经济关系之下造成的。然则经济关系是造成历史的唯一的原因吗?这句话拿昂格斯(Engels)给布罗克(Bloch)的信来答复吧!那信中说:"经济的要素,若是曲解为历史的唯一的决定的要素,那么他把这个命题,变成毫无意义,化为抽象的荒唐无稽的谵语了。经济的要素是基础,然而上部构造的各种要素,对于历史的斗争的推移,亦波及了它的影响,并且在许多场合,参与斗争的决定很有力。经济的要素,在一切这样的要素的交互作用之间,必然是一贯的。"所以政治、法律、哲学、宗教、艺术、道德等上部构造,对于社会进化的推移,不是完全没有决定的力量,不过要依存于经济关系,而经济关系却是历史发展的主要条件。因为一个社会可以不需要政治、法律、哲学、宗教、艺术、道德条律而生存,但如果没有物质的生活资料之生产与消费,便将不堪设想,这足见社会的物质生活是极端重要而且成为基本的原因。

上面说明了历史的进化是不断的矛盾(生产力与生产关系的冲突)与不断的解决矛盾(社会形态转变适应新的生产力)的连续的发展,那么各种生活过程自然也是在不断的矛盾与不断的解决矛盾之中连续的发展着。所以在讲述历史的时候,应使学生了解一切事物决无不变不动之理,而此变动又基于事物本身的矛盾。从事物的矛盾的发展中及相互关联中(如经济关系虽为社会进化推移的主因,但上层构造也有决定的力量)去实际地观察事物,才能把握着事物的本质而测其发展的前途,以求自己的生活随时适应环境,不超越现实,因为超越现实,一切行动将徒劳而无功,同时更要追随时代的前进而前进,否则便将落伍而为社会的弃儿。

上述的两个基本原则,只是两句抽象的话,如何与实际的问题配合起来,那全靠教者的运用。在教材方面,当然以编讲义为适宜,因为便于选择自己要选的教材,否则除课本外也要有所补充;在教法方面最好多重讨论,用启发的方式,使学生自己能够阐明一切事物的因果关系,并拿现实生活的诸现象,和历史上的事迹来比较、证验。这样历史教学的价值才能显露,历史教学的目的才能完成。

(原文刊于《历史教育》1937年第2期)

中小学历史教育的改善

李季谷

有许多在中学担任历史的教师,他只是为职业而讲历史而已。他对于历史并没有兴趣,也没有信仰——信仰历史的力量。这,我以为是一件苦事,也是一件不经济的事情。无兴趣的事情,勉强做着,岂非苦事!自己没有信仰的工作,不经意的随便担任着,它不会得到很多的效果的!所以,我想把历史的力量及兴趣二事,与诸同志一谈。

一、历史的力量

历史从表面看来,好像是无用的。他不像杯子那样可以盛水,铅笔那样可以写字。拉车的人读了历史,不会拉车更快。种瓜的人,读了历史,其瓜不会更大。但是,如此看法,是完全错误的。人类是精神的动物,历史是改造精神或使精神高尚化的东西。历史的功能,不是肉眼所能看得到的。兹为明白眉目起见,简述如下:

(一)明白祖先创业之功。现在我们所享受的文明不是突然而起的,是经过了我们祖先的千辛万苦而得到的。假使我们的祖先不发明"火",人类依然过着生食的生活;不发明养蚕种麻,不会机织缝纫,人类依然过着裸体或仅以树叶蔽体的生活;不知建筑,人类不是过穴居巢处的生活,便是露宿风餐,常在猛兽侵害的恐怖中生活着。那样的情形,想起来,便有点不寒而栗!我们应该感谢我们的祖先呵!我们应何等珍贵我们祖先的遗训呵!

(二)获得广大的经验。历史是批评人类经验的总成绩,你不觉得经验之可贵么？浅近点说：假如，有人要从西安到昆明去，乘飞机，自然是没有问题，一飞就到，如果乘车去，你又没有去过一度的经验，那便有许多问题要问问有经验的人了。不然你会到处碰钉子。也有人说："我们个人生活中，本来就有着许多经验，何必一定去读历史？"然而个人生活中的经验，是何等狭窄而有限呢！只有历史，他可以广大地告诉你一切政治、经济、战争、扰乱、富有、贫乏、忠实、诡诈、真挚、贪婪、高尚、卑劣、仁慈、残忍等各种情形的来因去迹、原因结果，及其成功的理由与失败的原故。这广大而悠久的经验，其价值是无限的呵！

（三）培养爱国心。历史上，我们祖先有时有攘外抗敌的丰功伟绩，有时，又遇着异族蹂躏践踏的惨事悲剧。有时，是凿空绥边，柔远扬威；有时，却屈膝乞和，辱国失地；有时，致敌酋于王庭；有时，受异族的屠戮。这种事迹，无论是成功的或是失败的，都会使读者兴奋而感动。所以历史是养成青年及儿童的爱国心的最好资料！

（四）引起向上心。青年时代多模仿性，儿童尤强。他们每次听道德高尚及气宇伟大的人物的传记，必起"见贤思齐"的念头。

（五）训练头脑精密。历史中包含着一切文物制度的复杂情形。听了历史，读了历史，可使人头脑更精密、更清醒、更锐敏。

二、历史是有趣味的功课

历史是一种极有趣味的科学，但有许多中小学生不喜欢上历史课，这真稀奇极了。我认为这决不是学生不好，一定是教员讲得不好。我平常到许多朋友们的家里去，小孩子们一见面，就要求我讲故事，一个讲完，要求再讲一个，不绝地要求再讲一个，足证他们很喜欢听故事。历史自然不完全是故事，但小学的历史是不妨故事化一点的。其实，成人亦如此。只教你能把一件史实，有声有色地讲述出来，准会使对方聚精会神地听你。所以，我以为学生们不喜欢或不愿意听历史，都不是历史本身无味，一定是教师讲得无味。

大多数历史教员的失败，有下列几种原因：（一）不预备，懒得不去预备，终是临时抱佛脚，专以解释教科书的文字，便算完事；（二）所讲的,没有抓住要点;(三)材料分配得不好,可略者不略,应特别注意的,却轻轻放过了;(四)不熟练,没有融会贯通,连不起来,生辣辣似的!

三、历史教员应行注意之点

(一)不要太忽略时间关系。果然不必强记许多年代时日,但前后关系及某种大事的年代,也应记住,才会有用。

(二)不要用迷信材料,如圣人无母之类。

(三)不要提倡厌世主义!

(四)改正术语。例如洪杨之乱,该称太平天国运动。义和团反帝运动,万不可称作为"拳匪事件"。

(五)可利用乡土史料。

(六)应提倡民族精神。此层至要至要。

(七)有用的警句,应使背诵或默写。

(原文刊于《抗战》1939年第20期)

我国各级学校历史课程及其教育之沿革

郑鹤声

一、综　　说

（一）各国历史课程之建设。历史之诵习，虽远在数千年前，然置于教科之列，以为学校中之一种课程，则为近三四百年之事。考之欧西各国之学校历史教育，以德国为最早，盖在西元一五七〇年，当明隆庆四年之际。其时德国大学校中，始设历史专科。至十七世纪末叶，当清康熙年间，而廓台之豫备中学、弗兰凯之高等学校，始以历史为独立教科之一。至十八世纪终，当前清乾、道之际，则小学以上之学校，一律加授历史，其小学校中亦有授历史者，然皆乘教授他科之便而附及之。至十九世纪后世人已深知小学之教授历史，为切要之举，西元一八五四年，当清咸丰四年，普国更颁法令，以历史为实科之一部，列诸小学校教则中。越十八年，更改为独立之教科。法国学校之教授历史殆与德国同时，西元一八三三年，当清道光十三年，高等小学校初以历史为独立科；至一八六〇年，当清咸丰十年，并推及初等小学校。

（二）我国历史课程之建设。至于我国，自清光绪二十年（西元一八九四年）中日战争失败后，朝鲜人士，多知非改革教育方法，不足以图存，于是废科举、兴学校之议论，甚嚣尘上。湖广总督张之洞著《劝学篇》，主张京师省会宜设立大学堂，道、府宜设立中学堂，州、县宜设立小学堂。课程则中西并重，以中学为体，西学为用。是为我国新教育思想之萌芽。光绪二十九年（西元一九〇三年）学部大臣张百熙等重定学堂章程，自初等小学堂、高等小学堂、中学堂、高等学堂、大学堂以及各级师范学堂等，俱设历史一科。民国学校制度，则分国民学校、高等小学、中学、师范、大学各级。历史课程，亦复有所改革。民国十一年，第八届全国教育联合会议决新学制系统草案，同时厘定小学、初中各科目纲要及高中课程总纲。国民政府成立后，对于学制系统，仍属旧观，而由教育部组织中小学课程标准委员会，请托各专家分科拟定课程标准。十八年十月正式公布，二十五年六月重加修订。至于大学课程，近年以来，亦由教育部加以整理。兹将各级学校历史课程之厘订与历史教育目标值之沿革等项，简说如下，以备参考。

二、我国小学历史课程及其教育

（一）清季之小学历史课程及其教育目标。光绪二十九年，厘定学堂章程，设立初等小学，以启示人生应有之知识，立其明伦理、爱国家之根基为宗旨，收录七岁以上之儿童，学习年数，以五年为限。其教授科目凡八：一曰修身，二曰读经解经，三曰中国文学，四曰算术，五曰历史，六曰地理，七曰格致，八曰体操，此为完全学科。另有简易科，其科目凡五：一曰修身、读经合为一科，二曰中国文学科，三曰历史、地理、格致合为一科，四曰算术，五曰体操，为贫家儿童不能谋上等生业者而设。其讲授历史要义为：

略举古来圣主贤君重大美善之事，俾知中国文化所由来及本朝列圣德政，以养国民忠爱之本源。尤当先讲乡土历史，采本境内乡贤名宦、流寓诸名人之事迹，令人敬仰钦慕、增长志气者，为之解说，以劝其希贤慕善之心。历史悬系历代帝王统系图一编于鉴上，则不劳详说而自能记忆。

设立高等小学，以培养国民之善性，扩充国民之知识，强壮国民之气体为宗旨。以童年皆知作人之正理，皆有谋生之计虑为成效。四年毕业，其教授科目凡九：一曰修身，二曰读经解经，三曰中国文学，四曰算术，五曰中国历史，六曰地理，七曰格致，八曰图书，九曰体操。其讲授中国历史要义为：

陈述黄帝、尧、舜以来历朝治乱兴衰大略，俾知古今世界之变迁，邻国日多，新器日广，尤宜多讲本朝仁政，俾知列圣德泽之深厚，以养成国民自强之志气、忠爱之性情。

（二）民国以后之小学历史课程及其教育目标。民国元年九月，教育部发布小学校令，小学教育以留意儿童身心之发育，培养国民道德之基础，并授以生活所必需之知识技能为宗旨。初等小学校修业限为四年，其教授科目为修身、国文、算术、手工、图画、唱歌、体操等。高等小学校修业期限为三年，其教授科目为修身、国文、算术、本国历史、地理、理科、手工、图画、唱歌、体操等。其讲授本国历史之要义，有下列三点：

一、本国历史要旨，在使儿童知国体之大要，兼养成国民之志操。

二、本国历史，宜略授黄帝开国之功绩、历代伟人之言行、亚东文化之渊源、民国之建设，与近百年来中外之关系。

三、教授本国历史，宜用图画、标本、地图等物，使儿童亲见当时之实况，尤宜与修身所授事项联络。

民国十一年，全国教育联合会厘定小学各科纲要，其所授科目为体育、音乐、形象艺术、工用艺术、园艺、自然、社会、算术、国语各项，其社会一项，包括地理历史、公民、卫生。

（三）国民政府成立后之小学历史课程及其教育目标。民国十七年大学院颁布小学暂行条例，规定小学教育应根据三民主义，按照儿童心身发展之程序，培养国民之基本知识技能，以适应社会生活。小学修业年限六年，前四年为初级小学，后二年为高级小学，其教授科目为三民主义、公民、国语、算术、历史、地理、卫生、自然、乐歌、体育、党童子军、图画、手工等，并修订中小学课程标准。关于历史者注重于古今文物制度、历史大事，与时事等之研究、比较、记载、绘制、发表、参考图书、解答问题等。其讲授要点，据二十五年七月，教育部颁布之小学高年级社会（包括公民、历史、地理三部分）课程标准，关于历史部分，有下列十六点：

一、我国民族的起源发展和现状的讲述研究。

二、我国历代疆土的变迁和现状的大概研究。

三、我国历代有关民族光荣的重要人物及其伟大事功的讲述研究。

四、我国历代政治变迁和社会进化的大概研究。

五、我国历代文物发明进化的研究。

六、我国近百年来外交内政重要史实的讲述研究。

七、我国近代革命运动的讲述研究。

八、日本的强盛及朝鲜、印度、南洋等和我国历史关系的讲述研究。

九、西洋古代文明的大概研究。

十、世界历史上重要发明的讲述研究。

十一、英、法、美、德、苏、意各强国历史的大概研究。

十二、欧洲人殖民事业和世界弱小民族独立运动的大概研究。

十三、产业革命的因果及其对于我国的影响的大概研究。

十四、欧洲大战的因果及其对于我国的关系的大概研究。

十五、现在我国地位和国际形势的研究。

十六、我国历史时代和世界历史纪年的系统研究。

三、我国中学历史课程及其教育

（一）清季之中学历史课程标准及其教育目标。光绪二十九年奏定学堂章程，设立普通中学堂，以施较深之普通教育，俾毕业后不仕者从事于各项实业，进取者升入各高等专门学堂均有根柢为宗旨。以实业日多，国力增长，即不习专门者，亦不至暗陋偏谬为成效。其学习年数，以五年为限，其科目凡分十二：一曰修身，二曰读经讲经，三曰中国文学，四曰外国语，五曰历史，六曰地理，七曰算学，八曰博物，九曰物理及化学，十曰法制，十一曰图画，十二曰体操。其课程与初级师范相同，故学科程度亦大略相同，其历史科教法，有下列四点：

一、先讲中国史，当专举历代帝王之大事，陈述本朝列圣之善政德泽，暨中国百年以内之大事，次则讲古今忠良贤哲之事迹，以及学术技艺之隆替、武备之弛张、政治之沿革、农工商业之进境、风俗之变迁等事。

二、次讲亚洲各国史，先就日本、朝鲜、安南、暹罗、缅甸、印度、波斯、中亚细亚诸小国阐其事实沿革之大略，宜详于日本及朝鲜、安南、暹罗、缅甸而略于余国,详于近代而略于远年,五十年以内之事,尤宜加详。说近世事者十之九,说古事者十之一,并示以今日西力东侵东方诸国之危局。

三、次讲欧洲美洲史,宜就欧美诸国讲其古今历史中之重要事宜,上古不必多讲,详于大国而略于小国,详于近代而略于远年。五十年以内之事,尤宜加详。说近世事者十之九,说古事者十之一。

四、凡教历史者,注意在发明实事之关系,辨文化之由来,使得省悟强弱兴亡之故,以振发国民之志气(初级师范同)。

其时间之分配如下表:

学　　年	第一学年	第二学年	第三学年	第四学年	第五学年
课　　程	中国史	中国史及亚洲各国史	中国本朝史及亚洲各国史	东西洋各国史	同前学年
每周时数	三	二	二	二	二

(二)民国以后之中学历史课程及其教育目标。民国元年九月教育部公布中学校令,以完足普通教育造成健全国民为宗旨。修业年数为四年,其教授科目为修身、外国语、历史、地理、数学、博物、物理、化学、法制、经济、图画、手工、乐歌、体操。

其讲授历史之要义,有下列二点:

一、历史要旨,在使知历史上重要事迹,明于民族之进化、社会之变迁、邦国之盛衰,尤宜注意于政体之沿革,与民国建立之本。

二、历史分本国历史、外国历史,本国历史授以历代政治、文化递演之现象与其重要事迹,外国历史授以世界大势之变迁、著名各国之兴亡、人文之发达及与本国有关系之事迹(师范学校同)。

其时间支配如下表:

学　　年	第一学年	第二学年	第三学年	第四学年
课　　程	本国史(上古、中古、近古)	本国史(近世、现代)	东亚各国史西洋史	西洋史
每周时数	二	二	二	二

民国十一年全国教育联合会厘定初中各科目纲要及高中课程总纲,采用学分制。初中必修科学分,最低限度,共计一百六十四学分,其应授课程为体育、生理、艺术科(乐歌、手工、图画)、自然科、算学科、言文科(外国语、国语)、社会科(地理、历史、公民)。其学分最多为外国语,占三十六学分,其次国语占三十二学分,算学占三十学分,自然占十六学分,艺术、体育各占十二学分,历史、地理各占八学分,公民占六学分,生理占四学分。高中以升学为主要目的者,分为二组,其共同必修者,国语、外国语各占十六学分,体育占十学分,社会问题、文化史、科学概论各占六学分,人生哲学占四学分。国民政府成立后,中学修业年限六年,仍分初、高两级,初中三年,高中三年。

(三)国民政府成立后之中学历史课程及其教育目标。民国十七年五月,全国教育会议决议组织中小学课程标准起草委员会,编订中小学课程标准,于十八年八月颁布初级中学暂行课程标准,十月颁布高级中学课程暂行标准。旋经修改,于二十年十一月起陆续正式公布。二十五年后,再度修订,于是年六月公布,初中分公民、体育及童子军、国文、英语、算学、生理卫生、植物、动物、化学、物理、历史、地理、劳作、图画、音乐等十五项,高中分公民、体育、军事看护(女生)、国文、伦理、英语、算学、生物、化学、物理、历史、地理、图画、音乐等十四项。其历史教学时间,初、高中每学期二小时,三学年共十二小时,本国史及外国史各占一学年半。其教学目标,初中方面,有下列四点:

一、研究中国民族之演进,特别说明其历史上之光荣,及近代所受列强侵略之经过与其原因,以激发学生民族复兴之思想。

二、叙述中国文化演进之概况,特别说明其对于世界文化之贡献,使学生明了我先民伟大之事迹,以养成其高尚之志趣与自强不息之精神。

三、叙述各国历史之概况,说明其文化之特点,以培养学生世界的常识,并特别注意国际现势之由来,与吾国所属之地位,以唤醒学生在本国民族运动上责任的自觉。

四、叙述中外各时代文化之变迁,应特别说明现代政治制度及经济状况之由来,以确立学生对于民权主义、民生主义之信念。

高中方面有下列六点：

一、叙述我国民族之拓展与历代文化、政治、社会之变迁，以说明我国现状之由来，而阐发三民主义之历史的根据。

二、注重近代外交失败之经过，及政治、经济诸问题之起源，以说明我国国民革命的背景，指示今后本国民族应有之努力。

三、过去之政治、经济诸问题，其有影响于现代社会者，应特别注重，使学生得由历史事实的启示，以研讨现代问题并培养其观察判断之能力。

四、叙述各重要民族之发展，与各国文化、政治社会之变迁，使学生对于世界之趋势，获得正确的认识与了解。

五、说明近世帝国主义之发展、民族运动之大势与现代国际重要问题之由来，以研讨我国应付世界事变之方策，而促成国际上自由、平等之实现。

六、叙述各民族在世界文化之贡献，及其学术思想演进之状况，应特别注重科学与工程对于现代文明之影响，以策进我国国民在文化上急起直追之努力。

二十九年九月再经教育部修正公布，其时间支配，初中每周二小时，共三学年，本国史占五学期，在第一、二学年及第三学年第一学期授之；外国史占一学期，在第三学年中第二学期授之。甲组第一学年每周选习一小时，添本国历史上对于抗战建国有关重要人物之传记。高中每周二小时，共三学年，本国史占四学期，在第一二学年授之；外国史占二学期，在第三学年授之。其教学目标、教材大纲等，亦各有所厘定。关于教学目标者，初中方面有下列四点：

一、叙述中华民族之演进，特别注意于各支族间之融合与其相互依存之关系，以阐发全民族团结之历史的根据，而于历史上之光荣以及近代所受列强之侵略与其原因，尤宜充分说明，以激发学生复兴民族之意志与决心。

二、叙述中国历代大事，并略论文化之演进及其对于世界之贡献，使学生明了我先民之伟大，以养成继往开来之志操与自强不息之精神。

三、叙述世界各主要民族之演化及其在文化上之特点与其相互间之关系,以养成学生对于世界之认识并特别注意国际现势之由来,与吾国所处之地位,以启发学生对于抗战建国责任之自觉。

四、对于三民主义之历史根据与其必然性,应郑重申述使学生有直切一贯之信仰。

高中方面,有下列三点:

一、叙述中华民族之起源、形成及其疆土开拓之经过,而各支族在血统上与文化上之混合情形,及其相互依存之关系,尤应加意申述,使学生对于中华民族有整个之认识与爱护。

二、叙述我国历代政治、文化、经济、社会之变迁,尤其足以影响于现代社会之史迹,应特别注重,藉以明白我国现代之由来,而于古代之光荣与近世外力之压迫,以及三民主义之历史背景,尤应从详申述,以启示学生复兴民族之途径,及其应有之努力。

三、叙述上古以来世界各主要民族之演化,与各国政治、文化、经济、社会之变迁,及其相互间之影响与关系,使学生对于世界有正确之认识,而近世科学之功能、帝国主义之发展、民族运动之大势,以及现代国际问题之由来,尤应充分说明,以策励学生研讨世事,探求科学,而努力于抗战建国之大业。

四、我国大学历史课程及其教育

(一)清季之大学历史课程及其教育目标。光绪二十九年奏定学堂章程设立大学堂,以端正趋向、造就通才为宗旨,以各项学术艺能之人才足供任用为成效,大学堂分为八科:一曰经学科,二曰政法科,三曰文科,四曰医科,五曰格致科,六曰农科,七曰工科,八曰商科。除政法科及医科中之医学门,以四年为限外,其余各分科大学之学习年数,均以三年为限。文学科大学分为九门:一曰中国史学门,二曰万国史学门,三曰中外地理学门,四曰中国文学门,五曰英国文学门,六曰法国文学门,七曰俄国文学门,八曰德国文学门,九曰日本文学门。其中国史学门科目如下表:

课别	科目名称	第一学年每周时数	第二学年每周时数	第三学年每周时数
主课	史学研究法	三	三	三
	御批历代通鉴辑览	二	二	二
	各种纪事本末	五	五	五
	中国历史地理沿革略	一	一	○
	国朝事实	二	二	一
	中国古今外交史	○	一	二
	中国古今历代法制考	一	二	三
辅助课	四库史部提要	一	○	○
	世界史	一	一	○
	中外今地理	一	一	一
	西国科学史	一	一	一
	外国语文 英法俄德日选习其一	六	六	六
合计	主/辅助课 七/五种	二十四	二十四	二十四

第三年末毕业时,呈出毕业课艺及自著论说。

其课程说明纲要如下:

一、中国历史研究法,略解如下:(1)研究史学之要义;(2)历代统系疆域(止举大略,其详归地理学科考之);(3)政化创始因革之大端;(4)历代国政善否、国力强弱之比较;(5)古今地方盛衰、地势轻重之变迁;(6)历代人民多少与国家之关系;(7)人民性质智愚强弱之变迁;(8)物产盛衰之原因;(9)历代建制都会重镇之用意;(10)官制之得失;(11)内外轻重之变迁;(12)历代人民贫富不同之故;(13)国用足不足之故;(14)学校之盛衰;(15)文人学术于国势民风强弱有关系之处;(16)民间习俗嗜好于国家有关系之处;(17)历代选举之得失;(18)历代人才多少之比较;(19)兵制之变迁;(20)兵力强弱之故;(21)农业盛衰之故;(22)工作日趋精巧之渐;(23)工艺有益、无益之区别(切于民用者为有益,不切于民用而可以销售外国者亦为有益,不切于民用而又不能销流外国者为无益);(24)商业开通之渐;(25)水陆道路于民生、国势之关系;(26)物价贵贱之变迁;(27)历代钱币之得失;(28)度量衡之变迁;(29)赋税利弊之比较;(30)历代朝廷用财之法式;(31)历代理财家之宗派;(32)刑法之得失;(33)历代吏权之轻重之故;(34)历代工役用民力不用民力之别;(35)沿海利害之变迁;(36)历代治河之得失;(37)游民游士之所由来;(38)各种教派之消长;(39)外国渐通中国原委;(40)历代交邻御外之得失;(41)详考《左传》《国语》《战国策》《三国志》之政术;(42)各种利源之创始;(43)各种政事积弊之所以然;(44)礼乐、仪文、丧服之改变;(45)古今历法之变迁;(46)历代祀典私私盛衰与政俗之关系;(47)历代政事之门户派别;(48)历代学术之门户派别;(49)每一朝政事风俗偏重之处;(50)奏议、公牍体式之变迁;(51)外国史可证中国史之处;(52)历代变法得失不同之故;(53)历代史法之长短、史学家之盛衰。

二、以上专为鉴古知今、有裨实用而言,与通鉴学为近,讲正史学者,与此纵横各异。正史学精熟一朝之事,而于古今不能贯串,通鉴学贯通古今之大势,而于一朝之事实典章不能精详。若不立正史学一门,则正史无人考究,于讲通史者亦有妨碍,故正史学与通鉴学亦有相资辅助之处。

正史学(治正史者可择治数朝之史,不必兼治二十四史,亦不得专治一史,亦须参考各种通鉴及别史、杂史,并须参考外国史)

通鉴学(治通鉴者必须自上古至明首尾贯彻,方合体裁,亦取参考正史及通考、会要,并须参考外国史)

三、考史事者,分考治乱、考法制两门,考治乱若通鉴及各种纪事本末之类,考法制若通典、通考及历代会要之类,两义必宜兼综,方有实用,研究史学者,该当于今日中国实事有关系之处加意考求。

四、讲史学者,有史法一门,若史通之类,知其梗概可也。

五、以上各科目外,尚有随意科目如下:

第一年应以辩学、各国法制史、中国文学为随意科目。

第二年应以人类学、公益学、教育学、中国文学为随意科目。

第三年应以金石文字学（日本名古文书学）、古生物学（即考究发掘地中所得之物品如人骨、兽骨、刀剑瓦瓷以及化石之类可以为史家考证之资者）、全国人民财用学、国家财政学、法律原理学、交涉学为随意科目。

六、各科学书讲习法略解如下：

各种纪事本末（宜自《通鉴》讲起，《左传纪事本末》不必讲，《全鉴》及正史听其自行研究）

国朝事实（摘录正、续《东华录》及《圣武记》诸书，兼酌采近人所刻《皇朝政典讲习》）

历史地理沿革略（宜择善本讲习）

中国古今历代法制考（摘讲《三通考辑要》）

中国古今外交史（日本有支那外交史，可采取自行编纂考定）

中外今地理（曰今地理者所以别于沿革地理及历史地理也，现在中国今地理、外国今地理外国人皆著有成书，名目不一，中国人亦有新译本，宜择译合于教法者讲授）

其余各西学，外国均有其书，宜择译善本讲授。

七、史学学生参考书如下：（自习时随己意观之，大学堂讲堂功课至多不过四点钟，余暇尚多，故将后开各书，归自习时参考之用，与他学堂不同。）

年代学（《历代帝王年表》《纪元编》《通鉴目录》《四裔编年表》之类宜常置案上）

钦定二十四史（取认习之数种于自习时考览）。《史记》，前、后《汉书》，《三国志》为一类，《晋》至《隋》为一类，《唐》《五代》至《宋》为一类，《辽》《金》《元》为一类，《明》为一类。治正史者，每人须习一类，不得治一朝之史，若治《明史》者，须兼详考国朝事实，合为一类，不得仅治明史。

各种通鉴（各种须全备，于自习时考览）

中国地图（小本宜常置案上，大幅宜挂堂壁上）

各种别史、杂史

各种西史

其万国史学门科目如下表：

课别	科目名称	第一学年每周时数	第二学年每周时数	第三学年每周时数
主课	史学研究法	二	三	四
	泰西各国史	六	六	六
	亚洲各国史	三	二	二
	西国外交史	二	二	○
	年代学	一	○	○
辅助课	御批历代通鉴辑览	二	二	二
	中国古今历代法制史	○	一	二
	万国地理	二	二	二
	外国语文英法俄德日选习其一	六	六	六
合计	主/辅助课 五/四种	二十四	二十四	二十四

第三年末毕业时，呈出毕业课艺及自著论说。

其课程说明纲要如下：

一、以上各科目外，应以中国文学、辨学、教育学、公益学、人类学、金石文字学、国家财政学、人民财用学、交涉学、法律原理学、外国法制史、外国科学史等为随意科目。

二、各科学名目讲习法略解如下：

史学研究法（注见可）

泰西各国史及亚洲各国史（择本甚多，宜择其精者）

西国外交史（择译著本讲授）

年代学（外国有世界大事年契，与中国《四裔编年表》相仿）

其余各西学名目，外国均有专书，宜择译善本讲授。

（二）民国以后之大学历史课程及教育目标。民国九年九月，教育部公布大学令，大学以教授高深学术，养成硕学闳材，应国家需要为宗旨，分为文、理、法、商、医、农、工七科，其肄业年限，除法科及医科之医学门为四年外，其余均为三年。其文科之科目，分为哲学、文学、历史学、地理学四门。其历史学门分为下列类：

甲、中国史及东洋史学类

一、史学研究法；二、中国史（《尚书》、《春秋》、《左氏传》、秦汉以后各史）；三、塞外民族史；四、东方各国史；五、南洋各岛史；六、西洋史概论；七、历史地理学；八、考古史；九、年代学；十、经济史；十一、法制史（《周礼》、各史志、通典、通考、通志等）；十二、外交史；十三、宗教史；十四、美术史；十五、人类及人种学。

乙、西洋史学类

一、史学研究法；二、西洋各国史；三、中国史概论；四、历史地理学；五、考古学；六、年代学；七、经济史；八、法制史；九、外交史；十、宗教史；十一、美术史；十二、人类及人种学。

（三）国民政府成立后之大学历史课程及其教育目标。国民政府成立后，教育部对于改进高等教育之计划，一方着手充实国立大学内容，一方着手整理现有各大学，其办法要点，有补充营建、扩充设备、整理院系及课程、增进教学效能等项，其关于课程之整理者，规定组织委员会制定课程标准，未制定前各大学应自订课程说明书，呈部核准，不得滥设异名同实之课目。学生选课，亦不得避重就轻。现大学各院系学程，尚未经厘定，兹据二十九年教育部编纂大学用书，规定大学各院系共同必修之历史课程名目如下表：

课程名目	学分	必修院系	选修院系
人类学	3		理（生） 文（历）
文字学概要	6	文（国甲国乙） 师（国）	文（历）
中国近世史	4 4、1、6	文（国） 师（史）	师（国） 文（国甲）
西洋近古史	6	文（历） 师（史）	
中国史部目录学	3		文（历） 师（史）

续 表

课程名目	学分	必修院系	选修院系
中国史学史或史学方法	4 3	文(历)	师(史)
国别史	4、1、6	文(历)	师(史)
专门史	4、1、6	文(历)	师(史)
史前史	3		师(史) 文(历)
考古学	3 3、1、6		师(史) 文(历)
传记学	3 3、1、4		师(史) 文(历)
中国断代史	8、1、12	文(历)	
西洋断代史	8、1、12	文(历)	
中国地理	3	文(历)	
西洋史学史或史学方法	4	文(历)	
历史教学法	3、1、4		文(历)
史籍名著	3、1、4		文(历)

五、今后历史教育之任务

综上所述,我国学校历史教学之发展,迄今已有四十年之历史,政体既改,其教学目标与讲授之材料,亦随时代而不同。过去之历史教学几经研究改进,固不无相当之成绩,然所谓历史教学者是否能达其教学上之目的,则殊成为问题。国难发生以来,朝野人士,对于史地教学之注意,亦已众口金同。当二十七年八月举行中央训练团第一期毕业礼时,总裁训词以史地教育为今后建国教育之中心。二十八年四月第三次全国教育会议时,有奖励史地研究、加强史地教育等提案。二十九年五月教育部召开史地教育会议对于各级学校历史教育之改进,亦各有所论列，历史教育对于革命教育上之地位，更为重大。吾人应如何研究过去失败之原因，而发挥其伟大之效能，以适合现代之需要，诚为今后研究历史教育者之任务，而本文之撰录，即所以供其研究之参考者也。

三十年二月二日于白沙

（原文刊于《教与学》第 5 卷第 11—12 期，1941 年）

论大学历史教育

李季谷

一、教育与风尚

民族精神,可由教育改造之。一国风俗之厚薄良恶及民情之强悍怯懦,常由教育之推动与暗示为之左右,为之变化。上有倡者,下必随之,览观古今,莫不皆然。

汉武帝罢黜百家,独尚儒术,于是朝野彬彬多文学士,而海内之学派乃一于儒。西汉末叶,习尚奢侈,而王莽倡导节俭,大惊世俗,奢风骤敛,习尚为之一转。东汉光武及明、章三帝,先后尊尚气节,敦厉名贤,故东汉末世,党锢之士,最有声于国内;清议之力,有时且足以屈权臣。桓、灵之间,汉祚衰而不亡,未尝不受清流之赐。

曹操好法术而俗尚刑名,曹丕慕通达而俗贱守节,社会风尚,陡然一变,其后纲纪不振,而虚无放诞之论,盈于朝野,遂使国内多故,西晋以亡,至于江左立国,此风实犹未已。幸乡党清议,犹为士大夫所重,故礼义之大防,得不尽溃。南朝代起,骨肉之祸,虽迭兴于帝室,而人民舆论,尚多非之,故其内部乱事数兴,而其数起乱事之朝,亦终易于泯灭。

唐代教育,趋以科举,士习因以日敝,士夫耻不以文章达,驯至钻营舞弊,置廉耻于不顾,而唐之国势,实即基是而衰。五代兵乱频仍,士夫廉耻道丧,朝秦暮楚,媚敌求荣,恬不为怪。无耻如冯道,世犹且美之,诚可慨也。

宋太祖敦尚风教,躬范节俭,以礼义教其民,故宋盛时,闾门里巷,皆有忠厚之风,至于耻言人之过失。洎夫末叶,忠臣义士,视死如归,文天祥起兵勤王，有人以"是何异驱群羊而搏猛虎"为言，而文天祥不顾一切，明知其不可为而愿身殉，此皆教化之效耳。

元以异族入主中国，好淫恣而不守礼教，其本不立，故不数十年而失其国。□□天下□□□□民以□□，致民族日趋于优柔。重罚以儆民，小民罹罪之防切，反趋人心于无良。上□□□□风俗日敝，国民精神，奄息无朝气，驯至□□□□□一日存。先师章厥生氏有言"明室之亡□□□□□宅谋之未善有以成之，应由于风俗而□□□□由再振。"归结而言，国运之隆替，不论古今中外，常由当政者之教育方针为之左右！

满族崛起，入关以替明室。当其初叶，一意尚武以教化其族人，自顺治至乾隆一百五十年间，理学兴盛，但文字狱迭兴，致令读书人惧谈思想。而学术界谋裹足于经学之研究，以义理之学为迂浅。专务考据，而不能儒家立身之精神，故乾嘉以后，迭遭外患，进退失据，莫由自主。人民始而轻洋人，继而惧洋人，终而驱洋人，咸、同以还，虽竭力构造西洋之炮舰，然卒未觅得根本自强之道。民国成立以来，蔡元培、吴稚晖诸先生提倡科学救国。"七七"抗战事兴，蒋总裁中正先生又以"民族至上""国家至上"之格言，昭示大众，于是今后教育，得所依归。简言之，吾国今日之教育，应以"民族至上""国家至上"之精神为指标，以研究科学、利用科学为救国、建国之方法。指标与方法，俱已确定，影响所及，万众一心，以之使垂危之中国，起而□于列强，起而屹立于世界，起而示其泱泱大国之风于全球，当非难事。

中华民国之前途，固可由今日之教育决定之选择之矣！

二、今日大学历史教育之注意点

中小学之历史课程问题，余在《教育杂志》《教与学》及《中国新论》等刊物中，已屡论之矣，兹不赘言。此处欲就大学历史教育加以讨论，中小学历史教育之目的，在灌输常识，使学生获得一般的、明确的历史观念。学生所受者殆全为被动性；而教员任教者亦仅利用已有之历史材料即可。至于大学，重在研究，须立于主动地位，不但欲整理已有之材料,且欲阐明某些未解决之问题,纠正过去之错误并发现新材料,开拓新领域。大学研究所得之新材料,可继续应用于中小学教育。中小学之历史教育,常受大学研究之影响及暗示。故中小学与大学,虽程度之浅深不同,教育之目的有异,而二者固仍息息相关,不可分离者也。

五万年之人类历史中,可研究之问题,自必多至不可胜数。惟其如此,故题材之选择,益不可不慎,就一般之理论言,学术研究,研究之本身,即属目的,不必处处顾及功利。但今日之中国国民,正负抗敌建国之重要使命,历史教育亦正负提倡民族精神与提高民族自信之重任。历史之为物,实培养民族精神之利器,转变国运之原动力也。一八二四年德国历史家兰盖氏(Leopold von Ranke,1795—1886)《罗马与日耳曼民族史》(*Geschichte der Romanischen und Germanischen Völker*)问世,使素如散沙之日耳曼民族日趋于团结,或谓一八三四年德意志关税同盟(Eollverin)之成立,实由兰盖氏此作促成之,此言或有过谤之处,然历史力量之伟大,于此殆可见一斑。俾士麦(Otto Eduard Leopold von Bismarck,1815—1898)之政策,如历史家托拉齐克(Heinrich von Treiuchka,1834—1896)之著作与讲义为之推动,未必受民众欢迎,历史实为政(按:原文有残缺)。

(原文刊于《教育通讯(汉口)》第 5 卷第 8 期,1942 年)

对于中国历史教学的几点意见

韩槟

目今中国历史教学之缺点甚多,因之科学之研究,应不赘述,兹仅将个人对于中国历史教学之几点意见缕述如次,甚愿历史学者,站在学术之立场予以指正。

一、应以民生哲学为中国历史教学之中心

吾人深知思想是行为之指引,哲学实思想之结晶。同时吾人知哲学可指导思想之形成,历史乃发展思想之主要工具,因之世界先进各国之欲使其国民有高尚之行为者,莫不以训练其国民有正确之思想为先,欲使其国民有正确之思想者,莫不以其本国历史为主要工具。譬如苏俄之立国哲学为唯物,其训练国民之思想也有唯物论的历史教程。又如德国之立国哲学为唯心,其训练国民之思想也有以唯心论为灵魂的历史教材。我国之立国哲学乃总理所倡导之民生哲学,今欲训练吾国国民具有正确之思想,而不将民生哲学用为中国历史教学之中心,乌可得乎?

二、应将三民主义之理想配合在历史教材中

识者咸认吾国教育与政治之脱节是不可讳言之事,脱节之现象则不外三种:训练与需要不相谋者一,学校与社会不相通者二,政治理想之不能灌注于各科教材者三。前二种脱节之现象非为本文所当论,仅

就第三种脱节之现象,略加讨论。前面业经论及历史为发展思想之主要工具,而政治之理想实为思想之主流,因之各国贤明之政治家,皆以历史为宣传其本国政治理想之工具。例如苏俄将其共产主义之政治理想融入历史教程之宣传,又如德国将其团社主义之政治理想在整个历史的教学中去宣扬,苏俄及德国国民政治理想之能够各自一致非无因也。现在吾国之政治理想为三民主义,如果吾人欲培养或统一国民之政治理想,似非将三民主义之政治理想灌注在整个历史的教程中不可。

三、应着重重要史实演变之因果关系

学习历史的目的有三:一曰明白过去,二曰了解现在,三曰推测将来。但总括言之,则不外欲藉历史上的教训,以改善现在而筹划未来之更进一步之优美生活也。目今学校中的历史教学率以朝代为主,教学的结果,仅给了学生们以片断的知识。如果我们要问一个学过历史的学生,问他们吾国政治之演变如何,现在的政治制度从何而来,将来又将演变到何种地步,恐怕很少有人能够答复出来吧。何以有许多读过历史的人不能答出来这个问题?这便是历史教学的失败,这便是以朝代为主,由历史教学的失当,因为以朝代为主的历史教学给予学生的历史知识多为片断的啊!假若我们能够将整个中国的历史分为几个以重要史实演变的因果关系中心的大单元(如中华民族之起源、演变与展望,中华民族之领土的扩展,中华民族之展望,中华民族之经济制度之演变与展望,中华民族之社会生活的演变与改造,中华民族之光荣与伟大……)去教授,我想教学的结果,或能达到历史教学的真正目标。

四、应避免引起种族摩擦之因素

现在中国乃是由汉、满、蒙、回、藏等民族形成的,而不仅是过去所谓的汉族,因之现在中国的历史,应该是以上列几种民族为主体的中国历史,而不应该仅是以汉族为主体的民族发展史。但观坊中所出中国历史书籍至今仍未脱离上述偏见(如谓中国亡过两次国,一次亡于蒙族,一次亡于满族)。值此五族共和、平等团结、共御外侮、建设新国之际,难免为汉奸败类用作挑拨离间,引起种族间不幸而且不当有之摩擦也。所以我认为现在之中国历史,在内容方面有许多地方是必须要予修改的,修改的原则,便是所有中华民族一视同仁。

五、应注意讨论研究与发现

往日之历史教学,仅重先生之讲授,受教者的流动,可以说是完全没有,难怪昔日受授者所得到的历史知识死气沉沉也。历史之学习本重发现,发现之道端在讨论与研究,学理因研究而益明也。今后吾人欲学者能够发现新的史实,便非注意学者的讨论与研究不可。

以上是笔者对于中国历史教学的几点意见,得当与否,因笔者智浅见短,未便断言。若能因而引起史界诸公之注意,则幸甚矣。

(原文刊于《民国日报(甘肃)》1943年2月11日第4版)

中等学校外国史教学问题

蔡维藩

因为史料整理较完善关系,外国史的研究,往往比中国史研究容易着手,但在教学工作上,尤其在中等学校教学工作上,外国史和中国史则不能从这样比较上分别其难易。本文就中等学校外国史教学范围中,提出几个显著问题,和志同道合的朋友共同商榷。

一、外国史范围:日本将历史分作三个范围,即本国史(日本)、西洋史(欧美)及东洋史(日本本国以外,中国、印度、东南亚及南洋属此范围)。我们历史课程分本国史与外国史两个范围,外国范围甚大,除中国本国史以外,一切皆属于此范围。因此,我们在教学上甚感困难。就一般情形说,外国史这一课程学多半讲授变为西洋史一课程,欧美史的部分讲授比较详细,讲到东方历史,讲日本部分,很模糊;讲印度、暹、缅、越及南洋部分,就有许多讲不上。这是事实,无可否认。然欲使这一外国史课程名实相符,教本编制要改善,教师学识要充实,才能让这一课程在教学上使学生对于越邻近我国周围国家和民族的历史越清楚,最低限度,也要能使学生了解邻近国家、民族的历史,和了解欧美的历史在数量上同样多,在程度上同样高。

二、教本选择:中等学校外国史课程,不能用原文教本,也难找到适当的译本,那只有采用本国人士著作的教本。然而这就发生一个难办的选择问题。八年前,笔者和联大师院史地系同人,搜集十几种中等学校用的外国史教本,以一年余时间,把他们读完,并就其错误一一加以检举与改正,结果我们认为比较可用的,只是陈衡哲先生及何炳松先生在商务出版的两本外国史,其余缺点之多,不胜枚举。记得其中一部,每册错误总在千个以上,而且多为随手可以改正的硬性错误。陈先生著的外国史,我们至少可以承认那是一本基于真正了解而写的一本,有些地方虽嫌简略,但教师可以随时增添教材。何先生治学谨严,他那本书是一述而不作的书,讲授时须注意讲解,只有因求符合教育部规章关系,其中有些地方的联系,嫌牵强。可用教本实在太少,选择时,须慎重。

三、教法:教法这问题更繁重,它牵连教师自身学识,也牵连客观环境。假定一位教师学识有基础,再假定他教某门课程兴趣也浓厚,但若他须做万能教师,什么课程都教,一周授课钟点总得凑上二三十小时,同时学校又无参考书设置,他即或努力,也不能把各部门教好。教历史,教不好,教其他课程,也同样教不好,遑论教法!这里,要讲外国史教法,只有在许多好的假定之下谈一谈。

外国史教法,本身牵连地方也甚多,一言两语绝谈不清楚。简单说,有几个基本要点亟值注意:

第一,中学生读外国史皆是初次,我们做教师的人,切不可将他们看作研究生。讲授时候,须力求在"通"字上下工夫,万不可犯"偏"字的毛病。历史是有连贯性、继续性和普遍性的,讲授这一课程,从头到尾,上下古今数千年,我们就得予学生以一个简略而清楚的概念,在概念中,亦予学生以全面文化演变的共同趋势和联系的认识。挂一漏万教授法,要不得。处处有所侧重,也要不得。譬如说:一门外国史课程,在初中教一遍,教到近代,未教完。在高中,又教一遍,教到近代未教完。假若一个学生运气不佳,进入大学,读外国史,也有这同样的遭遇,除非入历史系,他这一生由初中而高中而大学,前后读书十年,他始终没有机会把这门外国史读通过。在中学的外国史,是通史性质的课程,我们教的时候,须时时注意"通"。

第二,教授外国史,须重叙述,少论断,尤其不可武断。我们讲授历史,主要责任是叙述史实,必要时,介绍历代史学家的见解,让学生对这两方面都有认识。历史中有许多地方,我们不能论断,或不宜论断。如果勉强论断,不但容易错误,还会叫学生因太重视论断,反而忽略史实。

根据经验,笔者看中等学校外国史教学问题中,第三问题实为我们教师者所应特别注意者。这些问题之外,仍有其他问题,这些问题之内也包含许多问题。本文不及一一检讨,将来有机会,分别提出,大家商榷。

(原文刊于《革命日报》1947年5月6日第2版)

中学生与历史的教育作用

李絜非

旧教学法以教材为中心，新教学法则以学生为中心，——"人本主义"。我人历史教学，乃以中学生为对象，中学生正值青年期间，其身体上和精神上的变化特著，为教师者不可不先有所明了。诚以教学法依心理为条件，特为施教的资具，可收事半功倍、教学两利的结果。

中学学生体质上的特征，则有下列诸端：

一、在年龄方面，每一级中最年轻的与最年长者相比，往往相差有六七岁之多。又中国中学生年龄，往往视规定者为高（规定为十二岁至十八岁之间），一般言之，最轻者为十岁，最高者为二十五六岁。

二、体质方面，由幼稚期进入青春发动期，及十三四岁至十七八岁，已届成熟之期。女生发育视男子为早。总之，中学生在将毕业左右，已达于完全成熟之域，此期中筋、肉、骨骼的组织与形态，皆显然有重大的变化。

三、气质方面，心脏重量增加，血气方刚，身体发育强壮，而感觉器官至为灵敏，沉潜高明，仁智判然。

四、心理方面，性能发达，喜奇乐群，同情好胜，易受刺激，"易塑性"在流转变化中，故对文艺特为好爱。而一级之中，天才与劣等，往往可以相去霄壤。

由上可见到中学生一般生长情况，而在教学法上应注意于适合其发育中的身心状态。是在历史的教学上，尤须研究下列各方面而作有效的实施与改进：（一）坐于近年中学生史地程度的差落，斯必谋所以改进之道，以求升格；（二）史地在中学校的教学上，为针对中学生身心发育之情况，理应由"传记到历史"，讲授表情的冒险的故事，易为承受和发生重大作用；（三）历史之在中国，诚有其本身的丰富之遗产与客观上传统之重视，斯如何规避其有害的影响，而善于发挥其久在的作用，凡此盖于中学教学上，实有其值得重视者在。

论教育的一般价值，自当以对于生活上的贡献，为论断的标准。所以教育或给我们一种技能，使能增进生活的力量；给我们知识，使能用以求更高深的学问；给我们情感的经验，使生活分外丰富；给我们社会观念，使能采取正当的态度；给我们正当的习惯和思维的方法，使人生合理与有效，扩大生活的境界与改造我们的人格。因之，凡百的学习，皆可以具有教育的价值，——可是近代的教育，只留心于容易的工作，而疏忽了远大的期望，因之对于各科学习的价值，视之为具有高低精粗之别，其实重彼轻此，皆非正办，一切智识皆有其价值，故学习乃储蓄，一方面为对付当前的要求，一方面也要顾到将来的准备，吾人只能承认教育价值的性质是有所不同的。依米里斯（W.A.Millis，H.H.Millis；*The Teaching of High School Subjects*）分析起来，有如下的三类：

一、应用的价值——指那几种的学习，其贡献为给予吾人以需要的工具，可以用之于其他生活者，析之又得如下各种：

（A）预备的——本身或其他学习，其主要目的，在引致学者入于一种相当的途径，由之使能得以研讨更高深或更实用的学习。如历史可与文学、地理互相为用，即历史可作文学、地理等科的预备科目，反之，文学、地理等科，亦可作历史学习的预备科目。

（B）职业的——满足学者谋生的要求，与生活的实需，并同时能增进各种的能力。——实则无论何者学科，皆多少有其职业的价值，至价值之大小，视学者他日之需要与社会的情形而定。历史在此似无多价值，不过如作史官、任历史教师，则不妨视为其职业上的价值。

（C）社会的——一种学习，其功用在使学者发展个人对社会的态度，与了解社会上一切合作、服务、互助、同情、义务、权利等意义。——历史可以扩大学生社会的眼光和社会的经验，既丰富且有用，学生于中，可得重大的影响。

（D）道德的——一种学习，在使学者得到一种道德的标准，以解释人类一切的行为。此种标准,自不能全依学习得来,学者之经验与情绪,亦很重要。而历史在此方面,帮助要属甚大。中国最重史教,学者可以于中得到示范的人物和行为,以为立身行事的规范。训诲作用,新史家虽有所反对,而愚意以为终不可浸。

(E) 卫生的——养成学者卫生的习惯,与增加其养生的知识。——其中有直接与间接之别,历史自属间接者,即传示历史中卫生的事实与影响。

二、文育的价值——一切学习除能供给吾人以应用价值外,更须分别其所谓发展人格(Personality)的价值。——人格含义,有情绪、态度、意志、能力等原素,无论何者学科,对以上的各方面,具有相当贡献和发展力者,均有一种文育的价值。因其功用在培养健全的人格,及合理的精神与观念。析之又有下列三端:

(A) 情操的——在学习的情感经验中,能得到精神上的丰富与涵养。——歌德说:"我们的生活,是常常受我们所爱的、所赞扬的和所欣赏的钳制。"故儿童所梦想的理想与事物,在其生活上,常能发生深切的情感,与留存永久的印象。历史上超众的人物,得力于情操的熏陶者,不在少数。在学校的历史学习中,所遗痕迹,不但深切,其价值更为久远。其中又可列为理智方面、美感方面,与道德方面。——教育功用在于知人而知取为矜式,历史于此,盖有无限的价值。

(B) 解放的——人生的自由,差不多是历史上最古老的一个问题,又同时为最重大之问题。自教育言,自由与教育,同时进展,而教育所以能解放人类,给以自由之路途有二:a.增长人类之能力与知识,使能在生活的行为上,有相当之便利;b.发展人类平等的观念,使其行为更趋正确与更趋自然。自 a 言,知识与能力的增长,可以打破一切行为的障碍,人类自由,全依其驾驭环境的能力,其蓄养充足、目光远大者,自然高人一等。在学习上,历史与地理科学,在此种价值上,实占极大地位。自 b 言,教育在发展人们的自信的观念,使与社会接触,表现自然地正确与有力的态度,自信结果,能令人为所难为,行所难行。历史学习,虽说予人以负担,但使予以适当的资料与分量,在这方面,贡献颇有可观。

(C) 改造的——人的生活,可说是整个的,而生活的趋向,完全视乎其人生哲学与世界观点而异。同时,在其社会的各种关系中,又有其特殊的观念,此许多不同之观念,集合起来,乃成人之生活的经纬。此种观念,不常完全,故时时受有新经验的改变,使其更为完全与正确,在学校生活中,改造之事实,尤为显著,一切学习,皆具有相当的力量,而尤以历史为最,所以战前各国,以历史为民族的利器,盖历史最有范成其理想国民的作用。

三、训练的价值——在学习结果中,除将所学材料施之实用外,同时可得几种材料以外的训练,其显然可见者,有下列的三种:

(A)智理的能力——智理的能力,有其生理上的根据,即神经系联贯之组织是。在学习的程序中,每经一次智理的运用,即足以增加其神经联贯之复杂性。在历史的学习中,注重判断和品评的结果,确能助长吾人思想上的锐利化,——是以无论何种学习,其价值在能:(一)给以方法的指示,(二)开展思想的固蔽,和(三)扩大见解之范围。果能达此数种目的,方足以为诚具增长智理能力的价值,而历史在此三方面,厥用颇大,米里斯于此颇有轻估的地方,可参阅下表。

(B)学习的态度——学习态度,含义甚多,如开阔、公平、正确、容纳、求真、平衡等,皆为学者应有的态度。此种态度之获得,视学习时之训练如何以为之断。历史训练可以养成公平、宽恕的态度。综言之,任何学习在能免除个人之主见,而以采取科学的态度为尚,斯历史科学化的结果,对以上各点,皆有助益。

(C)有用的习惯——教室中的训练,常能影响生活上的习惯,一切学习,虽不能养育特殊的习惯,如耐劳、清洁、忠信等,但可以引导学生获得各种良好习惯的倾向。倾向既得,故可用之于一切的活动,历史启发的结果,对于忠、信等习惯,诚有作用。

历史在上述各方面的价值分量,以米里斯所示如下:

	应用的价值 ABCDE	文育的价值 ABC	训练的价值 ABC
历史	11330	333	121

(注一)0为无价值,1为最低价值,2为中等价值,3为最高价值。
(注二)1至3指视将来的教育如何而定。

米里斯盛称历史在文育上的价值,凡研究历史教育的人,类能言之。惟米里斯对历史在训练上的价值,未免低估,使人类学习与社会生活打成一片的话,使重视历史方法传授的话,历史在训练上的价值,可以予以提高。总之,历史在学习的价值上,视乎运用之妙拙而定,亦即是说,不善运用,其价值可以相对地降低,反之,善于运用的话,亦可以作相对地提高。历史的学习,不啻使我人优游于一人类大学校中,变平面的人生为立体的人生,前见古人,后见来者。除狭义的职业的与卫生的价值外,其他以上所称的各种价值,我以为皆可以达到最高价值的地步。不过我人应知道的,历史学习亦存有反面的价值,即不善学之,或天性凉薄的人,亦会于中记取恶劣的榜样,所谓教猱升木,东施效颦,不过这仅属少数的奸慝之徒,百分之九十九的人,大抵总是见贤思齐,见不孝而内自省的啊!

(原文刊于《教育通讯(汉口)》复刊 5 第 2 期,1948 年)

历史教育思想

唯物史观在现代史学上的价值

李大钊

"唯物史观"是社会学上的一种法则,是 Karl Marx 和 Friedrich Engles 一八四八年在他们合著的《共产党宣言》里所发见的。后来有四种名称,在学者间通用,都是指此法则的,即是:(1)"历史之唯物的概念"("The Materialistic Conception of History"),(2)"历史的唯物主义"("Historical Materialism"),(3)"历史之经济的解释"("The Economic Interpretation of History"),(4)"经济的决定论"("Economic Determinism")。在(1)(2)两辞,泛称物质,殊与此说的真相不甚相符,因为此说只是历史之经济的解释,若以"物质"或"唯物"称之,则是凡基于物质的原因的变动,均应包括在内,例如历史上生物的考察,乃至因风土、气候、一时一地的动植物的影响所生的社会变动,均应论及了。第(4)一辞,在法兰西颇流行,以有倾于定命论、宿命论之嫌,恐怕很有流弊。比较起来,还是"经济史观"一辞妥当些。Seligman 曾有此主张,我亦认为合理,只以"唯物史观"一语,年来在论坛上流用较熟,故且仍之不易。

科学界过重分类的结果,几乎忘却他们只是一个全体的部分而轻视他们相互间的关系,这种弊象,呈露已久了。近来思想界才发生一种新倾向:研究各种科学,与其为解析的观察,不如为综合的观察。这种方法,可以应用于现在的事实,亦可以同样应用于过去的纪录。唯物史观,就是应这种新倾向而发生的。从前把历史认作只是过去的政治,把政治的内容亦只解作宪法的和外交的关系。这种的历史观,只能看出一部分的真理而未能窥其全体。接着思想界的新倾向去观察,人类的历史，乃是人在社会上的历史，亦就是人类的社会生活史。人类的社会生活，是种种互有关联、互与影响的活动，故人类的历史，应该是包括一切社会生活现象广大的活动。政治的历史，不过是这个广大的活动的一方面，是社会生活的一部分，不是社会生活的全体。以政治概括社会生活，乃是以一部分概括全体，陷于很大的误谬了。于此所发生的问题，就是在这互有关联、互与影响的社会生活里，那社会进展的根本原因究竟何在？人类思想上和人类生活上大变动的理由究竟为何？唯物史观解答这个问题，则谓人的生存，全靠他维持自己的能力，所以经济的生活，是一切生活的根本条件。因为人类的生活，是人在社会的生活，故个人的生存总在社会的构造组织以内进动而受他的限制，维持生存的条件之于个人，与生产和消费之于社会是同类的关系。在社会构造内限制社会阶级和社会生活各种表现的变化，最后的原因，实是经济的。此种学说，发源于德，次及于意、俄、英、法等国。

唯物史观的名称意义，已如上述，现在要论他在史学上的价值了。研究历史的重要用处，就在训练学者的判断力，并令他得着凭以为判断的事实。成绩的良否，全靠所据的事实确实与否和那所用的解释法适当与否。十八世纪和十九世纪前半期的历史学者，研究历史原因的问题的人很少。他们多以为历史家的职分，不外叙述些政治上、外交上的史实，所以伟人说时代天才说解释这些史实的，还算是深一层的研究。Lessing 在他的《人类教育论》与 Herder 在他的《历史哲学概论》里所论述的，都过受神学观念的支配，很与思想界的新运动以阻力。像 Herder 这样的人，他在德国与 Ferguson 在苏格兰一样，可以说是近代人类学研究的先驱，他的思想，犹且如此，其他更可知了。康德在他的《通史概论》里，早已窥见关于社会进化的近代学说，是 Huxley 与许多德国学者所公认的，然亦不能由当时的神学思想完全解放出来，而直为严正的科学的批评。到了 Hegel 的《历史哲学》，达于历史的唯心的解释的极点，但是 Hegel 限于"历史精神"观，于一般领会上究嫌过于暧昧，过于空虚。

有些主张宗教是进化的关键的人，用思想、感情等名词解释历史的发长，这可以说是历史的宗教的解释。固然犹太教、儒教、回教、佛教、耶教等五大宗教的教义，曾于人类进步以很深的影响，亦是不可争的事实，但是这种解释，未曾注意到与其把宗教看作原因，不如把他看作结果的道理，并且未曾研究同一宗教的保存何以常与他的信徒的环境上、性质上急遽的变动相适合的道理。这历史的宗教的解释，就是 Benjamin Kidd 的修正学说，亦只有很少的信徒。

此外还有历史的政治的解释。其说可以溯源于 Aristotle，有些公法学者右之。此派主张通全历史可以看出由君主制到贵族制、由贵族制到民主制的一定的运动，在理想上，在制度上，都有个由专制到自由之不断的进步。但是有许多哲学家，并 Aristotle 亦包在内，指出民主制有时亦弄到专制的地步，而且政治的变动，不是初级的现象，乃是次级的现象，拿那个本身是一结果的东西当作普遍的原因，仿佛是把车放在马前一样的倒置。

这些唯心的解释的企图，都一一的失败了，于是不得不另辟一条新路。这就是历史的唯物的解释。这种历史的解释方法不求其原因于心的势力，而求之于物的势力，因为心的变动常是为物的环境所支配。

综观以上所举历史的解释方法，新旧之间截然不同。因历史事实的解释方法不同，从而历史的实质亦不同，从而及于读者的影响亦大不同。从前的历史，专记述王公世爵纪功耀武的事。史家的职分，就在买此辈权势阶级的欢心，好一点的，亦只在夸耀自国的尊荣。凡他所纪的事实，都是适合此等目的的，否则屏而不载，而解释此类事实，则全用神学的方法。此辈史家把所有表现于历史中特权阶级的全名表，都置于超自然的权力保护之下。所记载于历史的事变，无论是焚杀，是淫掠，是奸谋，是篡窃，都要归之于天命，夸之以神武，使读者认定无论他所遭逢的境遇如何艰难，都是命运的关系。只有祈祷天帝，希望将来，是慰藉目前痛苦的唯一方法。

这种历史及于人类精神的影响，就是把个人的道德的势力，全弄到麻木不仁的状态。既已认定自己境遇的苦难，都是天命所确定的，都是超越自己所能辖治的范围以外的势力所左右的，那么以自己的努力企图自救，便是至极愚妄的事，只有出于忍受的一途，对于现存的秩序，不发生疑问，设若发生疑问，不但丧失了他现在的平安，并且丧失了他将来的快乐。他不但要服从,还要祈祷,还要在杀他人的手上接吻。这个样子,那些永据高位握有权势的人,才能平平安安地常享特殊的权利,并且有增加这些权利的机会,而一般人民,将永沉在物质、道德的卑屈地位。这种史书,简直是权势阶级愚民的器具,用此可使一般人民老老实实地听他们掠夺。

唯物史观所取的方法,则全不同。他的目的,是为得到全部的真实,其及于人类精神的影响,亦全与用神学的方法所得的结果相反。这不是一种供权势阶级愚民的器具,乃是一种社会进化的研究。而社会一语,包含着全体人民,并他们获得生活的利便,与他们的制度和理想。这与特别事变、特别人物没有什么关系。一个个人,除去他与全体人民的关系以外,全不重要,就是此时,亦是全体人民是要紧的,他不过是附随的。生长与活动,只能在人民本身的性质中去寻,决不在他们以外的什么势力。最要紧的,是要寻出那个民族的人依以为生的方法,因为所有别的进步,都靠着那个民族生产衣食方法的进步与变动。

斯时人才看出他所生存的境遇,是基于能时时变动而且时时变动的原因;斯时人才能看出那些变动,都是新知识施于实用的结果,这种观念给了很多的希望与勇气在他身上;斯时人才看出一切进步只能由联合以图进步的人民造成,他于是才自觉他自己的权威,他自己在社会上的位置,而取一种新态度。从前他不过是一个被动的、否定的生物,他的生活只是一个忍耐的试验品,于什么人亦没有用处。现在他变成一个活泼而积极的分子了,他愿意知道关于生活的事实,什么是生活事实的意义,这些生活事实给进步以什么机会,他愿意把他的肩头放在生活轮前,推之挽之使之直前进动。这个观念,可以把他造成一个属于他自己的人,他才起首在生活中得了满足而能于社会有用。但是一个人生在思想、感情都锢桎于古代神学的习惯的时代,要想思得个生活的新了解,那是万万不可能;青年男女,在这种教训之下,全麻痹了他们的意志,万不能发育实成。

这样看来,旧历史的方法与新历史的方法绝对相反:一则寻社会情状的原因于社会本身以外,把人当作一只无帆、无楫、无罗盘针的弃舟,漂流于茫茫无涯的荒海中,一则于人类本身的性质内求达到较善的社会情状的推进力与指导力；一则给人以怯懦无能的人生观，一则给人以奋发有为的人生观。这全因为一则看社会上的一切活动与变迁全为天意所存，一则看社会上的一切活动和变迁全为人力所造，这种人类本身具有的动力可以在人类的需要中和那赖以满足需要的方法中认识出来。

有人说社会的进步，是基于人类的感情。此说乍看似与社会的进步是基于生产程序的变动的说相冲突，其实不然。因为除了需要的意识和满足需要的愉快，再没有感情，而生产程序之所以立，那是为满足构成人类感情的需要。感情的意识与满足感情需要的方法施用，只是在同联环中的不同步数罢了。

有些人误解了唯物史观，以为社会的进步只靠物质上自然的变动，勿须人类的活动，而坐待新境遇的到来。因而一般批评唯物史观的人，亦有以此为口实，便说这种定命（听命由天）的人生观，是唯物史观给下恶影响。这都是大错特错，唯物史观及于人生的影响乃适居其反。

旧历史的纂著和他的教训的虚伪既是那样荒陋，并且那样明显，而于文化上又那样无力，除了少数在神学校的，几乎没有几多教授再作这种陈腐而且陋劣的事业了。晚近以来，高等教育机关里的史学教授，几无人不被唯物史观的影响，而热心创造一种社会的新生。只有公立学校的初级史学教员，尚未觉察到这样程度的变动，因为在那里的教训，全为成见与习惯所拘束，那些教员又没有那样卓越的天才，足以激励他们文化进步上的自高心，而现今的公立学校又过受政治和教科书事务局的限制。

唯物史观在史学上的价值，既这样的重大，而于人生上所被的影响，又这样的紧要，我们不可不明白他的真意义，用以得一种新人生的了解。我们要晓得一切过去的历史，都是靠我们本身具有的人力创造出来的，不是那个伟人、圣人给我们造的，亦不是上帝赐予我们，将来的历史亦还是如此，现在已是我们世界的平民的时代了，我们应该自觉我们的势力，赶快联合起来，应我们生活上的需要创造一种世界的、平民的新历史。

（原文刊于《新青年》第 8 卷第 4 号，1920 年）

历史之社会的价值

陈训慈

通常提及历史二字,常联想及其繁重固滞,以为此为专学,无与常识。即国中今日之智识界,大都好谈社会科学,——如社会、经济、心理等——而于历史,则不屑加意。一若史为前事之堆积,与社会效率鲜有关系。实则史之范围与价值,断不仅前事之记载;其在学术上之地位,与对于社会之关系,且远过其他社会科学也。述其要者,约有四端:

Ⅰ.助成完全之智识。吾人研究一事一物,若仅见其目前,而不究其源流,其结果但为断片之智识,非真正之了解也。此种断片智识,无论其繁博如何,仅足以饰己眩人,而其弊害,则(1)凌乱驳杂,浮动不居,不能触类旁通,进为发见;(2)不究因果,不假细索,臆测妄断,引至谬误。此种现象,在浮浅之智识觉悟时代为尤著,今日中国社会,颇复类之。实则万事万物,皆有其源流;历史之价值,即在供给此源流之说明,以实吾人之智识,而促文化之进步也。

Ⅱ.影响人类之心理

a.广大之观念。人生既限于本地,又局于今时,纵及外界,亦仅小部;唯历史能打破此种时间、空间之限制。故读史不但广见博闻,且间接令人有广博永久之观念,对人生发生意味,不至枯燥偏狭也。

b.伦理的价值。人世罪恶,多起于狭隘骛近,诚令以历史之培养,濡染社会,则高尚之观念生,而罪恶可以稍减。古人以史为褒贬设教,责之太重,今之史家,诚已无取于道德史观。然吾人之观过去,无利害之蔽;善恶之别,较实事更为明了。根此了解,实间接有助于伦理也。

c.超功利 Disinterestedness。吾人沉渍史书,罗列故事旧闻,推究其变;当此时也,全神悉注,几忘自我,功利之念,渺焉尽捐。即略知史事者,亦可有此种感觉。此则历史研究,又可为近代物质生活发达中之调剂也。

d. 生活之慰藉。人类遭遇挫折,常易痛苦失望,而在今日繁变之社会为尤甚。唯明于史者,知事事皆有因果索之联系,其发生悉为有理。且观夫古人失意之事,足以自慰,鉴前人之成功,可以兴起。诚以能超乎现实生活,而自接于更大之世界也。

Ⅲ. 进化之指导

a. 前人经验之利用。人类进步之速,其最要原因即在应用前人经验;犹之轮替行走,古人已行之径,吾人可不必覆循。文化经程后来愈速者,即此故也。此种经验,虽或见之实现,然语其大体,历史实保持之。故吾人欲于任何方面有所创造,不能不知历史也。

b. 前人错误之免除。就文化言,前人之误入歧途,吾人得改弦更张。即其他政制行事,吾人亦得鉴从前之结果,知所去取。是则历史者,实所以纳吾人于进化之正轨也。

Ⅳ. 人类共同了解之促进。史家广大之怀,本无所谓民族、国家种种界域。然政治史家之末流,且以史为唤起爱国之工具;民族惨祸之酿成,史家实与有责。近今世界交通日繁,文化沟通亦日著。故史学趋势,已不复囿于国别,史家倡导新帜,皆以人类全体为归。盖观于史实而见种种同点足以促起人类之普遍了解。历史既于国家主义证明其效,当不难于大同前途显其同等之成绩。是则大同之实现,唯历史堪任其先驱也。

综上所述,历史既能助成完全之智识,又于人心大有裨益;近可为进步之指针,远足任大同之前导。可知史断非繁重孤僻之学,而为最普遍之学识,与社会息息相关。Robinson 教授谓(见《新史学》Ⅱ)"史家始终为社会科学之指导者与批评者",而最新史学观念,又日趋于社会心理。史学与社会之关系,日就密切,生而为人,即不能不有历史之常识。国人言新文化者,当亦知所深省矣。

(原文刊于《史地学报》第 1 卷第 2 期,1922 年)

我们为什么学历史

朱经农

今天所讲的题目,就是"我们为甚么要学历史"。我们学历史的目的,并不是要专记事实,而且还要知道历史的功用。若是不知道他的功用所在,即将古今中外的历史记得一字不错,试问这样的读法,对于人类生活上有无丝毫影响发生呢?所以我们要学历史,第一不可不知道他的功用。大概讲起来,可以分为三条而这三条都是极普通、极简单,而又为一般研究历史的人所不可不知的。那三条呢?就是:

(一)要知人类生活变迁的状况,不可不学历史。我们知道人类生活的状况不是一成不变的。草昧初开的时候,人类生活非常简单,中间经过几千年的变迁,才进步到现在的状况。而将来人类的生活,更不知演进到何等程度。譬如从前的人,都将雷电奉为天神般的敬畏,一到迅雷风烈的时候,没有一个不掩耳咋舌、变色失箸的。后来科学发明了,才知道这是自然界的一种现象,不但不敬畏他,而且还要想种种的方法来利用他,去适应人类的生活。又如从前的人见了大海,就望洋兴叹,以为海的那边是终究不能飞渡的,哪知现在不但造了几千吨的大舰游行于五大洋之上,而且还有海底电线、海底火车等等,完全将一个可畏的大海,变成了交通的利器了。凡种种事实,不都是从人类生活上变迁来的?我们再从人类本身上说,上古的人类,没有互助的精神,所以只知有个人,不知有家庭,更不知有所谓社会、国家。后来经过无数的感觉,才知道人类彼此不可无互助的精神,遂渐渐地将爱个人的狭义思想扩充而为广义的爱家庭、爱社会、爱国家。今日我们知道不仅要爱我们的国家,而且要再进一步,将我们的爱推而至于全世界的人类身上。近来这种精神已有表征了——如前年华北旱灾及此次饿灾，外人都尽力地赈济——所以现在爱的范围一天扩大一天，互助的精神也一天泛涨一天了。虽然目前尚未达到大同世界的境域，但是我想将来一定会实现的。我们既明白了人类生活变迁的状况以后，还可以有两种益处：(一)打破狭隘的主义，就是不分人我的界限，虽是吴越，也成一家了；(二)免去主观的见解，就是不致泥古不化、武断一切的事情。

（二）要知造成现在政局的原因，不可不学历史。中国现在的政局，混沌腐败，已达极点，人人都知道是受一般军阀政客之赐。然而军阀何以如是专横，政客何以如是龌龊呢？我们从历史上观察起来，政客龌龊，那就不得不归罪于从前的教育了。我记得二十年前，时常看见儿童所玩的事物上或灯笼上，不是镌的"一品当朝"，就是写的"三元及第"种种的字样，这就足以代表当时的教育，简直是一种富贵利达的教育。有这种富贵利达的教育，结果就造成一般争权夺利、卑鄙龌龊的政客来误国殃民。至于军阀产生的历史，大概人人都知道，最初的种子，是下于袁世凯小站练兵的时候，而暴长的革命时代，及革命告成之后，仍一切受武力的支配。年年的政局，只有破坏，毫无建设，遂使军阀的势力一天强大一天，而国计民生也就因之演成今日疮痍满目、不堪设想的现象了。这是我们对于革命的缺点，深为痛心的！总而言之，凡是一桩事的结果好坏，全看下的种子何如。中国今日的政局所以闹到如此地步的，就是从先的种子下错了。所以我们今日不想救中国则已，否则非一洗从前富贵利达的教育观念，打破军阀的武力思想，是不成功的。我记得从前在学校的时候，某先生对我们说："我不希望你们都为拿破仑，但愿你们尽成奈端。"因为这两句话，所以我们后来几乎没有一个人不是学自然科学的，这不是一种良好教育的结果么？

（三）要想做一个伟大的成功者，也不可不学历史。因为历史上的人物，如华盛顿、奈端等，可以为我们的模范的，实在不少。不过我们最要注意的，就是莫要蹈他人的覆辙。我们很相信袁世凯的聪明能力都不在华盛顿之下，何以华氏能够造美国，而袁氏不但不能兴中国，反令中国的前途日进于危险的地位呢？这个原故，就是因公私的观念不同，所以他们的结果也各异。诸君读了历史以后，将来若到袁世凯的地位，当要学华盛顿公忠为国的胸怀,切莫再蹈袁氏的覆辙啊!

除以上三条是讲历史的功用外,还有四条,我们学历史也不可不注意的:

(一)要注意原人时代的历史。为甚么呢?因为人类生活的进化及变迁,都发轫于原人时代,而且内容又比较的简单,使初学的人有路可寻,不致有歧路亡羊之虞。但是最要紧的,必须注意他的变迁状况,只记事实,那无益的。

(二)要注意实业史。从前的人,但讲政治史,对于实业史绝不注意。不知实业史关系于我们人类的生活,比较政治史要密切得多。我们知道人类生活的要素,就是衣、食、住。而衣、食、住三者,又无一不与实业有关系。如瓦特发明的汽机、奈端发明的引力,以及现在的恩斯坦发明的相对论,让他们发明的结果,不仅有关于人类的衣、食、住,就是世界的文化也要受莫大的影响。我说这话,或者诸君有点怀疑,其实是一点不错。我们知道传播文化的利器,就是交通上火车、汽船。假使没有瓦特发明汽机,没说现在的南京没有这般文明,恐怕中西文化的沟通也没有这样快吧!照这样看来,实业史与我们常人的生活既如是密切,那么我们研究历史的,岂可不格外注意吗?

(三)要注意思想史。大凡一个国家,有一国家的思想;一个时代,有一个时代的思想。思想的程序,是随时间、空间而变迁的。我们单拿国家的思想不同一点说吧。例如欧美人民的思想都以为社会是人民公有的社会,国家是人民公有的国家,人人对于社会、国家都应负有一种责任和义务,所以社会上没有废事,而国基亦因之日增巩固。我们中国人则不然,慢说对于社会事业毫不关心,就是国家的存亡也如秦人视越人的肥瘠,以为不干我事。现在稍清洁的人,不是束身自好,遁迹园林,即是敬谢不敏,高卧东山。一国的人们都抱这种不负责任的思想,试问国家、社会还有进步么?思想是一个民族文化的基础,所以我们学历史,也不可不注意这一点。

(四)要注意名人的传记。我上面已讲过,要想做成功者,须向历史中去寻求好人物来为我们的模范。不过我们要晓得天下事无大小,断没有不经过一种困难而能成功的。试看历史上大英雄、大豪杰,以及一般大科学家、大政治家,哪一个不是艰苦卓越,从困难当中打出来的!中国人最大的毛病,就是无坚忍的毅力,每遇困难,便垂头丧气,万事都灰心了。这样畏难苟安的人,还有成功的希望吗?拿破仑说:"字典中无难字,惟愚人脑中则有之。"我今换句话说:"天下无易事,惟看人的毅力如何耳。"所以我们读传记的时候,要特别注意一个人一生的辛苦艰难,可以藉此增加我们的毅力,以后遇有困难或失败的事,也不致沮丧失望了。

归纳起来说,历史是与人类生活处处都有关系的。学历史的人,不但要知道他的功用,还要注意以上所讲的四点,把他首尾联络贯串起来,那么对于历史才算有个具体的观念。若是割断了,那就成了一本流水账,还有历史上丝毫的价值么?

(原文刊于《学灯》1922 年 12 月 27 日)

历史学科在教育上的价值

胡哲敷

什么是教育？杜威说："教育即是生活。"又说："教育即是继续不断的重新组织经验，要使经验的意义，格外增加；要使个人主持指挥后来经验的能力增加。"质而言之，这句话就是因为人类有生死之故，才需要得着教育。教育就是做社会进步的吊桥，拿成人的经验传至儿童，拿前代的经验传至后代，如是递相传授，社会乃因之进化。综合此进化成绩而记载之，则名曰历史。所以杜威又说："历史是记载社会的群体之活动中所有重要事实，从前的社会生活，本与现今的社会生活相连续，故由研究已往之陈迹，而寻出其间之联络，可以帮助我们了解现在社会制度与习惯。"他主张："教授历史时，不可以之为过去的事实之账簿，当将其与现状相联络，由现在以追溯其所由来，而阐明其间之关系。从前研究历史者多从纪年的（Chronologioal）次第；但是吾人须知历史记载，并非专为教育目的而作，所以教育者断不可即照历史上纪年的次第教下。教育的方法，最好从一个现实问题着手。例如提出山东问题，为研究之目的物，此时便可究诘本问题何自发生，某国所以能在满洲、山东占特别势力者何故？满洲问题与山东问题之背景为何？此皆为现在的情况，最易令人了解，最易使人发生兴趣。"杜威这个主张，是要拿人生当下的切要问题，用历史的探求，而谋应付的方法，把历史与人生关系，说得很显明详尽了。

故人类之所以贵乎有史，就是要拿前人的经验，做我们生活的借镜，前人走错了的路，我们可以设法避免，不再上当；前人做有成效，我们可以依着路道，更求精进。故历史的要义，就是要做我们生活、学习的参考,近代教育所以把历史的地位看得很重,也是这个道理。就教育上说:不但要人们知道现代社会状况,和一切社会内容,去做适当的适应与改革,并且要使人们认识人生的意义与价值,去珍重人生,改进人生。新的历史,最应该着意于这两方面,做这两方面的贡献。

如是我们就明白历史是活的,是为生人而有的,不是为死人而有的。旧史中记载那些帝王将相的家族世系,及后世一些无聊文人的碑铭墓志,一味言过其实地表彰死人,显扬死人,只算是死人的历史,谈不到真正的价值。史的价值,在能处处与人生切近,处处见得历史是进步的、发展的、生动的。历史上的陈迹,都与现代有因袭相关的线索。譬如我们要明白生活状况的来历,决不能不探讨从前的生活状况一步一步进到现在的过程,不知经了几许因袭更革的步骤,经了几许改革家发明的心血,然后有今日的锦衣玉食、画栋雕梁。过此以往,历百千万年,社会改进又不知达于胡底,然而历史之进程,总是如此。杜威说:"发生于千百年以前的事,若是完全不能给吾人以解决现时问题之光明,此等事实,即是死的,无用的。"梁启超亦曰:"人类所以优胜于其他生物者,以其富于记忆力与模仿性,常能贮藏其先世所遗传之智识与情感,为一种业力,以作自己生活基础。而各人在世生活数十年中,一方面既承袭所遗传之智识情感,一方面又受同时之人之智识情感所熏染,一方面又自浚发起知识情感,于是复成为一种新业力,以贻诸后来,如是辗转递增,辗转递蜕,而世运乃日进而无极。此中关键,则在先辈常以其所经验之事实,及所推想之事理,指导后辈,后辈则将其所受之指导,应用于实际生活,而经验与推想,皆次第扩充而增长。此种方法,在高等动物中已解用之,如犬,如猴——等之常能以己之动作,指导或暗示其幼儿,其幼儿亦不怠于记忆与模仿,此故与人类非大有异也。而人类所以优胜者,乃在记忆模仿之能继续,他动物之指导暗示,恒及身而止;第一代所指导暗示者,无术以传至第二、第三代,故第二、第三代之指导暗示,亦无以加乎其旧。人类不然,先代所指导所暗示,常能以记诵或记录的形式,传诸后代,历数百年数千年而不失坠,其所以能递增递蜕者皆恃此,此即史之所由起,与史之所以为用也。"

由上所言,很可以明白历史与人生之意义了;不过在这历史切近人生的要求中，又会从偏陂的道路，为过量的发展，以致于失却历史的真实价值，反为人类蠹害，则史家不可不慎重了。盖人类既富于记忆力与模仿性，故有什么样的历史，就会铸成什么样的国民心理和社会现状。吾国素以数千年文物礼义之邦自诩，历史之所垂诏，社会之所习尚，皆以崇拜古人为无形的真理，所以一经西洋文化的冲撞，就会产生今日社会上种种颓象。在吾先人之心意，何尝不曰，借前人之言行，以指导人生，然而结果乃竟如此。普鲁士自一八零六年耶拿（Jena）战败以后，发愤自强，思图报复，国中学者亦多注力于此，而史学界更倡所谓历史的民族；历史的民族"就是指波斯、希腊、罗马和当时的日耳曼族，谓其能驾驭全世界，统制全人类，且美其名谓有世界精神"。如黑格尔（Hegel）派的历史家，就显然把世界最高的地位，给与他的同胞，而对他国则具有侵略主义，更以尼采（Nietzsche）的超人主义、俾士马克（Bismarck）的铁血主义，熏陶暗示，遂铸成他们全国国民的狂妄骄恣的历史观念，而卒肇一九一四年的世界大祸。日本自明治维新以来，常以"小德意志"自许，更一味地袭取德人思想，而变本加厉。他们的历史家，都说万世一统的国体如何完善，文化如何宝贵，国民性如何优美，他们的志士如何爱国，忠臣如何尽忠，武士如何侠义……白井规在他著的《历史教授诸问题》中，便谓小学历史教授的目的：一在本国特点的拥护与发扬，二在对于国家责任心的扶植。这几句话若在他们本国《公民学》上发挥，原不能有所疵议，他拿作历史教授的目标，就不免要捏造史实，失去史的真义了。不但如此，他更谓："支那建国之初，就有部落并立，没有君臣本末的关系，所以民为本，君为末，君主不过受天命而救民，这种道德规定，不过是一种政策罢了。欧洲的历史，总离不开放夺杀伐，最奇怪的，驱逐己国的君主，欢迎他人的酋头，这分明大逆不道，偏美其名叫做名誉革命。他们和我们日本万世一统的皇朝比较，你看我光荣到了什么地步！"这显然地把日本民族硬要加到世界诸民族之上，以实行他内以愚民、外以侵略的政策，虽可以做一姓的功臣，却不免于史学罪人了。

此等处看起来好像于他本国人生，是切近了；而不知这样假借史的名义，供野心家的利用，不但其所谓人生是极损人而不利己的人生，是极不正当的人生，即退一万步说，姑不去管他所谓人生正当是不正当，但其所利用者，不是真的史实，而是出于矫诬捏造，总是毫无疑义。则其所谓史者，只能算是一部分人特制的某项宣传品，而不可名之曰史。

凡此都是从偏陂的道路，做过量的发展，失了史的资格，是新史学悬为厉禁，绝对不许的。新史学第一个要件，便是科学。受了科学训练的人，不但在实验室里，对于研究的对象，要穷其所以然，就是对于社会人生的事情，也要穷原究委，得个实际的认识。因此历史学的精神，便与从前大不相同了。从前的历史，大半为做文章取材料，或做事情取榜样，故史的内容，在热闹丰富，现在完全为认识人生，认识人类社会，所以史的内容，不在平铺直叙许多史事，而在忠实诚信指出人类社会进化之迹。换言之，从前在取材多，今日在取材精；从前在记忆，今日在了解；从前在精巧或呆板的引用，以为文章的工具，今日在深切和具体的玩索，以求人类社会变迁的意义。总之是要使历史的事实，化为有用，化为生发，使与人生日用平常，有密接的关系，这便是历史学科在教育上的价值。假如能照这样的方法去教历史，那么不但不会发生陈腐恋旧、是古非今的恶习，并且于人生有极正大、极切实的指导。

（一）可以医救人们肤浅轻浮的病症。因为轻信是人类普遍的怠惰性，而文化程度愈低的国民，其轻信心亦愈甚，而一代一代的递相轻信，竟会把古代的神话传说，都当做真实的史事，后人复凭其轻信怠惰的心理，不去详加考证，一味轻信古人，把自己的精神思考，都无条件地献给古人，以为古人都是神圣，至少都比现在好，如是熏染遗传，直接间接，养成人类肤浅轻浮的毛病，武断盲从，几成第二天性；然而这是不正确或可以说是不正当的历史所产生的历史观念。自历史学受了科学的洗礼，对于从前的史实，都有个重新估价的意念，处处存怀疑的精神，用考证的功夫去衡量从前史实，有时为证实一言一事之微，而不惜费几许工夫，则史家态度宜尔也。故人们受了科学化历史的训练，其发于行事，必能脚踏实地，不蹈空虚粗率的毛病。就是有时发为理想，亦是处处根据事实上、经验上，发生出来的，不会有那言过其实、太超远、太玄妙的空调。

（二）可以认识人生和改进人生。历史是记述人类演化的成绩，是进步的、不断的进展。人类的生活，是由简之繁，由浑之划。鲁滨孙曰：

"新史学要脱去从前那种研究历史的限制。新史学这样东西,将来总可以应付我们日常的需要,他一定能够利用人类学家、经济学家、心理学家、社会学家,关于人类的种种的发明——五十年来的种种发明,已经将我们对于人类的来源、进步,同希望,种种观念革命了。五十年来没有一种科学,无论是有机的,或无机的,不受重大的变化。而且有许多新科学增加出来,他们的名字,在十九世纪中叶以前的历史家,亦都不知道。史学这种学问,当然免不了混入这个革命潮流里面去。不过我们不能不承认现在有许多历史家,还不知道历史有革命的必要,无怪乎现在普通人对于历史的范围同性质的观念,还是陈腐的很。"我们看他的这一段的言论,一方面见他高唱史学革命,一方见得史学经了革命之后,无非是要能应付我们日用的需要,和改进我们对于人类的来源进步同希望的种种观念。有了这种时时改进的观念,自然就不会眷恋往古,希冀那退化的人生了。

(三)可以扩大眼界破除囿于一域的地方观念。历史原是记载各时代各民族的风俗习惯、政治、宗教等制度,而各时代、各民族的各种制度,势不能以一致;故历史学科根本就建筑在此种不同制度之上。假使过去和现在没有不同的地方,此民族与彼民族也没有不同的地方,则历史一科,就可以根本取消。历史既是专以研究种种不同为职志,则其势不应该执一以例百,或妄自尊贵,而鄙小他人。《汉书·西南夷传》称:"滇王与汉使言汉孰与我大?及夜郎侯亦然,各以一州王,不知汉广大。"所以研究历史者,应自知本国不过是全世界的一部分,本国民族不过是多少民族中之一。历史的最大目的,就是使我们了解每个民族,都有他特别长处、特别短处,若恃己之长,乃为傲慢侵人的资料,而蔑视他人,则井底之蛙,夜郎之智,何足云史?然而过去世界之史学,其能免于此者亦幸矣!无怪韦尔斯谓:二百年前世界著述中无一种足以称史,则所谓扩大眼界,破除囿于一域的地方观念,不得不恃乎新史学了。

(原文刊于《中华教育界》第19卷第10期,1932年)

改造民族性与发展历史文化教育

卿会

一

一个国家或民族,处于内忧外患交迫的环境中,要图自救,要求国家或民族之复兴及完整计,非有赖于积极提倡民族主义的教育不可。就历史方面来考察,民族精神的提倡在近代教育上已有一种极有力的趋势。德国的复兴全赖民族思想的发扬,普鲁士自一八〇七年战败,缔结 Tilsit 和约之后,国家几于解体,濒于危亡,世界主义者的菲希脱(Fichte)激于普鲁士之失败,于一八〇七年至一八〇八年在柏林科学院讲演,"告德国国民",以普鲁士之败,应归咎于国民自私自利的心理、政治团体的孤立,及社会阶级的分离,全体国民缺乏团结精神及爱国观念,他都认为是民族衰亡的征兆,应该铲除无遗,而代以一种以社会为前提的自我牺牲主义。他又以日耳曼民族自有其纯洁的特质,应发挥光大于世界,万无毁败的理由,菲希脱以唤起民族意识、复兴民族地位为职志,并主张以教育为达到这鹄的之唯一手段。果然德国自实行民族教育后,不久就恢复她的地位。这种精神直到现在仍保持着,学校内对于爱国和国际亲善的道德教育均同样的重视,而学校内文化学科(Kultur Kundiche Facher)之设置,即以发挥德国民族文化为目的。故德国于大战受巨创之后,仍能迅速地复兴起来。

像菲希脱主张在教育上极力提倡民族精神的,有法国的傅意野(Fouillee)。在一八七〇年普法战争后,傅意野以法国的失败,归咎于教育的缺点。他著《国家的教育》,畅论复兴国家与教育之关系,大旨与菲希脱同一情调，他认为国民是统一于集合意识的有机体，具有一贯的性情、习惯与精神。教育的目的，不仅在谋种族的幸福，尤在发扬固有的国民性，凡优秀的国民，不应仅计自身的利益，散漫而无统一的组织。军队必富于服务与牺牲的精神，始能胜利，同样，国民亦必富于服务与牺牲的精神，才算是优秀的国民。

我国目下所处的境况，亦与一八〇七年间的德国和一八七〇年后的法国相似，或更加困难。外有强敌之侵凌，内则政治之不能统一，处于危如累卵的境况中，全国上下仍漠然视之，可知民族意识，已消失殆尽。惟我国民族意识之消失，虽原因甚多，但教育之未能尽其功用，也是一个根本原因。从任何方面去看，民族复兴有待于教育之改进，至为迫切；至少与政治、军事、经济等有同样的重要性。自十六世纪以来，欧洲所以发达世界所以进步，皆由民族主义所磅礴冲激而成。如意大利的建国、德意志的兴起、巴尔干半岛的风云，以及所谓大日曼主义、大斯拉夫主义等，都是民族主义的表现。这种民族主义的孕育，殊有赖于教育从事鼓铸民族精神与信念。惟目下我国教育上的弱点，暴露太多，在量的方面，国家向漠视国民教育，机会不能均等；在质的方面，教育内容失之空虚，与实际隔离太远，结果不但不能激扬民族情感，发挥国家意识，并坚固团体之行动，以达到民族复兴之理想鹄的，反有远离理想目标背道而驰的趋向。今后欲挽救我民族之危机，自非从教育上亟行改造不可；而改造之途径，尤应注意民族观念的养成。故去年十二月教部发表教育部九月来整理全国教育的说明中，详申民族复兴的旨趣说：

> 中国民族复兴，必有待于教育者有二：一为养成国民之民族观念，一为恢复国民之民族自信力，……盖中国社会缺乏组织，缺乏纪律，已无可待言；个人自由既视为素常，则一切团结要素，乃极端缺乏。结果民族如一盘散沙，丧失其团结进取之精神，此在教育上非以民族观念之培养为其主要内容，实无从救正。又中国因西洋文明迅速输入，不暇作审慎之抉择，于是纷纷抄袭，茫茫追寻，终至于无论任何制度、文物、思想、学理，一到中国即成逾淮之枳，此皆由于失其民族自信所致。国民既忘其民族之固有文化，对于外来文化之吸收，自失其自主；对于新文化之创造，就缺其基础。文化

必须创造，而创造必须以固有文化为其基础；失此基础，则世界文化融合无自，迎头赶上去，更谈不到。此在教育上又非民族观念之培养为其主要内容，亦无从救正，此改进全国教育应注意民族复兴之旨趣也。

教育部这个说明，指出我民族性之大病，就是民族如一盘散沙，丧失其团结进取之精神，与消失其民族自信力，这种观察对于我民族病症的诊断，可算极中肯綮。民族之所以丧失其团结进取的精神，实由于自私自利心理的强烈，因是缺乏国家的观念、团体的精神。民族失其自信心，实由于缺乏显著的民族意识，竟至忘却民族的固有文化，失去民族自尊心与自信力。而且习于虚伪夸大，没有脚踏实地、向上努力的精神。故国人每每相标榜者，非不动听，然而终鲜实效。这些民族性的弱点，实有亟图改造之必要。

二

对于上述各点，吾人既认因时代环境的要求，吾国的民族性实有改造和纠正的必要，而这种努力必须从整个民族上来努力，决不能枝枝节节。而教育上的努力，实为改造民族性与发挥民族精神的基础，兹略述其要义如次：

（甲）课程上注重本国历史文化教育以改造民族性

我们既认定今后应当以教育作改造民族性的工具，为达到这种目的计，按目前中国的教育，急需积极改革的问题很多，但就课程方面论，则为应注重本国文化与本国历史。德国各大学都设有"德国文化部"，中国各大学也应设立"中国文化部"，专研究中国哲学、艺术、历史、地质、教育等，研究院和大学校研究的结果，择其重要部分和适应青年心理的材料，编入中小学教科书内。国语、历史、地理、公民等科尤应注重提倡民族精神的文化材料。

（乙）注重本国历史教学培养正当的国家观念

要实施民族教育，本国历史在课程上最为重要。我们生斯，食斯，养斯，育斯，高巍巍的山岭、静悄悄的江河，数千年来吾先民辛苦经营，由草昧时代而渐进于今日，其间民族的分合、文化的演进、制度的因革，应有相当的认识，现代的文物粲然，故由过去从榛榛狉狉的时代，一步一步，蝉蜕更革而来，使学生对于先民的坚卓经营与伟大的造诣，肃然起敬，并引起学生珍爱本国文化，与继承先业发扬光大的精神。虽然文化的由来，固非一朝一夕之故，而文化的寄存，却赖国民的国家观念以巩固。大概这也是历史本身特具的魔力。没有那一国的国民，读了他本国过去的史迹，而不动其爱国家、爱民族的观念，所以被灭亡的国家里面，她的国民便没有读本国史的权利，如印度、朝鲜便是一个现成的实例，故历史学科系与国家同其休戚存亡，历史学科的教授，大抵以养成国家观念为其本身目的，这是毫无可疑的。有人以为历史目的是广大的，没有此疆彼界的，不应当专注重于一国的国家观念，且国家思想易流于偏狭，结果难免于军国主义或国家主义的途径，而走不到光明的大道。如十九世纪之末，各国国家主义发达的结果，更进而为民族帝国主义（National Imperialism）。凡国民的实力，充于内不得不溢于外，于是汲汲专求扩张权力于他地，其侵略的手段，或以兵力，或以商务，或以工业，而用一政策去指挥调护，如历史上俄国的经略亚伯利亚、土耳其，德国的经略小亚细亚、阿非利加，英国的用兵于波亚，近如日本的强占满洲，都是这主义的流毒。故罗素咒诅近代国家的教育，完全做国家主义的工具，学校所授历史的教材，多出于伪造，极力宣扬自己民族而蔑视他民族的人格，故罗素主张世界历史应由国际联盟主编，以救正各国国民的谬误历史观念。（参阅罗素近著《教育与现代世界》）所以于此须注意的，就是我知尊崇我历史，爱护我国家，同时亦应该推己之心，及与他人，而不可稍存蔑视侵略的态度，则所养成者，乃是正当的国家观念。

（丙）养成不虚伪、不夸大、专尚实际的历史精神

历史学科研究的精神是科学的、实验的、处处要证据的，史家的精神，端在寻根究底，所谓"无征不信"。教历史者应该本这种态度，养成学生不虚伪、不夸大、脚踏实地的精神。年来国内青年，因受政治影响，多奔走于贴标语、喊口号，而不暇去求实学。社会也存在足以养成青年浅薄虚伪的病态。凡一新主义、新思想甚至一新名词之来，总是以耳食

代心得，人云亦云，盲从附会，不去根究其由来、其内容、其是否与我国社会生活能相适应。现在浅薄浮嚣之气充满的社会，历史教师，最应该纠正人们这种病象，拿历史精神——寻根究底、无征不信的精神，陶铸学生，使于明了史迹之外，养成脚踏实地的精神，救正青年空虚粗率的毛病，这是历史教育应抱的重要目的，也就是改造民族性必须注意于本国历史文化教育的原因！

（原文刊于《建国月刊(上海)》第 9 卷第 4 期，1933 年）

精神教育与历史

J.Gould 著　重湖译

人是什么？一男，一女，一儿童是，身体与灵魂是，这亦是一种复杂的精神力量，或被压迫，或终于战胜，人是继续的、不畏艰险的，在海上、陆上追求精神之健康与心神之统一，如在宗教与理性范围内一样，从根本意义上说，人是站在战场中。

我们请青年与我们联合起来准备战斗与研求，由是而成立精神教育，另外，将来有一日我们可不用精神一名辞，单用教育一名辞，由此名辞，人类向青年呼助，唤起青年的注意。

生活的意义为研究、奋斗、痛苦、快乐，最后成功。人过生活，即是战胜许多障碍，如战争、奴隶、疾病、错乱、无知，种种，然不应该信这些障碍是与生活不可分离的，他们是在吾人存在之外的，仅是生活过程中之偶然事件。在卡郭卫 Crakovie 附近有一土山，由波兰人用土块堆成为尊崇 Kosciuszko 将军者，这山仅是附属物，主要者为 Kosciuszko 将军。

照我的意见，自十八岁至二十一岁之少年应概受精神教育，受此教育之场所或在家庭，或在学校，或在家庭、学校以外，并且我想受了此种教育之后，这些青年在社会服务机关或其他机关应该能实行此种教育之原理。我确信二十世纪的文明，以他的经济的与知识的丰富，应该担负此种责任。

所有民治国的青年直到成年时期，不可免除适当的精神教育。少年人之精神力不是自然具备的，是由启导与训练，由此启导与训练，我们称为教育。所谓教育，不是教师以自己个人的意思勉强学徒遵行。

教导青年，是在于启示他的心灵，使知过去崇高伟大的历史与现在人类之努力，从而深思，从而渴慕，从而力行，是则历史研究当选择历史上奋斗及进步的事实与少年之解悟相适应，应将伟大的历史成为一幕可歌可泣的综合戏剧。

让我用一象征以表现我的思想：希腊之亚德拏 Athena 与罗马之米莱甫 Minerve，我们可以预言的态度来说，希腊人很有理地选择一妇人来人格化他们的理想。亚德拏为青天，清洁空气与健康之女神，她的各种表德，如犁、轭、橄榄树、构造船舶，表示征服自然。她是纺纱、织布、铁匠、木匠厂之女主人，她奖励音乐、舞蹈、各种节目与种种艺术，她主持科学与玄想，méditation 而玄想乃各科学之生命。她的天才使希腊公民爱国心更加发展，民众节日愈形喜乐，联邦情感益形融洽，和平日加坚固，她的刺马距，她的盾，她的兜矛，非用以攻人，仅为自卫与胜利之用，及保存社会生活之明智。

照我们的意见，这古典的、象征的人格，在人类史中是所有价值集中于神女之一身的，初步的综合。而此种天才已为人类社会及基督教、中国与日本之佛教及他种宗教，并印度之有名史诗所共同尊荣。

近数年来，教育因许多科目之划分，表现混乱，没有任何的理想主宰其间。我心因感觉愁闷，我于是乎想及我们自后应把历史为此至要理想之根源，我已自然地想到真有教育价值的历史，不可如现在的侧重编年的历史。

直到现时，在全世界，一切历史学者限于用两种方案来写编年表，一为一般历史的事实，一为各国的个别历史。依我看来，这种编年史仅是报纸式之过去记载，从史前到欧洲大战后，他们仅将这种年代表增加不止，真的，这些年代表已搜集了许多有用的材料，然我想再不应以此增加青年脑力的负担。

照我的意见，有益的历史著作是在于默启青年以有价值之不断努力，此种有价值之努力，是为每个时代，从人类全体看，或男子、或女子之个人精神力量之所寄记。

从 1932 年起，在许多会议中，我已拟出一社会进化史纪要方案，照此方案，历史教学可分为下列五篇：

1.——人类宰制自然：农业、矿业、迁居、垦荒，这些重要事可包括在人文地理内。

2.——工业、机器、商业、货币史。

3.——艺术史:诗、文学、音乐、跳舞、衣服、绘画、雕刻、装饰与园艺。

4.——科学史:从最初宗教信仰到法术 Magic 以至近代之批评的实验的方法。此篇之主要为哲学的永存观念 Pérennité Philosophique 如哇吕斯达罗 Orestano 所言。关于此点,自不能达到其最完全、最高之域,但在此广大领域内,我们所谈已超过青年的知识界线。

5.——社会生活史:家庭、城市、国家、殖民地;政治、弱小民族之解放、合作运动之进步;言语与宗教之进化,以及不顾许多障碍,为求成立各种族间之世界共和国的伟大奋斗。

当草此方案时,我们兼顾亚欧,原始人种与能造寺院、大学,或机器之文明民族,而无所偏重,于记述人类宰制自然、工业、艺术、科学之进步与社会进化,此方案已将人类之创造事业从最初的无能直至现在的力量都表示明显。

历史教授应提明历史上所有战争,残酷、奴隶之各种形式,种种疫疠、错乱、无知识;因为少年人若不认识英雄应战胜所遇之困难,他们对于英雄必不生仰慕之心。但应该了解各种障碍并不是唯一要点,人类之精神力量如善良、博爱、彼此互谅、法则、正义、信任、名誉、互助、美、真与快乐,在原始时代粗暴的黑暗意识上构成一种照耀的光荣。

上所拟之五篇有如历史之默启者(废弃编年制),实际上我毫无新贡献,同样的综合,在更初步的形式之下,已由希腊的诗与亚德拏,即集合健康、工业、艺术、科学、社会团结与明智之女神的象征所组成。

我们事先拟定此根本原理以为教育应该由社会进化之最高理想所支配。

外此当令人了解者为如此之历史教学,不可用以教未满八岁之学童。

关于幼童教育,我愿人注意两个重要人物!一为人文学者福禄倍尔 L'humanis-te Frobel,一为蒙特梭利夫人,此二人皆属天主教中人。自教育之意义上说,彼等对于幼童性质均示人以总合之知识,在此哲学基础上,我愿幼稚园教师能细心研究我的五篇方案,而利用塑像、图画、唱歌、游技与姿势,他似可得到某种教育方法,如此他们可将八岁至十五岁之幼童的脑力准备良好接受最有系统的教育。

我毫不宣传任何信条:有如此多教师,即有如此多教授法,但我们可决定说,例如亚洲的教授法(著者不知亚洲如中国等已采用欧美教授法)是很异于欧美教授法。

为欲他人很明了我,我现愿拟一教授法大纲,此教授法可施于世界史,及简单与具体的国别史。历史进化可分为三大时期,每一时期可分作两年教授:1.古代文明史,2.中世纪文明史(从耶稣纪元后四百年到一千三百五十年,当意大利诗人但丁时期),3.近代文明史,与它的无数分枝及它的新学理与新趋势。

在每一时期内,历史教学依照上述五篇内规定之次序而教。当讲授每个时期时,历史教师须留意从传记、神话、传说与诗歌引笔,良善、恢弘、美、团结或理想之模范人物在各时期历史事实中遇着者,作为历史教法的例证。

我坚持这一个根本要点,即如上所说之历史应该对于学生发生一种热力,而不仅是被人当做一种教授材料,教授材料如写字、算术、音乐、图画、卫生等,均应附属于历史内,而依照总方案,这些材料都可在各时期历史研究程序中有一定的位置。举例言之,一八岁至十岁的小孩在学校时,效法为古人,如希腊、罗马、埃及人等所有的计算、度量、权衡、观察与说话的简单方式,这不是很自然的么?我要通常的人,不是要哲学家做这些古代的研究。因研究古代的喻言、传说与故事,少年人不是更能了解那些精神上与道德上的大问题的意义,当他们从枯燥的语句或简洁的信条中所表示出的而晓得这些问题时吗?

如此,从生活之始,我们对青年开示,文明进步之大好舞台,在此舞台中,他们自己的发展一部分,我们并示彼等以方事经营之将来进步,及一新冲动使我们走向他日创造之一交接点,我坚决地说定,如此意义与如此教授的历史,是一幕永久的戏剧以及此种历史教法与帝王的、战争的、议会的编年录之相差,等于东方与西方之相距。且让我继续一谈历史之剧幕性质,如果我们详细思虑,可概述人类在自然界之行动,工业、艺术、科学、社会生活与宗教之上述五篇,我们即可看出八个活的人物,渐次从人类的整个进化中现出来。

1. 为社会权力中心的女性。
2. 应当重视与教育的小孩。
3. 一切手工人,即猎人、牧人、耕田人、伐木人、开矿人、负物者、驾驶海船者、领导骆驼者、木匠等等。
4. 家畜,自科学的与爱物之情的观点来看,我们应将其列入。
5. 政治与工业首领,他们在文明之流上抛了一些桥板,于是社会得有秩序,出产品得以转运。
6. 理想者,即预言家、改良家、殉道者、美术家、发明家种种。
7. 各民族产出之刚强与有力的模型人物,如波兰、日本、坎拿大、爱尔兰、西班牙、阿根廷及其他民族。
8. 人种,即颜色不同,位于进化殊异的阶段上的人类,但各人种应生活在地球上而成为良伴。

既列举此人类集团的具体八个人物,我趋赴教育者之前并对他们说:在历史剧幕每一时期中,你们当使人类各重要成员之忧愁、斗争、快乐、战胜充分表现于你们的学生之眼前,且不要忘记这些较低的动物,其他一切于幼年了解上述的五篇历史及伟大模型之人物无补者,皆非真教育,即可忽略,无疑地应该叙述战争、残酷、奴隶与他种丑恶,但最有兴味、最有利益之中心重要处,是乃人类向光明之发展。

以上所说应该是幼童直至十四岁时之教育基础,关于成人教育,我仅略贡数言。对他们,可将通史重教一次并及国别史,如波兰、爱尔兰、印度、合众国等等,同时,教他们以各种有系统的概念及一般的能了解的数学、物理与社会科学且于其间包括每一科学之纲要史,而此教育之全体应被永久而普遍的哲学理想支配。此种人心(情感、想象与智慧)之副性的与宗教的训练实际养育幼年人,在变动不居的形势之下,为家庭、城乡、本国及人类服务。历史即是教育,由历史我们可创造将来。(作者拟此方案,文字无多,已将人类文化史提出纲要,中间有数处,尤足令我国人警醒,爱译出以供历史教学及教育界人参考。——译者志)

(原文刊于《中法大学月刊》第8卷第1期,1935年)

历史教育之本质

吴绳海

自历史成为一种独立的科学以来，历史教育因之也成为研究问题之一。于是科学的历史学和以教育为目的的历史学之间，遂发生了不一致的理论及其内容。我国教育的目标是著重在复兴民族这一点上，欲达到民族复兴的目的，则国民的教育素养最重要者，非使之明了先民过去奋斗的往迹不可。那么历史教育在现时的我国自然成为极重要的课程之一了。试看教部颁行的各种课程标准，下自小学的五、六年级，上至高级中学，其他还有各种的师范学校等等，无不有历史功课，少者每周二小时，多者三小时乃至四小时，对于吸收知识能力有限的青少年，这样多的历史课程时间也不能算少了。

但是我们要反转来想一想：由这样的课程标准之下产生出来的历史教科书，（一）其内容适合于教育的目标与否？（二）被教育者学生所得的是什么？（三）学生们对于读这教科书的兴趣如何？这些都是值得教育者研究的问题。第一个问题的要点，换句话说，就是国家教育目标所能寄托者莫过于历史，故历史教科书的编者及教育者应该如何地审慎、如何地注意才能达此目的。这正是和其他课程本质上不同的地方。例如物理学，无论在什么国家，所讲的当然是一样的，我们断不能在物理的定理或实验中加入国家教育中心精神。教育的目标无论如何地不同以致于相反，物理的定理是毫不受其影响的。这完全因为教授材料是决定的了，所谓"物理教育"者，无非是参入了一点教育的过程而已。历史教育完全不是这样的了。

我们既知道国家教育的目标所能实施者一大部分是在历史教育之

中,那么如何应用到历史教科书的实际内容及其体裁上去,务使被教育者在极易接受该教科书的内容的情形之下,灌输历史的知识,同时发扬国家教育的中心精神。庶几上述第二、第三的问题也可以解决了。

自来一般学生对于历史是认为能使人学得头痛的学科之一。造成这种现象的原因,我以为大部分是由于未认清教育的目标,以致对教材的取舍未能适当有以使然。因为未认清目标,故无一中心思想可作依据,再加之编书者的技术不高明,徒自将一些年代、人名、地名大堆地塞在书里,学生为应考试起见,死记一些这样的年代、人名、地名等,而对于最重要的史实的内容及其意义,却是茫然,由茫然遂生出对于历史课程厌恶的普遍现象。至于要他们由教科书中了解国家的教育精神,更是谈不到了。在报纸上曾经有人发表过几次中学生历史程度低劣的文章,那种在常识以下的低劣情形,固然由于学生平时的不用功,但若进一步研究程度低劣的真正原因,未尝不是在教科书本身的问题上,至少有一半原因在这上面。

话似乎说远了。现在要谈到本文上来,研究"作为科学之一的历史"与"以教育为目的的历史"之间,究竟有何差别之处?关于这一点,有些学者以为历史学本身虽然现在成为独立的学问之一,和其他各种学科都一律地各其特殊的范畴,但是就历史本身来研究,凡称为"历史"的书,或"历史"这一名词,就已经是包含了有教育的意义。即如司马光的《资治通鉴》,在其初起时,也是一部富有教育意义的著作,虽然其目的只是教一个皇帝如何成为一个"明君",而在今日已失去了教育人民大众的价值,但仍然是有足供我们采取参考的材料在内。何况中国古来都是将历史视为是"温故而知新"的学问,唯其温"故",所以方能使我们知道"新"的。这不是"教育的历史"是什么?所以中国自来只要是历史,其性质无不是足以教训人民的。因为如此,故不必分什么"科学的历史"和"教育的历史"。

关于这样的议论,我觉得不十分妥当。过去的史迹是如何,在"教育的历史"中我们当然应如何去叙述,断不能捏造出一段史实来欺骗学生。但是实际上进一步来研究,就觉得有问题了。我们既然已将历史作为教育,至少我们须顾到有教育的价值与否这一点上去。不然,以一部"二十四史"送给一个十几余岁的学生,他真是嫌放的地方都没有。关于考虑历史之教育的价值这一点,我想是没有学者反对的。那么,此处就发生了以何为标准去选择历史的必要了。这一点正是"科学的历史"与"教育的历史"两者不同的关键所在。

"科学的历史"的研究者,例如研究到三国、两晋、南北朝,或是五代十国的历史时,这些时代的如何纷乱扰攘,兴亡起讫的颠末,当然是愈求其详尽愈好,文字不足以说明,还可继之以图表、插画。不要说是一个时代,就是某一时代中某一个人的研究,也大可以费三五年功夫,写数十万字。但是在教育的历史(也就是教科书)中如何?设若对于上述那些纷乱的时代,如一般历史研究者那样的将战事的胜负、朝代的推移等等,即使是缩少字数,编在教科书中,然而学生读了之后所得的是什么呢?我并不是主张历史教科书中不必叙述事实的经过。我们所需要在教科书中的史实,只是一个轮廓就够了。最重要的我们是需要"有意义"的内容。此处所谓的意义,第一,当然是国家教育的目标;其次,是指史实发展的彼此关系,以及文化上、社会上重要而有价值者而言。

不但如此,而且还要更进一步:往往在"科学的历史"中不占重要地位,而在"教育的历史"中却有极大的意义。这样的例子是非常之多。姑举极通俗的一二条为例:伯夷、叔齐义不食周粟,饿死在首阳山的故事,是很多人都知道的。然而在科学的历史中却占一极不重要的位置。中国自古两个朝代交替时候的杀戮到数千百人是不算一回什么事,在所谓"流血漂杵"的周殷战争中有两个人饿死在山里,那是更不足以惊讶的事了。其饿死的事实在科学的历史中也只不过是"饿死"而已。然而在教育的历史中如何呢?夷、齐"义"不食周粟的典故,数千年来成为国民的常识,成为道德的格言,其在教育上的意义,也可以说是大过周武王灭殷若干倍。再举一个例,就是孟母择邻三迁的故事。若以实事求是的、科学的历史研究法看来,无非是战国时代在鲁国的一个地方,有这样一个家庭,为了便于教育儿子起见,搬了三回家。事实只此而已。这能算是一回什么大事呢?在战国时代教育儿子的母亲也不知多少,搬家的人家也不知多少,然而中国国民中到现在还是引来作为教育儿女的美谈。这岂不是更可以说明教育的历史和科学的历史本质上的不同所在了吗？

我们若放开这些通俗的"教育的历史"不谈，在史书也可以找出适当的例子。欧阳修撰述《五代史记》，特辟了《死节传》一卷，他立这一卷的意义，完全因为当时那样的分裂混乱，世道人心的颓废达于极点，士人们气节更是丧亡殆尽而作的。例如当时以才学出名的冯道，竟历仕后唐、后晋、辽、后汉、后周为相。欧阳修在已有薛居正的《五代史》以后，又撰这部《五代史记》的用意，正如陈师锡的序文中所谓"奸臣贼子之罪，忠臣孝子之义，不传于后世，来者无所考焉"这一句话上。这不是含有教育的意义是什么？欧阳修在如此立意之下作《死节传》，然而当时的世道是坏极了，亘五代五十余年中，只收罗得王彦章、裴约、刘仁瞻三人。

于是我们反转来想一想，这三人在科学的历史中所占的地位如何？不待言，是占极不重要的位置，研究五代历史的人，即使不提及这三人也可以做出一部极好的《五代史》来。欧阳修特别提出这三人，为他们立一《死节传》，完全是在"教育的历史"这一点上着眼的。

除上述历史之"教育的价值"大小论以外，还有一点须在此提起的，就是：历史是一种伦理教育。有些学者往往以为在教授历史史实的时候，申述一些对于国家、社会乃至家庭，自己的责任及义务等类的言论是一件不必要的事。其实，我们时常觉得如伦理这类纯粹理论的学科，与其由正面去教导学生，不如从过去的历史上给以适当的知识，使之有反省的机会，倒可以得着健全的思想的基础。

至于如何方是适当的知识，这是全在历史内容的选择问题上面了。历史学本身原来是不含有什么伦理批判的性质在内的，所以每每由伦理的见地看一个人是元凶巨恶，而他在历史时代的推移上是一极重要、值得大书特书的，因并无伦理批判的要素夹杂在内，故有于国家的行动在历史中亦成为极光彩的内容了。

这样的史学方法和史实，我们若应用到历史教育里去，确是一件极危险的事。例如南宋的秦桧，我们现在固然知道他是卖国的奸臣，但这是因为我们自幼已受过了伦理教育的陶冶才知道的，设若我们对于秦桧一无所知，毫无先入之见，现在来读一篇纯粹史学（即不含伦理教育意义在内的史学）研究的论文，由当时的时势和中国国内的空虚、财政的紊乱等等方面，则秦桧的对金政策，也未尝没有可以研究之处。同时，他在当时历史中所占的地位是非常重要，设若我们要著一部《宋金交涉史》，则秦桧当是书中主人公之一。

然而我们将这样的史学方法应用到历史教育中来，又将如何呢？被教育者若已有相当的伦理批判的能力，固可藉此使之更有反省的机会，加以批判，以作构成健全思想之一助。不过对象如为对于伦理批判尚未成熟的青年、少年（中、小学生），实有加以考虑的必要。因为他们既无完的批判能力，不能造成反省的机会，反因此而发生赞同这种异常行动的结果也未可知。中国神怪旧小说中往往有神出鬼没、不近情理的描写，而缺少批判能力的青年少年所受恶影响之大，已是很显然的事实，此处当不必细加说明。

如前所述，便发生了历史教授者的方法问题。历史教授者对于史实内容的善恶如何，若不以适宜的方法注入学生脑中，以启发其批判能力，则学生绝不能发生出健全的思想来。要如何方能收此效果呢？那么，足以启发这样批判能力的历史教育自然是必要的了。

拉杂地写下来，已费了不少《教与学》宝贵的篇幅，而我觉得对于历史教育的本质尚未能叙述完尽，其他尚有历史教育的目的、价值以及其内容，本国史教育与外国史教育的比较及其特质所在，历史教师的态度等等，都是在历史教育的本质范围内应当讨论的问题，本文俱未提及。那只好待以后有机会时再写了。

（原文刊于《教与学》第 1 卷第 4 期，1935 年）

历史教学与品格教育

Lynn.E.Caste 著　黄广勤译

晚近欧美教育界皆集中视线于品格教育。诚以社会上种种严重问题多与公民之品格有关,往昔纯重学问之灌输,而无道德之教养,此种设施在今日已无立足之余地。故美国且有品格教育委员会之设,专计划品格教育之推进,举凡学校课程,各科教学都寓品格教育于其中,兹篇为专论品格教育与历史科教学之关系及应有之改进。爰译之以饷今日之注意此项运动者。

现时教育家皆努力于学校各部门及各科目的区分,使对于儿童生有效之影响。历史教员并其他教员莫不欲洞悉本科与整个儿童之发展有何种关系,也想知道本科与教育上新运动发生什么关系。现且让我们来一谈历史教学与新近盛行的品格教育两者有什么关系吧。

品格训练之为教师的一种责任,此说古时已盛倡。远溯于希腊时代其教员都相信完善生活之获得,须从理解入手,所以他们在寻求这种方法来指导学生。如康比利斯(Comenius)之觉得自己有发展学生健全生活之责任,而赫脱巴斯宾赛(Herbert Spencer)亦注意于健全生活之教育。从前美国一般人都认定全学校有某部门是要做发展品格的工作的,比及近年犯罪事件之风起云涌,社会问题之日趋恶劣,益令人加度注意于品格教育了。

新近品格教育之运动其对象甚为混乱和复杂。"品格教育委员会"①曾订立十七种重要之理想标准,每种下面再详分缕析,现且录它

---

① National Education Association, *Tenth yearbook of the Department of Superintendence*, 1932, 31—59.

最普通的几条来讨论讨论。

好像通善(General Goodness)这一个品格教育的概念,实在不能帮忙我们了解什么。窝达涅文(Walter Lppmann)[①]曾这样说过:"道德学者的一般错误,其根本之原因在他们看不到这点:即是在这个世纪里道德者之任务,并非在劝人为善,而是在阐发'善'是什么的一种东西。"

那些编辑课程之委员们,都把各种范畴与品格教育之题材,互相吻合。为使儿童和重要的传统事物相一致,那品格教育的实施程序该帮忙学生"去找各种方法以建立一种胜于乃祖乃父的生活"。实在一种制定行为的表式,常会使儿童之反应,变了呆板和狭窄,致他们对于复杂而变动之生活环境不能顺应。

普通的品质如诚实,侠义都不可作为特别的标准,因为这些品质都不能像功课般学习的,它只是一个健全生长和人格完成之产物。如其徒然注重于品质、德性和理想,那么愿意的行为和不愿意的行为其真正之原果,反致弄不清楚。另外有一困难,即当解决一模糊两可的道德问题时,此等品质或德性之概念愈使我们浑混;这简直无益而有害。严重些说,所谓品质、德性,若推而至于极端,那时不惟变了不道德,而且变为罪恶了。所以赫脱巴派以历史上人物之德性可为训练儿童,上述诸点,便是他方法上最困难之点。关于赫脱巴派之理论,在后再有提及的。

自制(Self-Control)这已经认为品格训练上之一个目的了。但自制之原因何在?为什么要自制?却不能解释得来。同样所谓自表(Self-Expression)也是一样地难于应用。所以要教儿童达到中庸之道实在谈何容易?

好美在品格上被称为妖惑,但美之观念却是一般训练之目的。其他如真诚或服从良心等品格在各时地上亦具有不同之意义。好像那个行为的格式表与其说是教我们做一个道德服从者,不如说是教我们做一个道德之创立者。

假如我们是十足的实用哲学家,对于杜威(Jhon Dewey)所举之品格如生长(Growth)和变易(Becoming)便可以拿去应用。

---

① Lppmannr, Walter, *A Perface to Morals*(New York: The Macmillan Co, 1929), 348.

诚如慕尔生(H.C.Morion)所言任何人之人格,不过是他的学问之总和,所谓学问实包括理解的及欣赏的态度而言。这些态度都是行为的主要来源。但我们必须加以选择和运用正确的经验来提导它。

大概一般所承认之道德训练说,便是赫脱巴派之主张。他们以见识与意志之调和而成所谓"内在自由"(Inner freedom)。内在自由是行为之正鹄。怎样才能获得它呢?他们以为必须模仿理想的人物尤其是历史上及文学上之伟人。此派之主旨及方法,在查理士麦柯理(Charles A.Mr.Murry)论方法的著作中,解释得最为明白。依此派的论点看来,历史就是一个道德训练的主题。与它相等价值的就是文学。它能供给伟大和尊贵、中常与愚劣各种人物的例子,使青年得以景从,趋于理想的及有价值的路线上走。

关于模仿理想人物一点,赫脱巴之理论是"似是而非"的。无疑地,今日一般为父母的、为师长的莫不以改良青年品格为己任,不过方法上就有问题,是否把伟大人物的间接经验,变为儿童的经验,便可以使儿童适应实际生活环境呢?反看现时那委员会的主张,就和它相反了。

> 定品格标准其最困难之点乃在人物不统一。……没有两个人是相同的……一个人最好自己修养达于至善,不可徒然模仿别人。虽然别人的行为怎末高明,但你模拟它而造的,毕竟是第二等罢了。故以模仿别人之生活为生活,结果却是不成功的。不信你看最初的伟人究竟是模仿哪一个人呢?况且我们抄袭伟人品质,而其品质的产生过程两者完全不同的。……由困难的挣扎中来建立品格,才是最高贵的,远胜于模仿他人。因为别人所树立的模样往往不可靠,即使能够完全模仿其行为,但大家的产生历程可又不相同呢!①

由此观之,我们晓得赫脱巴派未免言过其实了。由历史英文学之研究产生出来的结果,和我们祈望者实不一样。故我们应高瞻远瞩,详细计划施行品格教育时,历史科应该有什么特殊编制才成。

品格委员会提出之概念,便是以品格为价值的完成。理想的品格,

---

① *The Tenth yearbook*, 54.

是在任何环境中都能干得最好的事件的。它是"在每个环境中寻求最好和概括的解决，它是一种令人最快愉而兴奋的行为"，这委员会在别处亦如此说：我们的目的"在能发明或创造一种生活的方法。而此方法是极有价值的，极适合大多数人的，极维持得长久的"，"品格教育即适应此生活方法最好的教育也"。

这一段话，何其中肯，它真是光明正大地领导我们反实用说的观点了。但那一种教养或教育确可把利他的观念灌输各个人中，灌输于个人之日常生活中的呢？以前教师和父母们为使青年有健全之生长，有适当的感情，有正确之思想因而供给他们一个学习环境，但教师们究竟有没有遇到困难呢？青年之生活环境自是青年本身的，我们岂可越俎代庖，替他们来对付。在每个环境中，他们要自己解决才成的。其解决方法自然应取最满意的一种，故需要多次练习（但这种练习是要有效果的）。然后他们才能应付困难之生活环境，去寻求解答，依步骤来下结论。他要有成功，必须先有智慧理解的态度，以应付他所处之世界。而且时常运用其判断以养成其判断的正确能力。

复次，一间启发品格的理想学校，其中儿童必要经过一重重的生活环境，使他们生出社会的反应，这些环境渐次加难而又渐感愉快的。设使儿童具有必需的知识，那么，这所学校当能保证其成功的。

综上所述究与历史教育者有何关系呢，那一种历史和那一种历史教学方法最能发展健全的品格呢？我们可以为历史而教历史，别无附带道德的目的吗？以道德目的来教历史是否能改善品格呢？在品格教育风气之下，我们教历史教得不好应受人家责骂吗？品格中的正确思想纯然要靠真正历史和忠实的教学才成的。不良的环境和谬误的见解断不能产生科学的、公平的思想出来。适当的情绪反应与明确的判断之产生，要靠观察环境的整个性，明了环境中各种之关系。历史教师在计划其品格训练时，必要将人类的关系正确知识教授青年。此点实于青年将来参加社会生活影响至巨。

过去一般学校之历史教学俱未能做到这个地步。他们所做到是什么呢？诚如品格教育委员所说，近世学校太重个人的雄略、个人的成功之讲授，致今日商界之骛求竞争、相倾相轧实应负一部分的责任。此言诚非过当。你说在本国历史教学中大播大吹爱国主义不是对于现实国际间的倾轧要负责吗？反而言之，设若儿童从历史学习得知人类是要互助的，又假如儿童看到现代实业社会中合作比竞争来得好，因而他变了道德的人，那么他的行为影响于后代便变成更智慧了，更道德了。你说这种祈望是空虚的么？①

亨利·曹生（Henny Johnson）曾说过，历史的最好编配就是历史的方法——即是求真的科学方法。它最大的贡献，在发展人们思想清晰的习惯，和解决问题不苟且之态度。他进一步说："只有从历史产生出之发展观念，才能帮忙我们把变动的习尚、学说、理想和变动的我、变动中的人类作为一个长流的一段来看。一般青年在获得现代生活的正确态度，在下道德之判断时，上述这种历史之概念是必须晓得的。"

慕尔生曾说过："训练青年对于古今历史上之材料有批判的眼光，有分别真伪之能力，这种工作是极其重要的。"他跟着解释说："历史的真正价值在能使学生明了人类历史上的重大运动，由此他可了解他现存之社会，此是第一点。其真正价值的第二点在能发展他的理智的态度来应付现存世界，不致纯然采取被动的接受的态度。"②

目的一项已如上述，今更一谈方法的问题吧。我们要问教师教历史的最好方法是否能给与我们积极的社会道德的态度，是否能给与我们感情和意志的陶冶。以品格陶冶为目的之历史是要和普通教历史的方法完全不同吗？这断断不是。我们试细心考察一下，在合理化的历史教学中究有什么情形出现。我们看到用问题法、表演法的教学可以引出道德的价值来。社会化的讨论也有使人慎下结论的功用。至于指导自修法则能发展智慧上之忠实，努力工作，集中注意和自我批判。用设计教学法则能提起创造、负责、合作等之能力。图书馆、实验室之设施，可以激发我们尊重所有权之道德心，对他人存忠实态度，对运用智慧的工具，确有自信心和爱好万物而不至于贪婪。时时以生活习惯来训练学生，使他们评价所做过的工作。日常生活之设计务以养成良好习惯为依归。所谓良好的习惯或态度，即指社会化的习惯而个人自由

---

① *The Tenth yearbook*, 70.
② Henry C. morison, *The practice of teaching in the secondary School*（University of Chicago Press, 1926), 189.

应受其限制的。既然把前说几点在合理的历史教学施行,那么历史教学目的也显明,品格教育的理想也达到了。

若使历史教学达到发展良好品格的最高点,其途径不外适用科学的、历史的视点。教师要明了各时代之意义,好像自己生存于其中一样。他能引导学生于是非纷淆中明辨真理之所在。他既熟悉目前之现象,亦能追溯其过去的意义。然后给他一种最好的技术,叫他创造环境,使学生生活于这一环境自然而然养成种种明辨的态度去认识往过各项的重要变动,去认前人遗给我们的产物。还有一点,他要使学生不受甜言蜜语所惑,而独立思维,寻求事物的真正意义。是则教师之道尽于此矣。

儿童所读的历史,要是"真的历史"才成。所谓"真的历史"乃指由科学的历史家所建立者。它要成为人类经验的大单元。教科书中的字句、观念,须循序渐进,务以适合儿童之理解力为原则。这样儿童才喜欢去读,去反复练习而不以为苦。历史教师还要明白古人的生活行为,因为这样遇到古人的行事才可以加之褒贬。除此之外,教师应知自己及社会是变动不居的,抑亦为人类经纬中最智慧的一部。

总之,这不是历史的历史,而是人生的历史了。如此,只有如此青年才可以由研究历史而"创造或发现最有价值的、最利于大多数的、最能维持长久的生活方法"。

本文译自一九三四年五月份之《社会研究》(*The social studies*,二十五卷第五号)Lynn, E.Caste: History Teaching and Character Education。

(原文刊于《动向月刊》第 1 卷第 4—6 期,1935 年)

现代历史教育的批判

金高

一、历史教育的重要性

历史是什么？简短地说，就是研究人类社会过去赓续活动的一种科学。我们研究历史的旨趣，不外要明了人类过去一切活动的体相，认识它的因果关系，使着我们现在的活动，有所借鉴。

人类社会的活动，是以集团方式表现出来的。在原始人类社会当中，集团最高的方式，当然是部落组织 Tribe。每一个部落，都是以母系为中心，并有特异的文化类型、特异的语言、特异的政治经济组织、特异的信仰、特异的风俗习惯。换句话说，部落的结合，完全是由血统、生活、语言、宗教、风俗习惯等自然力，而形成的不可分离的社会整体。

因为交通的发展、文化的传播，使许多的部落，便互相结合，形成一个共同文化类型的集团。所以在历史的演进过程中，便由部落组织，进为民族组织 Nation。

同时，因为部落酋长支配欲的发展，乃凭藉武力的侵略，以满足它的欲望。于是便在人类政治的组织方面，就有庞大帝国组织的出现。因此，那些弱小的民族，便不能不屈服于强悍的民族之下，在那帝国组织统治之下，苟延残喘地挣扎图存。帝国的组织，随着人类文化的进展，越发扩大，而弱小民族所感受的压迫，也越发严重。所以才形成现在帝国主义和弱小民族斗争的两个壁垒。

时代的演进，那些在帝国主义铁蹄践踏下的弱小民族，为了争取民族的生存，在思想方面，便由个人意识，渐渐地孕育成为民族社会意识；

民族意识，一天一天地坚强，而争取民族生存的要求，也一天一天地迫切。所以近百年来民族解放运动，便澎湃兴起。

在历史的演进当中，我们知道，民族的解放运动，根本上在于民族思想与民族意识的孕育；所以我们要复兴民族，应该从教育上，来孕育民族思想与民族意识；而孕育民族思想与民族意识，首先便应该使民族的细胞——人民，明了他们民族过去历史的演进，养成理解现代民族的基础，觉醒对于民族之责任。换句话说，培育民族思想与民族意识，应该以历史教育为基础。

二、各国历史教育的趋势

在人类有了文字以后，便有历史的记载；但最初的历史，只是记述故事性质，或是文学性质的作品，它的目的，不过在修辞典雅取悦读者，最有价值的历史著作，也不过是作为政治家、军事家的参考资料而已。在国家民族思潮高涨的时候，一般学者才认识历史的重要性，用作政治宣传的工具，来培育国家观念与民族思想。

一八〇六年，德国惨败于法以后，菲希特教授便在柏林公开讲演，劝导国人，要在历史文化当中，认识日耳曼民族的伟大，人人要铲除自私的心理，发展爱国爱民族的思想，来复兴民族，以激动国人的心灵，终于把德国从危亡分崩的当中，建立一个统一的德意志帝国。

从此以后，德国便注重历史教育，影响所及，使欧洲各国，都改变了旧的历史观点，采用以国家民族精神为中心。

现在将各国历史教育的趋势，分别地论述个大概：德国的历史教育，始终是站在国家、民族的观点上，以培育国家、民族思想。现在德国历史课程的基本原则，最重要的是：

一、注重先史时代的日耳曼民族的文化。

二、注重种族的重要性。

三、必须使国家观念要超过国际观念。

四、重视中世纪德国向外发展，与拓殖政策。

这种提高国家观念，激发民族思想，重视传统文化，便是现在德国复兴的因素。

意大利在墨索利尼执政以来,一切教育设施,全以法西斯理想的实现为目标。在历史教育方面,更注重民族意识的培育,以恢复罗马时代的光荣。

历史课程在意大利各级学校里,均占重要位置。小学校各年级,都有精神训练一科,来讲述爱国故事,和一般伟大人物的事迹传记。高年级的历史课程,注重古代罗马时代光荣历史,和外族侵略意国的事实与意大利的统一,以激发儿童的国家思想,鼓励对于民族的奋斗精神。中学、大学的历史教育,也是以本国史为中心。

法国的历史教育,也是以孕育爱国思想为重心。在小学的历史课程方面,都以赞美本国的伟大,来陶冶儿童爱国的观念。

美国的历史教育,虽然以养成德谟克拉西的市民为目的,但也注重本国各种情势,培育国民英雄精神,激发国家观念。

英国的历史教育,因为它的立国基础,在许多异邦异族,不能提倡民族思想,但在教授方面,也注重杰出人物的事迹,来培育英雄思想,以激励牺牲与忠诚的精神。

总而言之,现在世界各国历史教育的目标,都是以国家民族为基础,作为有效的政治训练。

三、我国历史教育的检讨

历史在我们中国,起源最早。史字契文作&,象手执简册的形状(中即简册)。《周礼·春官》,有大史、小史、内史、外史等职,他们的责任,都是掌管记录的。这可以证明我们中国在上古时代,历史的记载便很发达。

自从孔子修《春秋》以来,历代的史册,都是以寓褒贬、别善恶为主旨的;在教育上的价值,便是辨忠奸,别善恶,明是非,资鉴戒,知兴废,考得失。使一般人有所儆戒,就是尊如帝王,也不能不有所戒惕。

但是往昔的史册,只是注重帝王的家世、政治的演变,却忽略了全体民族社会、经济、文化的活动,虽然在二十五史当史,也有《食货志》

《艺文志》的记述，但是少有人注意。自从海禁开放以来，欧美的新潮，流入中国，才使我们一般民众不满注重帝王的历史观念，就是对于旧社会的道德水准，所谓善恶、是非，也有重新估价的必要，所以在新教育制度施行以来，历史教育，就大为改变。

从此以后，我们中国的历史教育，在思想方面，便以民族、国家为中心，教材也根据旧册，另行编制。关于历史的领域，除本国史外，也渐及外国史略。张之洞在《变法自强奏》说："小学习中国历代史事大略，本国制度大略；高等小学习中国历史大事，外国政治学术大略。"

所以在《钦定学堂章程》当中：从蒙学堂以至大学，每周都规定学习历史。不过在教授方面，仍旧是偏重朝廷政治的演变，忽略了人类社会经济文化的进化；所用的教科书，多半译自日人原著，忽略本国的立场，所以没有得到历史教育效益。

民国元年以后，在教育上便有很大的改革。关于历史教育方面，除初级小学没有历史课目外，高级小学、中学校都规定有历史一科，高等师范设有史地部，大学文科也设有历史系，不过关于历史教育的目标，都没有详细的规定。我们考察那时教科书，知道那时在注重历代政治以外，已经注意到制度、学术、宗教、风俗；在思想方面，除了民族色彩以外，又注意到民主精神。

自从欧战以后，和平运动，一时弥漫了全世界，在我们中国教育方面，也受了波动。因为怀疑军国民主义，妨碍世界大同，所以在新学制课程当中，小学只设乡土科，或社会科，却无历史一门；初级中学虽有历史课程，但高级中学只教文化史，毫无精神训练作用。在这个时期的历史教育，不能不说是大大的失败。

民国十七年，北伐成功，国民政府成立以后，民族复兴的思想，随着革命的势力，日益增进，所以历史教育，才又回复到民族主义的立场上；以过去的文化、祖考的遗训，来激动我们的民族情绪，促进我们民族复兴运动。

四、研究历史应该以民生为重心

现代的一般史家和教育家因为受了自由主义、国际主义和共产主义的影响,对于历史的观点,有二种不同的趋向:一是唯物史观,一是科学的历史观。

唯物史观的史家,以经济来代替政治,以物质代替精神,以劳农代替了统治阶级,虽然这种观点,只是为共产党有力的宣传工具,但是一般青年,却趋之若鹜。以这种思想来研究历史,便能够毁灭了民族精神。

科学的历史观,只注重客观的事实,否认政治道德的教训;只注重社会的生活,不重伟人的事迹。以这种观点来研究历史,虽然以求信史为原则,但是却消灭了我们的民族意识,与我们的国家民族,毫无补益。即如顾颉刚、王钟麒所编的现代初中本国史教科书,不但没有政治道德的教训,又充满了怀疑思想,几至凡古皆疑,充其量,也不过造成许多疑古家而已。

唯物史观是一种偏枯的理论,影响所及,便成为毒害社会的药剂;科学的历史观,也是一种偏枯的见地,在教育方面,便成为妨碍民族解放的阻力,所以都不能作为历史教育的重心。现在我提出对于研究历史的一种合理的观点,就是我们应该以唯生史观来研究历史。总理中山先生告诉我们说:"生是宇宙的中心,民生是人类历史的重心。"

人类社会的进化,既是以民生为重心,所以合乎民族生存原则的活动,才是正当的进化的原则。这是总理根据历史的演化,融会中西古今的哲理而得的最高理论。因此我们现代的历史,便应该遵照总理的训示,以民生为基本原则。尤其是国家、民族生死存亡的当前,我们现代的历史教育,更应该以争取民族生存为前提。

五、历史教育的目标与实施原则

在国家民族危机严重的现阶段,我们外察世界各国的大势,内审国家民族的需要,应该绝对地厉行民族教育,以培孕民族意识和国家观念,来奠定民族再生的根基。而培育民族意识和国家的观念的利器,无疑地便是历史教育。所以我们的现在的历史教育,应该根据三民主义正确革命理论的指示,依照研究历史的新观点,以民族生存为重心。

现在将我拟订的对于历史教育的目标和实施的原则，简单地写在下面，以就质于国人。

一、确定历史教育的目标：教育方针是国家政策之一，故历史教育应该遵照教育方针，来训导学生，以贯彻国家政策。我们国家的教育方针，既是根据三民主义，以延续民族生命为目的，所以历史教育，也应该以争取民族生命为目标。

二、规定实施历史教育的原则：在实施历史教育当中，应该根据我们历史教育的目标，确定原则如左：

1. 注重中国民族的演进，说明民族特质、民族的伟大，使一般学生体验自己民族所形成的国家组织，觉醒其维护与光大的观念。

2. 注重近代所受帝国主义侵略的经过和它的原因，以激发民族复兴的思想。

3. 讲授外国史，应注意国际现势的由来、我们中国所处的地位，以唤醒一般学生在民族复兴运动上所负的责任。

4. 历史讲授，应和其他各科联络，并注重过去伟大人物的事迹，以促进历史教育的效率。

5. 使学生明了民族运动的趋势，认识国际情势，并研究应付世界事变的方策，以促进民族自由平等的大同世界之实现。

三、增加历史教学的时数：在现行的教育法规，小学的历史，附属在社会科中；到中学的时候，才单独教学，但时数也嫌太少。这是很大的错误，我们应该在小学方面，单独讲授历史一科，以增进历史教育的效率。至于中学方面，讲授历史该以本国史为主并酌量增加教学时数。

四、编制历史性质的民众读物：现在的民众读物，以旧有的小说、戏剧、平话为最普遍，但是这种读物，都没有教育的意义，对于一般民众，毫无补益，所以现在我们应该编制含有历史教育性质的民族读物。由民众教育机关，负教授传布之责，以便激励全国民众的民族意识，来促进民族复兴运动。

总而言之，在现阶级的我们中国，应该厉行民族教育，才能奠定民族复兴的根基。而厉行民族教育，要注重历史一科，才能增进民族教育的效率。所以历史教育,在各级学校的课程里,占重要的地位。因此我很希望现在我们担任教育工作的同仁,要认识历史教育的重要性,要在历史教育当中来培育民族复兴的思想,以促进民族复兴运动。

廿五,六,廿七,于北平苦日斋。

(原文刊于《教鞭》第 5 期,1936 年)

民族主义的历史教育论

宋念慈

（一）历史教育之价值何在？

历史，是普通所认为随意学科之一，大之证之于国内史学园地的荒芜，小之各级学校中历史设备之简陋，而中学学校当局为安排教课计，中外历史常成为英文、国文教员的副业。学生呢，偶而遇着一位好教师，讲起来眉飞色舞、滔滔不绝，倒不妨像在茶馆里听大书般的听它几声，假设不幸遇着的教师是照书直读的催眠术家，便有被催得呵欠连连、昏昏欲睡的可能。同时教科书的内容也正有些味如嚼蜡，课外阅读则常为时间、经济所不许可，这样自难怪引起国内各方面悲痛的呼声：中学生史地程度低落！

但是历史教育是不允许我们长此轻视的！姑不论中国是个长于史学的民族，历史也自有本身崇高的价值在。唐刘知幾说：

> 夫人寓形天地，……上起帝王，下穷匹庶，近则朝廷之士，远则山林之客，其于功也名也，莫不汲汲焉，孜孜焉。夫如是者何哉？皆以图不朽之事也。何者而称不朽乎？盖书名竹帛而已。向使世无竹帛，时阙史官，虽尧舜之与桀纣，伊周之与莽卓，夷惠之与跖蹻，商冒之与曾闵，但一从物化。坟土未干，则善恶不分，妍媸永灭者矣！苟史官不绝，竹帛长存，则其人已亡，杳成空寂，而其事如在，皎同星汉。用使后之学者，……见贤而思齐，见不贤而内自省。若乃《春秋》成而逆子惧，南史至而贼臣书。其记事载言也则如彼，其劝善惩恶也又如此。①

---

① 见唐刘知幾《史通》《史官建置篇》。

此为中国史学底传统观念之一。原来自从孔子作《春秋》而"乱臣贼子惧"，后代史家便隐隐以孔子为宗。至司马温公辑《资治通鉴》，更明明以列朝的理乱兴衰，供帝王之鉴戒。但此种鉴戒苟限于一种人或一部分人——像帝王及士大夫们——究属其用未溥，我们以之推广及一国家或一民族，则历史的效用或价值可说太大了。清龚自珍氏称：

> 灭人之国，必先去其史；隳人之枋，败人之纪纲，必先去其史；绝人之才，湮塞人之教，必先去其史；夷其祖宗，必先去其史。①

此种议论，我们苟察看到几个亡国国家的实例而益信，诚如当代党国先进邵元冲氏所说：

> 英之并印度，法之并安南，日本之并朝鲜，皆孳孳以消灭印度、安南、朝鲜之历史文化，以铲除其历史之民族性与其反抗之精神。②

反之，我们从正面来看，历史教育唤起民族意识促成民族复兴的例子尽多。十九世纪德意志的统一，铁血宰相俾斯麦便宣称应归功于历史教师。原来自一八〇六年 Gena 的"民族之战"后便有像 Fichte 辈高声疾呼德国不亡，其后普鲁士学派（Prussian School）的历史学者，都盛称普鲁士的民族精神，宜为德意志的主宰，此种教育灌输于普国人民者数十年，德意志统一终于在一八七〇年完成了。同时意大利诸邦志士，也都为祖国统一自由而效命，如 Balbo、Eibrario 等辈于参预实际活动之余，复勒成史著，启迪大众，亦卒成后日建国之功。设我们再注目到东邻日本，则明治维新不可不算世略史乘中一件大事吧，而探源此次维新事业之成就，源光国大著《大日本史》不为无功，缪凤林师谓：

> 德川氏兴，……亲藩源光国始编《大日本史》，立将军传、家臣传，以隐寓斥武门、尊王室之意。又以为伯夷者，非周武而宗殷室者也，因躬行让国，慨然慕其为人，为之立嗣于家，……既而赖襄作《日本外史》《日本政纪》，源松苗作《国史略》，崇王黜霸，名分益张……盖当幕府盛时，而尊王亡义，浸淫渐渍于人心，固已久矣。③

---

① 见龚自珍《古史钩沉论》二（《定盦续集》卷二）。
② 见《建国月刊》第九卷第五期，《民族之涵义及发挥》。
③ 见《日本史鸟瞰》（缪著）页四十一。

不图历史教育之功效一至于此。而我国近百年来正因缺乏此种历史精神,所以一与西洋文明接触,国人昔日自尊自信之心便急剧衰退,以致造成今日国难日深的局面,当国柱石陈立夫先生曾这样地告诉我们:

> 无论任何方面,中国在世界历史上,其文化是光芒万丈、无与伦比,当为绝对不可否认之事实。纵横数万里,上下几千年,有多少圣贤英雄挺身崛起,发挥他的知能,建树他的功业,为中国民族争光荣。然而近六十年来,因物质不如人,缺乏自卫之力,民族的自信力,给外国的大炮毁得粉碎零乱,因此中华民族好像失了它固有的宝贝,无所自恃,遂走上了颓废的歧途。①

然则我们应该怎样地振发固有的民族意识,恢复民族自信力,以期复兴中华民族? 我们深信历史是"民族的武器",只有历史教育能发挥出这般伟大的功效来!

(二) 历史教育应具有何种目标

有历史即有历史教育,而每一种教育总有其目标在。中国历代传统的历史教育目标就不外前面指述的"记事载言"、劝善惩恶的两端。其见解不外乎政治的兴衰,其效用大抵偏于个人的修养。但自从清季兴学以后,历史教育目标便进一步有具体的规定,而且已着眼于国家。依照当时的钦颁学堂章程所载,大抵初小则在养成国民忠爱的本源,高小着眼于养成国民自强之志气、忠爱之性情,而中学则专在振发国民之志气;立意颇称完善。

教育目标是富有时代性的东西,换言之,即目标之订立应常随时代而转移。例如欧洲在十八世纪以前的历史,便一变而为民族精神的培养了。中国时至今日,形势与三十年前迥异,历史教学目标自应有显著的变换,所以二十一年部颁初中历史教学目标便有下列的规定:

(一) 研求中国民族之演进,特别说明其历史上之光荣,及近代所受列强侵略之经过与其原因,以激发学生之民族复兴之思想,且培养其自信自觉、发扬光大之精神。

---

① 陈立夫:《中国文化建设论》(《文化建设月刊》第一卷第一期)。

（二）叙述中国文化演进之概况，特别说明其对于世界文化之贡献，使学生明了吾先民伟大之事迹，以养成其高尚之志趣，与自强不息之精神。

（三）叙述各国历史之概况，说明其文化之特点，以培养学生世界的知识，并特别注意国际现势之由来，与吾国所处之地位，以唤醒学生在本国民族运动上责任的自觉。

（四）略。

高中历史教学目标亦有如左的拟定：

（一）略。

（二）注重近代外交失败之经过，及政治、经济诸问题之起源，以说明本国国民革命的背景，指示今后本国民族应有之努力。

（三）略。

（四）叙述各重要民族之发展，与各国文化、政治、社会之变迁，使学生对于世界潮流之趋势，获得正确的认识与了解。

（五）说明近世帝国主义之发展、民族运动之大势，与现代国际重要问题之由来，以研讨我国应付世界事变之方策，而促成国际上自由平等之实现。

（六）叙述各民族在世界文化上之贡献，及其学术思想演进之状况；应特别注意科学对于现代文明之影响，以策进我国国民在文化上急起直追之努力。

根据部颁历史教学规程，可征对于发扬民主精神，恢复民族自信力，唤醒民族自觉，努力共举与列强并驾齐驱，实现中国国际地位平等自由——即实行民族主义的历史教育以期达到复兴民族之标的，了无疑义。即时贤论述，也都类表赞同。如当代史学家顾颉刚先生称：

> 一个民族的历史，无论如何应该以民族精神为中心思想，……注意民族精神，自然会使青年人爱国家和纪念他们的先人，巩固和团结国家的力量，不就是在这里吗？①

缪凤林先生谓：

---

① 顾颉刚：《中学历史教学法的商榷》《教与学》第一卷第四期历史教学专号）。

今日中学国史教学的基本目标，质言之，即如何从讲习国史，以唤醒中华民族的自信心，振起中华民族精神，恢复中华民族坠失的力量，达到结合国人成一坚固民族之目的，以挽救当前的危局，使中华民族永永存在而已。①

傅孟真先生称：

本国史之教育的价值，本来一大部分在启发民族意识上。即外国史也可用"借喻"的方法启发民族意识。历史一科与民族主义之密切关系，本是不待讨论的。②

陈训慈先生则是这样的告诉我们：

我们以为历史教学的中心目标，应在乎唤起民族自觉；所以历史教材，应以能了解民族演进，发扬民族光荣，激发民族精神，以促成民族复兴为准则。③

又说：

历史教学最应顾及其民族本位的意义，而认定一个中心目标，就是：历史教学应充分表达本国民族之由来，变迁与演进，提示民族伟大的事迹，而引起学生强烈的民族意识，激励他们为本国民族的生存与繁荣而努力。④

总上所载，可征我国今日学校历史教学的目标，为适合"此时""此地"的需要，除倡导民族主义的历史教育，以期于垂危的国运，致其最大的努力，而走上复兴的大道外，别无其他途径可寻：已成为举国的公论。诚如前面举述的孟真先生所说的话：历史一科与民族主义之密切关系，本是不待讨论的了。现在我们当前的问题：便是如何选择历史教材以期实现或促进此民族主义的历史教学目标。

（三）民族主义的历史教育的应用

时至今日，我们担任历史的教师的责任不可谓不大了。如何恢复

---

① 缪凤林：《中学国史教学目标论》（同上）。
② 傅孟真：《闲谈历史教科书》（同上）。
③④ 见陈训慈：《民族名人传记与历史教材》（同上）。

民族自信力？如何唤醒民族意识？如何唤起民族精神？惟有历史一科的效用最高，也便是历史一科的担负最大。如何能不辜负此重大的担负？我们底意见在乎认清当前的目标，对教材底选择和安排总期离此目标相近，然后以生动的语言或文字表达出来，以期学生潜移默化于不知不觉之中，觉察到他们自己对国家对民族底责任并发生衷心爱护的观念。下列的几端是我们认为于选择教材时所应力加注意的：

（一）多宣扬吾国往史中隆盛的事迹。吾国往史，虽稍有屈辱的时节，但国统既绵延不绝，而隆盛的各朝开疆辟土，征伐异族，立功异域，为我们民族奠下万世不拔之基。此种隆盛时代的史迹本不用吾们歪曲事实，一如东邻史家冠"神代"于"人代"之先，且窃取他国史乘为己有，藉以炫耀于他人，此种态度吾们本无须具有的。中国史乘中隆盛的时代曰汉曰唐，而苟以现在大一统的中华民族的见解来说，则元和清也可称极盛的二代。——尤其是清初的武功着实为我们开拓了许多新的疆土，影响于现在匪轻。汉初平灭匈奴，通西域，徼外诸国，都诚意来贡。卫青、霍去病、窦氏兄弟、张骞、陈汤、冯奉世及班超、班勇父子，都曾威振异族，立功边外。李陵《答苏武书》中所述汉兵的神勇，尚为我们所景仰。唐太宗之灭突厥，平朝鲜，西域诸蕃夷来朝，亦为显赫的事迹，当时西域各国甚尊称太宗为"天可汗"，其意就指太宗为蕃夷各族之天帝，声威不可谓不大了。元代蒙古族远征欧亚，有人至称蒙古用兵的方略，为当时欧洲诸国所不能及，且莫测其高深，蒙古胜利的原因在此。至于清初康、雍、乾诸朝，尽力略边，固留下许多可歌可颂之史实；即当时对俄、对英、对西欧诸国的态度和礼节，也大可供我们的玩味。那时的中国朝廷一味地自尊自大，此种态度后来终于遭遇若干失败固不能否认，但自大或不可有，自尊自信的心理却万不可无，当时清廷上下所缺少者就是对各国的认识而已。此外如吾国与东邻发生关系的史实，则自汉魏来史不绝书，对于彼邦文物制度的进化明白可指，列朝彼邦慕大受封的史事，更耳熟能详，似乎应该仔细列述，足证我们为别人武力所慑服，不过一时的现象，而过去的事迹则足使人发生思古之幽情呀！

（二）多阐述吾国往史中文明创造的能力。中国积五千年的历史，集四亿人民之心力，当世国家文明之久远无与伦比，民族之伟大亦无可比拟。指南针、火药、活字印刷术、丝绸、纸张五大发明的西传,给欧洲人无限的利益,列国史册中类多承认。这是指对外伟大贡献而言,旷观国内,则如长城运河的巨大建筑、历代皇帝宫殿的构筑经营,都足见我民族能力的优越。我国现代所缺乏者是科学精神,但以往对科学有伟大贡献者则代有其人。汉华佗为人治病,刳破腹背,又再缝合,说者称已开近代医学上外科手术的先河。数学则如魏刘徽的《九章》,祖冲计算圆周率的精确,明末徐光启辈随传教士所学习者,成绩均斐然可观。观象授历的天文之学,则更为列代朝廷注意所及,汉张衡制候风地动仪及浑天仪,《后汉书》称"验之以事,契合若神",而现今首都中央气象台即就明代遗址而筑,其时对于测雨观象,即制有精密的仪器,利玛窦探访之余,深加叹许,可见其时我国天文之学,至少并不见弱于欧西各国。此外历代史乘中记述奇巧制作,更仆难数,诸葛亮的木牛流马、魏马钧的作绫机与翻车、南齐祖冲的重作指南车与千里船皆是。我们对列代此种种文化上贡献非谓精奇卓绝,值得我们模仿,但由此足征我中华民族能力的优越,至少不亚于欧西各国,当可激发我们底自信心和自身对国家对民族应有的努力,善哉会稽先生之言:

> 我中国为世界文明之一大祖国,而文化之发达,绍基于皇古,葱隆于唐虞,盛于周季而光耀于汉唐。若日本,若朝鲜,若安南,皆我国文化产出之佳儿也。若大食,若波斯,若突厥,亦当被我中国文化之影响者也。漪欤美哉,我中国也!我中国有二帝三皇之古训,世界莫能及;我中国有四千年绵延不绝之历史,世界莫能及;我中国有周季诸子百家之学说,世界莫能及;我中国有印度输入之佛教,发挥而光大之,以造成一新奇之哲理,世界莫能及;我中国有流传五千年单字单音特别之文字,世界莫能及;以言乎文化,若是其隆盛且久也,可爱哉我中国!我中国有医学、历学、数学、音乐之发明,世界莫能及;我中国有火药、火器诸机械之发明,世界莫能及;我中国有地震机、运天仪之创造,世界莫能及;我中国有指南针、罗盘针之创造,世界莫能及;以言乎艺术,若是其早且久也,可爱者我中国!……①

---

① 见会稽先生:《中国民族权力消专史叙例》。

中国有若是伟大之过去,不独可为国史生色,亦当为吾人叙述之好资料了。

(三)多提示吾国往史中国耻的史事。中国近百年来多屈服于外族之史事,城下之盟,割地赔款者不一而足;即近代而上,我中华民族受异族侵凌的时机亦不为少,如五胡乱华,如辽金入寇,而元、清两代,且以异族入主中国,此种史实吾人不必讳言,也毋庸讳言,抹杀事实固为史学之大忌,混乱事实更为史学所不许,吾人的自由只在史料的取舍而已,秉笔直书我中华民族受人耻辱的经过,原原本本,有条不紊,国耻史或国难史当占有近代史中一大部分,有人以为消极的刺激足以使青年人神经麻痹,反而流于放荡,存得过且过的心理,所以主张将国耻史抹煞不提。此种过虑虽具有部分的理由,但我们认为不知中国过去近百年间国耻的史事,不合明白现状的由来;而且前车之鉴,前人的得失正足供今日的参考,我们不讳言失败,正希望由失败中得到严刻的教训。例如近百年来的国耻史也不妨说是外交失败史,满清朝野的自大,外交官员之不明白敌情,而国际惯例,更懵焉无知,都是失败的症结所在,不仅以国力之不竞为致命之伤,过去如此,则现在我们之努力应属如何?当可了如指掌的了。

(四)多介绍吾国往史中民族英雄的事迹。吾国历史至长,而历代史乘中卫国捍民之民族英雄为数也属至夥,我们随时随地可以指述,历史固然不是几个伟大人物单独造就的,但历史记载中除去这些伟人事迹外,剩下的恐也没有几许了,而我们之所以要多介绍这些名人之丰功伟迹者,原不过引起学生油然向往之心,一如太史公所谓"高山仰止,景行行之"是也。诚如陈训慈先生所说:

> 历史教学之一中心目标,既在发扬学生之民族意识,唤起其对民族应尽的职责;而欲达此目的,自当阐述我们民族演进之因果、优越的能力,与光荣的成绩;——这些说明,往往以若干有系民族隆替之几个伟大人物为骨干,他们的事迹,自成为这些讲述的中心……我们鉴于今日中国民气萎靡……必需有实质的熏陶,民族伟人的讲述,可说是最有效的一种方法。①

---

① 亦见陈训慈《民族名人传记与历史教材》。

至于民族英雄之值得吾人举述者,其人数甚多,不是在短短的本文所能尽述。但可赘一言者:即乡土史地中首有是等捍卫国家、捍卫地方的伟人或其遗迹,吾人值得提先记述,盖乡土先贤启发学生敬仰的心理其效力是远在别种教材之上,而展仰其遗像与遗物,益使学生发生亲切之感。本省历代御侮有功之先烈有吴原君在《浙江青年》杂志发表《浙江历代御辱先烈简传》,[①]很可供本省历史教师参考。

　　以上所陈,仅见一斑,但信担任历史的教师苟能群策群力,向同一目标做去,为效或亦可见。中国历史教育之漫无进步,其主因是在乎目标之未能确定,目标确定后又未能合力以赴,这当待吾们今后的努力,上面所举述的各端或偏于本国历史方面,现今高、初中亦均有外国史的讲授,其目标自与本国史稍有不同,但上列各原则亦未始不可应用,例如于各国史乘中吾们亦可溯其盛衰之迹而剖述其原因所在,尤其以现代史上各弱小民族的兴起可供吾民族之激励的力量匪小,而当世各国列代伟人,供吾人模楷之处亦属滋多,吾人举述其生平小史,勖励学生,效用亦正相等,是在吾人之如何加以利用与编配而已。举一反三,恕未能一一缕陈的了。

二十五年十月在衢州作

（原文刊于《浙江省中等教育研究会季刊》1936 年第 5 期）

---

① 见《浙江青年》第一卷第八期、第十期。

论历史教育之重要

姚公书

一、绪　　论

　　元气濛鸿,浑沦虚廓,宇宙肇分,人类始生。獉狉冥顽,何殊禽兽。其茹饮巢穴,与猩猩狒狒又何异焉;其智慧技艺,视蜘蛛蜂蚁且不及焉。而谁知若干万年之后,声明文物,郁郁彬彬,有所谓国家社会焉,有所谓制度风俗焉,有所谓道德学术焉。文野霄壤,巧劣悬殊,以今况古,几疑原始祖先非我族类矣。谁为为之?而谁为教之?此无他,有史故耳!吾国史官,肇自黄帝,记言记动,视为要政,迨及周季,其制益备,孔圣垂教,复因旧史,删修《春秋》,微言大义,昭示弈禩。不仅资为治平之用,且视为教育之科。《周礼》师氏掌国中失之事以教子弟,注谓教之者使识旧事也,中,中礼者也;失,失礼者也。夫所谓国中失之事者,即国史也;掌国中失之事以教子弟者,即以国史为教也。师氏以国史为教,子弟以国史为学,故得知国家之盛衰、制度之沿革、学术之源流、风俗之变迁。先代典谟,施诸国政;昔贤懿行,用之自身。因知古以通今,得折衷而损益。国于以治,身于以修,学于以昌,道于以宏。故《管子》曰:"疑今者察之;古不知今者视之往。"《周易》曰:"君子以多识前言往行以畜其德。"是史之为用,有即事明理之益,有修齐治平之功。故历朝重史,有立为取士之科者。自汉迄明皆设馆藏书,士大夫以娴习往事为能。唐代以史试士,有三史三传之科;宋朱子亦尝议分年试士,分史为四科之法。至明代藏书秘府,无人得见,而此制始废。由此观之,是吾国以史为教,自古已然。较之近世欧西列史为教育要科,吾国为先进之国。

纵而言之：自隧古迄今，六千余载，历史之久，号称古国；横而言之：九洲布列，远及遐荒，疆域之广，号称大国。故开化之早，史籍之繁，为世界各国冠。惜乎后世弗能光大！黄炎伟烈，无人祖述，史教衰微，民气消沉。余故列而论之，希有心教育者加之意焉。兹先论有史之由，以明其本性焉。

二、史　　性

初民之时，榛榛狉狉，游猎为生，罕见多怪，有得易盈。闲居聚会，纵谈往事：长者述其怪奇勇武之迹，少者钦其可歌可泣之情，仰慕伟烈，致生见贤思齐之心；填膺萦怀，因有点识备忘之意。口口相传，遂成故事。此人类之所以有史者，由于传述伟烈、仰慕思齐也。及后孳生日繁，竞争益烈，生存匪易，适应为艰，既无文字之传，又无师傅之教。因追记往事，模仿陈规：类似而善者用之，相违而害者去之。抉择取舍，施诸实用。智识因以开，技艺日益增。于是保存经验，相互仿效，代代相传，遂成史事。此人类之所以贵乎有史者，由于记忆经验以便模仿也。然事类甚繁，经验孔多，仅凭记忆，难免遗忘。于是结绳统事；大事大结，小事小结。然为法单简，何能垂远。且庶业綦繁，殊难备记。后世圣人，易之以书契，依类随事，孳乳寖多，文字功著，而记载事兴。代代相传，遂成史籍。此人类之所以惟独有史者，由于文字记载以垂久远也。夫仰慕思齐，故人性好善；模仿经验，故生存进化；记载垂远，故文化赓续。人性好善，为教育之本源；生存进化，为教育之功用；文化赓续，为教育之结果。是史之本性，即与教育原理相合。以史为教，所以顺其性而长其善也；所以效易见而教易宏也。兹进论读史之益，以明其功用焉。

三、功　　用

（一）历史对于人生之功用：人之生也，性虽相近，而习则易迁，故圣人设教，首重明伦。夫伦之有理，与生俱来。五教肇分，人道以彰：尹以专官，始于唐虞；成周制礼，道乃益光；孔圣删修，其效乃宏。微言大义,尽在《春秋》,迨及后世,其学益重。夫史籍所载,皆先民遗迹,古今虽隔,而气类相通;昔人虽往,而精神犹存。尧舜桀纣,夷惠跖蹻,贤愚悉见,是非立分。内省则心诛,思齐则神交,入晤言一室,置身于千载上矣。盖人赋性灵,同情易感:读《出师表》而叹息,诵《陈情表》而流涕,感化速而迁善易也,故读史可以"进德修身"。苟古初无史,先民伟迹,无从模仿,历时虽久,必无进化,则今日人类,与禽兽何殊!故曰:"猩猩能言,不离走兽;鹦鹉能言,不离飞鸟。"此人类之所以贵乎有史而以史为教者也。

人生有涯,而智无涯,事物万亿,应皆为艰,苟溯其源,必得其理。史籍所载,无类不备,有理胥存,因鉴往以知来,可援古而证今。奕谱既熟,新局自创;成例可资,佳谟斯得;事变虽繁,而应付裕如矣。汉和帝拟除窦宪,而先读《前汉·外戚传》;狄青为宋代名将,而范仲淹劝读《左氏春秋》。盖即事以明理,其理自明;因理以治事,其事自治。故古人未尝离事而言理,所以即以史为教也。以史为教,不啻以古人而教今人也。以今人而教今人,其智识限于今,其效小;以古人而教今人,其学问通及古,其效大。盖人类学问,愈后愈繁,故智必有源,学必有史。无论何种学科,苟无史以明其演进,则无有系统,而研究无从矣。且吾国古昔,史外无学,所谓"史之外无有语言焉,史之外无有文字焉,史之外无人伦品月焉",故读史可以"明理致用"。苟无历史昭示陈规,则事必经历而后行,重演其先代故辙而不已,其浅识寡闻,徒劳少功,将与动物何殊。此史之有关于人生者也。

(二)历史对于国家之功用:立国于世界者,其疆域之大,人民之众,内政之繁,外交之重,经纬万端,机变百出,稍一不慎,祸即随之。仅凭近人才智,不足以知远应变,故必取鉴于昔往,决策于当今。史籍所载,上下数千年,交错亿万里,凡国家之政治制度、文化风俗,莫不具焉。明镜照形,覆车示戒。观其安危之机,代为忧患,而致治之政存焉;察其利病之源,代为斟酌,而厚生之策兴焉。同而得者固可资,异而失者亦可资也。况今环宇交通,列邦互市,种别性歧,邻交匪易。德、美虽同为联邦,而精神互异;英、西虽同是君主,而内容不同。俄人有俄人之特性,日人有日人之特性,苟不知其特性,将何以善其应付。他如列国之强弱,时势之轻重,民族之分合,物产之丰啬,事虽属于他邦,莫不有关本国。苟无历史以昭示吾人,则万机待理,而经纬无方;变故猝至,而应付乏术。虽欲为治,而不知致治之源;虽欲平乱,而不知防乱之术。地大物博,无所用之;兵强士勇,亦奚以为。孔子言夏殷礼,而有文献难征之叹。故自古以来,灭人国家者,夷人祖宗者,败人纪纲者,湮人才智者,必务去其史以绝其根本。秦灭六国,悉焚其史;日亡朝鲜,尽秘其史。印度虽为文化古国,然无国史,故无从追念其先代政化;新疆回部虽汉时三十六国,然无国史,故无从稽考其人种。无史之害,不亦巨乎?夫国之有史,犹家之系谱账籍:不案系谱,何由知种族系统,缔造艰难;不计账籍,何由知疆域广狭,蕴藏丰啬。祖宗不知,何能爱国;产业不知,何能保存。以国家之大,万机之重,为国民者焉可不自披其系谱账籍乎?设印度回部昔曾有史,则今日何至灭亡涣散,不能复兴乎?夫国家之安危,种族之兴衰,时会所趋,原难预定,然为国民者,须自知其种族文化,保存光大,虽不幸而山河改色,然民族精神犹存,运会所至,终必复兴。苟鄙夷其国史,蔑弃其文化,则本性迷失,万劫不复矣。此史之有关于国家者也。

夫进德修身,明理致用,故人性益善,人性益善,为教育之要旨,亦即教育之本源;治理国家,复兴民族,故人类进化,人类进化,为教育之大用,亦即教育之结果。是史之本源,即教育之本源;史之功用,即教育之功用。故以史为教,所以顺其性而长其善也,导其源而广其用也。顺其性导其源,故其效甚大;长其善广其用,故其教易宏。效大教宏,有国者可不厝意乎?兹进论国史特征,以明吾国尤当以史为教之道焉。

四、特　　征

国史之特征有二,一为开化甚早,异族同化也。读六千年之史,上古之时,已有高深之理想、如《大易》。完密之政治、如《周礼》。纯粹之伦理,如孔教。较之埃及、希腊,无有愧色;中古之时,开疆拓土,北绝大漠,西至帕米尔高原,为亚洲巨擘,罗马之盛,殆可庶几;近世之时,外夷侵入,衣冠涂炭,元气摧伤,种几覆灭,然时过运迁,赫赫天骄,消亡殆尽,如宇文拓跋、契丹、女真皆相继灭亡,其有存者亦同化于我,不复可辨。黄炎华裔,终复旧物。溯自天地初载,与吾族并竞者,何啻千万,而皆澌灭,即文化最高之五大国,亦不能纪其世次矣。巴比伦、埃及、墨西哥、秘鲁、印度。今之墨西哥,乃西班牙之文化,与古无与。印度亡虽未久,然无史不能纪其世次。而吾国则巍然独存,其文化之高,自非他国所能及也。二为先民手泽,不假外力也。亚洲文化之国,固有印度、日本,然印度耽悦冥想,无历史著述;日本本吾国附庸,文化同源。他若西亚、欧、非诸国,辽远隔阂,古不相通,西北边微民族,虽与我接触,然皆蒙昧,无补于我。纵有外人著述,亦凤毛麟角,无关重要。如唐时阿拉伯人《游记》、欧人马哥波罗《游记》,及拉施特《元史》,在国史部分,不甚重要。故我国史籍,皆先民躬自记录,文字纯粹,非比欧西史籍,邻邦互记,文字杂糅。故披阅国史,见祖宗缔造之艰难、先民记录之辛勤,自易有孺慕追远之思、同情易化之功。盖国史特征之所在,即民族精神之所寄。故能同化异族,而终能复兴也。是吾国以史为教,合乎自然。其效大教宏,道隆化易,尤非他国所能及也。故孔圣删修以垂教,历朝设科以试士也。近世学者,每夸张外史,诋毁国乘:一则曰:君主一姓之史,非民族社会之史;再则曰:主观垂教之史,非客观科学方法之史。殊不知史者,记事者也。事贵乎真,言归乎肖。凡一时代必有其特征,史乘记载,当以时代为转移,苟去其特征,则失其本性矣。吾国有清以前,皆君主政体,一切现象自不能出其范围。故葺国乘者,恒以君主之系为干、臣民之事为枝,以昭其传承兴替之征,庶业隆污之迹,非必欲尊一姓而轻万民,重朝廷而略社会也。盖君主历世之系不昭,则一代之端绪不明,万机之纲领莫得也。降及近代,君权衰退,民治大兴,故史重社会,尽改旧观。时代递变,思想斯异,此自然之趋势,非人力所能为。史有新旧,责是故也。吾国治史,固有二途:一为客观记实之史,一为主观垂教之史。自黄帝设官,记言记动,历朝相承,视为要政。人重史德,笔贵直书:宋朱子之重书法,明庄烈之贵实录,史贵征实,自古已然,乙部属之,是为史籍,此客观记事之史也。孔圣设教,悯世道之衰微,修《春秋》以垂训,笔标褒贬,类别善恶,正人伦,辨顺逆,决嫌疑,别是非,以明兴废存亡之理,而求修齐治平之道,后世遵循,其道益隆,申以劝诫,树之风声。故历朝重经,以史为辅。盖史以记事,经以阐义，相为表里，其用乃宏，故曰六经皆史。史贵阐义，自古已然，甲部属之，是为经籍，此主观垂教之史也。由此观之，治史者，责在征实以记事，事为重，无不备载，故贵客观；垂教者，责在因事以明义，义为重，有所去取，故贵主观。故孔子删修古史，勒成《春秋》；史迁取其所弃，综合异闻，复作《史记》。经史自此分途，功用因以不同。然二者实相互为用，殊途同归。主观之史，必赖客观之史而明其义；客观之史，必赖主观之史而著其用。若无客观之史，则主观之史无从籀绎而出，既事无所征，则义无所附；若无主观之史，则客观之史在历史公例未得之前，将如散钱无贯，乱毛无皮，史料虽具，而智识不完，未必有今日史教之功也。此国史之所以有主观，而尤当以史为教者也。近世科学昌明，学贵致用，西人用其方法治史，事求真实，笔贵客观，推求公例，希成科学。吾国治史，亦采其法，各国史界，焕然一新。此时代之进化，非人力所能为。史有新旧，责是故也。时有古今，事有因果，非鉴往无以知今，非探因无以求果，岂可是今而非古，弃旧而从新，以失其本真邪？岂可自鄙其国史，自弃其文化，以促其灭亡邪？兹进论治史之法，以示其途径焉。

五、方　　法

吾国建邦既古，史籍浩繁，焚膏继晷，皓首难成。若欲略窥大概，则西学有涂辙，而国史无捷径，必致史事零断，智识不完，安能得其因果，施诸实用；若欲读完全史，则今非昔比，科学日繁，人须兼治，摒弃他学，专攻一科，势不可能；若束史不读，则蔑弃文化，自促灭亡，设天降丧乱，外族侵入，焚毁吾史，湮塞吾教，施以新国教育，不待数十年，汉祖唐宗，无人能知，而百载之后，黄炎华裔，尽化为异族矣。然则如何而可？今兹所急，其道有三：一为改善教材，事义并重也。晚近学校教授史，学子拱听，如闻故事，义理阙如，史事虽多，无益心身，史自为史，人自为人，故宜另立教旨，改编教材，必须镕经以铸史，述事以函义，文则简于古人，义则富于往籍，非敢复古淆杂之弊，亦引经作传之意也。盖史书事繁，经籍理富，经史互用，其用乃宏也。二为注重口讲，便于记忆也。昔人每谓史繁理易，与科学不同，重记忆而不重理解，宜自修而不宜口讲。

殊不知事繁则难记,理易则寡趣,难记寡趣,则事实不明,因果难知,将如舟迷大海,身入华胥矣。且人智多偏,记忆理解,各有所长。而史为国本,人须通习,故列为口讲之科,以补其缺。盖目读易述,耳闻易记,撮其纲领,明其因果,述事以阐义,证义以征事,年虽邈古,而如在同时;地虽遐荒,而如住一室;人虽云亡,而如见其生。能使学子置身往古,神交前人,有同情易感之效,有默化潜移之功。再辅以史籍,进以自修,则自无艰涩难读之苦,而有兴趣易记之乐矣。三为指导自修,以示涂辙也。史学广博,乙部难尽,载籍所关,皆须征引,然日力有限,学须有法。当以正史为本,别史、杂集为辅,始则由狭而广,终则由博而约,富其识以为本,精其义以为用。每读一史,宜分为年代、地理、民族、制度、社会、文化诸部,逐类专研,各成系统,分之则为专史,合之则为通史,有纵贯横通之益,无支离破碎之弊,史事虽繁,如纲在纲矣。近世学校设课,科目繁多,有似博洽,实皆模略。惟史非贯通,不能裨益。故述兹三法,以资补救。然仅能施诸学子,未足言于大雅,博闻强识穷经究史者,又当别论矣。

六、结　　论

晚近瀛海交通,列邦争长,而吾国则运会所趋,适丁忧患,虽万机待理,而以振兴民族为尤要,欲振兴民族,非史教不能为功。盖近世灭人国者,务毁其典籍,以绝其文化;强施以新教,以泯其种性。如俄之于波兰,英之于印度,不数十年间,而种族涣散,文化荡然矣。虽有志士仁人,欲恢故国,捐躯就义,罔克有济矣,可不为大哀乎!而肤学之士,夸张西学,自弃所有,好奇眩俗,张皇幽眇,任情武断,毁经疑史,新说未成,旧学已废,国家尚在,而文献难征矣,可不为痛心乎?故近世学者,莫不注重历史,列为要科,倡为科学。地层之发掘,史料之搜集,旧史之整理,方法之精审,日增完美,分门专研,共趋同的,以期得公例而宏功用焉。苟天厌丧乱,少假眷顾,俾史教普及,民族复兴,庶孔圣垂教之功可昭万祀,而吾国文化得广布于世界也。

(原文刊于《江苏学生》第 8 卷第 3 期,1937 年)

历史与教育

钱穆

一

中国现在的教育,似乎只有留学教育而无国家教育。何以言之?小学的责任在教学生升中学,中学的责任在教学生升大学。大学毕业以后,苟非公私经济所限,照现况论,该像是要全部出洋留学的。国家教育的最高责任,早就托付在外国;全国青年的最高希望,亦是归宿于外国,故说中国只有留学教育无国家教育也。

中国现在的教育,又似乎只有技术教育而无国民教育。何以言之?全国各级学校课程重心,以及公私主持教育者的眼光与理论,所谓提倡实业科学,限制文法科等,全像教育的最高目的,即在授学生以一种职业上的技术。至于其人除却职业以外,在社会之活动与其对国家之贡献,则学校教育并不看重。

上述两点,汇为一趋,正是中国现教育界之趋势。所以各级学校课程,第一是外国语,第二是数理,学生精力,大抵全耗于此。对于本国文字,则力求其通俗浅易,而本国历史则在中国现教育界绝无地位。

任何一个国家的国民,对其本国史的智识,绝对需要而有用,尤其是所谓智识分子,在社会各界负中心领导的人物,对其本国历史,更不该茫无所知。所以一个国家真有教育,真有陶冶公民的教育,无论如何,本国史,须是极端重要的。不幸而中国的现教育,只求能升学乃至留学,以习得一门技术为主,于是而本国史之在各级学校里,遂至绝不占到教育意义上的地位。我想中国学校里,所以还有中国史一科目,或许因世界各国现行教育制度全有本国史一科目之故。并不是中国的教育界确知道本国史在教育上的真实地位及其使命。

中国人研究中国史，尤其是中国国家教育其国民的本国史科目，其态度和意味，应该与外国人眼光中的中国史，以及外国学校里讲述到的中国史，绝对不同。此所谓不同者，并非抹杀历史事实，或伪造历史事实之谓。而是历史事实上之轻重、先后、大小缓急之分。尤其是映照在事实上的一点感情之有无或向背之分。现在中国教育界对其本国史，正可谓无情感，甚至抱有一种相反的恶情感。其对本国史的态度，不幸而令人疑其像是一个外国人，这正是现中国人所极端崇拜的所谓客观主义，而并不像是一个中国人在指导其本国青年所应具的本国史的智识。

二

这一种风气，并不能全怪教育界，让我们再看一看中国现史学界之状况。约略言之，中国现史学界可分为三大派。一派是文化的自谴主义者。他们以为中国文化百不如人，甚至谓中国史上只有太监、小脚、雅片烟、八股文，直到最近才开中国史空前未有之进步。从这一派人看来，中国史根本无教育上之价值。即使有，只在消极方面，叫人知中国以往不过如此，叫我们不要自尊自大，该努力学人。然而试问中国史实况是否如此。现中国的不如人，不能牵连埋冤中国史。中国史之悠久及其伟大（指包含广土众民而言），任何别一种历史全比不上，这正是中国已往文化有价值之铁证。把中国史与西洋史划分时代作比，中国史胜过西洋史的时期多，不如西洋史的时期少。不如西洋只在近代。近代的西洋人不知中国史，可以说中国只有太监、小脚、雅片烟、八股文，中国的知识分子，文化的领导者，不该如此说。这一种文化自谴，并不能教人奋发向上，只能教人轻薄狂妄。第二派是琐碎的考订主义者。他们一方面模仿西洋史学界之所谓考古学与东方学的研究。西洋人把这种方法和态度来研究巴比伦、埃及，中国人则用此等方法和态度来研究自己。再一面是取法前清乾嘉时代的经学家。他们在异族统治下文字狱连续不断的威吓之下,而逃避现实,做一种隔离时代的琐碎的考订。用此种方法和态度,并不能通经学,更何论于史学。其与教育意义不相干,更不待言。第三派是最后起的,唯物的社会主义者。这一派亦源自西洋,他们无宁是看重社会和经济,更过于国家与民族。故他们讨论历史,每每忽略了民族与国家间的差异,而专注意到社会和经济的阶层。这一派的历史观,根本无所谓本国与外国,其无当国民教育之旨,亦可不论。

上述三派史学,运用恰如其分,对历史之认识上未尝不各有其贡献,然希望其兼顾到国家教育的责任,则殊非所堪。若运用不知分际,过于张皇,则既不能得国史之真态,而流弊有不胜言。不幸而最近的史学界只为此三派包举,又多运用过分,因此国史真相长于暗昧,而本国史在教育上的职责,故难胜任。教育界的眼光,既看不起所谓本国史;史学界的风气,亦顾不到所谓教育的意味,两者凑合,遂成今日国内各级学校之历史教育。要改变这种趋势,一面要国内教育界对于国家教育国民之根本旨趣之认识,另一面要国内史学界对于本国史意态之转变与理论及方法之更新,此事恐非一蹴可几,然诚使人人知有此一段意义,则风气转移,亦非甚难之事也。

三

今试进而一论本国史在教育意义上之使命,及所谓具有教育意义的本国史,其内容大体该若何? 请先言其前者。窃谓其国家(或民族)若根本无文化可言则已。否则国史之教育意义,应该首先使其国民认识本国已往历史之真价,而启发其具有文化意味的爱国精神,同时培养其深厚的奋发复兴之想象与抱负。中国历史决非无文化,而中国文化决非无价值。此曾有待于深细发挥,骤难详说。惟本国人对本国史,应有一种相当的情感与敬意,则实为必争之事理,且亦为共明之事理,我们固不愿对国史多所曲解或粉饰,然亦不愿对国史尽只有轻薄与诬蔑。一个国民对其国史,应先付以相当之亲情,如可获恳切之了解,此为负有历史教育之责者所首当肯认之事理,换辞言之,即国史教育之责任,至少当使国民对其本国史具一种温情及善意之看法与理解，此实为具有教育的国民所应有之态度也。惜乎上述三种史学风气，均不能达到此境界，而往往与之背道而驰。我们要希望产生有教育意味的国史教学，我们要使国民对国史能发生一种相当的温情与善意，固在发挥国史真价值、真精神，与人以共见。而兹事体大，非此篇所能论及，姑卑之毋甚高论。窃谓国史教育之第一个条件，应该使本国史包涵多分的鲜明而活泼的人事的成分。换言之，即使本国史脱离目前主观的意见，与琐碎的考订，而先恢复到注意具体事情之大体上来。

历史本是人事之记载，不过人事记载之尤复杂者而已。舍人事便无所谓历史。故鲜明与活泼的人事记载愈少，即是距离历史真相愈远。从人事记载里，可以探讨其文化之价值，与剖辨其社会之形态等等。然此不过知道人事记载以后的发生某种见解，见解可以万不同，而见解所从发生的人事根本则只一无二。舍去只一无二的人事，凭空讨论可以万不同的见解，到底成为戏论。所以即使不论教育意义，而纯粹为历史之探究，亦只有先注意其人事的部分。

就人事部分而论，人物自为其重要之一端。人物即是有力推动人事的，而人事随着人物转移。任何一个时代，任何一种社会，不能否认人物之重要性。读史而不注重人物，断难把握社会的重心。注重人物，应该能识别其贤奸智愚，人物的贤奸智愚，影响到人事之成败利害。任何一个时期人事的最后责任，即属于其时代之人物，人物应切实负人事之重责。当知东方文化亦足自存，封建社会亦可图强，只有全国人的思想上，没有辨别贤奸智愚的习惯，不能痛切感觉个人对国家社会应有之责任，则是一个不可救药的死症。我劝读历史的，且勿先讨论东西文化，且勿先分析封建社会与工商社会，且勿先将中国当前种种病痛，一笔推卸于古人，且虚心将中国历史上人物与自身及目前人作一对比。我劝教历史的，且不要教学者高坐堂皇，而批斥古人之是非，且虚心认识一点古人之胜过我们处，这是我们当前的历史教育至少应取的态度。

四

让我借此叙说两件小事。三年前我曾在一个初中学生书架上，抽到一本上海某书肆所印的一种日记簿,似名文学日记。翻开第一页,即是二十或三十位文学名家的照像。这二十或三十位文学家,却全是外国的,中国绝无一人。中西文学的比较我不敢知,我只想一个中学生,似乎不应该能知道此二三十位的外国学者。即使知道其名字,亦无从了解其作品之内容与意义。若使中国的中学生居然真能知道此许多的外国学者,而并能了解其作品之内容与大义,我想也不能说是中国社会之合理的或光荣的进步。此书既名文学日记,而网罗了几十位外国学者,绝无一中国人,是不是说中国绝无文学,抑是说中国人此时绝不该研究中国文学或大家全该研究外国文学。书肆并无主见,只是趋风气,学时髦,揣摩心理。一个初中学生,他看见三十个外国人的相片,他虽不知底细,然而他总觉得这是表示时代的、合理而光荣的,至少在他并不感到讨厌。若日记开首即印上中国三十位古人的画像,任何一位中国的中学生,恐不免要起反感,觉得案头摆上此书是太腐旧了。那许多人,他亦不知底细,然而至少他觉不得任何好感。中国的青年向他说起孔子,他会提出《论语》上的"惟女子与小人难养也"等话来质问你。向他提起秦始皇,他会骂一声专制魔王。向他说柏拉图、亚力山大,他或不致向你反对。我想任何一书,若先排印上中国三十位历史上的人物,恐不易打动青年的心坎。书肆何知,牟利而已。然而负教育本国青年之责者,对此种心理该作何感想。

某年暑假,北大新生入学考试,历史试题问及蔡京,据我所阅各卷,答蔡京为北宋有名书家的可十之七,知道蔡京在北宋政治上关系的不到十之三。我想此事很可看出中国现代历史教育之趋势。前人读史,于人物贤奸、国家兴亡,无不注意。或许近人治史,好言文化及经济等项,对于人物贤奸、政治隆污,不暇深论。至于国家兴亡,或许认为帝王家事而忽略了。我又想中学的历史教本里,定有一课特讲北宋艺术等而涉及蔡京能书,故一般中学生毕业生,不知道蔡京是北宋政治上的罪人而说他为书法家。此等好像小事,然而试问若将来中国的青年,只知今日的郑孝胥是一个书法家或诗人,而不知其在满洲国做些什么勾当,或是我们将来中国的教育家,只教青年知道郑苏戡是一位民国的诗人或书法家,而不向他们讲他在东四省的一段丑历史,试问大家对此感想如何？此等历史知识要得要不得，此等历史教育该当不该当？

上等两例，即小可以见大。现中国人的脑里，似乎根本看不起中国史上的人物，既无人物可言，自不必辨贤奸分智愚也。试问还是中国史上真无人物，还是现中国人历史见解与历史教育之偏颇。此等偏颇的见解与教育，对于新中国人物之产生，试问有何影响？固然历史并不是全是人物故事，然并人物故事而不知，还讲什么历史呢？

读史若注意到人物，素常的便不能不注意古人的文字。不能欣赏司马迁《史记》的文学，亦绝不能了解《史记》所描写的人物。不能读《出师表》《归去来辞》，亦无从明白诸葛孔明、陶渊明的胸襟与人格。第二要注意历史上的人物，又不能不体会历史上的环境。今人读史，好以我见蔑古，如坐堂上判堂下罪人之曲直，惟我意之所向，古人不复生，将奈我何。即据最近史事言之，石达开、李秀成乃革命之先觉，曾国藩、胡林翼为异族之走狗。石达开的几首诗句、李秀成的一篇供状，可以郑重而道；曾、胡的言论行事，可以懵无所知。以此等态度治史，自然傲视千古，更何所谓温情与善意耶？治史涂辙，千蹊万径，本非一格可限，我之所论，特就教育意味而言，然恐迂拘顽固，将为时贤嗤笑，然以中心诚见其如此，故聊复言之？适因匆遽，行文未能精洁，然读者循览一过，当可得其大意耳。

（原文刊于《历史教育》1937 年第 2 期）

论历史教育

苏沉简

一

去年秋季教育部改订大学课程，列中国通史为文、法、师范三学院和理学院的地理、地质两系的共同必修课，这可以看出最高教育当局对于历史教育的重视了。

说起来也很惭愧，我们原是一个历史悠久的民族，历史书籍也不能算少，可是到现在还没有一部好的、适合于一般民众看的中国通史出版，这确是学历史的人的一个应该自责的地方。但是反一方面说来，中国民族却有一种特性——善忘，因为善忘，所以不重历史，同时也因不重历史，所以更善忘。我们不说一般民众，因为他们环境上确没有读历史的机会，且说一般知识青年，史地常识的缺乏已成了目前一大问题；在中学读过书的人都知道历史教员是给学生们看不起的，青年人说历史是死的东西。也许有人要说中国向来的教育就是文史并重，过去一般士大夫个个懂得历史；然而我们要知道中国的二十四史或二十五史只是政治史，是一姓一家的历史，是"帝王教科书"，所以对于一般民众的生活毫无关系，只是士大夫阶级读读它们来练习做官而已。我们所要求的历史教育决不是这样的。

学习历史有三种目标：(一)学术的——完全是客观研究，正和其他纯粹科学一样，不加入任何道德的、致用的观念在内。(二)应用的——如果说算学是自然科学的基础，那我们可以说历史是社会科学的基础，社会科学是以人类社会为研究对象，而历史便说是记载过去人类活动的纪录,所以社会科学离了历史就站不住脚。鲁滨孙(J.H.Robinson)氏说:"历史家始终是社会科学的批评者同指导者,他应该将社会科学的结果综合起来,用过去人类的实在生活去试验他们一下。"(何炳松译:《新史学》,六六页)就是这个意思。(三)教训的或教育的——教训的历史观本来是一种陈旧的学说,在纯历史科学说来,历史不是实用的也不是教训的,因为历史不会重演。可是另外一方面说来,人类是善用经验的动物,经验丰富成了一个人所以有能力的条件,而一部历史便是一个民族或全人类的经验的总积。一个人遇见了新事件发生,他往往从他的经验中找出应付它的办法;一个民族到了危难之际也往往从自己历史上及他民族的历史上去找出怎样应付的方法,或者是从历史上找出危难的由来而想出新的应付方法。再就个人方面说,普通都以为哲学对于人生很有关系,可以养成正确的人生观;但我常以为哲学有时不免失之空洞,有时与实际的社会生活竟至脱离了关系,不及历史完全是实在的是真正的人类生活。所以假如你能善读历史,你可以对于目前种种政治的、社会的、经济的现象有着深刻的了解;你可以找出它们的根据,你便可以更明了它们的现状;甚至于有时我们更可以比较观察而增加了我们的信心,譬如在中国历史上,狭义的说来,曾经两度亡国,所以便不免有人怀疑我们现在的抗战也许要失败;同时却又有一种"乐观"的看法,认为我们两次亡过国,但两次都能复兴,所以现在假如给日本亡了,将来我们也会复兴的。这两种看法都是错误的,都是没有彻底懂得历史的结果。

先从第一个说,我们用比较观察,便能发现我们现在与宋、明两代都不同:(一)国内方面——我们现在全国国民都有着民族自觉的观念,我们现在有着统一的政府,有一致遵守的国策,有全国拥戴的执行国策的最高统帅,试问宋、明两代具备没有这种有利的条件?而且就历史趋势看来,近十年来的中国,正是走向上的路,这种历史趋势不是日本军阀的炮火所能摧毁的。(二)国外方面——宋、明两代东亚无所谓国际关系,谁强谁就可以灭了人家;元灭了宋,没有第三个强国来干涉;清的灭明,亦复如此,我们问一问日本有没有这个力量或胆量来鲸吞整个中国?英、美、法、苏能坐视日本的独吞吗?虽然他们出来干涉日本不是为了我们而是为了他们自己的利益,但是正因为有这种复杂的国际关系,我们才可以去利用它。

第二个看法,那只是自己欺骗自己,我们可以说现在正是中华民族的存亡关键,如果给日本亡了,我们是不想能复兴的;要知蒙古人和满洲人的失败是因为他们的文化不及我们。但是日本的文化纵不比我们高但也不比我们的低,况且日本又是所有帝国主义者中最狠毒的一个,如果我们亡了国,那真是万劫不复了。

所以从历史观察,我们的抗战是必胜的,同时是必需的。如果每个人读了历史有这种自信心,那就是历史教育的最大成功。

二

学历史的人,往往有几种不同的思想或观念:

(一)"古已有之"的观念,轻视一切新事物,因此他们推论的结果是今人不如古人,社会是向退化的路上走,所谓"尊古贱今"便是这种思想态度的结果。

(二)"自古如此"的观念,以为一切都是先人所苦心创立,后人不应有所改革,所谓祖宗成法不可违便是这种观念具体的表现,所以反对改革或革命。幸而有一两个大政治家想出来改革,但因为这种观念的普遍深印人心,也不得不来一个"托古改制",所以墨子创立他的学说要抬出一个禹,王安石新政要托始于周官,这种观念遗毒社会最大,他们成了社会进化的反动者。

(三)进化的观念,认为人类是渐渐演进的,一件事有他的因有他的果,世界上任何事物都是在变的;但这种变是渐变不是突变,新的和旧的之间有它们的来踪去迹。所以社会改革是必需的,但是不应该抹煞历史的潜势力或历史背景。

(四)认为革命是正常的,不管一种主义如何激烈,但以远大的眼光看来,它并不是洪水猛兽,而是历史发展的必然产物。

这以上四种观念,前两种是中国过去一般士大夫的共同的观念;中国文化的停滞不进这种"回头看"的观念当是它的一个重要因素。第四种观念初看起来是有理由的,但实际上那是浮浅观察的结果。革命是社会进化必然的现象,但并不是说一个国家革了命便先后成了个截然不同的东西。这是事实做不到的,因为"宇宙人"三种条件限制了它。所以革命是历史发展的产物,而一种主义是适合一种历史背景产生的,"德谟克拉西"是一种思想潮流,但在英、法、美三个历史背景不同的国家成了三种不同的政治制度。马克斯主义到了苏联变成第一个、第二个五年计划,如果马克斯主义行到英国——假如可能的话——那与苏联一定又是一个不同的作风。我们如果明白这一点,那我们对任何主义或信仰就不至盲从,所以我们认为第三种观念是对的,社会是进化的,不是突变的,而这种进化又是一个国家或民族的历史和环境的产物,而不是移植的。

　　提倡历史教育这一种观念是必需养成的,我们决不能让一般顽固分子蒙蔽了青年的眼睛,只听他们向后转而不能前进,使青年丧失自己的自信力而只对古人膜拜。要知道我们读历史是想从过去得到一点参考,所以无论是好的或坏的我们都得知道。有人曾经极力鼓吹汉、唐、明三代的光荣史迹而反对人读中国近百年史,以为这是外国人故意要使我们丧失自信心的。这种说法用心未始不善,但却中了"妄自尊大"的毒。我们读汉、唐、明历史,我们可以知道我们的祖宗曾经有过这样伟大的事业,知道我们的民族决不是低能的,有了这种自信心,所以能不怯不馁去创造新的事业。我们读了中国近百年史,才知道我们祖宗犯了些什么错误,我们民族和国家有着什么缺点。譬如今年是林则徐的禁烟百年纪念,我们不妨把这件事略为检讨一下。林则徐到了广州,对于禁烟确是雷厉风行,包围外人居住的商馆,强迫他们缴出存烟,这些他都得到胜利。但是在实际上鸦片的流入不但不因此绝迹,反而更加多起来,广东洋面从事鸦片走私的不知道多少,这原因在那里?第一,中国没有海军,不能深入远洋去缉私;第二,吏治的腐败,广东地方大大小小的官吏没有一个不包庇鸦片走私。从这点观察,我们可以知道一个国家没有国防,对外就没有效力;没有清廉的吏治,就是对内举办任何一件事都是不能成功的。这是铁的教训,还不够我们深省吗?读汉、唐、明史可以看出我们民族的优点,读近百年史可以发现我们的弱点，好的固然值得我们高兴，坏的就不应该读了使我们痛哭吗？一个民族不怕失败，而怕"妄自尊大"与"讳疾忌医"，这应该是我们痛定思痛不掩饰、不自欺地反省的时候了。

三

提倡历史教育有一个最危险的结果，那就是狭隘的国家主义的养成。德国是历史教育最发达的国家，十九世纪所谓普鲁士学派学史学家都是一致的鼓吹日耳曼人是世界上最优秀的民族，而普鲁士人又是优秀中的最优秀者；尤其是黑格尔倡导德国民族是世界精神最高的寄托所在，德国的精神是新世界的精神，因为这种思想的鼓吹，所以德国人异常傲慢，欧洲大战有人便以为是这种思想流传的结果，这在爱好和平和从事自卫战争的我们是要不得的。

提倡历史教育可以引起人民的爱国心，这是好的现象；但一件事情走到极端就往往产生坏的结果，狭隘的国家主义或民族主义是有害的。对于国家的观念我们认为最好用历史进化观念来解释。在人类社会的演进过程中有家族、氏族、部落等社会阶段，而进到我们现在的国家、社会的组织，所以我们可以说国家是历史的产物，也许便有人反问国家既是进化成功的，那国家就不可爱也可以不必要；但这是忽视了国家是历史现阶段所必需的。过去历史上我们看见有许多民族、部落为了保卫自己而和其他氏族、部落战争，为什么呢？因为在当时氏族或部落是最能保障人民的社会组织。到了历史进化到国家组织的阶段时，所以我们也得爱她保卫她，理由是同样的，因为我们没有国家，我们就不能生存，在现阶段中除了国家没有更良好的组织。但社会是进化的，所以国家并不是永远不变的组织；也许有一天国家要被打破而成为大同世界。我们不能盲目地提倡狭隘的国家主义，同时在这个时代我们也不能妄想国际主义或世界主义，因为国家还是历史现阶段所必需的。国家进化到大同世界是可能的，但并不是勉强地用外力来逼成的，亚里斯多德说国家是自然生成的，那么我们也可以说大同世界是自然生成的，不是武力或一种学说所能促成的。

关于这一点是与中山先生的民族主义相同的,中山先生以为民族主义是现阶段所必需,大同世界是我们最高的理想,这一点我以为对于历史教育的提倡是首先值得注意的。

四

历史学的研究有两个目标:(一)真相——求得史实的真相,重在考证研究和叙述;(二)真理——这就近于所谓历史哲学,历史教育的最大目的应该是后者而不是前者。因为事实的记载只要识字的人都能读,但一种事实演变的因果关系和他所含的意义却不是轻易所能了解的。所以在以上的叙述中,我撇开历史教材不谈,而特别说了几个基本观念,而这种观念是历史教育所最应该注意的。总括起来说,我们得注意下列几点:

(一) 进化的观念——社会是前进的不是后退的,中国历史家常常夸张唐虞禅让及三代之治,以为上古的人民都是圣贤。这种观念当然有它产生的原因,但它的弊端却很大,为了使现代的青年有着前进的、创造的自信心,进化观念是必需的。

(二) 时间的观念——我们要认识时代性,一种制度适合于三代不见得就适用于今日。国家在上古是没有的,在将来也许要消灭,但在现时代却有她存在的必要。有人以为国家是陈旧的东西,这实是没有时间观念之故;在历史上看来,几千年或几百年并不是一个长时期;国家的成立不过几千年,——我们不妨说得长些——但是要知道人类的出现就已有五万年,那其余的四万几千年人类的组织当然是个人的、家族的、氏族的、部落的,试把它们平均一下,每一种社会都要经过几千年或一万年以上(当然这是假定的说法,每一阶段所历年数当然不相等),所以我们说国家组织成立的历史并不能算长。

(三) 空间的观念——就是环境的认识,这所谓环境有地理的和文化的两种,任何一种制度、主义或思想不能离脱了这两种环境的影响,所以舶来品只可供参考而不能"如法炮制"。

（四）国家的观念——国家是历史的产物，是现阶段所必需的，所以我们须保卫她，这一点上面已经说明，兹不再赘。

二十八年一月三十一日沙坪坝

（原文刊于《经世》战时特刊 1939 年第 35 期）

历史教育的价值

顾倪非

一、绪　　言

历史教育是民族精神产生的源泉。缪凤林氏说："总理建国,首重民族主义。……爱国雪耻之恩,精进自强之念,皆以历史为原动力。欲提倡民族主义,必昌明史学。"法国历史学家米舍勒 Michelet 说："历史是民族的武器。"现代侵略者知道历史的功用,要想灭亡人的国家,首先消灭其武器——历史,历史毁灭,民族精神也随之泯灭,就永远没有反抗的能力了。这种说法,也许有人以为偏于狭义的爱国主义,容易降低历史在科学上的地位,可是由国民教育的立场来看,这却是无可否认的,因为历史教育,是精神国防之一,所以应该采取这种态度。我们看近代德国的统一,其国民多归功于兰盖氏所著的罗马及日尔曼之民族史,此书反复叙述自罗马时代起日尔曼民族精神,提高日尔曼民族之自尊心,诱起民族之团结力,故素来一盘散沙的日尔曼民族,至十九世纪中叶,卒形成统一的德意志帝国。可知历史教育与民族复兴实有不可分离的联系,盖历史教育的本质,就是表达本国民族的由来、变迁与演进,提示民族伟大的事迹,而引起学生强烈的民族意识,激励他们为本国民族的生存与繁荣而努力。我国国运颓废的原因,实在由于国民精神的萎靡,而想建立民族意识,及恢复民族自信力,非振作国民的精神不可。

年来教育当局已有明白表示,我们看课程标准中对于历史课程特别致意于此,就可知道了。在去年三月间,中央又颁布了国民精神总动员纲领,揭示出国民精神所当致力的三个共同目标:(一)国家至上,民族至上;(二)军事第一,胜利第一;(三)意志集中,力量集中。借以打破敌人的精神制胜的毒计。然而我们要想收到精神总动员的效果,必须注重历史教育。同时我们要知道:"此次战争的意义,不仅限于排除侵略,而尤在于树立战后建国之基础。"惟其抗战与建国同时并进,就非得努力于历史教育不可,因为精神总动员,只可收效于一时,不若历史教育之收效于永久:盖借史实来鼓励民众,比较空言来得切实而容易引起其爱国爱种的观念,以为抗建的基础。我们既明了历史教育与抗建的关系,且进一步对于历史教学的见解写些出来,和实际担任历史教学的教师们作一个商榷。

二、历史教育应说明中华民族的起源与统一

五千年来艰辛缔造的文明国家,自有不可毁灭的精神,这是抗战以来,中华民族的英勇奋斗所昭示于全世界人类的。而日人得了教训之后,自知人力物力有限,不能有为,乃于武装进攻之外,复运用其政治阴谋,利用"民族自决"一词,肆意挑拨中华民族内部的感情,凭空制造整个中华民族间之裂痕,否认中华民族的统一,肯定汉、满、蒙、回、藏、苗等族的分立,于是煽动各族独立建国,如"满洲国""大元帝国""回民帝国""苗民帝国"等离奇怪诞之名;以为如此可将统一的中华民国脔割为若干半独立的日本保护国,而日人所要建立的"东亚新秩序"不过如此。他们利用"民族自决"的美名以分解统一的中国,其用心险恶,于此可见一斑。所以我希望编历史书的先生以及教学的教师们要详细说明中华民族的起源与统一,建立民族意识,打破种族的界限,团结民族的精神。至于应该注意之点,约有数端:

(一) 中华民族的起源

中华民族起源于本土,此说倡始于一八六二年的法国罗素满,一九一六年英人洛斯在《中国民族由来论》(*The Origin of The Chinese People*)内多赞成其说,威廉氏亦尝言:"中国民族发生于本部。"此说为多数学者所主张。近来论中国文化者多言其独自发生,如罗素《中国文化论》

即说:"中国文化乃欧洲以外完全独立发展而来。"韦尔斯《世界史纲》亦说:"中国文化似为自然发生,未受他助。"到了裴文中氏等发现远古的猿人头盖骨于周口店以后,大家认为中华民族自古即生于这一片锦绣河山的中国。很多历史教科书据此立论,根本推翻了什么"东来说""西来说"等等的谬论,这是近年来历史教科书上的一个大的进步。但是还有些人对于中华民族的起源,依然含糊其词,不说"异说纷纭,莫衷一是",只有存疑,便是公然仍旧主张"西来说"。像这类说法,不仅使国人不能明了祖先的来源,而且间接足以动摇国民对于保卫领土、爱护祖国的决心。关于这些缺点,应当随时纠正,万万不可忽略。

(二)中华民族的统一

中华民族自有史以来,经历了无数次的迁移、同化,本来无狭隘的种族界限存于其间。梁启超氏谓:"古史曰诸夏,曰夷狄,为我族自命与他命之两主要名词;然此两名词所函之概念,随时变迁,甲时代所谓夷狄者,乙时代已全部或一部编入诸夏之范围,而同时复有新接触之夷狄发现,如是递续编入,递续接触,而今日硕大无朋之中华民族遂以成立。到了现在四万万五千万人民休戚相关,利害与共,积极方面融成不可分的整体;消极方面也不复有绝对保持纯血统之民族存在。"民国元年元旦,总理就临时大总统职时宣言,谓:"国家之本,在于人民,合汉、满、蒙、回、藏诸地为一国,如合汉、满、蒙、回、藏诸族为一人,是曰民族之统一。"又国民党民国十二年一月一日宣言:"吾党所持之民族主义,消极的为除去民族间之不平等,积极的为团结国内各民族完成一大中华民族。"我们要知道中华民族的形成,恰如水波的扩大,前推后进,愈演愈广,所波动的成分愈多,则其所形成的势力也愈大,不是偶然的,是有历史根据的。试就史乘来考察,不难明晓。

中国民族原属多数族系,因在历史上互相接触,互相混合,最后竟有渐趋统一之势;其接触的程序,最初以其中的一系为主干,逐次加入其他诸系,逐渐扩大了主干的内容,与之混合的诸系,则依次失去其名称与文化,然在血统上说,主干民族每次加入异族的血液,则其血统便已改变,若以血统为准,则原来之名称不得保存,而应改称混合后之新名。中国民族之主干,原来是华夏系。从三代以来见于古史之东夷、南蛮、西戎、北狄早与华夏系混合而扩大华夏系的内容。至秦代东夷已全部消灭，南蛮中之荆、吴全部同化，百越也有一部分同化，西戎、北狄之在中国的分子也全部同化，所以华夏系因为加入以上诸系而大变其内容，秦汉以后又与匈奴、氐、羌、东胡、南蛮、西南夷等接触混合，而完全同化于隋唐期间。自唐经五代、宋、元迄与突厥、契丹、女真、蒙古诸族接触混合，而同化消融于元。到了明代，肃慎的满洲兴起，到民国的期间几于全部同化，期间且有回部、羌、藏、蒙古、苗、瑶等混合于其中，要想辨别种界，实无从辨别。过去所谓汉、满、蒙、回、藏五族也不过是代表地理的名词，或朝代的名词，或宗教的名词，那能代表血统混合的种族呢？所以总理改称中国民族为中华民族。于此可知国内种族为统一的、整个的，而不是许多个别集团并立。

现在所拥有的广大疆土，也不是一族的力量所能独致的，实为组成此整个中华民族之各个分子祖先所惨淡经营的。中华民族已据有此共同领土，皆知有休戚相关、利害与共的四万万五千万同胞，不知所谓种族之分；人人皆明了其自身的休戚利害，纯系于民族生存。"……故巩固民族生存，应先于一切。然民族生存之最高体系为国家，无国家则民族生活不能维持与发展。失国之民，如犹太人受人宰割，何等悲惨，故巩固国家尤应先于一切；是以吾人今日必须认定国家至上，民族至上，国家民族之利益应高于一切。在国家民族之前，应牺牲一切私见、私心、私利，乃至个人之自由与生命，亦非所惜"。假使民族内部任何一族一地堕入侵略者分裂的毒计中，脱离中华民族的总体，适如人身被割裂后，总体的人身因有残缺的痛苦，而被割下的一部分，则只有腐朽，还有什么生机可言呢，类此维护民族的史实与言论，深望编著历史教科书的先生同担任历史教学的教师们尽量表扬，灌输到学生们的脑海中。

三、说明中华民族的伟大以恢复民族自信心

总理说："自有史以来，亚洲国家，就只有中国有独立的文化，亦只有中国以文化陶冶外族，乃使其进而同化，决没有外族、外来文化能消灭我国固有文化。"这就是中华民族能力的表现，也就是中华民族的

伟大。

中国能以自力创造文化,所以在世界上自成一单元,自成一系统。吾人当自信往日文化程度高出各国,莫与伦比。然而近数十年来,因物质文明之进步较缓,缺乏自卫力,民族之自信心因之发生动摇;不但对于固有文化丧失了信仰,且对于民族性之优劣与否,也发生极大的怀疑。于是畏外媚外的心理便油然而生;对于外人的一切,无不致其信仰与崇拜之诚,而"我不如人"的观念,更牢不可破地印在一般人脑海中。一直到现在,这种观念还是不断在闪烁着,实在是最危险不过的事。因为我们民族自信心发生动摇了,现在要挽救这种颓势,亦只有拿历史上光荣的事迹来说明中国并不根本比外国人差。

先就智力来说,我们是占世界第一位,据德国学者康拿的研究结果,中国人之头脑比一般白种人、黑种人容量为大,以一千五百以上的容量来说,中国人占百分之卅二,欧洲人百分之廿七,黑种人及南洋人,则百人之中无一人,反之在一千二百 cc 容量之下头脑,我国最少,而黑人最多。由此看来我中华民族是否优秀,便可知晓了。由于智力超越,所以创制力特优于其他民族。

是以我国文化,久为世界各国所注意;不然外国人为什么常派遣学者到中国来发掘文化古物呢?这就是证明中国文化可贵的一点。还有他们的博览会、博物院、图书馆,无时不在搜罗我国文物、书籍,作其研究的对象。假使中国文化没有价值的话,他们又何必不惮烦劳而孜孜矻矻地探讨呢?从这点看来,中国现在文化的发展与西洋比较,只有物质文明的落后,然而也不过是暂时的现象。正如袁炳南氏所说:"中西文化,方向本不尽同,故改之也缓,然潜在力未尝不在也。"至于精神文明方面其创造精神与吸收力量,又岂他族所能及哉?苟能保持自信心,迎头赶上去,没有赶不上的。如日本在六七百年前,有什么文化可言,曾几何时,竟咄咄逼人,横行天下。可知有自信心,而不自菲薄,必能奋发有为。所以恢复民族自信心,实在是抗战建国的最紧要关键。要想达到这种目的,历史教师自当阐述我民族优越的能力,与光荣的成绩。然而这些说明,往往是以若干有关于民家隆替的几个伟大人物为骨干;因为讲述他们的事迹,能使受教的青年得到实质的熏陶,潜移默化,以养成坚韧的自信心之故。可是我觉得现阶段对于历史的阐述,应着重先民对于文化有重大贡献者,有功于民族、国家者,乃至民族义士忠烈昭著者。教者于普通教科书之外,须尽量补充这类材料。兹分别略述于后,聊供教者参考。

(一)指出中华民族对世界的贡献

中国开化在世界上要算最早的一个国家;制造、发明没有一国先于我国的。远者不谈,即就近世西人所引为文明利器的雕版印刷、爆炸火药、航海罗盘、计数器具等等,没有一样不是从我国传去的。元人混一欧亚,中国的文化源源地流入西土,而华人所发明的指南针,随他们带到欧洲。中国所用的火药,因为远征之故,随地制造,因而传其法于西人。活字版印刷术以及纸币、交钞之类,也随远征壮士流布到西方。西人得到我们的制造法,研求改良,遂演为文明利器,文物赖以播扬,民风因之改变。然而发明的功劳,不能不归功于吾先民。中国物质文明,现在虽然落后,若能依我先民所遗有的天才与能力,继续探求,不避艰难,迎头赶上去,自能恢复过去的光荣。

(二)表扬伟大人物的事功

我先民富有武略,尝能于落后之地,建立安全秩序,如秦始皇、汉武帝、唐太宗、成吉思汗、明成祖等皆最著者。富有政治天才,在政治上有许多开近世新政之先河者,如商鞅及王安石的变法即其例也。富有创造精神,在工程方面有筑长城、开运河的伟举。他如宫殿的建筑、陶瓷的制造,以及上节所述的种种发明,代有制作,史书记载,凿凿可考。凡此有重大贡献的伟大人物,教师应宣扬其优越的能力,激发学生的自信心。

(三)阐扬民族英雄的气节

我国每当国难时期,常有许多忠臣义士,挟必死的决心,起而扶持危局;到了事不可为,也能慷慨赴难,从容就义,决不为富贵所淫,威武所屈而投降。如宋末自张世杰败于焦山以后,文天祥、陆秀夫、陈子龙、熊飞等皆因兵败,相继就义。此种气节可令弱者强,而懦者立。明亡以后,清兵南下,史可法、郑成功、顾炎武辈,皆以忠勇义烈,分头御侮,此种壮烈奋斗的事迹,皆能感动青年,使奋发有为。至于匡复无成的志士遁迹国外的,如朱舜水;匿藏山林的,如黄黎洲,也都为民族精神的表现,很可藉以激发青年们同仇敌忾的心理,使为国家效劳。此外尚有以志士谋革命不成而死的,如清季的吴樾、徐锡麟、陆皓东、黄花岗诸烈士,以至陈其美,其事功照耀简册,历万古而不泯。

凡上所举名臣义士的事迹,莫不悲壮热烈,可歌可泣。今日我们要复我河山,正应将这些人物的事迹,加意阐扬,以鼓励民气,使人人能为国家、为民族而奋斗,争取最后的胜利。

(四)发皇民族固有的道德

所谓固有道德,亦即总理所倡导之"忠孝、仁爱、信义、和平"八德。国人对此认识或有深浅,但中国民族生命得以绵延光大,无不赖此八德维系于其间。所以在此抗战严重时期,非国人一致遵守此救国道德不可。而八德之中,最根本的为"忠"与"孝",关于此点,在国民精神总动员纲领内,言之颇详,谒望全国同胞竭尽忠孝,对国家尽其至忠,对民族行其大孝。现在先就"孝"字来说,中国社会数千年来对于孝的解释,不仅尽孝于其亲,亦重在尽孝于其祖先,此种"不忘本"的观念,实在是一种美德。到了总理讲民族主义,更将孝道阐扬光大,而及于国族。我们既是中华民族的子孙,承受祖先所留遗的锦绣河山,我们就应当尽保护之责。如果在我们这一代丧失了祖业,怎样对得起我们的祖先呢?所以我们对于国土要维护其完整,对于民族要保持其生存,免得被后代的子孙唾骂。

谈"忠"字,往往有误解忠于一姓一家,而未能深刻了解其意义。我们现在应当矫正过去的错误,发挥忠于国家、民族的精神。可是国家、民族这个对象,比较来得抽象,不易捉摸。而负抗战建国的领导之责的,则为领袖,为国家、民族的总代表。所以我们要效忠国家、民族,必须先从效忠于民族的领袖做起。换句话说,如人的行动,要绝对服从最高当局的法令,尽责任,守纪律。万不可违背国家的法纪,减少抗战的力量。关于这些要务,现代公民却不可不切实领会的。

至于仁爱、信义、和平诸德,皆由忠、孝二义演绎而成。仁爱为孝道的扩展,信义为忠道的扩展。行仁爱,讲信义,则和平以生。回想先民的丰功伟迹,以及忠臣义士的壮烈,莫不为此八德所熏陶,而演成光华灿烂的历史。所以救国的道德,如果发挥其力量,实无异于坚甲利兵。虽暂时的失败,但最后的胜利,还是属于我们的。

试看宋、明两代的遗民,要想大规模组织起来反抗敌人,环境有所不能,则秘密结社,进行一切救国工作。倘秘密结社又不可能,则流浪江湖,或遁迹山林,或逃亡海外,待机而起。还有些无逃亡能力的人,则寄民族精神于诗文,藉以宣传,鼓励人心。一年不成,期以十年;十年不成,期以百年。抱定不达目的不止的决心,民族精神终有发扬光大的一日。这是中华民族数千年来的特性,而这特性的力量,伟大无比。要想发挥这种力量,只有历史教师堪负其责。因为中国史上关于八德的史料,实在太多,如好好地利用,移风易俗,民族精神未有不能发扬的。

四、结　　论

由上面的叙述,可知中华民族是整个的、不可分割的。中华民族全体有共同的祖先、共同的血统、共同创造的文化,所以应该相亲相爱,共赴国难,以求在同一政治组织之下,谋最高尚、最圆满的集体生活。那知少数国人,精神不振,以致动摇其自信,或则窃国而侯,或则藉报纸杂志以散播毒素的言论,他们把个人的利益,看得高过国家、民族的利益;把个人的安全,看得高过国家、民族的安全,不惜和团结力量一致对外的原则,背道而驰;没有了解这次抗战任务的艰巨。——这次的任务,不仅空前且将绝后,绝非少数人所能完成,必须全国数万万颗心,溶成一颗心才行。他们醉生梦死,竟惟个人之享乐是求,为社会形成一种颓废荒淫的现象。我民族最高领袖目击心伤,所以在第三次全国教育会议席上,曾慨然引了"化民成俗,其必由学"的古语为训。这就是要教育界激起全民族的独立自尊心,唤起全民族对侵略者的同仇敌忾,树立起全民族对革命前途和国家将来的深切自信心,从而鼓起向前进攻积极奋斗的决心。总裁又说:"我们要时时刻刻提高我们民族固有道德,……我们是物质条件一切缺乏的国家,处在这样困难危险的时期,还要负起这样非常巨大的责任,若不是以精神胜过物质就不能求得抗战的胜利。若不用我们的固有的道德和革命的精神,产生出力量,创造出物质,就没有法子达到抗战的胜利,建国的成功。"这段话实在是至理名言。

　　担当陶铸民族卫士,推动民族精神的历史教师,要体贴这种救国救民族的热忱,本其忠贞辛劳,在民族战线的后方,尽其努力,我们知道每次国家的衰颓或灭亡,决不完全为外来的压迫,一定还有许多民族败类为之内应,如南宋之秦桧,明末清初之吴三桂、洪承畴,他们的聪敏才智,并不在常人之下,徒以一时利欲熏心,才利用其地位、才智,以作恶,虽遗臭万年也非所顾。历史教师对此类史实,宜揭穿其阴谋;同时要使全国数千万的青年,能对于民族的演进与光荣,有深切的认识,以激发其强烈的民族意识,然后由学生播为全国普遍的认识,以知尽他们民族应尽的责任,来完成我们这辈继往开来、千载一时的使命,建立三民主义的新中国,使中华民族同享大同的乐利。然后安定东亚,确保太平洋的安全,促进全人类的和平幸福,"安慰我们总理在天之灵,安慰我们殉国殉职、颠沛流离、痛苦的一般同胞"。这才是抗战期中之历史教育的唯一目的。

　　　　　　　　　(原文刊于《正言教育月刊》第 1 卷第 1 期,1941 年)

历史教育的建设

丁夫

宇宙间一切事象是动的,不是静的;是关联的,不是孤立的。我们生长在这伟大的文化之巨流里,我们是社会里的一份子,负有承先启后的重大责任,一方面要继受和光大我们先人的绩业,一方面要为我们后世作开路的先锋。要达到这种企图,我们第一个前提,必须要了解我们所处的社会之史的历程,由历史的研究,获得过去的无穷的经验;不独已往的经验,可以凭藉历史的功效而获得,而且将来的事变,亦可藉历史的法则而推知,不宁惟是,既要作一个人,而且是"文化人",必须有着过去的记忆与未来的憧憬,有了历史的观念与训练,相信才能扩大他的思想领域,于现实的思想而外,提高抽象的思想;才能不为物囿。

不过眼看现在社会里的一般人,在思想方面,太着重"现实"了;在行为方面,太枯冷自私了。在众人寂寞的心理上,似乎鼓动不起伟大的民族热情,各人都偏于所谓"个人观",很少有所谓"社会观"的,这究是一种什么原因?我们想系因为大多数人未曾受过相当的历史教育的缘故,因为不曾受过相当的历史教育,对于"过去"既是黑漆一团,对于"现在"当然是盲目无主,对于"将来"更非计之所及。这样,无怪大多数人整个的灵魂在复兴民族—和平建国的过程中,失却了个人的控制力,忘掉了民族的自信力,根本一个人的人生观不能有意识的决定,难怪其操守不定,出处不明,晦藏丕塞,恍惚迷离。所以我们现在第一要求在决定我们各人的人生观,我们就需要历史教育的建设。因为我们先承认个人为被动的环境中自动的因子,既然如此,我们必须从历史的搜究中,获得丰富的人事经验,从历史法则里,可以决定我们思想和活动的程序。诚然,同是由历史法则里产生出来的思维和行动,有的倾向悲观,有的倾向乐观,但是我们生长在这伟大的时代里,我们的人生观又当怎样;我们从历史的事实的综合与分析,确认社会是前进的,不是逆退的。既认社会是前进的,我们的人生观,当然亦是肯定的、乐观的,大家欢天喜地的在这只容一趟过的大路上向前迈进,前途有我们的光明,将来有我们的黄金世界。这种正确的想望,必系于我们能够辨别历史的进程,换言之,亦在系于我们所受过相当的历史教育。再进一步说,我们为了求个人的修养有素,也必须要受历史教育。虽然不能十分肯定历史全是劝善惩恶,但历史事实有许多很可作我们立身处世的楷模。虽然我们不主张所谓拜古者或所谓英雄主义,但以其社会绩业作为我们适应生活的借镜,亦无不可。况在千百年来,历史上曾经产生过不少的英雄豪杰、仁人志士,举凡道德、学问、事功,无不可做我们的当前殷鉴。所以有志之士,多喜浏览史籍,尤其关于伟大传记一方面,取其史传碑志或年谱而静心的去吟味,仿佛和他们謦欬于一室,晤对于一堂,很可以长其识见,增其想象,发其志气,拓其胸襟,端起趋向,正其智识,植其德行,养其品行,可以发生"舜何人也,予何人也,有为者亦若是"的感触。况且一个人的智识基础,固然依傍由现实环境的接触而得来的经验,同时也可由史迹上的理乱兴衰、典章经制,而得到许多暗示与模效的。

再推广起来讲,历史是一种时空的组合,记载国力文化的消长、社会生活的变迁。历史教育的功用,实关于国家民族的兴衰存亡。记得龚自珍在《古史钩沉论》一书中有谓:"灭人之国,必先去其史;隳人之枋,败人之纪纲,必先去其史;绝人之材,湮塞人之教,必先去其史;夷人之祖宗,必先去其史。"反过来讲,要复兴国家,更生民族,则非藉历史教育作利器不可。例如欧陆十八世纪以来,所谓普鲁士学派——民族主义的史学飙起云兴,风靡全国,高唱普鲁士的精神,作为民族自尊的护法,德意志国家之所以奠定,得力于普鲁士派史家不少。又如日本自明治维新运动成功以后,日人皆归功于元禄时代德川光国所著的《大日本史》,在那时,日本的封建制度还未泯除,那本书力主尊王攘夷,忠君爱国,经过群相鼓吹,于是倒幕论普遍了全国。同时有浅见纲斋著的《清献遗言》，赞扬备述中国激士的事功与精神，鼓舞国民的爱国热情，经过辗转的宣传不断的努力，幕府制度终于崩溃，明治维新运动卒赖以成功。后来又有珂通世、中村久三郎等手编日本史，以提高日本国民的自尊心和自信力，所以在日俄战争以后，一般人尝有谓"日本国家之强盛，系由日本新历史助成之"的论调，由此可见历史教育对于国家之兴衰、民族之存亡，关系实大。

然而回过头来看我们的国家是怎样？民族的精神是怎样？民族自信力又是怎样？无疑的，国家是在受着内忧外患的威胁，民族精神是这样的涣散，民族自信力又是如此的脆弱。这究竟是什么原因？我们敢肯定这是大多数人的历史修养太差了，因为缺乏历史智识，根本对于他所在的文化氛围未曾了解，对于他的祖先创业根本未曾发生亲切有味的热情，无怪他是数典忘宗的，无怪他立身于现代社会，仿佛空游无所依的，这样民族的前途的危险，是我们想象得到的。不过，为了要求我们民族有复兴的一日，则必须要藉历史教育来培植我们民族的自信力，发扬我们固有的民族精神，光大我们固有的文化道德，认清东方本位文化的优越与伟大的地方，认清过去若干伟大人物的辛勤奋斗，明了我们民族的扩大蜕化不是偶然而成的，我们得着这几种信念，播化而为全民族的意向。我们尤觉得中华民族在现在太缺少民族热情，各个人常不免是枯冷自私的。这诚是一种伤心惨目的景象。我们现在需要藉历史上许多民族伟人的事绩，将他们那一种舍身为国激昂磅礴的情绪，重新在一般大众们的内心上燃炽起来，以鼓铸他们对于国家、民族一种说不尽、写不出的热情，例如革命先烈为民族的赴汤蹈火、慷慨就义的革命精神，倘能藉生动的文字或委婉的言词加以发挥，确能鼓舞起青年的热血，王船山说"居整御散，用独制众，处静待动，奋弱抗强"，这种精神，正是今日我们民族所最需要而不计成败利钝的热情。

我们再从社会学的观点上来看，从历史的客观探讨，又可相当地消泯了种族间的偏见，向来在中国有所谓夷夏论，在欧西亦有种族学派的阿利亚优先论，当然这种观念的由来，系源于他们狭隘的历史观，根本出发于无谓的过度自尊心。及至最近，由于历史学派的种族研究，颇减退一般种族间的失常的歧视心理。从历史的进展和文化的创造上看，中日两大民族系同文同种,均有其相当的文化上之贡献,纵在文化的水平上不会一致,但以亚洲人类的同情心作为出发点,亦当互相亲善,互相提携,共负起这伟大的东亚文化之建筑,我们以为这信念的培养,历史教育也是一种重要的手段。

归结讲来,我们在这民族复兴—和平建国的进程中,我们欲求我们的人生观有正确的决定、彻底的认识,我们需要历史教育来培护它;我们欲求了解我们民族历史上的光荣和我们当前的责任,我们需要历史教育来激励它;我们欲求恢复我们民族自信力,发扬我们民族的热情,以及光大我们东方的文化道德,团结我们亚洲的民族,和欧美来做对抗,我们需要历史教育来作兴奋剂和媒触物。诚然,历史教育的需要积极建设,已经是我们不容否认的事实了。

上元日于济南彦岩斋

(原文刊于《教育建设(南京)》第 1 卷第 6 期,1941 年)

新历史教育论

李季谷

一、新历史教育之使命

世界上一切现象在急变中,中国不但没有例外,而且在暴风雨中迈步前进,环境及一般国民的需要都更变了方式,一切须有新的适应与改造,历史教育也必须有一个划时代的革新!

中华民族有许多优点:辛勤、耐劳、刻苦、聪明等,常为其他民族所不可及。华侨在外国经商,常能获得外国人所不企及的成功;中国留学生常在国外考得很优良的成绩,都是事实的证明。然而,我们不必自己文饰,我们应该自己反省,中国人却有一个大弱点,即"自私自利,常以其一家之福利为最高目的,爱国心薄弱,爱民族心淡漠,中国历史上忠臣烈士固然不少,而善为个人谋利益而不惜牺牲国家、民族的利益者也指不胜屈"!所以每一次外侮来袭时,便会有张邦昌、洪承畴之流出现,奴膝婢颜以待异族。一般国民,对国家事,漠不关心!

今日历史教育之使命,就是要洗除这种弱点!就是要转变这种风气!要将向来"自私自利""有家无国"的一种不良观念,转而为"民族至上""国家至上"的信念,确立"匈奴未灭,何以为家"的信条;俾人人能自认为国家之一员,不是家庭之一人,愿将自己之一切,献诸国家,只要对国家、民族有利,个人任何牺牲在所不惜,大家有这样的精神!

这里须要再问的,是:"这一个重要使命,有完成的可能性否?"我的简单回答是:"能!"因一个时代的风尚,常可因少数人的提倡而改变,这种事例,在历史上俯拾即得,兹为举两例言之:

（一）东汉光武及明、章二帝，先后表彰节义，敦励名实，故当时儒生尊尚气节，其末世党锢之士，最有声于国内，清议之力，有时且足以屈权臣。桓、灵之间，衰而不亡，未尝不受清流之赐。但及曹操好法术而尚刑名，崇奖跅弛之士，其再三下令，至于求负污辱之名，见笑之行，不仁不孝而有治国之术者。风气为之一变！曹丕复以慕通达而贱守节，其后纲维不振，而虚无放诞之论盈于朝野，人心遂倾陂日深，卒使国家多故，西晋以亡。①

（二）唐末五代，兵乱频仍，冯道之流，易主为荣，廉耻道丧，风气日坏。及赵宋有国，即诏增葺祠宇，绘祀圣贤之像。匡胤且自为赞，书于孔颜坐端，复行贡举之法，举孝友行，能直言极谏，敦崇教化，儒风日盛，人民颇能励志节而秉礼义。故明叶伯巨有言："昔者宋有天下，盖三百余年，其始以义教其民，当其盛时，闾门里巷，皆有忠厚之风，至于耻言人之过失。洎夫末年，忠臣义士，视死如归，妇人女子，羞被污辱，此皆教化之效也。"②

从上述两时期的转变言之，可知一般国民之思想风尚，常因教化设施而改变方向。故余常谓："人心之陷溺不足虑，而负教育之责者，日遑遑不知所从，宛如一船夫坐视其舟帆飘浮于惊涛骇浪之中，不为之正舵，不为之转帆，不为之推桨，则其小舟安得不触礁而沉，安得不为浪所袭，前途之危险，自不可测！"又语云："人心之良楛，视夫风教之趋向。"其言甚是甚是。

《教育杂志》第三十卷第八号拙著抗战建国中的历史教育一文中，亦曾讨论到这个问题，文中曾用英国学者巴格尔氏（Ernest Barker）之言如下：

> 民族性格，不但为"人为的"，且实在继续不断的创造与再造之中。民族性非于形成之后，永远不变，乃可随时更改者。每一民族，于其历史之过程中，莫不改其性格，以适应新情势，或适应某种新目的。其变更为渐进的，例如：英国十四世纪，充满愉快的精神，一变而为米尔顿（Mieton）时代的庄严奋斗的桑姆森（Samson）。

---

① 章嵚：《中华通史》，乙篇第二篇、第八章。
② 章嵚：《中华通史》，丙篇第一篇、第七章。

同时其变更亦可为骤然的。一经变更之后,可与前此之性格完全相反。……德意志在"自由都市时代"(Hanseatiia age),其民族充满"自动""创造"及自由结社的精神;然至"荷亭左伦时代"(Hohenzollen age),则满布遵守纪律与服从国家统治的精神。[①]

由此可知要创造一种新风气、新好尚,转移一般国民气质,并非难事。易言之,欲刷去过去中国国民的"以家庭福利为最高目的"的小我狭隘性,转变为"国家至上""民族至上"的伟大精神,并非不可能之事。

自然,要转变国民的气质,其方法应为多方的,文学艺术、宗教、法律、制度等等都为推进这种精神的利器,但是,其力量最大者实为历史教育。李兰(Renan)对于这个问题曾有如下的解释:

> 民族性乃为精神的精素,此精素一为过去,一为现在。过去乃记忆中所遗留之丰富遗产,此遗产乃大家所共有者。现在乃现在精神上之默契,在此默契中,大家同具共同生活之愿望,并立定意志,继续使用所承受之遗产,以维持精神之统一。[②]

我大中华民族现在遭遇空前的国难,无论老幼男女,都有一种抗御外辱、自力更生的共同愿望,这是很显明的。所谓过去的丰富遗产,那自然就是历史!历史一方面是使人们了解过去、明白现在并据以推知未来的倾向的东西;但另一方面却是培养国民的"爱国心""爱民族心"最有力量的原动力!

所以,我的结论是:"历史教育为民族复兴运动的利器。""新历史教育的使命,是要使国民人人都有都有'天下兴亡,匹夫有责'的自觉!"

二、过去历史教育失败之原因

此处余所谓过去者,指近二三十年而言。至于中国古代,史学发达极早,故梁启超谓:"中国各种学问中,惟史学为最发达,史学在世界各

[①] Ernest Barkes 著:《民族性·引言》。(王世宪译本 P.12 商务本)
[②] 同上:王世宪译本,P.18。

国中,惟中国因为最发达。"①此固非无所见而云然。相传黄帝时即有仓颉沮诵之说,此固尚不可深信,然据《尚书》《国语》《左传》所述,周代史官,且已分科,有太史、小史、内史、外史、左史、右史之别。且不惟王朝有史,即诸侯之国、卿大夫之家,亦俱有史。汉魏以降,史官之制虽改,而史官本职,华贵不替,一如往日,历代俱慎选人才以充其职。每当易姓之后,必网罗一代学者以修前代之史。二千年来之史乘,实以此等史官的著述为中心,虽刘知幾有"世途多隘,实录难遇"之叹,但齐史直书雀杀,马迁曲述汉非,董狐书法不隐,赵盾为法受恶,②故中国向来之史学,决非罗列琐事,编纂塞责者流,实申劝戒之风,并励匪躬之节,历代史家,周身之防,虽有所不足,而遗芳余烈,人到于今称之。③

唐宋以后,政府以文取士,文不离史,史文并重,此种风气,直至清季,未曾改易。凡所谓"读书人"者,对于《汉史》及《资治通鉴》诸书,大多略涉一过,即等而下之,亦必浏览《纲鉴易知录》及《读通鉴论》数书,以作一切知识之根源。但自清末以还,科举废而学校兴,提倡新教育者,不免矫枉过正,使青年学子,终年兀兀于英文、理化,至历史一科,降为附庸,视为无足轻重,于是历史成绩,每况愈下,对于本国历史,忽略尤甚。大学生有能对亚历山大王、查理大帝、彼得大帝、拿破仑、俾斯麦等事迹,侃侃而谈者,但却不知祖逖、刘琨、郑所南、顾炎武、张煌言、郑成功民族思想里领导者之姓名,吾辈见及此种情形,能不长叹太息!

近十年来,国内各大学的入学考试,历史成绩,特别低劣。自民国十九年至二十六年之八年间,余每年参加评阅北平大学及北京大学之入学考试历史试卷,平均在四十分以上即能及格,超越八十分者百人中一二名而已。民国二十六年冬,余主试西安临时大学转学生历史科,有某教会大学修了一年的学生数人,俱能操极流利的英语,但口试时,询以前一次中日战后的《马关条约》的内容如何?鸦片战争的内容如何?该二约,约距今若干年,即便瞠目而不能答。二十八年初秋,余任陕西省高等检定考试阅卷委员,历史试卷之能及格,亦仅十之一二。同年秋,余作长途旅行,自陕西而四川,而贵州而云南,一路访晤中学历史教

---

① 梁启超:《中国历史研究法》第一章。
②③ 刘知幾:《史通·内篇》第二十四《直书》。

员甚多,彼等亦俱谓中学生历史与地理的成绩,俱不见佳。欲使学生注意史地课程,深感困难!

照理,历史是何等有兴味的功课,它可以告诉我们可歌可颂的许多光荣的成功、可悲可泣的不少凄惨的失败,记得幼年读到勾践、豫让、荆轲、项羽等史事时,往往手舞足蹈,刺激至于夜不成寐。所以有许多在中小学任教的友人,谈及学生不喜欢上历史课,几乎使余不敢置信。余深信此种情形,决不是历史本身无味。推究其失败之原因,当不出下列之四端:

第一,教科书编辑不良。我国中小学教科书,向由各书局自由编辑,教育部虽有课程标准的颁布,但内容仍可自由伸缩,并未严格限制。此种办法,本极合理。但事实上书局编辑者未必尽属专家,即属专家,自然不能门门俱专。故历史教科书的编辑人,未必专于历史。即或聘得治史专家,而书局主人,又限以一定时间,促其脱稿。则欲其不粗制滥造,又乌乎可。故现今所通用之中小学历史教科书,常不免有下列种种缺点:

(一)选材不当。刘知幾云:"夫国史之美者,以叙事为先。"[①]叙事以简要为主,盖文约而事丰,为述作之师范,故《尚书》发踪,所载务于寡事;《春秋》变体,其言贵乎省文。中小学教科书,俱有量的限制,摘出其要点,撮取其精髓,实为重要条件,余尝谓编辑历史教科书,宛如漫画家一般,须能略勾几笔,即能显出某人的面影与姿态。选择教科书实为最要紧的事情。否则有价值之史实,略而不书;不重要者,反啰嗦叙述,这是一件极不经济的事。当今教科书,大多犯此毛病!

(二)编次失宜。精选教科以后,排列编次,亦属要事。史迹经过,若汇行之有序,因果相乘,常皎然而可寻。中小学生,俱未成年,若以错综成篇,朱紫混淆,冠履颠倒,因果不明,必使理解困难,因而生厌。近年出版之历史教科书,坐此弊者甚多:或一事两度重述;或相关两事,强为分章;凌乱错出,眉目不清。上海某书局出版一种史地混合教科书,讲述南宋抗金一课以后,即接沪杭的地理,从而连带述及上海"一·二八"之战,然后再接着一课叙述岳飞的事情。如此跳跃式的排列,宛如岳飞

---

① 刘知幾:《史通·内篇》第二十二《叙事》。

生于蔡廷锴之后,使学生愈读愈乱,毫无条理。学生读过历史,只记得许多死人姓名,极不能获得学习历史所应得的效力。

（三）标题不妥。标题是关系学生的兴趣与了解很多的,所以必须浅显明白。有许多教科书,讲述春秋及战国时代,很时髦地用了"封建制度的建立及崩溃"的标题,这实在是不妥的,倒不如老实说"春秋五霸""战国七雄",来得明白晓畅,来得更有趣味。叙述汉代的外交,与其说"汉代边疆的开拓",不如简单说"张骞通西域"。此种例子甚多,不胜屈指。此外,术语不妥亦多,此与思想有关,应加矫正。例如："郑成功在台湾抗清",而称之曰"台湾郑氏之乱";太平天国的反清运动而称之曰"洪杨之乱";"义和团反帝运动",而称之曰"庚子拳匪事件",俱应即加改正。

第二,教员素养不足。中小学历史教育的失败,自然不可徒归咎于教科书之不良,教员素养不足,亦为主因。如果教员素养很好,教科书的缺点可以随时改正的。如能善为活用,教科书稍有缺点并不害事。小学自当别论;中学历史教员如非专门人才,勉强由他课教员兼任,则损失实甚大。盖史学既非其所长,势必逐日敷衍,逐节临时应付,即使为一饶有兴趣、极有意义的史实,而经过其强记背诵,生硬叙述,前后且不能连贯,何能有所启示、有所主张。既失一般史实的因果性,更无一定的历史观,如此而欲希望历史教材中提高民族自信精神、国家至上信念,其何以能？

第三,教育者尚多不认识历史价值。许多教育家会奖励学生读国文,学英语,演算题,却常常疏忽了历史课程。学校中不聘历史专任教员,请国文老师兼任本国史,英文教员兼任外国史,那是常事。甚至将历史课程当作弥补钟点不足、薪额过低的活用品,结果至历史一课,任何教员都可担任。当校长者藐视历史,当教员者不懂历史,如此而望其有成绩,何异缘木求鱼！

第四,不注意历史设备。欲望历史教育的成功,单凭教科书当然是不够的。历史地图、名人肖像、战地模型、古代战具及钱币、历代饰物、乐器及祭祀用品,以及一切与历史有关的课外读物,都是不可忽视的。此外,与国文课教材的联络,有时且应利用电影以诱起学生的兴味。然而我国一般中小学颇能注意理化的设备,而历史设备却常在注意范围以外的。此亦为历史教育失败之一因。

三、如何革新历史教育?

(一)中小学历史教育宜以人物为中心。就一般史学理论言,历史宜注意社会动态之全貌,此自属合理之论。但从中小学教材立言,如泛论一代的风物制度,倒不如从当时的主要人物的事迹出发,因而论及其时的思想风气及制度等等,更为适切,更易收效。例如,讲述北宋变法,如果空论北宋所以变法的背景及当时一般士大夫的虚矫及反对新法的原因,倒不如老老实实地先从王安石个人的生活、思想谈起,更能引起学生的兴味。从个人传记中讲及一时代的大局时尚,这种例子很多,兹不赘举。中国史学,向重传记;正史中传记所占之地位,常在十之八九以上。故近人有批评中国史学,不免有偏重个人崇拜英雄之嫌。其实,崇拜英雄,并未违"见贤思齐"之训,暗示向上,亦正属历史教育目的之一。中小学历史课,正宜善为利用之。余尝谓:"国运与人物为不可分的两面。很好的环境如果没有一个伟大人物去运用去利用,这环境的好条件,便会轻轻地滑过去,……在历史上所看到的,一个国家造成国运隆盛之时期,一定是由一个或许多伟人政治家有了极周密、极聪明的安排与展布的结果,并不是偶然的!这样一个环境,适巧有这样的人物来运用,才能有光荣的成功。"①的确,没有贝律克尔司(Pericles),希腊的文化之花,或许会在蓓蕾中摧折,至少是不会那样灿烂。没有俾斯麦(Bismarck),十九世纪后半期,中欧不一定能看到强有力的德帝国的鹰旗的高张。没有总裁蒋介石先生的伟大的指示,今日的中国或许已经在倭寇的野心之前屈了膝。我认为中小学的历史教材,不妨以人物为中心!

(二)莫忽视时间关系。历史的动态,为时间的赓续。"昔《尚书》记言,《春秋》记事,以日月为远近,年世为前后,用使阅之者雁行鱼贯,皎然可寻"。② 盖历史教训,常从沿革因果中求之,明日之果,即结自今

---

① 《日本评论》第十二卷第四期,季谷拙著《日本国运论》第一节《国运与人物》。
② 刘知幾:《史通·内篇》第十三《编次》。

日之花;今日之花,又发自昨日之蓓,先后相应,历数相承,若忽于时间观念,则史实俱割为断片,果失其因,流无其源,则历史一课,徒令学生硬记些不相关联的故事,完全失去历史教育的意义。余常测验中小学生,询以关于时间的问题,如王莽与曹操孰早? 关羽与岳飞孰先? 武则天是否在杨贵妃以前? 西罗马灭亡之年(476 A.D.),适当中国何时? 日本的镰仓幕府时代,适当中国何期? 大都俱瞠目而不能答! 如学过本国史,汉是否在晋前,宋是否在唐后,——连这种时间观念,都不能了如指掌,则为教师者自己便得承认失败了。我以为中国历史教本的第一课,开宗明义地必须把历代的朝名、顺次简明地叙述一下。如小学教本,就可以这样写:"我大中华民国,开化极早,历史悠久,不下五千余年,世界各国,都不能与我比较。民国以前,有朝名的凡十四代:唐、虞、夏、商、周、秦、汉、晋、隋、唐、宋、元、明、清。又周末有'燕、赵、韩、魏、齐、楚、秦'七国并峙,汉末有'蜀、魏、吴'三国鼎力;晋、隋之间,南北朝分治,唐末经'梁、唐、晋、汉、周'五代。"顶好再附以一个历代兴亡禅代图,使读者可以一目了然:

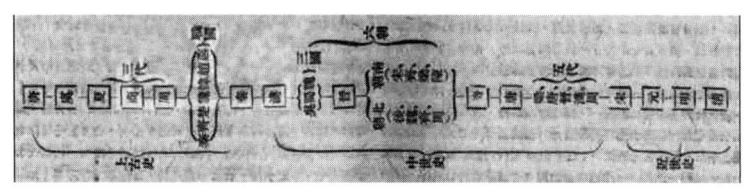

（1）凡一统之朝。俱用方围口以识别之。
（2）夏、商、周称"三代",周末燕、赵、韩、魏、齐、楚、秦七国并峙时称"战国",汉末魏、蜀、吴鼎立时称"三国",吴、东晋、宋、齐、梁、陈俱建都金陵称"六朝",唐末之梁、唐、晋、汉、周称"五代"。俱在图上表明之,使学生记识史书上最普通之"术语"。

（三）正名斥邪。史之要义,端在劝阻。故孔子曰:"名不正则言不顺。"刘知幾谓:"是知名之折中,君子所急,况复列之篇籍,传之不朽者耶?"[①]盖真伪莫分,实贻后来之惑;是非不辨,易张潜盗之风。故习凿齿著《汉晋春秋》,对于魏晋之篡逆,必加斥责。教历史者,必验忠勇贞松之操,令奸伪逆贼惧,始为有得。当今国家丧乱之秋,真伪相蒙,僭窃日多,中小学生尚无辨别是非之力,正可用史事晓以邪正之途,明以顺

---

① 刘知幾:《史通·内篇》第十四《称谓》。

逆之理。降敌求荣如张邦昌、洪承畴之流,俱当名之为逆贼;爱护民族,不避艰险,抗战到底,坚贞不屈如张煌言、郑成功等自当誉之为民族英雄。名既正,言自顺,是非真伪,即可晓然。

（四）矫正我国知识分子的虚骄弱点。一个国家的国运兴替,半由外患,半由内争。有外患而无内争,则全国上下,一致对外,往往可以克服此国难;古波斯以十万大军侵入希腊,小小的雅典卒使波斯军半葬于萨拉米斯海湾（The Bay of Salamis）。苻秦以百万投鞭断流之众南侵,晋谢安仅以八万人拒于淝水,卒致风声鹤唳,秦兵狼狈而还。皆以国内一致,能全力拒外有以致之。故余深信国运之替零,多由于内争。中国内争,当起于士大夫的师心自用,亦即所谓虚骄之气。故我国有"文人相轻,自古而然"之语。相互轻蔑,便不再肯平心静气加以反省,对人对事,俱不再有是非,虽我之非,不加自认,虽然之是,亦予弃摒。此种虚骄之气,小之可以乱政,大之可以亡国。宋王安石立新法,用意至周,对军政、经济、制度及训练民众,俱有精密的步骤与办法,所见极远。但当时以君子派自居之司马光辈,明知有益于民、有利于国之事,非但不相助以成,且立持苛论,指为忠直疏远,逸佞辐辏,败坏百度,性喜逐非。可谓妄是非正法之至。于是两党互争,新法便不能彻底实行,宋之元气,实伤于此。明熊廷弼、袁崇焕等晓畅军事,攻守有方,出关杀敌,忠勇无伦,国家对此名将,应予奖勉;民众对此勇将,宜予慰劳。不料小有失利,言官即加弹劾,卒致忠良构罪,名将弃市,冤狱以成,国亦逐亡。少数人意气之争,其祸延及国家,吾人每读其事,不禁为之长叹太息者再。此种史例,不胜毕举,为教师者讲及此等事,应严加批评,力为矫正,务使此后中国国民能一洗旧有弱点,使此后当位当权者俱能虚心自持,善善恶恶,不泯天良,过而善改,无意气之争,无虚骄之习,则中国前途,庶能有济。历史教育,宜对此点再三注意!

（五）抓住要点。长时期的历史,好像是乱而杂,所以常听人说:"一部二十四史,不知从何说起。"其实,也不尽然,只教你能抓住一时代的特点,鸟瞰一个时代的凸凹形态,讲述起来,亦颇简而明的。就中小学的立场言,如讲宋朝,把王安石变法的前因后果及岳飞抗金的经过,加以分析条述,宋朝的面影,也就大致清楚了。如讲清代,将（一）明人抗清运动的失败、(二)满人统驭汉人的方略、(三)列强侵略我国的经过三事择要叙述一过,有清一代的模型便有了。撮取要点,是教历史者的一个重要条件。

(六)利用警句格言。历史中,常有一二警句格言,可以代表一时代的精神及情态,或把握一时代的特点及风尚者,其作用甚大。故凡此种警句格言,应令学生牢记或令默书。例如,刘邦的"大风起兮云飞扬,威加海内兮归故乡,安得猛士兮守四方",这就表示着刘邦当时的气概及要求。又曹操对刘备曰:"今天下英雄唯使君与操耳,袁绍之徒,不足数也。"这便看出曹操知人之深及其笼络刘备的神情。又如"祖逖不能清中原而复济者有如大江"一语,即可想见东晋一般士大夫的抗战情绪的高涨。此外如岳飞的《满江红》词中"驾长车,踏破贺兰山缺,壮士饥餐胡虏肉,笑谈渴饮匈奴血",方孝孺的"死即死耳,诏不可草"!俱属短短一二语,而能与读者以深刻的印象,示读者以当时的风范。

(七)歌颂忠义。贞松必后凋,世乱出忠臣。吾国历史中,每当国难临头时,终有许多忠臣义士,挟其必死之心,扶持危局,明知事不可为,亦必奋勇挺前,鞠躬尽瘁,死而后已。此种至大至刚的浩然之气,可长存天地间,为后世所视式。例如文天祥过零丁洋时之诗:"人生自古谁无死,留取丹心照汗青。"其衣带诏则云:"孔曰成仁,孟曰取义,惟其义尽,所以仁至……而今而后,庶几无愧。"此种史实,最能使一般青年感动,讲授时,万不可轻轻略过。又明末流寇、清兵交相为患之时,鲁宗文、孙承宗、李开先等,无一不勤力王室,共谋残贼,虽最后力竭声嘶,未能覆敌,然人人有成仁取义之心,无一不以殉国为荣。当李自成率寇围榆林之日,全体守兵,弹尽殉城,阖城男女无一人屈节辱身者。清兵入扬州,多铎欲降史可法,可法昂然答曰:"天朝大臣,岂肯偷生作万世罪臣!"清兵渡浙东,山阴刘宗周绝食以殉国,辞曰:"信国不可为,偷生岂能久。止水与叠山,只争死先后。若云袁夏甫,时地皆非偶。得正而毙焉,庶几全所受。"其后张煌言、郑成功辈矢志抗清,忠勇义烈,经过的事迹,俱可歌可泣,能使青年奋发自强、感泣不已者,实为培养爱国心的最好资料,实为提倡民族至上教育的最有力的史实!

(八)标榜勇将能臣。例如汉之张骞、班超,开拓边疆,凿空西域;

蜀汉之诸葛亮，鞠躬尽瘁，死而后已，对国事忠心耿耿，不屈不挠；唐之郭子仪转辗逐北，义不反顾，单骑见虏，卒平回纥；清之林则徐，折冲外交，殚精竭力；清末徐锡麟，起事安庆，以募助当大敌，倡以必死。此种足为后世守将大吏的楷模，中小学历史教材中，宜善为利用之。然近二十年的教科书对于此种事迹，多不注意，即有提及，亦寥寥数语，轻轻渡过，如此安排，实欠允当。

（九）指斥奸雄汉奸。每当国家丧乱危难之秋，往往发生投机的汉奸或奸雄。汉之王莽、曹操，俱利用不知兵之稚子，以夺取天下，这些即是奸雄。宋之张邦昌、秦桧，明末之吴三桂、洪承畴，则又认贼作父，引狼入室，虽遗臭万年，亦所不顾。我国中小学及教本中，对于此等蟊贼，亦欠注意。深望教历史者，随时加以贬斥，发其秽迹，必使青年学生能激发天良，嫉恶如仇，使一切国民、一切官吏，俱能以民族利益为前提，不为一己一时之利欲所蒙蔽，此实亦历史教育目的之一。

（十）利用乡土史料。乡土史料最是引起学生的兴味。教师宜随时随地利用之。如学校附近有先贤、先烈、处士、节孝及民族英雄等祠墓，宜利用假日，率领学生前往参拜，以诱起其景慕之情。或讲及其人事迹时，竟至其地演讲。某种乡土史料，兼有陶冶学生性情之功，善加利用，其效甚大。

（十一）扫除厌世思想。政治上往往无是非，多坏人，其反应的结果，以隐居为风雅，以避世为高尚。自然不愿随俗浮沉，取得一官半爵以为荣，宁愿幽居陋巷，长隐山林，以遂其洁身自好之愿，——此种人物，不无可敬佩之处；然究竟有点回避责任之嫌。如人人洁身自好，跨入象牙之塔，则社会事业、国家大政、民族巨任，谁为之肩负？谁为之担当？故我以为：凡属国民，俱应献其才智、学问于国家、民族，人人俱应用其所学，发挥其所长，为大众谋福利，促社会之进步。如果好人，俱隐居以自终，消极以自封，则社会更无进步之日，政治亦无清明之望。清高在达到某种程度时，即为图个人的逸乐，或竟责之为"自私"，亦无不可。所以我认为历史教课中，不宜提厌世主义。对于隐逸之士，宜用各种角度加以批评，不当以"凡隐士皆君子"的传统观念输入于青年的脑海。自然如顾亭林、黄梨洲、王船山等含有坚持不与异族合作之深意者,必当别作评价,另眼相看,不可以一概论!

四、结　　语

上面所述之十一个小目:(一)中小学历史教育宜以人物为中心,(二)莫忽视时间关系,(三)正名斥邪,(四)矫正我国知识分子的虚骄弱点,(五)抓住要点,(六)利用警句格言,(七)歌颂忠勇,(八)标榜勇将能臣,(九)指斥奸雄汉奸,(十)利用乡土史料,(十一)扫除厌世思想,俱不过是讲授教育中之方法,而其真正目的,仍为养成一般国民之"民族至上""国家至上"的信念。兹为明白本文的目的起见,再郑重复述第一节所道及的要言:"新历史教育的使命,是要将向来'自私自利''有家无国'的一种不良观念,转而为'民族至上''国家至上'的信念,确立'匈奴未灭,何以家为'的信条。……只要对国家民族有利益,个人任何牺牲,在所不惜。培养这样的精神,就是新历史教育的使命。"

(原文刊于《教与学》第 5 卷第 11—12 期,1941 年)

历史教育之任务

郑鹤声

一、历史教育之演变

《易》曰:"君子多识前言往行,以畜其德。"《说命》曰:"学古入官,议事以制,政乃不迷。"胡三省谓:"为人君而不知《通鉴》,则欲治而不知自治之源,恶乱而不知防乱之术。为人臣而不知《通鉴》,则上无以事君,下无以治民。为人子而不知《通鉴》,则谋身必至于辱先,作事不足以垂后,乃如用兵行师,创法立制,而不知迹古人之所以得,鉴古人之所以失,则求胜而败,图利而害,此必然者也。"(《新注资治通鉴序》)历史之功用,有如此者。然古代历史教育,每为士大夫阶级所独占,非所语于一般之国民。征之东西各国,大抵相同。马端临曰:

> 昔荀卿子曰:"欲观圣王之迹,则于其粲然者矣,后王是也。君子审后王之道,而论于百王之前,若端拜而议。"然则考制度,审宪章,博闻而强识之,固通儒事也。(《文献通考总序》)

法人朗格咨瓦 Ch.V.Langlois 谓:

> 历史教授之课程,乃中等教育最近新增之学科。其在昔时,历史之为学,仅用以教授国王及伟官大人之子,使于经国牧民之术,先有预备。此为一种神秘尊严之学科,专供未来为国家主权者之学习。故历史乃帝王之科学,非民众之科学。(《史学原论》)

古之史官,独识人事之秘,作为施政之具。帝王之佐,未有不熟习历史者。故曰:"道家者流,盖出于史官,历记成败存亡、祸福古今之道,然后知秉要执本，清虚以自守，卑弱以自持，此君人南面之术也。"（《汉书·艺文志》）前人既视历史为含有秘密性之读物，故对于读史撰史，俱受限制。例如汉元帝时，东平思王入朝，上疏求诸子及太史公书（即今之《史记》），帝以问大将军王凤，凤对曰："臣闻诸侯朝聘，考文章，正法度，非礼不言，今东平王幸得来朝，不思制节谨度，以防危失，而求诸书，非朝聘之义也。诸子书或反经术，非圣人，或明鬼神，信物怪，太史公书有战国纵横权谲之谋，汉兴之初，谋臣奇策，天官灾异，地形阨塞，皆不宜在诸侯王，不可予。"天子如凤言，遂不与。（《汉书·东平思王传》）班固常以父彪所续前史未详，乃潜精研思，欲就其业，既而有人上书显宗，告固私改作国史者，有诏下郡收固，系京兆狱，尽取其家书。（《后汉书·班固传》）后世虽不严禁，然历史教育，固未能普及于一般社会，而一般历史之撰述，亦不以普通国民为对象。在欧美各国，向之教授历史者，不过欲使学生玩味古今人之言行与国民之行动，而予道德的模范。至于近世之教授历史者，则更欲使学生明了国家之形成与社会之关系而畀以公民的陶冶。例如一八五九年（清文宗咸丰九年）美国国民教育协会，选定专员十五人，编纂报告书，其中论历史处，尤足表示此义。其言曰："所谓我者，一指个人言，一对社会言，历史科所关系者，即指对社会而言之我也。教历史者，不可不以教公民之义务为其目的。"（《教育丛书》第四集《历史教授法》）清季兴学，各级学校，俱有历史课程之讲授，讲授之际，亦有各种历史课本，以资诵习。因受欧美新史学之影响，对于历史教育之观点，亦复以国家、社会为其研究之对象，梁启超论撰述历史之意义，以为历史之撰述，应以国民或人类为对象。梁氏之言曰：

> 凡作一书，必先问吾书将以供何等人之读，然后其书乃如黑之有畔，不致泛滥失归，且能针对读者以发生相当之效果。例如《资治通鉴》，其著书本意，专以供帝王之读，故凡帝王应有之史的知识无不备，非彼所需，则从摈阙，此诚绝好之"皇帝教科书"，而亦士大夫之怀才竭忠以事其上者所宜必读也。今日之史，其读者为何许人耶？既以民治主义立国，人人皆以国民一分子之资格立于国中，又以人类一分子之资格立于世界，共感于过去的知识万不可缺，然

后史之需求生焉。质言之,今日所需之史,则"国民资治通鉴"或"人类资治通鉴"而已。(《中国历史研究法》)

然则历史教育之演变,由秘密而公开,由特殊而通俗,观点之扩大,足以表示历史教育之功用,有显著之发展。

二、欧美各国对于历史教育之观点

历史教育之功用,虽非一端,而综其大要,不外二点:一为知识的,二为精神的。何谓知识的?在使读者明白国家、社会沿革之由来以体会现在之制度组织,期有裨于实际生活,而完成国民之资格。何谓精神的?在使知道其本国之光荣,示以伟大人物之范畴,以鼓舞其爱国心与道德心,而旁及其知识之启发。欧美新史学家主张历史之研究,在于知识之启发,藉以明了国家、社会之真相,精神上之修养则为其次要之目的。例如英人班兹 H.E.Barnes 论史学之目的云:

> 据新史家之意见,史学之目的,在以过去时代之庐山真面,介绍于现代,使之理解现代文化成立之经过与原因。夫如是,然后始能知悉吾人文化中之重要实质与进步,以及原始时代遗下之阻碍进步之残余。

又云:

> 新兴史学,但求以最大之准确,探知人类过去之整个史迹。至对于某一国家过去成绩之钦仰,只应列入第二位。吾人所欲首先知晓者,厥为事变发生之真实经过,如有可能,并应探知其发生之原因。在一切场合中,应首先注重真理,私人好恶与爱国狂热次之。(董之学译《新史学与社会科学》)

朗格诺瓦谓:

> 吾人现既不以历史为道德训迪之课程,亦未尝视为行为之好模范,更非以彼为动人景物之描摹。吾人深知,此类目的,观之逸闻野史之材料,当较正史为优,以其更能表明事实之因果联锁,切合于吾人所谓公道之观念,更有完全英雄之人格,精密深切之情况

也。吾人亦非如德意志人所为然,视历史之为用,乃以鼓励爱国热心与乡土情感。吾人深知由同一之一科学中,根于国家或党属之不同,而得相反之结论,亦为不合于选辑,盖此无异邀请各个民族各随其意之所向,割裂历史,即不改易,已大幸矣。吾人深知每一科学之价值,惟以其所合者为真实耳。故吾人所要求于历史者,自真实外,亦更无余物。(《史学原论》)

研究历史,虽以求真为目的,然实际上殊不易做到。盖历史事实之描写,决不能纯取客观的态度,如科学家之实事求是,多少含有文学的意味,文学与史学之区别,固早为一般人所知悉,但多不能划分清楚。古来以文学眼光描写历史者,占大多数。美史学家鲁滨孙 Robinson 尝谓:

> 历史同文学至少形式上,自然自古以来就有区别的。纪元前二世纪时候的 Polybius 曾经特别注重这一点。他说:"一个历史家的目的,不应该用许多的奇异的轶事去惊动读者,也不应该记载或者曾经说过的话,也不应该同编戏曲的人一样去分配史事。实在说起来,历史家最重要的职务,在于记载实在的事体,不问他怎样平常。"但是古代的历史家对于 Polybius 所说的话,差不多都不注意。他们的目的,往往用伟人大事来激起读者的兴味。或者叙述而且解剖政事家、军事家的政策,预备读者服务公家的参考。或者叙述古人的艰难困苦,来教读者忍受逆境。(何炳松译:《新史学》)

不但此也,德人弋拉威秀著德意志历史以为教授历史之目的,不限于知识的、实际的方面,又宜兼顾道德的方面。一八八二年(清德宗光绪八年)之普鲁士法令,请教授历史之目的,在使学生对于古代伟人之言行,与国民之举动引起尊仰之心,兼予以能读历史之能力。又自一八九二年(光绪十八年)改正法令以来,则不重视世界开化史,而独注重本国史;无他,盖欲藉以涵养其爱国之精神也。注重本国史之教授,不但德意志为然,即英、法诸国,亦莫不如斯。法国于初等小学校,即设历史科,侧重本国之历史。英国历史教授,对于其立国之渊源,详说无遗。至于美国之小学校,系以乡土史谈、名人传记,养成基本之观念,然后及于本国史,与本国史最有关系之英国史。其所以略异于他国者,美为新兴之国家,对于神秘的、想象的古代神话,与英雄轶事等,无自采用,不得不取材于希腊、罗马、埃及诸国耳。(《历史教授法》)

三、我国对于历史教育应取之态度

据上所述,历史之研究,虽贵乎知识上之探求,以明白其事实真相,然为达到教育上之目的起见,固不妨采道德的教训,且应注重本国之历史,以鼓励爱国之精神。梁启超氏尝谓:"史家目的,在使国民察知现代之生活与过去未来之生活息息相关,而因以增加生活之兴味。睹遗产之丰厚则欢喜而自壮,念先民辛勤未竟之业则矍然思所以继志述事而不敢自暇逸,观其失败之迹与夫恶因恶果之递嬗则知耻知惧,察吾遗传性之缺憾而思所以匡矫之。"(《中国历史研究法》)此即教授历史应注重本国史之义也。关于此点,总裁于二十七年八月在中央训练团第一期毕业训词中,言之最为透彻。其词在本专号内郑师许先生《民族主义的历史教学上之三大问题》一文中已加引述,读者可以参看。

关于各级学校之历史教育,据民国二十五年教育部颁布之中学历史课程标准,无论初、高中本国史与外国史教授时间各占其半,以本国史与外国史并列,其材料支配,亦颇为散漫,未能全以本国史为其教育之中心。至二十九年,经教育部再度修正公布,其时间支配,初中每周二十小时,共三学年,本国史五学期,在第一、二学年及第三学年第一学期讲授之。外国史占一学期,在第三学年第二学期讲授之,甲组第一学年每周选习一小时,添授本国历史上对于抗战建国有关重要人物之传记。高中每周二十小时共三学年,本国史占四学期,在第一、二学年讲授之;外国史占二学期,在第三学年讲授之。其分配比例,初中本国史占六分之五,外国史占六分之一;高中本国史占六分之四,外国史占六分之二。其教育目标、教材大纲,亦俱有所厘订。中学历史课本之编纂,如能仔细体会,加以研究,必能达到良好之结果。总裁对于历史教育改进之实施办法,一方在精编课本,详细讲解,同时提倡课外研究,随时供给补充教材。关于课本之编纂,自有部颁之历史课程标准,可资依据,无俟赘述,兹所欲论列者,则为补充教材之编纂方法。但无论课本或补充教材,其取材方法,则无二致。关于历史教材之运用,陈部长于二十九年召开史地教育委员会时,曾有下列指示:

> 历史之方法,固应注重求真,然考据工作可以交由少数专门学者,尽量探求,而历史之本身任务,则在方法之外,吾人须知历史教育之对象,为现在之人,而非过去之人。吾人之目的,应在于使一般现在之人,藉者过去之教训,觉察其当前之义务,与努力之途径。总之,写史教史,重于考据,而写史教史之时,应特重民族光荣与模范人物之叙述。

这一段话,可为一般历史编者与教者之准则。惟历史教育之目标,虽当顾及目前之需要,亦须含有永久之价值,其取材之目标,除本国材料外,更须旁及外国之材料,但当力求切合于国情时势耳。补充教材之编撰,亦可依程度之高下,分为初、中、高三级。大抵初级之补充教材,当以小学之程度为根据,应以精神的陶冶为主体,以伟大人物为诵习之对象。其实施目标,应注意下列各点:

一、描述伟大人物之嘉言懿行,养成其高尚之品格。

二、描述可歌可泣之故事,以养成其艰苦卓绝之精神。

三、描述各种人物成功失败之原因,以为摹仿之法则。

中级之补充教材,当以初、高中之程度为根据,精神与知识,应置于平等之地位,以人物品格、社会主潮为其诵习之对象。其实施目标,应注意下列各点:

一、对于某一事实之观察,以代表人物为中心,而加以解释,以明了其中心之所在。

二、对于某一时代之变迁,以提纲挈领之手段,阐明其主要潮流之所在。

三、伟大人物之思想与行事,加以比较研究,使知人类感情、思想之本质,树立人生之基本观念。

四、社会团体活动之真相,加以综合观察,藉以阐明人类社会之为有机体。

高级之补充教材,当以大学或专科学校之程度为根据,应趋重于知

识之研究,而以社会制度、国家政教与夫国际外交为其诵习之对象。其实施之目标,应注意下列各点:

一、研究人类进化之趋势,以明白其历史上成败得失之由来,以得其救偏补弊之道。

二、研究各种政教、制度之异同,以明白其本身之价值与利害。

三、研究各种文物制度之特色,以观察其发生、滋长之途径。

四、研究各国相互间之关系,以养成其世界之观念。

五、研究现代国家社会之组织及其科学之进步,以为建设之冀望。

六、研究本国所处之地位,以明了其对于国家及世界人类所负之责任。

综上各点,由近及远,由浅而深,由简单而复杂,由个人而人类,就读者年龄之大小、程度之高低,逐步推进,自成体系,知识、精神,双方兼顾,务使每个读者,无论对于个人,对于社会,对于国家,对于人类,皆有相当之认识,而造成一完全之公民。则历史教育之任务,尽于此矣。

三十年二月十日于白沙国立编译馆

(原文刊于《教与学》第 5 卷第 11—12 期,1941 年)

历史教授与世界公民资格之关系

[英]G.P.Gooch 讲演　H.C.Chaug 译

我们说到一千九百二十三年底公民资格,我们必须说他是世界底公民资格。今天下午我以研究及教授历史底资格,来同诸君谈论一点。我们都知道国际联盟会,是所以完成世界史底一条道路。欧战以后,遂使此会有立刻成立之必要。其实以前人类所经营底世界共同生活,也是人类进化一种合理的、自然的过程。

历史研究底关键,是在乎文化底统一。但世界公民资格思想底关键,也在乎文化底统一。我相信你们当历史教授底人,都很忠心于教育学术底原理,及现在所谓国家公民资格底原理与需要,且都想使你们的学生注意人类统一底理想,及世界文化是互助底事业。我们现在所赞美的文化,就是各时代人类互助底精神的共同产物。这种文化是人类共同奋勉底结晶,是最可惊异的事业。如果当历史教员底人没有世界文化常在他的脑筋中,我就不相信他是一个有价值底教员。譬如你们教英国史,你们必要让学生知道这仅只是人类生活史中底一小部分。

文化统一底理想既不腐败,亦不新奇。希腊人就是我们现在文化底鼻祖,但是他们没有人类统一底理想。他们既不知道他们以前底种种文化,也不知道与他们同时底外国种种文化。在坐诸君都知道"野蛮人"(Barbarians)是一个希腊字,就是说那一种人民说好,是"八八"(bar bar)底声音,文明底雅典人完全不懂的。文化统一的曙光,是与罗马帝国而俱进。罗马人于他的法律思想之外,并介绍世界一种人类统一的思想,从他们的自然法及国家法底思想,他们就立下我们现在科学方法底基础。

我们都很知道罗马教堂，就是罗马帝国底灵魂，我并觉得中世纪对于我们政治思想底贡献，比无论哪种别的思想贡献都大些。譬如从纪元后五百年到千五百年，就是从奥古斯丁（Augustine）到马克亚菲立（Machiavelli）时代，差不多一千多年底工夫，欧洲是为一种文化统一思想所束缚的。他们称欧洲为基督教共和国家。他们把每一个基督教国家底一分子，当作一个家庭中底分子。这个家庭底主人翁，就是我们看不着的上帝。上帝所派的两个代表，就是帝王同教皇。帝王是国家一切政治的首领，教皇是一切宗教事宜的极峰。

当时并没有我们现在所谓的君权，无论何人，都不觉得他们本国底君主，是有无上的主权，并且无论何人都不觉得这一国底政治，是只对于本国负责的。所以我说中世纪底人民，建立了一种人类统一底高尚思想。

我想你们一定要说他们的那种人类统一思想，是极狭隘的，连欧洲都没完全包括在内，因为他们把东边的希腊教堂除外了的原故。而且那种思想，是根据于人群宗教的信仰，并非以人类自然精神与道德为基础。这种种反对都是不错，不过他们还没说出中世纪那种思想底贡献，对于现在世界高尚生活底价值，也并没有说到人类是统一的，每一个人民或国家，对于别国的人民或国家，都负有种种义务，而且每一个国家，就是世界人群中的一部分。

中世纪底历史家，与近代底历史家，是大不相同的。近代历史家大半不但是他们本国的人民，而且是他们本国的辩护者。他们都是某种事实底辩护者，并非教授者，亦非观察者。你们能够找出许多著名历史家，对于人类统一底思想，是一点没有的。比方你们翻开五六本历史书，将中世纪各耶教国的历史，仔细念一通，你们就知道历史家都假定各耶教国是统一的，并且他们把各耶教国，就当作一个单纯的分子。

今天下午我到这里来，是想同大家讨论，如何恢复中世纪文化统一底理想，并且把他光辉光大，使他成一种非宗教性底思想。我还要请大家认定世界公民资格底思想，曾经束缚过欧洲有千余年之久，直到文艺复兴、宗教改革澎湃底时期，才湮没了去。文艺复兴遂变更了宗教思想，取消了一切妖权；宗教改革，则将基督教变成新、旧二教了。最近四百年来，我们生活于世界公民资格思想完全消灭之下，对于近代实有无穷底损失。

四百年前，马克亚菲立时代，君权思想即萌芽于近代了。这种思想，是认定各国独立自主不相维系，对于人类全体不负责任，对于教皇除口头敬礼之外，不再纳税的。据我的意见，这种各国君权独立的信条，就是近代底祸根。这种信条，曾经妨碍了世界文化底统一，摧残了国家底进步。但是这种信条，不是那一国的产物，也不是那一国独有的。我曾经根本研究过，这种信条底起源，也许就是在马克亚菲立时代滥觞的，因为他是近代最有势力底政治思想家。他最大而作俑的事业，就是使政治与伦理宣告离婚。继承其后者，就有英国霍布思（Hobbs）与德国海吉尔（Hegel）。以后这种信条就变成世界各国政治家、法律家的口头禅了。比方我们由种种信条结果底经验，来判定他们的罪恶，那末，我们就要说是各国君权独立的信条，妨碍了我们世界公民资格的思想。

最近四百年来，就有两种信条争战于人群之中：一种是中世纪萌芽底世界公民资格底信条，一种是非宗教的国家主义的政治新信条。这种争战，不仅反映于帝王及政治家之行为中，而且映证于法律家之理想及著作中。我要说从十五世纪之末叶到二十世纪之初，世界公民资格思想，是最少数人的信条。不过常常有许多人思慕宗教统一欧洲底时期，并且渴望将来实现宗教统一世界底时期。但是这种统一，要以人道及人类互助亲善为基础。

我想我们所谓仇敌底国家主义，现在恐怕要让步了。我以为前次欧洲大战争，就是狭隘国家主义底罪恶及结果的表现，并且我相信现在各国高尚思想，都集中到中世纪世界公民资格思想了。他们并想把从前神权的基础，变作伦理的，而以全世界为范围。这种进步，不仅受助于欧战后君权信条之破产，而且受助于我们战争结果的经验。

现在历史家的任务，就是要研究人类全体的生活状况而记载之。现在当我对于各位教师讲演的时候，我就请大家注意，无论教授哪一国的历史，必须使他与人类发达的正干，有密切关系。譬如我们都是英国人，我们教授英国史，一定比别国史详细得多。不过我又要请大家注意，我们教授英国史最良善、最明了的方法，就是常常记着把他当作世界史中一极小部分。近代国家生活状况中的要素，是甚么咧？就是种族、言语及宗教。

比方你们研究我们英国的种族，那是复杂到万分，很要费点工夫，才弄得清楚的。英国元始时代人种，就是伊布林种。他们输入了西班牙及北非洲的文化到英国。其次为不列颠种，再次为罗马种。但是没有纯粹的罗马血族在英国，盖自罗马征服英国后四百年间，罗马血族到英国底都与不列颠种混合了，仅有罗马血族之名，因为当时罗马长官及驻兵从欧洲、非洲北部、及亚洲西部，被撤回之后，都来到英国，并且大部分也婚娶了，留下了一种混合血族，名为罗马血族。罗马人之后，又有两次条顿族之侵入。条顿之后，又有北人之侵入，这种人因为在法国北部住了很久，都是极富庶的，不过他们仍然保存了他们祖先勇敢拼杀的气概。

自北人侵入之后，夫列敏（Flemings）及黑古拉特（Huguenots）两族对于主要的不列颠族，有种种极有价值的贡献。殆后于十九世纪中，差不多世界各国对于这不列颠族，都有点贡献，所以我们人生最关紧要的血族，已暗示了我们一种世界公民的资格，并且告诉了我们是世界人类中一部分。

其次我们的文字，也提示了我们同样的真理，就是我们的文字并不是像一班人所说的一种纯粹条顿的文字。他是一种混合的文字，条顿文字为其基础，其内部的结构则为拉丁语。大概言之，短小字体是条顿字，从欧洲北部蔓延而来的。当十九世纪之中，我们曾经参加了第三种最紧要的元素，就是希腊语。这是因为当我们学术进步的时候，我们觉得有研究希腊语来表示种种现象底思想，或发现他的各名词来作我们各学科名词之必要底原故。比方我们谈论高深底教育或学术，我就知道我们现在所用的希腊字多极了。譬如日常所用的论理、形而上学、政治经济、心理、性灵学，诸名词无一不是希腊字。所以我说我们曾经包括了三种显然的外国文字要素，在我们英语之中。归纳言之，就是从欧洲北部来的条顿字、从罗马来的拉丁字，这种字一部分是由罗马人直接输入的，一部分是由法国间接传来的；与夫从希腊最近输入较少而最紧要底希腊字。因此我说我们现在的文字，是一种混合的产物，我们现在所念的个个字，都足以提醒我们是世界的公民，我们不过是世界人类一分子，并且也就是我们同世界人类的关系，造成了我们现在的地位。

我们的宗教，也是与这极相类似的，是一种外国输入品。在奥古斯丁来英以前，我们就有宗教。不过那种宗教，现在存留底极少，从纪元后六百年以还，我们就成了基督教国家一分子。我们的基督教，是由罗马来底教徒，传授给我们的。不过耶教非发生于罗马，乃肇端于佩拉斯丁，而且也只宣传于佩拉斯丁（Palestine），并非创立于该地，它也和别种的影响及运动一样，是一种极复杂的东西。耶教与犹太教的关系，是极密切的。假使我们根本去研究耶教，那我们不但要溯及犹太人，而且要溯及巴比伦人。因为犹太人，曾经得了他们许多的思想，我们不但要溯及巴比伦人，而且还要追询他们以前住居米索不大米亚平原底人。这些神秘的人，他们现在正图谋发展他们的国家。此外我们也受了新旧教互竞，及种种哲学思想澎湃底影响。这种种影响，曾经于耶教圣保罗，以及其他各神甫牧师的时候，激动了罗马帝国分裂的，因此你们就可以知道在我国中盛行了千三百多年底基督教，假使我们明白它的来历，它就时常使我们觉得我们不但与欧洲大陆底生活相关连，而且与近东及欧洲最古宗教信仰的发达有关系。

我曾经请大家注意我们人生这三种要素，是想给各位先生们一种具体的观感，并且希望你们也使学生了解就血族、言语、宗教三方面言之，我们是世界的公民。但是你们如果研究别种的要素，也可以得着同样的结果。譬如我们的文学，假使没有受法文、拉丁语底润泽及熏陶，那就成了一种极平常的产物了。再就艺术说，我们只须看看北人及嘎特的大礼拜堂，想想他们的名字，就知道这种式样及建筑术，是由外国输入的。他如盛行于英国几四百年之久底意大利建筑法，也可以给我们同样底教训，就是我们必须求源于意大利，或由意大利而求源于古代。

我曾经说过我们人生最重要底元素，都是使我们与人类进化底正干有关连的。现在我要再请大家注意，教英国史的先生们如果不参考我们同欧洲大陆的文化及生活底关系，他就不能讲解我们如何底发展，如何底变成了我们现在底地位。现在我们所谓底文化，就是与罗马人同时到英国来的，因为我们有四百年底光景，是罗马帝国底一部分。这种基本的重大事实，是很难使大多数的教员承认底，并且大多数的教科书都忽略了这种事实，到一种使我很惊讶底程度。第一个最大的影响，帮助建立我们的文化底，就是由于我们为罗马帝国四百年的属国而发生底。第二个最大的影响，帮助建立了我们的文化底，就是由于北欧条顿族之侵入而发生底。他们输入了个人及政治的自由底思想的。这种思想，就是我们国性中最有价值的、最关紧要的元素之一。

　　第三个最大的影响，建立了英国文化底，就是由于我们变成了中世纪教堂的一部分而发生的。这种影响是跟着奥古斯丁同时来到英国，不过直到北人征服英国之后，我们才与中世纪教堂生活、结婚，受他种种底陶冶，我国古时新教徒相传说，英国向来没有完全成为加特力教国之一。我们的朴来美列锐（Prmemuire）条例上面暗示着我们仅仅得了罗马帐篷的一只腿。这种意见，是荒谬的。我们的大法律史家梅特兰（Maitland）教授，诸著述中，有一处说到我国的教堂律，是与别国底完全相同。现在我们都知道英国制度，从上古到宗教改革时代，完全是模仿罗马的制度。虽说这种制度产生了许多结果是极为我们君主及同胞所鄙谤；但是当时我们曾经受了世界最文明的影响，对于我们的种族文化，曾经有极大利益，这是无可置疑的啊！

　　第四个最大的影响，建立了英国文化底，就是由于北人之侵入而发生的。北人征服英国之后，将英国附属于西欧之一部，有百五十年之久。这种附属，遂使英国政府受外国统治权的影响，不能成为强有力的政府。但是当北人侵入终了之后，把他回想一下，我们就要觉得他扩充了我们国家的眼光，到一种不可思议的程度。

　　北人侵入之后，第五个最大的影响，就是宗教改革。虽说宗教改革使我们与文明的罗马宣告离婚，但是马上他又使我们同北欧各新教国续弦了，并且他束缚了我国外交政策，几乎二百年之久。譬伊利萨伯克林威尔（Crem Well）及威廉第三的外交政策，皆根据于下面的事实，就是我们成了新教国之后，必须与北欧各新教国共同抵御加特力教的反抗，使他不能恢复已失的领土。

英国史中我所认为重大的各影响，我曾经说了一点，再将他们归纳起来，就是罗马政治、条顿之侵入、我们的基督教信仰、北人之侵入、宗教之改革。我觉得每一个影响，一方面使我们国家的生活、道德，及教育进步发展了；同时他方面又使我们与世界人类生活发生了恋爱。

当你们披览近代史底时候，你们就知道我们与世界人类生活底种种情感，是无数的，简直不能计算底。譬如科学即近代各大联合体中之一。这不仅包括种种科学发明，而且包括他种种思想。最近三百年间的最大成绩之一，就是世界的高尚思想及文化之渐归统一。十八及十九世纪中，哲学界的种种思想，及科学界的种种发明，都即刻变成了人类共有物。并且每一种思想或发明，就如同在各国之间新添了一根电线一样。各种联合的影响，譬如世界旅行，火车、轮船之发明，世界财政之通行，国际会议之组织，或者为学术的目的，或者为商务的目的，他们都更加坚定了我们世界公民资格的信仰。

最近曾发生了一次欧洲大战争，他对于我们发生的影响，或者比上面的几种影响都大得多，重要得多。他曾经使我们觉得无论好坏，我们总是世界人类一分子，就是当人类互相残杀底时候，我们还是要这样想。

我曾经选择了几个实例，来证明我对于这个问题底信仰。若你们去了解或教授历史，你们必须把英国史当作世界史的一部分去教授。我很不愿意你们抹杀了，我前面所讲，关于我国生活及道德中的各种从外国输入而且极有价值的要素。假使你们抹杀了他们，那就同我们岛国孤立的形势一样，好像我们没有得着别国一点的利益。所以我要重复地说，文化是世界各国共同的精神产物，我们自己的文化，就包括在世界文化之中，不过是里面强健分子之一就罢了。如果我把法国、德国、意大利及西班牙的历史，拿来作比喻，我也能够给你们一种同样的解说，就是各国历史的进步、发达，是与世界人类生活的进步、发展相关连、相表里的。

我希望我所说底，足够使你们了解悦服了。不过我自己实在早已相信，我们能够使历史教授成为最有效果，使我们对于他的研究与了解最为透彻，就是要把他当作一个全体来研究。当你们有这种公式在脑筋中，并且有千百个证明来解说他的时候，那我就觉得你们有了一种极坚固、极稳健的根基，来作世界公民资格底实际事业。这种事业，是刚萌芽于二十世纪之初叶，正待我们去努力实现的。

国际联盟会底思想，既不新颖，亦不腐败。一两年前，一个荷兰教授曾有关于这种思想大而淹博的著作。他曾经根本研究国际联盟会底思想，到中世纪时代，并且类成了二十九种制度，是关于十四世纪到十八世纪末页各国际联盟会的。这二十九种制度，没有一一细说之必要，我想下面底事实，就足够使你们了解国际联盟会思想史底大纲。这就是因为十六世纪时代，基督国家底旧思想消灭了，各国君主独立的新信条发生了。各国的大伟人都知道这是一种荒谬的信条，并且他将发生种种计划，来操纵世界各国间和平的合作。每一次的战争，就成立了国际联盟会底一种新制度。比如种种连续的国内外战争，就激成了法王亨锐第四（Henry IV）的大计划，就是第一次的详细大计划，为要保持欧洲的和平，但是这种和平计划，早已为各国伟人所虑及，而未实现。

三十年战争，曾经激励格罗梯亚士（Grotius）建立国际公法的基础。不过我要请大家注意，这种国际公法，是根据于道德的裁判，并非根据于自然裁判，来实行他的种种判决。这种根据于道德裁判底判决，如格罗梯亚士所相信的，并未含有国家是世界国家中底一分子底意义。十七世纪末叶，英法战争激成了英国改革家彭威廉（William Peun）的一篇新奇短论文，名曰《永久和平（Perpetual Peace）》，这就是一千九百十九年国际条约的蓝本。马尔伯乐（Marborough）战争，激成了法国一个全权大使毕锐阿伯（Abbe St.Pierre）的国际联盟会种种煞费苦心而极精细底计划。这些计划，直到一千九百十九年国际新条约成立后，才失去效力。法国底大革命，就激成了康德（Immanuel Kant）的伟大著作，也名为《永久和平》，这书中不仅希望国际的联盟，而且希望各自主国的联盟，于是遂使和平思想与共和自主国家思想，发生了恋爱。迨后反对拿破仑的大战争，就激成了俄王亚历山大的国际联盟大计划。这种计划，是成立于一千八百〇五年，恰在神圣同盟会成立的前十年。

我想各国这几个思想家及君主的名字，就可以提醒大家明了下面一种事实,就是近代有眼光底人,都觉得生活于各国君权独立空气之下,是最不安逸、最不快乐的!

当十九世纪之中,最奇怪的,就是这种潮流,已经很深入人心了。简直没有一个思想家曾经想到国际联盟会就是一种保持和平、禁止侵吞的一个良善方法。十九世纪各思想家,皆趋于专制思想。这种思想,也曾产生了些好结果,不过他的种种希望,就全体说,是没完全实现的,因为他的希望太奢底原故。这种专制思想,当成立战争底要素不充分底时候,是极有效力的。成立战争底种种要素,都是于十九世纪中培植起来,国籍底思想是其一,均势之局是其二,亚非洲的侵蚀是其三。这种种政策,就产生了一种极危险底电气,遂使较逊的专制思想,不能驾驭他们了。所以当欧战发生一九一四年之后,人民才觉得专制思想是不很充分,我们需要一种国际关系底高压,才可以保持永久的和平。我们要建立一个新机关,来促进国际亲善。但是这还不是我们终极底目的。我们的目的,就是要铲除各国君权独立的信条,使中世纪的旧信条复活,这信条就是说我们都是人类全体底一分子。并且就结果言之,我国彼此都有互助底义务。

我想我所说底,足够使大家了解历史教授,及尽世界公民新义务底关键,是在乎文化底统一。大概你们都能够记得"世界公民"这一句修辞学底成语,用到结论的时候,从前是被一班人耻笑的,并且他们还说那些用这句成语和自命为世界公民的人,都是忘记了他们自己的国家的。现在我们都很知道,"我们是世界底公民"这一句成语,不是用在修辞底意义,是用在政治及法律底意义。因为我们的国家,是国际联盟会会员之一。这种会员的资格,就附带了一种义务,这就与我们大英帝国底会员资格,及英国公民资格底义务,一样重要。譬如我是一个研究历史的人,是忠心于国际联盟底人,我就十分觉得无论过去的研究,及现在的需要,都同要绝对的明了下面的事实,就是我们都是世界人类的一分子。

我想这种世界主义底思想,需要长时间才能印入于政治家、平民校长,及历史家的脑筋中。这种时机,大概现在快成熟了。我相信我们当教授的人,或学校职员、教育行政机关的人,如果不尽力去了解文化统一的事实,及世界人类互助的义务,我们就都没有尽我们的责任。第二步,假使我们不尽力宣传这种启迪的、激彻底思想,到与我们所接触底人类,及我们自己的学生,那末我们也没有尽我们的职责。

（原文刊于《学灯》第 6 卷第 5 册第 31 号,1941 年 5 月 31 日;第 6 卷第 6 册第 3 号,1941 年 6 月 3 日）

论历史教育

陈东原

在抗战建国的过程中，历史教育最为重要，此蒋总裁在《革命的教育》中曾经昭示过我们。总裁觉得我们中国近十年来新教育教出来的一种学生，大部分都不知道怎样做人，也没有立志要做怎样一种人。这种教育是亡国灭种的教育。今后的教育，应当使我们造就出来的学生，实实在在能承担建设国家、复兴民族的职责，换句话说，要他能成为世界上顶天立地的人，要他能担当中国革命的事业，造成中华民国为世界上唯一富强康乐国家。所以今后教育的重心，应提高国家、民族的意识和国民自觉的责任心，要以爱国为中心。而激发学生爱国的思想，总裁说：最重要的科目和教材就是历史与地理。

这一篇训词是二十七年八月，总裁出席中央训练团第一期毕业典礼说的。自从那时以后，教育部即遵照总裁的训示，以加强史地教育为重要政策之一。但是良好的史地教本目前尚在编纂之中，而各级学校的史地教学也还未能普遍改善达到预期的目的。所以如何加强史地教育，尚有共同研究的必要。我以为此事断非增加历史、地理之学科钟点，所可收效，最要乃在于对于史地教育观念、看法之改变，然后乃能使教学或编纂时有方法之改变，结果方能增强史地教育之效率。换言之，史地教育的意义，尚有加以阐发的必要。

本文撇开地理教育不谈，专谈历史教育的意义。我以为历史教育，应当包含两方面：一方面是历史的知识，一方面是历史的修养。历史的知识可以使我们明了我们过去的光荣，增强我们的民族意识；可以使我们认识战争之不足畏，提高我们的抗战信念；可以使我们增加对于现在的了解，而创造未来，迎头赶上，这是教历史的起码知识，我们应当知道的。现在略释在如次：

第一，历史的知识可以增强我们民族意识。

中华民族固有文化之伟大、光荣材料甚多，俯拾即是。教学历史与编纂历史的人，对于此等处应随时阐发，以增强青年的民族意识。尤要在能与西洋历史比较说明，更易达到所期之目的。举例言之：如目前我们物资上感到汽油之困难，大家都有燃料必须仰给外国之感。殊不知七八百年以前，中国人所用的燃料尚是外国人可望而不可即的哩。此种事实，我们可以从《马哥孛罗游记》中看出。义大利人马哥孛罗是元代初年来到中国做官的，于一二九五年回国，写了一部《马哥孛罗游记》。在那书中，叙述中国文明的伟大，如房屋建筑的优美、人民礼貌的周至、服饰的考究、驿道的通达等等，都使欧洲人疑惑是痴人说梦的神话。在那里面，尤其令西洋人奇怪的，是说中国人用山上挖来的黑色石头烧饭。那时的西洋人，还不知道煤炭是什么东西哩，更说不到汽油了。马哥孛罗波罗这一本书，很引起西方人游历东方的兴趣。后来新航路的发现，与此书都有关系。此书所说其他各点，我们撇开不谈，就以燃料一件事而论，六百余年前，西洋人羡慕我们的，我们现在反要仰赖西洋人了，能不令人感奋？这都是我们不努力的原故。以中国土地这样广大，何至于不产油？近年已经发现甘肃、新疆的油田了。只要中华民族的子孙自己肯努力，总可以恢复祖宗之光荣的。燃料而外，中国文化上的优点，例子甚多。如写字用的纸，中国在公元一〇五年就发明了，西洋人直至一二五〇年才知造纸，而且是中国传去的法子，又过二百年后，西洋普遍用纸。又如印刷，中国在公元八五〇年，已有单页印刷，公元九三二年已印行整套的九经；西洋口一四二三年才有单页印刷，一四五六年才印行第一本《圣经》。到现在，造纸与印刷，我们也要反过来请教西洋人。使国人不要数典忘祖，正是历史教育的责任。这是历史的知识可以增强民族意识的证据。

第二，历史的知识可以稳固我们抗战的信念。

抗战到了现阶段，生活的艰苦，是在所难免的。为民族争生存，为世界争正义，为人类争光荣，我们早就应当牺牲一切，忍受一切，以求完成最后的胜利。而且从历史的观点去看,我们民族向来是不怕吃苦,能够忍耐一切艰难的。历史告诉我们,春秋战国时期,我们曾有过五百余年的战争,并且我们的学术文化,也就在那时期发扬成长,立下了一个伟大的基础。我们还从其中学着了"生于忧患,死于安乐"的宝贵教训。后来西汉末年,王莽、刘秀之争,以及同时二十几个小皇帝的纷争,一共也继续了三十几年。东汉末年,又有魏晋南北朝之更迭,差不多一百余年,未曾有过真正的太平。到了五代十国,我们又有五十几年的大乱。这都不讲,就较近一点的说,明朝末年张献忠、李自成之乱,共计三十余年。太平天国的战事,亦有二十余年之久。照这些事实看来,中华民族对于战争的痛苦,是忍受惯的。现在短短的五年、八年甚至十余年的战争,在我们能算什么。如果讲物质困难,在我们现在,这不能算什么恐慌。从前南宋偏安在杭州的时候,遇着江南大荒,至无米吃,那时艰苦的日子,我们的祖宗,也挨过来了。照抗战五年后的今日情形,我们真不应当说苦。再说战争的痛苦,外国人受的也很多。例如欧洲的宗教战争,就是很残酷的战争。历史上所称的百年战争,实际上前后是二百年,情形都非常厉害。最后一次的三十年战争,日耳曼全境曾烧成一片焦土。十六、七世纪间,法国的旧教徒与新教徒斗争,闹的很久。有一天晚上,一夜之间,巴黎城内竟杀死了一万人,历史上叫作圣巴托罗牟之夜。这种痛苦,欧洲人亦曾受过。以美国独立战争而言,自一七七六年战事开始,打了四年之长,美国人几乎支持不住了。经济的困难,使美国的兵蓬头跣足在冰天雪地中打仗,纸币贬值四十元只抵得战前的一元,如果当时不艰苦支持,美国独立就不会实现。后来因为英国的外患甚多,美国卒获得最后的胜利。这些历史的知识,都可以坚强我们抗战的信念。我们有了这些知识,断不会因为目前的些许痛苦就动摇抗战意识的。

第三,历史的知识可以培养我们创造未来的力量。

历史虽然告诉我们许多过去的事,然而他的价值却在教我们认识现在,创造未来。现在是由过去蜕变而来,如果不知过去,就不能了解现在。而要想创造将来,尤不能不对现在有深切的认识。所以无论为现在、为将来,研究历史,都有必要。历史讲的故事虽然是旧的,他的意义却永远是新的。再则学习历史并不是要我们学会古人的方法来解决今日的事件,而是要我们知道在过去那种环境下,古人用什么方法去解决他们的问题。现在临到我们这样环境,我们应当用什么方法来解决我们的问题呢？最聪明有效的办法,是从过去的因变的研究,学习到找寻今日方法的答案,这就全靠历史。又如总理要我们对于西洋文明"迎头赶上"。迎头赶上的方法,便必须对于西洋文明的历史有透彻的认识,然后才能避免西洋人走错的路子,而直接向其成功的捷径上去走。如此则西洋几百年来进步的成绩,我们可以在几十年间做到。不单做到他们现在这样,而且他们所有的错误因素,我们都可没有。那就不单可以"赶上",而且确是"迎头"了。从历史的观点说,历史是决不重演的,从前人的经验,都是后来人的教训,历史教育的重要,意义就在此。这是历史的事实。我们不是善忘,忽略历史教育,便自然可以收着此种效果。例如有了法国大革命,自由平等和爱国的观念传播到了全世界,遂使其他各国减少了不少革命流血的痛苦。又如因为中国的抗战,抵制侵略的精神、毅力影响到世界各国,遂巩固了今日反侵略的联合阵线。因为资本主义的内在矛盾,暗伏着欧美各国的社会隐忧。所以,总理主张平均地权、节制资本的民生主义,用不着走西洋各国已走不通的路。因为在第一次世界大战后没有建立成普遍的世界和平制度,所以这一次大战后应设法避免过去的错误,研究出一个真正的世界和平办法。这都是历史知识可以培养我们创造未来之能力的证据。也就是中国古语所谓"前事不忘,后事之师"的意思。这自然是历史知识对于我们的更重要的价值。

由上所述,历史的知识有三种好处:第一是可以增强我们的民族意识,第二是可以稳固我们的抗战信念,第三是可以培养我们创造未来的力量。这是历史教育的一方面。

历史教育的另一方面是历史的修养。我们学习历史并不在于多记得历史事实。我们学得了很多的历史知识,固然很好,然而这不是历史教育之最高目的,历史教育之最高目的,应当是历史的修养。有了历史修养的人,在行为上、品格上、人生观念上一定可有较高尚的表现。一个人是不是受过完善的教育,其有没有历史修养,是一个很大的区别。所以教学历史时对于学生历史知识之灌注如何，尚在其次；而对于学生历史修养之培育，却最为重要。

什么是历史的修养？他的内容和价值可以分作四层来说：

第一，一个有历史修养的人，必定能重视过去，因而可使他行为趋善，道德加强。我常以为，中国道德有一个精髓，就是"念旧"。无论是忠孝仁爱、信义和平，都有念旧的因素在内。例如孝父母，是念过去父母抚育的劬劳，所以不能不孝。在没有念旧之情感的人，他的孝心一定不能充分。倘若他的历史的修养很深，他不但念旧，而且意识到光阴过去之快，会想到风烛残年的父母，不知能再活多少岁，与其等到父母逝世后去作历史的追念，倒不如在其活着时特别尽其孝道。这就是历史修养对于个人道德的好处。又如忠，如果认为这只是法律的规定，非忠于国不可，这种人似还不能真正尽忠。倘若他有历史的修养，想到国家过去的光荣，因而感觉到现在不努力的惭愧，并认识到国亡种灭后的惨痛，因而他便能发生真正的爱国心，他便能真正尽忠于国。又如兄弟阋墙，是常有的事，但在有历史修养的人，会念到从前手足之亲爱，而不愿决裂。夫妻反目，也是社会常见的事，但在有历史修养的人，会想到从前新婚时的恩爱，也就不愿离婚。俗话说"贫易交，富易妻"，这是古时封建社会中，一般自私自利的人所说的话。一个有历史修养的人，他会重视过去，不愿菲薄他的过去，因此他也一定也不愿意在朋友落魄之后而和他绝交。自己发财之后就把妻子换掉的。历史的观念，对于道德的培养是如此。

第二，有历史修养的人，一定深切认识时间的重要，因而重视现在，使他生活丰富。因为他既有历史的修养，就会知道历史是由一天一天的事实造成的。如果忽略了现在，就不能产生过去，也就不会造成历史。有了这种认识，因而他能享受现在，珍重现在，而使生活丰富。例如他遇见一件快乐的事，他会想到快乐之不长存在，就能对快乐尽量体会，尽量享受，而得着真正的快乐。那没有此种修养的人，虽然遇着了快乐，仍然存着功利之思，总以为不满足，希望有更大的快乐。此种人永远不会有称心如意的快乐。又如遇到一件痛苦的事，有历史修养的人，也会感觉到这种痛苦是不能长在的，因而也能忍受痛苦，咀嚼痛苦中的滋味。如果有这种修养,他反会觉得痛苦中的趣味,而不感觉痛苦。像这样的人,生活的趣味,岂不比别人丰富？再则具有历史观念的人,常能突破现在而看到过去。例如游山,在别人所见无非是山。在有历史观念的人,便能于目前的山以外,想到过去在这山上的人,及这山上发生过的事件,因而当他游山之时,会发生一种"思古之情"。于是同一游山,一个有历史修养的人之观感,遂比那没有历史修养的人丰富得多。历史的修养对于我们生活意义的增加是如此。

第三,有历史修养的人一定相信世间事情有其必然的因果,而知道努力造因。因为历史是最重因果的。天地间的事物用历史眼光看来,没有一件事是忽然发生的,追本穷源都有他的因。例如前面说的法国大革命使世界各国减少了很多革命流血的惨痛,法国大革命是因,世界各国很容易地走上民主的道路是果。法国大革命受了卢梭回复自然的哲学的影响很大,卢梭的哲学便是因,法国大革命便是果。卢梭的哲学受了中国老庄无为的思想影响很大,老庄的无为思想便是因,卢梭的回复自然哲学便是果。历史事件,因产生果,果又成因,因果相循,往往类此。当老子写他那《道德经》时,绝对没有想到二千余年后有一个黄发蓝眼的欧洲青年读了他的书受了他的影响,写出了《民约论》,波动了平民大革命,流了几十年的血,终于创立了世界上民主政治之基础的。然而老子既起了因,便自然产生其果。世界上没有无因之果,也没有无果之因。这种果,善也好,恶也好;正也好,反也好,合也好,总都可以寻出他的因来。所以严格说来,人们每一言论、每一事件,都可以成为其他事件之因。有历史修养的人,深切了解此种道理,因而在做人处世方面能够力造善因,以避免将来的恶果。这样的人,行为自然合乎规范,对于社会也很容易有积极的贡献。

第四,有历史修养的人对于时间观念,一定有一种敏锐的感觉与统摄的力量。一件事情早一天发生,或晚一天发生,在别人认为无大关系的,在有历史修养的人却分辨得非常明白。同样一百年以前或二百年以前的事,在别人以为年深代远的,在有历史修养的人,看得却不以为远。甚至于三千年、五千年的距离,历史家都能把他统摄得住,而了然其间的因变关系,抓得住其间的重要现象。所以有历史修养的人,不知看见过古今多少成败得失,不知看见过多少古人的悲欢离合,那些身在台上轰轰烈烈的气焰,以及转瞬间势颓成春梦的光景,他遇到的太多了。现时那些正有功国家、造福社会、身虽死而名长存、躯体虽死而精神不死的人物,他也认识很多。人生百年,在别人以为很长久的,在他以历史的眼光去看,实在算不了什么。因为如此,所以他能看破一切,视功名富贵如浮云,而能努力去找一种安身立命之道,求如何在历史上把自己做成一个有贡献、有价值的人。困苦艰难在所不计,取义成仁,视为当然。牺牲小我,以成大我。换句话说,惟有有历史修养的人,才容易有远大的人生观,容易成为一个顶天立地的人。才知道其个人可能的在历史上的地位,而不斤斤计较一时的利害得失。

由上所述,历史修养的内容,是能使人认识时间的重要,而看见过去,重视现在;相信世事之必然因果,而努力造因;以及对于时间能有敏锐的感觉与统摄的力量。而其价值则可使人之行为趋善,道德心加强;可以丰富人之生活,努力现在,珍重现在;可以使人力造善因,视功名富贵为浮云,寻一种安身立命之道,做一个顶天立地之人。这种价值,比起历史知识之记忆,不由说,是伟大的多、重要的多了。

中华民族是一个历史悠久的民族,是具有高深文化的伟大国家。一个国家国民心胸气魄之伟大与否,地理环境的影响占一半,历史的影响占同样的一半。而大国民之所以具有大国民之风度者,历史的原因较地理的原因为尤重。总裁所训示我们的,教育应教学生知道做怎样一种人,要教学生实实在在能承担建设国家、复兴民族的职责,以及要使学生成为世界上顶天立地的人,来承担中国的革命事业,无疑地,历史教育可以担当这种使命。今日的机要,惟在学校中的历史教师,以及编纂历史教本的人,要实切明了历史教育的意义,在历史知识尤其历史修养方面,努力培养我们的青年!

(原文刊于《文化先锋》第 1 卷第 6 期,1942 年)

历史教育的现实性

刘熊祥

一

时代在转变中，人类的思想和生活方式渐渐要越出旧世界的圈子，因此表现人类思想和生活方式的历史情感也不能不随之越出旧世界的圈子——这就是历史教育的现实性所在。

最近二十年来有一种历史趋势，普及世界。这就是国防教育超过自由教育，国防建设超过社会建设，在学术界国防经济、国防科学、国防地理发展了，甚至于在政治上、外交上也以国防为中心，这表明现代社会科学的面积展开到另一方面，我们从这展开面追溯上去，在过去人类的活动中，就可发现许多曾潜伏着的形象和意义，重新表现出来。所以社会科学进一步，历史也跟着进一步，展开国防的阵地，也是必然的现象。

其次，因为我们的感觉不同，也就对历史有另一种看法。历史的奥妙是发掘不尽的。而且各人和各个时代所发掘的是不尽相同的。一个富有自由思想的人对于历史的看法多半是一部自由主义的发展史，一个富于经济思想的人对于历史的看法又是一部经济奋斗史。现在民族主义的思想较社会主义的思想还要流行，所以把历史看作是一部民族生存奋斗史，更为普遍。这是由于个人感触不同，也就使历史的情感表现亦异，历史内在的意识就是从这一方面表现出来的。

历史教育就是要从现在社会科学的展开处进寻其源流性的深处内在意识和价值，以激发一般人的激情和意识的，历史教育如不从现在社会科学入手,必失去其时代性;即能从社会科学入手,如不能激发现代人的感情,也要减少意义。所以历史教育是有其现实性的。历史教育的现实性是什么呢?

二

研究历史应采科学的方法,这是一般历史学家的共同意见。然而历史终究不是一种纯粹科学,因为历史是有情感、有意义、有生命的。与其说是一种纯粹科学不如说是一种艺术,尚足以表示其现实性。

第一,从历史的个性方面来看,一个民族有一个民族的历史,这个民族的历史不同于他一个民族,就是因这一个民族有这一个民族的特性,他一个民族有他一个民族的特性,各个民族的发展就是沿着其独具的特性表现出来的,中华民族所以不同于欧美各民族就是这一个道理。历史教育最重要的一点即在保持这个民族特性而使发扬光大之。所以我们不能把历史看作一普遍人类生活的象征,而泪没其性灵。近来许多研究历史的人喜欢把欧洲各民族历史发展的模型印到中国历史上来,这可以说不是张冠李戴,就是削足适履,是很不自然的。东西历史的比较研究法,本来可以采用的,不过特别要谨慎的,就是不能牵强附会,失掉一个民族历史的特性。

历史既是有个性的,那末就不能看作一种纯粹科学,因为科学所重的是共同的概念,是一定的规律。就这一点看来,各个民族的历史应都是一样的,看不出其差异所在。但实际上,这一个民族的历史是与那一个民族不同的,所以研究历史的人于共相之外,还要寻出其别相。于不变之中,还要寻出其变异了。这种别相和变异的历史,实迹就是个性表露处。历史教育就是要表明其个性所在,从这一点讲,所以我说历史是一种艺术,而不是一种纯科学。

第二,从历史的生命方面看,历史不仅有个性而且有生命,有生命的东西是很难用科学方法研究出其奥妙来。譬如解剖学、生理学,都只能研究生物的构造和各部门构造的作用,决不能说明动的意识和形态。这可见得科学研究之应用于人生现象是有穷的。即如动物学的研究,必须要根据实际的材料用直接的观察法方得到正确的结论。历史是过去人类活动的积累,保留下来的只有片断的史料;而这些史料又多半是经过一度融化出来的,我们没有办法直接观察前人事迹。所以要想用科学方法,来研究史实记载中的许多空白,而又能保留生命的真象,是很难做到的事。考据家所能供给我们的只是一段段的轶事和一点血迹的真实性,而不是整个生命力的表白。如果认史料的考证,就是历史,那就同认解剖学是生物学一样,忽视了生命的价值,我们要能多了解些历史真相,还靠体会和推断。这虽然是一个很危险的方法,容易发生错误,但为了解前人的心理,除由心理现象推断外,更无他法。科学方法所能供我们应用的只是整理史料,所以史料的认识和解释还须要靠哲学、社会学、经济学的修养。因为史料的内在价值就是创造这段史料的人的生命意义的表现,史料的外表即使相同,但史料的内在价值尽可相反。犹如同是一段革命,不一定其革命动机彼此相同。譬如郑和的下南洋和奥斯达加马的东航印度同是一件无独有偶的事迹,但意义完全不同,一个是为侦察建文皇帝的行踪,充其量亦不过宣布威德,另一个却是探航东印度,便利通商。这证明一段历史事迹,各有其生命的价值,史料的整理可以把史料看作一件无生命的东西,史料的认识和解释就不同了,必须把它看作一件有生命的东西,方能寻出其意义所在,历史教育就特别著重在这种生命价值的认识。譬如郑和下南洋的结果增加了南洋殖民的力量,是中国民族南向发展的先声。这就是一种历史教育。历史教育不仅把一件一件史迹追寻其价值所在,还要把整个的历史潮流追究其生命的泉源。历史趋势是一种力量,也就是历史的生命,这一生命的力量有意无意之间可以使人之感动和兴起的。中国旧史家曾注意到这一点,不过表现出来的只是一点一滴。譬如《史记》中的《游侠传》《货殖传》等都能表现其精神所在。但是对于当时的整个潮流怎样?却没有记载。近人应用科学方法研究历史的结果,虽注意到整体和共相,但还很少能把一个时代的趋势指明出来。如果把现在出版的中国通史来看,差不多每一个标题之下都拥挤着许多的史实,使人眩目,但是这一个时代的潮流怎样和这一段史实在这个潮流的地位怎样,很少有叙述的。因为写历史的人忽略这一点,所以在写成的历史里没有生命的力量——文化的力量。历史教育不仅要把这种生命的力量表现出来，还要使它与现代的生活连成一贯犹如一件可歌可泣的事，感同身受。我认为最好的通史是用旧史家写传记的方法来写民族的历史。要这样才能表现个性，表现力量；不然就同一个解剖的人体，心脏、骨骼七零八落，即使构造起来，也是一个死尸，没有生命。现在，是我们民族重新检讨自己的时候。我们必须看看我们的早年和背影，我们所要感受的是百炼的真钢，而不是千年的古董，所以在我们的历史教育里特别要有一种生命力的表现。这是艺术的要素而不是科学的要素。

第三，从历史的情感方面来看。历史不仅有个性，有生命，而且有情感。因为历史是一个民族文化演进的痕迹，在这些痕迹中常有使人一往情深拔剑起舞的力量。一个游历居庸关的人看到那八达岭的千峰起伏和长城的万里西行，一定感觉气概雄伟。如到罗马去参观遗留下来的古代雕刻和建筑，那就不同了。我们回想凯撒当年的威武和后来罗马的衰亡，不由得不使我们感慨悲歌。虽然这些历史遗迹，使我们情感的起伏不同，然能刺激今人之情感则一。这就是因为它本身就赋有情感的缘故。历史上无数大大小小的事可以说都是当时创造这些事迹的人的一种感情的表现，有的出于个人意志的，有的出于民族意志，但无论如何都代表一个时代的色彩，这种时代色彩就是历史情感的象征。历史既是有生命的，有个性的，究竟要怎样才能使这种生命与个性能和我们融化为一体呢？这就是靠历史情感的作用。当十八世纪德意志四分五裂的时候，普鲁士人就想象昔日神圣罗马帝国的光荣，想统一全德，这就是日耳曼民族历史情感的力量。在当时德国有一派历史学家尽力抬高这种历史情感的作用，以唤起国人普遍的想象和信心，这就是所谓普鲁士学派。他如哲学家费希特、黑格儿也想藉历史情感来发挥哲学的力量。果然后来德意志的统一受他们的影响不少。由此可见历史情感在教育上意义的重大，把历史看作科学的人，对这点多所忽略，他们认为历史是一种理智的创作，而不承认其感情的价值。所以他们写历史时只注意搜集史料、整理史料和编辑史料，而不注意启发其内在意义，结果历史就变成了一种枯燥无味的科学。虽然有生命，有个性，但终不能使读者发生共鸣,历史教育不仅要供给过去人类活动的知识,还要供给现在人类活动的泉源,使负有历史使命的人们,知给过去人类活动的知识,使负有历史使命的人,知所仰止。要这样我们才能和历史与民族结为一体,民族意识与民族情感也就无形中发生出来。近人之研究历史实有三个新的发展:一个是着重在春秋战国时候的学术思想和民族精神,一个是在秦汉时代的边疆开展和民族澎涨,还有一个是最近的欧风东渐和民族复兴。这是受了时代的刺激,而想重新提出来的富有历史情感的事迹。这证明在今日学术界无意之间已承认历史教育的重要,不徒教育界有此感觉而已。有些人还认为历史的研究,应采纯粹客观的态度,只能把人类过去活动的真象表露出来,不能增多一分的,所以提出历史是一种科学的口号。其实用纯粹科学的方法来研究历史,还是不能得到历史真象的,虽然不会增加一分,但不知道要减少若干分。历史的创造本来是有情感的,然而一般历史的叙述是没有表现情感,这就是一种减少。历史教育虽然不免有主观的色彩,但所以出于主观者,就是要想以意逆志,显出其情感。历史情感本来是历史中的事,不过特别显现出来使其发生教育的作用罢了,这并不是一种增加。所以我们认为历史教育和历史研究不同的一点,就是前者对于历史事迹加以一种选择,而这种选择是有其教育的标准的,后者是不加选择,又无一定的意向的。其出入并不影响于历史事迹的真伪,只表现有无艺术的色彩而已。艺术的要素有情感,有想象,而又有人生的经验,历史教育也是如此,不过艺术所表现出来的,是一种创造,可以无凭据又无定型,而历史教育则是一种重现,有来源而又有本体。从这一点看,所以我认为历史与其说是一种科学,不如说是一种艺术尚较为切实。

总之,在教育的范围内谈历史,应当着重其个性、其生命及其情感;然后才能发生教育的效能……这才是历史教育现实性的表现。

卅一年十一月二十日脱稿

(原文刊于《文化先锋》第 1 卷第 17 期,1942 年)

历史教育的新认识

王康

国父从千百条坎坷的小径中,替人类开辟了一条康庄大道;这条康庄大道,就是既可以救中国又可以救世界的三民主义。从此,我们的后代子孙不致再过鲜血淋漓的悲惨生活。这在社会进化史上,是最精彩、最动人的一章。

三民主义不是幻想的产物,也不是图快一时的高调,而是一点一滴都可以实行的改造中国、改造世界的具体方案。它之所以伟大者在此,它之所以异于别的主义者亦在此。

国父创造三民主义得力于广博的历史知识和正确的历史眼光,凡是研究历史的人都应该知道这一点。历史本是人类过去生活的总记录,不过这种记录,是包罗万象、无所不有的:从最好的到最坏的,从最美的到最丑的,从最高尚的到最卑鄙的,从最仁慈的到最残酷的,几乎是兼收并蓄,毫无遗漏。国父却能从浩如烟海的历史遗迹中,吸其精华而去其糟粕,取其优点而舍其缺点,保存合理的制度和法则,摒弃落伍的思想与行为,他虽然不是历史学家,但在他所手创的三民主义里却包有人类过去一切的宝贵教训。我国学历史的人,专攻西洋史者,都崇拜西洋的文物制度,菲薄自己的一切;研究国史的人,又以为中国文化是世界上最优美的文化,中华民族是世界上最优秀的民族,别种民族和文化都是低劣不堪的东西,可是我们的国父却不如此。他对于我国固有的东西固然非常重视,对于外国的一切也不抱鄙夷的态度。他提倡恢复我国固有的道德,保存原有的政治制度如考试制度、监察制度,同时也主张吸收西洋的科学技术、政治思想,而成为适应世界潮流、合乎中国需要的建设方案。从大处说，他对于整个世界治乱兴衰的往迹看得非常清楚。谈民族问题，他能从盎格罗萨克逊人的发展说到美洲土人的衰亡，并能说明他们发展或衰亡的原因、经过与结果。读者如果读过民族主义，必能证明作者的话决不是过甚其辞。在民权主义里面，更是冶古今中外的政治思想于一炉，吸收三权分立制的优点，从素来为人诟病的中国专制政体中检出监察制度和考试制度，使新中国的政治机构在世界政治史上放出异彩。其次最值得我们钦佩的是民权主义里面权与能的分开。采取我国历史上的监察制度和考试制度，是对于三权分立制的一种补充，但分开权与能却是一种崭新的发明。这种发明是国父从人类过去的政治生活中得到很多的教训而激发出来的灵感，不是对于历史有精深的研究的人决定想不出来。在民生主义里，国父对于世界过去与现在的经济制度作了一番慎重而精密的检讨，尤其对于资本主义与马克斯主义有中肯的批评，他发现一切的经济制度与经济思想都有很大的错误与缺陷，所以想出一种比较合理的解决办法，来消灭因经济原因而引起的各种社会纠纷。这种办法就是平均地权与节制资本，它既合乎正义与人道，而能达到社会主义者的"共产制度"，又不须杀人放火，真是一举数得的革命方略，违反它的人不是成见太深，就是人格有缺陷。

卡尔是世界上最有历史眼光的思想家，他的"唯物史观"是第三国际的徒子徒孙认为最有价值的进化法则，可是在民生主义里，被我们的国父驳斥得体无完肤。照国父的解释，历史的重心不是卡尔所说的物质而是民生。卡尔的历史眼光苟和国父的历史眼光比较起来，真若小溪之比大海了。卡尔根据他自己错误的历史眼光，故产生了暴虐的革命手段，国父根据他自己正确的历史眼光，所以发明了温和的革命方略。由此可知历史眼光的正确与否不仅可以影响个人事业的成败，而且可以决定世界人类的命运呢！

三民主义虽然不是一部历史，但它吸收了历史的精华，抛弃了历史，我们就无法了解三民主义，所以一个真正懂得历史的人，绝对不会轻视三民主义的。

上面所述是三民主义和历史的关系，下面我要研究历史教育对于三民主义的影响了。

中华民国教育宗旨及其实施方针乙项第一条规定："……以史地教科,阐明民族之真谛……"可是教育界的人士向来轻视史地教育。直到总裁提示史地教育的重要性后,杂志才出史地教育专号,教育当局才拟定实施史地教育的新方案,被人轻视的史地教育,这才引起一般人的注意。

历史是研究人类生存时间的科学,地理是研究人类生存空间的科学,可说是一切学问之母,但在各级学校的课程里,史地的钟点太少,似乎不大合理。就政治的立场来讲,要加强国民的民族意识与国家观念,舍史地教育,无从达到目的。况且革命的三民主义是从繁复的历史遗迹中抽出的精英,如果对于人类过去的历史完全不懂,则无法了解三民主义。这是前面讲过了的。所以推行历史教育是使国民普遍理解三民主义的阶梯。

中国国民党受命于国运艰危之际来治理国家,而一切措施都是遵照国父的遗教向三民主义的大道上迈进,然而真正理解三民主义、信仰三民主义的人,在全国人口中所占的比例数,虽不是寥若晨星,但也有限得很。并且在知识分子中曲解三民主义、怀疑三民主义、违反三民主义的人,也为数不少。为什么会有这种现象呢?总括来说,当然是整个教育的失败。如果仔细地分析,就知道历史教育应该多负一点失败的责任。假如知识分子对于中国和世界的过去有了透彻的认识,对于现在有正确的观察,对于将来有精密的推测,一定会觉得只有三民主义是救中国的唯一良药,而这种认识、观察、推测能力的养成,完全是历史教育的任务。所以一个真正懂得历史的人,对于三民主义一定会有深切的认识和理解的。

认识和理解是信仰主义的先决条件,不经认识和理解的过程而自命是某种主义的信徒者不是盲从就是别有用意,谈不上信仰。凡是国父的信徒必定精读过三民主义,理解三民主义,他们的信仰是从认识与理解而来,不像患"左倾幼稚病"的人那样,既没有见过《资本论》一书的封面是什么颜色,又不知道马克思是德国人还是俄国人,可是他们仍自以为是马克思、列宁的嫡系子孙哩!岂不可笑!

受过良好历史教育的人,对于世界、人生,必定不持偏狭的态度,不存门户之见,我们可以称这种态度为"历史精神",而这种"历史精神"又与三民主义的精神恰相吻合。何以见得呢？我们在前面说过,三民主义吸收了人类历史上各种文物制度、学术思想之精英,这就是国父眼光远大、胸襟宽宏之处,恐怕是受了历史知识的影响。他的一生,除了革命之外,唯一的嗜好,即是读书。他一生中读过了那些书,虽没有人替他作过精密的统计,但从三民主义的内容里,我们可以测知他对于历史著作,必定读得特别多。仅是一部中国史,已经足够使人望而却步,何况再加上世界各国几千年来的历史,就是专攻史学的人,也会如堕五里雾中,摸不着门径,但我们的国父却能从杂乱如麻的史迹中,替后代子孙铸就一条不偏不倚的光明大道,此即是"历史精神"的表现,所以我们要理解三民主义,必须具备这种"历史精神",但这种"历史精神"的养成,完全是历史教育的责任。

历史教育除了是理解三民主义的阶梯以外,又是信仰三民主义的原动力。我们信仰三民主义,一半是受了爱国热情的鼓励,这种爱国热情的培育,几乎全是历史教育的功劳。历史告诉我们:中华民族是怎样发育滋长的,受过了多少苦难,才创造出高深的文化,才开辟出锦绣的河山。假如我们完全了解中华民族过去的兴衰成败、祸福枯荣以后,就会油然而生爱民族、爱国家之心。我们既认为三民主义是救国的唯一宝典,那么,我们会毫不犹豫地去研究它,由研究而理解,由理解而信仰它。

其次,历史教育更是实行三民主义的指南针。在中国,现阶段的国民革命是展开历史新页的大事,在实行三民主义的时候,必须借助于人类已往的经验,而这些经验,很多是记载在历史里面,有待于我们的搜寻与发掘。此外,还有许多类似的史迹,可供我们的比较与参考,以免再蹈过去的覆辙,例如:在我国古代史上,有王安石的变法,近代史上有洪杨的革命。他们的方法如何？为什么会失败的？和国民革命有无相似之处？尤其是世界各国的政治革命不能解决经济问题,以致全球生灵涂炭,扰攘不安。我们的三民主义是要将民族、政治、经济等三个问题同时解决,但比单纯的政治革命是否更加困难？这些都值得我们的比较和参考。

总之,历史教育是实行三民主义的有效工具,运用得宜,可以缩短国民革命完成的时日。

（原文刊于《党义研究》1942年第11期）

论历史的教育价值

白如初

只要是官骸没有缺陷、精神没有病态的人,到了他生理机构成熟的时候,他总是有思维、有抱负的,这种思维与抱负,有些是好像有定型、有线索但还是随着他的周遭和景况而变迁。综言之,照正常的理则说,人生终是自强不息、日日向上的,我们要珍惜时代,把握时代,爱护年华,使用年华,务求一刹那间、一转瞬间都有所成就,我们要抗心往哲,步武时贤,孜孜努力,为人群服务,为社会执役,在伦常日用上,牢守自己的岗位,一点也不放松;在德业进修上,我们更要期许很高,悬的以赴,不幻想,不夸张,日积月累,锲而不舍地奔赴前途,光大我们的生命,延续我们的生命。基于此,所以我们仍是要不断地求知,不断地进步,当代的事,付托于当代的人,过去的可供参考,未来的预为开拓,惟不可忽视当代,忽视今日。青年同志们,热情喷薄,举头天低,为了增养深沉博厚的胸襟,中国的历史乃至外国的历史,仍应一读,作者愿再略论历史的教育价值。

照目前一般学校状况,似乎历史已成为一门共同普通必修的科目,显然历史有它相应的地位,不过历史究竟与近代人有没有什么关系哩?换句话说,这个历史与这个民族国家有没有支配的力量?——我们知道,没有一个国家、民族能够逃避他传统历史的支配,一个人的性情、嗜好、体质……甚而至于整个的人格、精神,都是先天的秉赋和遗传,即使人生有由环境影响的时候,但是我们不能否认人类先天遗传所赋予的动力,而一个国家受历史传统的支配,正如一个人的遗传是完全相同的,中国几千年来特殊的文化,树立了一种特殊的民族性,将来希望能够成为一个近代化科学的国家。但是我们却不能忘却，或者忽视了中国传统的历史精神，就是民主政治，它是世界政治的主流，然而它在中国的成就，也是受了中华民国传统立国精神的限制。既然历史有这样的力量，如何去利用优良的历史传统，这便是历史教育价值的问题。所以孟子说："孔子作《春秋》，而乱臣贼子惧。"因为《春秋》的功用，在于明是非黑白，显然《春秋》这一部书是含有强制性的教训，"诗亡而《春秋》作"，诗亡，作《春秋》代替这种感化人性的责任，《春秋》无疑有一种教育人类、改造人群的功用，所以历史可以当做一种教育去看它。但是我们要发挥历史教育价值，应当用客观的态度，去寻求真的历史事实，丝毫不能加入个人的情感与偏见。这就是说历史的教育价值，可待发挥，却一定要建筑在历史真实的基础上。从这个上面我们得以发掘历史的教育价值有几点：

（一）历史与爱国

历史的作用，既在于明了以往各种真实的陈迹，和今天的时代打成一片，那末我们便应当从这种关系上，来确定我们爱国的情操。中华民族的疆域，是经过了多少先人惨淡经营的结果，今日生活的工具，种种一切都是祖先们血汗中试验出来的。我们既然承受了历史的恩惠，自然而发生敬爱的心情，那末对于儿童的教育，应当尽量发扬我们优良的传统文化，叫他们怎样思念着去爱护我们的国家，从而培养一种"平天下"的抱负，好像中国几千年来儒家的思想，使"四海之内皆兄弟"。过去希特勒所统治的日耳曼民族，自认为他们是天之骄子，常存了统治世界的野心；犹太人自以为他们希伯来人是上帝的选民，必须为世界宗教的领导者；日本大和民族，为了自我生活的享受，发动了侵略战争。这种偏狭的民族观念，在中国是不必要的。所以历史的教育价值，在于从历史的教育中，养成一种合理的爱国观念，明了国家以往的历史，和今日所处的时代，有什么密切的关系，从珍贵的教训中，去完成历史上所赋予我们时代的使命，以发扬我中华民族优良的文化，从这里，我们知道怎样去爱我们的国家是合理的。

（二）当求在历史上建立崇高的理想

中国人民一向有着一种强烈的圣贤崇拜的观念。孔夫子理想的人物是周公,许行提倡劳动主义搬出了神农先生,效忠国家多以岳飞为标准……清末更根据了中国公认的伦理标准,选择了历史上各个时代的人物,用通俗文字,写成了《故事俗说》,成为当时家户必备的课本。可见中国几千年来,从没有忽略,在历史上建立崇高的理想,唯有从历史教育来激发人们的志趣,培养人们的人格,为国为民增加幸福。

（三）当在历史的训练上建立寻求事实重视正义的态度

历史的使命在于寻求真实、说明事实,切不可加入了个人主观的情感作用。一位成功的史学家,必须具备了一支客观的文笔,也唯有在真的历史下,才能寻求历史的教育价值。我们不应该曲解或者夸大,以达到个人或其他的目的。我们应以科学的方法,整理历史事实,在求真实与正义的态度中,达成历史的教育价值。我们应当使青年儿童养成一种认识正义,敢于爱恨的热情,为时代的需要而努力。

（四）当从历史演进的过程中明了个人所负时代之使命

历史的演进是一件有赓续性的事实,今天我们所处的时代,也将是历史中的一段,那末我们也应当像古人一样,为未来的历史创造一部文化。我们一面承受了先人的恩惠,一面要负起时代的使命,这样我们才算是发挥了历史的教育价值,才算是认识了历史。也唯有从历史演进的过程中,才能使青年儿童,对于中华民国有整个的了解与爱护,养成他们继往开来的志节、自强不息的精神,使他们在复兴和建设国家的途径上,作应有的努力。

读历史,可逗引我们对祖宗筚路蓝缕开创出的大好河山,和艰难缔造孕育发明的优美文化,油然而生敬爱之心,含蓄着无限的温情与善意,大家会不约而同地来保卫祖国、建设祖国,所以说建国以教育为先,学科以史地为重。我们站在当代,讨论商榷当代的时势和一切问题,固然以现实为主,多少还须学处理公牍似的带点"查查旧有档案"的方式,则对于我们之认识问题,必有很多帮助。

（原文刊于《当代（汉口）》1946年创刊号）

历史与人生

郭沫若

　　过去是历史操纵人类,以后人类要操纵历史,不能让它随随便便发展下去。

首先我们应当规定"历史"的观念。

历史,从前一般人看起来是(按:此处脱"狭"字)义的、固定的。狭义的——认为历史是过去的事;固定的——认为如果变化,一定是退化、堕落。中国五千年历史,古代好,是黄金时代;近代就没落了。稍有年纪的老先生都爱说唐、虞、三代,那是光辉的时代,以后就是没落的时代了。不仅中国如此,外国也是一样:以为希腊、罗马以前是光辉的时代,以后就是没落的时代。所以说:以前的看法是狭义的、固定的,稍有变化就是退化。这种看法是旧式的!

今天的历史观念应当是广义的:不仅是中国的历史,不仅是人类的历史,而是地球生活的历史、太阳系的历史、宇宙的历史,是不断变动的历史。"历史"的意义等于发展,是一种发展的过程。不仅是现在,要到无穷的未来。太阳系以太阳为中心,围绕着九大行星,但并不是开天辟地以来就是如此的。最初太阳并不是太阳,而是一团星云,用极高的速度、极高的热度旋转,渐渐形成了太阳。今天所看见的太阳也不是刚刚形成的时候的太阳。不断地旋转,生出了火花,形成了九大行星,第七个就是地球。地球也并不是起初就是今天的样子,起初是一团火,用极高的速度、极高的热度旋转,它也迸出火花来,那就是月亮。地球旋转了若干万年,渐渐地冷却,表面上有了水、土,渐渐地有了一定的、适当的温度,于是某种元素结合起来,生命出现了。今天这是常识。这个常识在二三百年前是梦想不到的。那时候人的宇宙观、人生观是两样的。今天初小的学生知道地球绕着太阳走,可是二三百年前的人的观念是:太阳跟着地球走。三百年前你如果说那种荒唐话,——就要你的命——当时欧洲科学家这样主张的,教会就把他烧死。意大利的科学家加利略这样主张,权威人士就把他抓起来,要他写悔过书:"不准说,说就烧死你!"就是在今天,各位承认人类是进化的,以前与猴子是兄弟,这成了定论;可是奇怪得很:今天在美国南部各州,大学里还禁止读进化论。不高兴人是猴子变的,要做上帝造的。

事实上,宇宙是进化的,生命是进化的,人类是进化的。今天最顽固的人也不能反对,这是事实! 人类,在几十万年前的有爪哇人、北京人做物证;几十万年是一个大的数字,但是以天文年、地质年来讲,小得很! 人类起初的几十万年进步很慢,文明史中国自夸有五千年,事实上根据考古只有三千年到四千年;更古的埃及、巴比伦也不过六七千年到八千年。数目很小,近几千年比起以前的几十万年来进步要快。

人类自有史以来,根据先哲的见解,可以分为五个阶段。最初人类与兽类相差不远,那时候是家族形式的集团。从先史时代到有史时代是家族本位的社会形态,各民族都经过的,称为原始共产社会。中国的唐虞时代,古史上刻画成一个光明的社会,就多少保持原始共产社会的形态。初期生产简单,生产力有限,以后因为不断的发明,生产扩大,有了稻、麦的出现,农业固定了,铁器发明了,于是原始共产社会变成奴隶社会。等到工具发明,私有财产成立,奴隶社会变成封建社会,农业——庄田制,工业——行帮制。到近代蒸汽发明了,有了机器,于是资本主义的大规模工商机构出现。

人类有五大发明,社会发展有五大阶段。五大发明是:一,火。能够制造火,人类就进化到原始共产社会。二是种植。三是铁。四是蒸汽。五是原子能的发明——这是划时期的大发明。

古时候生产规模相当大。《诗经》上说:"千耦其耘,十千维耦。"就是说有一千人在耕田,一万人在耕田。这并不是诗人的夸大,这是事实:周朝的时候土地国有,规模大,所以有千人耕田,万人耕田。但是生产工具简单、原始。铁器发明了,土地划分,于是有庄田制。现在是原子能时代,把原子攻破,放射很大的能,今天能够制造原子弹,要是人能够控制这种能,用于生产,发热发电,代替油……那末真正的原子时代到了。科学家预言不出十年,可能利用于生产上。今天世界上科学进步的国家,谁先能用于生产呢?英国伦敦 Kings Collegs 的教授 S.Rilley 说"苏联将最先用于世界"。因为原子力需要很大的生产机构,小的容纳不了,所以需要先求生产机构扩大。苏联革命二十年以来,工业生产机构整个地国家化,农业整个地集体化;在苏联,没有私人资本家、地主,都消灭了。生产机构很大,刚好适用于原子能的应用。英、美生产机构未尝不大,但少数资本家控制,不适宜。如果需要应用原子能,就需要先生产机构社会化。也可以说:原子能用于英、美,先需要英、美社会革命。这是历史的必然,不许你不变化! 蒸汽使封建的蜕化为近代资本主义生产机构,原子能需要自近代资本主义生产机构蜕化为将来进步的生产机构。今天只能攻破铀、镭的原子,如果能攻破其他的原子,会生出更大的能。

今天世界上有一种本质不知道、事实上存在的东西,科学家称为宇宙线(Cosmic Rays),力量特别大,能够穿过四百尺厚的铅板、九百尺的水、一千六百尺厚的岩石。什么叫宇宙线呢?原素的原子能放射,从地上放射出去距离地面愈远愈小;欧洲科学家就加以试验:高空放射原子能是不是衰小呢?结果适得其反:愈高愈强,白天如此,晚上也是如此,不分昼夜。于是得到结论:不是地球上放射出来的,别的地方放射出来的;不是太阳上放射出来的,是太阳以外放射出来的。不知道什么地方来的,是从宇宙中来的,所以就称为"宇宙线",英、美在研究,苏联在战前、战后都在研究,不肯放松。如果能控制这种大的能力,更能用于生产,这并不是夸大,是历史发展的必然。苏联如果做到这一步,就可以从社会主义生产达到共产主义生产。英、美要竞争,基本上必须适用原子能,不是原子炸弹,而是用于生产。今后的十年是一个重要的时期。如果英、美社会化,与苏联就没有冲突。苏联使用原子能,英、美如果不甘落后,就得变!

我们回到中国来。殷、周以前是原始共产主义社会,殷、周以后是奴隶社会,春秋战国以后是封建社会,农业——庄田制,工业——行帮制，一切社会经济、文化都是封建的。一直到今天，还是半封建半资本主义的社会。今天资本主义不容易建立；欧战后本可以建立的，但因为日本的压迫，其他外国的再来，破坏了。抗战又是破坏，在四川建立了起来，好像很蓬勃，但是战后呢？虽然日本、德国垮了台，英、法也不行，但是有一个很大的资本主义国家——美国；美国可以说是有史以来资本主义的大成。美国货、剩余物资、金钱，洪水似的冲来了！我去年去南京，经过无锡，无锡的烟囱很多，但是没有几个冒烟的。我从重庆来，重庆有几家小工厂，现在也没有几家了。这是因为内战的破坏。

今天是一个危险的阶段。内战危险，历史阶段更危险。别的国家十年左右可以进入原子时代，我们仍旧在"封建"与"资本"中间摇来摇去。如果能利用这个机会，觉悟，拼命赶，还不算迟，生产落后也有好处——不走冤枉路。孙中山先生说"迎头赶上"，实在很对。

自然的进化是盲目的，几十万万年才能产生突变，但是在科学研究里面可以在几年内产生突变。仙人掌有刺，没有刺的可以吃，美国在战前发明了没有刺的可以吃的仙人掌。稻、麦是人类抓住自然界的突变存留下来的，但现在并没有新的麦种出现。苏联有一位科学家发明了多年生的小麦，有两万多种麦种。这是用麦子与西比利亚的茅草交配而生的，能够耐寒。西比利亚是不毛之地，小麦、稻不生，但是多年生小麦的出现，可以使大片的土地生长。如果在自然界要几万万年，然而人力使不可能成为可能。所以人的出现是值得夸耀的。但是这样的人很少。有的人吃饭、拉屎、打内战，最好的东西自己享受！这是生物学的人；另外有一种真正的人，促进人类的进化，牺牲自己的幸福，甚至于生命，使人类得到幸福。中国也有这种人，可惜太少了。中国有光辉的历史，但是过去的。我们要发展——十年中是英、美的紧急关头，苏联的紧急关头，中国也是紧急关头——十年里面中国要走英、美二十年的路，苏联三百年的路。

不惜牺牲自己的幸福于人类谋幸福——真正的人，反之——生物学的人，阻止进化的人。儿童有许多行为看起来可笑，也是创造，可能成为大科学家、文学家、哲学家——每一个人身上都有，但是另一面是生物，物质的欲望是与生俱来的。有的人适可而止，只要能维持生活就满足,把精神用于别的创造的方面;有的人物质欲望无限大,做了总统要做皇帝,做了皇帝要做上帝。现在,我们应当迎头赶上,创造原子能,另一方面克服物质欲望。如果不,危险得很,十年后不知伊能胡底!这是每一个中国人应当注意的事。过去是历史操纵人类,以后人类要操纵历史,不能让它随随便便发展下去。从前人在历史手掌之中,好像孙行者在如来佛的手掌里一样,今后的人,尤其是中国人,要把历史的发展抓在自己的手里了。

(原文刊于《书报精华》1947年第28期)

历史教育社会化

电影与历史教育

任重

用画图来表现历史事实,早就有人试过。当记录方法不大进步的时候,也常常用画图来代替记录,埃斯克摩(Esikmo)人的历史是用鹿角雕刻种种图像,古代埃及王的墓壁全是雕刻着史迹,近来柏林博物馆的壁上也请名画家依序绘着人类进化的形状,日本古代有所谓绘卷物,我们把那卷物摊开,不期把里头所绘的什么战争的事实佛阁神社的缘起,高僧的传说了然于胸,不只事件的本身,便是四围的环境,依画工的巧拙,也可以使我们得到多少印象。

绘画所表现的事实自然也有不自由的地方,如人名、地名、时间等就是巧夺天工的画家,对此也无计可施,这只有藉文字流传。然就事件的本身来说,文字总比不上绘画那样深刻。绘画既有表现历史的效能,不由人不联想到电影在历史教育上所占重要的地位。自摄影术发明之后,意大利美术家勃克哈尔特会说将来肖像画在历史上的地位,要给摄影术夺去;果不其然,自摄影术发明以后的过去人物,那一个不是从照片上我们得瞻仰他的遗容。

历史教育本来是教育学上的问题,然教育方法是手段,历史学的研究是他的主潮。无论那一国的历史,关于他的古英雄无不有叙事诗,古代历史的形式是由有韵的叙事诗变为无韵的事实记载。因为文字没发明以前,古事流传不能不藉脑力的记忆,有韵的叙事诗是便于记忆而作的。到了文字发明之后,既有文字的流传,脑力便可以省些,有韵的叙事诗自归于淘汰之列。关于历史学的研究分为三期发达,第一期是传说风的历史,第二期是说教风的历史,第三期是科学的历史。传说风的历史至今还没有灭迹，大概因为富于趣味的缘故罢！例如我们的《三国演义》，日本的《荣华物语》《平家物语》《源平盛衰记》，都是因富于趣味，适于茶余酒后的消遣，极受社会的欢迎。说教风的历史以后变为传记，另外成一种体裁。科学的历史是最近的潮流，每一个事件总要阐明他的因果，并且事实的考证务要正确，记载务求有系统，结果趣味未免减少，历史和教育几乎要截成两段，因为教育是要求趣味的，没有趣味的教育是一块没肉的骨头，怎会引起人们咀嚼的兴味呢？

以研究文化史有名于史学界的兰弗列（Lanfrey）曾说：历史家不可不兼为诗人，因为干燥无味的历史材料，非诗人那样跃动的笔，载歌载叹，使千百年以后读史的人犹能佛仿古代人物的平生，那么历史影响于学术是有限的。这样看起来，我们如能以富有美术趣味的雕刻或绘画，代替平允的记载，岂不比诗人的笔更逼肖跃动吗？雕刻、绘画效果尚且如此，影戏在历史教育上的价值更可想而知了。

德国南克教授从美学上研究影戏价值，偏说影戏在现在文化，并无何等地位，他只能称为文明，不能称为文化；而且自爱迪孙发明影戏以来，欧洲文化只有比从前更坏并不更好，从前希腊、罗马以青天为幕、黄沙为毡的剧场，观众一面可以得到赏鉴，他面又可以沐浴丰富的天惠，是何等高尚优美的事情。影戏是在又小又黑的屋子里头开演，满屋子都是炭气，何等难受，强烈的电力又映得眼花头重，这是何等杀风景的事情。他这一席话自然也有半面的真理，但影戏和现在生活关系的密切，我们殊不能不认其为精神上一个重要事件。

二十世纪已经过了四分之一，这三十年中由发明而流行，最受群众欢迎的，无过于飞机、影戏两种。世界任何地方，任何等级的人类，无不发狂般颠倒于此两种物件之前，谁都会认识这两种物件和现代人精神的密切连锁。我们也可以说这两种物件是现代文化的表现，或且时代精神的象征。飞机疾速不断地进行，可以做现代人心理的反映，勇猛冒险是飞机的特征，也是现代生活的特色。现在大多数的人生观，是坐在飞机上面的人生观，飞机是现代人的活代表。影戏的疾速和不断的变转，也可以发挥现代的特色，尤其是他的复杂丰富的材料，提供我们辐辏人生以许多常识。英国捷尔孟教授调查影戏在教育上的效果，他说现在的文化生活，是民众的、民主的、多元的，影戏恰好是最适应现代教育的惟一资料，我们不得以单纯的娱乐品视之。

影戏和文化的关系，现时没有一个国家敢忽视他。欧美各国有许多条例保护并奖励影戏，这种倾向自欧战后更呈一种新气象。欧战以前各国虽也注意影戏，但不过将有害教育的片稍为检查，说不到什么保护、奖励。战后各国才感到国家有利用影戏的必要，乃进而居于保护、奖励的地位。战后各国形势变化最厉害的无过德国，德国于千九百十九年二月以大总统的名义同霍亚影戏公司订下一个契约，引起全世界的注目。契约的旨趣说，霍亚公司受国家的委托，编演特种的影片，并替国家尽宣传的义务，国家每年给以一定补助的款项，并予以适当的保护，德国政府这种举动显然是受大战的教训。

原来当千九百十七年大战还远没终结的时候，德国国内影戏院所演的都是美国影片，为种种不利于德国的宣传，后来德国政府发觉，虽在军务部底下设立个检查局，检查各种影片，可惜太迟了，对于美国的恐怖病早已深印于德人脑筋了。故此后来一听见美国参战，德国真吓得非同小可，战争不是全靠着民气吗？民气沮丧，德国那得不打败仗。检查局成立之后，德国自己也着手制影片，一时虽不足挽回风气，然而用于军事教育、军事记录并慰安军队等方面，成效却已经不小了。最近这两年德国影戏差不多全部握于德国人之手，从前的百代影片公司已由德国市场驱逐得干干净。霍亚公司于宣传影片外，现并从事学术影片，将来学术上的贡献未易限量。俄国战后的国势也起剧烈的变化，新政府认影戏是国民教育的机关，极力奖励，而且新政府为谋全世界无产阶级的团结起见，想把各国无产阶级的生活状态都拍为影片，送到各处开演，不只要把影片国有化，还要把影片国际化。

现时俄国新政府把影片分为四类：第一类关于政府事业，第二类关于平民的教育，第三类关于政治运动，第四类营利用影片。中间第二类最为注意，因为影戏能收美术教育、历史教育的效果。第四类营利用影片最受排斥，凡带资本臭味的影片，如美国歌舞的片，绝对在禁止之列。

关于历史教育方面的影戏最近几年长足最进步，我们晓得把历史上材料编成剧本，排演于舞台上面，尚且影响于历史教育如彼其深，那么趣味更浩瀚、情景更生动的影戏,感人之深更不消说了。

历史影片可以说是影戏事业自然发达的产品,因为影戏跟舞台的观览艺术不同,他没有舞台上面的各种束缚同限制,他可以利用天然的背景,他可以驱使许多人,例如千军万马陈列于广场之上,大舰小舰驱逐于白浪之间,都是他所优为,这样一来自然容易取材于历史。意大利有许多天然的史迹跟丰富的史料,故此历史影片倒是先由意大利着鞭,意大利的吉尼斯公司先拍《苦尼阿特拉(Oleopatra)》一片,大博世界的赏赞,这是历史影片的第一期。

因历史影片的发达,连带鼓励历史建筑物的筑造,并猛兽的利用,现在影戏索性以技巧为本位,凡世间所不得见的,我们都可以见之银幕之中,因技巧的进步,历史影片更成为影戏事业的中心。德国先受意大利历史影片的影响,也把本国光荣的历史一一拍起来,如《马丁路德》一片,也不知道长了德人多少民族的自负心;又如《拿破仑》一片,演那时候德人国破家亡的惨状,也不知道涨了观众多少爱国的热血。欧战之后,德国厄运更甚于拿破仑战争的时候,德人追想到从前光荣的历史跟今后艰难的前途,益不能不求慰藉于历史影片。前年《弗得力大王》一片可以代表历史影戏受德国社会欢迎的一斑。《弗得力大王》一片广告才出来,而柏林影戏园一礼拜间戏券就统统卖完,演的时候观客晕倒场中的不计其数,可见其感人之深。全片演大王谋国的苦哀,真是惊天地而泣鬼神之作,后来这片送到各地开演,有人认有宣传帝制之嫌,大起反对,这自不免神经过敏,我们但从历史教育上观察,里头一人一物无不浸透十八世纪时代的精神,实在是文化教育上一个大贡献。

摄拍历史影片以表示本国的光荣,不只德国有之,奥国于战后也从事这种工作,政府特聘汉士力克教授做摄影的监督,法国也摄拍许多拿破仑时代的影片,并要求罗马法皇将宫殿开放以便摄影。美国历史虽很短,然而他的《进化》一片,将原人时代的生活状态拍起,一直拍到现代的生活状态止,将人类进化的史迹一一映出,的确是受历史影片的影响。

虽然历史影片不是偶然产生的,他是受文化史研究的刺激而来的,而且编一部历史影片,要经许久的研究,搜集许多的材料,比如现在德、法两国的历史影片,没有一片不经过惨淡经营,没有一片不是学术界的权威。他们都有极古的博物馆,里头各世纪有各世纪的室,室内的陈设装饰一时代一时代不同。

自历史影片发达后,历史家也得到不少的参考材料,于是欧美各国许多学者倡议设画片博物馆,搜罗图画、影片等等自然历史材料,不限于几个古迹名胜。画片也是大宗的史料,故此千九百零十年比利时都城不拉塞尔召集一回全球影戏会议,很得人们的赞同;但成绩还没显著。现在法、美两国都有画片博物馆,规模虽小却已具了雏形,不过影片不能长期保存,这是个很大的遗憾。

(原文刊于《中华周报(上海)》1931年第30期)

普及历史知识与民族复兴

（为中华史学社成立宣言）

葛定华

去岁来汴，讲学河大，史学系同学深感研究历史之兴趣，爰集同志，组织"河大史学社"，将以切磋学问，相互勖勉，积有心得，刊布于世，意至善也。惟学术公开，不限河大师生，集思广益，是所望于达者，因改名"中华史学社"。成立伊始，谨为宣言如次：

溯自清之季世，一败于鸦片之后，再逼于英法联军，三挫于甲午之战，列强侵迫，蚕食我属领；八国联军，逼城下之盟。朝野志士，以为甲兵战具，不如人之利也；机器制造，不如人之精也，故提倡西学，追步物质文明，设局开厂，聘技师，置机器，讲求数理格致。乃几十年间，耗费不赀，迄未能挽救国家之衰颓，防制列强之侵略。夫局厂规模，固取法列强也；技师机器，固求诸异域也，而人则以兴，我则以废者，可知徒尚物质，非所以言救国矣，于是有倡宪政改革之议，以为列强皆行立宪，为时代潮流所趋。不数年间，法制典章，抄袭累累；社会组织，除旧设新。然而新法未定，纲纪已废，祸乱相寻，扰攘未已。是典章固犹人之典章也，而人则以治，我则以乱，于是知徒法不能以自行，典章制度之后，更须有行施典章制度之精神；机器技术之外，更须有使用机器技术之精神。吾人经此将近百年之祸乱，处此危急存亡之秋，欲挽救危难，复兴我民族，非自精神与物质两方共举，其道末由。

总理领导国民革命，首倡心理建设与物质建设之伟略。革命成功，不仅赖物质之基础，更须有心理之基础。物质犹如人之形骸，心理乃为主持形骸之精灵，为生命之所在。心理建设，即建立新民新之精神，以运用新形体之物质者也。于是民生之建设，须有民生主义之思想；于民权主义之建设，须有民权主义之思想；于民族之复兴，须有民族主义之思想。此思想者，即为国民心理之改造，建设新观念，成立新国民之精神者也。

　　物质建设，开发国民经济，振兴实业，为民族生命之躯壳；心理建设，改造国民心理，发扬民族精神，乃为民族生命之灵魂。国民教育，于物质、心理二者，固不容有所歧视，乃国人近年对于生产实业、社会经济，多有注意，而于民族精神，犹多视为不急之务，或更视为空谈之论。而不知晚近我民族精神之颓唐、国民心理之乖离、社会思潮之淫靡，胥由于忽视精神建设之故。

　　改造国民心理，振作民族精神，其最有效之方，当莫如历史知识之传播。近时史家，论历史在国民教育上之价值，如 Filler 谓"历史不仅为儿童心理上培植其处世与德行之教训，且为国民教育之中心"，如 Seignohos 氏论历史教育之责任，以"历史为传播社会文化之主要工具，研究过去社会，辄以现实例证，则于社会之为何，无不了然，将使国民更适合于公共生活。历史教育，在民治国家之社会中，成为不可缺之教育"。又如 Robinson 氏以为："了解现代文物制度与国际关系，认识生活要素与现世生活，全仗历史。制度文物之真际，任何精密观察方法，皆不若历史研究之真切。故语人以爱国，有不知其国为何物者，若语以建国之历史，明历代之兴革，而后始认识国家之真际，爱国之所由。"Harrison 氏谓："一民族苟无历史，则虽十倍其理知，二十倍其强力，五十倍其道德，只须一代之传，即变成愚野之民矣。苟无历史，世界立将回复原始，荒林丛莽，人类生活，复与禽兽无异。"而龚自珍《古史钩沉论》有曰："灭人之国，必先去其史；隳人之枋，败人之纪纲，必先去其史；绝人之才，湮塞人之教，必先去其史。夷人之祖宗，必先去其史。"

　　近世政治学者，以为国家之安定，政府之健全，必其国多数人民对其国家与政府，有强力之舆论，以拥护之。而社会之历史传习，实为国民舆论之发点。又以为民族之构成，民族之发扬，其主要动力，不在地理环境，而在历史观念。故世有同种、同文、同地域之民，不能成为健全民族者，即以其缺乏共同之历史观念，或共同之民族精神。如法与比，同种同文，而地壤又相接也。然而法民族与比民族，不能合为一者，以各有民族之历史存在故也。又有隶属于他族，宗教信仰、风俗习惯、语言文字，悉遭摧毁，而仍不失其民族之特性者，亦以保存民族历史之故。如 Bohemin 民族史，激起捷克斯拉夫复兴；日耳曼民族史，激起德意志统一；意大利民族史，激起意国之统一是也。是以列国教育，无不以历史为主要科目，对于一般社会文化事业，莫不注重历史知识之灌输。公营文化机关，私营之游乐事业，在于供给多量之历史材料，宣传于社会，故能造成良善之风俗习惯，改革国民之行为规范，发育良善之社会观念。而其民族精神，予以焕发；社会政治，予以修明。此历史知识，传播之功效，固为学者所公认者也。

今日复兴民族，既以历史知识普及全民为要务，而历史内容，最为繁富，自我国典籍卷帙言，向有汗牛充栋之类；自典籍内容言，则又言纷纭错综，只可为专门学者研究之资料，决不能以普及于群众。此丰富之资料，犹如含金之矿砂，须待吾人提炼冶铸，取其精华，次贡献于众。此吾侪研究史学者所应负之责任一也。

学校教育，为传播历史智识之重要机关。顾我国中小学课程，于历史一目，成绩甚劣，每视为充数之课，无关重要，学生每以不得兴趣而厌弃之。于是历史一课，不能发生深切之影响，兴学校数十载，犹未能造成优美之国民性，发育民族之特质者，多由此也。是以学校历史教育，应如何改善，实为吾侪研究历史者不可忽视之问题二也。

国史对于历史性质，尚多默守成说，如以历史为言行之模范者，多以名宦权贵为例，不啻奖励名利之竞争也。以历史为训练记忆者，则徒事人名、地名之备列，苦于烦琐。以历史为增进知识、多识掌故典型者，则又困于古而忽于自我之发展（此说 Nietzsche 尝详论之）。以历史为判断世事之训练者，又非普通之历史教育，足以语此（Spencer 谓历史书所载之事实，皆不能使吾人为判断之材料）。其若以历史为道德模范之说，不顾时代进化，将以古人之伦理道德，无殊于今世，使历史成为超时间、空间之知识，又焉能适用时代之需用。此史学观念，须待改革，为研究史学者之责任三也。

总之,进入救亡图存之策,首在复兴民族精神,复兴民族精神,则以普及历史知识于全民,为最有力之方。而如为普及历史知识,应以何种历史知识传播于众民,均为研究历史者应负之责任。是以吾侪同志,努力途径,可暂悬二鹄的:一曰历史知识之普及,即求完善之方法,使历史知识,普及于全民是也;二曰历史知识之专精,即考究历史之内容,辩正史实,充实史材,以适当之历史知识,贡献于社会是也。

爰于本社成立之始,谨缀数言,以明宗旨。

三十三年九月三十日,草于河大。

(原文刊于河大史学社主编《史学》第4卷第1、2期,1934年)

通俗读物编刊社宣言

佚名

近数年来，世界经济恐慌的严重，已造成政治上不可挽救的危局了。在欧洲方面，德意志的突起，使莱茵河沿岸又布满了当年可怕的战云。在亚洲方面，日本强夺了东北四省，使英、俄、美、日在太平洋冲突的状态愈形尖锐；日美的抗争以至于日俄恶化都是显而易见的事实。现在，各国军备的拼命扩张，正是来日残毒战争暴发的预示。许多人猜想俄日大战必在两年内爆发，这原不是夸张的话啊！

太平洋上的大战终是不可避免的了，偃卧在太平洋的边沿上之中国，他的运命将发生什么结果？中国数十年来因内政的腐败，早已屈服于各帝国主义的侵略压迫之下，没有力量去反抗了。因此，数十年来的中国，只在一切不平等条约的枷锁里过活。直到这数年，内战的叠发，天灾的频仍，加以世界经济不景气的影响，更陷于千万层的枷锁里，百孔千疮，想施救也几乎无从措手。东北四省失陷后，太平洋战云的密集，这给与中国将近临到的运命的预示是怎样呢？人们都说，无论日俄战或日美战，日本终要占领中国南北沿岸，最先遭毁灭的，怕就是华北一带。这话实在并不虚假，如果日本到了某种必要的时机，要占领华北，难道中国有什么办法去抵抗？中国的运命可以说已在各帝国主义的掌心里，灭亡，只不过帝国主义的一反掌罢了。

中国的危机，到了这般严重的地步，我们愿意坐着看她死亡吗？中华民族，难道没有补救的可能吗？固然，拯救中华民族不是一件容易事，但我们决不能因为她的不容易而坐视其危殆。我们是中国的国民，我们便应从这不容易中去打破一切的障碍。许多人以为救中国没有别的办法,只有扩充海陆空军备,赶快训练一大批会打战的国民出来。也有许多人以为:救中国只有发展生产,赶快集资本,购机器,把重工业、轻工业一齐大规模扩张起来,农业也一齐实行机器的耕种,黄河的急流可以立刻应用来发电。这两项主张,原来都是救中国的一个办法,但是单独进行起来,即未必可以实现。扩充海陆空军备,不要说不容易追上各帝国主义者,就是用了本身财政的力量来横度一下,实在只有期待缩减,怎么还有扩充的能力呢?至于发展生产,似乎较为基本的办法,但如要进行,必须人民都能够自动起来赞助,也需要大部分的人民都晓得机器的作用和使用。民众有了智识,有了觉醒,生产建设才有办法推行;就是海陆空军备的扩充,政府有了民众的帮助,也才有办法。因为这样,我们认为拯救中国之急要工作,还是那迅速而能够普遍地深入下层民众的教育运动。

民族的衰亡与兴隆,原不全在于有没有枪炮,而是在民众的民族意识死亡与否。希腊曾亡国,土耳其曾亡国,比利时也曾亡国,但他们终于能够重新独立,这就是为了他们国民的民族意识仍然保存着的原故。广大的民众有了坚固的、独立的民族意识,民族才算有了生命。由这种民族意识所发动出来的一切民众的要求,无论生产的建设、海陆空军备的扩充,都要比出发于政府单独要求的为容易实现。现在中国广大的民众,都因为长久失了教育,已陷于偎懜的状态。沿海一带的居民,或许由于和帝国主义有了接触,较为清醒。如果我们的脚跑到内地,如甘肃、陕西、青海、西藏一带去看看,便可以晓得中国国民是如何的可怜!其实,沿海除了都市的居民,在穷僻的乡村里,何尝有和甘肃、陕西等处不同的呢?所以我们由这里而感受到不安的,便是中国一旦亡国,恐怕连种都会消灭!为着赶速唤起国民的民族意识,对于那能够普遍地深入民众的教育运动,更是我们所不能忽视的了。

然而向来中国的教育,都为一般士大夫阶级所占有,大多数贫苦的民众,简直无从过问。民国三年欧洲大战的时候,晏阳初先生开始教育华工,到民四、民五年,国内才有一些慈惠式的平民教育。晏先生回国后,极力提倡民众教育,国内的教育家学者也都起来赞助。晏先生注重民众教育应从三方面入手,拿"智识力"去救"愚",拿"生产力"去救

"穷",拿"团结力"去救"私"。晏先生这种愿望,到底达到了没有? 这暂且不管。只是由这时起,中国的民众教育,算是确曾蓬勃着干过。不过没有多少时候,这种工作因为兵灾匪祸等不断的影响破坏,终成了半生不死的状态。晏先生的愿望,可以说是只成为一些画饼罢了! 研究这些过去的民众教育工作,我们不免感到有如下几种不满的地方:

(一) 教育的目的太广滥,没有中心。

(二) 课本的内容不能贯串有骨干。

(三) 教育的方法太机械,只是应用平民日校与夜校。

(四) 课本的题材太单调,不能激发读者情感与兴趣。

(五) 时间太短,没有长久的潜移性。

同时,在平民教育的反面,潜移于民众头脑里而具有不可侮的力量的,却有很多所谓《俏尼僧》《十杯酒》《六月霜》《铁冠图》一类的读物。这些读物因她特有的低等趣味,迎合一般民众的心理,故为一般民众所喜悦醉心。然而这种读物所授予民众的观念与平民教育所授予民众的,意识各走一端,而这些读物却依其历史之深长与趣味之低等而获胜。从这点的发现,我们认为民众教育的推行,非取如下两个步骤不可:

一、首先必须以消极的手法,击破民众所爱的旧日不良的读物,及其爱讲的故事传说等。这个方法,可应用原有较好的读物重新改编,寓以新意。或从事接近低等趣味而寓有新意之新作,但却用旧有的装订法,售以极廉的价钱,混入民众所最欢迎的场所,而使他能够普遍传布,发生潜移默化的效果。

二、上项工作进行有点结果之后,便可应用积极手法,应用正当课本及推销一些具有高尚趣味的读物,转移他们低等的欲求,唤醒他们的民族意识,鼓励他们的抵抗精神,激发他们向上的意志,灌输他们现代的常识。

我们同时还感到今日的一般民众,要能够一致抽出一个共同的时间,坐在夜校或日校的课堂上去听讲,那是万分困难的事。如果是一本小书、一张小报,放在袋里或贴到墙壁上,他们便会在空闲时去细细玩味,说不定就会深深受其吸引。这比之干燥地从讲堂里听来的一段课文,总要有兴趣有印象些。而它的潜移默化的力量,更是机械、短促的平民学校所不能攀上的了!虽然有人会这样反问:民众不是全懂得字的,读物怎样可以普遍流行呢?这固然是实话,但是每一村镇里面,只要有两三个看得懂读物的,他便会在日光下或灯光下,向着大众讲述起来,只要读物真能激发他的情感和鼓起他的兴趣。所以这一点也并不发生什么问题,有问题的是在于读物的内容罢了。

因为有上面所说的那些理由,便迫着我们走上这条编纂民众读物的道路来。我们知道世界的危局固然已使中国没有什么长远的机会来准备,但是空洞的着急是不中用的。几篇宣言传单,也是绝对不会发生什么效力。因此,要救中国,不能不有长期间、有步骤、各安所任地共同进行起来不可。我们认定本身的责任应属于这类教育工作,我们不能不确定一个长期苦干下去的决心。所以现在首先组织了这个通俗读物编刊社。我们这个社,就是负责唤醒一般下层民众,从事拯救国家、民族的使命的。

前面已经说过,关于推行这读物的工作,必须应用消极与积极的两种手法:消极法的形式我们认为可以运用检查,积极法的形式我们认为可以努力于编著。检查的方法是将已有的民众读物全盘加以检阅,凡是诲淫、诲盗、迷信、颓废、怪诞的读物,都把它没收净尽。凡是思想健全、文字明畅,能教人常识和技术,能指导人日常生活的读物,便使它能够普遍地流行起来。但是这种检查工作,非得到政府的允许、协助不可。其次,关于检查上的优良与恶劣的标准,也非有教育专家与各界学者起来共同商讨不可。因此,我们主张有一个检查委员会,专担起这部分的责任。至于编著的工作,责任似乎更重大了。这种工作不仅要能够彻底了解下层民众的生活与心理要求,并且还需要有浅近清晰的文字的锻炼。至于材料的搜罗与选择,趣味的接引与诱导,实在不是一件容易事。因此,我们不特希望热心于民众教育而有思想的文人起来组织一个编著委员会,我们尤其希望一般向来写惯通俗读物的文人也来参加,也来共同走一条正确的道路。

自然,对于那以后读物的流行与否,也是不容漠视的。如果检查与编著的工作同时进行,我们相信,工作必定有绝对的把握。可是在目前,我们没有办法进行检查时,读物的流行,便不能没有许多的阻碍。我们第一步的工作是怎样使读物都能够走到农民、工人们的屋子里,第二步的工作便是怎样使他们睁开眼来看,第三步的工作才是怎样激起他们的兴趣,诱动他们的好奇,迫使他们的接受与实行。我们以为第一步的工作,自然是推销方法:向来民众都是向那些活动的书摊购买读物,因此我们必须应用这方式去工作,普遍地把活动书摊设立起来,收罗起来,不妨尽可能造成一个活动书摊的托拉斯组织。在农村里,我们又可尽量设法建立小规模的民众图书馆、借书处、问字处。还有劝买演说团、赠阅宣传队、流动化装唱卖班,都是把读物介绍到民众的手里去的方法。同时,我们所有读物的价格,都要尽可能减低,以使他的传播迅速而且普及。各地方的初小学校与幼稚园,也须尽量采取此项歌谣为教材,使之间接传布于各人家庭而达于整个村里。这方法,当然不纯是帮助了推销流行这一事。讲到第二步,便须要注意到装订印刷以至封面题目的诱惑性。第一、二步有了完满的成功,第三步功夫,我们相信又有把握了。这时,我们破坏的工作已经做过,所要注意的,是怎样系统地、有机会地把民众的情感来激动,把民众的理性来诱导,把民众的行动来指示了。

为着要上面所述的工作能够便利于进行,我们还以为必须把编著委员会和检查委员会置于一个整个的组织之下,然后由这个总的干部组织中去发动各省各县的组织。等到各省各县都有了这种组织之后,那不特可以普遍地作一次扩大广播通俗读物的运动,即各地方言不同,也有负责的机关从事于翻译与编著。还有那各地原有的民众教育机关——如各乡镇民众教育馆、平民日校与夜校,也都容易取得连络与统一的进行了。

不过,上面这些大计划没有施行起来之前,我们不能不从这局部的工作去下手。我们通俗读物编刊社,所编著的读物已经差不多有百种,我们所花去的金钱已经数千,这些读物虽然不像宣言传单可以鼓起人们刹那间的热情,但我们相信它们已漫步于一般民众的房室里,它们将慢慢地惹起他们的喜爱,等到它们被当为谈料唱料,在街头巷尾,有娓娓而谈的,有悠悠而唱的,有静静而听的人时,我们的工作便算成功了,而我们中华民族的生命，也可以看到一种新的、活泼的气象了。可是我们觉得这种工作不是几个人可以担负得来，它需要许多的编纂人才，它又需要许多的金钱。因此，我们用这热烈的愿望，献呈于国内一般热心的同情者，希望有多数的人起来共同担负这艰巨而切实的工作。我们认定这工作没有失败的可能，我们愿竭十年以上的精力以赴之。我们并且希望，不久之后，大规模的编纂委员会和检查委员会都能够在一个整个的组织之下出现。

附录：通俗读物编刊社简章

一、名称：本社定名为通俗读物编刊社。

二、宗旨：本社以担负民族教育一部分之责任，编纂下层民众读物，藉以唤起下层民众之民族意识，鼓励抵抗之精神，激发向上之意志，灌输现代之常识为宗旨。

三、社员：凡赞成本社宗旨，愿予本社以物质及精神之赞助者，皆为本社社员，依其赞助方式，约分为下略三种：

甲、名誉社员，凡赞成本社宗旨，一次认捐由百元至三百元者，皆为本社名誉社员。

乙、基本社员：凡赞成本社宗旨，每月愿认捐由一元至十元以上，并愿自动为本社向外募捐或推销读物者，皆为本社基本社员。

丙、普通社员：凡赞成本社宗旨，愿每年认捐二元至五元，并愿自动代本社推销读物或募捐者，皆为本社普通社员。

四、社员权利：社员因其性质不同，其权利亦有分别，兹将其所应得享受之权利，分述如下：

（一）凡社员皆得享受本社出版读物之一份。

（二）凡社员订购本社读物，皆得以七折优待，代售则以六折计算。

（三）凡社员皆得在各当地成立分社（分社与总社组织关系详本社组织条）。

（四）凡社员皆得检阅本社经费账目。

（五）凡社员皆得自动批评本社办理好坏并提出适宜计划，以备本社采用。

（六）凡社员投来稿件，一经出版，即可享受每年规定之奖励，但不给稿费（办法另详本社奖励条项）。

（七）本社基本社员有选举与被选举之权。

（八）本社基本社员有出席本社各种讨论会之权。

五、本社组织：本社设社长一人，由基本社员推选之，一年为期，期满即改选之。社长为义务职，担任管理本社内外一切事务。社长之下，设编辑部、营业部、秘书三部分，兹将其责任分述如下：

（一）秘书一人，专任帮助社长对内对外一切组织上、交际上之事务。

（二）编辑部暂设编辑主任一人、编辑二人、校对一人，担任本社各种读物之编纂，并写作稿件，及审阅稿件、校对稿件等事宜。

（三）营业部暂设营业主任一人、推销一人、发行一人、印刷一人，担任本社各种收支、预算、推销、发行，及印刷等事宜。

（四）以上各部职员，由社长聘任之，尽可能由本社社员选出。各职员都酌给生活费，最高不得超过六十元，其不愿支生活费者任便。

六、分社组织：各地社员热心组织分社者，得先呈本社核准任命组织之，分社组织内容，可照总社组织内容办理。

七、分社与总社关系：各地分社对总社负责办理各当地民众读物之编纂及推销等事宜，其关系分述如下：

（一）凡总社一切读物，分社应负责在当地发行推销之。

（二）凡分社得在各当地征集社员并募捐，一切收入款项应将十分之三呈交总社，十分之七为分社经费。分社经费困难时，得呈报总社酌予帮助之。

（三）凡分社得用当地方言翻译本社读物，印刷发行之。

（四）凡分社出版读物，得以一部分请由总社分发各地分社代为发行推销之。

（五）凡分社应按月作社务进行报告，送总社检阅之。

（六）总社于经费困难时，亦得由各分社商出经费维持之。

（七）凡总社与分社间遇有困难必须共同解决时，得由总社召集代表会议解决之。

八、本社奖励：本社对社会本为义务性质，营业部分极少，故对本社热心努力之社员，亦即对国家社会热心努力之国民，因特设各种奖励办法如下：

甲、捐款奖励：凡对本社捐款中之最热心最慷慨而得第一奖者，本社于一年结束时，即将其照片小传及其对本社努力经过，登报并印专册分发，以志感谢，并赠以银质奖金名誉奖章，并定为本社永久名誉社员，以为纪念。二、三奖者，赠以银质奖章，并定为本社永久名誉社员。

乙、推销奖励：凡对本社各种读物之推销得第一奖、第二奖、第三奖者，皆得本社划定之奖金一部分，奖金额数第时颁布之。

丙、作品奖励：凡投来之读物稿件，得第一、二、三奖者，皆得本社划定之奖金一部分，奖金额数临时颁布之。

九、本社经费及其用途：本社经费完全出于社员之捐款所得，其用途除社中经常费外，余皆划入印刷读物及奖励之用，其数目每月公布之。

十、会期：本社各种集会由社长决定。

十一、修改：本简章得社员十人以上之提议，由秘书通函各基本社员投票，以三分之二以上人数通过修改之。

本社发起人（照姓氏字划为次序）

于施博	毛准	王庸	王铁民	王重民	王赞卿	朱自清
田洪都	司徒月兰	沈兼士	何定生	李天爵	李汝祺	李宗裕
李书春	余嘉锡	余逊	吕复	吴文藻	吴雷川	吴俊升
孟森	洪业	范文澜	俞平伯	侯堮	祝廉先	胡适
胡鸣盛	袁同礼	袁家骝	马鉴	马廉	马文绰	容庚
徐炳昶	徐中舒	徐鸿宝	唐兰	孙楷第	夏云	高君珊
陈述民	陈其田	陈意	陈受颐	陈同燮	郭绍虞	张子高
张星烺	梅贻宝	冯续昌	黄宪昭	傅斯年	贺昌群	喻传鉴
叶公超	叶麐	叶企孙	雷洁琼	蒙文通	闻宥	赵紫宸
台静农	黎光明	刘复	刘节	刘文典	蒋梦麟	蒋廷黻
郑振铎	郑奠	钱穆	谢冰心	谢景升	魏建功	储皖峰
罗根泽	罗庸	谭其骧	顾一樵	顾子刚	顾颉刚	严既澄
龚兰珍						

社会教育上的历史教授

马宗荣

一、历史教授在社会教育上的地位

历史教授在以全民教育为理想的社会教育上是很重要的。但一般人多喜谈生产教育、公民教育,对于历史教授,未见十分重视,故历史教授在社会教育上的地位有先叙述的必要。

教育上教授历史的目的,可分实质上的目的与形式上的目的二项。(一)所谓实质上的目的是想使受教的客体者获得历史的智识,俾其实际生活上无所缺乏。其所谓知识,并不是单研究过去的事实或记录的东西,而是活人类的学问。世界虽皆为自然法与进化法二大法则所支配,而历史则为追究国家、社会的人类进步发达之踪迹者,故研究历史,而理解国家的发达变迁的状态、古来所有的人类的活动,及国民活动的现在的大势,则可领悟将来的责任,他日应如何为国民的一员,而有所贡献于我国进步发达的促进。(二)所谓形式上的目的,是想使受教育的客体者在学习历史时,于不知不觉之间,养成其爱国家、爱民族的意识,兼谋其道德的判断锐敏。

历史教授的目的既如上所述,故在学校教育及社会教育上均为必要。是以德国九年制的各种中学校,不论理科与文科,亦不论学校的种类如何,由一年级至五年级规定每周教授历史二小时,由五年级至最高的九年级,规定每周教授历史三小时,毫无例外。盖以所受国史的知识愈深,爱国心愈强,国民教育愈彻底故也。德国研究科学者,在专门研究上,富于史地考察之历史心,这也是被中学校的历史科教授所培养而来。德国各科学术的进步,有赖于历史科教育不少。世界大战前,德国竭力主张公民教育的必要。但有主张无特设公民科的必要者:盖以历史科、地理科中已可充分予以关于公民科的知识之故。大战后小学校的课程里面,列有公民科的名称,但未设有特别的时间,而以之包含于历史科中教授。中等学校的要目,历史与公民科亦系合为一科:盖以德国的学校课程,较美国为多,无余裕的时间以作新教科之用,而实际上历史的教材,以政治史为主,故将关于公民的教材,适当地插入历史科中教授亦非难事,且较易引起兴趣故也。其社会教育上的游鸟(Wandervogel)运动,使青年旅行全国的名山大川,亦不外使青年因此而得游览各处名胜古迹,因得瞻仰其民族上的种种丰功伟业,亦为变态的历史教授。

丹麦的社会教育家葛雷得维(Grundvig)创立的民众大学(Volkshochschule)亦以历史教授为训练民众的本干之一。丹麦民众大学之所以重视历史者,盖欲民众直观地把握着具体化于历史中的国民精神的本质,为农村青年的教育上,开一涵养振作的光明之路。盖直观把握着历史中多趣多样的活跃发动着的国民精神的本体,则在变化中能承认本体,在"多"中可以把握着"一",萎缩沉滞的现状,可以跃然奋起了。后来丹麦的复兴,受赐于社会教育的历史教授不少。

二、社会教育上的历史教授法

其次,述社会教育上的历史教授上应注意的要点。(1)社会教育上的历史教授,应以使一般民众能认识国际情况,了解民众意识,唤起其爱民族爱国家的观念为宗旨。德国无论在欧战前、欧战后教授历史,除希腊、罗马史即所谓古代史以外,关于外国史的材料,只选择以德国史为中心而有关系者为教材,无国史与外国史之分。只开国史为中心的欧洲史及近世以后的世界史等课程,以期完成其爱祖国的训练。葛雷得维的民众大学教授历史是以本国为中心,阐明北方民族的文化及产业发达的过程,尤特别努力于使青年体会得民族生活进展的过程,并不重视断片的、表面的记忆,而要使青年理解国史背后所流的造成国史的原动力的国民精神。例如教授外国史的希腊史，倘只陈述史实，那不是教授外国史的目的，要使学生了解希腊人爱本国、重名誉等的国民精神，才是教授外国史的目的。这样的教法，可使青年听讲后即可与自由的国民生活发生联想，激动其心情，以为作与国民精神之助，此种教授方法，可供吾人师法。

（2）社会教育上的历史教授宜采用直观的方法。最好采用"谈话式""说书式"的方法，教师自身成为历史上的人物，感情地传述历史上的史实，使民众由刺激而兴奋，能留下深刻的影响。单使客体者记忆人名、地名、年号等无味干燥的教授是无用的。葛雷得维于一八三六年在哥本哈根地方举行公开连续讲演，讲题是"丹麦中心的最近五十年间的欧洲史"，他讲演所用的方式，是师法他在青年时代受了深刻的感动的斯蒂芬斯（Steffens）所用的方式；不拘泥从来的形式，纵横自在地吐露自己的热诚，以引起多数听众来听讲，激励了他们非常的感激。后来国民高等学校的历史教授法，悉以葛雷得维这次讲演的方法为模范。此亦可供吾人之师法。

（3）社会教育上的历史教授，也和学校教育的历史教授一样，需要种种的教具以供直观教授之用。如讲述两军战争之史事或文化发达的状况时，不可不用地图，讲谈古今名人的传记时，示以其人物的肖像、武器、衣服、家具等的图画，则易收风化之效；如能利用幻灯影片尤佳。关于直观教授上应用的教具有下列诸项：

一、地图
二、图书

（幻灯影片）
1. 人物、物件、肖像、武器、家具、房屋、衣服、纪念品；
2. 文化的状态、风俗、学艺；
3. 表示历史上的事件之图画。

三、社会教育上的历史教育的设施

社会教育上若能有种种历史教育的设施而实施历史教授，则其效力较大，兹列举其最重要的设施如下：

(1) 图书馆宜设历史研究室,且实施读书指导;

(2) 广设历史博物馆、乡土博物馆,且实施最新式的博物馆教育;

(3) 修葺名胜古迹,以作户外博物馆,且仿德国之游鸟运动办法,组织古迹观览团;

(4) 制作历史的影片,分发给各地映放;

(5) 编制历史剧本发交戏院表演;

(6) 播音教育之节目,宜以关于历史之课程为主要项目之一,且于播送该项讲题时,各收音机关,须准备直观教具,以供听讲者之直观;

(7) 开设关于历史方面之各种展览会;

(8) 编印关于历史方面之各种音乐、弹词及谈话体的小册;

(9) 编印关于历史方面之各种图书;

(10) 各项社教机会宜布置关于历史教育的环境。

二四,九,十,于首都

(原文刊于《教与学》第 1 卷第 4 期,1935 年)

现阶段历史教育普遍化的我见

杨崇英

本刊一一八期,载有一篇王敬斋先生的《现阶段的历史教育问题》,阅读之后,不禁引起了我对于此问题的兴趣,于是不揣谫陋,也来谈谈这个重要的问题。

我国人过去的历史教育观念错误,诚如王先生所言,史书是帝王的家谱轶事,作用在于劝善惩恶,想找一本有系统、有组织,而对于民族兴亡、政治演变,叙述得非常详细,能帮助我们了解过去、支配现在、计划将来的历史书籍,实如凤毛麟角,不可多得。职是之故,所以我国过去虽重视历史教育,然对于国家民族的发展,并无帮助。

鸦片战争以后,国际风云密布,世界大战暴发,次殖民地的中国,愈觉民族危机严重。列强侵略迫切,乃知欲挽救国家、复兴民族,非彻底改革过去的错误历史教育观念不可,于是一般历史学者,立即将读帝王贵族家谱的观念,一变而为研究民族兴亡、政治变迁、社会状况的态度。国家又鉴于西方史学发达,治史方法优佳,乃不惜巨资,广派史学优秀之士,前往研究。不数年间,治史之风大开,研究历史方法之书亦迭出(如梁启超的《历史研究法》、刘知幾之《史通》,亦是谈治史方法之书,惜未说明,后人皆不知)。同时研究历史者,又鉴于我国民族性几于消灭,"自信心日趋沦亡,遂努力于民族的研究,其研究之成绩除散见于各通史中者外,尚有下列多种专书,如梁任公的《中国历史上民族之研究》、王桐龄的《中国民族史》、张君俊的《中国民族之改造》、吕思勉的《中国民族史》及《中国民族演进史》、张国仁的《中国民族考》、张其昀的《中国民族志》、林惠祥的《中国民族史》(中国文化史丛书)、宋文炳的《中国民族史》、徐用仪的《五千年来中华民族爱国魂》、郑德坤的《中国民族的研究》(稿本)、章渊若的《中国民族之改造与自救》、张君劢的《民族复兴之学术基础》。

除此而外,还有许多散见于各书报杂志中的民族论著。恕我为节省篇章,不能在此一一列举。我们仅从国人目下研究历史的趋势看来,不但重视民族的研究,而对于西方所谓历史是民族团体发展之研究(见英国 Oxford 大字典历史字下),及历史是人类各时代经验之纪录(见 E.Scott, *History and Historical Problems*)的意义,亦有深刻的了解。并知历史不是一种死的学问,而是一种有机的、继续发展不断的、具有活力(The living force)的科学,任何国家绝不能逃免其过去历史的影响的(见《历史教育》王辑五的《历史教育的新动向》)。钱穆先生甚而至于把中国史作为救中国的法宝,更可想知历史在现阶段之重要了。他在师大史学会讲"如何研究中国史"时说道:"中国的前途,在我理想上,应该在中国史的演进的自身过程中自己求救,我不信全盘西化的话,因为中国的生命不能全部脱离已往的历史而彻底更生。"(见《历史教育》李方仁君笔记)由他这一片话看起来,则知欲救中国,必须使每个中国国民,先明了中国史。

以上所谈的是一般历史家的历史教育观念的转变,及其对于历史所注意之点,而教育当局对于历史教育所持的态度是什么呢?要想明了这个问题,最好把最近教育部所修正的初高中历史课程标准细看一遍,才能洞悉无疑。现在我把最近教育部对于中学历史课程所规定的目标,抄录如下,请大家看看。

1. 研究中国民族之演进,特别说明其历史之光荣,及近代所受列强侵略之经过与其原因,以激发学生民族复兴之思想。

2. 叙述中国文化演进之概况,特别说明其对于世界文化之贡献,使学生明了我先民伟大之事迹,以养成其高尚之志趣与自强不息之精神。

3. 叙述各国历史之概况,说明其文化之特点,以培养学生世界的常识,并特别注意国际现势之由来,与吾国所处的地位,以唤醒学生在本国民族运动上责任的自觉。

4. 叙述中外各时代文化之变迁，应特别说明现代政治制度，及经济状况之由来，以确立学生对于民权主义、民生主义之信念。

由此四项观之，很显然地知教育当局对于历史教育所持的目标，也是在民族。其使学生明了我先民伟大之事迹、政治之演变、国际现势之由来，无非是使其异日能复兴民族、挽救国家，作一个良好的公民。

现在一般历史家及教育当局，皆极注意历史教育，已如上言，然一般国民的历史知识，是否已达到吾人所希望的程度呢？我敢武断地说一句"还差得远"。不惟一般国民的历史知识没有达到我们的希望，就是一般中学生的历史程度也不能令人满意。别的且不提，现在我将近二年来的大、中学生入学考试时，历史试卷的笑话，略举一二，大家便可知现在一般中学生的历史程度如何了。其一是刘先生在他的《略谈历史教学的几点经验》一文中提及的。他说："我写完了上面这几项问题，另外个人还感觉到，现在中学生的历史程度是太低了。记得去年暑假，北平某中学招考新生，高一历史，有'何谓五胡？'一题，有的学生居然写出洞庭湖、太湖、兴凯湖等名词来。"（见《文化与教育》第一一〇期）此外聂崇岐先生，在他的《现在一部份高中毕业生的社会科学常识》一文中，也叙有同样的事情。谓是年某大学招考新生时，历史试题中有一题是"将中国的朝代一路写下来"，结果五百份答卷中，全对的不过十六人，约占全数百分之三。有的把禹认为是个朝代而与夏并列，有的把汤也认为是个朝代而与商并列，有的把西汉列于东汉之后，有的把隋唐列于两晋之前，颠倒错乱，真是一言难尽。但讹谬最甚，没有像下方所引答案的，原文是：梁、唐、晋、前汉、新、周、南北朝、秦、后汉、五胡十六国、宋、元、明。（见民国二十四年八月十八日《大公报·史地周刊》）

像这样历史程度的中学生，如何能使人满意呢？历史教育的成功与失败，关乎整个民族精神之兴衰，亦即有关国家民族的兴亡，诚不容忽视。近代一般历史家及教育当局虽已知历史教育在目前的重要，而对于如何提高大、中、小学生的历史程度，如何使历史教育普遍化的诸问题，尚未注意到，未始非一缺憾。王敬斋先生有鉴于此，所以他在他的《现阶段历史教育问题》一文中，不但对于我民族的危机，及历史教育在目前的重要，叙述得非常详细，而对于历史教学所应注意之点，述说得亦甚肯切。鉴于近来汉奸众多,有害国家,特别提出诋毁民族史上的汉奸的口号,并举出许多历代汉奸的史实,以说明汉奸危害国家之甚。又鉴于国人多缺乏民族意识,及民族自信心,乃提出唤起民族意识,恢复民族的自信心。为使一般学生明了各帝国主义对于我国侵略的情形、悲惨的国耻、屈辱的外交,以促进他们自觉起见,复提出注重近百年史的口号。更鉴于现在一般民众的国家观念薄弱,历史知识缺乏,最后又提出历史教育普遍化的口号。他说:"从事历史教育的人,还要注意一个问题,这个问题就是:'怎样才能使历史教育普遍化?'过去的历史教育,只着重于士大夫阶级,而忽略了广大的群众,这是错误的。一般群众在过去仅能被统治者支配在完粮纳税的历史教育下面,因此他们的意识很落伍,竟然有许多中国人,还以为亡国和他们没有关系,这算是最可笑最痛心的事了。我们要补救这一点,就要使历史教育普遍化。今后的历史读物,应选取富有民族思想,且切合民众日常生活需要的历史材料,用浅近而通俗的词句写出。"

王先生这一片话的确很对,过去的历史,实在是太贵族、太神秘了,老百姓简直没有享受的机会,怎样会有国家观念呢?怎样会明白现在的中国是如何变成的呢?现在的一般国民,并非完全对国家不关心,也有许多人时常地在讨论国家大事、救国方策。可惜他们不懂得现在的中国,是从上古一天一天变成的,并非一时的工夫弄成这个样子。就因为他们不懂得这个道理,所以所谈的问题多不切实际,都是些极可笑、极幼稚之事。假使你要到民间去的话,你一定会遇见许多人要这样的问你:"真龙天子还没有出来么?你又来宣传放足么?洋鬼子到北京没有?他们真杀人么?你们又想革俺的命,共俺的产么?"他们这些问题,我听见的实在太多了,虽然幼稚可笑,其对于现局实抱有无限的感慨、悲伤和恐怖。如能予以训练,贯以历史知识,的确是挽救国家、复兴民族的主力军。王先生提议今后的历史读物,应选取富有民族思想,且切合民众日常生活需要的历史材料,用浅近而通俗的词句写出,用意可谓至善矣!但我认为在现阶段内,此仍非普遍历史教育的良策。换言之,这种办法,还不是目下所最需要的,因为他们根本就不识字,不论你写的历史,所用的名词是如何的浅近而通俗,他们也看不懂。王先生的这种提议，现在也有人在那里去做。最近北平《全民报》所载的罗维先生的《通俗中国史讲话》一文（一九三七，二月二十六日），想即应此而作。他不但指责过去的历史教科书，所讲的"都是历朝皇帝的事情"不对，并痛骂现在一般学者写历史、教历史"还都以历代官吏的事情为主"为非。他这部《通俗中国史讲话》，完全是以老百姓为主。

罗先生的这部《通俗中国史》的全文，我们尚未见到，不敢妄加批评，然从他的序言中，已可看出他这部中国史虽名通俗，实已够高深的了。不但不识字的老百姓不能领会，就是略识字意的人们，也未必能看得懂。现在的中国人，占最多数的，还是不识字的老百姓，即令略识字意的人能看得懂，这些不识字的人不是还没有办法么？他们依然不能得到历史知识。历史教育如何能普遍化呢？这岂不是空喊口号么？若谓先令他们识字，然后再令他们看这些书，我恐在目前情形之下，要想使这些人全都识字，能看懂这种通俗的史书，实非短时期内所能办得到，更非环境所允许。我国推行义务教育、民众教育，为时非短，老百姓能阅览报张、看懂杂志者，究有几人？依然文盲，目不识丁，事实胜于雄辩，勿用多言。所以我说用浅近而通俗的词句写历史，固然需要，然仍非现阶段普遍历史教育的急务。

我以为现阶段之下，要想使历史教育普遍化，其效力最大、速度最快的莫优于在各地作通俗的、公开的历史讲演，宣扬我民族伟人的事迹、嘉言懿行，详述外人对我侵略的情形、种种惨案，诋毁民族史上的汉奸，唤起民族意识，详陈人民与国家的关系、国民为什么要爱国，用极通俗、极简单的比喻，来阐明国际间的情势，使他们明了谁是我们的友邦，谁是我们的敌人，再用种种例证，告诉他们真龙天子在现时之不需要。使他们忠于国家，忠于民族，将来自然会为国家牺牲，为民族奋斗。诚如是，恐不数年间，历史教育即可普遍了。现在一般老百姓，并非全不关心国事，上面曾已说过，可惜没有人和他们讲国家大事、历代史事，他们只好七言八语，信口雌黄，说什么真龙天子快出来啦，洋鬼子好杀人啦，谁来给谁纳粮等等无识的话，使人听见觉得可笑可恨，认为他们没国家观念。老实说起来，他们的精神的确可钦佩，他们如果认为某人是他的仇人，任你如何的向他要好，他绝不会亲近你的。他们如果认为某人是他的恩人,虽为之赴汤蹈火,亦在所不惜,此种不折不挠的精神,诚非现在一般顺水推舟的人们所可及,如若能灌输一种历史知识、国家观念、民族意识,则复兴民族,实易如反掌。

我所说的这种通俗的、公开的历史讲演,实行并不困难,只要现在一般从事历史教育事业的人,与现任地方行政人员、教育人员,及各区长联保长能切实负责,即可办到,并不需要许多经费,及专负此种责任的人员,兹将实行办法,略陈如下:

(一)城市方面。在城市中间,办理此事,极其容易,因这些地方,都是教育发达之区,差不多皆设有中学(至少有小学),中学里一定有历史教员,此历史教员即可偕同该地方最高教育机关人员及对于历史教育有兴趣的人,组织一个通俗历史讲演会,在公余的时候,来办理此事,毫无困难。一方面讲演,另一方面还可以使学生排演极有趣味的富有历史性的戏剧,向民众表演,这样一来,更可引起民众的兴趣,收效尤大。以上所论的是小城市,若在大都市内,尤其容易。大都市地方,交通便利,教育发达,文化程度亦高,大部分人都识字,而且这些地方,大、中、小学皆有,不但教员能作此事,学生亦可,只要有人提倡,他们一定很乐意去作,因为他们时常喊"到民间去,训练民众,领导民众"的口号,对于此事,当然不会推辞的。为引起民众的兴趣起见,不妨在讲演以前先映一幕电影(最好是有关国家、民族的片子),看罢电影以后,马上来一个极有趣、极动人的讲演,一定会唤起他们的民族意识的。

(二)乡村方面。在乡村间,办理此事,亦不困难,只要当区长的和当保长的能勤劳一点、和蔼一点,别拿着那天官赐福的架子,使老百姓一见便害怕就够了。过去的区长、保长,所以与老百姓没有一点联络、一点感情者,就因为他们的官僚习气太多,老百姓不敢与之接近。假使能和蔼一点,时常与老百姓讨论些农村的事情、乡间的情形,以及农民自身的痛苦,然后再和他们谈论些国家大事、国际现势,等到他们对于你有信仰以后,再召集他们作公开的演讲,他们一定很喜欢去听。这个时候,你不妨详细地和他们讲一讲历史故事,如我民族史上伟大人物的事迹、汉奸卖国贼的恶劣、外人侵略我们的惨史,附带地再和他们讲一讲我国的固有道德、毒品的害处、贪官污吏之应当打倒、土豪劣绅之应当铲除、土匪盗贼之应当扫除等等讲话，使他们有自卫的能力、团结的力量、组织的能力、健全的心理、爱国的热心、牺牲的精神、勇敢的精神、强壮的身体，有时候开一个全区农民大会，预备些游艺的项目，有时候演一次电影巨片，以开拓他们的眼界，自自然然地他们就会与政府发生关系，知爱国家、爱民族、爱同胞了。能如是，他们还会想真龙天子么？还说谁来当谁的民么？

以上虽然是些拉杂之谈，我以为在普遍历史教育急待施行的今日，实有可供参考之处，此种普遍历史教育的办法，不但所费无几，实行亦甚容易。

当然，在现阶段之下，通俗的历史是甚需要，可惜中国现在尚未达人人皆识字的地步，即令有通俗的历史，亦不能使历史教育普遍，所以我说要想使历史教育普遍化，非实行通俗的、公开的史事讲演不可。最后我高呼道：

从事历史教育事业的先生们！赶快起来，实行通俗的、公开的史事讲演，以促进历史教育的普遍！

一九三七，三，十五，于北平

（原文刊于《文化与教育》1937年第122期）

历史教育与民众教育

傅也文

一、民众教育应有之中心目标

"民众教育是民族自救运动,是国是更新运动,也就是社会改造运动"。这话,在理论上我们当然承认,即在其发展的过程上,我们也不能加以反对。盖因此种运动的发生,由于政治的刺激,有其必然的趋势,可以说是一种时代的产物。它的渊源,虽可追溯到先前的通俗教育、平民教育,而正式的产生,却在国民革命以后。为了"唤起民众",总理昭告我们是达到革命目的最切要的途径;民众的力量,在北伐时期中,亦经得到了事实的证明。因而引起一班人的注意和当局的重视;训练民众、组织民众的口号,其嚣尘上,民教专材的训练与实验机关就应运而生,民校、民教馆也就遍布各地了。

民众教育诚然是一种新兴的事业,资格既浅,历史又短,而所负的使命却甚重大。当初发动的时候,还不过是一种文字教育,侧重"除文盲"的工作。后来感到仅仅扫除文盲,而不改善民众的生活,尚不足以言救国,于是发现了民众生活有"愚、穷、弱、私"四大缺点;而实施文艺、生计、卫生、公民四大教育,范围已经扩大,眼光亦经转移,民众教育逐渐地走到乡村建设的路上去了,时至今日,这差不多成了民教界一致的动向。

我国最大多数的民众,是生活在乡村的农民,要"唤起民众"当然不能忽略这百分之八十五以上的人民;要改造社会,救亡图存,从农村着手,尽量发挥他们那种蕴藏着的力量,也是最基本的办法。不过,我们现在所应加考量的：一是病源的问题，二是能力的问题。

自从平民教育促进会提出"愚、穷、弱、私"为中国民众四大基本缺点以后，似乎很少有人提出异议，大家都跟着讲什么语文教育、生计教育、卫生教育、公民教育。其实，我们如果对于民众的生活加以精密的观察，觉得除了"穷"一点之外，都有商量的余地。

时常听人说："民众太愚蠢了，没有受过教育。"民众真的愚蠢吗？不一定，民众真的没有受教育吗？也不，他们有他们固有的教育，也有他们的特殊的智慧。若论文字、智识民众诚然太差，可是人的贤愚，似乎不应该仅以识字与否来判别；民众拿笔或者虽不能够，而挑担就非书呆子所能及。还有应付实际智识，如农田水利，以及其他日常的手工艺，不要说普通的智识分子要向他们领教，即受过专业训练的也未必能胜过他们。所以以孔子之圣，尚且要说"吾不如老圃"，"吾不如老农"，而今之学生，胆敢说"民众太愚蠢了"，不亦妄乎？至于教育，普通所谓上课下课的学校教育，他们没福享受。但他们那么丰富的生活智识，却并不是从娘胎里带来的，都是在人间世学得的。父亲、母亲是他们的主任教授，其他的社会前辈，也负有教育青年的义务。不过，教育的方式和"洋学堂"不同罢了。至于"弱"和"私"，也并非大多数民众的基本缺点。记得有一位农民对于卫生宣传员曾经说过："奇怪，你们读书人，那么讲卫生，为什么皮松骨瘦？为什么患肺痨病？你看，我们种田人，不讲卫生，身体倒比你们强得多，风吹雨打太阳晒，全不在乎。"这话，我们无法否认。智识分子的身体，确乎比农民为差。代表东方病夫的，不是大多数的民众，竟是少数的白面书生。若说私欲横流，但求自利，确是民族自杀的根本。不过，这也不是民众所独有的。所谓智识分子只有过之无不及，实在不配说民众贪图私利。何况急公好义，是民众固有的道德，守信重誓，尤为农民处世的金针。十六年的北伐、义勇军的杀敌、"一·二八"的抗战，以及最近的援绥运动，在在都表示民众爱国的热烈，谁说民众缺乏道德的陶冶，没有团结的精神呢？汉奸固然有一部分是不识字的民众，然而卖国贼往往是知书达礼的读书种子呀！所以"愚、穷、弱、私"四种缺点，大多数的民众，并不一定完全具备，而少数的智识分子也难免不"略备一格"。

其次，我们再看能力的问题。我们知道教育民众，本不是容易的事情，建设乡村，尤为艰巨的工作，没有丰富的学识，不足以应付；没有坚强的毅力，不能够担待。社会是繁复的，民众的心理也有相当的复杂。倘使要做一点事业，起码须取得他们的信仰；取得民众的信仰，谈何容易。他们知道的，我们应该晓得；他们不知道的，我们也应该晓得。然而人生有限，智识无穷，奈何！而且我们所学的并非"本位文化"乃是外洋搬来的东西，和他们已有一层隔阂。单就农业智识而论，可怜，民教人员能辨菽麦，已属难能可贵，然较诸老圃老农，仍相差悬殊，指导云乎哉！其他的生产方法、卫生常识等等，在讲台上也许可以说得有声有色，变着种种把戏，颇能使民众目眩神迷，然而这在民众心目中等于看陈列品而已。

总之，我们一方面感觉到民众生活的基本缺点，并不一定是"愚、穷、弱、私"，还有更基本的心理上的缺点，如精神空虚、萎靡、消沉、无生气等。同时感到从事整个农村建设，能力实成问题，复兴民族，建设国家，决非民众教育单独所能胜任。我们大可不必有"只此一家，别无分设"的观念，把全部责任放在自己的肩上。何况目今举国上下，都一致地从事于此种伟大的工作呢！我以为民众教育与其枉费精力，从事全般建设，宁可集中力量，举办一二事业。政治、经济、卫生等等建设，暂且放在一边，先来致力于文化建设。担任文化建设的一部分工作，促使民众精神的觉醒，是书生的本色，好好地努力做去，假以相当的时日，终不致徒劳无功的。倘使作风舍不得改变，各方面兼收并进，要少数民教人员包办一切，虽不想徒挂招牌，亦必憔悴以死。而民众依然民众，与教育无关，乡村与建设亦将分道扬镳了。

二、历史在民众教育上之重要

民众教育之最后标的为复兴民族，建设现代的国家；而现所进行的，是"唤起民众"，教育民众，特别着重于文化的建设工作。我国民众受数千年来固有文化的熏陶，故步自封，和现代文化不相衔接，对于外来的新思潮，尤不易融洽；加之历受专制的淫威、外患的侵迫，使之丧失了民族的自尊心和自信力，终至变为各国的奴隶，形成"次殖民地"的地位。国家地位愈低落,民生愈凋敝,社会愈堕落,而民众心灵上的空虚也更加严重,对于国家对于民族,益感觉毫无办法了。

这种心灵的空虚,志气的消沉,怕不仅农民大众如此,号称社会中坚的智识分子亦何独不然。贪小便宜,没有远大的眼光,乡下人固可以一个钱去动他,知识分子也何尝不可以出卖?有多少是有刚劲的气骨的?说农民志气消沉,逆来顺受,对国家完粮不管事,对政治不生兴趣,这是传统的习惯。以前的统治者,并不希望他们出来多管闲事,怎能责备他们?他们被生活的重担压着,受尽折磨,历尽困厄,喘不多气来,还有什么希望?何来蓬勃的生气?就是一班年富力强的青年学子,志气消沉的也不在少数,何况劳苦的大众?

天灾的频发,土匪的横行,苛征暴敛,豪绅土劣,都使农民大众不能安居乐业。但他们究竟是忠厚老实人,他们只怨天不尤人。灾祸之来,他们不敢把希望放在官吏的身上,宁可向偶像磕头跪拜;他们觉得泥塑木雕的偶像无论怎样狰狞,终不及衙门里老爷的可怕。他们不了解正当的人生,不信任现世能给他多大的幸福生活;因此,他们要为子孙行善,要为来世造福;惟有此种来世光明的憧憬,才使他们有继续生存、忍受磨难的勇气。也就因此民教人员宣示给他们的大道理,反而不相信,而一个老和尚几声"阿弥陀佛",都可以不顾性命跟他跑了。一班人不懂得民众的苦闷,全靠迷信行为给他们一些安慰,却高唱"破除迷信",为民教工作的初步,实行捣毁偶像,因而激动公愤,民众要焚烧为民众造福的民众教育馆了。实则如此破除迷信,是最笨的方法。即使庙里的偶像给你打倒,而民众的心里有无数的偶像存在,你将奈何?

迷信的存在,终有其存在的理由:人是不能没有信仰的。要破除他们那种不合理的迷信,就应该有一种合理的信仰来代替。只要你提出来的是合理的、值得信仰的,民众自然乐于接受,乐于跟着你跑。新的信仰一旦树立成功,迷信不破自除,亦何必出之以捣毁,徒然引起民众的反感呢?

新的信仰如何树立?精神的空虚,如何充实?心理的苦闷如何解除?如何使民众了解人生的真义,能自信,有勇气?这就需要精神的训练了。

古语说："哀莫大于心死。"处境无论颠沛流离，怎样困厄危殆，都没有关系，只要人心未死，终有更新的希望。故心理的建设比之物质的建设，尤为重要。精神训练是心理建设的中心，是文化建设的灵魂，也就是民众所应负的最重大的使命。精神训练如何实施，那就须要借重文学、历史、音乐、艺术等等的启发与诱掖，而历史更应作为精神教育设施的中心。

历史是人类实际生活的回忆，我们现实生活的明了，与实际环境的应付，都有其绝对的必要，所以有人主张历史为一切社会科学的中心。而且别的科学，世界各国均可共通，例如：氢二氧为水，中国的水如此，西洋的水亦如此。金鸡纳霜丸可治欧美人疟疾，也可治黄种人疟疾。他若社会学、心理学、物理学等等研究，各处都可以通用。惟有历史是特殊的，各民族有各民族独立的历史，彼此不能苟同；因为这是民族所独有的东西，所以它严藏着的民族精神最为丰富。人可以不懂一切科学，而对于自己先民的历史不能茫然无所知。十七、八世纪以来，欧人的向外扩张，受史家的影响最大。希腊的复兴，也因人民读了希腊史，回想过去的光荣，急起挣脱了土耳其的羁绊而重新独立。日人破灭朝鲜、台湾，禁止鲜、台人民读历史，其用意就在这里。至于有种族偏见的史家，往往敷陈事实，述说先世的劳绩，实证种族的优秀，鼓励人民向外侵略，造成狭隘的帝国主义，用心虽非是，而其魔力之大，确乎是不可思议的。现在我们再看民众教育发源地丹麦的复兴运动吧！

十九世纪初年，当法国革命没有爆发的时候，丹麦虽不是怎样了不起的强国，可是那时候英、法从事海外殖民竞争，德国还没有统一。丹麦在北欧的国际上是举足轻重的一国，人民安居乐业，家给人足，呈现着一种繁荣景象。等到法国革命，拿破仑崛起，丹麦不幸卷入旋涡，数年战争，毁灭了它那繁荣的国运。丹麦的民族性又是那么脆弱，看见拿破仑的雄威，不觉为之气短，自信力全失，不但没有维持战争的勇气，连往昔那种活泼有生气的人生都给炮火轰尽了。大家在拿破仑的铁蹄下苟安偷生，或则索性放浪形骸之外，不闻不问，或则忘忧于颓废生活，尽情取乐。维也纳会议之后，挪威脱离了丹麦，国内民生凋敝，更加奄奄一息，和死一般的沉寂。幸亏这时有一个格龙维（Grundtvig）出来，做了平民的领袖,担任复兴的艰巨工作。他深切感到民族的危机,设法觉醒民众,提倡设立民众学校;用丹麦语言,讲丹麦祖先的故事,使民众从过去的光荣的回忆里,得到将来民族的自觉。一八三〇年以后,政治自由的空气,弥漫全欧。格龙维游英归来,乘机以英人的那种实际精神,极力鼓吹民校的主张,以为人民要参与政治,首先应当明了本国的历史和社会情形,能够用丹麦语言发表自己的意见。当时人对他虽加讥笑,但他始终坚持他的主张,建立民众高等学校,以历史为一切教学的中心,再用感情生活来调剂,要以历史和诗歌为媒介,唤起民族的自觉,刺激他们能力的发展。精神觉醒之后,自可促进社会的、经济的进步,恢复民族固有的繁荣。丹麦人民受他那种精神的感召,终于完成了复兴的伟业。

更就民众的需要来观察,也觉得用历史来说明事理,最容易使民众接受。民众坐在茶馆里爱听精忠报国的故事,却不要听爱国宣传的大道理。所以要激发他们的民族意识,灌输他们的爱国观念,最好不发空虚的议论,把我们祖先的故事切切实实的介绍给他们。他们明了了过去的光荣,重新振作的精神,自会油然兴起。就因为历史的证据,虽要求人们一致地信从,但并不剥夺各人独立的判断。把真实的生活记录,显示给一班民众,不掺杂一些偏见,民众得到此种客观的人生教训,自由选择的结果,他的效力往往是非常宏伟的。

三、民众教育应用之历史教材

(一)乡土历史的演变与先贤的丰功伟绩——历史教材之以地域而不同的,就是这一部分。然而在民众教育的立场说,这是最重要的一部分。人类"爱"之所以寄,往往由近而及远,推己而及人。能爱身家,方能爱自己生长的故乡,因爱故乡而爱国家、爱民族。人是不愿意忘记了自己祖先的历史的,所以各地宗派都有谱牒的修撰,子孙有不端行为的,宗祠得加以除名的处分,则又变成一种严厉的社会制裁。但是,他们对于地方的历史,并不十分明了,如果有人为之叙述当地的变迁沿革,对他们说从前怎么样,现在怎么样,出过什么人,对于乡里有何种特殊的贡献，对于学术有何种优异的成就，那他们一定感到格外的亲切、格外的有趣，而所得的印象，也格外的深刻。因为这许多事迹都在同一地方发生，或者是他们的祖先所做的呀！他们回味往昔的荣誉，就不敢轻易放弃责任，有侮辱祖先的行为。并且往往会激起他们赓续先哲的情绪，努力前进。故无论就兴趣或就效果说，民众教育应用的历史教材，这是最重要的。

（二）先民文化的创造与贡献——在现在，我们固然不必"天朝自居，蛮夷视人"，但也不能自己轻蔑自己，说是什么衰落的民族，不幸而今竟如此，这也可见民族自信力之脆弱了。当初还不过以为枪炮不如人，科学不如人，政治经济不如人，文学、哲学不如人，甚至有人觉得中国文字也不如人，人也不如人，中国什么都没有，什么都不如人，于是主张"全盘西化"，五体投地地崇拜西洋。只要外国说一声好，说一声中国有希望的批评，就好像"荣于华衮"，如获珍宝，东也刊登，西也转载。曲直自己没有分寸，悲喜要看人家颜色。民族堕落，一至于此，殊堪痛心！其实，我们并非真的不如人：天赋予我们的聪明，比西洋人还高一着，这西洋的教育家，曾经屡次证实。我们再翻开历史，看先民遗留下来的证据。中国是文明古国，"硕果仅存"的一个，开化比任何列强为早。当我国文化极盛的时候，欧洲还是草莱未辟，所以文化的遗产，我们比任何民族为丰盛为富厚。就政治说：秦始皇、汉武帝、成吉思汗的武功，何亚于凯撒、拿破仑？政制的创立和政治的设施，如中央集权，如考试制度，如御史制度，以及王荆公的变法等等，均可作近世政治刷新的张本。就建筑美术说：万里长城与运河，不藉机械，专凭人力，而有伟大的成绩，当非易事。他若宫殿、桥梁之建筑，陶瓷、雕刻、图画的制作，尤足卓越千古，自成一格科学。人皆以是不及西洋，然而罗盘、火药、印刷术之发明于中国，已为举世所公认。其他如刘徽、祖冲之数事，华佗之医学，张衡、李淳风、沈括、苏颂及郭守敬等关于天算仪器的制作之精巧，尤非同时的欧洲人所能及。难怪利玛窦初来中国参观世界最早的南京钦天山天文台，要十分敬佩了！至于文学、哲理的研讨，其贡献尤大，名作甚多，不遑枚举。凡此证明中国民族能力之优异，天赋的独厚，用以激发民众对于民族的信仰，兼可鼓舞他们本身的努力。

（三）民族缔造的艰苦与困厄——政治文化的沿革变迁，国民应有相当的认识，而民族缔造的艰辛史迹，尤须使民众深切地明白。我国民族为世界上最大的民族，构成的分子，至为复杂。其所以能够结合数万万人而成一巩固的民族，中间不知经过若干艰苦与困厄，花了不知多少的精力。此种事迹，史不绝书。帝王之为民族尽力的，有如黄帝之伐蚩尤，周宣之安周室，秦始皇、汉武帝之击匈奴，唐太宗之御突厥。主持中枢，扶危定倾的，有如谢安、寇准、李纲、虞允文、于谦等。精忠报国，舍生取义的，有如岳飞、文天祥、张世杰、陆秀夫、史可法等。其他如韩世忠、戚继光之身御强敌；张骞、班超之出使西域；以及女子之爱国家爱民族与男子同一气概或为须眉所不及的，如木兰、秦良玉、沈云英等之奋勇杀敌，捍卫国家，如秋瑾女士之舍身为国。他们的精神，他们的功业，都可（按：应加"为"字）后人的表率，我国民族之有今日，全靠他们的血汗。我们当撷拾他们的生平，对民众详为讲述，引起他们对于民族英雄的景仰，养成爱国精神。

（四）帝国主义的侵逼与民族的危机——知道民族过去的光荣，也应知道目前处境的危迫。所以对外屡次交涉的历史，和外人在华的势力，对民众亦为必需灌输的智识。事变的经过，有时嫌其繁琐，或可从略，而其起因与结果，却须要详细说明，使民众知道现状的由来，同时明白症结的所在。其他如外人在华的租借地，所加于我们的种种压迫，最好能采用照相图片，为之作详尽的解释，使他们感觉亡国的惨痛，而发生一种同仇敌忾的心理。

四、历史教育实施方法之商榷

历史在民众教育上之地位与应用的教材我们已经简略的说明，现在是如何实施的问题了。关于此点，论者甚少，敢就管见，述之于下：

（一）人才之训练——这是第一步。我们觉得"只有感到民族覆亡的恐惧，而怀着生长和发荣的希求的人，才能将历史的灵魂，传递给民众"。假使其本身没有此种深切的觉悟，他就不能将历史的教学变成民族生长所需要的滋养料，也就不配担任这种艰巨的工作。然而现有的民众教育人员,合乎这个标准的能有多少?

"要教育民众,先教育自己",这句虽是老话,却含有至理。我们教育民众的目的,并不想把民众个个变成书呆子,要他们去研究什么高深的学问;而在使他们对于人生对于民族,得到一种晶澈的精神的了解,有活泼进取的精神、生动乐观的态度。要想教育成如此这般的民众,先须把自己变做如此这般的人,所以民教人员最重要的条件,并不在乎农人身手与克苦耐劳,而在于精神的觉醒与坚定的信仰。因为精神的觉醒,才肯为国家为民族而牺牲,才能感动民众激发民众。因为坚定的信仰,才认清自己的责任,才有继续彻底干下去的勇气。伯里斯特夫(Bredsdorff)批评丹麦民众高等学校的话,颇足供我们参考。他说:"他们使青年学生充满了一个更丰富、更充实的人生的祈望,这学校并没有灌输宗教的信条,但是他们对于宗教都有坚强的信仰。因为有了这信仰,他们才肯去做民众学校的工作,他们得不着生活的保障,得不着学位或别种资格,他们自觉漂浮在大海之中。支撑他们的,只有这一点信仰。"民众教育是极艰苦的工作,物质的报酬有限,倘使没有精神上的慰安,没有一点信仰,自己对于所做的工作都觉怀疑,还能有什么成绩? 故人才的训练,是最重要的。他们的信仰,当然不是宗教的信仰,而是一种彻底的觉悟,一种对于主义、对于民族的信仰。

(二) 传记之应用——有了人才,而后又言实施。民众崇尚实际,不信空谈,所以推广农桑,重在表证;传教布道,首说感应。你对他们说"烟赌之害",一二三四,起承转合,说得天花乱坠,他们至多也不过这边耳朵进,那边耳朵出。但若编造一个惊心动魄的故事,为之叙述,他们所得的印象,必定较理论为深刻。不过,讲述历史,以其材料过于繁复,每易流于偏枯,变成一堆无意义的事实。故它的要点,在于能够传神,把历史当作一线相承的活的东西。在历史上看见人类的行程、争斗和其他活动,从上古到现代,不过是一种时间的迁流,中间不曾间断,也将永远不会间断,所谓现在仅是历史的一阶段,使他们明白自己在人类生活中的地位。要达到这目的,最好从伟大人物的传记入手。不但因为传记最能传神、兴趣最浓,也就因为历史上伟大人物的言行和现代的生活最为关切。大众读了伟人的传记,可使他们认识时代,计划将来,眼光放大，生活充实。先民的遭际，可使他们同情；伟人的经验，也是供他们取法。至其实施之具体方式：(1)讲述。在文盲充斥的今日中国，用文字作宣传的工具当然不及活的语言来的有力。讲述历史的故事，并不限于民众集会的时候，民众学校自定列入课程，茶楼酒馆也应按时讲说，此外在茶场、在农田、在街头、在巷尾，凡有三五民众聚集的地方，趁着他们休息的时候，都可以和他们谈谈乡土的故事或名人的史迹。最好能用传道的方法，教民众互相转述，收效当更迅速宏大。不过，讲述历史有两个重要的条件：第一，要真实，不掺入偏见，不说什么谎话，只把事实的真相忠实地介绍给民众，让他们自己去下判断；第二，要生动，不仅叙述个人要绘影绘声，生动活跃，即述全史，也要把它当作一个有生命的人类故事，才不致使听众感到没趣，才能发生伟大的效力。(2)表演。语言的讲述，究竟还有一层隔阂。倘能用戏剧的形式把过去的故事具体化，把历史搬上舞台，感动人的力量当更为深厚。故在纪念日或其他民众集会时，多多排演民族英雄的故事，演员当然不限于工作人员，民众肯上台扮演，尤为佳妙。这比之于无聊的双簧魔术等，意义深长得多。(3)访问。讲到乡土历史或先贤事略的时候，可率领民众举行访问先贤故宅、祠墓、遗像、遗物等，对着实物，讲述若干年前的故事，听众必能得更深切的观感。(4)图表。为便利说明，帮助记忆计，有时须应用照片、图像及地图、统计表之类。此项图表，现在各民教机关多有悬挂，但已变成装饰品了。例如浙江省立图出版之《名人像传》，各地多用镜框悬诸壁间，若执之以问各该机关人员，究有几个能说出个人的生平事迹，本身未能了解，如何教育民众！我们须得充分利用图表来实施历史教育，却不可把它专作装潢。

最后，关于传记的创造，与人才的训练有同样的重要。传记文学在欧西已放一异彩，名著林立。而我国历来文人所作家传、别传、墓志铭、神道碑等，大多失之华藻或过于简约，实在很少够得上称为完美的传记。现在要想实施精神教育，此种生动的伟人传记，正有待于文史学家共同努力！

（原文刊于《浙江青年（杭州）》第 3 卷第 7 期，1937 年）

历史教育要普遍化

孙克刚

中华民族遭遇到历史上找不到前例的危机,这种危机,不是少数人的力量所能挽救的;挽救整个民族的危机,必须全民动员。然而,在现在,能够感觉到亡国灭种的惨祸快要到来的人,究竟是少数;大多数人还是迷迷糊糊没有这样的感觉,甚至于还有人说:"中国也好,××也好。反正只要咱们有饭吃就得啦。"因此,在全民动员的过程中,先决问题,乃是怎样启发大多数人的知识,使他们知道亡国灭种的惨痛和中华民族的危机。解放了他们过去的迷信,克服了他们过去的顽愚,改变了他们的头脑;使他们有了新的认识,然后才可以引导他们,组织他们在全民的抗战中,发挥伟大的力量。

因此,中国目前最严重的问题,就是大多数人的教育问题。

"经子通,读诸史"。中国的教育,向来是偏重历史的。本来历史教育在教育中占极重要的位置;因为历史是帮助我们了解过去、支配现在、计划将来的科学。放大一点说,历史可以使人民对于本国的过去、现在和将来有共同的认识、共同的了解和共同的希望。因为历史在教育中所占的位置如此的重要,所以我主张历史教育要普遍化。当然,我们不应当把历史当作民族主义的工具,但是在这民族存亡之秋的中国,我们得要借它来启发大多数人的认识,使它担负起救亡图存的重大使命。

因为教育权附属于经济权之下,中国的教育,向来是为少数人的独占教育。过去的历史,只是些帝王家谱,与大多数人的生活相去太远,文字又十分难懂,一般人没法去学,他们仅能麻木地从独占者们的支配下得来一些完粮纳税的历史教育,因此造成大多数人意识的落伍。很痛心的,就是前面说过,大部分的中国人,还以为亡国和他们没有关系呢!

现在民族的危机,更一天一天地迫切,我们应当加速马力把全民的意识组织起来,成为一个铁坚的团体,来争取我们中华民族的生存,来保卫我们中华民国的国土。全国负历史教育责任的先生们,我们应当怎样使历史教育普遍化。我们诚恳地希望你们的指导,供给我们的意见,我们共同担负起历史教育的使命。

(原文刊于《历史教育》1937年第1期)

通俗读物编刊社的自我批判

向林永

本社运用旧瓶装新酒的方法，创作通俗读物，虽已有六年以上的历史，虽无时不在检讨自己，但最近审查新刊读物二十八种的结果，却仍有许多的缺陷错误。除一面将此等自我批判的内容，在工作上尽量克服以外，并公布于此，藉求文化界同志更进一步的指正！

一、内容方面的两种缺陷

自卢变发生后，本社即以现实性的抗战故事为创作主题。但此时期编刊的读物内容，几乎全为抗战情绪的鼓动，至于抗战以来的经验教训，则甚少乃至没有反映到读物中来。今年一月间所举行的第一次读物审查，即以纠正这种缺陷为唯一的目的。经过了这次的审查以后，对新刊读物，逐一加以订正，所以在读物中，便已渗透了政府抗战到底的国策、战术战略的检讨、经验教训的运用，并由巩固与扩大精诚团结统一抗战的战线，而争取国家民族的最后胜利等一贯的观点。这种质量的提高，诚然是不可否认的。然而，我们第二次审查的结果，认为这些读物，在内容上至少尚有下列两种重大的缺陷：

第一是缺乏敌人国内危机的分析，与敌军政治工作的提倡。新刊读物中，凡是提到敌人侵略我国原因的时候，照例是"日本军阀无人性"或"东洋小鬼太凶残"等空洞而错误的抽象词句，除了好洋鬼子一种而外，均未能将敌国法西斯军阀统治的本质——由对外发展和缓内部政治危机的基因，加以具体而深刻的描写。而且，敌人此次侵略我国，虽一面利用着强制的征调，一面施行了军国民教育的麻醉，将士兵驱到了前线。但是，不惟在国内引起了巨大的反战运动，即其来华的士兵，也形成了厌战悲观乃至生趣斫丧的趋势，因而便表现了兽性的奸淫抢杀与战斗力的削弱。在客观上，不惟敌人国内的反战运动，为中国抗战的友军，即深入我国腹地的敌军士兵，也有用政治宣传使之从速觉悟，共同打击敌人的可能与必要。然而，我们新刊的读物，都未能对此点有充分的把握与运用，宁是在狭义的报仇主义心理支配之下，误将日本兵士与日本军阀混为一体。例如《血战卢沟桥》第六版中，曾云："鬼子真稀松，个个是狗熊，跪在地下把爷称。我军动了性，刀下不留情，一刀一个血窟窿。"（第七版已改订）其他各种，亦不免在字里行间，流露出同样的精神，使人读后，会认为日本军阀的对华冒险，也是以其民族统一战线为基础的，会认为我们是以日本全民族为敌人而抗战的。这种思想，不惟违反中山先生的民族主义的真精神，而且会加强敌人军国民教育的力量，降低俘虏觉悟的可能性，阻碍两国革命势力携手合作的实现。

第二是缺乏民权主义和民生主义的宣传。本社自成立迄今，即以宣传民族主义为主要任务。这一点本来没有什么不对，尤其是在抗战期中，抗日高于一切已成为国人共同遵守的最高原则，着重民族主义的宣传，更属必要。不过我们应该了解，三民主义是一个连环性的体系，八九个月以来抗战的教训，在在证明必须使民族主义在民权主义与民生主义的规定之中，然后才能顺利地达到目的，即必须以民权与民生的同时实现为条件，然后才能保证抗战的最后胜利，才能使抗战与建国获得合理的联系，才能在抗战的过程中建立起独立、自由、幸福的三民主义的新中国。这虽是简单而明白的真理，而国人对于此点，却正缺乏着正确的认识。观夫一般文化界关于民主、民生与抗战的关系问题的争论，即可了然。知识分子尚且如此，一般国民对此问题认识的不足，更何待言。然而，试统计一下我们的读物内容，前后编刊达三百余种，就中只有《新绿荷包》《大战平型关》《丁方上前线》及《王大鼻子闹戏园》等四种，略微谈到了民生改善与抗战胜利的关系，至于民权主义与抗战的关系，则完全没涉及，这不能不说是一个严重的缺陷。

上述这两点缺陷，同时存在在我们的读物之中，实在不是偶然的现象。因为抗日而注重与日本民众联合，及求民族主义实现而同时宣扬民权主义与民生主义，正是三民主义的民族主义一贯的中心思想。只要我们对于这种中心思想缺乏全面性的正确理解，必然要在读物内容上同时产生上述两种缺陷。这种缺陷，用文艺学来说，就是创作方法论的把握的不足；用政治的术语来表述，就是对于抗战基本形式缺乏科学的认识。

本社的新刊读物，在内容上虽然有这种严重的缺陷，然而，这决不是说今后每种读物，都要加入表现这种内容的具体语句。这里的意思，计有下述两点：（一）今后应以这种思想的内容，作为把握创作主题的方法论，在这种理论的实践的立场上，来观察、分析、认识并创作一切的抗战事业；（二）对前此新刊读物，作第三次的审查，充分纠正其理论的实践的立场，并修正其违犯此种精神的语句。这样，使其成为健全的抗战三民主义读物。

二、形式方面的两种缺陷

运用旧形式创作通俗读物，无论在理论上或实践上，均是目前争论的中心。关于理论方面的检讨，此不多赘，兹仅就创作的实践方面现存的缺陷，分述如下：

第一，对于运用多样性……地方性旧形式的准备不足。我们过去所运用的旧形式，在数量上几乎纯粹为北方的形式，以此来适应本社目前工作环境（武汉）并求本社工作的普及，显然不够。我们发觉这种缺陷，远在今年一月间，即在西安时代，就已经决定了要运用陕西的民间形式，从事创作。当时不惟有这个决议，而且在文化人座谈会上，也征求过关于此项工作的具体意见。到武汉以后，所订的二、三两月的工作计划，又规定要以今后二分之一的读物，用华中、华南的民间形式来编刊，此外并决定对前编读物，择其优良者改编为华中、南的形式。但是，我们如何才能实现这个正确的计划呢？聘任熟悉华中、南形式的作家为本社的特约编辑，自然是迅速而有效的解决途径。不过，除此而外，尚有更基本的准备工作，均未充分展开。即（一）学习华中、华南的方言土语;(二)有组织、有计划地研究华中、华南的土腔小调及民间剧的特殊形式构造;(三)对华南的形式,作有系统的调查与整理。只有如此,才能使我们的读物,普及全国的乡村、全国艺人的演奏。

第二,对于旧形式的运用,缺乏法则性的把握。所有的旧瓶装新酒怀疑论者,几乎都要提出旧形式为靡靡之音,而斥之为封建性的范畴,与抗战救亡的民族解放的伟大雄壮的呼声,决不能相容。这种观点,虽系出于对旧形式估计过低的错误,但是,旧形式的小调——如山歌、情歌等,也确乎不免于靡靡,并与其内容存不可分离的关系。不过,这只能证明旧形式批判的运用之必要,而不能作为否定旧瓶新酒创作方法的理由。此所谓批判地运用的执行,首先就是要求出新旧读物的内容与形式的对应关系的法则。求得此种法则的意义,就是一方面可以尽量发挥各种形式的积极作用,一方面又可以加速扬弃旧形式的过程,而同时也可以提高读物的文艺性以强调其宣传力量。过去本社虽曾出有仿孟姜女寻夫、贤人劝夫、王二姐思夫的新孟姜女寻夫、新王二姐思夫、新贤人劝夫,内容与形式相对应一类的读物。但对旧形式加以分类的研究,意识地加以应用,则仍未注意。例如用桑园寄子作战时儿童保育的读物,用孟姜女作抗战期中兄弟妻子离散的读物,用秦琼访友作慰劳战士的读物等等,都没有什么牵强附会的毛病。但是,如果用打牙牌写滕县血战或南京失陷或郝梦龄抗战殉国,用哭灵牌写庆祝台儿庄大捷,无论技术上如何纯熟,总难免令人有观手持哀杖跳华尔兹舞的不舒适的感觉。为什么同样运用旧形式,而产生出相反的结果呢?这是因为前者符合于内容与形式的法则,后者违犯了这种客观的法则原故。但是,能求出某种形式与某种内容相对应的具体法则,据此而建立起旧瓶装新酒的几条基本公式,实为本社应有的历史课题。然而,本社对于此方面的研究,则完全缺乏目的意识性的推动与成果,殊属重大的缺陷。

三、技术方面的缺陷

我们的读物,在技术方面所表现的最大缺陷,就是千篇一律。这和一般文化界抗战初期的作品中的"救亡八股",有共同的根据。例如《赵登禹南苑殉国》(已停印)、《郝梦龄抗战殉国》(已订正)、《收商都》(已停印)等读物中,差不多都先将抗战以来的大事件,平列地叙述一过,然后才折入本题,而且竟有占全书比重四分之一以上者,关于主题的深入而具体的分析与刻画,反而十分缺略。如果有人能将我们的新刊读物,通读一遍,必然会有疲倦单调的观感,这无论在民众的阅读与演奏上,都要降低其作用与效力。但是,另方面,我们新刊的《抗日英雄苗可秀》《王大鼻子闹戏园》《大战平型关》《好洋鬼子大战天津卫》等读物,则已经摆脱了这个低级的阶段,而迈进于宣传性与文艺性合一的境地。同时,这几种读物,也正是博得社会好评的代表作品,可见社会是公正的批评家,而我们今后的创作,即应尊重社会的指示。

四、结　语

本社大规模、有组织地审查读物,至今只有四个月的历史。在这四个月中,共审查过两次,第一次是今年一月间在西安,第二次就是在武汉这一次。这两次审查的结果,结论完全两样,即第一次自我批判的内容,是要使情绪的鼓动与抗战知识的传达,结为一体;而此次(第二次)的自我批判,则以巩固创作方法论的立场,充实具体经验、教训的活泼运用的能力,以及争取政治宣传与艺术价值的合理的统一。客观地讲来,我们在这四个月内读物创作上的进展,固不可谓为不大;然而我们应该知道,这四个月内抗战胜利的收获与教训,则更其宝贵、丰富。最后,我们愿努力将此等收获与教训,完全反映到今后编刊的读物中,来供应抗战的兵士、大众的精神食粮的需要,实践历史所赋予我们的神圣课题!

(原文刊于《抗战文艺》1938年第1卷第3期)

对于普及历史教育的一个建议

康伯

近年来研究国史的人，日多一日。大家都用新方法去从事于档案的整理、古籍的考校、金石的鉴定，以至于地下的发掘。鸿文名著，层出不穷，考古论今，几成风尚。可是研究愈专愈深，问题愈分愈细，学问愈精，便与民众离开愈远。十年来国史的专门研究，虽有长足的进展，而历史的普及教育，却仍是毫无进步。

欧美诸国史学界的专门研究，同一般民众的历史常识，是水涨船高，同样进步的。一些乡下老太婆们，对于中古的钞本、埃及的纸卷、希腊的陶器、罗马的石刻，乃至史前的石斧、兽骨的化石，都鉴赏赞叹，视为珍宝。他们真能借历史的知识，去发思古之幽情，坚民族之自信；用历史的教训，去定言行的是非，作人格的培养。所以欧美史学专家的努力，是直接于社会有益的。至若我国，则至今士大夫阶级中，尚有人公开诋毁历史为无用之学。我们还能望那田父野老不把化石磨成龙骨卖，贩夫走卒不撕古画包花生吃吗？一般民众的知识如此，那历史的专门研究，纵有进步，试问于国何补？于人何益？

一个民族的形成，全是历史的力量。所以民族意识，只有历史教育可以培养出来。我国的史书，汗牛充栋，然而没有一部是以民族观念为中心的。今日知识阶级中，不少做汉奸的人，未尝不是缺乏正当历史教育之故。现在全国教育界人士，惩前毖后，已在各级学校中，注重于改进历史教学方法。亡羊补牢，或犹未晚。但是四万万五千万人中，究有多少能受学校教育？征论那些历史教科书缺点甚多，纵令尽善尽美，也不是一般民众的读物。这占中国人口大多数的失学成人，都没有一点历史常识。他们不知国家的来历，叫他们如何爱国？他们不认识自己的祖宗，叫他们怎不认贼作父？是个极严重的问题，实是有教育责任的人们所应当刻不容缓，想法补救的！

今日牧竖野叟，大半知道《三国演义》，而不少的学士大夫，反未曾看过《三国志》。这可证明正史的力量，远不如小说，更可证明我国民众之富有历史兴趣，决不在欧美人之下。今日江湖好汉之尚有忠君敬长的观念，与任侠好客的义气，大抵皆这一类的历史传说所养成。因此我认为编制国史演义，实普及历史教育之最好办法。自武王伐纣，以至洪杨革命，大多数的朝代，本都有稗史演义，流行民间。惜乎这些书都是立言无宗旨，取材复乏识见，其无教育上的价值，毫无疑义。现在若能揣摩群众心理，运用通俗文笔，慎选史料，另行改编，则其流传之广，将使洛阳纸贵；其教育效力之大，定可速于置邮而传命。

演义的内容，应特别注意下列诸点：

（一）以培养民族意识、激发爱国情绪、阐述固有文化为宗旨。一切人事与此有关者，虽微必录，若与此无涉，概可不书。

（二）克若斯（Croce）谓"一切历史都是现代的"。这话自史学专家看来，诚然失之稍偏，然若用作我们编纂历史演义的方针，却是合用。因为我们是想教人考古以知今，不是要人仅仅知古就算了事的。所以选择材料，应全以现代眼光为准绳。一切古代的制度文物、风俗礼教、军旅征伐、农工食货，以及平民生活的状况、民族转徙的经过，凡可以使我们明了今日的中国者，都应忠实地记出。其与今无关之事，纵令它本身极有价值，终是无补实用，概可删去。

（三）复兴民族，固应发扬祖德。但同时宜使民众了然于历史的进化性，打破他们今不如古的错谬观念，以增强民族的自信力。我们要使人人具有"舜人也，予亦人也"的气概，才能使人人实行那"无忝尔祖，聿修厥德"的教训。往日荀卿法后王的政治主张，若借来作我们历史教育的方针，是不错的。

（四）现在的中华民族，是合汉、满、蒙、回、藏、苗、瑶而成的。我们讲历史，万不可提倡狭隘的汉族主义，冷落他族，使人生恨。应极力设法，造成一各族共同的历史，使满、蒙、回、藏、苗族的人都自觉他们不特是目前与我们休戚相共,将来同我们共存共荣,就是以往,也是早成一家,相依为命。必如此方能各族团结,表示出我们整个中华民族伟大的精神。所以我主张对于宋、元、明、清嬗递之际的叙述,应该用英国史学家记载诺曼人英(Norman Conquest)的态度,切不可视元、清两朝为蹂躏中国的蛮族。这种历史观念,只可用于三十年前发动革命的时期。若今日仍然不改,则不独使满、蒙切齿,且足为日寇张目;不独令回、藏寒心,且足使汉族短气。我们现在讲历史,要使一般民众都明白,且深信中华民族是一个与天地长存、永不衰老的民族。他同外族接触,是如冰山之受霜雪、河海之纳细流一样。冬季寒风凛冽,天地为昏,那不足以摧冰山之坚,而适足以增高其高。夏日洪流奔放,怀山襄陵,那不足以损河海之用,而适足以成其深。往昔蛮夷猾夏,豕突狼奔,那不足以侮我伟大悠久之中华民族,而适足予我一种新力量,而增益其所不能。孔子立论一向严夷夏之辨,他自命殷人,但是不学那武庚,跑回老家的宋国,去作独立运动,而偏把"吾为东周"作其政治目的。这种巍巍荡荡、无所不容的态度,才是我们真正的民族观念!若反乎此,就不是提倡民族主义,而是破毁民族主义了!

(五)历史教育的目的,在发扬民族以往的光荣,好使民众激扬奋发,去作那飞而食肉的英雄;不在形容民族过去的耻辱,叫大家唏嘘流涕,去追悼那肉袒牵羊的降王。所以应该尽量敷陈那东征高丽、西伐鬼方、南标铜柱、北铭燕然一类的伟绩,不要描写那太王居邠、白登被围、琵琶和番、青衣行酒一类的痛史。凡吾国政治、经济势力,同学术、思想影响,达到四裔的情形,俱应详加叙述,使一般民众确信我中华民族在亚洲的领导地位,同其对于世界文化上的重大贡献。至若石敬塘、秦桧、洪承畴一类的人与事,尽可轻轻带过,不必加以细述。因为明耻固可教战,哀兵固可致胜,然而耻与哀都是有限度的,耻深则辱,哀极则伤,辱重便气馁,心伤即志夺,刺激太过,就会麻木不仁,没有勇气去谋报复了。所以我主张提及国耻,务宜审慎,只可采用勾践一类的故事,切不可叙述那称儿皇帝一类的大辱!

(六)只应表彰民族的美德,不必暴露民族的弱点。书中应满载那成仁取义的事迹,同特立独行的人物,不要以寡廉鲜耻的言行,与大奸巨猾的姓字，污辱篇章。因为世上抱"不能流芳，便当遗臭"之见的人颇多，我们若是专为奸邪，遂其遗臭之愿，未免无意地鼓励恶人。假使人尽知长乐老之富贵寿考，必有人愿做汉奸；人尽知魏忠贤之威势显赫，必有人肯为太监。书籍流传的影响，是往往可与作者原意相反的。一般人读"天堂之失"的诗，每服魔王之英武；看武松杀嫂的戏，多叹潘金莲的遭遇，可见文人的口诛笔伐，在教育意义上讲起来，远不如隐恶扬善之有效。

（七）提倡固有道德，以为民众准则，本历史教育目的之一。然而先民矩矱，未必全适宜于今日。我们若昧于时代精神，对于一切封建社会的礼俗，漫无选择，概加赞扬，则是食古不化，其害必大。例如埋儿之孝、殉夫之节、抱柱之信、犯禁之侠、明哲保身之智、唾面自干之让、无为人先之慎、布被脱粟之廉、不议不知之忠顺……如此等类的故事，皆迹似实非，不足为训，岂我们今日所宜闻？昔孔子不因麻冕合礼而复古，反慕文教的郁郁而从周，这样圣之时者的态度，是我们应当取法的。

古今来无数草泽英雄，本其不羁之才，发为骇俗之行。其失意时，往往拔剑斫地，披发佯狂，薄汤武而非周孔；一旦遭逢时会，叱咤风云，则更率性而行，目无余子。他可以对客洗足，溺人儒冠，他可以六博遗日，丝竹达旦，甚至可以分太翁之杯羹，命子妇以入侍，初未尝以不守礼法而损其霸王之业。及其削平群雄，混一六合，乃深惧天子之不尊。畏他人之继起，辄内用机心，外饰仁义，引用叔孙通式的陋儒，作朝仪，定礼制，以明天威而慑英杰。他们巧取古圣之遗言，以谋便一人之私利，不用礼以克己，而偏用礼以防民；不施教以去人之惑，而反藉教以锢民之知，以礼教为桎梏，使英雄入彀中，必令民气消沉，而后可成其子孙帝王万世之业。这专制帝王愚民的一套老把戏，是今日讲教育的人所应当大胆揭穿的!

（八）须以近代眼光，尚论古人。譬如说当诸葛武侯，我们应该尽量表彰他那自比管乐的胸襟、淡泊宁静的修养、内无余帛外无余财的品行、鞠躬尽瘁死而后已的勇气，尤其是那法治的精神，同五月渡泸、勘定西南的伟业。至若那六出祁山、逐鹿中原的战事，倒用不着细述。又如商鞅之变法图强，秦始皇之统一中国，汉武帝之拓边，张江陵之图治，都功在民族，应加颂扬，万不可仍用腐儒迂见，加以诋毁！就是如曹孟德、王荆公诸人，其政治眼光，亦属超越常辈，我们也应略其小疵，表其大业，以纠正一般传说之误。甚至如王莽之新政，杨广之建设，也未始没有可取的地方，亦不必概行抹煞，目之为穷凶极恶的人。

（九）演义自然须以人物为中心，况且高山景行，也是历史教训的一种意义。但是教育的最高目的，是在使人皆可为尧舜，不是叫人人都待文王而后兴。如加耐尔（Caieyle）的伟人历史观念，是过偏之见，不足采取的。莫为之前，虽奖不彰；莫为之后，虽圣不传，人之成名，大抵如斯。就是那师表万世的大成至圣，尚且思想不外宪章文武，言论处处述而不作。何况其他一切际会风云，为时势所造成的英雄咧？所以演义应特别着重时代的精神。同一切社会内潜伏的力量，与平民的运动，不可称颂个人太过，使民众觉得他们是天人，是救世主，而妄自菲薄，痴等那真命天子的出世。

（十）信仰自由，本我国固有精神。各种宗教之由西东渐，我国俱会先后加以相当的接受，同合理的利用。但是这些文化的渊源影响，非三言两语所能了，也非通俗教育之所需。至若那慈悲博爱的大道，齐物我、泯恩怨的深理，更非一般人所都能领会的，尤非普通公民所必知的。反是那祸福的迷信、神道的假设、不自然的教仪、反科学的武断，最足以使无学者受惑，不智者入迷。我们若加以提倡，则是以术愚民，非仁者之用心；若施以辩驳，则是舍本逐末，非知者所宜焉。从前孔子见及于此，所以学生不语怪神。我们社会教育的目的，在使民众知生，并不要他们知死。我们的历史，是入世的，是有民族性的，不是无国家观的，所以我们编制演义，对于宗教问题，应学我们民族圣人——孔子——的态度，一字不提；不必抱印度的佛脚，也不要画西方的十字架。

再我国蒙、藏两族，尚都信佛；西北回族，素宗可兰，晚近北方民众之皈依天主者，实繁有徒；而东南诸省之信仰新教各宗者，又颇有人在。只以向有宗教自由之精神，故能各信其所信而相安，各宗其宗而无妨。这样涵盖一切的度量，正我民族伟大精神，高于世界上任何其他民族之处。司教育之责者，应从而发挥光大之，更复何疑？至若政治方面，本着"因民之所好而好之"的态度，偶尔利用某种宗教，以为执行政务的方便，自无不可。不过全国一致的民众教育，却绝对不能属于任何宗教，有所偏袒，有所褒贬。否则一教势伸，他宗群忌。讲大乘，则回族必起反感。倡清真，则蒙、藏势且生疑。推崇新约，则将失大多数满、蒙、回、藏人民之心。主张新教，则并天主教徒，亦将自觉不安。有一于此，俱足引起流血惨剧，使往日欧洲政教之争，复见于今日的中国。如并一切宗教而悉辟之，则陈义过高，民难尽晓，非徒无益，而且有害，唐武宗之毁寺，徒扰百姓；韩昌黎之辟佛，空受讪笑。讲历史教育者，正不应如此昧于前车之鉴啦！所以为团结民族、安定社会计，在目前民智尚未开发的时代，民众教育对于宗教问题，总以概置不提为最妙。

以上各项，是不佞对于编制国史演义之标准的商榷。偶有所感，率而陈词，大雅君子，幸恕狂愚！至若演义的体例，应该如何，当别为文论之。

(原文刊于《教育通讯(汉口)》第 2 卷第 11 期，1939 年)

西洋历史与公民教育

万九河

文化乃指人类调适环境的生活方式，各民族之环境不同，其生活方式亦随之相异；换言之，各民族之文化常因其环境之变化而有不同。文明的民族固有其生活方式，野蛮的民族亦有其生活方式。哀斯企摩人以冰块筑舍，以骨船捕鱼，颇见巧思。新几内亚人弯竹作架，容蜘蛛结网于上，径大六尺，能承一磅重之鱼。由此可见各民族之文化虽有高低之分，然皆为调适环境而产生之生活方式。今全世界之文化，除少数落后民族外，实可别为两大干流：一为东方文化，以中国为中坚，其精髓为忠孝仁爱、信义和平；一为西方文化，以欧洲为主体，其实贡献乃希腊之真善美、罗马之政治法律、基督教之和平仁慈、骑士制度勇敢忠信及近代科学思想之成就。窃以为世界合作，实以人类在文化上互相了解为其基干，近代东西之接触日臻密切，而文化之交流亦益加繁殖，但吾国人士研究西洋文化者，多作介绍性质，而稀有批判态度。西洋文化之演变，俱载于其史，惟国人研究西洋史多注重政史之叙述，而学理上之探讨及其与中国教育上之意义，则少谈及；长此以往，恐西洋史在中国学术中，不但成为毫无意义之点缀品，且将完全丧其在中国教育上之价值矣。笔者特为是文，以阐明如何应以批判精神研究西洋史并配合我国之公民教育训练焉。

一、文化原理之探求

（一）自然环境之影响。人类文化之进展，一受自然环境之影响，一受社会环境之影响。英人巴克尔认为文化进展之主动力，为土壤、食料、气候三大要素。东方文化之分布常限于土壤膏腴、食料充足之地区,埃及、巴比伦、腓尼基等地之古代文化,实皆因其土壤、食料条件之优越也。至于瘠确不毛之地向为粗悍流浪之种族所繁殖,生活贫困,向不能自拔于野蛮之地位。观郑所南《心史·大义略序》,可知蒙古人原为居于沙漠之草昧民族,其生活之野陋亦云甚矣。而《马可波罗行记》述元代都城之雄威,宫廷之壮丽,则极口称赞,誉为并世无两。盖郑氏所讥者,蒙古草昧之风;而欧人所观者,元代极盛之世。当时汉族文教制度,远轶鞑靼,故深恶其野蛮;欧洲文化制度,不及中国,故大惊其宏伟也。蒙古人以漠北民族南侵,据中国南亚之肥饶平原而后始能创建其政制,发扬其文化,其原因固以受华夏文化之熏染,但设非中国有肥腴之土壤及丰足之食料,即蒙古来统治中土,亦绝无偌大之经济力以成就其隆盛之文化。

> 同样的在阿剌伯本国的阿剌伯人,因土壤之绝对干燥,永久不脱为粗悍和不开化的民族,因为在他们这种情形中,和其他情形一样,愚蒙总是赤贫的结果。但在七世纪时,他们征服波斯,在八世纪征服西班牙最富饶部分;在九世纪征服旁遮普,最盛时几罗盛有印度全部。他们在这新的居留地建了国家以后,民族的性质也似乎起了极大变化。他们在本土时,不过是飘流迁徙的野蛮人,现在呢,开始能积集财富了,因此在文化学术方面,也才有些进步。在阿剌伯,他们不过是流浪的畜牧种族,但在这新的居处,他们变成了伟大帝国的创立者,于是建城市,立学校,集图书,而他们所遗留之权力底痕迹至今尚能在科尔多巴巴达和德里看出来。(巴克尔《英国文化史》)

西欧中古称为黑暗时代,但同时回教帝国却正是一个文化最进步的区域。诸种事实,皆所以证明文化之进展,土壤、食料实为二大因素,但在欧洲,文化之进展,则气候之影响特别显著,盖以欧洲位于北温带,适当北大西洋西风之冲,使西欧有一种非常有利之气候,以及舒爽之天气,而可增大工作者之能量。东方开化虽早,然仍不能谓为厘然灿备之观,欧洲文化之进展,则以人力之运用,厘于全世界领导者之地位。故塞普耳云:"气候乃动物界与植物界之商品之生产、分配与交换之根基,影响农业方法与各种实业中人类劳动之效率。故气候乃文化之开始与演进中之一种有力因素,但使此与经济上之发达并驾齐驱。"以此而论,吾国土沃食足,复有优良之气候(吾国位季风带,多季虽属大陆性气候,但夏季则属海洋性),故若埃及、巴比伦、腓尼基等地之古文化,仅为历史上之陈迹,惟吾国之化文进步,则未尝中衰。我国既在自然环境上有此先天的优越条件,则应如何奋发策励,体念先圣先哲之创业艰难,努力于吾族历史之连续,及文化之发扬,使吾族之文化曦光,与今日西方之文化遥相辉映,东西媲美,此则吾国人民每人应有之职责与信念也。

（二）社会环境之影响,造成文化个性之条件,除自然环境外,复有社会环境之影响。喀莱尔在其名著《英雄崇拜》中提出英雄造时势之主张,谓人类文化各方面之发端与进展均赖少数伟人之倡导与推动,多数民众常在随声附和。苏格拉底之格言、训条,后人闻风景从,言行奉为圭臬;亚理斯多德之思想著作,世人诵读注释,尊为知识宝库。卢棱之论文乃使文明有礼之法国为之狂乱者凡六十年,马克思哲学竟致使资本主义之经济制度发生动摇。以莫利哀之倡导,妇女均着长袜相尚,以斯特劳柏勒之倡导妇女又改短袜。以鲁本兹之描绘,妇女均宽大其臀部,及洛塞特喜窈窕,妇女饰以弱不禁风,一若患贫血病者。可见文物制度、风俗习尚,常按伟人之倡导指示,而造成一时代人民之特有生活。另一种观察,乃为时势造英雄,伟人完全为时代之产物,托尔斯泰在《战争与和平》中,已提出此种意见。历史之原动力为多数民众,民众之努力造成每时代之政教文化。所谓英雄不过是顺承民众之大势所趋而为人类之成绩代表而已。霍卜特曼将诗人比为随微风而颤动之风琴,正是此意,以每人之感觉亦犹风琴之能颤动,但只有诗人之琴弦始能发生出声浪,传达众人之耳而使人了解。依吾人观之,英雄与时势乃为互相表里之两面,英雄能造时势,时势亦能造英雄。假如一个时代,无英雄产生或领导,则为一种病态。中国如无孔、墨、庄、老等哲学家,中国学术不会如今日之辉煌。俗语有一句说得有趣,"山中无老虎,猴子称霸王",阮步兵登广武,曾发"时无英雄,遂令竖子成名"之叹!一个国家民族到了"猴子称霸王",或是"竖子成名"的时候,他的文化水准也就可想而见了。由此可知英雄崇拜未可厚非,因为敬慕圣贤而发生向往之心理，个人能上进，社会能改良，文化能进展。但另一方面，吾人又反对盲目之崇拜，以其往往酿成极大之灾祸或流于发展奴性之危险。法国大革命时期，拿破仑为保护法国之共和制度而以武力击败欧洲联盟，继则为传播一平等自由思想之传播者，当时确为法国人士崇拜的偶像。但其结果拿破仑竟变为大权独揽之专制人物，法人为其不正确之荣誉心所支配，而盲目崇拜，致使拿破仑帝制自为，"为征服而征服"致使欧洲蒙受战祸者数年，而拿破仑终不免滑铁卢之大惨败，此可谓盲目崇拜英（按：漏"雄"字）之一例也。

二、研究现代文化之渊源

（一）研究人类文化演进之迹。进步是人类文化生活特有的现象。人类能从穴居野处而发明居室以进于楼屋宫殿，从茹毛饮血而发明烹调饮食，从男女关系发生家族伦理，从宗教部落而进至民族国家，发明文字，产生政治组织，使人类文化不断地进步，此各种民族文化演进之步骤。但各民族常在文化演进中均有其独特之优点，故高登卫塞云："世界文化中，其成就确有价值冠绝一时者，固不仅吾人文化已也。"西洋文化既为近代文化主干之一，且文明制度已为若干国家所采用，而我国受其影响亦大。例如民主制度，原起于中古时代英国之国会，经过美国独立及法国大革命，旧有之君主专制、封建旧制，已开始被推翻，虽经梅特涅率领神圣同盟遏止革命扰攘二十余年，终归失败，欧洲各国先后采用民主制度。日本亦急起直追，实行明治维新。中国受其鼓荡而有戊戌变法、辛亥革命之举。又如工业革命亦起于英国，而使西方生产方式完全改变，但其结果造成了严重的阶级对立问题，富者腰缠何止万贯，贫者则无立锥之地。另一方面资本主义国家需要殖民地之供养，乃对弱小国家实行侵略，而形成中国近百年来所受之列强蹂躏。苏联革命后复领导无产阶级实行世界革命，二次世界大战以后，美、苏两极端国家尖锐对立，而中国内战亦因之而起。其他如经济制度、政治组织、婚姻制度、法律制度、教育制度、学术思想，均无不或多或少息息相关。造就良好公民即教育之目的，而历史知识实公民资格必不可少之基础。

今日社会制度乃以往悠久各民族文化发展之总成绩,已成为不易之论,故今日公民欲求完全理解其生活总环境,必须探溯其所处世界之一切制度与观念之渊源不可。

(二) 中西文化比较藉悉吾人应有之努力。人类生活有向上进步之趋势,人类对于环境与习惯控制力有日益增进之概念。如古希腊时代人民之生活向以朴素清苦为高。但至今日人类生活因文化之进步,与人类对自然控制力之增加,而极力求其敏捷舒适。古代之希腊人若能在今日之美国,将亲见机器制造物品,耕作无须人工,车无马曳而奔驰,舟不扬帆而浮动,室内无炬而夜明如昼,相距万里而得唔语,定必惊奇万分,俨如投身幻想世界。再以横的观察而言,希腊文化极盛时代,亦为我国春秋战国时代,但当我国隋唐盛世,今日之日耳曼族却仍群居森林沼泽之地,以狩猎战争为职业,生活野蛮,文化低劣,惟时至今日,彼等之文化,尤其物质方面之进步,则远超过我国。人家是用机器、马力的国家,我们是用劳动人力的国家。这次大战的经验——欧洲登陆——每个士兵平均摊到十一吨器械和物资,我们每个士兵则恐怕一支枪外无长物。美国供给三万人在华的军费,据一位负责军事当局报告,可以抵得上我们五百万士兵的薪饷。盟国的军事运输是高速度的飞机、汽车,我们则肩挑背负,手拖骡拉,各时代的运输工具并用。盟国在太平洋岛屿登陆估得平坦地点数小时后,机场即由机器筑成,载重飞机就可降落,我们造一个大机场要征到几十万民工,要半年方可造成。盟国称赞我们的人力,乃是知道我们无机器动力可以贡献,不得已而作此大量人力的牺牲,所以也以最大的同情来作赞叹。若是我国老不觉悟,总是以伟大的人力自夸,那我们真正忘记了,或是看不见,这项人力牺牲的惨痛,这次世界大战的胜利,是专靠人力打出来的吗?

美国在一九四三年的工厂中从事制造的机器马力是六千多万匹。中国本部在战前连外人所设置的一切动力在内,不过六十万匹,而抗战时的大后方总共只六万多匹(以西北五省之大,总共不过九千多匹!),并且是老弱残兵。同年美国产钢八八.八二六.五一二吨,而中国产钢,不过九千多吨,还愁没有销路,一切一切,真是从何说起。(《新民族观》)

美国人平均每三个半人有一辆汽车，公人仆役均可以汽车代步，我们到现在仍视坐汽车者羡之若如神仙，这些可怕的距离，深深值得我们来比较，反省，警惕！历史告诉吾人，人类生活之向上的趋势，及控制自然力之加强至若何程度，即可藉知吾人之文化优点，固不可胜言，但亦有若干部份已落人后，亟待吾人汲长补短，而谋吾人在文化上之知所努力。

三、正确民族意识之培养

（一）何谓正确之民族意识。正确之民族主义，应与大同主义并行不悖。换言之，一民族固应爱护其国家，但同时亦须尊重其他国家，近代文化并非任何民族之天才产物，而乃若干民族经过无数年代共同努力所积累的结果，故每一民族在文化上均有其宝贵之贡献，与历史上的光荣。民族如能感其在历史上之尊贵，固发生不允任何他族之无理侵犯的民族意识，但若能知他族之光荣，则亦知侵犯他族之尊贵为非是，如人类皆能自尊，并能尊人，世界之和平，始克实现，人类相残的悲剧或可免除。德国自十九世纪以来，即高倡德人乃世界最优秀民族之说，时至最近，仍本优胜劣败之理，而以"今日统治日耳曼，明日统治全世界"为其训练青年之根本。此种不尊重他国独立，蔑视他族之狭隘民族主义，徒使民族间增加仇恨，发生战争，世界永无和平可言，大同之治永无实现之期，是以两次发动大战，国家两次残破，此不能不归罪于其教育上之失败。盖一人如将家庭幸福置诸社会道德之上，为一家庭之幸福，而社会受其害，人皆以为非是。但如将种族或国家幸福，置诸人类福利之上，为一种族或国家幸福而使全人类受其害，则吾人亦应同样视为不道德，正犹盗贼劫人之财分诸同党之不道德也。

（二）吾人应有之历史教育。吾国文化虽普被东亚，但对世界文化素持尊重之态度，汉代输入印度学术，唐代尊重西方宗教，明代吸收欧洲科学，均为历史上之显例。惟至满清入主中国始禁止华洋接触以塞汉人耳目，以致对西方政教学术，懵无所知。纪昀以艾儒略《职方外纪》、南怀仁《坤舆图》谈大抵寄托之词，徐桐则怀疑世界除英、俄、德、法、美、日数国外,均为新党捏造,惑乱人意。士大夫既昧于世界大势,清政府复陷于自大自骄,乃至列强先后以军力胁迫,而有中英、英法联军,甲午、庚子战役,创痛巨深,举目矍然,自此满清之颠顶一变而为对西洋之崇拜与恐惧,民族自信心完全丧失。惟自暴者不可与有言者也,自弃者不可与有为也。世界最无出息之民族,即为自贱之民族;最无希望之民族,亦即自馁之民族,此种民族除走向灭亡外无他道,中山先生始大声疾呼,改造此种心理。自贱自馁,固不足以自存,自骄自大亦往往造成民族间之仇恨,今日各民族之文化各有不同,但均为适应环境之制度。中国以孝为至德,父母有疾,亲侍汤药,刮骨医亲,惟冀速愈。巴西土人,若父母老病利其速死,毙而食之,不足为怪,彼等以为如此方为孝。达尔文游南美尝记土人至冬日为饥饿所迫,则先杀老妇为食,老妇既尽,乃及其犬,某游历家尝问其故于童子,童子答曰:"以犬能捕人,老妇不能也。"一民族之生活方式,原皆有其相对价值,任何民族不能以自己之生活为成见,而衡量其他民族之文化。若所有民族均彼此互相敬重,并能自重,则民族主义与大同主义之合流,正为今日吾人所企求之理想世界。

(原文刊于《现代文丛》第 1 卷第 11 期,1947 年)

历史教育与民众

李絜非

中国传统的历史记载和历史教育，当然地以政尚专制之故，是少数握有政权人的事情，而无与于一般民众，更因为"民可使用之，不可使知之"，近人议之为帝王家乘和帝王教科书，实亦持之有故；可是在当时因为环境乃至观念的关系，要亦言之成理，未可厚非，不能以现在环境观念以批判古代，而有所轩轾于其间，是之谓人类的乃至学术的"恕道"。

一般民众的教育呢？当然是少数人乃至士族之家人们的专利品，但农、商子弟除操贱业者外，亦不是没有上进的机会的，则坐于我国有考试制度，无分贵贱，皆得在几部经典中，十年寒窗，一朝扬名，功名既得了，富贵自至。这种投资，在已往是有限的，家有三子，其中之二继续传家之业，余一即可作为争取上流的备员。这是不可必获得售的事，所以亦非小富人家不办。他们所读的书，实在有限的很，以其身在林下，心存魏阙，他日奋功名，为的是佐天子共治百姓，所以即使读史，也是那些帝王家乘和帝王教科书。《啸亭笔记》有记"进士不读《史记》"的一段话：

> 宋荔裳方伯在塾读书时，有岸然而来者，则一老甲榜也。问小儿读何书，以《史记》对。问何人所作，曰太史公。问太史公是何科进士，曰汉太史，非今进士也。遂取书阅之，不数行辄弃去，曰亦不是佳，读之何益，乃昂然而出。此事王新城尚书《香祖笔记》中载之。夫方伯非妄语者也，尚书非妄记者也，世界果有如是甲榜耶？噫！

在那利禄萦心，个人与家族关心侥幸进求的氛围与提倡下，这是无需用其噫叹的。"读之何益",一语破的。设使近世东西之途不辟,中国闭关如故,这种风气和观念,会仍然是视为正统的与高出于其他一切之上的事呢。等而下之的一般民众,是没有机会,也未尝妄想受这种贵族与养士的教育的。他们不论为农、为工、为商,所受的教育是父师的耳提面教,是自己的年事经验,好在相传既久视为天经地义的安于天命的说法和实践,做了一辈子的默默无闻传宗接代的老百姓,倒也罢了。说到历史教育呢,更其是很有限的,当今天子宰相名讳,也许都不知道,何况既往呢?一方面耕田而食,凿井而饮,帝力何有于我;一方面老死不相往来,愚而安愚,官家的事不可问亦不可闻。可是他们终也有一些历史知识的,这些知识主要的来源,是说书的与一些演义唱本之类,放翁诗有云:

斜阳古柳赵家庄,负鼓盲翁正作场。身后是非谁管得,满村听说蔡中郎。(《小舟游近村》)

历史的由来,是故事的传说。荷马是一位盲诗人,叙说他那时候相传的浪漫故事;中国无名的荷马正多呢,拨着动人心魄的三弦,或击着叮咚作响的板鼓,叙述前朝旧事,已往英雄无形中藉以灌注我们传统的文化与精神,《三国演义》《封神榜》《西游记》《包公案》等,作为民间的历史教科书。当乎闭关时代,亦收到羽翼朝政、安定社会的作用,甚而到了国家危机之秋,他们以这些书中的人物作救星,有所谓义和团运动的惨壮的一幕。虽然你尽可以说他是"其智可及也,其愚不可及也",可是发为壮阔无比的波澜,却也使得当时的列强,心存戒心,不敢再谈瓜分中国的事;使得后世的史家,低徊叹息而不能自已呢!

义和团运动,虽属陈迹,而于今尤新鲜地存在一些远见的史家心版上。可是满清和专制政体已废除了将近四十年了,我们的教育以及历史教育,若从全国的范围讲来,改进的地方,简直可以说是甚少。以这样的民众,而高唱全民世纪,既滑稽,且可悲。于是以新的利禄口号为饵,生吞活剥地又灌注以劣等而格格不入的教条与故事;过犹不及,在长期的作用言之,其失一也。中国的民众,真是最纯良不过的了,可是这四十年来苦难重重,非衣食煎熬,即心灵苦楚;易言之,在一端是官吏的剥削与压榨,在另一端是生活的反常与精神的不安,如何导之于中道,即纠正以往时代和观念的错误,而使之出于安定与永久的乐利,同时不失去传统优良的好处,以作者的愚见,教育实为其有用的工具。四十年是错过了;以后的若干年,不应使其蹉跎过去,而历史之为用,在民众教育中,尤应使其发挥力量。

已往历史记载和历史教科书,对于改进国民教育,是无能为役的。在教育普及的前提下,中国历史必得重编,外国历史必得介绍。历史的最大作用是扩大个人或国族的经验,纠正轻信妄从与重视真确事实的精神。今后代替《封神榜》《西游记》的,可不要黄色新闻与神怪诲淫的连环画,和同性质的一些春联壁画,而是一些公正、平等、自由的人和事,以及科学的新知识和新技术。

中国一般民众物质的生活,固已艰窘;精神的生活,尤其俭陋可怜;不则冲决罗网,走上所谓离经叛道的路,其好为之哉,不得已也的十居其十。瞑目一念,中原茫茫,众生芸芸,新的义和团运动阴影,憧憧于心目之上,辄数日不能去怀。史家、教育家于此应发宏愿,以守真不阿、不畏强御的精神,为天地立心,为生民立命。兹偶一吐其所感的大凡,详论请俟诸异日。

(原文刊于《浙江民众教育》复1第3期,1948年)

提高和普及

吴晗

最近，在文艺界，常常谈到一个问题，提高和普及。

我以为不止是文艺界，任何一界，都应当注意这个问题。

经常有青年朋友来谈话，所（按：应为诉）说他们的苦闷。这个不许说，那不许做，这样写不得，那样不愿写，往前走一步不行，停住不愿意，要喊有人封你的嘴，甚至多想想也有人以为你在"意图"什么，几个人在一起谈谈，都是"犯法"的，连教乡下孩子认字都是罪大恶极。那末，青年人能做什么？读死书，读不下去；死读书，也还不到该死的年纪。昧良心，良心不许可；蒙头大睡，睡不着。嘻嘻哈哈，笑不出，甚至大哭一场吧，哭也是犯忌讳的。行动、言论无自由，感情被压制，怎么办？

我的答复是提高和普及，前提是把死的弄成活的。

死读书，何如活读书？读死书又何如读活书？

所谓死读书，一种课业，例如正统派的经济学说吧，光从教几本课本去死读，记得一些人名和专名，一些抽象的理论、庸俗的见解，把它作为应付考试得学分的手段，这种读法是死的。倒过来，从另一角度，从社会发展、思想行进的角度来活读，明古所以知今，你研究这些陈古董，目的是在帮助你了解现实，从旧的知识累积上、经验综合上，从而更容易接受、学习新的事物，这样的读法是活的。

书本，本身是死的，会读的人却可以读到活的书。从狭义说，只要你明白这个最高的原则：求得知识的目的是为了服务。那末，你在学得一种专门知识或技术以后，举一反三，你同时也学会了更多的据有丰富的东西。譬如你懂得了音乐的一切原理,你把它活用,和民间活的歌词配合,创造了新的、现实的、生动的、有生命的、人民的音乐。从扩义说,社会是一本活的书,团体生活是一本更生动有趣有力量的书,在扩义的学习意义下,你不但学会了读活的书,也学会了如何做一个活的人,一个真正有灵魂、有血肉、有正义感、有坚强意志的人。

做活读书、能读活书的青年,前途对他是开展的。生活得有目的,有意义,这种不会有苦闷,更不会有闲情逸致去闹苦闷。

具备了这个前提,便已经提高了自己,可是这还不够,这样的提高只是初步的、个人的。积极的提高应该从团体生活中去提高,向团体学习,从人民学习中去提高,也就是集体的提高。

旧话说"闭户造车,不如出而合辙",用现代话说,个别的、孤立的学习,不如同现实向群众学习。

在团体生活中,广泛地、深入地共同学习,当个别或集体的研究和讨论得了正确的结论以后,这个结论便应该立刻普及给每一个成员、每一个社团。这样提高也就是普及,而普及的基础又必会发生提高的作用。

从普及到提高,明确了青年的认识,认识是与非、好与坏、正义和不义、民主与独裁,不止在形式上,也会从本质上,从每一事物上,甚至每一意识上,认识得清清楚楚。

从学习而得到清楚的认识,不含糊的、绝不模棱的认识的普及,增加了、强化了团结,从而产生力量。

不错,团结就是力量。

如何团结呢? 有共同的认识,才能有坚强的团结,那末,认识就是力量。

如何才能有清楚、明确的认识呢? 得要加强学习,那末,学习就是力量。

如何学习呢? 在团体里学习,向社会学习,向人民学习。

在学习过程中,要共同的、相互的、集体的提高,要共同的、相互的、集体的普及。力量的源泉就在这里。

我要重复一遍:

学习就是力量,认识就是力量,团结就是力量。只有普及与提高,才能增加力量,强化力量。

怎么办？我说只有这样办！

（原文刊于《春秋》第 6 卷第 3 期,1949 年）

抗战历史教育

边疆问题与历史教育

林同济

说起来是"九一八"后,大家都注意边疆问题了!但是吴晗君的《中学历史教育》一文(《独立评论》一一五号)给我们一个惊人的消息:投考清华大学的四千中学生里,能答出"九一八"国难是发生于民国几年者还够不上半数!

我记得两年前在美国,曾听过日本新渡户博士演讲。他便是欧美人士所推许为"日本的胡适"那一位著名的学者。他对美国听众说:"中国一般人就不把满洲当作中国土地看。你们美国人对这次满洲事变,却真比中国人还关心。其实你们可以用不着大惊小怪。中国人本身就不见得真心的惊惶。我两月前曾经冒昧发出预言,谓在两年内中国必定要同日本和好如初。可是我今天也改换主张了。我今天以为两年的工夫太长了。只须六个月,中国就会与日本携手!"我当时听下,大愤此君欺人太甚。中国人虽是素以"五分钟热度的民族"腾名于天下,但亦何至无耻健忘,如新渡户所言!

然而后来事实证明了,新渡户不幸言中了!对我们"官家"的行动,此刻暂且不论,请根本上看"民间"的事实。两年来买日货者是增加一两倍了!问以"九一八",就是那莘莘学子,也瞪目相视,不知其岁月了!嗟乎新渡户,知我者深!

说来也怪极了!中国人记忆力之强,是世界闻名的。我们背诵"诗云""子曰"的本领,早为洋人所拜倒。我们士大夫和太太们打了通夜的麻雀牌,一星期后还可以记着一五一十的牌张,彼此用"心算法"津津地讨论。何以一到了"边疆失土""国难""仇货"……便立刻"言下忘记"呢？

我看中国人恐怕还不是忘记了什么"边疆失土"了。他们脑海里，就"压根的"没有边疆之一物。本来就"没有"边疆，边疆何从"失"？本来就"没记过"边疆，更何从"忘"？

此中毛病，更有进一层者。我们不但"没记过"边疆，而且我们脑袋里所"记"的东西，都是口口声声地叫我们"不要记"边疆！所以讨论中国人对边疆的态度一问题，并不是"忘了"的问题，也不全是"没记过"的问题。根本上乃是"不要记"与"记了错东西"的问题！

数千年的中国教育，就是一个"不要记边疆"的教育。我无以名之，名之曰"反边疆的教育"。我这话并不是"故甚其辞"。中国一向的旧式教育是限于所谓"文字的教育"（Literary Education）。而这文字的教育，是根据在习惯上所承认为"必读"的各种经史子集之上。这种"必读"的经史子集，无形中成为一批"正宗的文学"，支配一切"读书人"的思想。这一批正宗的文学内，乃撒遍了种种轻视边疆、厌恶边疆的言论。秦始皇、汉武帝开边之罪，差不多每部史书都要重加"贬斥"。杜甫的《兵车行》、李华的《吊古战场文》那一种文章是"代有才人"出来重唱一道的。我们平日随便开卷一读，我们的潜意识内就不知不觉地起了一种深深的"默化"作用，使我们轻视边疆，厌恶边疆！这些到处逢源的"反边疆"的宣传文字，自初识字的儿时便开头把我们围住，细看，直到了老病花眼的年龄，还是一分不肯放松。结果是：反边疆的态度，竟成了中国人的第二天性！

大家莫轻谓这问题容易解决，天性最难移。据一般心理学家说，第二天性，尤其难移！"反边疆"的心理既是数千年来教育的结晶体，那么，铲除这种心理，也只有靠教育。说起来是二十年来的新教育已与从前不同了。可是我们这新教育，对边疆一方面的种种难题，果然有一贯的、断然的、有系统的政策么？对数千年来所留下的遗产，要下一个翻案，这决不是半推半就的情态所能当任的。我们不翻案则已，若要翻案，则非实行整个的"亲边疆的教育"不可！

什么叫做整个的"亲边疆的教育"？我将来有机会再来详论。现在只要就历史教育一方面谈谈一个很是根本的问题——就是"亲边疆"的国史观之提倡!

此地我要说明一下。我所谈的是国史,不是一花一石、一人一事的专门研究。所谓国史者,是国运的演进史。一国的国运是文化、政治、经济、社会各种条件互相动应的总结果。所谓国史者,即是对这总结果作个断代的或整个的记述,道其"然"与"所以然"以指点将来的"或然"。因为本篇所谈的是历史教育的问题,我所谓的国史也不是那些"藏诸名山传之其人"的国史,乃是为普通国民的教育而写的国史。这些国史,在作者的用意,原来是要与国民思想生直接的影响。不论其为学校中的课本或是民间的流行本,都是与当时国家所施行的教育政策有不可分开的关系的。凡是这些的国史都应该采取我所谓"亲边疆"的立点与态度。

因历史上自然的演进与文学上有意的灌输,"亲边疆"的心理早成了欧美各国人的第二天性。所谓德、法两国间的来茵河互争问题不过标示他们重视边疆的常态,并不算是稀奇的事实。除了那些别有用意的理想家与宇宙间生命的实情漠然两隔外,欧美国史家的眼光与气脉有意地或无意地都是与他们的政治家实行家同其节奏的。他们认现世界的各文明国家是若干"生命力的集团"。各国家的"生命力"是具有无穷的膨胀性,不断地由国家势力的中心向国境的四周出发。边疆是本国的生命力与他国的生命力接触之地带,是两团膨胀势力相冲相撞之区。有如两雄相遇,边疆正是剑拔弩张之境。有如两电条相碰,边疆正是抵抗力极大而白光芒然之处。全国的土地,最惹人注意、促人爱重者,即在于此。他们的国史观如此。他们国家势力发展的形式也是如此。一方面讲来它是离心的,是积极的,是无限制地膨胀的。他方面看去,它又是警醒的、实际的,承认对手国的阻碍力的。

中国的历史家(中国恐怕就没有所谓国史家者)是一向抱着一种消极的"中国中心"的观念而写史的。他们认中国为天地间唯一的文化发源地。但是他们并不认这个文化有无穷的膨胀力,亦不愿其有无穷的膨胀力。文化的势力有限,而地上的方域很大。所以各地"文化光"的强弱乃全靠其距离文化中心的远近而定。据他们的立点,边疆乃是离中心太远而文化不到之地。它是个黑暗之乡,陋不可居。它是个穷徼荒服，王政不达。在盛世时，则到边疆是"下乔木而入幽谷"。拓边地是"穷兵黩武"，"用夷役夏"。待到末世，则割弃边疆，乃成为一种"适足自豪"的妙策，所谓"弃无用之地以厌夷狄之心"是也。这种观念是向心的，是消极的，是收敛的。简言之，是"反边疆"的。

最危险者，这种"反边疆"的立点，并不是根据于畏惧边疆的心理，乃是根据于轻视边疆的态度。它的根本错处是误自尊大、目中无人。它是一种"夜郎"心理，不肯承认天地间曾有一个对手国，不肯承认中国之外也许还有强于中国之势力在。这种态度的结果当然是要看边疆为"莫须有"。无形中使我们不注意国防，不感觉国防之必要。数千年来除了少数绝世的英雄外，我们的政治家一到了内政紧张的时代，第一着卸肩的步骤就是撤退边防！在外无劲敌的时代，还可以无灾无难，苟安一时，一到外境民族势力崛起之时，那便是边境束手无策，敌马踏碎中原了！你若谓近年来我们的新口号、新宣传，以至新教育，已把这观念改革过来了，则请看最近的"九一八"。敌人一击，我们绝无"防"之可言，只轻轻拱手断送四省。这并不是现代特有的奇象，实不过随历史的惰性而"率由旧章"而已。我们当然可以归罪当事者。然而试问"关心国事"的先生、学子辈，在九一八事前有几位是"关心国事"？祸之至不至于祸至之日，实至自数千年来"反边疆"的国史观！这话是穷探病源，不是为任何人解嘲卸责。

其实这种轻视边疆的态度与我国历史上实际的经验完全不符。这种观念并不曾根据在环境的事实，乃根据在心中的幻想。我们现在只要稍稍静心研究一下，就晓得数千年来边疆各地对中国国运的影响，真个是大到无边，深到无底！这并不是虚张声势之语。本来边疆是我民族与他民族生命力接触之区，是两方贸易、思想、文化、武力……互相交加的必经之地。我们上古的基本文化，恐怕大半是由西域外输入。我们二千年来无孔不入的佛教势力是踏南北边疆而来到。至于边疆境内的匈奴、东胡、回纥、吐蕃、契丹、女真、蒙古等民族对于中国政治、经济、文化之直接间接、积极消极的影响，那更是不用饶舌了！中国人不断地受惠、受害于边疆，恐怕是国史上一桩绝等重要的问题。我们对于这一层岂可以掉头不顾了之？

固然，中国人"反边疆"的国史观，并非无因而然的。它虽是一种对环境的误解，然而环境中亦有一二特别情形足以致此误解者。并且，若由抽象的真理论观察，"反边疆"态度所根据的消极文化论，也许亦有可辩论的价值。但是这些都不能谈了。现代国际形势的变化，已绝对不容我们之依旧误解。而目下国际危机的迫压，乃竟有不容我们清谈抽象的真理者！我们的唯一出路，是求此时此地的生命！

因此我所谓放弃"反边疆"的而采取"亲边疆"的国史观者，含有下列两原则：

（一）放弃惟我独尊的心理所产生的"轻视边疆"的幻想，而采取承认有对手国的阻碍力后所得到的"尊重边疆"的态度。

（二）放弃向心的、收敛的"中国中心"的消极文化论，而采取离心的、膨胀的"向边疆去"的积极国家生命观。前者是一种实际主义与警惕精神，后者带一种浪漫色彩与发展生机。两者不但可以并行不悖，还可以相得益彰。

近年来国内也有一批学者专门研究中国边疆民族及中西交通史料等等。这都是一种好现象，表示新史学的倾向。对这些先驱的人材，我们要额手表示十二分的敬意。同时我们要希望有一批新人才能本"亲边疆"的精神、专门的材料，化为通俗的文字以贡献与一般的国民。通俗史的内容是根据于专门研究的结果，但它的写法是明白易喻而有引人入胜的能力。它不是一行十注的专名词文章，更不是那互相抄袭、肤浅投机的芜作。广义说来，历史学是一种科学。但是历史学更是一种艺术，要镕化国民的思想，激动国民的精神，历史是一个最有力的工具。在这个"日蹙千里"的中国，我们来借用历史的艺术性以培养些"亲边疆"的精神，当不算是历史学之罪人！

二三，九，三十

（原文刊于《独立评论》1934 年第 127 期）

国防教育的历史教育法

钟伯庸

记得自五四运动以后,国内的青年,都热心于主义的讨论,于是引起一位博士胡适先生的抗议。他说:我们应得多讨论些问题,少说些主义。"九一八"事件发生了,国内的青年,又转变了一个方向,为喜欢谈论国事外交的问题,而不多谈主义。可是,时到现在,问题也少谈了,主义的讨论,简直绝无所闻。这是全国青年界一般的现象,也许他们真能注意于实际的修养,而步上进步的趋向?

负着教育青年使命的教育界,则如何呢?他们大部分也已警觉国运的危险,而在大声疾呼地提倡国防教育、救国教育,或是生产教育、科学教育等等。在这些名词之下,也已有相当的内容:有办法,有程序,有证验,有结果报告……故观照教育者自己的努力,或不至于使社会失望。然而如此做去,究竟能否达到自己所提倡的目的,颇难加以肯定。

有人主张,我们教育界所提倡的某某教育的口号,只教留着国防教育和生产教育两个。这主张的意思,亦未可厚非。因为口号多了,反而淆惑了观听,分散了注意力。其实,为了充实国防,所以要积极生产;生产教育无成效,国防教育也无从说起。这同肚子饱了才能做事是同样的意义。

时事教育应包括在国防教育之内的。我的见解,认为时事教育这个名词的产生时期,早于国防教育,所以还能把这名词保持下来,假如离开这个见地,我想,时事教育的名词可以不成立了。

现在我还是找住时事教育这个名词说话,并不把国防时事教育的名词,完全对立起来;也不是完全包含进去。但仅是时事教育四个字,含义上尚成为问题。"时事"当然是指现实所呈示的事！在空间上是"实有其事",在时间上是"现在发生"。拿这些现实的时事去教育青年、儿童、民众,乃称为时事教育。这是最简单的解释。然而问题即在这里！大地上所表演的各种事态,其成因每每是时间与空间的联锁。"九一八"的事变,近因是为地方长官积成的遗毒所诱致,远因是日本对满蒙积极政策的行动;从"九一八"扩大而至有淞沪之变,又自淞沪而推及至热河、长城之变动;很可以说明时间与空间的联锁的关系。所以要说明每一件时事的真相,以及由这一件时事所发生的影响,必定不能限于"现在"。依这理由,我主张把时事教育这名词,改称为历史教育。

然而我是赞成口号愈少愈好的。既成立国防教育的名词,不必再来一个历史教育。所以我又主张改称为"国防教育的历史教育法"。以下根据这意思而申论。

在国防教育的意义之下,历史的重要,是不必重述的。我们要讨论的是教育法问题。一般学校里教的历史科目,那完全用旧式课堂口授的老法子;即使在新式的学校里,有各种变换的方式,也仍旧是以智识之授受为主体的,与国防教育无甚多大关系。这种老法子,我以为要打破它。

学校里最注重的是讲述和解说,所以历史一科,好的当作故事听,剩下来的当作智识的副料。这里面找不到生活的影子！看不出活力的形态！

拿学校里的方法来教育一般的民众,是一种呆笨的错误！由这错误所造成的结果,一定离开原来的目的更远。

我们现在要以良好的方法,来教育民众;第一步要选取适当的历史教材,第二步施行一种感奋的教育法。不揣浅陋,谨略陈其大概如次:

（1）适当的历史教材

丹麦成人教育先导格龙维氏曾说:"丹麦所缺乏者,为国民一般之教育。学殖丰富的学者,本不易得,但亦不妨其少。独一般国民,不可不使其悉为能理解而有活力之公民。"丹麦民众教育的成功,以格龙维氏的力量为最多。格氏的主张,足以供我们的借镜。我即依据这点理由,主张历史教材的选取,要准对下列各点:

一、节取前人的常言常行,而去其危言孤行。

二、丢弃鸡零狗碎的片段事实。

三、找住含有爱国意义的有系统的史料。

四、包含一个于社会生活有关系的问题。

(2) 感奋的教育法

格龙维氏说学校教育是死人教育。这话虽属过火,但学校的教育法,确实看不出有"活力"。感奋的教育法就是有活力的教育法,其精神重在感化,由感化而奋发,由奋发而兴起,那才能达到历史教育的目的。这方法的要点,我想应得如此:

一、仿丹麦民众高等学校例,重视本国历史:(1)壁画装饰,象征古代神话,模刻古人肖像;(2)学校校舍,仿照中世纪的古式寺院建筑;(3)宿舍教室,都引用古代伟人名字。

二、宣扬本(按:疑脱"国"字)伟大人物之事迹,以其遗留之纪念品物,陈列展览,供民众的怀慕。

三、无论公共场所及家庭住处,多悬置本国伟人真像,视同宗教的崇奉。

四、以教育者自己的良好习惯,模取本国伟人的操守,常常照示于民众。

(原文刊于《浙江民众教育》第 2 卷第 4 期,1934 年)

国难中历史教育的重心问题：
养成忠义的正气

郑鹤声

自从殷逆汝耕叛国以来，全国舆论，极为痛愤，对于惩戒的办法，除政府业已明令撤职查办外，有的主张将其家产查封，有的主张将其家属连坐，有的主张追究其保举人员，有的主张开除其会籍（全浙公会），这无非是表示对于殷逆叛国行为的痛恨，但并非消除汉奸的根本办法。本月三日，四川省主席刘湘以殷逆叛变，汉奸迭出，因电中央、国府及林主席蒋委员长等，建议以峻法维持民族生存，凡子弟谋乱并当惩及父兄；一面请明令全国教育界，以忠义捍卫民族的历史，作为教材，藉正人心而挽狂澜，才比较得是个积极的办法。现在把他们的原文，写在下面：

> 湘督师剿匪，时有俘获，辄发现有用青年，甘心从贼，并以出卖家邦，供人利用为得计。同此圆颅方趾，奈何性与人殊？哀矜之余，时切隐痛。不意冀东怪剧又复突现，发踪固皆异族，傀儡俱隶华籍。哀我国家，正如昂藏七尺，坐视躯体听人宰割，凡有血气，宁不悲愤？！

> 伏念华北各省，为我炎黄子孙创造光荣历史之地。齐鲁代产圣贤，燕赵悲歌慷慨，北方民族刚劲之气，常蔚为历朝御侮之干城，故忠臣义士，史不绝书。今也国力虽替，民性犹昔，乃竟有此败类，与国为敌，其为受人钓饵，利欲熏心，不问可知。

> 区区之愚，以为国贼汉奸，层见叠出，殆非普通法律所能遏止。秦以严刑保其一姓尊荣，我以峻法维持民族生命，纵不诛其九族，

亦当惩其父兄,教率不严,自难辞咎。倘家有子弟,通敌谋乱,不先举发者,以隐匿论,厥罪惟均。刑乱用重,古训可循。

尤有进者,国所以立,精神为先,物质建设,旦暮难期;心理国防,转念即是。我国地大物博,民族众多,历史最久,不能称雄于世,反惧覆亡之不暇,宁非咄咄怪事。盖由民族精神,未能认识,舍本逐末,其弊乃至认贼作父。应请明令全国学校及民众教育,选择我国能以忠义捍卫民族之历史,作为教材,或演成戏曲,务俾家喻户晓。

此外一面以刑法格其非心,一面以忠义养为风气,二者并施,收效必大。不然顺民遍地,正义沦亡,人将不费一兵一矢,而席卷囊括我土地矣。此岂寻常事变所可同日而语?!心所谓危,用敢直陈,是否可行,伏维睿鉴。

所谓汉奸,就是那些自觉地认贼作父,而出卖国家、民族的利益,甘心为虎作伥的败类,大自假借名义,僭号叛变;小至刺探秘密,骚扰后方,皆属于此。刘氏对于消除汉奸的方法,主张刑教并用,关于刑法一层,属于司法范围,姑且勿论;关于施教一层,属于教育问题,我们从事教育的人,应该切实地注意,尤其是教授历史的人们,应如何去补救这种非常事变的发生。

一种风气的造成,全在士大夫,就是知识阶级的身上,曾涤生氏所谓:"有以仁义倡者,其徒党亦死仁义而不顾;有以功利倡者,其徒党亦死功利而不返。"就是这个道理。所以知识阶级的人,对于义利之辨,应该十分的清晰。一个国家或一个民族的生存和发荣,必须有其高尚的道德,管子所说的"礼义廉耻",总理所说的"忠孝仁爱信义和平",以及蒋委员长所提的新生活纲要,统是道德的标准。我们国家民族能够有这样长久的历史,就靠这些美德的运用得宜。但自近年来,一般青年因为受了外来民族的压迫、西方文化的侵入,目眩心乱,无所适从,甚至以旧道德为社会进步的障碍,实行打倒的,这种现象,显然是一种谬误的麻醉。是非善恶既没有一定的标准,于是汉奸迭起。所以心理革命,实是挽救国难的第一步,当二十年开国民会议的时候,已有人提出"施行德教并倡导舆论","恪遵总理遗教提倡固有道德,化民成俗,以固国本"，"请定经书于教科书中，俾符总理遗教，以正民德而延国性"，"注重国民人格修养，挽救颓风，以维国本"，"厉行心理建设，以杜乱源"，"提倡中国固有文化，恢复民族精神以遏赤匪邪说，而杜乱源"等议案，他们虽然感觉到国民道德有训练的必要，但对于训练的目标，过于复杂以致不易着手进行。二十一年开国难会议的时候，也有人提出"各级教育应速改良，藉以培国魂而御外侮"一个议案，才比较切实可行，他以为要求独立民族生存，必须彻底养成有救国卫国能力的国民，而现在中小学教学，只注重课本上的教授，对于精神教育，毫无确定标的，故主张中小学课本有必须改订之必要，除侧重雪耻复仇、救国卫民外，尤须以忠国死难的精神教育为标的。

我们要想忠义的风气，自当以历史教育为工具，历史教育的被视为培养人格的学问，由来盖已久远。《春秋》一书，在乎："上明三王之道，下辨人事之纪，别嫌疑，明是非，定犹豫，善善恶恶，贵贤贱不肖，存亡国，继绝世，补敝起废。"故有人说："拨乱世，反之正，莫近于《春秋》。"又说："孔子作《春秋》，而乱臣贼子惧。"历史的功用，虽有多端，褒贬善恶，的确是很重要的一件事。刘知几说得好："向使世无竹帛，时阙史官，虽尧舜之与桀纣，伊周之与莽卓，夷惠之与跖蹻，商冒之与曾闵，但一从物化，坟土未干则善恶不分，妍媸永灭者矣。苟史官不绝，竹帛长存，则其人已亡，杳成空寂，而其事如在，皎同星汉，用使后之读者，见贤而思齐，见不贤而内自省。"这就是历史教育上的极大功用。欧洲方面，在十八世纪时候，已有这样的说法，例如发兰克说：历史不仅在予生徒以知识，重在陶冶人格，俾有明察的识见。巴尔脱氏说：历史为物，须注意道德的事实，使熟于人间一切的是非善恶的判断，启发其悟性，感动其心情，使知人类的种类。日本在明治时代教授历史的目标，也不外讲述历代天皇的盛业、忠良贤哲的事迹、国民的武勇等，以养成其忠王爱国的志气。就是我国清季初定历史教授的时候，在小学方面，亦主张略举古来圣主贤君重大美善的事迹，以养成国民忠爱的本源，并采本境内乡贤、名宦、流寓诸名人的事迹，令人敬仰叹慕、增长志气的材料，详为解说，以激动他们希圣慕贤的心理。但是近来教授历史的人，往往不注意这点，学生是非的观念，都弄不清楚，所以一般青年，只有盲从，这是极为危险的一件事。

我们研究历史的人,都知道国难最严重的莫过于晋朝和宋朝,当东晋、南宋的时代,外有强敌,内有巨变,而国家命运能够继续维持达一二百年之久,大抵由于忠臣义士撑持的功效!《晋书》称:"晋自元康以后,政乱朝昏,祸难荐兴,艰虞孔炽,遂使奸凶放命,戎狄交侵,函夏沸腾,苍生涂炭,干戈日用,战争方兴。虽背恩忘义之徒不可胜载,而蹈节轻生之士无乏于时。至于嵇绍之卫难乘舆,卞壸之亡躯锋镝,桓雄之义高田叔,周崎之节迈解扬,罗丁致命于旧君,辛吉耻臣于戎虏,张祎引鸩以全节,王谅断臂以厉忠,莫不志烈秋霜,精贯白日,足以激清风于万古,厉薄俗于当年。"《宋史》称:"士大夫忠义之气,至于五季,变化殆尽。宋之初兴,范质、王溥,犹有余憾,况其他哉!艺祖首褒韩通,次表卫融,足示意向。厥后西北疆场之臣,勇于死敌,往往无惧。真、仁之世,田锡、王禹(按:此处脱一"偁"字)、范仲淹、欧阳修、唐介诸贤,以直言谠论倡于朝,于是中外搢绅知以名节相高,廉耻相尚,尽去五季之陋矣。故靖康之变,志士投袂,起而勤王,临难不屈,所在有之。及宋之亡,忠节相望,班班可书,匡直辅翼之功,盖非一日之积。"于是可知忠义的功效,而其激扬,惟在政府及一般士大夫的提倡。

尽己之谓忠,仗正道曰义,这是忠、义二字的解释。忠义的价值,是在能放弃个人的利益,而谋求整个国家、民族的利益,正谊所在,虽牺牲其身命,亦所不惜,古语说:"无求生以害仁,有杀身以成仁。"又说:"生亦我所欲,义亦我所欲,舍生而取义也。"就是忠义精神的表见。忠臣义士,因为常能"守铁石之深衷,厉松筠之雅操",故能"见贞心于岁暮,标劲节于严风"。其可歌泣的事迹,"前史以为美谈,后来崇其徽烈"。所以然者,忠义大节,万古如新,既没有地域的限制,也没有时间的暌隔。例如明清之际,史可法、黄道周等誓死守卫故国,本是清朝的敌人,然乾隆四十年下诏褒扬明季殉节诸人,竟称:"史可法之支撑残局,力矢孤忠,终蹈一死以殉。又如刘宗周、黄道周等之立朝謇谔,抵触金壬,及遭际时艰,临危授命,均足称一代完人,为褒扬所当及。其他或死守城池,或身殉行阵,与夫俘擒骈戮、视死如归者,尔时王旅徂征,自不得不申法令以明顺逆,而事后平情而论,若而人者,皆无愧于疾风劲草,即自尽以全名节,其心亦可矜怜。虽福王不过仓猝偏安,唐、桂两王并流离窜迹,已不复成为国,而诸人茹苦相从,舍生取义,各能忠于所事,亦岂可令其湮没不彰?自宜稽考史书,一体旌谥。"而曾为清廷努力的汉奸,如洪承畴、钱谦益、尚可喜、孔友德、陈名夏、金之俊辈,反贬入《贰臣传》中,以示公平的赏罚。盖是非之心,人皆有之,忠臣义士,杀身舍生,虽属敌方,亦无不肃然起敬。反之,金壬之辈,虽得利用于一时,必遭斥革于将来。天理人情,势所必然。

至于忠义的行为,并不专指杀身舍生的事件,就是奉公持正,无非是忠义的表示。所以《宋史·忠义传》把他分为六等:第一等是指"衔命出疆,或授职守土,或寓官闲居,敌王所忾,感激赴义,勇往无前"的人;第二等是指"胜负不常,陷身俘获,慷慨就死,或审义自裁"的人;第三等是指"国破家亡,主辱臣死,苍黄遇难,殒命乱兵"的人;第四等是指"世变沦胥,毁迹冥遁,能以贞厉,保厥初心"的人;第五等是指"布衣危言,婴鳞触讳,志在卫国,遑论厥躬"的人;第六等是指"乡曲之英,方外之杰,贾勇蹈义,以亡其身"的人。因为他们的遭遇虽有不同,但是抱着忠义的正气,并没有二致。其实无论政府公务员、前敌将士、学校教授、报馆记者,以及农、工、商各界人士,苟能赤心以国家、民族利益为前提,而不专为私人谋利益者,皆可归入忠义的范围,都值得我们景仰和崇拜。但忠义的正气,是要平时涵养的,教育目的,大抵在此。我国自从改革以来,学校教育,多数趋重于知识的宣讲,缺乏身心的修养,旧有礼教,大半打破;忠义大节,不复讲求,无怪乎邪说朋兴,奸贼辈出,成为国家、民族的隐忧。希望教育界的人士,加以深切的反省罢!

二十四年十二月七日完稿

(原文刊于《中国学生》第 2 卷 1—4 期,1935 年)

历史教训与国防教育

郑鹤声

语云:"前事不忘,后事之师。"鉴往知来,是为历史之教训。历史上事实之可资后人以借鉴者何限,要在吾人如何应用之耳。孟子之法先王,即为重视历史教训之明证。至于国防一名词,盖有二种不同之含义:一为国家对于防御外敌之设施,属于军事方面者为多;一为国家对于建设基础之稳固,属于政教方面者为多。本文之所谓国防教育,则属于后者,而以有裨国难者为旨归。

我国国难之演进,至今日而亟矣。有志之士,大声疾呼,以促进国人之觉悟,而从事于挽救之工作。然欲加以挽救,必以复兴民族为前提,复兴民族之道,则在贵乎有适合之政教。蒋委员长尝谓:"过去中国之教育,乃至一切政治,皆病于虚与伪,惟其虚与伪,故法令无效,技术无用,机械无用。官守相同,效率终异;技术相同,成就各殊;机械相同,功用不一。今欲求法令与技术之有效,其关键不在法令与技术之本身,而在使用法令、技术之人。欲求机械有效,其关键亦不在机械之本身,而在运用机械者之精神如何。"[①]是则人才与国家、民族之关系可知。兹论国防教育,但就培养专门人才及训练全国民众之两点为目标,略证以本国史实,而申述之如次:

(一)如何培养专门人才　国家、民族之隆替,每视其有无特出之人才以为断。卫鞅闻秦孝公下令国中求贤者,将修缪公之业,东复侵地,乃西入秦,而秦以兴。故培养专才,实为复兴国家、民族之要件。古来建国立业之君主,未有不汲汲于人才之荐拔,求贤之诏,史不绝书,而

[①] 《新生活运动须知》;《新生活运动纲要》。

汉武帝之诏求茂才异等,更为著例。汉承百王之弊,高祖拨乱反正,文景务在养民,至于武帝,国力已臻富强。武帝雄才大略,思欲安内攘外,奋其国威,以"名臣文武欲尽",乃于元封五年诏曰:

> 盖有非常之功,必待非常之人,故马或奔踶而致千里,士或有负俗之累而立功名。夫泛驾之马,跅驰之士,亦在御之而已。其令州郡察吏民有茂材异等可为将相及使绝国者。①

所谓非常之功,当为安内攘外;所谓非常之才,当为特殊人才,其征求目标中,所谓"将"者,即军事人才;所谓"相"者,即政治人才;所谓"使绝国"者,即外交人才。盖国家、民族之发扬,端在各种人才为之佐,就其军事、外交言之,武帝经略匈奴,取远交近攻之策,先离间其党羽,解散其属国,拟收抚西域诸小国,以断匈奴粮道,招致诸大国,以夹击匈奴。军书旁午,奉使需才,而中国外交史上第一大人物张骞,遂出现于世界。骞于建元中为郎,时匈奴降者言匈奴破月氏王,以其头为饮器,月氏遁而怨匈奴,无与共击之,汉方欲事灭胡,闻此言欲通使道,必更匈奴中,乃募能使者,骞即以郎应募。②苏武之使匈奴,亦募士斥候百余人同行。③可知当时对于军政外交人才,类由招致而得,而卒以奏效。史称武帝畴咨海内,举其俊茂,与之立功,④良有以也。汉世得才之盛,当自此诏开之。又如唐太宗之成功,固在其有大度之包容,抚绥夷落,然知人善任,实为其得力之处。史称:其发迹多奇,聪明神武,拔人物则不私于党,负志业则咸尽其才,所以屈突、尉迟由仇敌而愿倾心膂,马周、刘洎自疏远而卒委钧衡。终平泰阶,谅由斯道。⑤亦非虚言。举此两例,可知汉唐之兴盛,决非偶然之事实。而所以兴盛之故,全由能善用贤才。此善用贤才一原则,可为今日挽救国难之借鉴。

古语称:人存则政举,人亡则政亡。又谓:徒法不能以自行。皆注重人才政治之说也。此种理论,虽至今日,尚有不可否认之价值。总理尝谓:

---

① 《前汉书》卷六《武帝本纪》。
② 《前汉书》卷六十一《张骞传》。
③ 《前汉书》卷五十四《苏武传》。
④ 《前汉书》卷六《武帝本纪赞》。
⑤ 《旧唐书》卷四《太宗本纪赞》。

深维欧洲富强之本,不尽在于船坚炮利、垒固兵强,而在于人能尽其才,地能尽其利,物能尽其用,货能畅其流。此四事者,富强之大经,治国之大本。我国家欲恢扩鸿图,勤求远略,仿行西法以筹自强,而不急于此四者,惟徒坚船利炮之是务,是舍本而图末。①

总理认定富强有四大原则,而以人能尽其才为首务,盖人能尽其才,则百事俱兴耳。向例我国任用人才,出乎甄拔,甄拔之法,自汉至隋为一类,自唐至明为一类,无论或用选举,或凭考试,立法虽有短长,而大意实不相远,要之皆就已有之人才而甄拔之,未尝就未就之人才而教养之,所谓科举是也。清季张之洞氏奏请设立文武学堂,以为现行科举章程,本是沿袭前明旧制,承平之世,其人才尚足以佐治安民,今日国蹙患深,才乏文敝,若非改弦易辙,何以拯此艰危!②盖以科举不足以得人才,必赖学校以造成之。然三十年来兴办教育不可谓不努力。而时事日非,国难愈深者,盖由于教育之不得其道。诚以救亡建国,首赖良好正确之知识,然后能切于实用,否则易陷于清谈覆辙。中国今日尚无充分足用之伟大专家,此非中国学术界之无人才,乃以缺少实际参加国事之机会,无揣摩简练之功,故尚未能养成解决重大问题之能力耳。③夫学所以致用固已,然人才之能否适用于实际社会,又与社会环境在在有关。论者谓中国建设甫在开始,各方皆亟需领袖人才,而社会情况复杂,障碍重重,任办何事,大抵精神耗于人事之肆应者十之七八,而用诸专门事业者不过十之二三,此乃事实,无可解免。故中国所谓领袖人才,不仅须学有专长,更须能应付环境,④此又今日中国专才之所以不能尽其用也。近年以来,教育当局,颇有注重于自然科学人才,而忽略社会科学人才之趋向,而论者非之,以为目前中国处处有待建设之时,专门技术人才,固所急需,然而富有适应环境能力之领袖人物,恐尤有需要。而此种人物惟有藉较自由的教育如文法等科,方能造就得出。尤有进者,专门技术人才,在不得已时,犹可借助他山,而解决民族危机之领袖,则非自吾人自己范围内产出不可。吾人如不欲自救自拔则已,

---

① 《总理全集》第三集:《上李鸿章书》。
② 《光绪政要》卷二十七:《刘张第一次会奏变法事宜》。
③ 二十四年三月二十一日《大公报·社论》:《学术界与国家问题》。
④ 二十四年四月十一日《大公报·社论》:《教育改革的合理化》。

果欲自救自拔,即必须先设法鼓励有热情、有大愿、有魄力、有深心的少年全来注意国事,全来研究问题,全来提供方策,然后方能希望在这些少年中真能培养出第一流之领袖,而藉着他们才可以挽救颓局。①然于此有一宜注意之事,吾人以为遇有军政、外交上特出长才,必当多方鼓励,劳其筋骨,苦其心志,以造就之,但切不可作捧场之举,长其傲怠之气,以毁灭之,此培养专门人才工作上所宜注意者一也。

(二)如何训练全国民众 民为邦本,本固邦宁,国家、民族之赖人以生存,固无待言。民众知识程度之高下,实为国家、民族兴衰之所系,故国民教育尚焉。国民教育者,为养成健全国民之教育,其目的在使民众受相当之训练,与上述培养专门人才之人才教育,可以对峙,不但并行而不相悖,且有辅车相依之势。总理尝谓:

> 天下之事,不患不能行,而患无行之人。方今中国之不振,固患于能行之人少,而尤患于不知之人多。夫能行之人少,尚可借材异国以代为之行,不知之人多,则虽有人能代行,而不知之辈,必竭力以阻挠,此昔日国家每举一事,非格于成例,辄阻于群议者,此中国之极大病源也。②

盖民众程度之低落,实为国家行政上之障碍,言乎国防,更属重要。昔鲁曹刿之论战也,谓小大之狱必以情,为可战之具,遂一战而胜强齐。诚以狱为民生之大命,结民心,御强敌,其端皆基于此。然此种消极之恩惠,不如积极之训练。越王勾践以十年生聚,十年教训之功,卒败吴国,固为人所尽知之事实,其他当破败之余,或胜利之后,莫不竞竞于民众之训练,以恢复其社稷而保持其国家,例如卫之亡也,卫文公以大布之衣,大帛之冠,务材训农,通商惠工,敬教劝学,授方任能,元年革车三十乘,季年乃三百乘。③又楚自克庸以后,其君无日不讨国人而训之,讨治也。于民生之不易,祸至之无日,戒惧之不可以怠。在军,无日不讨军实而申儆之,于胜之不可保,纣之百克而卒无后,训以若敖蚡冒,筚路蓝缕,以启山林,并箴之曰:"民生在勤,勤则不匮。"④因此之故,故卫复

---

① 二十四年四月三十日《大公报·社论》:《大学教育政策之转变》。
② 《总理全集》第三集:《上李鸿章书》。
③ 《春秋·闵》二年《传》。
④ 《春秋·宣》十二年《传》。

兴而楚以霸。是则历史上民众训练之明效。至于卫鞅相秦孝公，下变法之令，令民为什伍，而相收司连坐，不告奸者腰斩，告奸者与斩敌首同赏，匿奸者与降敌者同罚。民有二男以上不分异者倍其赋，有军功者，各以率受上赏，为私斗者各以轻重被刑，大小勠力本业，耕织致粟帛多者复其身，事末利及怠而贫者，举以为收孥室。室非有军功论，不得为属籍，明尊卑爵秩等级，各以差次名，田宅臣妾衣服以家次，有功者显荣，无功者虽富无所芬华。① 此种有纪律之民众训练，尤为空前之举，行之十年，家给人足，民众勇于公战，怯于私斗，乡邑大治，秦以强大。此训练民众一原则，亦可为今日挽救国难之借鉴。

清季号称兴学，但积极推广各级学校，而于社会教育，尚少注意。民国以后，政府及社会人士，渐致力于此，或主利用简字，或拟利用注音字母，以为推行识字运动之工具。其场所则或推广露天学校，或成立简字学校，或推行公众补习学校及半日学校等，以为实施识字之机关。惟当时因一部分人士之努力，政府对于全国文盲，无确实调查；对于肃清文盲之办法，亦无具体计划，故效果甚微。自国府奠定南京，虽切实注意识字运动，努力于社会教育之推进，然亦不外文字上之宣传，至于国民实际训练，仍无具体之方法与方案。蒋委员长以为今日吾国社会一般心理，苟且萎靡，其发现于行为者，不分善恶，不辨公私，不知本末，于是官吏则虚伪贪污，人民则散漫麻木，青年则堕落放纵，成人则腐败昏庸，富者则繁琐浮华，贫者则卑污混乱，其结果遂使国家纲纪废弛，社会秩序破坏，天灾不能抗，人祸不能弭，内忧洊至，外患仍频，乃至个人、社会、国家与民族同受其害，若长此不变，则苟延其鄙野的非人的生活亦不可得。② 乃于去年二月间，在南昌倡导新生活运动。主张从人民自身各改革其日常之生活，养成整齐清洁、简单朴素之习惯，蕲合乎礼义廉耻，而表现现代文明国家之国民智识与道德，欲于最短期间使全国国民皆能认识国家与民族之时代与环境。并能一致尽其国民之责任，努力救亡建国、复兴民族之工作。旋由中央电告全国民众，略谓：

---

① 《史记》卷六十《商君列传》。
② 《新生活运动须知》;《新生活运动纲要》。

吾国国势之阽危,民生之凋敝,至今日而极矣。外则寇患,内则匪乱,重重夹攻,愈益鞎耻,将欲建设吾国家,复兴吾民族,非以昨死今生之精神,作除旧布新之工作,齐图奋发,协力推进,其道末由。惟改革之道,必求其简易,必求其有效,其要在使一般国民具备国民之道德与智识,然后社会始有进步之望。而此种实践工作,当于衣食住行之日常生活,临时改进,以求合乎现代国民之要求,而有以表现其爱国家、忠民族之精神。①

于是向来之社会教育,只知以识字为扫除文盲之目的者,一变为身体力行之实践工作,而以民族复兴为旨归,实开社会教育之生面。而论者以为中国近世之衰,坐于圣贤教训之八股化,或圣谕广训化。八股化者,一切道德伦理之教义皆徒成作文之工具。圣谕广训化者,但为形式的宣扬,说者听者,皆不含诚意。新生活运动所最畏惧而须严防者,万不可又八股化或圣谕广训化,②良为可虑。然新生活运动为社会教育之一种,而普及教育之运动,仍不可缓。盖欲促进新生活运动,又非普及教育不为功。说者谓严重国难之中国,其应办应速办之事,多至不可胜数,然建国之基础,毕竟为人,欲人能负建国责任,毕竟赖教育。而中国最大多数人,合成年及儿童计,皆无教育,是以在应办速办中,普及教育,尤其应办速办云云。③然于此有一宜注意之事,社会教育,固宜以礼义廉耻为旨归,并养成其爱国家爱民族之心理,但古称:仓廪实而知礼节,衣食足而知荣辱,又谓:既富而后教,盖生计困难,何暇礼义廉耻乎?故施行社会教育,同时必须解决其社会经济,以为之助。此又训练全国民众工作上所宜注意者二也。

综之,今日中国,建设万端,去旧用新,理所必然,阻碍之处,在所不免,要贵乎全国民众之谅解,则推行自易,成效自著。昔秦孝公既用卫鞅,鞅欲变法,想天下议己,因谓孝公曰:疑行无名,疑事无功。且夫有高人之行者,固见非于世,有独知之虑者必见敖于民,愚者暗于成事,知者见于未萌,民不可与虑始,而可与乐成。④吾人对于商君之政见,固抱

---

① 《新生活须知·附录》;《中央告全国民众电》。
② 二十四年二月十九日《大公报·社论》:《新生活运动周年感言》。
③ 二十四年二月二十二日《大公报·社论》:《论普及教育》。
④ 《史记》卷六十《商君列传》。

相当之同情,然民众之疑虑,必须为之解释,而后可收上令下行之效。若抱"民可使由之,不可使知之"之态度,则合作之功效,必然减少无疑。上述两种教育之设施,一属专门的涵养,务使各展所长;一属普遍的指导,务使明白事理,能知能行,双方并进,则社会文化,既可渐行增高,而国家、民族亦可渐臻兴隆,而新中国之建设,亦当以此奠其基。

虽然我国国难,不自今日始,教养人才与改良社会,亦不自今日始,教育虽兴,时艰无补者何耶?得毋所谓病于虚与伪者欤?论者谓:自来谈教育的人,总说是德育、智育、体育三者并重,其实中国若干年来,办学堂的人,大多数偏重形式上的智育,对于德育,很少实际努力,对于体育,也仅足鼓励少数选手,替学校争名誉,对于全体学生的身体健康,往往无暇顾及,其流弊至于只能教学生读书,而忽略了他们做人;只能生生地注入死智识,叫许多好学生成了病夫,并不能进一步把他们全造成国家民族的斗士,这是何等的不幸![1]可谓痛切之至,学校教育如此,社会教育亦何尝不如此。盖我国教育,向无一定之国策,而办学与受学之人,又皆重形式而轻实际,好敷衍而鲜彻底,种种弊害,因之而生。际此国家民族存亡危急之时,对于教育之设施,必当注重人格之修养,不拘拘于知识之灌输。教育之道,必先恢复"士先器识而后文艺"之故训,提倡儒侠之风气,养成浩然之正气,以与恶势力相奋斗。太史公曰:"今游侠其行虽不轨于正义,然其言必信,其行必果,已诺必诚,不爱其躯,赴士之阨困,既已存亡死生矣,而不矜其能,羞伐其德,盖亦有足多者。"[2]史公既不满于游侠之不轨于正义,然其气节有可取,则亦乐为褒扬。我国今日教育之精神,正缺乏气节之训练,以致朝秦暮楚,汉奸迭出,无爱国家、民族之观念。为今之计,首宜以其断然手段,注重上述两种教育。认定目标,努力做去,养成知行合一之德性,造就伟大国民之品格。同时对于教、养、卫三者,并加注重,庶几国防教育,能名副其实欤!

二十四年十一月十五日完稿

(原文刊于《教与学》第 1 卷第 7 期,1936 年)

---

[1] 二十三年七月十一日《大公报·社论》:《论学生军训与教育国策》。
[2] 《史记》卷一百二十四《游侠列传序》。

民族复兴与历史教育

李季谷

一、中华民族精神之回顾

历史告诉我们：我中华民族精神，本来是值得赞扬的。不必追溯得很远，单就宋朝末年的情形一看，就可了然。宋虽卒为元所灭，而宋人之抗敌精神，再接再厉，洵可使后人矜式而感动；尤足令今日之失土将军惭愧无地者。溯自张世杰败于焦山以后，文天祥、陆秀夫、李庭芝、陈文龙、熊飞、马墍等转战于泰州、明州、温州、福州、漳州、雩都、潮、梅以至崖山，无不忠义勇敢，效死疆场，无不慷慨激昂誓为国死。天祥过零丁洋时诗中有云："人生自古谁无死，留取丹心照汗青。"其一种浩然之气，至大且刚可令弱者强而懦夫立。

即有明末年流寇与清兵交相为患之时，如鲁宗文、孙承宗，及其子孙十人，林鸣球、吕维祺、徐世淳、傅宗龙、邱民仰、关永杰、郑履群、杨文岳、宋一鹤、钟祥、陈万策、李开先、李贞、樊维城、崔天荣、贺逢圣、徐学颜、刘熙祚、孙传庭、黄世清、章世炯、华堞、尤世威及其部下诸将无一不勠力抗拒，共谋杀贼，最后虽力竭声嘶，未能覆敌，然人人有成仁取义之心，无一不以殉国难为乐，李自成兵围榆林之日，全体守兵，殚义殉城，志不稍挫，阖城男子妇女无一人屈节辱身者。

及李寇陷京师，怀宗自缢丁煤山以后，范景文投古井死，倪文潞投缳死，李邦华题阁门"堂堂丈夫，圣贤为徒，忠孝大节，矢死靡他"而后死。施邦曜题诗于几"愧无半策匡时难，但有微躯报主恩"，而后自缢死。其他为国殉死者殆不一而足。此种消极牺牲，虽非吾辈所望于今日我国之戍卒守将,但彼等所具的忠义之心勇敢之气,不能不使我辈折服。明亡以后,清兵南下,史可法在扬州血战七日夜。郑成功辈亦拥唐王于福州,独树一帜对抗清兵。江阴城破之时,民众俱甘死而不甘屈,城内死者九万七千人,城外死者七万五千人,阎应元在敌楼题句云:"八十日带发效忠,表太祖十七县人物;十万人同心死义,留大明三百里江山。"其忠义之气,蓬勃动人有足多者!

此种史迹,不知彼辈封疆大吏,身负守土之责,转瞬以数百万方里之版图授之敌人者,有动于心否?

总之从历史上观之,我中华民族实向有不可轻侮之精神。我中华民族每次受异族压迫时,必有壮烈的奋斗,每次反抗运动,俱不惜任何牺牲,人人有"志不可屈,身不可降,苟山河而破碎,即不死欲何为?"之心。

过去的中华民族,确乎是不可轻侮的!

然而我们中国现在,确乎有点惭愧了。东四省本有雄兵三十余万,今拱手以让人,负守土之责者,只知平日高官厚禄之是享,敌兵之来,不稍抵抗,不知吾国民平日纳税养兵何为?彼辈失土之后,仍厚颜以尸高位,优游自得,若无其事,而全国民众虽一时刺激甚强,高呼收复失地;但时过境迁印象渐淡,乡民、农民无论已,即知识阶级亦极健忘,大家无具体之办法、具体之组织,失土未复,国耻未雪,上下官民,俱依然以酒食相征逐;今日电影,明日京戏,虽亡国之祸已迫眉睫,大家仍抱着"今日有酒今日醉"之态度,忍心坐视漏船之下沉,欲国不亡,其何能得。

二、民族精神与历史教育

一民族气运之转变,决非一朝一夕之故。反之,欲挽回一民族之颓势,亦非一时所能奏功。最近一年,智识阶级中,提倡"民族复兴"者,已颇不乏人,民族复兴运动,固为当今之急务,然欲实现此项运动,使此项运动发生功效,亦谈何容易。欲实现之,则究应从何处做起,究应从何处着手,此为吾辈所当讨论之事。

就愚个人之管见言,此实应自改造历史教育始。

近代德国之勃兴与统一，德国国民多归功于兰盖（Ranke）所著之《罗马及日耳曼民族史》。日本自中日战争以后，日本明治维新运动之成功，日本人归功于元禄时代德川光国等所著《大日本史》。盖此书主张尊王攘夷、忠君爱国，当时日本封建制度未泯，各处智识阶级才群相鼓吹，于是倒幕论普及于全国，浅见䌷斋因有感于《大日本史》，著《靖献遗言》，备述中国古烈士之事迹，鼓舞国民之爱国精神，而山县大贰、赖山阳诸名流又从而响应之，因此倒幕之空气益为紧张，日本六百余年来之畸形的幕府制度，卒在此种示下而崩溃，亦即空前之明治维新统一富强运动，卒得惊人之佳果。其后日本文部省即令那珂通世、三宅米吉、中村久之郎等着手编著日本历史，重新著作东洋史，以提高日本国民之自尊性及自信心，故日俄战后即有"日本之强盛，由日本之新历史助成之"之论。历史教育与民族复兴二者固有不可分离之密切关系。

　　所以我觉得空言民族复兴运动，是无济于事的。我们如信念这民族复兴运动是必要的，是合理的，是不可再缓的，则即应从改造历史教育着手，则即应脚踏实地从编著可资民族复兴运动之新历史着手。

三、我国过去历史教育之缺点

　　平心而论，我国科举制度时代，对于历史教育实在有相当重视，那时所谓读书人，二十四史、《资治通鉴》、《御批通鉴》都得略涉一下，即等而下之，也至少先阅读一部《纲鉴易知录》。自科举废而学校与所列课程分门别类，历史一课，便等附庸，中小学里仅注意英、国、算之三门，对历史、地理、博物等课程，与图画、手工，同视为不足轻重而又不得不加以点缀之功课，教员视此为无关紧要，学生对此亦就不加注意，不感兴趣。近十年来，初级小学中且无历史之课目，历史事迹仅在国语及社会二课目中偶然夹杂出之。非但先后不相联续，且先后常有颠倒错出。对于先圣先贤、忠臣烈士、名将勇卒之为民族发扬光辉之勋功伟绩、嘉言懿行，往往不能一一道出，仅择彼等之轶事小节约略讲述，于是历史一课之精神，完全丧失无余，我民族所固有之忠义勇武之特性优点，完全淹没不彰，大部中小学生只知华盛顿、林肯之刻苦勤劳，惠灵吞、纳尔逊、拿破仑之孔武有力，而不知岳飞、文天祥、郑成功、方孝孺、黄宗羲、顾炎武等忠勇义烈，为国效劳。我中华民族之真精神，自此丧失殆尽。

中等学校之轻视历史，可于大学入学试验的成绩中窥探出来，前年北平某大学之入学试验中有"试述二十四史书名及著作姓名"一题，据说完全答对者，不及二十分之一。又去年某大学有一解释"三代""六朝""五代""五胡乱华""八王之乱""淝水之役"，"贞观之治""青苗法"等固定名词之题，能完全答出者，亦不及二分之一。

中学生历史成绩拙劣，已无可讳言。照现在的实际情形看来，有二个问题，极宜注意，且应改革者：第一，现在中学教历史者多非专门人材，往往由其他教员兼任之，史学本非其所长，而彼等自无一定之历史观，只是东爪西撮，叙述些平凡的事迹，讲者常以敷衍了事，听者亦自感味同嚼蜡。此点负教育行政之责者宜即加以注意，务使任历史教课者能注意民族精神之潜力，以一贯之理论，用史实引证而说明之，则青年学生之自卫与抗敌精神，自可油然而起。

第二，是现在的历史教科书太不适用了。现在的历史教科书，大都由书肆雇用之人员草率编辑而成。编者对于史学，未必有何等素养，而书肆主人又限其于短时期内完成全稿，于是选材不精，重要史实，多遗漏不书，不重要者反长篇大论，噜苏叙出，先后次序，亦多颠倒排列，或者一事重过二度，或者二事相关，偏为分章错出。是种教科书，如教者循序讲授不能为之修正增减，自有主张，则每周数小时之讲述，都等于群儿围猴看把戏，在学生所得者为几个汉高祖、唐太宗、宋太祖、明太祖这些不相联贯的死人谥名，及成绩单上七十五分、八十五分之报告，在国家则损失一笔教员薪水，而教员所得者，为做猴子把戏后的一点薄酬。学校课程表上之历史科目，所得结果如此，亦大可哀也已！

四、今后历史教育之改造

由上所述，则今后历史教育之改造，实为吾国当前之一大问题。此事应从如何着手，如何进行，似非此短文所能详道。兹略述所见如下，以贡献教育行政当局及有志历史教育事业者之参考，是亦抛砖引玉之意而已。

1. 由教育部及各大学发起历史教育会议，讨论今后历史教育之改良方案，使改良历史教育一事，于短时期内能具体化、事实化，使各地中小学历史教员有所适从。

2. 小学课程中加入历史一课，使受过义务教育者都能明白中国史上忠臣烈士之可风，以唤起及培养全民族之自尊心与自信心。

3. 国立编译馆应即负起责任，延揽历史专家编辑中小学的"标准历史教科书"，使各中小学可免去非购买书肆所粗制滥造、毫无准则的历史教科书不可之苦。

4. 各省教育行政机关应即利用假期举行史地讲习会以训练并改造中小学教师之思想及知识。本年教育部已令各大学举办讲习会，其宗旨虽未明白表出，似已注意此点，吾人对于学校历史科学之改进，于复兴民族前途，实抱无限之企望。

（原文刊于《中国新论》第 1 卷第 2 期，1935 年）

备战历史教育工作大纲

国立中山大学

本部以国难日深,应亟为抗敌准备,备战历史教育工作本为备战教育工作之一,爰集同人,草此一篇,曾经提出本年度本部史学系第四次联席会议,派员审查,兹据审查后发表之如下:

文科研究所历史学部志

第一章　备战历史教育原则

第二章　专科以上备战历史课程

第三章　中小学备战历史课程

　　第一节　高中

　　第二节　初中

　　第三节　小学

第四章　民众备战历史教育

第五章　备战历史宣传品

第六章　工作程序

第一章　备战历史教育原则

一、本工作以实施备战之历史教育为方法,以达到抗敌救国为最高目标。

二、本工作注重两点:(1)编定中小学及专门以上学校备战之历史课程及历史教本;(2)民众备战历史教育之宣传品。

第二章　专科以上学校备战历史教育

一、本教育之设计,具有下列数目的:

(1) 养成富有民族精神及实用历史知识之教师;

(2) 训练能利用历史知识之工作人员;

(3) 从过去事实中,采取某些重要之经验,以供战时之借鉴及参考;

(4) 另辟历史研究之新途,改正一般对于历史之误解,使死的、古典的、不动的历史,变为活的、现实的、争斗的历史。

二、备战历史课程设施之对象,可分两大类:(1)为史学系之学生;(2)为其他各院系之学生。

三、对于史学系学生施教之方针,不徒灌输其民族精神及实用史识,尤宜使其能应用过去经验把握当前历史,俾对战时工作,有所贡献。

四、史学系之备战课程,时代方面应注重近代史、现代史;内容方面应注重下列各部门专史:

A. 民族史。

B. 战争史。

C. 军事地理沿革史。

D. 外交史。

E. 政治史。

F. 经济史。

G. 革命史。

五、普通课程与战时工作完全无关者,应酌量使其减少;略有关系者,教师应就其有关之方面特别发挥之。

六、外国史课程,应注重与中国有关联者,或可资借镜者。前者如国际关系史、帝国主义发展史、帝国主义侵略中国史;后者如各国革命史、日本明治维新史、欧战史等。

七、课程之编配:第一年级以通史为中心;第二年级以古代史到近代史为中心,尤宜注意近代;第三年级以现代史为中心;第四年级以专题研究为中心。以上各中心除专题研究另定外,皆应特别注重第五条所列举之各方面。

八、专题研究之范围,当以能发扬民族自信力量,及能正确解决当前民族难关或资解决难关之参考者为主。对于历代外族侵入之事实、吾人抵抗及光复之经过、战争成败与地理之关系及社会经济之关系等,尤宜各就其所择之部分,作深入之研究。

九、对于史学系以外之各院系学生(特别是文、法两院学生)应使其明了备战历史课程之重要性,鼓励其选修此项课程。即时间未能允许,亦当就下列各门中,选修一科或二科。

A. 中华民族奋斗史。

B. 历代外族侵入史。

C. 中华民族之病源。

D. 帝国主义侵华史。

E. 日本帝国主义侵华史。

F. 近代中国领土丧失史。

G. 近代中国外交史。

H. 其他。

十、为谋施教上之方便及学习上之敏捷,应特设备战历史课程研究室,搜罗各种有关之书籍、图画、模型等,以资参考。

第三章　中小学备战历史教育

一、高中历史课目,每周以二分之一(高中历史课目每周规定为二小时,第一学年上学期为四小时)作为实施讨论中国目前所处的地位。或用讲演,灌输国际现势之智识,或用问答方式讨论现在中国危急的情形,以及如何挽救艰难局面,必要时可以临时编订讲义,作为学生宣传资料。

高中历史课目包括本国史与外国史,第一学年至第二学年上学期注重本国史教材,第二学年下学期至第三学年注重外国史教材,举例如下:

(1) 中国近百年史

自鸦片之战——一八三八年起至一九〇〇年——此段应说明中国的地位：

(a) 自一八九五年以后中国在国际地位衰落的原因。

(b) 列强得到协定关税的经过。

(c) 列强得到内河航行的经过。

(d) 列强得到租借地的经过。

(e) 列强分割中国领土的经过。

(f) 满清外交的腐败。

(g) 一九〇〇年左右中国的大危局。

(h) Open Door Doctrine 的经过。

(2) 中国现代史——一九〇〇——一九一四—现在：

(a) 一九〇〇年以后列强对华之缓和与中国之现势。

(b) 一九一四年以后中国之大危机，及转变。

(c) 国际银行团对中国之威胁。

(d) 日本取得东北的经过。

(e) 日本进侵中国的野心。

(3) 国际现势：

(a) 略述欧战前欧洲国际局面。

(b) 帝国主义取得殖民地的经过。

(c) 军缩。

(d) 战债、赔偿等问题。

(e) 苏联革命及复兴。

(f) 一九二八年以后的世界恐慌。

(g) 日本取得满洲的背景和中国外交之一误再误。

(h) 德国之再起与远东。

(i) 意阿之战与远东。

(j) 英美不能合作的原因。

(k) 求人不如求己——增加自信力。

(l) 东北义勇军之兴起。

（4）个别讨论与时事讨论：

（a）日本近代史。

（b）日本明治维新后的状态。

（c）日本"军部"的气焰与政党之衰落。

（d）苏联的态度。

（e）"一九三六"。

（f）我们应走的步骤。

二、初中历史科目亦可取出二分之一时间（初中科目规定每周为二小时）作以上工作，不过可较为简单，且少用讨论的方式，而且多注重注入的演讲，并当注意：

（1）制绘国耻地图：五人合作大图，可挂在墙壁上；个人独作可作宣传品之用；最好颜色鲜明，注明领土失去的年月，如能将占领者的人种特征绘入更好。

（2）多作故事体的小说：故事愈简单明显愈好，可以用作大众宣传品，少说原则，多谈事实，将敌人虐待中国国民的暴行，多为发挥。

（3）演剧。

三、小学历史教育之实施，应注意下列各项：

（1）每周规定二小时讲演爱国故事，于社会科中特别注重历代外族侵略中国之事实，及抵抗外族之民族英雄事略；

（2）美术科特别注重历代民族英雄像，及历代战争武器之仿绘；

（3）工艺科特别注意以各时代各种战争器械模型，仿制玩具；

（4）设立新闻揭示牌，对时事作简单之报告，并每日向学生询问过去及现在所揭示之新闻大要；

（5）于学校冲要处设立壁画，表出帝国主义者历次侵略及屠杀我国民之实况；

（6）悬挂我国历代疆域挂图，指出其伸张及缩小之大势；

（7）设立常识揭示牌，解释各种与抗战有关之名词及其重要性，如帝国主义、弱小民族、飞机、岳飞等类；

（8）设立小规模之历史博物馆，陈列我国各朝代之各种大发明、大建设之模型，及历代民族英雄之相片，及历代对外战争图画等；

(9) 设立爱国纪念周,每周纪念我国历代民族英雄及革命家一人;

(10) 举行旅行会,参观各附近之历史古迹,及与抗战有关之纪念物,或拜扫各民族英雄之墓地。

第四章　备战民众历史教育

一、民众历史教育之实施,应注意下列各点:

(1) 应表扬爱国志士事绩,以励人心。

(2) 宜贬斥汉奸国贼,以儆效尤。

(3) 宜痛陈外族侵略我国之经过,以振发敌忾。

(4) 叙述我国对外之胜利,以证明我民族之优越。

(5) 指出历史上有用之军事策略及行动,以养成一般民众之普通军事知识。

(6) 采用民众教育上之历史材料,最宜时代较近,而有本地色采(按,应作"彩")者。

二、备战民众教育上的历史教授,宜采用直观的方法,最好采用"谈话式"或"说书式"的方法。

三、备战民众教育上之历史教授,必需各种教育工具以供直观教授之用,俾听众易于明了,应与学校教育同其措施。关于直观教授上应用的教育工具有下列诸项:

(1) 地图

(2) 图画

A. 人物、肖像、文具、武器、宫室、衣服,及其他纪念品之图画。

B. 文化的状态、风俗、艺术之图画。

C. 表示史实之图画。

(3) 实物

四、备战民众教育上的历史教育的设施,最重要者条列于下:

(1) 宜设历史研究图书馆于繁盛地方,且实施读书指导。

(2) 宜设历史博物馆,以便参考。

(3) 修葺历史名迹,以资观感。

（4）运用我国历代光荣事迹，制成影片，送往各地映放。

（5）编制励志的(Inspirational)历史剧本，发交戏院表演。

（6）用播音机传述悲愤的历史事迹。

（7）仿十五世纪英国巡回剧团之法，组织巡回剧团，往各地表演有益、合时之历史剧。

（8）开放关于历史方面之各种展览会。

（9）编印历史方面之各种形态之小册子。

第五章　备战历史宣传品

本章目的在搜集历史材料，编制简单、精警之宣传品，为大量数之印刷散发全国，作普遍之宣传，使民众从历史的教训上得到备战的深刻认识，重要项目最低限度，应具下列各事：

（甲）图表。将历史事迹绘成图画，或制为表解，令人一目了然，于简单之中寓深刻意义，警醒一般民众，唤起民族自信力，宣传品中当以此为首屈一指，其内容又可分为三项：

1.历史图画，将历代抵抗异族侵略事件如汉卫青、霍去病、李广之驱逐匈奴，班超、张骞之通西域，蜀诸葛亮之平南蛮，晋祖逖、刘琨之遏五胡，谢玄之败苻坚，唐李靖之破突厥，徐世勣、薛仁贵之定高丽，苏定方之夷百济，侯君集之灭高昌，宋岳飞、韩世忠之御金兵，文天祥、陆秀夫之拒蒙古，明于谦之却也先，史可法之抗满洲等。或绘其真容，略加说明，以诱人景仰；或图其事迹，鼓舞勇气，以坚其抗敌之心。

2.地图，绘制我国近百年来领土丧失地图，使人触目惊心，如道光时香港之割于英，咸丰时黑龙江北乌苏里河以东之割于俄，同治时西北阿尔泰诺尔乌梁海及唐努乌梁海十佐领之地之割于俄，光绪时安南之属于法，缅甸之属于英，琉球、朝鲜、台湾、澎湖等地之割于日，或分页绘出，或合制总图，以激扬雪耻之念。

3.表解，将历史上外祸对我国之损害，编制简表，如领土丧失统计表、赔款数目统计表、国耻大事表、国耻年次统计表、某国侵我统计表等，使唤起记忆，并知国难之日亟。

（乙）纪略。将历代抵抗外敌事迹，择要辑为简略纪事，与上述历史图画、地图、表解等项题材相联络，互相印证，增其观感，如鸦片之役、英法联军之役、中法谅山之役、日占台湾之役、甲午之役、八国联军之役、廿一条事件、九一八之役、淞沪抗日之役等，皆各为纪略，使略知各件之原委，以加厚国民抗敌之意识。

（丙）故事。故事之中可分为三类：

1. 民族英雄故事：凡历史上及现代抗敌御侮之民族英雄，皆搜集事迹，辑为故事，务期家喻户晓，妇孺咸知。

2. 汉奸故事：自宋之张邦昌、秦桧，明之吴三桂、洪承畴，以迄今日满洲傀儡组织诸人，均暴露其罪恶，及为人人唾骂事实，使增其疾恶如仇之观念，更儆然于众怒之不可犯，汉奸之不可为。

3. 亡国故事：描写朝鲜、台湾、印度、安南等国，亡国后人民之痛苦，备极苛刻侮辱，任人宰割，万劫不复之伤心惨目情形，使凛然知国亡之可惧。

第六章　工　作　程　序

备战历史教育之搜集：

甲、各级教材

（一）各级教材之搜集，应侧重于中华民族对外族侵略之抵抗及征服。

（二）各级教材之搜集，应同时注意于中华民族被外族统治下之情形。

（三）战时之社会状况、交通输运、民众捐输等项，亦应于搜集中注意之。

（四）指出军事地理与历史之关系。

（五）外国历史教材之搜集，应注意于民族独立精神之表现，及其所运用之方式。

乙、民众宣传品

（一）民众宣传应侧重于英雄故事以鼓励其抗战之趣味。

（二）不平等条约之订立与内容。

（三）领土丧失之经过，得以领土丧失地图中指示之。

（四）东三省及外内蒙古之历史，及其地图。

（五）全国要隘图之解释。

备战历史教育工作之支配：

甲、学术团体

（一）编译馆史学研究团体应就所搜集得之材料，改编各级历史课程。

（二）中小学历史教员应互相联结，并报告个人所运用对于备战历史教育之有效的教授方法。

（三）大学史学系学生、史学研究所研究生应侧重于民族力量表现之研究，作为各级教材之参考。

（四）史学研究团体应尽量供给民众宣传之备战历史材料，及其工具。

乙、民众团体

（一）民众教育馆应搜集富于鼓舞民众抗敌之物像形图。

（二）通俗图书馆应注重于能引起民众抗敌兴趣之通俗书籍。

（三）戏剧团体应以备战历史为中心，而予以刺激之表演。

（四）新闻界应以报纸闲余篇幅，登载学术团体所搜集之备战历史故事。

（五）播音台应以说书方式演说英雄故事。

（原文刊于《国立中山大学日报》1936年2月20日第4—8版）

精神国防与历史教育

曹明道

谁也知道,我国近百年来迭遭外患,弄到现在"国几不国"的悲惨境地,是由于我国国防的疏忽。所以谈到国防,我们便发生两种情绪。一种是沉痛:沉痛我国领土相继沦亡,沉痛我们每一次丧失领土之后,终不能急起直追,速谋收复,甚至连一种"亡羊补牢"的办法都没有,而坐令未失着的土地也岌岌殆危。第二种情绪是惊惕:惊惕我们应该怎样充实国力,对已失的土地谋收复,未失的土地得保持。这是谈到本文以前一些小小的感触。

谈到国防,我们便联想到一切军备的设施。的确,狭义地讲,国防是指军备而已。尤其是近代科学的发达,使我们谈到国防,便讲究怎样利用声光化电,来制造最有效能的杀人利器。但这只是国防的物质方面。这方面的国防,固然是重要,可是我们不能因此而忽略国防的又一方面,即国防的精神要素。这种精神的要素,便是同仇敌忾的民族精神。民族精神是推动一切国防工具的原动力。缺少了这种要素,我们虽有很好的战斗器具,却不能用之以对外,即能对外,也抵不住别国一鼓作气的民族精神。当然,这里不是说物质国防不重要,而是说精神国防与物质国防是同样的重要。本文范围,便限于精神国防的探讨。

上面说,民族精神是精神的国防。那末,历史教育与精神国防又有什么关系呢?这问题的答覆很明显。因为历史教育是最能培养民族精神的一种学科。在理论与事实上,我们都可以找到相当的证明。现在节引叶楚伧先生在本刊《历史教学专号》的编刊旨趣中一段话,他说:"历史教育是精神国防上最重要的工具。……因为一个民族必须知道自己祖先开拓国运创造文化的精神,必须知道自己文化灿烂光荣、崇高伟大的价值,然后才能发生一种自尊自信的心理。由于这种自尊自信的心理的激荡,乃产生出一种沛然不可抵御的民族精神。这种民族精神,就是一个民族奋发图强的原动力。"历史教育与精神国防的关系之密切,由此可见。我们再来看看事实。十八世纪普鲁士的复兴,也可说是由于两次战争的胜利(一八六六年普奥之战与一八七〇年普法之战)。这两次战争的胜利,我们不能不归功于当时普鲁士学派的民族主义的史学之盛行。俾斯麦自己也说过"普法之战的胜利应归功于历史教员"这样一句话。当时如特罗生(Droysen)的《普鲁士政治史》、齐勃尔(Sybel)的《德意志国会之基础》、特赉切克(Treitschke)的《十九世纪德意志史》,都盛举普鲁士的民族精神,大张日耳曼主义。这里便奠定了普鲁士精神国防的基础。同样的情形,日本在甲午之战打败中国,在日俄之战打败俄国,也可归功于日本民族主义的史学。当时日本国内有"日本之强盛,由日本之新历史助成之"一句话。我们只要看看德川光国的《日本史》、浅见纲斋的《靖献遗言》,以及那珂通世、三宅米吉、中村久三郎等所编著的日本历史,便可晓得这句话有根据。

　　历史教育与精神国防既有这样密切的关系,那末,我们又要问,今后我国历史教育里,应该怎样来发挥精神国防的意义。照理,一国历史中,外族侵略的史迹,是最能激发民族精神,也最好作为国防上的教训。那末,我国历史上,这一类的史料是最丰富的了。只要把这类材料整理好,历史教育在国防教育上的任务便可完成。但就近百年来我国被侵略史而论,我们马上发生一项很明显的疑问,就是近百年来外族侵略的史迹很丰富,为什么我们的民族精神愈颓唐。换句话说,外族侵略史既有刺激精神国防的作用,为什么我国受这一类的刺激很多,而不能发生这类刺激所应有的反应来。关于这个疑问,有人可以这样回答,即我国历史教育在这方面的任务,没有充分做到,同时,我国教育,太不普及。所以没有受过教育的人,根本还不知道这一类的史迹。受过教育的人,这方面的教育,或还不充分。这种回答,固然有相当的理由。不过,依我看来,外族侵略史迹所以没有激发我国人民的民族精神,最大原因,是在大部分的人民没有民族意识和民族自信力。所谓民族意识,是对他族而言的对自己民族的自我的感觉。没有这种意识,外族的侵略,怎能引起一些切肤之痛的感觉呢!所谓民族自信力,便是对自己民族自信有生存的能力。我国社会上"中国必亡"的论调,便是表示丧失自信力的一种明证。没有自信力,即使知道外族侵略的史迹,也反而增进其对自己民族的信心的动摇,怎么发生一种奋发图强的情绪呢!所以我不否认外族侵略史有促进精神国防的作用,不过主张,欲在历史教育里发挥精神国防的意义,最先要唤起民族意识和民族自信力,培养一种沛然不可抵御的民族精神。然后外族侵略史刺激民族精神的作用,才能充分发挥出来。换句话说,在历史教育里发扬精神国防的意义,唤起民族意识与民族自信力,是最根本的任务。至于如何在历史教育里,唤起民族意识与民族自信力,本刊《历史教育专号》,已有详尽的发挥,此处可不必赘述。

(原文刊于《教与学》第1卷第7期,1936年)

历史教育与国防

杨友群

一、历史教育在国防上的价值

教育应当是国家的事业,教育人民应当是国家的任务。为了要使民族的生存能够维持,国家的昌荣能够实现,教育,这实在是国家应该紧紧把握住的一个有力的武器。在整个教育的各个部门之中,历史教育尤其是精神国防上最为重要的工具。

"数典忘祖"古人视为亡国之兆。现在的人征引故实,每每只重视外国历史上的优点,对于本国过去的光荣,反而茫无所知。因此视他人的国家为文明,为先进,为伟大;而自分为野蛮,为后进,为卑劣。这一种错误的心理,实在足以使国人失去了自尊的信心、独立的气概。尤其使我们惊异的是:国内的许多学者,对于固有的文物,有毁弃而无阐发;对于往古的贤哲,多鄙视而少尊崇。此种现象之形成,虽然是由于这班好奇之士,喜以现代理法指摘前人;然而忽略了本国历史的背境,实为其中的主因。在这种情形之下,俨然这样一个四五千年的古国,历史上竟无一可歌可泣的事、可敬可爱的人。这是何等的谬误!

多少年来国家所受到的奇耻大辱的待遇,国人所表现的自暴自弃的行为,应当使我们深刻地意识到:历史教育的提倡,实在是一件刻不容缓的事。民国二十五年所颁布的《修正中学课程标准》,其中关于历史教学的目标,已经很明白地规定了,应当"激发学生民族复兴之思想",应当"养成其高尚之志趣与自强不息之精神"。但是虽已有了明确的目标,尚须有坚决的实施方法,然后方能得到有效的结果。

只要能够遵循着这种目标前进，我相信，在精神的国防上，我们一定可以得到完满的成功。至少我们可以臆测，这一种国防中心的历史教育实施之价值，是可以由下列各方面表现出来的：

（一）国权的保障　养成国民的独立性，使能反抗强权，抵御外侮，不失其大国民的风度。只有历史教育可以使我们坚固了爱护国家的信念，发生出抗拒强敌的决心。我们知道了本国文物的伟大，天惠的优厚，我们便不会任令整个的国权，再受外力的宰割。

（二）国风的发扬　养成国民的责任心，使能各尽所能，忠心国家，克尽国民的天职。历史教育可以使国人认识先民的丰功伟绩，了解自身的伟大责任。因此媚外的心理、自卑的观念，得以矫正；自尊的信心、独立的气概，得以发扬。

（三）国魂的鼓铸　养成国民的进取心，使能不避艰险，百折不挠，为国家的前途奋斗。几千年来所流传的国民精神，这便是中国的国魂，古先圣贤的遗言、伟人英雄的生平，都可以使我们知道中国国民精神之所在。历史教育应当对此加以明确的表彰，引起国民为国牺牲的决心。

（四）民情的融洽　养成国民的和谐性，使能互相扶助，互相援助，发挥休戚相关的情谊。国家的统一，有赖于国民的团体自觉。历史教育应当提倡"五族一家""诸教同等""四民平权"的真精神，消灭种族上的、宗教上的、阶级上的不平和界限。

救国必自爱国始，如果要使国民人人能知爱国，必先使国民人人能够认识自己的国家。历史文物的探讨阐发，这便是使得国民认识国家伟大、觉得国家可爱的唯一途径。

二　各国历史教育在国防上所收的功效

十九世纪初叶以来，民族国家本位的教育，即已在各国的国家生命上，发生了极大的影响。各国为了希望国家权力的扩张，莫不尽量地利用历史教育，以作振奋国民精神的武器。

法国自从一七六二年卢梭（Rousseau）的《爱弥儿》（*Emile*）出版以后，当时的教育便感受了一种强烈的刺激。翌年，恰罗戴（Rene de la

Chalotais)发表了《国家教育论文》,以为教育是国家应有的任务,得到了一般人的赞许。普法战后,丧师失地,更是使得每一个法国人,都认识了教育为立国之本,而把公民、历史二科,视为唤起国家意识的利器,这时候,小学的历史教育,尤被重视。法国史学家那威斯(E.Lavisse)说:"国民道德、国家观念,是全靠小学校历史教课去耕植的。"普法战争的结果,法国丧失了亚尔撒斯与劳伦二州,这两州的人民在一八七〇年时所受的痛苦,法国的小学历史教本里,时时提到。德、法两国累世不解的冤仇,无疑地便是这样结下了的。

德国的新教育,起于宗教改革。及至一八〇七年为法所败,受拿破仑的蹂躏,忧时之士,遂群起奔走呼号,一时各种教育均以忠君爱国为根本信条,复仇雪耻为最终目的。菲希脱(Fichte)对于德国民族的演讲(Discourse of the German Nation),便是其中的一曲激越的悲歌。从此以后,历史教育遂成了德国训练国民爱国心的主要工具。亚历山大(Alexander)曾经说过,这时候"历史似乎在完成三种工作:第一,灌输儿童德国公民的意义;第二,灌输爱国思想;第三,灌输忠心帝室和歌颂皇家的观念"。德国的历史教育果然完满成功了它的任务:一八七一年,德意志各邦统一了,并且公推了普鲁士王为帝。直到今天,特罗生(Droysen)的《普鲁士政治史》、齐勃耳(Sybel)的《德意志勃兴的基础》、特赉切克(Treitschke)的《十九世纪德意志史》对于近代德国的勃兴与统一所贡献的功绩,还是为德国人民所不能遗忘的。

美国在殖民地时代,宗教势力强盛,社会阶级森严。平民子弟,几无受教机会。及至独立告成,政治领袖如华盛顿、杰弗孙(Jefferaon)等,始力倡教育为巩固国基的工具。后来受了国情变迁的影响,于是历史教学的态度遂为之一变。徐则陵先生在《历史教学法》里,便曾论到南北战争以后"一般教美国史的教师,类皆偏重爱国主义,如琚琪亚伦(John G. Alleua)云:教美国史首重灌输美国精神,提倡爱同胞,敬法度,以及爱护乡邦。这便是南北战争的结果"。

日本在明治维新以前,文物制度大都仿自我国。到了一八六八年明治登位,方才着手开始了国家本位的教育,经过森有礼与井上毅两个文部大臣的努力,终于在中日之战,获得了莫大的胜利。日本的维新运动成功了,这是元禄时代德川光国的《大日本史》的功绩。明治三十九年日俄媾和,文部大臣久保田让更特下训令,认为战后教育的任务,首应努力于精神的教养,使爱国重公的信念愈加深厚。日俄一战,日本又获得了战利,这是那珂通世、三宅米吉、中村久三郎等的《新东洋史》的功绩。

现在,一九一四年到一九一八年的大战争已经过去了。但是国际的争斗,并不曾就此绝迹。而"和平阵线"与"侵略阵线"之战的中日战争,已在眼前展开。如果中国要在这次血战里求得生存,那末我们便不应当轻易地放弃了国家的历史教育——精神国防上的主要武器。

三　国防中心的历史教材之选择

国防中心的历史教材,在于发展民族精神,养成国民爱国心,更进而使得每个受教的国民,都能由爱国的热忱,发而为救国的行动。

在民族的演进方面,教材的选择应当注重我国民族历代同化演变之迹,尤其应当注重历代艰苦奋斗的民族英雄的言行事功。俾能一方面融洽国内的民情,另一方面并可引起全国人民勇往前进的决心。就民族同化演变的事迹上看,中华民族本为一个合一的整体,而非个别的集团。蒋观云在《中国人种考原》里说:"中国现有之人种,可大别为五:曰满洲,曰汉,曰蒙古,曰回,曰西藏。此五者,或以地别,或以势殊,语言固不尽同,信仰容多歧异,试为探厥源泉,稽其本质,无非神明之华胄,黄帝之子孙。"其次,在民族同化演变的过程之中,忠臣义士,代有其人,或者奋勇卫国,临难不苟;或者定倾扶危,败敌拓疆。这些民族伟人的嘉言懿行,实在是国家的瑰宝,同时也是对于后世国民最有价值的教训。所以不但不能轻易地将其遗忘,并且应当多多采用,作为历史教材的主要成分。

在文化的演进方面,教材的选择应当注重本国的民族精神之所在及其对世界文化的贡献。陈立夫先生在《唯生论》里明白地说道:"我们的祖先没有找到物质的重心,因而在物质科学、物质文明一方面,始终没有多大的成功;然而我们找到了精神的重心(Center of Spirituality)

与精神的力——诚,因而对于'人的理'多所发明,关于'人的分析'特别精到。我们中国一切哲学思想差不多都源于《易经》,这部书我认为是世界上一部最有价值的著作,他从比较玄妙的宇宙观讲到人生观,提示了人类精神上的重心——'中正'或'中庸'(The Golden Mean)。王观堂的《自沉遗疏》,也曾说到:'中国立说,首贵用中,孔子称"过犹不及",孟子恶"举一废百"。西人之说,大率过于失其中,执一而忘其余者也。'中国的精神文明对于世界的贡献,举其时间较远者,诚如会稽先生在《中国民族权力消长史叙例》里所云:'我中国为世界文明之一大祖国,而文化之发达,绍基于皇古,葱隆于唐虞,鼎盛于周际,而光耀于汉唐。若日本,若朝鲜,若安南,皆我中国文化产出之佳儿也。若大食,若波斯,若突厥,亦常被我中国之影响者也。'举其时间较近者,如王观堂所云:'欧战以后,彼土(西方)有识之士,乃转而崇拜东方之学术,非徒研究之,而又信奉。数年以来,欧洲诸大学议设东方学讲座者,以数十计。德人之信奉孔子、老子学说者,至各成一团体。盖与民休息之术,莫尚于黄老,而长治久安之道,莫备于周孔,在我国为经验之良方,在彼土则为对症之新药。是西人固已憬然于彼政学之流弊,而思所变计矣!'"

在政治的演进方面,教材应注重隆盛时代的雄图远略及朝代兴替所给予我们的教训。缪凤林先生在《中学国史教学目标论》一文里沉痛地说道:"近百年来,列强肆意侵略,吾民族躬受无量的耻辱而弗能抗,自视智力、体力,亦绝不敢与欧美、日人抗:一若天生吾民族,为异族逞武扬威地者。然一读汉、唐、明史,则知吾民之绌于今者,在若干往时,固尝发挥其至伟大之力量,凡今世欧美、日本国民武力之表现,若何卫国而拓土;人民对于国家若何克尽其职责,执事者措施国事若何其高瞻而远瞩,御敌防边之规划若何宏大而周至:吾民今日不敢希冀万一者,在汉、唐、明三代,无一不可求得其实证。"即舍汉、唐、明三代而外,成吉斯汗之西行,康乾时代之拓土,也是同样地声势显赫,震惊一世。法国的东方学者莱麦撒(Abel Remusat)氏也承认"中世纪满天黑云,使人不得望见天日;至是乃因蒙古远征,而重现光明"。肯定了元人远征,是对于西方的天空霹雳,惊醒了它们数百年的酣睡懒病。统一盛世的远略雄图固然可以振发中国人民的自信心,但是从历代的更迭之中,也可以给我们不少的宝贵教训。周宣王伐猃狁而中兴,汉武帝破匈奴,唐肃宗平安史,使得垂危的局势,顿改旧观,这种史实,正是告诉我们,国难的压迫,绝对不能将一个国家陷于万劫不复的境地;晋元帝东晋的局面,宋高宗南宋的偏安,这种史实,正是使我们知道国土的分裂,并不能认为便到了最后绝望的地步。

人类社会的活动是有延续性的。自古迄今,一脉相承,并不曾截然间断。过去古人的作为,对于现在的社会,实直接、间接具有支配的力量,而未曾死去。语云:"知古所以知今。"历史正是所谓"活的过去"(The Living Past)。只有历史教育可以坚固我们的信心,使我们明确地了解过去的中国曾经有过伟大的光荣,未来的中国也正有着无限的希望。

四　国防中心的历史教学法之应用

就方法上说来,历史教学应当注重的是:

第一,多采用问题教学法。问题教学法是学习推理历史最好的方法。利用这种方法,可以提高探索事物原委的兴趣,同时也可以养成对于一切当前现象,能够追本穷源的习惯。应用此法处理国防中心的历史教材,最易使学生了解历史上兴盛衰替的原因,更进而获得可法可戒、应从应避的教训。

第二,多作乡土的研究。乡土研究最易使学生发生爱家、爱乡及敬爱祖先的观念,由于这种观念出发,便可以产生爱慕、眷恋及维护国土的决心。因为地与名胜、古迹及乡贤故事的探究,极有利于体念古人创业的艰难。先民茹苦含辛,发明制造,奋斗牺牲,惨淡经营的功绩,在从事乡土研究的感观接触之下,尤易使学生深受感动。而且乡土研究便于应用作业的方法,使学生自己寻求问题,自己收集材料,自己设法解答,在自动的习惯里面逐渐养成坚决的意思。

第三,尽量利用国庆日、国耻日及其他纪念日。在各种纪念日实施特殊教育,应特别着眼于国民与国家的关系,及国家之荣辱存亡,直接间接与国民有何种影响。俾能养成学生正当的国家观念,同时并使学生了解自己应当担负的责任。

最后应当提出的，便是教师的人格感化，如果要想收到历史教育的成效，必须身任教师者，自身先有一片爱国热忱。否则言者谆谆，听者藐藐，教学的结果，无非与"耳边风"相等而已。只有教师在心里充满了热情，由口里诚挚地吐露，然后教师的每一句话，方能深深地渗透了学生们的全部身心。奥西亚（W. V. O'shea）在他的《精神发展与教育》（*Mental Development and Education*）里曾经列举了许多的问句，我觉得正好作为历史教师自省的准则："我是真正爱我们的国家吗？或是我仅仅是能够背诵几句有关爱国的语句呢？若是你以为你对于国家具有真诚，你即当留心着发觉一些你的关怀国家的具体证据：你曾经为他牺牲了任何快乐或私利吗？你曾经为他防护实在的或想象的危险吗？当他受了国内或国外的恐吓时，你曾经为他挺身而出吗？你行过何种事迹足以表白你对于你的祖国具有真确的爱吗？"奥西亚的文句确乎是一般教师尤其是历史教师应当加以反省的。因为从历史教学上奠定学生爱护国家的决心，这正是每一个历史教师应该担负的伟大责任！

（原文刊于《教与学》第 3 卷第 3 期，1937 年）

历史教育的改进问题

初拓

历史学在中国的学术上和教育上,向来是占据重要的地位。近代西洋的教育家,也是非常重视它的。所以美国史家约翰逊说:"历史是一切社会科学的中心。"(Johnson, *The Teaching of History*, Chap I)历史之所以这样被人看重,因为它是人类社会演变的过程,也是人类实际生活的纪录;它能帮助我们了解现实生活,应付一切事变。于是历史一科在各国学校的课程中,都占着很重要的位置,良非偶然。

这里我要提起注意的,是历史研究和历史教学,二者有很大的区分。历史研究的对象,是历史的本体,其态度是科学的;而历史教学的对象是历史的作用,其态度是教育的。历史研究非本题范围,暂不讨论它;而历史教育是精神国防上最重要的工具,世界上无论那一个国家,莫不深致注意的;在国难日益严重的中国,其重要性尤见显明,所以在此愿加论述。

中国古代的历史教育,其作用在"劝善惩恶",这种作用至今还保持着。不过现在时代不同,若果历史教育的作用仅只在"劝善惩恶",那是历史教育的失败。今时教授历史的目的,应该包括两点:(一)实质上的目的,是想使受教的客体者获得历史的知识,俾其实际生活上无所缺乏;(二)形式上的目的,是想使受教育的客体者在学习历史时,于不知不觉之间,养成其爱民族爱国家的意识,兼谋其道德的判断锐敏。

近几十年来,我国的历史教育,虽然不无进步,但距我们的标准还差得远。而当此内忧外患日益紧迫,民族危机到了最后关头的时候,历史教育承担的任务,尤觉重大。如何发扬民族精神,培养民族意识,唤

起民族自觉,激发爱国情绪等等问题,都是今后历史教育所应努力的目标。关于改进的办法,我提供下面几点意见:

一、力期历史教育普遍化。过去的历史教育,只着重于士大夫阶级,而忽略了广大的民众,这是错误的。我们知道,欲把濒危的民族救起来,是一件多么艰险而困苦的工作!这种民族的大难,决不是少数人的能力所能挽回的,一定要靠全国多数民众共同的努力和切实的合作。但是我国一般民众的民族意识很薄弱,国家观念很缺乏,是不容讳言的。我们要补救这些缺点,使历史教育普遍化,是十分必要的。所以今后的历史读物,应选取富有民族思想,且切合民众日常生活需要的历史材料,用浅近而通俗的词句写出。以之教育民众,改进他们的落后思想,增进他们的历史知识,使他们明了吾民族所处的地位,及自己对民族国家的关系。就是不识字的民众,我们也应该用讲述故事的方法,灌输一些历史知识。

二、历史教学应以发扬民族精神为主。处在这种非常时期,我们一致的要求是民族的独立和解放。所以在历史教学上,特别着重发扬民族精神,关于这点,应该注意下面几项:

(甲)建立民族意识。所谓民族意识者,是对他族而自觉为我的意思。梁任公曾经说过:"血统、语言、信仰,皆为民族成立之有力条件;然断不能以此三者之分野,径指为民族之分野,民族成立之惟一要素,在民族意识之发现与确立。"(见《饮冰室文集》卷六十六《中国历史上民族之研究》)民族意识的建立,可分为消极的和积极的两方面:在消极方面,应该打破种族的界限;在积极方面,最重团结民族的精神。

(乙)恢复民族自信力。所谓民族自信力者,是一民族能自信其有生存能力的意思。邵元冲在《建国月刊》九卷五期《民族之涵义及发挥》一文中说:"民族之生存,必在民族有建设之能力,与恒久不息之生命力,亦即有内容充实之民族力。而民族生命力之推动,必需健全之民族性,乃能鼓荡激励,使人人悉尽其最大之努力,为民族之生存与繁荣而奋斗。"民族自信力的恢复,也可分为消极的和积极的两方面:在消极方面,应该养成自尊的情绪;在积极方面,最重发扬固有的文化。

(丙)介绍伟人事迹。记得顾颉刚先生曾经说过这样一句话,事实的影响不如人格的影响人厉害。这固然是指教育方法说的。然而,历史上的事实虽不可复演,但历史上伟大人物的言行,我们是可以仿效的。我民族历史中足以为后人师表的伟人很多:如张骞之通西域、岳飞之抗金兵、文天祥之正气、陆秀夫之死节等。这些为民族为国家而奋斗而牺牲的人物,他们生平的事迹,都可以介绍出来,使他们因景仰而自励,以激起其爱国的热情。

(丁)注重灌输国耻史。近百年来,中国的历史,可以说是帝国主义侵略我们的全部纪录。使我们的民族日趋危殆,使我们的国家渐呈崩溃,这都是我们的奇耻大辱。讲授历史时,应当列举帝国主义者给予我们的压迫和侵略,说明中华民族的危机,已到了什末(按:应为么)田地,及其所以至此的原因和对未来的影响。藉此刺激他们的羞愤心,养成他们强烈的民族意识。

总括起来说,使历史教育有效的、有益的启发民族思想,阐扬民族精神,应该注意到:(1)说明国人对世界文化上的贡献;(2)亲切地叙述历代与外夷奋斗之困难;(3)亲切地叙述国衰国亡时之耻辱与人民死亡;(4)详述民族英雄之生平;(5)详述兴隆时代之远略。

三、使历史教育切合时代的需要。真正的历史可说都是现代史,"现代性"这一点,实是一切称为历史者之主要特征,这是意大利史家克罗司的名论(Beneditto Crose,*on History*,Chap I)。而近来美国史家赫萧也有"所有历史都是现代史"的话(F.J.C.Hearnshaw,*The Science of History*,P.777)。由此可见历史和现实关系的密切,司各脱说得好:"历史事实之有价值,在其能对我们生活有影响。"(Scott,*History and Historical Problems*)这都是说历史能给我们理解现实问题,而我们所要求获得的是切合实际生活的知识。目前最严重的问题,是求民族独立解放的问题;故历史教育的内容,即须配合当前复杂错综的国际情势,应用过去历史的教训,来分析我们民族的处境,以谋挽救民族危亡。

四、重新审查历史教科书和检定历史教育。现在通行的中小学历史教科书,都是书肆雇用的人所编订的。他们只知牟利,内容的好坏是不管的,所以一般的历史教科书,不是错误百出,便是材料取舍的不当。

今后应由教育部严格审查教本,其不合标准者,应禁止发行,以免贻误青年。现在中小学的历史教员,很少是专任的,大多是由旁的课程的教员兼任,这固然有不得已的苦衷,但于历史教育的发展,给予了很大的阻碍。所以今后的历史教员,应该慎重人选。

  以上所说,似有把历史教育当作提倡民族主义的工具之嫌疑。不过我要特别申明的,这里所谓的民族主义,对外求独立解放,对内求和平团结,力争我们民族永远的生存而已。司各脱说:"民族史的教授,若不纠正,将产生一种狭隘而错误的爱国主义。"这是值得我们深省的。我们知道,如果爱国心即为侵略主义及帝国主义之精神,徒知夸耀其本国之实力与光荣,一九一四年的悲剧,随时有重见的可能。在这里,当然我们更不敢赞同纳粹领袖希特勒、黑衣宰相莫索里尼,他们以复兴罗马及日耳曼民族的光荣为名,而实际上向外大肆掠夺殖民地。我们也不希望有毁灭世界文化、破坏国际和平的战争,并且坚决地反对。我们只要求解除我民族的一切束缚,以达到真正自由、平等的目的。

一九三七,一,十五于北平

(原文刊于《历史教育》1937年第1期)

历史教育的新动向

王辑五

历史是人类的缩图,也是启发爱国情绪、灌输爱国精神的唯一生力军;当这国难严重时期,正需要唤醒国家意识、民族精神的今日,那么,历史一科在教育上是占如何重要的地位呢? 它的新动向又是怎样呢? 这都是我们所应该商讨的。

按历史学并不是一种死的学问,乃是一种有机的、继续发展不断的具有"活力"(The Living Force)的科学,任何国家绝不能逃免其过去历史的影响的。因为每一时代是过去和未来的连锁,过去历史原动力的反映,常显露于现代政治状态中;所谓现代者,常为过去与未来的桥梁,受过去的影响而传诸将来的。现代国家社会状况,本不外古代社会所反映出来的一种形影,所以要打算彻底研究现代的国家社会,舍历史外,实无他可求了。再说,历史之于国民,犹遗传之于个人,吾人祖先所遗传于吾人的,并不仅是物质的躯壳罢了,而影响于吾人的行为、气质亦属很大。即以革命运动而论,革命运动虽力求脱去传统的羁绊,但其根底深固的风俗习惯,绝非一时所能一扫而清的,此犹之乎世上固然没有在白板上开始画绝对崭新的理想图,是正相仿佛的。

这种人类力量的继续,遂使历史上充满了生气,其材料不是死物,乃是具有活力的生物的。历史既是人生的连锁,研究历史常使人不肯忘本,而怀念祖情的;并且深感吾人今日有这样灿烂的文化制度,不是吾人一手造成的,乃是先吾人而生的各时代人继续不断地创造的,今日的风俗习惯、语言文字,也都是古代祖先所留下的遗产。所以有人说,历史学是守旧的、右倾的,社会学是维新的、左倾的。这种说法,虽不免有些失当,但是历史学最容易启发爱国心与培养爱国精神的美德,是任何人不能否认的。

历史这门课程,既是各科的中心,又在灌输爱国精神教育上占极重要的地位,那么,吾人对于历史一科应如何教学之,才可以发挥它的真价值呢?关于这种历史教学法的检讨,有暇另文讨论;在此处要先说明的,是历史教育的几种新动向:

一、要注意历史上社群的活动。历史上的事象,概分为个人的活动和社群的活动两种,如某人的传记等,乃属于前者;各时代的社会状况及其演变等,乃属于后者。个人是思想情绪,固有时应先于全体社会者,而社会习尚亦往往常改变个人的性行。并且历史是社会进步的总成绩,每一朝代都有其不同的背景,所谓社会思潮、时代精神者,都是社会进步的象征。所以历史教师对于有关社会的史心,应特别重视,以消弭个人中心的观念;对于各时代的文化思潮和社会演进的过程,也都应该特别指示的。

二、要注意当代精神的捉获。历史知识有表里两面,一面为史实,一面为史实的原因。前者,乃属于历史的外形;后者,乃属于历史的内容,二者是相互为作用的。如仅注意于表面上的史实经过的死的记录,而漠视其构成史实的国民思想感情即所谓当代史潮的主流,就要失掉历史的生命了。

三、要由旧纸堆里的研究注意到荒冢古坟里的考古研究。历史是一种实验的科学,乃是依据史实或遗物遗迹而透视各时代的思想感情的;所以历史一科,绝不是流水账式的死记录,乃是依据证物而说明社会人类活动的科学,历史的出发点是观察,历史的终点是真实。如亲见某处暴动或战争的事实,乃是属于历史的直接观察;如藉阅览某地暴动的记录,而始知其暴动的经过,乃是属于历史的间接观察的。历史上的观察虽有直接与间接的区别,而由观察捉住其真实性,是很容易发生兴趣的。近来研究新史学的,已由旧纸堆里转移到荒冢古坟里去了,已由图书馆藏书室里,而跑到考古研究室里去了。那么,历史的直观教学法在补救的将来,是会要替代旧日的纸上谈兵式的历史教学法了。

(原文刊于《历史教育》1937年第1期)

非常时期之历史教材的商讨

尹炎农

一、非常时期的教育与历史

"非常时期教育"一词,随国难的严重而愈益脍炙人口了。理论的研讨也渐漫布于各种杂志报章。但是其实际工作,时至今日,除少数的省分的学校加紧些军事训练以外,是没有什么特征足以表示异于平常时期的。本来所谓非常时期教育的意义是暂时的、短促的,是必须在最经济的时间之内来造就应付非常时期的人材,是要快干的、实干的,而不是像平常时期大摇大摆来做的。因为平常时期教育的宗旨,是抱定"十年树木,百年树人"的大计,其功用与目的所凡传给青年的智识是以资其如何去谋生的,继续固有文化,吸收新的智识,并希望其日胜一日而发扬光大;至于非常时期教育的功用与目的,其所凡传给青年的智识,是希望其能为国家,为民族,而牺牲自己的一切,以助其成功。质言之,"非常时期",就是中华民族已经临到最后的生死关头;"非常时期的教育",就是一种准备战争的教育,教育青年来担负起救亡的工作。

历史为整个教育的一部分,其关系于民族本来很深,而在此非常时期自当尤为密切,因为历史是人类生活的记载,也就是人群斗争的宝典。例如吴越争雄:㩿李之战,阖闾死之,夫差使一人立于庭中以自警,卒报父仇;迩后夫椒一役,勾践臣妾于者三年,终能十年生聚,十年教训而沼吴,这都是历史上给后人的大教训。其次我们看德意志的勃兴与统一,他们的国民至今全推功于兰克(Ranke)所著的《日耳曼民族史》,因为兰克在叙述罗马时代的日耳曼民族是特别提高其民族的自尊心与团结精神，所以散漫中的日耳曼族终能统一而强盛。再看日本的明治维新，其国中的文人，也是向来归功于元禄时代德川光国等所著的《大日本史》，因为氏等以中国历史上的尊王攘夷、忠君爱国为立论，所以引起全国智识份子的觉悟，而能推翻六百余年来的幕府。这是历史教育的功效，所以法国的史学家米舍勒（Michelet）就武断地指历史为民族的武器。现在中国国难如此，对于这种民族的武器是迫切地需要，历史教育是应特别地借重！

二、非常时期历史教育的目标

历史教育的价值既有如此的重大，那末在此施行非常时期教育的高涨声中，其教材的选择就更要特别地注意了。然而要决定非常时期历史教材的内容，又须先确定其教学的目标，关于历史教育的目标在平常时期是领导青年作学术的研讨，其目的与责任是单一的。现在时机不同，教学目标，除此以外，还要担负起领导救亡的工程，其目的与责任是属于双轨的了。在此，我们认为非常时期历史教学的目标在中等学校应具有下列的两大观念：

（甲）借历史来激发本国民族的精神以图自强者

1. 说明中华民族建国奋斗的经过及历代盛衰的原因，使学生知先民创业的艰难。

2. 说明中国固有文化的伟大及其在历史上东被西渐的光荣，使学生坚定民族的自信力。

3. 痛论中华民族迭受列强的压迫及割地赔款的耻辱，以激发学生的爱国心。

4. 赞美中国历史上民族英雄的事迹，以鼓励学生牺牲奋斗的精神。

5. 研讨中国晚近文化低落的原因及其解放的途径，以唤起学生的自觉与自救。

（乙）借历史来分析国际政治的大势以谋抵抗者

1. 说明东、西各文明国家建国的经过及其今昔文化的演变与比较，使学生了解其历史的由来而资借镜。

2. 分析当今列强政治经济的概况及其内在的危机，以及各帝国主义者间因侵略殖民地而发生的矛盾关系，使学生能判断其成败的倾向。

3. 罗列世界各弱小民族自求解放的奋斗过程并讨论其前途的展望，使学生能一直奋起而自求民族的解放。

4. 指明各帝国主义对华侵略的计划，使学生了解进攻的途径而能筹措我抵抗的方针。

5. 阐扬近世欧美各国科学的文明，使学生打破我固步自封的观念，养成其迎头赶上去研究科学的志尚。

三、非常时期历史教材的选择

关于历史教材的选择，晚近以来，本是主张不一，意见分歧，在新史学方面的人们是摈弃名人传记及英雄主义的崇拜，他们的观点认为个人不足以推动全社会，社会才可以支配个人。然而站在旧史学的观点的人们看来，又以为伟大的人物与整个的社会的表现是相互对应的，所以弄到一般教材的标准就无所适从了。但是现在我们须知道历史教学与研究历史是可以分为两途，即是说以史观来研究历史是学术的问题，而历史教学乃是教育的问题。当此非常时期，我们对于无益于民族生存或甚至于妨害民族发展的史迹，是应该剔除一尽；如其能藉作复兴民族精神的资料，那末就该特别地提倡。我们依归上列的目标，对于历史教材选择的标准在本国与外国两方面，首先应特别注重下列的几个原则：

A. 关于本国史方面：

1. 须能培养民族的精神者，如叙述中华民族建国的经过，使学生了解中华民族光荣的历史。

2. 须能激发爱国的情绪者，如讲述鸦片战后，我国各地赔款，屡结城下之盟，势力范围的划定，与夫不平等条约束缚的由来，以及东北的沦陷与夫帝国主义者疯狂侵略的行动。

3. 须能巩固统一的思想者，如西晋有八王之乱，而引起五胡的大患;因有五代十国,而引起契丹的横行;因党争的尖锐与流寇的叛乱,南宋终至于灭亡。

4. 须能鼓励冒险的伟大精神者,如张骞、班超之通西域,平鄯善,郭子仪的单骑见回纥,及郑和的远征南洋。

5. 须能阐扬固有文化者,如秦汉以前学术思想的发达及秦汉以后各种事物的发明,说明国人对于世界文化的贡献。

B. 关于外国史方面:

1. 须能藉作分析列强政治、经济的大势者。如英国殖民地的动摇、法西斯与共产党的对峙,以及苏联的新经济政策、战后世界赔款与债权问题。

2. 须能藉作判明帝国主义侵略政策的矛盾者,如昔日英、法在亚洲与美洲的争逐,以及英、美、法、德四国所唱三 A、三 B、三 C、三 S 的策略。美国门户开放的主张,以及日本的大陆政策。

3. 须能引动中华民族自求解放者,如朝鲜、印度的革命,及目前埃及和叙利亚的独立运动。

4. 须能启发中国的文化者,如十九世纪以来欧美科学的发达。

5. 须能改进中国人民思想及习俗者,如十九世纪以来欧洲自由、平等、博爱的思想,及近代各国政党斗争的态度,与社会的秩序。

总之非常时期历史教材选择的标准应以提倡民族精神为主,使其自强不息,才合乎时代的要求。本题意义重大,笔者略具刍议,谫陋之处,自然不足以餍人意,但是区区之念,只愿献诸高明,藉作商讨。

(原文刊于《历史教育》1937 年第 2 期)

战时历史教育问题

朱杰勤

一、发　　端

　　日本疯狂的侵略和无限制的屠杀，激起我们全民族的抗战，将近八月了。我们的抗战，是为世界人类幸福而战，为自己民族生存而战，我们是准备着为正义而牺牲，焦土的抗战和持久的抗战，我们甘心而不辞。

　　在此焦土战与持久战期中，我们对于国家托命的教育，不能暂搁一边，无论在何种困苦艰难的境地，教育是不能中断的。不过战时教育是比平时教育特殊而现实的。平时的教育，不妨广树规模，博学详说，抱定其"百年树人"的大计，恪守"欲速则不达"的格言，学者埋头案下，十年读书，养成谋生的技能，发扬固有的文化和吸收外来的新知识，就算无负于教育。这种教育办法，在和平的时候，是不可须臾停止的，而在战时反属迂缓而不切实际。我们在国难当中，已感到一种沉重的苦痛，积蓄着无限的愤怒，要求着抗战，在一切服从抗战的情形下，我们有开辟崭新的战时教育的必要。

　　所谓战时教育，实负有一种特殊的使命，训练受教育者富有爱国思想和救国技能，教学方针，以速成切用、知行合一为原则。关于战时教育方针，谈者不一其人，兹不多述，但提出我对于历史教育的管见。

　　历史教学虽为教育之一部分，但它对于公民的训练是最重要的。除了丧心病狂的人外，谁都有爱国的热诚，历史是教人澄清爱国主义的观念和负起自己民族对于世界的任务。世界上无论什么文化国家，对于历史教育，都是非常注重的。历史所以令人明了民族本身的优秀、对外斗争的光荣史实和自己文化高明广大的价值,培养民族的自信自尊心。由这种心理所激发一种沛然莫御的民族精神。这种民族精神,就是一个民族奋斗的原动力,而成为民族自决的武器,来争取民族完全解放,争取完全独立。法国史家米舍勒(Michelet)竟称历史为民族的利器,虽然稍涉偏见,而且在历史科学尚有问题,但应用于国防教育上,这语是未可厚非的。

二、战时历史教育的重要和它的目标

谁都知道,历史是民族所托命的。凡侵略者吞并了其他民族之后,非但将被征服者的土地、人民、政事,以横暴而破坏的手段,极力变革,而且将他们的语言和历史禁止和抹煞,使他们日后不知本身的来源,国家的生长和本身文化的优秀,然后侵略者才能藉他们阴柔的、残酷的手段来奴化被征服者。被征服者既昧于本来面目,易受敌人的同化。人们既与本身文化绝缘,则民族信心,自然摇动,无形中蔚为一种媚外心理,于是"数典忘祖""谓他人父"和种种无耻的行为,层见叠出,不独本人甘受屈辱,而作走狗,害同胞,亦无所顾忌了。所以清代史家龚定庵说:"灭人之国,必先去其史;隳人之枋,败人之纪纲,必先去其史;绝人之材,湮塞人之教,必先去其史;夷人之祖宗,必先去其史。"(《古史钩沉论二》)强秦并吞六国后,即罢各国文字不与秦文合的,而采用秦的国书。所谓"书同文",就是毁灭他国之史,而发扬本国的历史,使人与之同化。又清人人关后,即将明人抵触清朝的著作(所谓禁书)尽量焚毁,同时屡兴文字狱,意在抹煞当时真相,和铲除我们民族意识和反抗精神,我们革命先进,多数因读史而养成革命的头脑,因为亡国破家的痛苦,除身历其境外,惟有在历史上见得到的。抗战的精神和策略,往往出于历史的提撕和暗示的。我们于此可知历史对于民族的重要性之一斑。我人今日惟有加紧战时历史教育来增加抗战的决心和力量。

历史教育在平时已占教育的重要部分,今日尤当特殊地注重它。但是,我们知道,战时历史教育的目标,顾名思义,是比平时的稍有不同,平时它只是领导学生作学术的研究,如训练学生了解社会一切事物的起源和演进，锻炼其应付及解决问题的能力，辅助各科知识的完成，陶冶其高尚思想及德行，养成其对于人类的同情心之类，其目的与责任是单纯的。现在抗战期中，民族运命存亡所关，同时我国数千年文化所系，除了平时历史教学目标之外，我们还要负起救亡的责任和工作，必要自出手眼，不同凡响的了。我以为战时历史教育的目标，应有下列二大观念：

（一）宜激发民族复兴的思想，适应此次民族解放战争。

1. 寻求我民族建国的经过，特别说明其奋斗的光荣史迹，使学者知先民创业之不易，自当竭力守土，共同奋斗，收复失地。

2. 叙述中国固有文化之伟大及其对于世界之贡献，使学者坚定其民族自信心，增加其对外竞争的勇气，排除其媚外心理与"恐日病"。

3. 痛论我们民族所受之外侮、种种之侵略，以激发我们的敌忾。

4. 讴歌古今英雄的事迹，使学者闻风兴起，"见贤思齐"，养成舍生取义的精神，应付长期艰苦的奋斗。

（二）宜分析国际情势，认清友敌，以谋应付。

1. 研究东西各国建立之经过，和它们文化的演变，和它们互相的交涉，因为凡是国家的团结和分裂、兴起和毁灭，都是由于战争的，我们比较研究，可资儆诫。

2. 考察列强各方面的组织形态、内外各种矛盾，以及各法西斯主义国家构成的侵略阵线。和民主国结合的和平壁垒的对峙，使我们决定外交方针和外交活动。

3. 指出世界各弱小民族的解放运动的成功要素，尤其是侧重战后新兴的国家的研究。借他榜样，导吾先路。

4. 显示各帝国主义者、法西斯集团的破坏和平，侵略我国的计划，使我们熟悉敌人的狡猾和残暴，而筹抗敌之方，予打击者以打击。

5. 提出外国史上全民族战争的战略和战术，来充实我们军事上知识，增长我们参加此次解放民族战争的权力。

三、战时历史教材的选择

关于战时历史教材的选择，当然依着战时历史教育的目标为取舍标准。凡有利于民族复兴和抗战问题的史料，应当尽量搜罗。我们不要抹煞是非，也不必盛气凌人，如日本只知有天皇本位式的皇国思想，和万世一系的神国信念。凡关于天皇或皇室的纪事，概视为"御用"史料，而大书特书，凡关于黩武而阵亡的武士，概视为军国国魂以表扬之，养成一般民众的自大心和侵略性，甘为戎首，成为人类的仇敌。他们历史所鼓吹的爱国主义就是一个最流行、最通用的一个字眼，用来辩护战争、欺骗民族的一个口头禅罢。其实照世界公认的真正爱国主义说起来，并不是只顾自己利益，不顾他国的损害，只说自己国家的事情都是好的，而说其他国家都是坏的，亦不是专想攘夺他人的土地，然后才算爱国，所以像日本人这样的狭隘而庸俗的心理和态度，我们是无须乎有的。我们有五千余年的历史，有震惊世界的卓越文化，爱国情绪本来是浓厚而显著的，我们可以在历史上如数家珍地找出了无数爱国志士和许多可歌可泣的事绩，顺手拈来，稍加披炼，即成为抗战史料了。请言抗战史料的选择。

（一）本国史方面

1. 发扬民族精神——如叙述明太祖之驱胡元、郑成功之反满清、太平天国的革命运动、辛亥革命运动之类。

2. 激扬我们的敌忾——如叙述鸦片战争、英法联军之役、甲申中法战争、甲午中日战争、二十一条件之交涉、五卅运动、九一八事变、一·二八之役、卢沟桥事件（从七月七到八一三）等项。

3. 鼓励抗战的决心——如纪载宋末奋抗蒙鞑的张世杰、杀身成仁的文天祥、抗战到底的史可法、驱除满清的孙逸仙，及此次全面抗战无数的民族英雄。

4. 阐明对外的胜利——我国民族英雄，多如牛毛，有立功异域，征服异国的，如汉之张骞、班超，明之郑和、马欢。有挞伐外寇，扬我国威的，如明戚继光之破倭奴、郑成功之驱荷人、刘铭传之守台湾、冯子材之战交趾；有出使外国，不辱国体的，如汉苏武困身于匈奴、唐郭子仪之单骑见回纥、清曾纪泽之折冲新疆事件、林则徐之力禁鸦片。

5. 利用古人的成绩——我国的历史，素有相斫书之称。其中战争的材料，几乎占了大半。我国历代名将，固不乏人，即其策略著录于史上的,亦往往有采用的价值,例如《左传》一部书,差不多是一部军事史,内里表现各种战法,不少为后人采用的。又如《史记》和《汉书》所述的李广,就是善于游击战法的一人,他好野战,好打散队,善以少击众,往往得到胜利。我们广东人也曾发动游击战术,力抗英人于三元里,毙敌无数。明代史上不少防倭策略,名将戚继光也不少独出心裁的战法,都可以利用于今日全面抗战中。

6. 证明民族的优秀——宣传我国固有的、高超的文化,证明我民族的先进,增加我们对于世界的责任心,来应付目前的危局。如叙述我国文化之传入欧洲及日本之经过。(精神文化,如哲学、美术之类;物质文明,如丝、纸、罗盘针、印刷术之类)。

(二) 外国史方面

1. 征引外国的革命运动的成功和失败,以坚定我们抗战再接再厉的精神。如美洲殖民地革命——反英运动,一八五七——一八五九年印度北部农民反对英国新地主的暴动,甘地的反英不合作运动,朝鲜民族解放斗争史上有名的三一运动(一九一九年三月一日),台湾和安南民族的民族解放的革命战争的经过,西班牙反法西斯斗争。

2. 研究支持和平的枢纽和运动,俾吾人得以运用强有力的方法来扫除和平的障碍,与侵略者以打击。如国际联盟成立之经过(一九二○)及其组织、军缩会议(一九二一年华盛顿会议、一九二七年日内瓦会议、一九三○年伦敦会议、一九三二年国际军缩大会)及最近在伦敦举行的国际的反侵略大会。

3. 指出侵略国集团的野心和暴行。如德国废除凡尔赛条约,及进军莱茵区,武装干涉西班牙及最近德奥之携手。意大利之吞并亚比西利亚、德、意、日防共协定。日本之南进政策和大陆政策之扩大侵略事件。

4. 特别注重我们的敌人——日寇的内部矛盾。如人民阵线之反战,台湾和朝鲜之酝酿革命,经济之日趋崩溃;外交上孤立,和其他关于日本的知识。我们要认清敌人,不得不研究日本。

四、我 的 蕲 求

战时历史教本之编纂和教授的方法,我以为须注意下列数点:

(一)近代化——我们无论叙述中国或外国的事情,都要和当前问题和任务联络起来。虽然援古,也可证今。总之,凡不适合时代的不要,凡不能利用于抗战的也不要。

　　(二)大众化——我们历史作家的煌煌巨著,都是用典雅的文言写的,在史学本身和内容,本来没有什么关系,但是究难得普遍的读者。所以我主张现代史家应用白话来写作,必要时,才可采用浅近流利的文言文。宁可用照房龙的方法,用故事式来描写,而不可采用死板板、堆满史实、绝无风神的《资治通鉴》的体裁。有时因地域和环境限制下,我赞成采用某种方言和地方性质的史实入文,使他能深入民间,在国语未曾普及、新文字运动未曾推到的内地,白话文体不受大众欢迎的地方——据我的体验,如广东省各地识字的人,有十分之九,是不喜看新文体的——为普遍宣传抗战历史知识起见,我们不妨暂时采用显浅流利的文言,以期在短促时间,广收其效。西化的句法和新名词亦以少用为佳。

　　(三)简单化——我们须用最简单的文字,灌输抗战的知识,少说原则,多谈事实,屏除考证,注入感情。或用口头演述,或用戏剧表现,或用壁报,或用漫画。但求其明白单纯、尖锐深刻,才不致费时失事,易知易行。

　　我国历代史家都是经世家,所以顾亭林"引古筹今,亦吾儒经世之学"。抗战程中,正是史学家大显身手的时候。请他们打破沉寂的空气,来担负了伟大战争的任务,用有效的方法来实行他们的战时历史教育,群策群力,搜罗抗战的史料,用各种形式来表现于大众面前(如诗歌、戏剧、小说、图画之类)。凡是有关于抗战的行动及事项,都值得表白给大众知的。以保存文化自命的人们,尤应极力保存目前珍贵的史料,因为目击的事实还不抓住,靠后人发掘是虚渺难期的。热情的史家,不妨暂作战地记者,以本身的经验来写成信史——客观的、现实的报告——它能感动大众,一定远过于王壬秋的《湘军志》和波罗塔(Plutarch)的《罗马英雄记》,而光荣的收获是可保证的。

　　我希望我们历史家能够以最勇敢的精神,不断地努力,去参加抗战历史教育,唤起民众,在统一战线下,给侵略者以致命的打击!

(原文刊于《黄花岗》第1卷第5期,1938年)

抗战建国中之历史教育

王敬堂

一、绪　　论

　　法国的历史学家米舍勒（Michelet）氏说："历史就是民族的武器。"我国叶楚伧先生也说："历史教育是精神国防上最重要的工具。"在这举国奋起，争取民族独立自由的时候，同时于此"精神重于物质，训练重于作战"。全国精神总动员的期间，无疑的，历史教育实负有神圣而伟大的使命。我们最高领袖在《为学与做人》与《复兴民族之要道》里说："先要学做人（精神道德），然后再学做事（学术技能）。精神道德是基本，学术技能为末务。"学校中能负起这种精神训练的学科，惟有历史、地理和公民，而以历史的功效，尤为显著。"以古为鉴，可知得矣"，"索道于当世者，莫良于典"。因为它能给人宝贵的经验和具体的教训，我们欲达"抗战必胜，建国必成"的目的，固有赖于全国人民忠勇奋发，抗战到底；而全国的青年学子，能将所学各科，切实地与抗战建国相呼应，相联系，当能收到更大的功效。个人有见于此，爰就所学范围，略陈微见，作为芹献。

二、历史教育之重要性

　　普法战争俾斯麦（Bismarck）以普鲁士的凯旋，完全归功于历史教师，近世日倭的强盛，敌国的史家，多谓"新历史有以助成之"。是因彼等均能应用历史发扬民族的精神与特色，培养国民的自尊心与自信力，实在近世各国的历史学家,于此弱肉强食、战云满布的氛围当中,无不以稳妥、秘密的态度,去执行着他为国家、为民族的工作。例如,法国的拉维士(Larisse)、古郎日(Fustel de Conlanges),德国的特罗生(Droysen)、齐勒尔(Sybel)、特赉且克(Treitschke),意大利的勃尔波(Balbo)、雪勃拉里[Eibrario(Aonhor)],日本的那珂通世、三宅米吉、中村文三郎等,他们都以历史当作精神的国防。

历史为一独立的学科,在其学术的意义上,固有其特殊的范畴,但在国民教育的立场上,历史教育与民族复兴,实有不可分离的关系。蒋委员长于民国二十七年八月二十八日,中央训练团第一期毕业生举行毕业典礼时训词中说道:"我们要教一般学生,有爱国的精神,要激发他们爱国的精神思想,最重要的科目和教材,就是历史和地理。'历史'是记载我们祖先的功烈,和国家、民族文化发达之所由来;'地理'是说明我们的国家在世界上的地位,和我国民栖息之所在。"他将历史看得这样的重视,并赐予它一个"革命建国教育的中心科目"之荣誉。我们处在这"风雨如晦,鸡鸣不已"的时期,凶猛的强寇,正以封豕长蛇之势,想来整个地灭亡我们,于斯艰难困苦的时际,我们怎样建立精神国防的基础,如何发挥历史教育的使命,实为当前最要的急务。

三、历史教育之功用

历史在学术的地位上,是一切学问的摇篮和基石,在实质的价值上,是人类文明和文化的写照,它包含着无限的过去和无尽的将来,故赐予人们的教训与功用,亦为最大。从前的史家,多将历史的功用,看得太单纯、太狭窄。据孟子说,孔子作《春秋》的作用,为的是"正褒贬,使乱臣贼子知所戒惧",故说:"罪我者其惟《春秋》,知我者其惟《春秋》。"到汉代的司马迁,"网罗天下放失旧闻,考之行事,稽其成败兴衰之理"。他的著史作用,在于"欲究天人之际,通古今之变,成一家之言"。唐刘知幾于《史通》内曾说:"向使世无竹帛,时阙史官,则善恶不分,妍媸永灭者矣。"他言著史目的,在于"劝善惩恶"。至宋代的司马光作《资治通鉴》,他的任务是在"鉴前世之兴衰,考古今之得失",以供帝

王借镜。这些史家,或以时代的各异或因主观的不同,各有所偏,均不足以表达历史教育的功用,今就其最要者,说明数点于下:

1. 激发民族思想　一国历史,为其民族活动发展所造成,没有历史,便无从表彰其民族的特色,故以历史激发民族思想,实为最有效的方法。普法战争,当法国的亚尔萨斯、劳林二州被普鲁士军队占领的时候,《最后一课》中所写失地的惨痛和爱护祖国的情绪,激发了法人全国同仇敌忾的心理。明末清兵入关的时候,满人在扬州的屠杀,看过《扬州十日记》的人,无不深领亡国惨状,切齿痛恨不已。明朝的亡国遗老,王夫之、顾炎武、黄宗羲诸人,抱着"蛮夷猾夏"的悲痛,著述民族的史学,传播后世,以激发民族思想,近世我国革命的高潮,一半得诸他们的力量。这些都是历史教育激发民族思想最好的实例。傅孟真先生说:"本国史之教育价值,本来一大部分,在启发民族意识上,就是外国史,也可用'借喻'的方法,启发民族意识。"这就是因为历史可以有效地说明我们民族的伟大与对世界上的贡献,启发国民向上的心志,而历代与外族的奋斗、国家衰亡时的耻辱与兴隆时代的深谋远略,统一盛世,都是激发民族思想的材料。

2. 培养爱国心理　历史叙述国家过去的光荣、优美的文化。例如远祖的深谋远虑、开拓疆土,历来的丰功伟业、光荣成就,以及各代的可歌可泣的英雄、可惊可喜的创发,无一不足增加民族的爱国心。它的暗示力与刺激性,比任何的力量都强。近代各国的史家,多在其国家生活的实际状况下,去培养民族的爱国心。譬如关于滑铁卢战争的描述,英国的史家,分外描写英国民族的忠勇与军队的舍身为国的精神;法国的史家,则于叙述该件事实时,尽量掩饰法国军队的缺点,表示不甘示弱于人。更如德国教科书说欧战时德军扫荡意大利军队,如同秋风之扫落叶。反之意国教科书说欧战时协约国的胜利全由于意国军队的忠勇善战。同是一件事实,两国的史家描述各异,这在科学的观点上,似不合理。但在历史教育的立场上,实为必要而正当的方法。因为他们都知道历史是国民教育的灵魂,可以充分地利用它,去发扬自己民族的俊伟,培养他们爱民族爱国家的心理。而在我国只要能将过去历史上种种英勇的事实和民族的开展,真诚地叙述出来,就足发挥这种作用,用不着什么新的花样和掩饰。同时我们更可利用相反的方法，描写敌人的暴虐和被强寇压迫的情景，以激发国民的羞恶心理与刺激国民的爱国情绪，使国民在愤怒的情感之下，去作真实的努力和实际的奋斗。我们看到历史上"青衣行酒"的事实和"徽钦被掠"的记载，没有不发生痛恨异族的心理。读现代史看到敌人近世以来得寸进尺的向我进攻，无不义愤填膺，就是这个缘故。历史，的确可以作为我们打击敌人的武器。

3. 发扬固有文化　中国为世界文明最古的国家，文化的发达，"绍基于皇古，葱隆于唐虞，盛于周季，而光耀于汉唐"。历史的悠久，文化的灿烂，真是世无伦比，所谓"声名文物之邦"，实可当之而无愧。这种光荣伟大的过去，历史正负有发扬的使命。因为历史本身，就是文化的集合体，可就民族的演进，说明过去的光荣，阐发往昔的文化，以使我民族认识自己文化的优美和渊源。然而我国自从海禁大开以来，始而轻视外人，继而畏惧外人，进而谄媚外人，羡慕外人，以为所有事物，凡是外国皆好，忘却自己的智能，忘却固有的文化，国家地位、民族光荣，亦因丧失殆尽，这真是我们最大的耻辱。目前我们要想迎头赶上人家，建设一种新文化，非把自己的旧文化，从根本上发挥出来不可。郑鹤声先生在其《应如何从历史教学上发扬中华民族之精神》一文中引述说："国民既忘其民族之固为文化，对于外来文物之吸收，自失其自主；对于新文化之创造，尤缺其基础。文化必须创造，而创造必须以固有文化为基础，失此基础，则世界文化，融合无至，迎头赶上，更谈不到。"这实在是至理名言。于此国际文化潮流冲激下面，我们欲创造新的文化，必须先把自己的文化恢复起来作为基础，然后才能陶镕外来文化，吸收外来文化，建立中心富化，而历史就是能够发挥固有文化的唯一工具。

4. 增加丰富经验　历史是批评人类经验的总成绩，可用过去，鉴证现在，预测将来。所谓"彰往明今"，"察变求异"，知其"来自何处"，可知"将何所之"，而能与我们许多经验上的参考。李季谷先生说："历史便是各时代一切人们的经验的总记录，光荣的成功，凄惨的失败，可颂可歌的一切胜利，可歌可泣的一切牺牲，未曾实现而徒空想了一度的希望，已经一步一步战胜，而完成了的事实……这些都成为历史的资料，人类社会的各种制度、律例，各种时代的曲折进行过程……都由历史显示于我们之前，过去种种主义与实际之冲突，思想与现实的异同，种种野心、情感、忠实、真挚、贪婪、狂暴、诡谲、卑劣……残酷的牺牲、伟大的理想、鄙陋的虚伪、混乱的骚动、升平的光景……都明白地展开于历史中，显然地分析于历史上，成为极有用的经验。"这一段艺术的描绘，像是一幅美丽的图画，充分地发挥了历史的含蓄，阐明了经验的可贵。我们现在再以杜威(Dewey)先生的话来加阐明，他说："历史的价值在于使人了解过去，所谓现在，无一而不是受过去的影响，实际上极难将现在与过去完全分隔，除非追溯过去，恐难令人明白现在对于一切事情，若是没有一种历史的了解，其智识总是肤浅的很。"这就是说人若缺乏历史的智识，对于过去的经验，知道较少，对于事物的真象，也就不能深切地了解。比如我们研究国家的经济制度，此即与全部的历史发生关系，除非能够知道全部过去历史的经验，没有人能够彻底研究这个问题，所以历史能给我们丰富的经验，作为事物上的参考，以便重新估计而与以新的创设和改造。

四、目前历史教育之使命

这次倭寇向我进攻，不但要吞并我们的国家，最毒辣的是在根本消灭我们的文化。它简直像是一只野兽，毫无理性地来摧毁我们的文化机关，杀害我们的文化警卫，在占领区内，涂改历史教材，甚至根本取消我国历史科目。在它的用意，无非是要"灭人之国，必先去其史；隳人之枋，必先去其史；湮塞人之教，必先去其史；夷人之宗，必先去其史"，以期根本铲除我历史的民族性，消灭我反抗的精神，扫荡我中华的文明，把我当作朝鲜、台湾第二看待，陷我民族于万劫不复之境地而后已。站在文化防线上的我们，应当如何地把握着自己岗位上的工作，坚强我们的壁垒，去发挥我们神圣的历史教育的使命。

在目前抗战建国的期间，历史教育所负的重要职责约有以下数点：

1. 坚定抗战胜利的信念　最高领袖于民国二十六年双十节致词说："我们要确立必胜的信念，我们这次抗战，不仅为民族生存而抗战，亦为人类公理和国际信义而奋斗……我们全国一致牺牲到底，未有不得到最后胜利。"在五中全会时说："只要不被胁制，不受欺骗，持久抗战奋斗到底，则敌人的失败，已属必然。"最近在六中全会致开幕词时又说："敌愈战愈弱，我愈战愈强，确是事实，我可以负责告诉各位同志，我们军事无论到什么时候，在什么情况之下，必能得到最后胜利，绝不会失胜的。"领袖三番五次地告诉我们，只要全国上下，意志坚决，牺牲到底，终必得到最后胜利，征诸历史，尤觉无疑。我们试一比较俄国复兴的事实，俄国近世以来，一败于瑞典，再败于拿破仑，三败于克里米亚战争，四败于日俄战争，五败于欧战，至其国内发生革命的时候，各帝国主义者，纷纷出兵干涉，企图将它一鼓消灭，但是他们全国上下，始终抱着牺牲到底的精神和不屈不挠的决心，终于打败他们的敌人取得最后胜利。反看我国近世以来，一败于鸦片战争，再败于英法联军，三败于中法战争，四败于中日战争，五败于八国联军，总理领导革命与领袖率领北伐以还，屡受日本帝国主义者的阻碍，近更大举进攻，要想根本消灭我们国民革命的势力，这种情势，恰与俄国当时的处境相似。但是我们的宝藏，比俄丰富；我们的人口，比俄国众多；我们的环境，比俄国优良，种种条件，均较俄国当时革命的时候为胜，何况我们只是一个敌人？只要我们全国人民都能发挥同仇敌忾的心理，"父勉其子"，"兄勉其弟"，各个都能抱着有敌无我的决心，最后胜利，实在决无疑问。中国有一句老话："无敌国外患者国恒亡。"日寇这次向我们进攻，正是给我们起死回生的妙剂。由于日寇的侵袭，实现了我们国家的统一，恢复了我们民族的精力，与对本国的忠爱和为国牺牲的精神。虽然我们是弱国，初战不免失利。然而希土战争，土耳其最初节节失败，最后还是取得胜利。英法百年战争，巴黎围困，岌岌可危，全国上下，惶恐不安，结果依然高歌凯旋。他若西班牙的奋兴，是由于摩尔回族的压迫；波兰的复国，全得于异族的摧残；德意志的统一，由于拿破仑的征服；英吉利的图强，出之于西班牙的侵略，这都是给我们抗战必胜的有力实证，历史正可以就过去的事实，坚定抗战必胜的信念。

2. 发挥舍生取义的精神　舍生取义的精神，是民族至大至刚之气的表现，全国的人民，若能都有这种精神表现，所谓汉奸、卖国贼、投降主义者，绝不会产生出来。历史上种种光荣的实例、壮烈的举动，在在足以阐发这种"见义勇为"的精神，与"杀身成仁"的志气。且看过去历史上的实例，当战国的时候，秦日出兵山东，讨伐齐、楚、三晋，渐波于燕，燕国君臣，皆恐大祸临头。时有荆轲，商得樊於期的同意，遂持其首，以赴秦国献图，俾能刺杀秦王，而除燕国的祸患。当彼临行的时候，太子丹宾客知其事者，皆穿白色衣冠相送，行到易水，并作歌云："风萧萧兮易水寒，壮士一去不复返。"及到秦国，"荆轲左手把秦王之袖，右手持匕揕之，荆轲刺秦王，秦王环柱而走，群臣皆愕"。我们看到这种慷慨悲歌的事迹，怎不令人肃然起敬，不寒而慄！又当蒙兵南渡，宋朝国势汲汲不可终日的时候，文天祥以一介书生，独召州兵万余人，起而勤王，友人劝阻，斥他乌合之众，"是何异驱群羊而抟猛虎"。天祥回答："第国养育臣庶，三百余年，一旦有急，征天下兵，无一人骑入阙者，吾深恨于此，故不自量力，以身殉之，庶天下忠臣义士将有闻风而起者。"又其《过零丁洋》诗云："人生自古谁无死，留取丹心照汗青。"及为元兵所执，世祖对他颇为礼重，许以高官学禄，终不屈服而死。此种"知其不可而为之"与不惜死、不怕死的大无畏的精神，真令弱者强而懦夫立。他如田横不愿屈身事奉汉主，彼与五百志士，全体自杀。明方孝孺不保篡逆，惨遭刑戮。近如革命志士陆皓东、徐锡麟、吴樾、秋瑾，均是志节慷慨，弈世如生。抗战以来，这种忠勇不屈的精神亦所在发挥。譬如沪战死守宝山城的姚子青部队、坚守四行仓库的八百壮士，与敌舰同归于尽的空军将士，及各战区不愿屈辱而死的军民，他们都是慷慨激昂，壮烈可惊。这种精神，我们应该把他发挥广大，如果全国人民，都有荆轲、方孝孺的精神，不附逆，不怕死，则倭寇消灭，真指日可待。在目前惟有历史能够负起这种神圣的使命。

3. 训练现代优秀的公民　当此一面抗战一面建国的时期，现代优秀公民的训练，实为最迫切的任务。《教育公报》中载《教育部训令》第七六八八号公民训练教法纲要有云："战时民众补习教育之推行，不但应使失学民众，熟习应用文字，尤应注意民族意识之激发、抗战情绪之发扬、战时智识之灌输，而出之以坚毅忠勇之抗战行动，以争取最后胜利。"又其教材纲要，约可归纳为以下数点：（一）中华民族过去之光荣与固有之美德,(二)中国领土之广大与环境之优越,(三)总理领导革命史略及领袖之言行,(四)日本侵略中国之史略及暴日侵略以来各种可歌可泣之壮烈事迹,(五)国民应如何努力以争取最后胜利。但从以上几点来看,能负得起这种发扬固有文化、培养民族意识及教国民应如何争取抗战胜利的学科,当然只有历史。因为历史包含着悠久的文化,满载着光荣的过去,它对一件事实的发生,必要查寻因果,明其来踪去迹,就是善恶是非、忠奸虚实都能观察入微,所以利用历史的事实,去培养爱国心;利用优美的文化,去发挥民族性,比较任何的力量都来得伟大。故在世界大战以前,德国竭力主张公民教育,但有主张无设公民科的必要者,那言于历史科中,已可充分的予以公民的智识。由此更可证明,现代优秀公民的训练,实为历史教育的特殊使命。刘真如先生说:"公民教育最基本的智识是历史与地理,没有历史观念,我们不能明了我们民族在时代上所具的意义;没有地理观念,我们难能认识我人在人类上所居的地位。就国家生活上说,若是我们缺少历史、地理的观念,我们必然地不会发生国家的思想,和社会的意识,于是国家生活的重心,无由发生,其结果是根本说不上有组织国家的资格。以个人的生活观点上看来,所有我们的生活方式、行为状态,无一而非历史的和地理的产物。换句话说,我们的意识内容与张本,并不是我们自身的产物,它纯然是受之于社会或历史的遗传。"我们知道历史在国家和个人的生活上,既有这样的价值。它对公民教育训练的任务上,更该是何等的迫切。

五、加强历史教育的实施

历史教育的功用和在目前的使命,既如是的重要,我们应该特别地加强实施和有效地推进它,才能达到这种伟大的目的。兹将学校与社会两方面,目前所应该做到的事项,分别提出,以供参考。

1. 关于学校中历史教育方面。一般学校中的历史科目,早已规定必修,但就效能来说,总都感觉收功甚微,故有人说现在一般学生,历史程度太差,高喊历史教育失败。但历史教育既与国家、民族如是关切,我们当然要特别地注意和改进。现在学校内的历史教育,应该改进者,约有下列各点：

a. 增加历史钟点。现在一般学校历史钟点，初中每周二小时，高中每周三小时，有的学校依然多是二小时，这总觉得有点不够分配。因为历史的范围太广，包含的部分太多，以区区每周二小时，如何能于三年内，教完中外历史？教员讲述简单，得索然无味，历史程度当然低下，照现时的情形而学生觉论，每周至少要增加到四小时，才敷分配。

b. 指定阅读书籍。为提高学生程度起见，应当指定阅读书籍，并严格规定作出读书报告。尤在目前，如关于日本和中日关系的书籍，及能帮助学生了解现代国际形势的著作，均应指定学生阅读，增加他们对于敌人的认识，和培养其现代丰富的常识，而在何年级内，应该规定何书为其课外必读之书，可由教者酌量指定。最好教育当局，能请专家拟定书目，通令全国中等学校严格执行。

c. 充实历史设备。历史设备，说来实很简单，但是很少学校能够做到，欲增加教学的效能，非以有效设备不可。

（一）图表类　a.地图（如历史地图中外地图挂图等）；b.物图（如物件、武器、家具、房屋、衣服、纪念品等）；c.图表（如中国大事年表、世界大事本表、历代名人生卒年表等）。

（二）画片照片类　表示历史事件之照片与各地名胜古迹照片或名人画像及现代伟人照相等。

（三）实物类　如古钱币、石器、汉砖、碑石等。

（四）模型类　如文物模型、古器物模型、建筑物模型等。此外如学校经费充裕，能设置幻灯影片，则更为优。

d. 组织历史研究会。课外研究会的组织，实为提倡研究学术空气与增加读书兴趣的最好方法。学校中组织历史研究会，有时多可采用座谈会的方式，讨论中日问题、现代国际关系或各代有关国家兴亡的大事等等。除此更可编制历史壁报，发挥历史教育的任务。于此高喊实施战时教育的时候，学校内此种研究会的组织，实为迫切而需要的事项。

e. 组织历史观览团。学生在学校中，应该仿效德国游鸟运动（Wandervogee），利用假期组织历史观览团，考察名胜古迹，瞻仰民族上的种种丰功伟业，不但能够增加他们爱护祖国的心理，提高研究的兴趣，亦为变态的历史学习。

2. 关于社会上历史教育方面。在这以全民为理想的公民教育上，社会上的历史教育，意义非常重大，因为他能使一般民众，认识国家重要，培养民族思想，唤起爱民族爱国家的观念和使国民起而作有效的抗敌行动。在丹麦的社会教育家葛雷得为（Gsundvig）创立的民众大学，就以历史，为其训练民众的本干。兹将社会上历史教育中，应该做到者，逐条列之于下：

a. 广设历史博物馆陈设历代文物供人瞻仰与研讨。

b. 各大图书馆内设立历史研究室并实行研究指导。

c. 各民众教育馆设立民族英雄讲话并聘专人担任。

d. 制设历史上的英雄、名人或现代伟人画像，布置各设教机关。

e. 编制历史上及目前的抗敌御侮影片或剧本演映民众观览。

f. 编制历史壁报张贴公共场所，最好能就各地本乡本土的材料，坚定国民爱国爱乡的观念。

g. 多编关于培养民族意识和爱国心的历史通俗读物，供给民众阅读。

h. 广播中之教育节目应就历史材料宣扬我民族的伟大，发挥我文化的优美。

i. 制绘有关民族战争或抗战英勇事迹与敌人暴行的图画张贴公共场所以激发民族思想。

j. 各地抗战阵亡的军官及士兵，应由政府发给荣誉状，宣扬其忠勇战绩，陈列各地民教馆或县志会以鼓励国民牺牲精神。

以上是关于学校中与社会上，实施历史教育所应该做到的项目，此外为着整理国史，搜集史料，从根本上发展历史教育起见，大规模的国史馆，应当从速设立。近年国家渐有国术馆、科学馆、美术馆的设立，惟对国史馆未闻创设，实为一件憾事。中国的旧史，急待整理；有价值的史书，急待编著，已成为全国人士普遍的呼声。而自抗战以来，各种珍贵史料的搜集以作有系统的保存，更为迫切的需要。目前各大学虽多有抗战史料搜集委员会的组织，从事于史料的搜集，但就所知，或限于经费或无专人负责，多无成效。倘国家能有大规模的国史馆的设立，或从事旧史的瑞理，或从事史书的编著，或从事史料的搜集，分门别类，各请专家负责，将来定有惊人的成效，而历史教育的前途亦正无疆。

六、把握学习历史的任务

　　陈训慈先生在其所作《民族名人传记与历史教学》一文中最后曾说："我们愿对于担负陶铸后一代的民族中坚分子，推动民族精神的历史教师，致其深挚的敬意，赖他们的忠勇辛劳，在民族战线的后方尽力，使全国数千万的青年，能于民族的演进与光荣，有深切的认识，以知尽他们对民族应负的责任，这样的普遍的认识与信念，正是我们民族生存复兴的基石，历史教师的责任的艰巨，与关系的严重，正不可与一般教师相提并论。"这是多么激励的呼声和恳切的期望，有志从事历史教育的人们，应当如何的努力，才能把握当前的任务，兹就各国文史学家，于非常时期努力的例证，去说明我们当前的重担！

　　英人马斯顿为使全国人民痛恨他的敌人，在其编历史教科书中，曾有这样一段的描述："德国人的确是一个残暴的、野蛮的民族，在这次战争中，他们破坏了神圣的和人制的一切法律，他们公开宣言，国际条约是一堆废纸，随时可予以撕毁。他们虐待和惨杀俘虏，他们残杀妇孺，将小孩挂在刺刀上摇幌，听小孩子的痛哭，以为笑乐。他们毁灭教堂和医院，枪杀医生和看护，他们撒毒药于井内河中，他们割伐禾稼和果树，他们所经过的地方在焚烧残杀以后，仅余一堆瓦砾。他们没有宗教，在他们中没有慈悲，没有仁爱，没有真理，没有名誉。在文明国家中，他们没有地位，他们像恶兽，简直不是人。"这种对于敌人残酷的素描，传播到全国学生的脑子里，实比到前线上杀敌还为有效。但以上正是现在敌人所赐予我们的写照，而日寇所与我们的狂暴，恐怕较之他们还要更甚百倍，我们应当如何地在口头上，在文字上，去宣传敌人的罪恶，增加全国人民复仇雪耻的心理，使之起而作直接有效的抗敌行动。

　　当1806年，普鲁士的军队于耶拿（Jena）一战，大败于拿破仑的时候，当时的大哲学家菲希脱（Fichte）曾以日耳曼民族就历史上可以证明是世界最优秀的民族，而不能被人压迫，必须全国人民一致舍身报国,广播于全国人民,卒能团结日耳曼诸邦,打败法国雪除耻辱。然而我们的民族,无论在文化上、在历史上、于世界上都是居于领导的地位。当我们历史上文化灿烂、百家争鸣的时际,欧洲许多的民族,和我们的敌人——日寇,尚在草昧未开的时期。值此贼寇当前,我们应当如何努力地发挥我们的文化,以使我们全国人民,知道我们民族神圣不可侵犯,进而唤起民族精神,克服当前的艰难险阻。

意大利的史家,过去尝以筑阿尔卑斯山的隧道自豪。他们以为就此,即可证明意民族的必然复兴。我全国人民总都应该知道,伟大的长城、庄严的运河,我们的祖先,已于两千或一千三百年前筑成;指南针、印刷术、火药等物,我们的已于很早发明,更如破灭强寇入险万里的大将,开拓疆土、挞伐异族的英雄,历代都是史不绝书,我们应该如何地就历史上的丰功伟绩,提醒民族的自信力,为我中华民族,扫荡残寇,恢复固有光荣。

所述数点,都是我们学习历史的任务,全国的同志们,让我们热烈地、诚恳地握着手,共同踏进抗战建国的阵营,建立钢铁的精神国防。

七、结　　论

由上而知历史对于国家、社会、个人,有不可分离的关系,大至典章制度,小至日常起居,从没有一件事情,能够突如其来而无历史的背景。要能了解现在的国际形势、政治动向、经济制度、民族发展、种种实际生活状况,完全要根据历史,才可解释明白,因为历史有此伟大的价值,故能随着时代的进展,而在革命建国的教育中,已成为中心的科目,上次全国教育会议,关于加强历史教育的提案,均能与以一一通过,是更证明历史教育的前途,将来更可发扬广(按,应为光)大。但是如何推动历史教育,如何有效地发挥历史教育的任务,和如何能够加强历史教育的实施,正有待于我们的努力。(完)

　　　　　　　　草于城固国立西北大学。一九三九,一二,九。

(原文刊于《经世季刊》第 1 卷第 1 期,1940 年)

历史教育与民族复兴

刘守曾

一 引 言

　　历史这一门学科,在中小学的课程表上,都有它的地位,但是有些人们,不了解历史的真正意义,不认识历史的伟大功能,认为历史一科,不过是朝代递嬗过程的叙述、少数特殊人物的起居注,对于国计民生,毫无裨补,根本没有研究的价值。基于这种错误观念的发表,历史一科,遂成为学校功课表上的点缀品,而学生也认它为枯燥无味不足一顾的课程,加以极端的蔑视。因此一般人士,对本国历史,不独无深刻的研究,甚至无丝毫的认识,"数典忘祖",崇慕外人,民族精神和国家意识,遂逐渐销沉汩没,民族的自信心和自尊心,也随之丧失无余了。总裁认清了过去的漠视历史教育,影响于整个民族的前途,至为深切,至为重大,所以确定史地教育为今后建国教育的中心,反复阐明史地教育的重要性,以警惕国人,勉励国人,第三次全国教育会议时,也有奖励史地研究、加强史地教育的提案,于是历史一科,遂为一般人所注意和重视,历史教育也成为教育界时常讨论的中心问题了。

二 历史教育是民族复兴的原动力

　　历史"是记载我们祖先功业和国家民族文化发展之所由来",是整个民族遗产和灵魂之所寄托,我们要发扬民族的意识,培养民族的精神,非切实推行历史教育不为功。在革命建国的教育中历史无疑地占着十分重要的地位了。司马迁《太史公自序》:"夫春秋上明三王之道,下辨人事之纪,别嫌疑,明是非,定犹豫,善善恶恶,贤贤贱不肖,存亡国,继绝世,补敝起废,王道之大者也。"刘知幾《史通·史官建置篇》:"……史之为用,其利甚博,乃生人之急务,为国家之要道,有国有家者,其可缺之哉。"这二位史学家,都郑重地指出了历史的价值和功能。近人梁任公在《新史学》一文中说:"今日欲提倡民族主义使我四万万同胞强立于此优胜劣败之世界乎?则本国史学一科,实为无老无幼,无男无女,无智无愚,无贤无不肖,所皆从事如渴饮饥食一刻不容缓者也。"又说:"史学者,爱国心之源泉也。今日欧洲民族主义所以发达,列国所以日进文明,史学之功,居其半焉。"这两段话,指出历史学科为培养国民爱国心爱民族最有力量的发酵机。总裁在《革命的教育》中,对于教育界,给了一个最重要的指示:"我们要教学生有爱国的精神,要激发他们爱国的思想,最重要的科目和教材,就是历史与地理。""惟有使一般学生和国民认识本国的历史和地理,始能使他明礼义知廉耻,以激发其爱国良知,燃烧其爱国热忱,而发扬他救民救世的良能。如此,爱国爱民的精神,自然会蓬蓬勃勃地发扬起来,民族的自信心,也一定会恢复而坚定起来,有了这种爱国家爱同胞的思想和精神,坚定了民族生存发展的自信心,就一定能够发挥我们革命的力量,挽救我们国家的危亡。"这透辟无比、发人深省的名言谠论,更使我们充分认识历史一科,在整个教育上所占地位的重要。只有加强史地教育,推广史地教育,才能够恢复民族的固有精神,树立"国家至上""民族至上"的信念,以达到"抗战必胜""建国必成"的目的。

再就东西各国的历史来观察:十九世纪民族主义的怒潮,都是受了浪漫派史学家思想言论的影响,德意志在自由都市时代(Hanserticage),充分表现分裂破碎和自私自利的景态,可是到了霍亨索伦时代(Hohenzollernage),因为费希德(Fichte)、特贲仝克(Treitschke)一般学者的著书立说,奔走呼号,使整个日耳曼人认识而了解过去的光荣史实和伟大的民族精神,激发他们团结一致爱护祖国的热忱,因而造成一八七〇年德意志帝国的统一;就是我们的敌人——日本帝国主义者,一九〇五年能够打倒帝俄，跻于列强之林，也是由于他们一般中小学教职员努力爱国教育成功。这一切的一切，具体地证明了一个国家或一个民族的振兴强盛，主要的要靠历史教育的力量了。

正因为如此，所以在帝国主义者所统治宰割下的弱小民族，根本没有阅读自己国家历史的权力，印度、朝鲜，便是一个实际的例子。最近我们的敌人在沦陷区域内，也剥夺我们同胞读史的自由，这种惨痛的事实，一方面显现出敌人灭我文化的毒辣阴谋，一方面却反映出历史与民族生存关系的重要。

我们应该珍重五千年来的民族史实，接受历史所课给我们的宝贵经验，发扬祖先艰苦奋斗、不屈不挠的精神，以荡涤百年来奇耻大辱，开拓整个民族光辉灿烂的新生命！

三 历史教育应注意的几点

历史是复兴民族的利器，已经是不可否认的事实。但历史的范围，至为广泛，而史料和史籍，又"浩如烟海""汗牛充栋"，真所谓一部廿四史，从何说起。因此，教材的抉择和运用，确是值得注意的问题。

历史教师，对于历史的意义和功能，必须有彻底的了解，对于历史教育应注意的问题，更必须有充分的认识，把握重心，不支碎离，则教学时，自然不会感觉得茫无头绪，有无从说起之苦了。现在提出了几点原则，以供历史教师的参考：

1. 注重固有文化的发扬，以树立民族的自信。中华民族有五千年来悠久的文化，对于世界文明，具有不可抹杀的贡献：像指南针、火药、印刷术等三大利器，都是由我国发明而后传至欧西各国的；在唐代的时候，波斯人、罗马人、印度人、阿剌伯人及其欧洲人，来长安（唐代都城）留学者，多至三万余人；而日本得以造成"大化维新"，由草昧而进于文明，也是受了唐代文化的洗礼。由此可见我国古代文化的地位，是如何的崇高伟大。后来因为"故步自封"，失去民族的活力，加以清末外交，着着失败，因而丧失民族的自信心，造成惊外崇外的心理、民族精神的消沉，这是一个主要的原因。我们必须对固有的文化，重新地予以估价,指出其真正价值之所在,使人人知道固有的道德知识和能力,都不低于其他民族,以唤起他们对民族的自信,从而奋发始终不懈、努力向上的勇气,发扬光大我们民族的固有文化。

2. 注重民族光荣史实的叙述,以提高民族的精神。我国古代的贤君勇将,开拓疆土光大国威者,真是"不胜枚举":汉武帝,北伐匈奴,使漠南、北空无王庭;唐太宗,平服诸蕃,有"天可汗"之称;元太祖,远征欧西,造成地跨欧亚的大帝国;而张骞、班超的凿通西域;郭子仪的单骑退虏;郑和的七下西洋;戚继光的荡平倭寇,都替中华民族史上写下来光辉的一页,历史教师必须强调地说明这些光荣的史实,使一切学生和国民认识祖先奋斗的精神和伟大的成就,油然动其怀古景仰之忱,而产生爱国家爱民族的共同情绪,继续发扬我们的光荣传统。

3. 叙述忠臣义士的史迹,以培养民族的正气。在国家多事、外侮频仍的时候,往往有不少忠心耿耿的人士,"鞠躬尽瘁","视死靡他"。如东晋之王导、祖逖、刘琨,宋之岳飞、文天祥、陆秀夫,明之史可法、郑成功、张煌言,都是值得我们楷模的典型人物。最近姚子青、郝梦龄、张自忠诸将军,抱了不成功即成仁的决心,为民族解放的伟业,流至最后的一滴血。这种浩然刚大的正气,这些可歌可泣的事实,实在是我们民族文化和精神最高度的表现。历史教师必须搜集此种史料,广为宣扬,以养成国民刚正勇毅的高尚志操,培植艰苦卓绝的民族性格,而达到"富贵不能淫,贫贱不能移,威武不能屈"的境地。

4. 阐明中华民族的统一性,以启发国民对国族的热忱。中华民族的形成,已经有了四千年的历史过程,现在虽然仍有"汉、满、蒙、回、藏"五族的称呼,但是就物质、精神两方面的因素来看,都已经融化混合为一个统一的伟大民族了。我们必须说明民族同化的过程以及互相倚存的关系,指出外人分化我们国家的阴谋诡计,使人人认识中华民族为集四万万五千万同胞而成的不可分的整体,从而奋发团结一致的精神,共为抗战事业而努力!

5. 说明帝国主义者侵略我国的经过与原因,以激发国民同仇敌忾的情绪。从鸦片战争到现在,民族的血债,真算是"连篇累牍";领土一块一块地被侵占,权利一步一步地被剥夺,政治、经济、文化各方面,都桎梏在帝国主义者层层的枷锁中,失掉了自主的权力。历史教师对于此种惨痛史实的经过情形和发生的原因,要郑重地加以叙述;尤其是要指出日本帝国主义者处心积虑亡我国家的一贯政策和实施步骤,使每一个国民,认清了今天的神圣抗战,实为国民革命过程中必经历的阶段,实为我们国家、民族转弱为强、起死回生的主要关键。因而奠定抗战到底的决心,以达到报仇雪耻、光复河山的目的。

6. 阐述三民主义革命的历史背景,以坚定国民的信仰。一个主义的产生,必须根据时代的要求,适应环境的需要,才能够"颠扑不破"、"屹然永存",三民主义的历史根据是什么？在中国国民党第一次全国代表大会宣言中,已经加以具体的说明:"夫革命非能实然发生也,自满洲入据中国以来,民族间不平之气,抑郁已久。海禁大开,列强之帝国主义,如怒潮骤至,武力的掠夺与经济的压迫,使中国丧失独立,陷于半殖民地之地位。满洲政府,既无力以御外侮,而钳制家奴之政策,且行之益厉,适足以取媚列强……故知革命之目的,非仅仅在于颠覆满洲而已,乃在于满洲颠覆以后,得从事于改造中国,依当时之趋向,民族方面,由一民族之专制宰割,过渡于诸民族之平等结合;政治方面,由专制制度过渡于民权制度;经济方面,由手工业的生产过渡于资本制度的生产。"历史教师对于此种事实,必须加以有系统的阐述,使一般国民,都深切认识"三民主义为中国革命运动唯(按:疑脱"一"字)之根据;三民主义之革命,为中国革命运动中唯一之途径,而最适合于中国之国情及环境"。那末,他们自然会发生信仰服膺的热忱,群集于三民主义旗帜之下,遵循领袖的意志和指示,以迈往无前的勇气、始终不渝的精神,促成三民主义的实现,造成一个富强康乐的国家。

四、结　　语

卢沟桥的炮声,震醒了东亚的"睡狮",激励了民族的意识。我们一方面树起抗战的大纛,同时更要实行建国的工作;而历史教育就是建国最重要的工具,也是建国必需的要件。有了良好的历史教育,一定可以健全国民的心理,树立民族的自信,使人人都具有我们民族所固有的品格德性和精神,成为真正的中国人,不仅以中国为自己的生命,而且以中国为自己的灵魂,那末,才能够彻底纠正过去无目的、无方针的教育,确切奠定民族国家的坚强基础,以达到革命建国、复兴民族的目的。

(原文刊于《新湖北季刊》第1卷第2期,1941年)

战后历史教育的改进

蔡尚思

前　　言

我的题目叫"战后历史教育的改进",其实历史教育的改革不应当分析什么战前战后,战前本来就应该改革,战后更应该改革。

历史和各种社会科学有密切的关系,它包含社会科学的各部门,如政治、经济、文化等无所不谈,它本身亦是社会科学之一,所以历史教育的改革,亦可以说就是社会科学教育的改革。一般人说历史与社会无关,其实不然,历史既与社会科学有密切的关系,因而与社会现实亦是有密切关系的。

关于战后历史教育的改革问题,可分四点来讲。

一、宗　　旨

谈到宗旨,有五点应该注意:

1. 要注重真相,而不注重宣传。因为历史是求真的,凡是真的东西,在当时固然有价值,将来亦是有价值的。反过来说,如果歪曲历史的真相,为某一党派、某一政府做宣传,则仅仅适合某一党派、某一政府的利益,仅仅对于他们是有价值的。万一某一党派、某一政府被打倒,这被歪曲的历史便变成毫无价值而不能够存在。例如满清政府利用历史作宣传,歪曲历史的真实,这些为宣传目的而写成的历史,满清一亡,亦就跟着被消灭了。宣传往往说谎,历史则在求真,二者是不成立的,说谎仅可骗人于一时,求真则有历史的价值。

2.要注意民间,而不注意朝廷,换句话说,要注意社会而不注意政府。中国过去的历史如《资治通鉴》之类,就专门注重朝廷而不注重民间,皇帝即使放一个屁亦予以记载,但对于民生社会,却是一字不提。不但过去的历史如此,现在的报纸亦是这样,专登官府消息、要人生活;而对于社会状况、民间疾苦,认为是小事不值得提起,或者耻于提起而不登。所以现在的报纸亦和《资治通鉴》一样,只重朝廷,不重民间,这是不对的,我们应该反过来,注重民间而不注重朝廷才对。

3.要注重群众,而不注重英雄伟人。古来一般史家,都抱着"英雄史观",他们认为群众随少数英雄而转移,因此拼命崇拜英雄而看不起群众。其实正相反,不是群众随英雄而转移,而是英雄随群众而转移,因为群众是基础。古人有句话说:"一将功成万骨枯。"可见"一将"的成功,是"万骨"的枯死造成的,要是"万骨"不枯,"一将"的功亦就不成了。所以今后的历史教育,要注重大众,而不注重少数的野心家,即所谓英雄伟人。我们研究历史的人,要敬重群众,不要专门崇拜英雄。古今来的所谓英雄伟人,如皇帝、军阀之类,往往是被群众决定的,群众一不拥护,他便得垮台。德国的强是由于德国民众的努力,不是因为出了一个希特勒;美国的富亦是由于美国民众的创造,不是由于有罗斯福等几个英雄。

4.要注重和平,而不注重侵略。一切法西斯国家的历史,都奖励侵略,宣传自己的民族如何如何优秀,别人如何如何卑劣,妄自尊大,以世界的统治者自命。日本这样,德国亦是这样,结果招来亡国大祸。所以如果把历史作为灌输侵略思想的工具,是"损人不利己",要不得的。我们的历史教育要注重和平而反对侵略。

5.要注重人格,而不注重势利。我们的历史教育应注重伟大人格的提倡,而反对势利;因为势利与人格不两立,正如汉奸与爱国者之不两立一样。近代中国一般人多唯利是图,唯势是趋,一点人格都没有,所以这次抗战,竟产生了许多没有灵魂、没有人格的汉奸来,这便是只重势利不重人格的结果。

今后我们的历史教育,如能真正以上述五点为宗旨,我相信一定会有很好的成果。

二、方　法

关于这,应该注意的是:

1. 要注重"求因"。我们应认为历史教育是有因果性的,一切事物都有"因"可寻,我们研究历史,对于无论什么事,都要求出个所以然来才是。

2. 要注重科学而反对玄学。我们的所谓"因"是科学的"因",不是玄学的"因"。因为玄学是不能得到真相的,结果还是无"因"。例如社会既是以经济为基础,而不是以道德为基础,则社会历史的"因",当然亦是经济而不是道德,即使道德亦是"因"之一,那一定是副因,而不是主因。我们研究历史的方法,应该是科学的,而不是玄学的。(关于方法,限于篇幅不能多谈,可参看拙著《中国思想研究法》及《中国历史研究法》。)

三、教　材

要注意两点:

1. 与其注意正史,不如注意野史。因为正史是"钦定"的,是由朝廷片面包办的,往往靠不住,对于政治的黑暗、民间的疾苦,他们都绝口不提,只是冠冕堂皇地粉饰太平,歌颂治绩。而野史便不是这样了,他是人们偷偷地写下来揭穿政府的黑暗,暴露民间的疾苦的,所以较为有价值。自然,我不说野史便完全可靠,它有时亦说谎造谣,但这不过是小疵,我们可以判别的。现在中国正统派的历史学者如冯友兰先生等,专信正史而看不起野史,但我却喜欢读民间笔记野史而不喜欢读正史,正统派这种错误,是应予以纠正的。

2. 与其注重机关报,不如注重民间报。因为机关报等于正史,对于政府黑幕、社会真相,是不肯报告的。这些只有民间报纸才肯说。

3. 与其根据现成文学,不如亲身访问考察。对于有疑问的事,尤应如此,这是因为耳闻不如目见。关于近代史的材料,我们应多多探问上代遗老,至于现代史料,则以亲身考察为佳,尤其是治边疆民族史的,更应该亲身去访问考察,搜集材料。其实这亦并不是新方法,古人已经这样做了。中国古代史家司马迁、顾祖禹便是用这方法治史的。

四、课　　程

历史课程应分为两类,一类是专门的,一类是普通共同必修的。

现在的教育部规定,比以前已经进步多了,从前认为通史只有历史系必修,现在文、法、理、教四院的学生亦是必修了,但我认为还不够,农、工、商、医各院的学生,亦非读通史不可。因为历史是各种学问的共同基础,基础打不好,便没法研究专门的。历史是无所不包的,尤其是通史,它好比是杂货铺,其余各科是专行,所以各科学生都读通史,尤其是中国通史,因为我们都是中国人。(华·英笔录)

(原文刊于《时代学生(上海)》第 1 卷第 2 期,1945 年)

台湾的历史教育

李季谷

一

今日台湾省的教育,有两个重大问题:一是如何推行国语教育,二是如何改良史地教育。国语教育现在由国语推行委员会负责,半年以来,工作顺利进行,成效卓著,全省各中小学生,虽还不能说流利的国语,但听的方面,都已有相当的程度。台北的商店里,普通国语,已经可以通行无阻。一般台胞,亦因环境的需要,对国语的学习都有浓厚的兴趣。照大势看来,国语教育一定可以很顺利地推进。

二

至于史地教育问题,我觉得极为严重。这次省立师范学院招收专修科学生,入学资格,是日本旧制中学五年毕业生,即合中国高二修了生。史地题目是:

(一)简释下列各人名及名词

1.韩信;2.班超;3.王安石;4.郑成功;5.李鸿章;6.五胡乱华;7.辛亥革命;8.五四运动。

这个题目,可谓普通而浅近,然而大多数的应考学生,除郑成功、李鸿章二人之名可以简释外,其余的大小题,有百分之七十是茫无所知的。

(二)简述欧洲产业革命之经过

这个题目，也是最普通而又重要不过的。但七百多个应考学生，大都是敷衍二三十字了事，所讲也多不中肯，能够约略说明的，一个也没有。

（三）说明下列各地位置及所在省份

1.福州；2.汕头；3.重庆；4.昆明；5.迪化。

福州，他们总说在台湾的对面，有许多人并不知道是属于福建省，而且是福建的省会。汕头，多数说是属于福建省的，知道它是属于广东省的，仅十之二三。知道重庆属于四川省者，约十分之一。大多数总是说"在扬子江的上流"或"中国的南方"。但大家明白这是八年抗战期间的首都。昆明多答是在浙江。迪化多不知所在。这个题目，答案如此，使阅卷者很为失望。因此足证日本统治时代，对于中国地理的教育，是有计划地在疏忽。

（四）台湾省的自然环境如何？

这个题目，大多能回答六七成以上，但亦有若干人把它完全放弃，一字不写的。

总之，过去台湾的中学课程，很不注意史地，这是我们可以断定的。反过来说，今后应如何改善，应如何矫正，便是我们的当面问题。

三

历史是使读者深切理解人生，利导文化进展的科学。它不但使你了解现在的环境，而且使你透视过去复杂关系的推移。"复杂"是历史的本质，了解复杂社会，获得广大经验，这是阅读历史的目的。

本文，于地理教育，不拟加以讨论，想单就历史教育提出一点意见。特别是今日的台湾，应如何推进历史教育。

第一，须注重我中华民族之优点。勤劳、坚忍、刻苦，能融化异族，能吸收并利用外来文物，生活不受气候限制，南自赤道各地，北达寒带兴安岭南北，均可生存生活，均可发展事业。

第二，须发扬我国之高尚道德目标。中国儒家以"严以律己，宽以待人"相砥砺，惟严以律己，故能威武不能屈，富贵不能淫，贫贱不能移。

宽以待人,故能"己所不欲,不施于人"。和平之时,可以礼让为国,一旦如受外力的侵凌,即能奋身而起,虽蹈汤火而不辞,可杀身以成仁,此即孟子所谓浩然之气,孙中山先生所谓"大无畏精神"者是也。

第三,须尊重并介绍我国历史上之伟大人物。我国历史上有不少伟大人物足资今人模楷者,如万世师表的孔孟;雄才大略、威震东亚的汉武帝、唐太宗;远征异域的张骞、班超;忠贞不移的诸葛亮;学贯古今、领导政治、倡行新法、百折不回的王安石;勇敢杀敌、气吞山河的岳飞;忠贞不屈、舍生取义的文天祥、史可法;推翻满清腐败政府,领导革命始终不渝的孙中山,均可激发国民之自尊心,宜用浅显明白的文字加以广泛的介绍。(此可出版中国伟人传,合传、一人一传均可。)

第四,广泛志士、名将之嘉言珍语。如东晋祖逖击楫中流而曰"祖逖不能清中原而复济者有如此江";岳飞的"饥餐胡虏肉,渴饮匈奴血";文天祥的"孔曰成仁,孟曰取义,惟其义尽,所以仁至……"等话,何等慷慨,何等壮烈,虽百世后读之,尤觉凛然。

第五,著述通俗历史,摄取要点,灌输以民族精神。欲历史智识之广泛流行,必须用通俗浅显之文字,《三国志演义》与《水浒传》流行甚广者,全以文字浅显美之力。但中国历史悠久,取材为最要事,必须抓住要点,如漫画家之描写人物一般,随处顾及民族主义,此实显扬三民主义最有效之方法。

第六,利用剧本及唱词。利用剧本,亦为灌输历史智识之良好工具。我国普通国民之历史智识,多得之于戏剧,一般人都知道曹操为奸臣,诸葛亮为忠臣,非得之于读物,乃得自舞台。唱大鼓,多用《三国志》材料,故北方老百姓,都知火烧赤壁、曹操狼狈过华容道等事迹。台湾被日本统治五十一年,一般老百姓对本国历史印象甚浅,即宜用剧本及唱词补助之。

第七,使明白台胞与祖国之关系。台胞除高山族外,皆自闽南迁来,闽南人则多来自中原,就血统上,台湾与祖国有不可分割性。

四

德国历史家兰克氏(Ranke)以为改造国民性并使之向上者,历史教育为最有效之工具,他并承认一盘散沙的日耳曼民族,能转变到铁一般的团结,全是历史教育的功效。台湾光复伊始,故作此短文,就商于历史教育的同志。

(原文刊于《现代周刊(台北)》第 2 卷第 7—8 期,1946 年)

外国历史教育

战后之德意志历史教学
History teaching in Germany

[美]葛尔绥教授原著　陈训慈译

译者按：此文为美国汉佛福学校 Haverford College Penn.教授葛尔绥氏 Prof.R.W.Kelsey 著，原文见美国《史学月刊》一九二一年五月号。氏于去年游德，考察战后德意志之历史界，而于学校教学尤为注意；在德遍发问题表于各大学，此篇即其征求所得综述而成之报告也。原文共分六节，虽调查不甚完全，且作时已非最近，但吾人阅此，亦可见德国大学校中历史教学之概况，更可知最近德国之史学日渐趋重近世史；而于民族之观念，且以不满民治而尤甚。爰移译其文，以俾国人得有外邦史学界之一瞥也。

一九二〇年冬，余（作者自称）旅行德国，所至询问战时及战后之历史教学状况，然所得甚少。现于将离此之前，与吾师 Dr. Adolph Gerber 合定问题表，分发于各校教习及大学教授。兹就已得之答复，汇述成篇。其各教习之人名，则预定不为宣布云。

Ⅰ. 大战对于学校历史学程之影响

a. 撒克逊 Saxony

下列诸令文，皆撒克逊邦教育厅所发布，关于中学校 High School 如 Gymnasien、Realgymnasien，及 Oberrealschulen 诸校（九年毕业，儿童九岁可进此）之课程者。

战事开始之第一年，因军役服务之故，缩短课程年限。因此之故，教育厅乃令各校设课外补习之法。如一九一五年二月一令曰："各校学生未毕业前三年即行离校从军者,其对于本国史尚未修习,实为大憾。自是以后,为激发学生爱国心起见,各校初年级皆增习历史;教授范围,限于德国史重要部分,并须与公民学相切关。为此之故,古代文学或数学之时间可以酌减。"其年十二月,又有一令,警告教者勿以重国史而陷于偏狭。令中有曰："学生于将毕业数年中,固当持重本国近世史与大战之来源。但浅见之人,其勿以此而谓历史教学即限于近世德史,过重民族观念,以自陷于偏狭。须知吾人欲真明己国之情状及其生活事业,必须对于世界史有相当之智识。盖世界各文明国,于吾国发达皆有影响。故凡希腊、罗马、中世各国、文艺复兴,及近世英、法诸国之史皆须于高级中设相当之教科。"次年(一九一六年)五月又有一令,规定中学后六年之历史学程如下:

"德国史(自 Frankisk 皇国至三十年战争终结)　　每周两小时"

"德国史(1648—1815)　　二"

"德国史(1815—现今)　　二"

"古代史(德国史至 Conrad Ⅱ 世之死)　　三"

(此学程须特重文化,必要时则详政治。教者须分别各国之不同,说明其文化对于政治史之关系、兴衰之内因,发明其中之衔联,及指出本国文化得于古代之点。)

"德国史(919—1786)　　每周三小时"

(此学程使以前诸学程所授之智识更成切实。各国史有关德国者详述,殖民史旁及之。)

"德国史(1786—现今)　　每周三小时"

(注意点与上学程同。须详述大战起源,及其积久之伏因,更当明示学生,使知大战所加于吾国家及吾个人之责任。)

就上表观之,吾人可见撒克逊邦中学之历史课程,其范围日成为民族的。历史学程之时间,亦有增加,此三校中(校名见本节开端)增三小时、五小时、六小时不等。(一九一九年二月令)地理学程之时间,亦略增加,所以养成其将来公民之资格,并促进其国家经济、国际经济之了解也。

b. 普鲁士 Prussia

自一九一八年十一月九日革命之后，普鲁士及其他各邦咸发生改变历史学程以适恰新政治之问题。一九一九年十一月，普鲁士教育厅长令教习勿使学生有政党之习。

又有一令曰："向日之历史课本，已不适现今需要，故必经全国学校会议，以修正用书。在未修正以前，各校其暂勿用前之课本，学生亦无须购备。"顾此令所言，殊难实行（作者亲知普之某校，不遵令以至今）。于是一九二〇年四月，重申一令曰："十二月六日之令，并非禁止向来沿用课本之销行，家庭及预备之需用，亦不在此限。"斯时旧史既尚未修正，故办学者不得不设法使学生略知共和政府之概。一九二〇年九月令曰："新国之基本，必令学生共喻。故一体学校，皆须添教宪法。"

其后教育厅又一令曰："(1921)历史之新课本，必须新学制定后，方可完成。目前既难规定编撰，惟有任学者之自由竞争。惟学校教科之中，仍须添入新宪法，以为了解现政府之道。大学虽不限厅令，其历史教学，亦望其时时与新政治衔联焉。"（作者按据真实之调查，德大学教授学生不但不遵此言，且多数与现政府取反对态度也）

c. 巴伐利亚 Bavaria

当革命之后，巴伐利亚邦亦有史书应付新政制之问题。其初教员遵令仍用旧课本，惟随时附加说明。一九二〇年十二月时，则历史课本之改订，已在进行。凡学生入校，各得新宪法一卷，其后邦议会又议决并分发邦宪法及和会纪录各一份焉。

II. 近世史之特重

在吾之问题表中，有一重要之问题如下："大战以后，贵校是否特别注重近世史，与战后之史事？"此问题所收得之答案，有大学教授八人、中学教员三人，大抵咸谓趋重近史焉。其中有二教授言之尤切，照录于次：

a."吾确注重近世史。良以古史只有科学上兴味，而近世史则占政治上之重要也。吾近在校演讲之范围，为一八七一年后之欧洲史；近代之民主国(美、瑞士、英、法);巴黎和会;德国宪法;不列颠之世界领域等是"。

b."下列为 Tubingen 大学 Jacob 教授之答案,原答中嘱将其名提出"。"此问题之回答,自为肯定无疑,吾之学生,大多有强烈之民族心。自革命发生,国家屈服,此感情愈炽。故彼辈对于近世及最近历史、政治上之大问题、历史上之大人物(关于德国者尤然),皆较前大加注意。所谓'合作学生'者 Korporations studenten(学生之入博爱会者)大半趋向如是。同时其反对平和与国际主义甚烈,对于吾国现今之民主政治尤表不满。吾校历史教授,为适合此种现象,故咸增重近史,以促进政治教育。现常以晚间举行辩论会,各学生于历史上、政治上问题发为报告,然后共同讨论焉"。

Ⅲ. 大学校中近世史学程举例

下列一表,示德国主要大学现设之近世史学程。通常历史教习观此,必近诧其注重近世史之至也。

a. 柏林大学

1. 一九一四年后之俄国
2. 彼得大帝与近世俄国
3. 东南欧诸国史
4. 东欧与德意志间之经济问题
5. 奥国史(1790—1914)
6. 十九世纪德国史
7. 普法战史(1870—1871)
8. 德国史(1815—1914)
9. 亚尔萨斯与德国东部诸邦史
10. 德意志与凡尔赛和约
11. 世界史(1815—1817)
12. 各国发达之地理
13. 欧洲各国宪法及行政(中世末始)
14. 东印度近世史
15. 德国劳工史(1814—1918)
16. 马克斯传略及学说
17. 十九世纪德意志国家与社会
18. 国际经济

b. 勃拉斯大学 Univ. of Breslau

1. 十九世纪历史
2. 俾斯麦
3. 德国政党史
5. 列强之殖民地(特重德之旧领)
6. 今世之经济问题
7. 西欧经济及社会史

4. 十九世纪德国宪法史　　　　8. 1848—1849 革命史

c. 格丁顿大学 Univ. of Guttingen

1. 德国史（自俾斯麦执政至统一）　4. 德国宪法史
2. 世界史(1871—1914)　　　　5. 英国民族性之历史基本
3. 凡尔赛之和会

d. 寇匿勃大学 Univ. of Konigberg

1. 近世之外交政策　　　　　4. 美国史
2. 世界史(1890 年俾斯麦引退后)　5. 英国殖民地
3. 波兰之地理

e. 利俾瑟大学 Univ. of Leipzig

1. 近世之列强　　　　　　5. 社会主义共产主义史
2. 美国史　　　　　　　　6. 俾斯麦之辞退
3. 法国近世史(1789 年后)　　7. 近今经济问题
4. 德国近世经济史　　　　8. 欧洲近世商业史

f. 麦堡大学 Univ. of Marburg

1. 历史上之近今问题　　　　4. 社会主义学说史
2. 俾斯麦时代各国史(1851—1871)　5. 劳工问题
3. 十八、十九世纪法国革命史

g. 姆匿大学 Univ. of Munich

1. 英国与其世界领域（中世纪末至今）
2. 巴伐利亚及德意志史（自统一运动至大战及革命）

Ⅳ. 国际谅解问题之解答

吾之问题表又有一问，谓："历史教授，将何以由其所教，以助各民族间之相互了解？"今录各校答案于次：

a. "各国大学之历史教授皆须与德国史之真正智识。威尔逊惟不明乎此，故有凡尔赛和约之大错也"。

b. "广布外国之确切智识。如此则各国根本异点，可以互明也"。

c. "须教客观的真理，并当注重各民族之权利。国际间之新关系，自当促成；盖果有公正之国际联盟，吾亦从之也"。

d."寻求最高之人道，而教导己国之根基。盖世界主义，必立于民族基点之上也"。

e."外国之现状与制度，须公正表达"。

f."教人以爱真理"。

g."教者但须忠实以表达事实之真相"。

h."俟国际和平恢复后，细究外国史，公正表达之"。

i.下文为下列 Tubingen 大学 Jacob 教授之答复，特许具名者：

"吾辈为教授者，果能使历史智识渐为推广，则可裨助民族间之互解。惟吾所谓历史智识，乃谓国际和好于平和主义已成谎言，各国正缘其文化经济之侵略，以自求利益'弱小之国，终不能不仰大国鼻息。如果美国者，即其好例'"。

Ⅴ. 教员之经济状况

战后德国学校教习，其个人经济皆甚困乏。吾于此问题，亦征得历史教员之若干答复如下：

a."薪金加倍，而物价十倍战前。大学教授，其贫苦盖不减下级社会矣"。

b."薪金虽增三四倍，然物价奇昂，自八倍至十倍不等"。

（以上中部德意志大学答复，以下则为普鲁士之中学所答。）

c."吾辈所入薪金，其购买力不及从前四分之一，故脩金三倍，而困顿转甚。但吾人为国牺牲，战时几濒于死，今能有此，犹幸事也"。

d."薪金增加三倍，而物价十倍于昔"。

e."薪金增加三倍，而物价奇昂，自十倍乃至二十倍。衣履食物，其价皆视昔高二十倍"。

Ⅵ. 反对民主之观察

吾问题中，虽无关于德意志民主国之一格，而答案之中，屡复牵及，此大可注意之点也。彼辈虽未一概攻击民主政治,而多数学者,对于目前德意志政府之为民主,佥抱不满。当斯国家困顿之中,向使他政府处此,能否更得民心,要为不能确言之问题也。

上文所引 Jacob 教授之言,谓:"许多大学学生决然反对和平主义、国际主义以及现在德意志所行之民主政体。"又有一教授,谓:"德人之唯一天责,在于造成一民族的政府,以代现在之民主政府。"《柏林日报》(*Berliner Tageblatt*)载普鲁士教育厅发表一文,述德国左党(民主党)不克收服学者使从共和。由彼之说,大学教授、中学教习之大部分,乃至官吏、医士、律师、著作家、艺术家多附从右党,其心皆倾向王政之恢复。学生委员会之选举,亦以右党为得势(最近普鲁士邦议会选举,仍表示此倾向。民主党自 65 减至 26 人,而右党则自 27 增至 75 票)。盖左党承受《凡尔赛和约》,实此种现象之主因也。

德国某教授读此文后,谓德意志之民主政体,已不能满足教育阶级之民族感情。盖"协约国既以威力定《凡尔赛和约》,更挟民主思想于德,不知此种手段,转足为王政重建之先导。彼爱尔兰蕞尔小国,犹不屈英,而谓堂堂德国,竟永任英、法支配之下乎"?

结　　论

上文述德国历史教学及教习,所受大战之影响,虽片段不全,要足供学者观察之资。作者对于德国诸教习教授,肯以材料供其凤敌,非常表其感谢之忱。至于答案中意见,自有不适之处,第吾但为发表结果,固不暇问及此。引史家判断,不以感情为转移,则于彼辈意见,当自有适当之评正也。

译者按,本篇为去年四月所作,去今已一年余。虽历时已久,情形或有变异;而吾人读之,要可见战后德国历史学之一斑。就文中所言,大战影响所及于德国历史教学者,有二种最著之倾向:一则近世史之趋重,二则民主之反动。由前之说,德国史学凤长科学的考证,故于古史贡献大至大。今大学风气,转移至剧,学者从风,向之注力于古史者,今后必移注近今之问题。是就古代史言,失去不少纯良研究者,史学之一劫也。由后之说，则德之现政府所以不满舆情，由于屈服和约者多，而由于政治见解少。盖德之学者，腐心于目前之屈服，思以坚执不挠之精神，重播国家观念于无数青年之中。此其结果所至，直接则为民主之推翻与王政之恢复，间接则为民族主义之重盛。盖历史既为学者目前鼓吹之手段，或且成异日德意志重吐积绪之导因。是则历史为政治役属之运，犹未有已；而世界史之企图，将欲以打破民族间之偏见者，终不可期。此又新史学之一大劫也。世人咸知大战对于国家民生及种种之影响矣，固不知大战之影响历史者，有若斯之大且切也。

虽然，此不足忧耳。古史之研究，安知不仍有一部分德人之从事。而近世史之整理，或且经德意志沉潜有统之头脑，更形坚实精邃。引新历史之前途，固将与现实问题益相携手，诚得德意志著名史家倡导而躬行之，其成就何可限量。继今政治外交，乃至实业教育，必因近世史之研究，与历史关系尤密。则此种倾向，岂非足提高历史之新价值乎？至若历史为民族观念之役属，犹未能有世界史之企图，则吾人不能不望德国学者翻然自省，勿令学术牵入政治漩涡。纵欲重视国史，同时当不忘世界史之研究。而各国学者，尤不当因德国此种倾向，贸然弃其新理想，使萌蘖之新历史，更受巨大之打击也。

（本文刊于《史地学报》第 2 卷第 2 期，1923 年）

战后欧美各国小学校历史教育的目标及其内容

觉明译

万国历史学会（International Committee of Historical Sciences）为研究历史教学的问题起见，于一九二七年特设历史教学委员会，其目的在求明了各国中小学历史教学之状况，并从而探究其实施方法以及教学本身之精神，然后再专力于高等教育、历史教科书、学习历程等的研究。据一九三〇年十一月美国《史眺》杂志（The Historical Outlook）所载，本文（原名 History Teaching in Other Lands）中 Pro.A.C.Kney 所作序言，谓委员会已收到各国小学历史报告廿一篇，此等报告均系各国熟悉本国历史教学实况之教师所为。兹篇即委员会根据此等报告节纂而成的综论之一部。其他一部则论历史教育之方法与程序，将译载下期本刊。编者

现在我们要说到关于本问题的最要紧的部分了。在这一方面，很引起了一些热烈的辩论。各国报告的作者对此也不惜长篇大论为之解释。这些问题中大致又可分为下列两类：

（甲）为什么要教历史？这一门课程对于人生行为是否有实际效果？这一门课程的内容应该怎样？

（乙）历史教育对于普通文化是否能够发生影响？对于小学校学生是否能作为一种文化（Culture）的工具？若是能够，这种影响应该怎样使之发生？

小学校的历史教育，不应单为满足儿童的好奇心而设，并且要有实际上的价值。历史教育的正当目的乃是启导学生对于社会世界的智

识，和物理同生物学之引导学生以物质上的事实是一样。这样一来的结果，可以使他们置身公众生活的时候更为适宜。所以最先教给学生的历史，应该是他自己所住的国家、他本国的历史，因为民族、他的祖国，是一个历史的同道德的实体，足以转移现时的社会关系同义务，以至于经济的关系同可能性。他应该知道他所隶属的整体，他不过是整体中的一部分。

但是教授本国历史足以激起爱国的情感，所以有一些人惧怕"教授历史时，公民的观点足以损害科学的观点，因为对于自己若将公民的训练除开，那么历史家就只能告诉真理，此外更无他途了"。然而实际上这种危险并无如此之甚，教授本国的历史事实，并不足以阻止，同时严格地去显示真理。这只是教师的良知同知识的问题。

此外还有一种危险，就是培植民族的情感，足以违反更为重要而又日渐彰著的各民族间互相扶助的历史事实，并且因为没有知识的原故，虽然不会变作仇外，也可以成为荒唐而又危险的爱国主义。要免除这种危险，就得于教授本国史而外，多少还要注重世界史。要解释一国的历史，在各方面都离不了世界史，而且一民族的历史在文化史同人类进步史中适当的地位，也因有了世界史而愈为明了。

再从更严格的教育观点看来，现在已经知道若要将过去教给学生，使之能由过去以对于现在有一清楚的观念，那么以近二三世纪的历史教给他们就足够了。所以历史一课对于近代以及现代的历史更有多余的时间去研究。

然则，在小学校里历史是否能够作为一种文化的工具呢？自然能够，这是毫无疑义的。有许多教授书为要表明学习历史对于一般文化的影响，喜欢说历史对于学生的想象、记忆、品格等等是如何地有力量。但是历史的力量若只能发展想象或记忆，其他训练较此更能得到惊异的结果的也还不少，又何贵特有历史。历史自有其文化上的目标，这只消看学者的年龄同学问上的造诣如何，便自然能够赶上的。

说到过去，便有种种的观念，这种种观念的分类，在小学时期的历史教育里就可以供给一个骨格。还有历史可以将人类社会演进的情形显示给我们，以往人类各种社会的不同，我们可以用比较的方法来抓住。历史又告诉我们以人与人间的宽恕，并且使得我们对于事变的未来可以明白地知道。

再高一级，历史对于心理上的普通训练，关系也甚著明。历史教育可以由一定的途径发达我们批评的精神。历史上的事实只能由旁证知道，不能由直接观察得来，所以比之可以直接证实的更为难以捉摸。无论事实是怎样微细，只有用忍耐、郑重的研究，秉着寻求真理的唯一无二的宏愿一步一步地研寻批评，方才可以知道。这是观察社会事实的方法，并且也只有这种心理上的态度，即所谓历史的意识（Historical Sense）乃是学习历史所得最有益处的结果，要作一个人和公民，这也是最有用处的。唯一的问题就是如何把这种新式的文化灌输到将来的历史教员而并不是已经成熟的学生心理去。

虽不是各国都是如此，似乎多数国家却劳心焦虑于这些问题。以下就是各国解决这些问题的大概。

德国——在这一个报告里，对于德国新时代的史学家，尤其是大战以后的史学家在德国历史教育方面的演化同变更有极有趣味的启示。本处不能详赘，只可述其大略。报告叙述德国巴威略（Bavaria）、卫丁堡（Wurtemburg）及萨逊（Saxony）各邦历史教育的情形，尤其注重"有名的普鲁士邦教育"（战后论述及此的文章实是不少）。

巴威略——"应该激起对现代公众生活的兴趣，尤其是这一门课程包涵着公民教育在内的时候，应该如此"（一九一四年五月法令）①。

卫丁堡——"即令在初级学校里，于灌输重要大事的知识以外，还应极力激起政治的思想"。

普鲁士——对于历史教育保有很重要的地位，并且将历史的时间增加。历史是将德国文化遗产传给下一代的各种基本科目之一，也是教育事业的中心。历史教育的主旨并不在学习琐微的史事，"用意正与此相反，其最重要的目标乃在发展历史的意识，而后学生可以从过去明了现在，不至于一遇新闻同事情，就会没有抵抗，没有批评的精神了。"公民教育以及超出公民教育以外的人类的知识，应该视为历史教育中最高的目标。"信仰历史中有永久与超人类的价值，信仰只有知识的目

---

① 巴威略对于历史同德语外国语以及地理等有关的处所，也曾提到。

标可以给全生命的工作以意义,并且视自由为人类最高的力量",也包涵在内。"历史教育绝对不可限于德国的历史,不仅不可限于德国的历史,并且时时要注意到同世界史的关系;其他各民族的历史如其能够说明德国的都应知道",能够用德国历史去说明的,也是如此。(一九二一年至一九二二年普鲁士的法令。)历史不仅使人明了外国的观点,尤其要紧的还是在使人了解外国民族同文化。本报告的作者并于德国新宪法一百四十八条的关系同重要特为提明,依据本条所有教师都应使他们的学生熟习新欧洲同新世界爱国家爱人民,以及要有国际调和的精神。他又说历史教师特别要将国际联盟的精神工作以及目标教给学生。自从德国加入国际联盟以后,在一九二七年五月二十八日,普鲁士教育部长特颁令文,要学校教讲授关于国际联盟的一切;此种办法随后即从普鲁士传布到德国其他诸邦。

因为各邦各有自由,情形颇有参差,所以报告上也只限于将课程一般的情形告诉给我们。

近百年来德国历史教育有一根深蒂固的习惯,即是分成三个阶段:第一是为发展阶段,在这一阶段里,中级学校的第一级(Sexta)①,同第二级(Quinta)的学生很天真地重演若干历史的生活,在这些中间给予学生以一些历史事实同人物的印象。第二阶段是为发展的第三级(Quarta)到第六级(Obersekunda)学生的直觉意识。学生在这一阶段里施行自动教育(Activity Instruction)(参看②),自行从有教育价值的原料中搜集材料,此外更从所谓 Quellen in Schulsinn(教育材料集)中去搜寻。到了第三阶段(自第六级到第九级 Oberprima)是为把特有意思而深刻的材料,以及有系统地养成历史的意识。

比利时——小学历史教育有一很显著的民族的性质,注重各方面最足以显示民族生活演进的事实。宗旨在:"表示比利时有史以来即无偏狭的爱国主义和穷兵黩武的精神,用有今日。比利时人酷爱独立,遇

---

① 德国小学四年以后即入中学,为其九年。各班的名目为 Sexta, Quinta, Quarta, Untertertia, Obertertia, Untersekunda, Obersekunda, Unter-Prima, Oberprima。
② 启示中特为注重自动教育。所谓自动教育者,学生藉教师的指导,由自己的活动,从指示的材料中得到观念知识以及技能。据德国历史教育报告的作者说,选择材料时,教师决不能以灌输知识为即尽能事。他必须时时顾到发展和增长学生的能力,尤其是独立判断,情绪的反应,想象以及意志力等诸项。

有必要时并且毅然愿意牺牲自己,极热心于和平事业,(历史教育的)目的在将继续这种精神的愿望深深地植在下一代人的心中。"

师范学校的宗旨同此一样。就这一点而论,历史是应该要超出民族的范围以外。"比利时的历史教育是要很忠实地将过去重为建设起来,这一点教育法令上虽然并未明说,可是已经相沿成习;我们反对一切护短的论调,我们的意思是要保障那道德的观点和文化的观点。现在为甚么还要将国家主义的教育放到学校里去呢?凡是熟习比利时人品性的,一定觉得这种教育同国民品性是格格不相入的"。

还有为着防止淆乱真理起见,依比利时的立法,道德和公民教育同历史是分立的。关于国际联盟的问题,如尊重其他民族和领地、遵守和约、战争、国际合作,以及联盟本身,都归入公民班内。

在课程中,有系统的历史教育自第三级的学生为始,①即自十岁至十一岁的儿童。在第三阶段所学的为一九一四年大战期间的比国历史和史坦利(Stanley)探险以后比属刚果殖民地的历史,这是为十二岁至十三岁的儿童而设的。

本课程以本国史为基础。所讲大都属于文明史方面,关于战争不能说得太多。所要说明的乃是数世纪来本国民族的如何组成、如何发展。但是十八世纪末叶以来欧洲以及世界历史上曾经震动过比利时的,如法国大革命、维也纳会议、一八三〇年同一八四八年的革命、意大利同德国的统一、十九世纪欧洲的殖民地等等与社会同文明有关的大事,也规定要加以研究。而以二十世纪初叶欧洲的情形为之殿。

到第四级末了常有几课叙说变动无另的生活条件(如同饥渴、奋斗、衣行的工具等等。)

至于师范学校的课程,在预科(第一年)时候,教授即以世界史上重要大事的年代,深深地灌入学生心理中去。此后三年则依着年代次序将特别重要的几个时期为详细的研究。例如第四、第五世纪的欧洲,基督教,世界大战,比利时军队和人民的忠勇,凡尔赛和约等等,都是所要研究的问题。

到第五年则注重在教师的专门训练。这里反对把历史看成一种呆

---

① 比利时的八年制小学校分成四组或四级,每组或级是两年。

板记忆的资料,奖励学生去推求、了解各种大事间的关系。所以这一部的工作全体乃是一些谨慎、仔细的思考同批评的研读,正同那些受过训练的人读历史书时,想用反省的思考从历史书的内容中得到一个意见的情形是一样的。

丹麦——历史教育的宗旨在使学生能够于人类生活的潮流中自己找寻方向,特别是在那同他们最接近的生活中间。教给他们以一些普通的政治的同社会的观念,并且使他们明了他们所处的社会,对之发生兴趣(同时发展他们的想象同感觉)。

在七班制(科本哈根)的小学校里,从第三年起以至于第五年即授以丹麦的历史。这一门课程注重的是现代,带着说一些挪威同瑞典的史事,特别注重文明史,对于丹麦史上大人物的传记所占分量很多。

第六、第七诸班教以通史。内中诸课一半是丹麦史。凡是以说明现在情形的,如农民的解放、劳工问题,以及实业发达诸问题,都特为注重。对于这些事迹有大关系的人物传记也不得引用。

再有一半专注于通史;第七班的课程包含自拿破仑第一以至现在的历史。

这一班中也采以一些社会科学的要素,最末一年并得研究国际联盟的问题。

乡村学校普通只有两班,所以通史一部分全付阙如。

中等学校的通史采用片断式,意即限于重大史事和最有关系的人物传记。挪威、瑞典和丹麦在历史上的关系也略为注意。

师范学校第一年每周历史的钟点是三小时,第二年两小时,第三年仍为三小时。课程特别注重近代史,一六六〇年以后的斯堪的纳维亚半岛的历史,和一七八九年以来的通史。其余以选出来的几个题目为限。这一门教育"大都视为一种记忆的工作"。历史教育中也包有若干社会科学的研究。

现在可以确实断定:"历史教育乃是出之以一种健全的民族精神,不挟有偏狭的爱国主义或仇视心理,置重于和其他斯堪的纳维亚人在民族上和文化上的团结。"

美国——美国并无所谓国家教育方针,全听各邦政府自行办理,教育上的权威实际完全在地方官吏手里。因此学校的性质同品格彼此相差很大。

普通都把历史看作一种促进了解社会情形同团体生活的课程。"练习在一起生活得很是快乐,这或许是历史一门中最要紧的教育目标"。

小学历史课程,普通都和公民教育混合一起;中学校则同政治经济学和社会学混在一起。

此外如人类道德同物质方面进步的知识,过去有名的大英雄、女豪杰的知识,以及同大史学家接触等等文化上的目的,也是历史所应启示的。

若是以养成爱国心为历史教育一般公认的宗旨,那么在美国就至为纷歧而不一律。所有学校都不限于专教美国史,有些教师对于欧洲史还比美国史还来得注重。至于讲授关于国际联盟的事情,亦复校各不同。

美国学校课程组织并不一律。据本报告的作者告诉我们以为美国史学协会(American Historical Association)和国家教育协会(National Education Association)所拟定的方案却采用得很广。在这些方案之中,于美国史外并加入古代史、中古及近代欧洲史,尤其是英国的历史。

师范学校高等师范以及养成所等,课程至为纷歧,今不赘述。

法国——小学校同高等小学校中最重要的功课就是本国历史,因为学生将来是要生活在法国的,所以必定先得知道法国。历史教育可以给爱国的情感以一个扩充和发展的机会。"在师范学校,虽然也研究其他国家的历史,但是法国的任务,以及历史的使命一定得告诉给学生。教师乃是每一个团体中民族精神的代表。我们的学制为民族的骨干,而所有学校的教课中又以历史和公民道德为最能团结法国人的意志"。

为着增加民族的情感,必须将事实加以选择,这样一来,结果是否一定对于历史的真理有所伤害呢?教育方案中并不肯定问题作成"为着法国的利益起见,反对科学的利益"的形式。"法国的爱国主义并与真理无疑","教师自能毅然将学者对于我国历史公平研究的结果告诉儿童。教育方案是打算"将那些庄严而与真理吻合的教给学生",所以我们并不是作宣传或者任意变更历史的事实。关于这些事情如其能建立标准的话，那么指出这些事来应是公民教育的职责，法律并无丝毫的意思想把历史变成任何种的宣传品，而为避免误会起见，公民教育是附属于道德的课程，在师范学校则附于政治经济学的课程里面。这是很重要的一点。

若是教师的思想中，时时把法国放在前面的话，那一定是她的历史使她转向和其他民族团结一途的法国；那一定是她的生活和其他邻邦以及较远的国家有密切关系的法国。所以法国的学生为着了解他们本国的历史更为深切更为正确起见，最少也应该要知道其他诸国的历史。在小学校高级班的课程里含有关于通史的叙说。到了高等小学校，对于这一门更为详备，特别是第三年，所授自一八五二年以至一九二〇年；不仅是欧洲史，美国史、南美诸大国史以及远东诸国史也参酌讲授。师范学校课程有欧洲列强和世界的历史。

近代各民族在物质上和道德上一天一天地需要彼此互助，这是历史的事实，这一种运动可以使各民族间的关系问题用公平正直的方式去解决，而不必出于武力解决的一途。课程子目有国际生活、民族性的原则、仲裁和国际联盟诸项。并且须谓教育部诸部员轮流讲授关于国际联盟的问题藉以表示当局是如何努力，以日内瓦（Geneva）国际联盟所倡导的和平观念开示给学生。但是还有须明白的，在教本国史时，教师一定得牢守着历史的事实以为基础。

还有要注意的就是这一课对于近代史特为注重。小学校中有一全年是讲的一八一五年到一九一八年的一时期，师范学校中有一年是讲的一八一五年到现在的一时期。

教育方案起草者对于文化的兴趣，那是更值得指出来的。作者灌输少许古代史的观念到小学校去，"无论这几课是怎样的简单，而要想使法国的儿童学到中庸而真实的文化，这是不可少的"。利用比较的方法，还可以更进一步。"凡是过去同现在可以互相比较的机会，教师绝不可能轻易放过，应该要藉此将二者的相反以及异同之点一一指点出来，以使学生认识历来的进步"。

到了高等小学校，便得选择一些足以代表一时代或一国的事实，激起学生对于政治和社会事实的观察和反省的精神以为之解释。在某种形态和范围之内，历史的意识便可以慢慢地发展出来了。

师范学校是有了新的进步。"于教授的讲演和课本的研究而外，还时时要学生就目睹以及现代纪念某事的纪念物作为报告。这种办法可以使学生知道注意到原料方面去。将来的教师当要从事于史料的评价、比较以及判断。他们是在向历史批评的路上走，这是一个很好的修养，可以激励他们去寻求真理，教他们下断语的时候要中正和平，使他们对于意义的背面仔细观察，总而言之，就是要他们教历史的时候，完全不可武断"。

荷兰——荷兰法令上并无积极指明历史教育应以增加爱国精神为主旨的条文。是法律上清清楚楚地说明所有的教育都应对于培植儿童基督教和公民的美德有所贡献，所以此事实已视为当然。

还有我们应注意的便是在所有的课程中，历史同公民教育都采取密切联络的态度。但是就此以为会流入狭隘的爱国主义一途，那又未免过虑。罕德夫人（Mrs.de Haerdt）对于荷兰人的心理何以会自然而然地转向国际亲善的精神去，有一个很有意思的分析给我们看。这种精神的结果，国际联盟小册子译本传布到学校去的一天多似一天，政府方面既许教师以教育的自由，仍然要他们把国际联盟的宗旨同历史解释给学生听，一方面对于亲善日（good-will-day）也要好好地留意。罕德夫人不以为足，"她并且倡言以为若是就学生能够了解的范围以内，给他们一点世界史的憧影，一定可以使这种精神有急速的进步。本国史仍然最为重要，这是当然的，但是却要直接一致的从世界背景上为之表达出来"。

现有的课程始于一九二三年。小学校只教本国史。据本报告的作者说，近来将通史加入本国史中，把纷繁的人名同年代抽去而加入文化史的普通概念，这一种趋势在教师同教科书方面都一天一天地显明起来了。

到了高等小学，通史定为必修科，每周本国史和通史各占一小时。（有时甚至将本国史放入通史中适当的地位去。）

国立师资养成学校的课程表和倾向亦变如斯（私立学校并不受教

育方案的限制）。近代史占最大部分：最初两年注重于一七八九年以前的时期，最后两年则授以一七八九年以后以至现在的历史。预备作教师者所受的教育，对于任何民族都无所仇视，此事已行之多年。而在又一方面对于各个民族所有造就了解以及无论大小的国家在世界史演进方面所生影响的认识也在逐渐发展。

匈牙利——小学校历史教育的目的，"一方面以匈牙利民族的历史以及世界史上同匈牙利有关的大事教给儿童；并教以逐渐发展而成的匈牙利宪法的大概；教他们严肃地尊重过去，明了过去所给予的教训；养成他们的爱国心和民族自尊心；增进他们对于将来的勇气和天意的信仰；又一方面则以较为重要的公民义务教给他们以使他们受到适当的公民教育，同时并且发展他们民族团结统一和奉公守法的情感"。

因此公民教育有了很确定的目标，然而匈牙利的法律并不打算将公民教育成为国家主义化同狭隘的爱国主义化。

"课程鼓励教师秉着爱国的热忱，去陈述事实，用不着畏惧，也用不着有成见；特别避开所有民族的以及宗教的纠纷，超然于党派政策以外须要守着严格的客观性"。

教的只是事实，尤其是有教育价值以及在学校同生活上都有用的事实。

在第五年开始教本国史（以前只有一些故事、大人物的传记以及历史上大事的讲话和选读之属）。

一六二六年（是为摩哈克 Mohacs 之祸）以前的匈牙利历史，规定一年授完。第六年所学的为自摩哈克以后以至现在的匈牙利历史，特别这一部分的光荣时期的历史，衰落时代以及衰落的原因少有论及。

到了"高等小学校，学生的注意力特别注重在经济同社会的演化"。这类学校"目标在普通的修养和谋生的准备"，所以学生不仅要知道本国的历史，并且要知道世界的历史。对于事实的关系特别着力去弄清楚，同时要解释、判断得很公平，不过这些学校的学生，在智识方面比较成熟一点的，就是衰落时期的事实，也极应知道，以便从中得到教训。教育方案上说"现在很需要把良知同现在以及过去的关系作一严重的试验"。高等小学校有系统地学习历史，在男孩是从第二年级起，女孩是从第三年级起。其中一年级专讲古代、中古以至于匈牙利人征服的历史，此后一年讲到摩哈克之战，并且加入中古史上重要的史事（如王国同帝国之争、封建制度、回教等等）。第四年，遂授以摩哈克战役以后的匈牙利史，附带着述说近代同现今欧洲史上的重要大事（如文艺复兴、宗教改革、法国大革命等等）。最后对于匈牙利的现状作一急速的综述以为结束。

女学校所授并无如此详尽，但是对于各种文化同社会里面妇女的地位却极为留心，这是很可留意的一件事。

高等小学的历史教育完毕以后（所有在文化上的目标前已明白指出），"所有希冀的情态都一一出生了，于是由师范学校来竟其全功"。

到了师范学校，历史教育变为"发生的同实用的"（Genetio and Pragmatio）。师范学校历史教育的宗旨："是有着爱国同宗教精神的普通历史和社会的修养，而以匈牙利的政治、社会、经济、文化的历史和足以影响这种演化的各种观念为其基础。""我们把本国放在人类文明潮流的中间，并且把我们民族在历史上的任务以及在世界上所表示的，都一一指示给学生看。"报告作者又在那综括的分析中很清楚地指出他们的计划是打算以一种文明史教给学生，这种文明史乃是以古代经济、社会、政治的奋斗，罗马人国家的组织，中古时代物质上同智识上的文明，民族性观念的重要，以及近代各时期在宪法上的奋斗诸项为着重之点。例如"把世界史的材料说完以后，我们就要讨论到一直及于现今的社会运动、社会主义趋势等等的社会演化。教授一定要极力避免自己有谬误的倾向……他一定要从他的批评精神中表示出敬爱真理的态度来"。这样的教育，对于经济史同社会史为彻底的研究，并注重于原料文件的使用，其为有裨实用，最少也同有意去研究政治上的事迹不相上下。

着重在十九世纪同现在的研究，"因为从这种动的历史里我们才可以觉出为人类大理想同经济事项奋斗的重要来。这种历史可以教学生知道看重劳力，明白人是要彼此相助而不能一意孤行的。这是一个很重要的结果，不仅是因为可以发展未来教师的社会的意识，并且也可以使他们知道在等待着他们的任务是怎样"。

"但是更重要的乃是我们之于历史教育，在使学生深深地感到他们任务的庄重与尊贵，同时训练他们从事于重振我们不幸的国家的大工作"。

"我们民族所蒙莫大的损失，只有恃着博爱的劳力方可以救济救济，而世界万国也可以藉着博爱的劳力来促成一种公共的文明"。

莱克丹斯坦(Liechtenstein)——莱克丹斯坦小君主国的小学历史教育，本国方面包含自古代以至于现在诸王的历史，外国方面则只选取一些如查理曼(Charlemagne)同德国的变革、宗教改革、法国大革命等等重大的史事。

挪威——挪威报告的作者一开始就将历史在挪威的影响告诉我们。"对于历史有发展得很好的情感和乐此不疲的兴趣，这是挪威人的特点，因此学校里的历史课程颇得一般人的爱护。这种兴趣，农村区域的人民尤其比城市来得显著。教师出身来自农村，受了环境的影响，所以班里对于历史的嗜好因而更为浓厚"。

说到历史教育的宗旨，在"标准课程"①里并无有必须唤醒同发展民族情感的文字。但是挪威人的特性就是遇有以不相投的主义相强，立即起而反抗，所以在课程里可以不必特为提及。而在那鄂斯罗学校所规定的课程里，宗旨乃是"唤醒儿童对于历史的意识，给他们一点基础，使儿童能够明了挪威人民的发展、他们的社会组织的重要，以增加他们对于祖国和祖国同胞的爱护。公家当局以及教师讨论到历史教育，对于这种意思，在根本上都是一致的"。

但是作者又说道，挪威自一八一四年以后，国内便太平无事，以迄于今。所以历史可以促进国际的协调，而其他各国的历史应该要同她自己的历史合在一起来讲，这都是很自然的结果。北部如瑞典、丹麦同挪威有许多共同的处所，自应包涵在内，即是欧洲以及其他辽远的国家的历史也要顾到，然后儿童对于本国实在的历史和重要方能有一真实的概念。

历史教育特别注重"正确和客观性"，我们试去考察教科书，最低限度是那些说到外国历史的书，可以看出这种态度来。

挪威的教育握在各公团之手，并无官定的规则，各学校的课程因此

---

① 标准课程只举出最低限度的要点，各团体仍有极大的自由去发展他们的课程。

各有不同。可是在一九二二年,宗教教育部(Ministry of Religion and Education)特为农村的学校颁布了一种"标准课程"。到一九二五年专用于城市学校的也颁布了,至今采用这种课程的很多,"挪威小学校所教的历史至是才能将历史的地位和教学的方法寻出一个坚固的形象来"。标准课程的计划确定历史教育的宗旨在给予儿童以"本国历史上大事迹、大人物,世界史上对于挪威历史有大影响的事迹,以及社会组织的根本特点等等知识"。

有系统地教给儿童以历史课是从第四年开始,[①]课程内容自史前时代起至一一三〇年为止(普包含古代史同中古欧洲史上的大事)。到第五年,所学的本国史继续第四年,自一一三〇年起至一六六一年止,连带授以文艺复兴、宗教改革和三十年战争等等。第六年的历史课自一六六一年起至一八一四年止;第八年自一八一四年起以迄于现在。在近代时期中(一六六一至一八一四),并同时要研究一六六〇年以后的法国同英国、法国大革命,以及拿破仑诸问题。现代史如欧洲大战、和平问题、国际联盟诸欧洲问题也在研究之列。

历史教育应该将历史上的事实很正确地宣示给学生。所以民众的生活要同国王和大领袖的传记同样注重。战争只限于同人民生活有关系的方可讲授。所教的功课应该时时给学生以一种普通的综述。

师范学校三年,历史一门在第一年为每周三小时,第二年二小时,第三年仍为三小时。预备作教师的把本国史再为复习一遍,带学一点世界史大纲,对于在文明同社会状况发展中间较为重要的人物同时也要有充分的知识。本国史的讲授比以前更为详细,但是处处不离为世界史一部分的观点。到了第三年,加授公民和团体组织以及司法管理的说明。此外教师还得鼓起学生阅读历史和个人研究的兴趣。又可以出些小小的题目,要各国学生去单独研究,以增加他们对于地方的历史同原料的研究兴趣。同时应该给予史料同历史批评的实例,并作短途的旅行,旅行以后即以他们所见的基础作些论述。

波兰——"教授讲授以已经证明和成立的事实为准。所以历史的

[①] 小学校的语言一课也包涵有历史的材料。小学校开始几年,所谓地方环境研究(Heimatkunde)即有一些历史教育的准备。据报告作者说地方环境研究,教师可以引导学生从狭隘的本乡圈子注意到更广大的全挪威人民里去。

真理乃是历史教育的南针同目标"。

这种教育是有公民的意旨的,"人是要对于过去有了正确、可靠的知识才能明了现在,将人从这一点发展起来,于社会人群是有裨益的"。历史教育的目标即在以历史为根据,秉着和平的精神,不带偏狭的爱国主义的成见,以养成学生爱国的情感。

小学教授波兰本国史,以世界史为背景。第七年以前,公民教育同历史教育彼此分开,到了第七年才行混合,然而历史还是占着很重要的地位。

波兰的历史课程正在改组之中,所以本报告的作者只讨论到此为止。

罗马尼亚——罗马尼亚历史教育的宗旨在训练人民,"从他们祖先所作保卫国家、贡献于国家进步的事业知识里以养成他们爱国的精神"。民族团结的观念特为注重,关于道德上同爱国的修养也不忽略。新的学校"希望儿童把现在同过去比较,而知道现在的生活是比以前为好,从中得着进步的观念和乐观的心理"。课程中遇有机会,对于"爱国主义道德上的观念"一定得明白指示给学生知道。国家对于教育只略为给一些启示。在第三班中,儿童的年龄已有九岁,于是将罗马尼亚史上最要紧的大事用传记式的体裁教给学生。罗马尼亚的历史,在小学校中继续讲授,有时并且教得稍为详细一点,对于民族性一贯的问题如"费迪南王一世(King Ferdinand Ⅰ)时民族统一以有现在罗马尼亚的构成"等等,在课程中占有很重要的地位。

此外于欧洲史事的相关性和同时性,例如印刷术的大发明、思想上的大运动,如一七八九年或一八四八年的法国大革命等,也曾有相当的努力。此外于罗马尼亚同西方相似之点,也曾打算从历史上为之说明。

现在的趋势似乎对于邻右与夫西欧诸外国的历史以及各少数民族同罗马尼亚历史的关系日益重视。

师范学校七年的历史教育同中学校一样,本报告的作者将在述中等教育文中别有讨论,近今不赘。

瑞典——一九○九年十月三十一日国王颁布的教育方针中所说小学校历史教育的目标是:"本课程宗旨在按照儿童年龄同发展的情形,

授以本国历史的大纲,特别注重在对于文化发展有贡献,为明了现时社会情形同生活起见必定要知的名人传记、特殊的史事,以及重要的事实;以养成儿童对于国家的真正爱慕,和有希望的社会精神。"

公民课同历史教育联络很密切,课程的名称即为"历史公民教育"(History with Civic Instruction)。

"历史教育的方针同实施应以说明数世纪来和平文化同社会秩序的进步发达为其主要的趋向。关于军事的记叙不可省略;文化一进步,对于为灾祸破坏之因的战争也愈加厌恨的心理,应特为指点出来。应注意于因战争而受到的痛苦,又于为民族权利和独立而战的战争以及由于征服或其他同样的动机而起的战争,两者的不同,应特别注意,为之剖明"。像瑞典的教育如此指向着和平主义的,还不多见呢。

"又如瑞典之参加三十年战争,乃是由于理想家的动机,我们说及此战,不当只顾到那光荣的方面,如新教徒的胜利和赞美,并且要把那光荣时代苦楚的追怀同时宣示出来"。侵略的战争,不问为戎首者是何民族,总之都是可以咒咀(按:应为诅)的;为民族生存而战的,不问作防御战者是属于何民族,都应该予以称赞的(例如一六五九年的科本哈根)。凡是对于他国人民心存妒忌和恶意的,教师开宗明义即应予以斥责,同时并当告诉学生,各民族间善意的了解,乃是人类共同进步必要的条件。最后学生应该知道致力和平的英雄也是应当受人尊敬同赞美的。"所以历史教育成为良好的伦理教育,不过教师得留意将这种精神由历史自身显露出来,所有道德的意味,并不可强为指点"。

小学校最后两年始有历史一课。在第一年只就有关系的功课当中插入一些故事叙事同旅行而已。

瑞典亦复有补习学校(Continnation Schools),但只为成人而设,又所授以公民的教育为多。历史一门的设置视地方当局有无兴趣为断,所以本报告作者述此很是"愁闷",以为历史教育本是一种修养方面的课程,如今竟被那些号称较有实用的功课所剥夺了;据他的意思,这是现代唯物论成见所造成的结果。

师范学校历史教育每周两小时,宗旨在"为学生说明历史演化的情形,以使他们能够看出各种事情内在的关系来"。为着达到这种鹄的起见，瑞典史同世界史是彼此互相参读的。瑞典的史事同人物一定要从世界史的背景去观察。所以每一个时期的世界史都放在开始去学习。

以教科书为基础，而辅以教师的演讲。并且作分区的研究，使学生可以解释所抄的原料，以增加他们对于历史的训练。不过时常因为物质上的困难如缺少时间、学生知识上的不充分等等，以致进行诸多阻碍。

要保持着公平与宽恕（虽很受天主教的批评，也毅然不顾）。

瑞士——瑞士小学校中级同高级诸班课程"在促进学生对于公众生活问题的兴趣和了解，以备他日参加之需"。

但是有一点我们要知道的，瑞士因为地理以及种族、语言、宗教的纷歧，似乎难以成为一个民族，然而瑞士毕竟是一整个的国家。瑞士人是最爱国的人民。"小学校是习俗的保护者，真正瑞士人的品格同精神是从这一块沃壤里生出来的"。

小学校是立在很大而自主的无数团体、各州的主权，同联邦宪法之上。"但是促进学生爱国的情感，不过是引导学生研究历史以达到人类理想的一种工具"。国际间的和平，即包括于这种理想之内也。

小学的历史教育自第四年为始，所授大都为本国史，通史只于了解当地或本国的历史有绝对必要时方为讲授（例如十五世纪与勃艮地Burgundy 的诸战役之类）。……高级班略授以直到现在的瑞士史和世界史，不过只限于重要的史事，而并不是源源本本地讲述。

公民教育占的地位很大，国际联盟问题也放在此课内讨论（大率在高等小学校的高级班内）。

高等小学校的历史教育在使学生熟知本国制度发展的历史同世界史上的大事。较之小学校同等的高级班要来得有系统一点，并且因为高等小学校的学生将来在公众生活上有绝大的影响，所以打算藉此促进对于现在生活的了解。注重古代史。教科书中也表现出这种教育品性的观念来，本报告作者曾称引一些最为常用的作例。教科书的审定归各州当局（联邦政府只于每校发给一张联邦的地图而已）。

师范学校历史课为每周两小时至三小时不等。除去教授所授的课而外，尚有演讲、史料演习和批评的研究。所有问题常用纯粹科学的态度来讨论。

本报告作者的意思以为瑞士小学校古代史、中古史和法国大革命史所占的时间太多了，近代史因而受了影响，这是很可商榷的。

捷克斯拉夫——"历史教学的宗旨不单是一些事迹、帝王年代和战争的计算，并且应该超出这些以外，而使学生对于本国同通史的意义有一种了解。近来对于历史，也像以前对于当地的研究和公民教育一样，颇致力于发展学生爱护故乡、忠于本国、容恕他人、希冀和平的心思"（在康孟尼斯 Commenius 诞辰纪念日，学校中并特别举行一种半小时的仪式，以祝贺和平）。课程中明显露出一种很有力量的公民教育的希望。这是因为捷克斯拉夫国的地位如此，所以不得不然。

小学校最后三年，每周授历史一小时或一小时半，以对于当地详细研究为小学历史教育的基础。

课程规定得很简单，详细内容由教师决定，交由当地学务委员会审定核准。小学校所授"包有自古至今依年顺列的捷克斯拉夫国家和民族的历史。教师并从通史里摘取关于人类过去的大事迹、大人物以及历史同美术品的保护诸项，为粗浅的叙述"。

师范学校历史共教四年，每周两小时，公民教育继续同历史联合一起。"各班对于社会的同经济的问题，都得同公民教育互为印证；制度的变革尤应予以特别的考究"。师范学校历史教育的宗旨"特别在将与捷克斯拉夫国家有重要关系的大史迹、大人物给予一线光明"。

第一年的历史课程自史前时代起至罗马帝国末叶为止；第二年为中古史，尤其是一五二六年以前捷克斯拉夫国发展的历史；第三年为一八四八年以前的近代时期；第四年为一八四八年以后捷克人奋斗以求政治上的权力的情形；再为捷克史全部的复习。此外省同县的历史、历史同美术品的保护，也再学习一遍。

历史教育完竣以后，并利用下余的时间从历史著作中选出适当的部分，以供学生阅读，予以讨论，"此外并参观博物院同陈列所"。

苏联（Union of Socialist Soviet Republics）——"我们所视为最重要的就是并不打算把儿童变成博学的历史家，而在发展他们的习惯。

就马克思主义而言,理论同实际不能分离,我们的教育亦复如此,也是以马克斯主义为基础。我们的教育系统主要宗旨在给予儿童以社会的经验。我们所要养成的乃是未来社会主义党社会中的工人,而不是小学者"。本报告的作者继续说道:"或者有人反对以为这一种学习历史的方法,并不将普通文化发展的情形告诉给儿童。我们便要回答以为这种目的不是十一岁或十二岁的儿童所能作得到的(我们的初级学校历史教育在第三、第四两年中是分开的)。再者,这一种发展最主要的原动力是阶级斗争。现在我们的课程对于阶级斗争举了不少的例证,这些例证都是很动人的。所以历史是怎样造成的,在我们的学生是时时刻刻有机会去了解。"

"我们的历史教育是以过去几世纪的阶级斗争和社会发展的近代历史为最重要;这一个课程只能算是普通社会科学课程中间的一部分。一般深于传统系统的人,看了我们历史课程之省略了古代同中古史的历史,或许要大为诧异。但是要知道我们的目的,乃是在养成下一代青年使其能参加创造社会主义党的社会而胜任愉快。从这一个观点来看,儿童对于直接引导今日社会大斗争的事迹,能够理会清楚,在我们便算是很够很够的了。"

所以在苏联,历史课程这一个名辞同平常所谓依着时代显示过去人类生活状况的成语意思并不相同。学生最要紧的在能"熟谙社会的事实",特别是能够说明阶级斗争的历史事实。"照着同样的方法,要他们去了解各国同各时代的历史就并不是很难的事了"。历史课程不能自辽远的邃古说起,"学生对于埃及人、希腊人以及罗马人不能有直接的印象。他应该直接从他自己的经验抓住社会的事实。他可从他的环境、他的家庭、他的乡村去学。例如以每一户农家为生产的单位,学生对于家庭中每一员的职责、作业,以及各人消磨暇日的方法,都要详细加以观察;于是他可以明了家庭中分工的情形。他得去参观工厂,[①]自行观察一部机器的工作、一件工作所需的时间、每一个工人的职务诸项。同样他还得观察他们国家现在的组织"。俄国的现状如此叙述既

[①] 苏维埃政府特别努力于使学校同经济生活保持密切的联络,时时使学生参观工厂,并且聘请聪明年少的工人为社会活动的领导,甚而至于请他们作教师。

毕,末了殿以苏联的构成一章,本报告的作者曾为撮述梗概,以下即是所有的一些重要题目:农奴时代农民同地主的关系,农奴制度废除以后农民同地主的生活的变迁,萨皇政府为大地主和资本家合成的政府,宗教同教堂为地主的走狗,革命斗争的情形,工人反抗资本家的斗争,一九一七年二月专制颠覆,苏维埃的复活,多数党人和列宁的活动,外国各资本主义政府的干涉,苏维埃红军克复白党获得胜利。

研究本地方的环境,可以引起其他历史的事实;说到经济生活便要提到历代以来交通的问题了。"关于工业发展的情形,在历史课中都可以别成为一小章。农业方法的历史也是如此"。从这种地方法里可以使苏联四十种民族①的儿童各自能够认识他们自己的国家。乌克兰(Ukraine)自然先从乌克兰的历史学起。"他们的祖先若曾彼此仇视过,那我们的工作就得分外仔细。萨皇时代的教科书只铺张一些俄罗斯人征服其他人民建立国家战伐征讨的丰功伟烈。我们则将儿童的注意引到各民族所特有的文明,在萨皇政府之下他们之不能出头,以及他们对于自由之英勇奋斗等二方面去。这样一来,于是儿童渐渐知道在苏联联邦之内有生存权的不仅是他们那一个民族,他们的国家是一些自由民族的联邦,都享有同等的权利。只须由此更进一步,地球上还有许多民族,而世界上所有的居民也有,或者也可以有我们这样的一个联邦的观念,也不难推知了"。

说到其他民族的历史也是用同样的方法。如述苏联同美国在商务上的关系,"自然引起"新世界的发见、哥伦布以及殖民地等问题。"儿童既已知道俄帝国时代的那些殖民地如高加索、如土耳其斯坦等处少争自由的情形,他们就可以知道殖民地人民被压迫的惨酷了。但是这种压迫现在是否还依然存在呢? 说到这里,于是如印度、如非洲人、如东印度群岛的土人,以及半殖民地如中国,都是很好的例证。殖民地人民永远是资本主义压迫下的牺牲"。

在七年制的学校里从第五年到第七年所用的方法仍是一样。观察的题目概见于"工作书"(Work-books),据本报告作者的意思,工作书和旧日的"教科书"(Textbooks)是有不同。

---

① 据最近的统计,全苏联凡有一百八十九种不同的民族,操一百四十九种语言。

在第五年的工作书里，学生可以得到关于工厂的叙述、劳工组织的观念、青年同儿童团体的讨论，①以及萨皇政府时代同苏维埃国家时学校情形的纪念诸项。到了第六、第七两年，工作书中纯粹历史部分更为重要，在第七年的社会科学工作书中历史更其显然地占了优势。"第六年级，其他各国的重要史事，如十八世纪英国产业革命、法国大革命、十九世纪欧洲的工人运动、一八七一年的巴黎公社（Commune）等等，都在工作书中予以陈说"。在第七年级的工作书里，"学生还可以有一张苏联宪法同欧美诸大民主国宪法的比较表，《人权宣言》(*Declaration of the Rights of Man and of the Citizen*)的译文，一八九一年布鲁舍尔（Brussels）、一九〇七年斯托特伽（Stuttgart），和一九一二年巴斯尔（Basle）诸次社会主义党大会（Socialistic Congresses）的决议案等等"。②

（本文刊于《中华教育界》第 19 卷第 6 期，1931 年）

---

① 共产主义青年团（Komsomol, or Communist Union of Youth）是由十四岁至二十三岁的青年组织而成，以为进共产党的准备的。由党部里的青年党员为之领导，而青年团团员又出而为少年先锋队（Pioneers）的领袖，先锋队是一种儿童的组织，预备养成在苏维埃国家活动的党员。
② 下面是一九二九年苏俄人民教育委员会（Peoples Commissariat of Education of RSFSR）所布高等学校社会研究课程国民经济五年计划书的第十九函。这一封信是五年计划发表以后才刊出的，很足以看出最近社会研究的发展来。这一篇材料承哥伦比亚大学师范院国际研究所副指导孔茨博士（Dr.G.Counts）和研究助教柏尔穆忒女士（Miss Nueia Perlmutter）举以见示，特此申谢。
"社会研究课程草于一九二七年春，两年前方始刊布。可是有许多党的决议（如第十五次共产党大会同第十六次共产党会议），以及苏维埃大会所通过的议案，对于社会研究都很为重要。所以一九二七年的课程到如今已嫌陈旧了"。
"过去两年来，学校自己也有不少的改革。阶级斗争的尖锐化，使得观念形态方面的论战愈加浓厚，于是反宗教同国际教育二者上引出了不少的变革同增补来。因而在社会研究课程发表以后采用的 Komintern，也只在社会研究中得以反映一二。在实际生活上，社会研究教师已将现行的课程予以改革，并且时时就变动不居的事实上，革新不已"。

战后欧美各国小学校历史教育的方法和程序

觉明译

原文出处参看前期《战后欧美各国小学校历史教育之目标和内容》。

就历史教育的方法和程序而言,所有报告对此都很简略,不如前题那样详细。这是显而易知的。

关于适合于儿童、教师的脾气,甚而至于民族的脾气的实际教授原则,虽也可以讨论讨论,但是在一国有成效的,不见得施于他国而亦然。还有各处似乎都有一个原则,对于教师选择教授方法的程序付予极大的自由。如今只就各报告中摘出其可以显示大概者略举如次。

德国(巴威略)因为历史可以发展人的品性,所以这一门课程依恃教师人格的处所,比之其他课程都来得急切。教师要能有给予自由活现而又组织严密的讲演的能力,而讲演又要富于弹性,处处可以研究探讨才行。

应该指导学生对于所学的课程写为纲要(借助于课本)。教师也可以帮忙供给材料,不过"学生在这一门的作业就仅仅地只能成为复演的而已"。

(卫丁堡)小学校不能授以历史发展的全部记述。"历史大事的极峰和转变的枢纽应该讲解得很清楚,应该注意于要点,连续的重要不应忽略"。到了中级和高级诸班,兼采同级生讲演或并会讨论的方法,而学生则借教科书的助力自行预备每一课,这是视为当然的。

(普鲁士)普鲁士的教育议案(Richtlinien, or Suggestions)彰明较著地反对旧日课程中的严格的系统,主张教师应有完全的自由;又极力非议以前以为历史发展有论理的连锁者不能有空隙的谬误观念,而主张历史的材料应该轻松一点。"把这类笨重的史实抛去,把普鲁士素来视用经典的勃兰敦堡族(Brandenburg)的历史同胜利路(Sieges allie)上那些造像巍巍的王名抛去,少年人对于历史的兴趣或许可以恢复转来了"。

教师应该时刻留心观察学生的性情,如独立判断、情绪意志之类到底是那一种最活动,然后在教课中特别为之奖励提倡。

比利时,历史教育依着年代顺序讲授。据本报告中的作者说,教师应依自己直觉的判断"毫不含混地以去反对现在仍然通行的书本方法和呆板记忆的历史教学方法"。奖励阅读历史,自己到与过去有关以及足以代表历史上人物的各地方或纪念物去散步或作短途旅行。

教育当局对于方法的使用不赞一辞,所以教师个人尽可自由应付。

丹麦,在教学的一般形式和方法方面,丹麦的立法者和学校当局大概都听教师自由,不过在某种程度之内却是一律的,这不能不归功于大教育家格伦维格(Grundtvig)。

小学历史教育全凭口授(学生自己间或有课本)。据本报告的作者说,丹麦的历史教师大率都是很善于说故事的。学生并不强迫记忆年代,不过视为必要的还是要仔细地记住。此外尽量使用地图,用图画以为辅助。

美国,美国教师所用的方法同程序,往往因教师和教师所受的训练的不同而不一,教师多为女子。

有的仅仅背诵课本,有的很严格地以教授法的研究为根据。中学校也是这样纷歧,不过小学校的教师是没有特别受过历史教育的训练的,而中学校的教师则一半以上多是受过专门的教育的。选择教学方法有绝对的自由,只要觉着合适,从现在以溯到古昔,用一本书或几本书多教一点事实或者少一点,都无不可。

法国,教育方案正式宣称教师可因教学之便,自由选择教授方法,教师可以按所授各班学生的能力、他自己的好尚,以及当地所能得到而可以使教学更为清楚、更为生色的纪念物、古建筑、古钱币等等,而自由配制课程。

所要注意的就是年代的次序必须遵守，因为既有历史，自有年代，重要的年代并不甚多，学生必得知道，这样学生可以将历史的事实按照年代的顺序自行安排得当。所选取的事实要以为一时期或一国的特点，或者足以发生显著的结果者为限。

教育家又以儿童心理学原则为依据，以为根据自己知推而至于未知的步骤来说历史，自现在倒溯上去以至过去，这在历史叙述的方法上是很难切于实用的。

此外于足以伤害历史真理的复演法（Reproductions）的危险，他们也郑重加以警告。

荷兰，教师可以自由选择教科书及教授方法，然中等学校入学试验有许多处所必须保持一律。

然而却有一个一致的时间表：初学者每周半小时到三刻钟，小学校每周两小时，高等小学校及教员养成所每周两小时。私立学校的时间表同课程都是独立的。

中等学校的入学试验，得要从小的时候就学了详细的本国史的知识以及一些年代。

匈牙利，"用富于想象而有声色的故事"来提醒小学儿童对于历史的意识。"教育方案上曾说为教授各时期文明的情形起见，与其纯恃讲演不如藉助于当代的记述为好"。

挪威，在课程标准范围以内，教师对于方法及方针的选择，有极大的自由。（学务视察员由人民选举。）教师应该靠着自己对于历史的观念和他在教授法上特别的方能去鼓励自己。

可是有些方法和程序在所有的学校，或者差不多可说是所有的学校，都是一律。第一点就是发展对于地方研究为兴趣，以为学本国史的先导；因此很引起一点兴趣。再有一个共同的方法，是采用一种读本，读本的内容则是取材于本国的历史，"以及原本于本国历史而富有戏剧意味的叙事诗里"。又，教师不得将自己预先写就的东西老早交给学生，即使要教，也得先行予以解释，"儿童不可呆板地背诵，应该要他用自己的话表达出来，应该使他同古代的事物接触，以自行改正；有时并得歌唱同所学的题目有关的歌曲。最普通的教授法是演说法。在这一点一定要以对于教师的信仰为基础"。据本报告的作者意思以为这些方法同挪威人的品性都自然相合云云。

波兰，波兰教师对于题目同方法的选择很是自由。班级较小，则应用画片绘画、摹本、故事诗辞之属为数甚多。"活灵活现与夫动的教授的价值，特别就在能给学生以正确的人生观念"。

罗马尼亚，罗马尼亚最近有一种改良教授方法和程序的有趣味而又重要的运动，这可说是大率受了约伽教授（Prof. Jorga）的影响。历史教育大部分着力于地方的研究，换句话说，即是地方式的历史的研究。又于儿童心理也更为注重。儿童对于过去大概要到十一岁以后才发生兴趣，所以第三年以前，教师对于儿童还只教些故事（如开篇为"古来"式之类），以及有趣味的传记式的传说。至于小学高级班的历史大概都用传记的形式教授。

"因为历史同心理和推理的关系比之记忆为多，所应知道的年代因之并不甚多，人名也只限于很重要的几个"。教师"在学校中有收辑图画画册、明信画片、兵器以及可以表示一国过去的古器物作成陈列馆的责任"。

瑞典，瑞典报告的作者对于方法和程序问题讨论得甚为详尽。历史上各种不同的事迹应依年代分类，不过关于历史事实同学生环境的关系，一定要使学生知道，这是很要紧的。因此公布的教育方案规定，"历史教员应以学生的环境、所在省区情形的研究和经济生活的说明等等为出发点和基础"。至于有关直接环境的，"应该要以从现在以推及过去居其最大部分"。正式依着年代教授的历史要放在后面。

教育方案中又规定历史教育和"古代的遗物往迹"、民间的故事、纪念物等等的连锁。此外指示儿童注意于"保存古代遗物和遗迹"的必要，也是很重要的。

瑞士，以研究"地方的纪载"为历史教育的坚固基础，初级学校中并举行有关教育的短程旅行。高等小学校必须采用很好的历史书，"这些也同时是民众的好画"。

捷克斯拉夫，方法和程序的问题，已包含在学校材料和亟待建立新国家的地图和历史画的问题当中。对于共和国内所出各种文字的教科书尤其要特别留意(捷克文者五种、斯洛代克文 Slovak 者四种、德文者四种、露森尼亚文 Ruthenian 者一种、波兰文者一种、马扎儿文者 Magyar 者一种)。

苏联,最重要的原则为避免以已成的真理授给儿童。学生应该靠自己的努力去找寻事实,教师和教科书不过是一种辅助,这一种观念前一节中已经述及。"工人国家全部的生活,不当用一种武断和空谈的方式,而要用具体的事实和生动的图画,在学生眼前一幕一幕地开映"。还有一件事足以帮助这一种教育方法的是为学生自治,"此事可以使学生对于社会生活的粗浅事实得有一种了解"。

教师应采用将过去同现在的事实互为比较的方法。"例如参观一处矿山的时候,便应提起资本主义时期工厂中劳工的情形,工资之不适当,工作时间之长(革命前工作时间规定为十一小时半,现在减为每天八小时,有时只有七小时,在地下工作且有减为六小时的),工作时缺乏安全适当的设备、不合卫生的情形,利用妇女及儿童工作,禁止工人团体等等。要将这些情形述给儿童知道,并且……动听,那些目观身历的人实是指不胜屈,凡是三十岁以上的工人,他们的青年时期大多是受过这种资本家压迫的痛苦来的。此外如以前革命的故事、红军老兵的回想,都是以引起儿童对于萨皇政治的奋斗和内战的想象来"。

各国报告中各作者所有的表示同思想,我们在这一篇长文中都很谨慎地为之综括起来。我们希望其间绝不会有所误解,但是每一报告所具的特点,因为如此分析,或有所减损,或竟不能达意的,自所不免,这是很明显的,尚祈予以原谅也。教育部总视察员卡伯拉议。

(本文刊于《中华教育界》第 19 卷第 7 期,1932 年)

法国中等学校的历史教育

O.W.Mosher，G.Quesnal 合著　　觉明译

凡是对法国中等学校所教的历史，取来同美国课程比较，并研究到法国最近关于历史教育的发展而感觉兴趣的，这一篇文字颇可一供参考。本文所讨论的只限于称为 Lycée 同 College 的中等学校历史训练，其他的职业学校同教会学校[1]虽也教授历史，一时论起来不免复杂累赘，所以暂时置而不论。Lycée 同 College 之为专门考试（Baccalaureate Examination）的预备正是一样，所教的历史并无不同，以后叙述时，两者混合讨论，不复分别。在实际上 Lycée 同 College 的分别很是微细：Lycée 普通设于大城市中，College 设于小镇市上；Lycée 的经费完全出自政府，College 则一部分由当地的市府当局为之补助。因此 Lycée 的经费比较充裕，能出大薪俸，所聘的教授大都有高等的学位；College 因经费的关系，薪俸比较不丰，所聘的教师能有不甚重要的文凭也就足意了。这都是不关紧要的区别，至于课程同教法，两种学校完全相同，本篇叙述，也就不加分别。（译者按：为行文方便起见，译文以后于此二者一律称为中学校。）

为叙述清楚起见，本篇共分为下开八节：

（一）法、美两国小学校同中学校班级的比较。

（二）小学校历史初等训练的性质。

（三）普通历史上的分期如古代、中古、近代在各级中分别讲授。

（四）历史在课程中的地位。

---

[1]　天主教自由学校（Ecole Libres Catholiques）也按着它们的程度，同国立中学校一样，采取同一的课程，准备国家的专门考试。

（五）教科书以及所用其他材料的性质同内容。

（六）历史教学的方法。

（七）法国历史教育最近的发展和赫里欧(M.Edoward Herriot)改革学制的计划，特别影响于历史训练方面者。

（八）本文作者对于法国学校历史教育的短处同长处所下结论。

一、法、美两国学校班级的比较

在未讨论到上述诸问题之先，关于法、美两国小学同中学班级的比较应有一个说明，庶几不致读者有茫然之感。法国分别班级次序的制度，同美国不一样，实际上并还相反。法国儿童经过保姆学校(Ecols Maternelle)相当于美国的幼稚园(Kindergarden)以后，即入初级学校。他可以入公立初等小学校(Ecole Primaires elementaires Publiquos，Ecole Communales)，也可以进入中学的预科，班次并不像美国之为第一级、第二级、第三级那样的一直升上去，却是相反的为第十一级、第十级、第九级、第八级、第七级。中学校第六级以下是为初级，第六级以上是为中级。一九二六年二月十一日颁布了一道教育法令，公立初等小学校的课程同中学校预科一样，凡是从小学校或中学预科出身的，都一律可入中学校第六级。所以法国儿童入中学校中级班肄业，约同美国的第七级相当，年龄在十二岁左右。儿童修满了第三级(Classe de Troisieme)，等于美国中学校或初级中学校的第二年，经过一次严格的考试，然后进入第二循环肄业。不及格的摈除，及格的入学读毕了第二级同第一级，于是举行最有名的国家考试，是为专门考试（第一部分）。学生在第一部分考试考取以后，再回学校，按照自己将来的志愿，补读一年的哲学或数学，这一年就费在作专门考试第二部分的准备。若是最后一试考取之后，允许进大学同高等学校。美国学制中找不出同法国的哲学和数学课程相当者，勉强说来，同中学校的毕业班或初级大学的一年级约略相似。

以上的比较，以法国学校儿童的年龄同美国的互为比对，自然过于草率。从工作的成熟、课程的高深而言，这种比较实在是不大好。法国的儿童比美国的儿童成熟得早。他们在十七岁同十八岁左右就研究哲学,这是美国中学校所没有的课程。法国儿童在本国经过专门考试以后,来到美国,进大学一年级,这是数见不鲜的事。

二、法国小学校历史初等训练的性质

法国是一个厉行中央集权的国家,各级所必修的历史训练,都由法律以及辅助法律的全部为之严密规定,细微的处所则由教育部详为审定。所以现在的必修诸项,是以一些的法令为根据,而要明白这些法令,非略懂法国的政治不可。按法国自第六世纪以降,以至于法国大革命时期教育的方针操之于教会学校之手,公立学校不得过问。小学校同中学校的分别虽在十一世纪时既已有之,然而两者的教育仍然不脱教会的教育。到了一七八九年的革命,形势大大地起了变动,督政官拿破仑为斩断葛藤起见,颁布 Law of the Floreal An X,整理初级同中级教育,私立教育机关也得向政府立案。在一八〇八年三月十七日,那时拿破仑还没有独裁国府,又设了帝国大学院,以统辖法国全国的教育。初级中级以及专门(Facultés)学校,由罗马天主教会教士指导,初级教育的管理特付诸基督教兄弟会(Freres de la Doctrine Chretienne)。拿破仑帝国颠覆以后,教会仍想恢复旧日的势力,然以孟塔耳伯(Montalembert)、居佐(Guizot)及其他反对教会人士的攻击,一八三三年政府不得已给予初级教育以自由。一八五〇年又颁布了法洛法(Law of Falloux),于是中级教育也获得了自由。后来因为共和政府同天主教会的不和,一九〇一年又颁布法令,勒令各团体以及天主教会所办学校立案,一九〇四年七月七日的法令又严禁不立案的学校,政教分立,正式始于此令。

因为这些教会同反教会的意见互相凿枘,于是课程的参差也异常之大。现在通行的初级学校历史教育必修的内容,是经一八八二年七月公共教育部最高会议(Conseil Superieur de Instruction Publique)议决颁布的法令规定的,大意为:"初级历史教育开始,采以一三二八年以前法国历史上习见的大事迹、大人物的短篇纪事(一八九四年一月四日的部令又展到一四五三年)。第二分从一四五三年以至今日。"

这些短篇纪事文(recitals)出于有名的历史学家拉维斯(Ernest Lavisse)之手。每篇大字排印,长约一页(page),共凡九十四篇,每段有一数目字,于书叶下端列一问题,以备儿童问答之用。故事选择甚为谨严,以足表明时代和人物者为限,力避传闻之辞。插画也有考古学的根据,力求正确。拉维斯所表现的很好的模范,在青年儿童训练方面很收了效果。如圣路易(St.Louis)在橡树下判案,这是一桩史实,却含有公平同正直的教训在内,同时又在道德方面以责任、荣耀和爱国诸点相勖。同这一门课程相辅而行的有十副挂图和拉维斯同拍曼吉耶(Permentier)选出的历史画一册。图画取材于古书,雕刻绘画之属,描绘极为精致。画册中有古代的窗棂、各时代的衣服同甲胄的图画;自高卢(Gaul)时代以迄于现在的工业时代,都可从此书中得出一个缩影来。拉维斯-拍曼吉耶插图书内容丰富而有兴趣,各国图书馆都值得购置一部的。

三、普通历史上的分期如古代、中古、近代在各级中分别讲授

根据一九〇二年五月三十一日公布课程书(Official Programs)以及一九二三年的部令,中学校所授历史一课的内容大致如下:

第六级　学生于十一岁至十二岁时起始受中等教育,授以东方史及希腊史。

第五级　罗马史。

第四级　中古时代至一三二八年为止。

第三级　十四、十五、十六世纪(一三二八年——一六一〇)。

至此学生须经过一次考试,考取之后,始入第二循环。其时年龄已达十五岁至十六岁,入第二班后,对于最近的历史为更深一层的研习。课程内容如次:

第二级　近代史(一六一〇——一七八九)。

第一级　十八世纪革命和帝国时期(一七八九——一八四八)。

学生至是如参加专门考试第一部成功,回校攻习哲学或数学一年,此时再学习一八四八年至一九三〇年的十九世纪史。

四、历史在法国课程中的地位

在法国中学校的课程里,历史一门的地位很是平均。法国学生受课,每周平均二十二小时至二十三小时。历史平常约占三小时,比之语言的时间是要来得少,但是现代语如英、德、意、西诸国语的时间同历史的时间一样。现在取第二级的课程时间表作一模范,各门课程所占的时间,从此表可以一目了然:

法　文	拉丁或希腊文	现代语	数学	理化	史地	美术图案	总计
每周四小时	四小时	三小时	四小时	四小时	三小时	二小时	每周二十四小时

五、教科书以及所用其他材料的性质同内容

哥伦比亚大学师范院约翰逊教授(Prof. Henry Johnson),在他所著有名的《历史教学法》(Teaching of History)中,对于法国的教科书,以及预备考试时复习用的《易知》(Aide Memoire)和《表解》(Manuel),极为赞美。教育部的课程标准是经过历史同教授法专家仔细讨论而成的,教科书的内容严切遵着这种标准一章一章地写就,吻合无违。国家审定颁布采用的一部教科书,大部分是出自巴黎大路易中学校(Lycée of Louis Le Grand)前教授马雷(Albert Malet)之手。在世界大战的开始,这位有名的历史家也荷戈赴敌,遄赴前线,遂于一九一四年九月香巴业(Champagno)之役,为国捐躯。自此以后,这一部教科书历由各科有名的历史家为之增补修正,但是马雷那种公正的学者态度,在教科书中还是可以看见他。这一部教科书每一章的开始,对于本章所要研究的问题有一段提要,次之为原因的考察,次之为事实的纪述,然后为一时期中最重要的结果同特点的讨论。马雷说道:"教给儿童的历

史，一定不可将事实截成片段，或者彼此不相连属，像展览会中的画幅一样。必得使儿童对此史事要有绵延不断和连续的印象，时代愈近，则情形上愈复杂。"又须含有较大的讨论，最低在高级班中应是如此。所以学生一早就受有历史事实的联贯同机械性的感觉，了解并且自然而然的可以离开事实，推绎出巨大的观念来。

全部教科书中共计插有二百幅历史画、美术作品、博物院收藏品的雕版画，从考大学的立场看来，都是很可靠的。每一幅图画的下方有一小节的说明，若是名人画像，则为平生重要事迹简述的略传，并且指出从面上的某几条纹路、双目的表情，或者鼻准的隆起诸端可以见出个人的品格来。此外有二十幅以上的地图以为全部书的说明。附录为大事年表等等。如在罗马史的那一本里，附录有货币权衡表，依着字母次序的引用李维（Livy）、须东尼阿斯（Suetonius）、荷拉斯（Horace）诸人史料索引等，即其一例。

最近教育部长又通令各校学生必须每人有一部从历史名著和文件中节录而成的史料书。因此学生对于所要考察的原料，在很早的时候，便有一个批评的观点了。这在美国，如罗宾逊（Robinson）的《读本》（*Readings*）和哈特（Hort）的《史料书》（*Sourcebook*）一类的书籍，我们都是知道的，但是使用于低级班的却是很少；美国之使用此类书籍，听学生的自由，不加强迫，法国则视为历史训练中的一部分。

为着使学生对于所学易于整理就绪以及准备各种考试起见，于教科书外，另有《易知》之作。《易知》是一种小小的册子，按照题目的自然情形划为若干分。每一分的起始带有年代的重要事迹，次之为从这些事实讨究所得的一个提要。有各大政治家的小传，并有各种问题同例证的适当答案。学生如果愿意的话，可以备一部 Albin Michel 出版社查（Dujarric）作的《年表》（*Manul of Chronology*），内中如政府形式、世界纪年、朝代、条约、战争，以及大事都提要钩玄，作成表解。

归结一句老话，教科书的材料丰富，编制甚佳，插图精美。只是纸张及装订都远不及美国的教科书来得好，装订恰好适用，而定价奇廉。全国只用这一种教科书，所以能以如此低廉的价格售给儿童。最廉的书厚四二〇页，有插图，只卖十一个法郎，约合美金四角五分；最贵的书厚一一七六页,也只合美金八角左右。①

六、历史教学的方法

　　法国学校历史班中对于作优良的笔记一事,特为注重。法国学生幼年时候对于绘画,就受过良好的艺术家的训练,所以写笔记时,地图和插画都画得异常的好。法国的书法本来就是很近于艺术,写得好的,竟赛似雕成一般。把他们自己的心得同教师的演讲,详细纪成提要,附以地图、插画,全都含有艺术的意味,以之同美国学生满纸涂鸦的笔记相较,真足以使人骇一大跳。学生在幼年受过如此的严格训练,进大学以后,记录教授的讲演,就毫不感困难了。学生的笔记,教师每日要考查一遍。记分不用百分法,而以二十分为满格。厘定等级极为严格,得十二分已是很好的了。

　　巴黎教育总长的中央集权制对于学生转学,甚是方便。学生所受的功课实际上全然一样,全国都于同日用同一的方式教授,因此学生可以从法国南部转到北部,从都鲁斯(Toulouse)转到斯托拉斯堡(Strassbourg);或者从东部转到西部,从波尔多(Bordeaux)转到日内瓦湖畔的爱维盖(Evian),而并不减低年级。国家的视学员到各处去视察教授,考核是否恪遵政府功令去教。视学的原意虽然重在教授而不是学生,可是却也很希望视学员能够领到,而笔记的考察即很重要。关于抄写笔记,教育部课程标准中有一条提到此事,以为教师并不是要学生默写,凡是要考察学生看他们是否能将教师所讲用各人自己的文字记录下来。

　　关于温习,教师颇可自由伸缩,不过这里所说的一个方法却是很普通。平常的讲演大都依据教本为之解释,内容如何看教授的学力而定。然后以讲演同教科书为根据,预备下一班的功课。温习的时候,教师指

---

① 国家审定各教科书今为举其名称、作者如使用班级如次。
　　第六级,Malet and Isaac, L'Orient et la Greece;第五级,Malet and Able, Histoire Romaine;第四级,Malet le Moyen age;第三级,Malet, XIV — XV — XVI Siecles;第二级,Malet, Fistoire Moderne;第一级,Malet, Revolution et Empire。哲学数学补习班 Malet and Isaac, 19 eme Siecle。

出一人上讲台陈述问题,将大事做成纲要,每一部分予以讨论,利用地图同黑板来解释他的说话。教师则更询问其他学生,其他诸人可以向讲台上的学生提出问题,或者于遗漏之点予以补充。讲台上的学生端立不动,而教师则留心班中聪颖学生的对答。温习的主要部分,需时约半小时左右,往往就费在一个学生的手里。教师乘此在班中巡行,有时为之补足意思,有时加以批评。最近又增加了史料的研究,对于征分的史籍文件,时时予以考察。

温习的时候,对于资质鲁钝的学生不甚注意。鲁钝的学生若是不努力追赶,到第一循环同第二循环分离的考试,即刻就会摈出于中学校之外。所以教师只聚精会神于聪颖的学生,鲁钝的听其呆坐,往往默然无声。若有任意喧哗者,犯规的学生即送交训育主任,按照详细规定的章程处罚。普通温习的时候,上台的最多不过两个或三个学生。

每三月举行笔试一次,限期一小时。在最重要的专门考试中,历史全行口试,至于拉丁文、法文以及科学,则笔试、口试两者并行。[①]

七、赫里欧改革法国学制计划及其对于历史教育的影响

法国教育上所经过的诸阶段,在以前诸节中俱为述其大略。自十九世纪以来,教育问题一天一天地成为政治竞争的基础,一直到现在法国似乎要进入一个新的变化了。现在法国的趋势是向教育完全统一的方向走。一九二六年十月,赫里欧(M.Edouard Herriot)提出一个计划,打算把所有各种形式的中等学校、职业学校、高等小学校(Ecole Primarie Superieur)一概归总,联合成为一校,而将 College 一字的原意仍然恢复转来。这个计划至今还未实行。不过最近将男女各中学的教育课程划成一律,施行同样的历史教育,以为专门考试的准备,这也可算是赫里欧计划实施的第一步。

按赫里欧计划,新的教育重心乃在建立联合学校(Ecole Unique),

[①] 关于课室中历史实际教学情形,有几点承南锡女士(Miss Nancy)的好意见告,女士法人,曾在巴黎的中学校上过学也。

无论男女儿童年龄未满十二岁的都要入联合学校,按照同样的课程,受初等教育。到了十二岁,经过一次考试,以决定儿童是否可入中学校受中等教育。考取了的便要强迫受中等教育。现在法国的初等教育是免费的,中学校仍须收取学杂等费。按赫里欧计划,将来的中等教育也一律免费。

这种新的组织对于教育的态度当然要发生影响。就历史一门而言,所生结果或许要算是最大的。按照新计划,初等教育只注重历史事实;中等教育专注于养成反省精神、推理,以及解释的能力,事实只用来作为一个实体,以便学生的推理同智慧的练习有所依据。最后到了大学各科,应该以历史方法论(Methodology of History)教导学生,使他知道科学方法,而不在乎事实的记诵。像这种武断的分类或许要以为如果联合学校的计划实现,学生在幼年便要为着记忆而牺牲了推理同智慧了。不过在另一方面只要极力设法救济、纠正,那是绝无可疑的,上面那种心能上的分类,只算是一种普通计划性质,并不是要人严切遵行的原则也。

八、对于法国历史教学的结论

综读以上诸节,在美国人士看来法国的历史教育程度似乎是很高了,如教科书编制之佳、定价之廉,严密地注意于学生之写笔记,很早地就使学生知道对于原料加以批评的考察,以及每一学生都常要仔细地温习,这都是美国所做不到的。但是其中也不无可以非议之处。第一,学生没有多机会到图书馆参阅书籍,——中学校的图书馆是供教师用的,并不是为的学生。第二,时事很少述及。其中一个原因是法国至今党派纷歧,如天主教与非天主教、共和党与帝制党、社会主义与共产党都繁然并陈。有一位教授论述这种情形,很滑稽地以为"在班上对于万事陈述意见平稳无险,这大约总是十年以前的老话才行呢"!真的,十九世纪更有了马雷同挨撒(Isaae)所编的好教科书,对于如一九〇四年政教分离的争论的背景,都已有所叙述,世界大战则极力地另划为一篇,但是一说到宗教同党争,还是时时有冒犯学生家长的危险,所以学校对于时事，一律不予讲授。学生关于时事的知识，完全是从家庭中学来，这些意见常是极端偏颇的。

再有全国各校只许用一种教科书，无论中学校以及教授，都不能自由选择，这也似乎太严厉了。若不是教科书编得非凡之好，而中央政府又经过一番苦心的抉择的话，这也要算是一点坏处。

(本文刊于《中华教育界》第 19 卷第 9 期，1932 年)

苏联小学校的历史教育

觉明译

此文为苏俄呈送万国历史学会历史教育委员会之报告书，由 J. Strayer 及 B.Memarry 译登一九三一年三月 *The Historical Outlook*。今由觉明君转译。

苏俄号称第一阶级学校的小学校共分四组，或称四级，所收学生年龄自八岁以至于十二岁不等。所谓年龄十二岁者，并非以为儿童的教育到十二岁就算终了，我们的倾向是打算把小学训练的期间增加到七年，称之为七岁制学校。不过现在这一类学校还只在实业区域中才有得看见。乡村以及有许多城市，普通仍为四年式。本文先将普通小学中的历史课叙述一番，然后再及七年制学校中的诸补习学年的情形。

对于俄国学校中历史教学法的情形，如要得一明晰的观念，就得先记住俄国教育上的一般原则。我们在可能的范围中极力避免将已成的真理授给学生。我们是要学生自动地去体认，而不主张用呆板记忆的被动方法。学生应该知道靠着自己的努力去找寻事实，教师同教科书只可当作辅助。要贯彻这种计划，学生开始就得研究他们所最熟习的事物，即是他所直接接触的环境。例如以每一户农家为生产的单位；学生对于家庭中每一员的作业如他的父母、兄弟、姊妹诸人的工作，以及家庭中各人消磨暇日的方法，都要详细加以观察。到了班上，把所得的这些观察总括起来，并且由学生个人绘成图画为之说明，或由全班合力制成简单的模型。

参观工厂作场等等地方也是如此,①往往有些学生还不懂得怎样去观察的,便发出各种问题,如这部机器怎样工作啦？每一分钟以及每一点钟可出若干件啦？一组内的人,工作怎样分配啦？教师遇到这种问题,并不解释,只给儿童一些,如"紧靠这部机器站着,仔细地守住,把你所看见的,纪录下来,作成摘要"、"看住那座钟,再去计算在某一定的时间之内,能完成若干件"、"留神观看每一工人所作的事情以及从这一个工人传到那一个工人的物件"等这一类的启示。

若是以儿童的观察和个人的印象为起点,历史课程自然不能从最远时期说起。学生对于埃及人、希腊人以及罗马人不能有直接的印象。他所看到的只是他本国的生活,并且最初还只是他所住的乡村或城市的生活。至于这一村或城在已往的历史,年龄大的人或许记得,而在这些儿童,却是没有的。他以后可到博物院②里去研究这些旧事,而他开始却只能对于最近发生的事体,其影响是以造成现在的地位加以研究。所以我们小学校最初的历史课只是我们国家同国家现状的叙述。这一段叙述的末了一章就是苏联的构成。这一章的大纲约略如下：

> 农奴时代农民地主的关系(在每一个乡村里总还有不少经过农奴时代的天日的老者,而生于十九世纪的人大约还记得帝制时代的法政——土地的赔偿、身体方面所受的刑罚、财政方面之共同负责、地方长官之无上的威权等等)——农奴制度废除以后农民同地主的生活的变迁——萨皇政府——萨皇为一国中最大的地主和最富的富人——宗教和教堂的效力属于这些地主。工人反抗资本家的斗争、罢工——工人组织政党——革命斗争大纲、党人的集会、秘密印刷所、政治传单的分散、五日节的示威——萨皇政府对于革命党的残酷——一九〇五年革命的各重要时期,一月九日工人于冬宫前作平和之表示为兵士所屠杀,十日总罢工,第一次工人代表苏维埃,萨皇政策之凶暴,第一次让步,莫斯科的十二月巷

---

① 参看 Historical Outlook, vol, xxⅱ, p.68 注一。
② 关于俄国革命的重要博物院设在列宁格勒和莫斯科,以后并打算在其他各城市中分别设立。博物院中收藏与革命领袖有关的信札、小册子、其他文件,与夫秘密印刷品、图画等等。

战——因为工人和农民、革命群众和军队缺少联络以致斗争失败——一九一四年大战——国家的毁坏——工人中革命运动的复活,列宁和多数党人反对战争。一九一七年二月专制颠覆——工农兵代表苏维埃复活——临时政府中大多数仍为地主和资本家,继续战争,为富人利益作防御战——此时列宁与多数党人的活动——一九一七年的十月革命——苏维埃握权(叙述恢复和平,收用土地,八小时工作)。

大地主反抗苏维埃企图恢复政权的斗争——内战的各时期——外国各资本主义政府的干涉——苏维埃红军克复白党获得胜利。

若是儿童已经懂得过去的事实了,要紧的就是须将这些过去的事实同现在的互相比较。例如参观工厂的时候,便应提起资本主义时期工厂中劳工的情形:工资之不适当、工作时间之长(革命前工作时间规定为十一小时半,现在减为每天八小时,有时只七小时,在地下工作且有减为六小时的)、工厂中危险以及不合卫生的情形、利用妇女及儿童工作、禁止工人团体等等。要将这些情形述给儿童知道,并且娓娓动听,那些亲睹目见的证人实是指不胜屈,凡是三十岁以上的工人,他们的青年时期大多是受过这种痛苦来的。

还有学生学习历史,既是从自己的经验得来。而社会的演进又是经济同政治制度的反映。所以我们的学生也参预到学校行政,有他们自己的自治会①、合作社以及壁报之类。这些组织都可以使他们对于社会生活的粗浅事实,得有一种了解。

次之,就要研究他们那一处地方的经济生活,②如当地的商业情形之类。研究到此,自然要引起交通器具的问题。我们现在陆有铁路,水有轮船。可是以前所用的运输器具是怎样呢?我们祖先是怎样地去旅行呢?火车同轮船是在什么时候,并且是谁最先发明的呢?这些在工

---

① 学生自治会在俄国学校中是一个重要的分子,自治会的组织以共产党为模范,对于学校事务的实际进行,具有很大的权威。学生自治会的会员,有时并在校外帮助政府工作,如识字运动,即是一例。
② 研究本地的环境和历史,在其他各国也有视为历史教学中的重要分子的,这其中尤以德国、意大利和捷克斯拉史为最显著。

艺发明史上都可以成为一小章。

　　研究某一区域的特状，也是我们历史教学中的一个重要原则。我们的儿童之开始学习过去，乃是从研究同他们最接近的事实得来，在时间上如此，在空间上也是如此。我们称之为"地方法"（Local method）。意思即是非俄罗斯民族的儿童（苏联包有四十种以上不同的民族）①，即从他们自己民族的过去来学习历史，乌克兰人（Ukranians）从学习乌克兰的历史为始，佐治亚人（Georgians）从学习佐治亚的历史为始。但是有许多不同的民族同住在一处区域之中，或为紧邻，而他们的祖先却是彼此仇视，那时我们的工作就得分外仔细。萨皇时代的教科书只铺张一些俄罗斯人征服其他人民建立国家战伐征讨的丰功伟烈。我们则将儿童的注意引到各民族所特有的文明，在萨皇政府之下他们之不能出头以及他们对于自由之英勇奋斗等二方面去。

　　这样一来，于是儿童渐渐知道在苏联联邦之内有生存权的不仅是他们那一个民族，他们的国家是一些自由民族的联邦，都享有同等的权利。只须由此更进一步，世界上还有许多民族，而地球上所有的居民也有，或者也可以有我们这样的一个联邦的观念，也不难知道了。要学习其他民族的历史，也是用上述的方法。并无所谓历史这一门特别课程，只有称为"苏联同外国的关系"的一章。在这一章里开始即叙述商业上的关系，如我国的出口货、从外国输到我国的进口货等情形，然后转而叙述外国。叙述到美洲合众国的时候，自然可以引起新世界所以发见的问题。于是就继之以哥伦布航海的故事。然则美洲开始是否即是一个大殖民地呢？还是一些分属于西班牙、葡萄牙、英格兰以及法国的殖民地呢？什么叫做殖民地呢？儿童既已知道俄帝国时代的那些殖民地如高加素、土耳其斯坦等处力争自由的情形，他们就可以知道殖民地人民被压迫的惨酷了。但是这种压迫，现在是否还依然存在呢？说到这里，于是如印度、如非洲人、如东印度群岛的土人，以及半殖民地如中国都是很好的例证。殖民地的人民永远是资本主义压迫下的牺牲。

　　所以我们并不须特设历史一课，而我们的学生就可以熟谙社会上以及历史上的事实。我们所特别看重的乃是社会习惯的进展，而不是

---

① 参看 *Historical Outlook*，vol.xxll，p.68 注二。

要儿童在历史的领域里作寻章摘句的考证工夫。

从第五年到第七年，这一门课程继续进行的情形，如今也说一说。关于所用方法，同以前一样，可以不赘。现在且以第五年级的工作书（Workbooks）作一个例。学生对于功课，都是由自己的工作实验而成，没有是从传授得来的，所以称他们的用书为"工作书"，不称为"教科书"（Textbooks）。这种工作书开始即是一些对于如莫斯科等大都会、大工业，以及工人阶级生活的简短的讨论。在这里却不像对于那些低年级的办法，叙述而外，我们也时常尽量地引用原料。随后从各个作家的著作中选取关于大工厂或机械工场的叙述；继之为工人的歌曲；最后从俄国革命前某工厂的黑皮书（Black book）中选取一篇材料，内中述说有一工人因为"自不小心"受伤以致开除以后的行动。在劳工保护章内，也同普通一样，将革命前同苏维埃执政以后的情形加以比较，在这一章内引用了许多的劳工法，并且附加说明，以便学生能更充分地了解劳工法某条某条的目的同意义。次之为讨论工会、店员委员会、共产党以及组织青年团（Komsomol）和少年先锋队（Young Pioneers）的各章。工人国家的全部生活不常用一种武断和空谈的方式，而要用具体的事实和生动的图画在学生眼前一幕一幕地开映。

工作书这一部分的末了，是萨皇时代的俄国同苏维埃时代学校本身情形的叙述。第二部所述的是乡村同农业。开始即为旧式纯恃牺牲口同人力的耕种法和近代使用机器的耕种法的比较。其次各章所述是为旧式农村经济的崩溃和农民的分化。又次叙述集团经济学。所谓集团经济学即是一团农民在一大块农场上，使用机器来共同耕种，而不是各人领取一片小地，各自分种。（在俄国这种农民团体称为 Kolkbose，即是集团经济学的省写。）次之讨论革命前后乡村的行政管理，作为论述十七、十八世纪农民同地主奋斗的纯粹历史的过渡时期。等到学生的年龄略长，想象更为有力，于是更为远远的时期也可以着手去研究了。

七年制学校最后三组的工作书中有一点是应特别注意的。在最初的四年当中，社会事实是和地理事实等等同样放在一本书的里面。自第五年级以上，关于社会事实，别有一本专书。这在俄国称之为社会科学。不过此处所说的社会科学同社会学有别，社会学是一种理论的科学，而这却是大部分专注意于实际上的考察。历史即是这一部专门论述社会科学书中的一部分。年级愈高，历史的部分也愈形重要，同时范围也愈广，故事实也愈详细。第五年级的工作书所述不过是他们本国的历史。到了第六年级，其他各国的重要史事，如十八世纪的英国产业革命、法国大革命，十九世纪欧洲的工人运动、一八七一年的巴黎公社（Commune）等等，都在工作书中予以陈述。第七年级的工作书更是完全注重于自十九世纪末叶以迄现在的近代史。历史支配了这一本工作书。全书十章，只有第一章论述现今世界经济状况的大概，和最末一章叙述我们社会主义经济学的根本问题，不属于历史。其余八章完全说的是社会动力学，或者换一句话说即是历史。

历史原料的使用在此级也比以前的书来得多。此外学生还可以有一张苏联宪法同欧美诸大民主国宪法的比较表，《人权宣言》的翻译，一八一九年不鲁舍尔（Brussels）、一九〇七年斯托特伽（Stuttgart）和一九一二年巴斯尔（Basle）诸次社会主义大会（Socialistic Congresses）通过的决议案等等。

所以我们的历史课程是以过去几世纪的阶级斗争和社会发展的近代历史为中心，这一个课程只能算是普通社会科学课程中间的一部分。一般深于传统程序的人看了我们历史课之省略了古代同中古，或许要大为诧异；但是要知道我们的目标乃是在养成一辈青年，使其能参加创造社会主义者的社会而胜任愉快。从这一个观点看来，儿童对于直接引导今日社会大斗争的事迹，能以理会清楚，在我们便算是很够很够的了。

（本文刊于《中华教育界》第 19 卷第 8 期，1932 年）

各国历史教育比较

廖鸾扬

一、绪　　言

　　历史教育之目的，简言之，乃在于给国民以文化的自觉。本来所谓给予文化的自觉，原不限于历史一科，一切的教育均无非是在给国民以文化的自觉，特不过在历史一科，尤注重于此点而已。西哲有言，真正的伟大的精神，只在历史生活中实现，国民的英雄之高远的理想与真正伟大的灵魂，以生动的姿态活跃于青年的内心之时，历史生活乃成为青年之国民的自觉之刺激，为其自觉之根底，浸入于青年之内心之中，于是化而为热烈的爱国心，为国家虽粉身碎骨、赴汤蹈火，亦所不辞。故历史一科，在国民教育中，实可说是占最重要的位置。吾人在实施国民教育之时，欲将国民的精神、国家的灵魂，打进青年人内心之中，使其成为青年人的人格之真正的核心，除由历史以外，实无更良的方法。是以在欧美各国，对于历史一科极为重视，而其教历史之时，均一致以国民之教化为其第一要义。尤其是自十九世纪以来，国家主义风行各处，历史科之功能乃大被重视。世界大战以后，凡尔赛和会的结果，依民族自决的原则，兴起了不少的新民族国家。而此等国家为发扬其国民之精神，乃汲汲于教养其国民，努力以历史觉醒其青年国民之国民自觉。观乎欧美各国历史教育之施设，尤其是其陶冶国民性之中心精神，诚令吾人得无穷之感奋。

　　我国硕学梁启超氏有言："从来之历史非为民众之启蒙，却为置民众于无智者。"又谓："《春秋》盖以为当时贵族中为人臣子者之读也，《资治通鉴》,其主目的,以供帝王之读,其副目的,以供大小臣僚之读。《史记》,盖以供后世少数学者之读也。""其余诸史,目的略同,大率其读者皆诸禄仕之家。""读者在禄仕之家,则其书宜为专制皇帝养成忠顺之臣民。""一般民众自发自进的事业,反为其所忌。"故我国从来即缺乏真正之国民的历史教育,自民国成立,历史教育虽有改变,然仍缺乏明了之国民的色彩。最近之历史教科书,则重国耻史料,冀刺激青年之心弦,此举固佳,然徒作国耻之叙述,而不致力于国民精神之涵养,则亦非一健全之办法,此点吾人尤须注意。

现代欧美各国,其历史教育均以国民之教化为其第一要义,故其历史教育之精神与实际,极值得吾人注意,兹略述德、法、英、美、意五国之历史教育于次。

二、德国之历史教育

德国于世界大战后,与其宪法之改造同时,行教育制度之大改革。现在德国之小学校曰国民学校 Volksschule,修业年限八年,其最初四年曰基础学校 Grundsschule,一切人民均须受基础学校之教育。终了基础教育之后或进入国民学校上级之四年或入中间学校 Mittelschule(修业年限六年),或入中等学校 Hohere Schule(修业年限九年)而升入大学。

在基础学校之四年中,并无独立之历史科目。法令规定由第三年起在乡土科中施地理、理科,及历史之准备教育。至国民学校之上级四年,方有独立之历史及公民科。依一九二二年所公布的"国民学校上级之教科课程设置规程"(Richtlinien Zur Aufstellung von Lehr Lānen Sūr Die Oberen Jahrgange Der Volksschule)对于历史有如下的规定:

"历史教授以使儿童知关于德国国民及德国国家之发展之重要事实,养成理解现代及现在之国家之基础,觉醒对于民族及国家之责任感情及对于民族及祖国之爱为目的"。

"历史教授之最高法则须为尽量地接近于历史的真理。其形成教材者,乃是德国国民之国家的、社会的、经济的、精神的生活之发展史。

战争应依其原因与结果而评价"。

"使儿童不漏地理解历史的发展,实非小学校教授之所能办到。在小学校中,宁应依各个直观的形象而叙述历史上之决定的事件及发展阶段。竭力避去单只说明状况,而应代之以一切活动的事件及行动。若能够的话,则历史上重要的人物及乡土的人物,应置于考察的中心,更须准备说明所必要之参考书籍。古时伯兰敦堡、普鲁士的历史,不应分离讲述,应在德国史之范围内教授。伯兰敦堡、普鲁士之历史乃由大选帝公之时代开始。其他民族之历史,有影响于德国民族者均应考察"。

在国民学校上级教授历史所分配的时数,第五学年每周二小时(教授时间总数二八小时至三十小时),第六学年每周二小时(教授时间总数三十小时至三十二小时),第七学年每周为二小时(教授时间总数三十小时至三十二小时),第八学年每周三小时(教授时间总数三十至三十二小时)。通全体计算,分配于历史教授的时间,约占总时间的百分之五点七。

其次,中间学校之历史教育,依一九二五年之《普鲁士之中间学校规程》,历史教育之目的乃在于:"给与关于德国民族之发达及有贡献于德国民族之外部的影响之知识。增加对于现在之政治经济、社会之关系之理解,唤起促进祖国、爱及公民的情操。"又同法令中又规定中学校中各年级之教材之分配,大约六年间之中间学校之历史教材其分配之情形如下:

"在第一学年,在国语时间中讲述乡土乃至祖国之传说及历史,由第二学年起始作历史教授之准备"。

"在第二学年由希腊及罗马之传说及历史采取材料示出绘画比较罗马人与日耳曼人"。

"在第三学年教授至中世纪之开始之德国历史"。

"在第四学年教由中世纪之初至独立战争之终之德国史"。

"在第五学年教由独立战争之终至现在之德国史"。

"第六学年总括由政治的、经济的、社会的观点来看之德国民族之发展的路径"。

时间数则依中间学校之种类而多少不同。大体在第一学年一周包括之于六小时之国语之中,由第二学年至第五学年每周两小时,第六学年每周三小时。第二学年以上之历史教授之时间总数约占总时数百分之六。

最后关于中等学校之历史教授,规定于一九二五年之《普鲁士中等学校教科课程规程》,历史教育之目的如下:

"历史教授在与其他的学科,尤其是与别的中心学科之彻底的协力中,坚固地将学生结合于乡土、德国民族及国家之中"。

"历史教授应教由过去理解现代,对于生徒给与以彼将来对于其当前的问题取批判的态度的能力。使知只有意志之强固的断然行动方能作大事业,使醒觉政治的责任、感情及觉悟"。

"历史的事实之传达,乃在增加过去之智识,然其重要之事,并不是完全的智识之形成,而是在使认识活动于历史生活中之力量。依历史教授先陶冶学生之历史观,须令生徒对无论任何历史的事件,均能由其时代之本质而理解之,历史上之各个智识本身并非目的"。

"历史教授第一个要讲的问题,便是德国之民族历史、德国之民族特质、德国民族之意义,学生须内面地体会德文化,更醒觉起欲维持之、改善之之道德的意志,及获得历史的见识。又德国历史与世界历史之关联亦不可不明白"。

"为精神的指导者、政治家、发明者、发见者、宗教家、社会改良家等之伟人,其教育的威化力极强,故不可不以之为牺牲的捧身之模范"。

"世界观之对立,不可失去对于对方之人格之尊敬之念。即对于政治的及宗教的反对者之见解,不特勿单持有恶意而论述,且进而以其为不同之世界观而理解之,依之而养宽容的德性,此乃历史教授之最重要的工作之一"。

关于教材之选择大致作如下的规定:

"至中学年,只教德国史。至高学年则德国史应与世界史相关联而教授,更进而教授别国之历史之必要部分,使生徒亦学认识其他民族之事业,且尊敬之。又已割让外国之旧德国领土并在外国之德国魂之意义,及关于德国之命运等,应觉醒其理解与关心"。

"历史中到处可见到之个人与社会、力与正义、束缚与自由、支配阶级与被支配阶级、本国民与他国民之对立的现象,对于此二律之背反的性质及其关联,应该明了"。

"政治史与经济史与文化史之间,并不存有排他的关系。从而假令国家即为最有力量的文化现象,但政治力与精神的乃至社会、经济的力量之有机的统一,须要注重。尤其是法律教育不可不试以'我们的法律秩序乃依其他历史的种种之力量而变化'之见识,及'对现行法之尊敬'之二目而进行。又入门时,教以如古代之习惯法等的东西,其次应明白德国法之精神如何与罗马法之精神相异。如贵族阶级之历史、外交战争、侵略史等,特别要简单。而关于战争只教授绝对必要的东西,须简明地叙述战争之性质、原因、结果。唯关于世界大战之际之战略及战术等之进步,有对于各个战争作教授之必要。又为使青年之英雄崇拜热得到满足,试作英雄的人物乃至民族之叙述,这应要考虑"。

关于教材之处理,在低学年用直观方法,在中学年用一定之测验、传记、旅行记、诗小说、戏剧等而独自学习。在高学年则作"以生活之活动为主"之学级作业,演讲式的教授除例外,多不用之。在学级作业,生徒依各人所采之资料而讨论,行研究,教师则指导之。

教材之分配在第三学年,由希腊之初期至西罗马帝国之灭亡,至第四学年则由日耳曼民族之勃兴至维斯得里亚之媾和,在第五学年由维斯法里亚至维也纳会议,在第六学年则由一八一五年至现在,在第七学年为古代及中世史,在第八学年为由中世纪之终至法国革命,第九学年为由维也纳会议至现在。在第一学年,并没有历史的时间,而第二学年则多在国语的时间中作历史的传说之故事的讲述而已。

教授时间,依中等学校之种类而不同,兹可以文科中学为其代表。依文科中学之时间分配,则分配于包括公民科之历史科之时间数,在第二学年每周一小时,由第三学年至第五学年每周两小时,第六学年以上每周三小时,总计约占总时数百分之七点五。

三、法国之历史教育

法国人之爱国心极为浓重,故其教育亦充满爱国主义的色彩,尤以历史教育为甚。法国由小学校之初级起，即有历史之教授，有"历史与地理科"每周二小时半，在中级及上级则每周三小时。其中地理与历史的时间如何分配则不一定。大体在初级，历史授业三次，每次三十分钟即有一时半分配于历史，在中级及上级历史之时间较多。

依现行之教授要目，历史教材之分配如下：

初级，至一六一〇年之法国史上之主要问题及主要年代——即高卢 Gaule 之侵入、中世法国统一之形成、各种之大发见、文艺复兴、宗教改革等。

中级，一六一〇年至现代法国史上之主要问题及主要年代，即专制君主政体、旧政体 Ancien régime（即指法国革命前之政体）之终结、法国革命、执政官政治与帝国、王政复古、立宪君主政体、第二共和国、第三共和国、世界大战。

上级，关于古代（埃及、犹太、希腊、罗马）之极概括的纲要及与世界史相关联之法国史中之主要问题。

法国历史教育之精神，吾人由检查其历史教科书之内容，即可知道，此点后再详述。关于教科用书之采用在法国并非国定制度，而是由根据课程标准而编纂的各种教科书中选择的制度。其选定由各省之教科书选定委员会选定，其中最通行者马立 Malet 及拉维斯 Lavisses、埃马尔 Aymard 等之教科书。

高等小学校之历史科，各学年均每周一小时，其教材之分配：第一年由十六世纪之开始至一七七四年之法国史，由第二年起虽分为普通科、商业科、农业科等，但其历史教授之时数及材料完全同一；第二年为由一七七四至一八五一年之法国史；第三年为由一八五一至一九二〇年之法国史及世界史之概略。

法国之中等教育机关有国立中等学校 Lycée 及地方立中学 College 之二种，修业年限为七年，其历史科之教授时数及教材之分配如下：

第六级　一小时半　史前史、东洋及希腊史

第五级　一小时半　罗马史

第四级　二小时（另与地理相合实习三十分）　欧洲史及尤其是由

罗马帝国没前至百年战争之法国史

第三级　二小时(在乙部另与地理合实习三十分)　欧洲史及尤其是第十四、十五、十六世纪之法国史

第二级　二小时　第十七、第十八世纪

第一级　二小时(另与地理合实习三十分)　第十九世纪中叶至近代

哲学级及数学级　哲学级——二小时半　数学级——二小时　第十九世纪以后之现代史

法国学校中教授历史对于爱国心之陶冶，及文化史方面颇为注意，又努力于用伟人之传记作道德之感化，吾人略一翻阅其教科书课本即可灼见其历史教育之精神。兹就现在法国最通行之历史教科书、大爱国史家拉维斯 Lavisse 所著之《法国史》(*Histoire de France*)(Cours elementaire，Cours Moyen et Cours superieur)略一介绍，氏所著书颇足表露法国之历史教育精神。

拉维斯的课本在封面上印有丰富的果物、谷物及花卉等，其中央有文字一行曰："儿童们，你们看此书封面的法国之果物及花罢。以此书学法国之有光荣的历史罢。你们应该爱祖国，因为自然使祖国丰饶美丽，而历史使祖国伟大也。"这大可看出法国人之爱国心及历史教育的根底。这不消说，乃由于法国乃是个共和政体的国家，他不能以忠君来高唱爱国的思想，于是乃不得不以赞美祖国、夸说祖国的伟大，来养成其国民之爱国心，而谓其伟大乃是历史之所赐，以为历史教育之根本精神。故在法国历史乃被作为现代法国之成立过程而讲述，置重点于现代法国之优秀及伟大如何成立。教科书中所选的事实，并不徒为过去之事实，而是与现在有所关联的事情。当然他亦赞美接受罗马之文化时之文化的伟大、路易王朝时代之灿然之文化创造、百年战争及普法战争时之国民之英雄的行为。然彼更为重视形成现代的法国之一切国民的努力及伟业。故此教科书的内容乃向两方面进行：第一是政治的方面，第二乃是文化的方面。在政治的方面，以现代之政治形态、共和政治之发达为中心，以为共和国之努力是英雄的、国家的，令儿童对于国家发生敬感。如在教一年级的功课中，有教关于中世纪的事情者，在此

章中于述封主及武士之横暴及悲惨的农民的惨苦之后，即述农民集合谋反抗之事情，并持有一副手持武器进出于森林中的插图。这不消说乃在于由此令儿童讴歌共和政治，对现在的国家发生崇敬的感情。在中级则特别在述共和政治有如何的贡献一项之下，举述共和政治给与一切的人民以自由，保护劳动者、老弱者，确立教育制度而培植及教育优秀的文化与国民。又高唱祖国的防御与殖民地的发展，以实施所谓国民的历史教育。

至文化的方面，在本书中，以国民生活为中心之文化史的材料，极为丰富。如在其初级用者第一页中即有"高卢人如何生活""如何敬神"，在中世纪时代除述武士之勇武狩猎之外，且描写各人民的生活、市村之自治方法、产业风俗、第三阶级之出现等。其中心叙述乃在于描写人民如何生活、如何获得自由、其幸福之生活如何开展出来，注重于精神的、经济的文化生活，述如何努力于将来之文化进展。此法国的历史教育不徒憧憬于过去，而赞美将来，促成国民生活之开展，实为其一大特色。

四、英国之历史教育

英国的教育，完全不在国家之统制之下，这是我们都知道的。故对于学科课程，当然没有详细的规定。故在述英国的历史教育之时，不能如别国一样，依其法规而具体地说述。惟在一九二九年英国教育部曾发布一书曰 *Handbook of Suggestions for the Consideration of Teachers and Other Concerned in the Work of Public Elementary School*，1929。其中关于历史的教授，有多少的提示，可视为英国对于历史教授的意见。不过这是一般的说述，各个学校的实际情形实不尽然。兹略将其小学校校中关于历史教授之要领述之于下。

要领中分少年级与年长级而论述。少年级大体指一十一、十二岁，而年长级则大体指至十五六岁。在少年级中，历史的教授应以由故事而引导为主，诉于儿童之想象力以导儿童入于全历史所描出之感人之画廊为目的。故事的范围极广，关及于推罗战争、苏格拉底、查里曼、但丁、哥伦布等。故事应兴味化，儿童不只听讲且作质问、读书、模型、戏剧表演等等，至十一二岁的儿童，总须令其"在时间的继续关系中，知道历史上的杰出的人物"。

年长期之历史教材选择中应注意者，乃是非片断的历史知识的集积，更须引起其研究的兴趣使其有活泼之感，应教以农业、工业等之产业历史，地方之社会历史。在此时期之终儿童所应知者，乃是英国历史概要及与现代生活之关联。英国的历史与世界的历史有相互的关系，英国史为世界史之一部分，故为使学生了解古代的泽惠，乃须教授巴勒斯坦、希腊及罗马。即假令没有时间去系统地教授外国历史，但对于有重大影响的世界史上显著的事件，有适当之机会时，亦须教授，如十字军、文艺复兴、宗教改革、十七世纪之科学、拿破仑时代之法国、俾斯麦时代之德意志、美国之诞生等等。由现在经济上的国际互相关系、近代的战争关系而理解国际联盟等等，亦为必要。又历史与地理须充分连络注意，教授时须充分利用教具及儿童之自学。最后谓对于儿童，历史乃是道德训练之最卓越的手段。彼等由历史上乃感得英雄的行为的光耀、自己牺牲与忠正之价值、残忍与怯惰之卑劣。历史教育的影响，即在其所给的历史知识忘却之后，其作用仍然继续。

历史教授之要旨如上所述。而据某教育委员会之报告，伦敦小学校之历史教授之时间分配，在幼儿部（大体由三岁至八岁）每周一课，即二十分至二十五分的时间；在年长部（大体由七岁至十五岁）每周三课，即约一小时至一小时半。依伦敦兰喀斯特罗特小学校之时间分配，在男子，每周在第四学年为六十分，在第五学年为六十分，在第七学年为三十五分，在第八学年为四十分；女子部则第五学年为六十分，第六学年为三十分，第七学年为四十五分。依同委员会之报告，由小学校之第一学年至第七学年其课程之分配如下：

  第一级、第二级 说数个卓越的人物之简单的故事

  第三级 说有关于古代之生活及文化之故事

  第四级、第五级 由初期至一六八八年名誉革命

  第七级 与英国史全体发生关系，引导至现代英国史之更完全的理解

中等学校中之历史教授，英国教育部亦有一纲要 Board of Education Memorandan on Teaching and Organization in Secondary Schools：History，1908，Reprinted 1912，但这并非严格的规定。大约历史科每周约为二课，中学校之预备学校中，其历史的教授大略与小学校中同样（此时期大约至十二岁为止）。由十二岁至十六岁之间，多数的学校，均以通观由罗马人之侵入至现代之英国之全部历史为必要。至其课程之分配，并无定。但所课历史功课之内容，则因其学校之种类及其所课之外国语而异其注重点。即在古典的学校中，应行关于希腊、罗马之历史之组织的教授。在普通课拉丁文的学校中，则应行关于罗马帝国及基督教文化之起源之系统的教授。用现代外国语而教进级的文学的学校，应对于该国的历史，作系统的教授。

在中学教育中之教育目的亦与小学中者无甚差异，故无再述之必要。总之，英国的教育在于全人格之陶冶，故历史教授，尤其是着重于历史中伟大人格之叙述。且以英国为一工商业的国家，其了解英国与诸外国的关系，更为必要，是则历史教授之着重于包括世界各事与世界史关联而教授，自亦有其特殊之精神。

五、美国之历史教育

美国的学校教育，亦不统一，即一州之中，亦因地方而不同，这是我们都知道的。故各学校的科目亦互相差异，州所作的规定，仅不过是个大体的规定而已，故此处所述只能举数州以示例。

关于历史教育的目的，很显明地是在于养成德谟克拉西市民之资质。威斯康逊州之督学加拉恒且谓"历史教授之目的，乃在于使儿童理解现在我们所生活的世界，赋予他们以德谟克拉西的贤明的市民资质"。Collahan（Wisconsin State Supeuntendent）*A Course of Study for that Elementary Schools of Wisconsin*，1923，p.1924："须成就下面的几件事：一、给予儿童以共同生活之概念。二、照耀于历史的过去之光中，而给与考察现代大事件的训练，逐渐发展关于历史价值之意识。三、由对于国民的发展有影响之过去及现在之大事件及其结果之真知识,而给与关于国民生活之理解。四、研究爱自由之国民,如何得到现在的自由,而使儿童对于我国(指美国之国际信义)持锐敏、尊重之念。五、由历史取出足以解明我国今日之状态之各种之知识,而发达美国国民之高上的观念。"

美国在小学校四年以前,通常没有历史一科,仅在国语的时间、修身的时间,及国际日、纪念日及在日常之机会之中,讲述故事,使于不知不觉之中,知道本国历史上的人物及历史上的事情,发生历史的兴味及作成他日理解历史的基础。时常又赴校外旅行,讲该地方所有的史实,并寻访其史迹,或于看绘画及展览会等时,且加讲述故事。

在第五学年,或第四学年,则设有历史一科,教美国自建国当初至现在的历史。其教材之排列,下再讲述。而其最足令吾人注目者,便是注重于国家纪念日的讲谈,兹略列之于下:

九月(最初之月耀日)	劳动日
十月十二	哥伦布纪念日
十一(最后之木耀日)	感谢日(五月花船之话)
一月一日	新年
二月十二日	林肯日
二月二十二日	华盛顿日
五月十八日	和平日
五月三十日	纪念日
六月十四日	国旗日
七月四日	独立纪念日

在历史教授要目中,五年级之历史教授之目的,有下列数点可得而言者:"一、使学生对于我国(指美国)之进步发展,有明确之观念。二、使其明确了解美国宪法及其由来。三、使认识何为伟大,何为至善,使觉醒其对于国民的英雄之可称赞的行为之同情。四、应以学前人之行动,导儿童作正义之行动。五、养成爱国心。"教师要期养成儿童之情绪、想象、意志,勿举烦琐的事项,令儿童发生不快。将国民英雄的精神,以生动之姿态,跃然于儿童之眼前,对易燃起情感的儿童要唤起其高尚之道义心。

儿童喜观戏剧的东西，好冒险，故尤须选择适于儿童之心理状态之材料，努力增强勇敢、果断、刚直、牺牲的精神。

第六学年教授上，应注意之事项：教师在理解第五学年之教授上应注意之事项之外，更须注意下列各点：政治法制等问题，让于其后的学年，对于代表的人物，应述其对于国家之贡献之故事，且由具体的实证而使永久得到道德的观念的印象。

"历史乃是最强烈地刺激情感的东西，故在历史教授中，须常诉于儿童之感情，而作为其理想、目的、行动之原动力。国民的情操实证在国史上促进了可惊的勇气与进步"。

以上所举的历史教授上的注意，实可予我国之历史教学以很大的教训。他不像我国素来之历史只以之为死板的记录，而将过去之国民的活动，跃然于儿童之眼前，予深印象于儿童，将史的现象入于儿童之心中，发扬儿童之思想感情，努力于国民思想、国民感情之培养。

对于文化教材，亦极力注意，务使儿童能适应于二十世纪之文化生活、国民生活、国际生活。

兹将纽约州教育局所定之教材要目列下，以资参考。

第五学年之教授要的：

美洲大陆发见与探险。

哥伦布、加波的、阿美利哥、威斯伯、麦哲伦、哈逊等之探险。

美国殖民地之开始。

纽约、司真尼亚、麻沙朱色等。

（一）初时殖民地是如何的人，及以如何的动机移殖于此。

（二）殖民之指导者。

（三）殖民地之气候、地形、地味。

（四）殖民地当时之风俗、习惯、职业。

（五）应使记忆之纪年：

一四九二年	哥伦布
一五八八年	无敌舰队
一六〇七年	詹士城
一六〇九年	哈逊河

一六二〇年	Pilgrime
一六二三年	新庵斯达顿
一六六四年	英人之政府新庵斯达顿

第六年级之教材要目：

(1) 由美国宪法之制定至南北战事,常与欧洲史发生关系而讲述。

(2) 建国前之状态:(a)各州间之联合规约之弱点,议会无课税权,无中央政府,贸易不自由;(b)要求宪法之呼声;(c)政治家,华盛顿,富兰克林,哈米尔顿,遮化臣。

(3) 共和政治之初期:(a)华盛顿大总统之就任,弹棉机之发明,奠都于华盛顿,收买路易西安那,路易斯及格拉克,富尔顿与汽船;(b)一八一二年之战争,原因,海战,商业上之独立;(c)新指导者,只克逊;韦斯特,克里及加尔罕;(d)文化之进步,瓦特,斯蒂芬逊,密失士必河流域之铁道,莫尔斯与电报,麦哥尔密与谷物刈取机,孝鸟与缝纫机,特克生及阿里刚,墨西哥战争与土地之获得,加州之金矿。

(4) 应记忆之纪年：

一四九二	哥伦布
一五八八	无敌舰队
一六〇七	詹士城
一六〇九	哈逊河
一六二〇	Pilgrime
一六二三	新庵斯达顿之殖民
一六六四	新庵斯达顿之征服
一七五九	吉伯之陷落
一七七六	独立宣言
一七七六	长岛及特林顿之战
一七七七	布尔哥牛之降服
一七八三	巴黎和约
一七八九	华盛顿大总统
一八〇三	路易西安那之收买
一九一九	佛洛列达之收买

| 一八二五 | 依利运河之开通 |
| 一八四八 | 金矿之发见 |

据一九二六年之调查,美国学校分配于历史教授及其对于学校教授全时间之百分数如下表:

学　年	年度及调查都市数 每　周	一九〇四年 (六都市)	一九一四年 (五〇都市)	一九二六年 (四四四都市)
第一学年	分	八	一一	八
	%	〇・六	〇・九	一・〇六
第二学年	分	八	一四	一一
	%	〇・五	一・一	〇・八
第三学年	分	一・三	二・四	二・六
	%	〇・九	一・七	一・七
第四学年	分	二・三	六・二	五・七
	%	一・五	四・二	三・六
第五学年	分	三・八	八・七	九・四
	%	二・四	五・八	五・八
第六学年	分	七・三	九・二	一一三
	%	四・七	六・一	七・〇
第一—第六学年	分	一・六・三	二九・〇	三・〇九
	%	一・八	三・四	三・四

至中等学校,其历史教育之目的亦与小学者无差别,亦不外养成"有为的、有同情的社会集团之一分子之思想感情、动作、反应的能力","为公共团体之市民所需的特殊能力","使儿童感觉其在社会进步上占重要的位置","由理解德谟克拉西的起源而尊重民治","关于世界连带性之深刻的理解","理解美国对于世界的进展所作的贡献","对于美国现在的制度,理解其如何由过去的欧洲的制度发展成长起来"。

至教科内容并不一律,兹略示二州的课程于下:

高级中学			初级中学			
第十二学年	第十一学年	第十学年	第九学年	第八学年	第七学年	
美国之政治社会学、经济学、公民科	现代欧洲史、美国史及时事问题	初期欧洲史、世界史	社会公民科	合众国史、时事问题	犹打州史	犹打州
民治问题	美国史	欧洲史	职业公民科 经济公民科	社会公民科	合众国史	宾斯尔文尼亚州

由上看来，可知美国中学校之历史科，并不必定依时代之区分讲述历史，而多与其他的不可分离的社会科学相结合。美国以建国不过百余年，本国历史不旧，最多亦不过上溯至殖民地十三州之时而已。在十七世纪以前，无史足述，而英国史乃是他们的古代史，故美国各中学在教本国史以外，多须加研究欧洲史，大约在初学年则教本国史，其次乃教欧洲史，在最高的学年乃又教本国史。此种历史教法，一方面能使学生充分认识本国历史，同时又可得外国史之相比较印证，再以之了解本国历史，实为一颇值得吾人注意之历史教学方法。

六、意国之历史教育

意大利之法西斯主义，乃是意大利国民自觉的运动。现在意大利一切的政治制度，莫不受此法西斯主义之支配，而其教育之包含有法西斯主义之精神，以发扬国民之国家的意识实乃当然之事。香第尔氏 Giovanni Gentile 为教育部长时，即已努力依法西斯主义以行青年之教育。法西斯主义者，极重视学校教育，其目的乃在于陶冶国民达到法西斯主义之理想，为发扬国家的精神，于是历史，尤其是本国史，乃在意大利的学校中占有重要的地位。依意大利的小学学科课程，其分配在关于历史的科目上时数如下：

	第一级	第二级	第三级	第四级	第五级	完成级
历史及地理				三	三	二
每周授课时数	二五	二五	二五	二五	二五	二五

依上学科课程表之所示，历史科在第四学年方始开始。但在教授要目中，则对于三年级之历史教授亦设有规定：

第三级

简单说述由一八四八年至一九一八年之意大利历史及重要文献之解说（殉国者之遗书及追录，各大将军之日常生活）。

注意，使一九一五——一九一八之战争终结之海陆军之战胜纪事，为得由第三级起教授起见，在各学校中应置备之。

由第三年起教授历史，其适用有两种情形，即第一依土地之情况，无上级小学之小学校（意大利的小学由第一级至第三级之三年为下级阶段，其后各年乃称为上级阶段）者适用之，其次在有上级阶段的小学校中亦可适用之。在第一情形，以无上级阶段，该学校中恐将失去教授历史的机会，故在第三级中附带教授历史，本国史之大略。而在第二情形，则在会话及讲谈之间，教以历史，以为日后组织地学历史之准备。至第四、五级始真正教授独立的历史科目，其教授之要目如次：

第四级

一、人类文化之起源及古代文化之纪念物之概观。

二、希腊之英雄（简单的解说，希腊故事之讲述，希腊美术作品之概观）。

三、罗马之英雄（关于罗马之纪念品及纪念物之意义、解说及概观，尤其是在乡土中的事物）。

第五级

一、为别国之属领时代之意大利概观，尤其是关于乡土的状况。

二、意大利之优秀画家、雕刻家及建筑家（尤其是关于乡土的概观）。

三、意大利人之伟大的科学的发明。

四、第十九世纪时之意大利史概说。

五、意大利之陆军及海军。

六、世界大战史及团体的、个人的行为之最光辉之发现与插话之概说。

七、统一后之意大利中，伟大的公共事业、国家之事业与财富的状况，将其与外国相比较。

由上面的教授要目来看，我们可以知道意大利的小学校之历史教授乃取事件及人物中心之项目罗列主义，其教材之选择范围，只重在本国史。然而意大利是个近代的国家，故其历史的事迹尚且采取昔日罗马及其为他国之属领时代的史实，至希腊的史实要与罗马及意大利有关系的方被说述。关于外国的记述，亦要与意大利有关系者方被说述。历史教育被努力用为使学生反省祖国之伟大及优越性之手段。至第五级以后，则注意关于意大利向外发展的历史，其内容如下：

一、历史的讲读。

二、意大利殖民地之历史及地理。

三、关于地理的发见之史的概观，关于主要的国家之殖民地之概观。

其讲述外国历史，尽以本国史为中心，而决不以一般世界史为中心。意大利研究者、有名的巴黎大学教授哥阿（Henri Goy）之评语谓："市村与国家乃是意大利之历史教授之重要的着眼点，其目的在于陶冶意大利的公民。"

其次在中等学校中之历史教学，其历史科之时间分配如下：

	下级 第一学年	下级 第二学年	下级 第三学年	上级 第一学年	上级 第二学年
历史及地理	五	五	四	三	三
每周授业总时数	二一	二四	二四	二四	二四

大约由对将来升入文科高等中学 Liceo classico 的学生所要求的关于历史科之智识事项上看来，我们大约可以看出中学校中的历史教育的内容。即凡入文科高中者须知：(1)东方地中海沿岸之古代文明民族文化概观、希腊史；(2)古代意大利人、罗马史、基督教、日耳曼人之迁移、亚拉伯文明、中世封建时代、文艺复兴；(3)由第十六世纪以后至法西斯制度确立之意大利史等。于此乃渐说及西洋一般的历史，至在文科高中中，则尤注重文化史及思想史的教材。

七、结 论

欧美各国重要国家之中小学的历史教育之现况，已如上所述，虽（各国）所施者不同，但却有两个明显的共同趋势，是可以看出的，即：（一）注重于爱国心之养成、公民的陶冶；（二）注重文化教材，令学生对人类生活，尤其是本国国民生活之进展有明白的概念。我国之历史教育，从来即未注意于此。我国昔日史书不少，经子史集，史书且占文库之大部，但多无历史国民的教育之意味，例如《尚书》、《春秋》、《三传》、正史论赞、《资治通鉴》、《通鉴纲目》之类，或如《十八史略》《元明史略》等等，均不过支配者的读物，至所谓国民之政治教育，简直无人想及。正如梁启超氏所云："旧史中无论何体何家，总不离贵族性，其读客皆限于少数特别阶级——或官阀阶级或智识阶级，故其效果亦一如所期，助成国民性之畸形发达，此二千年史家所不能逃罪也。"（《中国历史研究法》，五〇—五一）"如明道、经世等，一切史迹则以供吾目的之刍狗而已，其结果必至强史就我，而史家之信用乃坠地。"民国成立后，对于历史教育亦殊不重视，新学制颁布时对于历史教育好高而骛远，不固其本而只图其末，毫未注意于国民的历史教育，新学制课程标准中竟规定"(1)使学生知人类之进步、社会之变迁及世界之大势，(2)建立适当之人生理想及兴趣与寻求事物之原因之习惯"为小学校历史教育之目的；"(1)研究人类生活之进化，使学生能有适应于其环境及控制自然之能力；(2)发展人类之同情心以养成相爱及互助之精神；(3)寻求事物之原因使学生真正了解一切现在之各种问题之意义；(4)时时示学生以研究历史的方法以养成学生研究历史之兴趣及习惯"为中学历史教育之目的，此究何益于国民教育，吾人实十分怀疑！

廿一年中月发布的中小学课程标准，将历史一科归并入社会一科里面，虽历史本身不能为一独立学科，但历史教育的精神却颇能够贯彻。依小学课程标准社会科目标中规定，历史之目的为："(1)指导儿童了解国家民族的历史演进、地理状况及文物制度的大概，并培养儿童爱让国家、努力自卫的精神；(2)指导儿童明了人类生活状况、世界大同及文明进化的意义并培养儿童尽力社会、爱护人类及促进世界大同的愿望。"在初级中学课程标准中规定历史之目标为："(1)研求中国民族之演进,特别说明历史上之光荣及近代所受列强侵略之经过与原因,以渐发学生民族复兴之思想,且培养其自信自觉、发扬光大之精神;(2)叙述中国文化演进之概况,特别说明其对于世界文化之贡献,使学生明了吾先民族伟大的事迹,以养成其高尚之志趣与自强不息之精神;(3)叙述各国历史之概况,说明其文化之特点,以培养学生世界的常识,并特别注意国际现势之由来,与吾国所处的地位,以唤醒学生在本国民族运动上的责任的自觉;(4)叙述中外各时代文化之变迁,应特别说明现代政治制度及经济状况之由来,以确立学生对于民权主义、民生主义之信念。"此规定一方能顾及国民教育之根本,同时又不流于偏狭的国家主义、地方主义。不过目标固然定得不错,但其实效仍视其实施尤其是教材之选择之如何而定,还是我们要注意的。

(本文刊于《教育研究(广州)》1934年第49期)

日本之历史研究与历史教育

吴自强

一、明治初期历史研究的变迁

学术之进步与发展,不能专观察其本体,更应注意其影响于社会现实的地盘之发展,例如数学之发达,只要看其当时对于商业的发展如何,便可知道,日本在明治维新的时候,新政府之指导者们,是在封建社会之遗制上,建设新式的社会,故必先知道欧美诸国之各种制度,同时更应明白其制度所产生的各国历史。明治二年四月,明治天皇敕令三条美实开办史局,从事六国史及国史之编纂,只是当时之世情,与其说开办史局,无宁说顺着现实的需要,从事于欧美各国之宪法及其他各种制度的翻译,至于史局之真正事业,差不多完全陷于停顿的状态了。

可是民间方面则于明治二年,就有西村茂树译《泰西史鉴》,其后又有河津孙四郎译《英国史略》、后藤达三译《日耳曼史略》、稻冈良知译《希腊史略》、乐户痴婴译《万国通史》、和田义郎译《英国史略》、塚原靖译《鲁国事情》、田中耕造译《法国史略》、大规文彦译《罗马史略》、大岛贞益译《英史》等等,其他义作之《欧洲文明史》,于他死后三年,即明治十年,就由永峰秀树译出巴克尔之《英国文化史》,又于他死后十六年,即明治十一年,由土居光华、菅生奉三等译成为《伯克尔氏英国文明史》,一时俊秀之青年,受着这种史风的影响,就有想研究日本历史的表现,大藏省(财政部)翻译局之生员田口卯吉年二十二岁,服务于纸币寮,学习英语及经济,于明治十年,著《日本开化小史》,他参考新井白石之《读史余论》，而知日本历史之大概，更模仿巴克尔之史风，完成此书。他原为下级武士之子孙，生于江户，幼年穷苦，学徒于横滨商店，其后明治元年，被封于静冈，许其复为日士，同时归藩，曾一次进入兵学校，迨后废藩上京，服务于大藏省。这种改动期中不安定的生活，就是他著《日本开化小史》很显著的反映，将社会变革情形，莫不描写尽致，他分析社会变革过程，于史料上面，继续其批判和叙述文化的推移。他于序言上，曾说："历史是古来之评语，古来非一世，世世非一人，治乱之形势，杂沓缤纷，若不善加分析，必不免皮肤之见，史家之辛苦，不在历代许多状态的搜集，而在追究其状态所依据的地方，我记此书，特于此点，加以详述，其应省略者，则务求省略。"故此书虽于事后发见史料有所修改的部分，也可说在日本史学上放一异光。及到现在，有林罗山所著之《本朝通鉴》、新井白石之《读史余论》等书，他们都是直属于幕府的学者，例如罗山以为古代史不是神明之生活，而说是原始人的生活；白石则于古史通谓"神为人"，及其最初所表现的态度——和从来的历史，站在完全不同的立场，而不许批评德川氏及幕府。赖山阳则于《日本外史》赞美楠正成，换言之，就是暗中骂倒德川氏，这虽不很著名，可是在这时候，还不许批评德川氏，一直到明治十年，自田口卯吉起，才许批评德川氏和幕府，生出很大的效果来了！

  天保五年新兴的商人福泽谕吉著有"《文明之概略》，他是生于大阪堂岛中津藩之藏屋敷，年二十一岁即由美国留学归来，以国家之盛衰、人世之隆替"为因源，而另开途径，力说："应有化学者对于物理的态度，将社会的变迁，注意于配材一方面的权衡。"在这种立场上，而说明封建社会之衰亡事实，所以这时代——明治初年——也可说日本历史研究所有的特质了。尤其是自明治元年三月，明治天皇诏示"求智识于世界，以大振皇基"的五条御誓文的方针以后，更加完全实行。明治五年颁布学制，创设小学校，历史一科仅教西洋历史，日本历史全未顾到。明治十四年，制定小学校教则纲领，才开始加入日本国史，但是中学校还是只教西洋史，其教科书，主要的是采用巴勒之《万国史》。就是大学之预备门，也还在明治十六年，因德教师顾罗特氏之进劝，才开始加每周一小时的日本历史，以《读史余论》为教科书，这是日本学界元考三上参次博士所说的,他还说:"我们中小学校之儿童,受了像美国似的中小学校教育,但自小学校之归途上,就汉学先生面前,读点《日本外史》和《日本政记》,究竟有多少的国史智识呢?"观此更可见他的感想了!(《明治以后历史学之发达》,二页)

二、明治中叶历史研究的经过

像这样的醉心西洋文化,在从前鹿鸣馆时代就出现了,这是周知的事实。这种事情,在另一方面引起了很显著的反动思想,或酿成国权恢复运动,或酿成国粹运动,用汉文编述日本历史的修史事业,也受打击而中绝了。在政府方面,将锐意吸收来的西洋文化,怎样移植于封建的遗制上,也成了须严加考虑的问题了,因此,现今日本社会到底在怎样的形式上谋发展,不能不预先明白其过程了。过去各种制度,在那历史的发展过程上,搜集其史料,在大藏省、内务省、外务省、司法省等官厅都加以考虑过了,明治十年时,各方面所招致的各种学者,都一同开始了。大藏省有专载土地制度、度量衡、备荒贮蓄、物价等的《大日本租税史》(三十册),详述货币沿革、价值变通等的《大日本货币史》(正篇二十卷,附录二十六卷),编述地租、海关税、诸税、杂税、收租惯法、预算决算、米谷输出、国债、准备金、货币、纸币、银行、矿山、铁道、电信机等的《理财稽迹》,调查德川时代之财政、经济制度等的《日本财政经济史料》《德川理财会要》等等,或关于内务省劝业寮,调查其后一条天皇以前的《农政垂统记》,或关于农务省所编纂的《大日本农史》《兴业意见》,关于元老院所编纂的旧典类《纂田制篇》,司法省所编纂的德川时代之法令、刑律的《德川禁令考》,太政官所设置的民法编纂委员会,巡回各府县,寻问民间古老所得的结果,为着民法编纂之参考而收集的《全国民事惯例类集》,太政官所设置的商法编纂委员会将各地方之商业习惯,由当业者商业团体等所编辑的《商事惯例类聚》,驿递局所编述的上古以来之驿制及交通之沿革等《大日本帝国驿递志稿》,警保局所编纂的《德川时代警察沿革志》,外务省所编述的《外交史稿》等等,都已经明白地说明了。这些都是经过数十年之岁月和很多之国费而完成的,今日都作为贵重资料集成而重视之,这时间新社会的基础,也着着坚固,乃成为国会的开设和宪法的公布来了。

以上所述,各官厅关于各方面的历史,其性质上都不是考究其各时代的社会构成,其研究历史所取的对象,都只是政治史而已。因此,明治八年四月所设置之太政官修史局,主要的不过是编纂记载王政复古之政治情势之推移的复古记了,而其事业,并依据前述之事情,一时中绝。其后二十年,在东京(帝国)大学设置临时编年史编纂,推移下去,仅刊行了《明治史要》五册,修史局局长长松干是旧长州藩士,副局长重野安绎博士是旧萨州藩士,是面萨旧藩士推戴而入修史局的,这也可说是明治维新之一由。这种临时编年史编纂委员会委员长,由重野博士担任,久米邦武、星垣野两博士为委员,此三人同时又是文科大学教授,此时又站在新创设的国史讲坛上,以从事学生之指导。其后日本历史研究显著的性质——编年体之历史,重视政治史研究的型式——格外注意,由该三教授之合著观之,明治二十三年开始刊行概观日本历史全体的《国史眼》,因为这三教授都是汉学者,所以能编著关于近世的考证学的史风,这书之特色,就是能将政治上之变迁,顺年代记载而编述的。其后这部《国史眼》,成为一般学者之参考,其他中等教科书,差不多都是根据这个做成的。当时在中学校所学者,多数是士族子弟,在他们看来,好像《国史眼》所表现的日本历史教育,是摧残他们的家庭封建的意识,为着新时代之指导者之教养上,是有很大效果的。

明治十九年德国来了一位利斯博士,二十三年坪井九马三博士又由欧洲留学归来,都站在史学科的讲坛上,而提倡新的研究法,更由坪井博士之主唱,提倡古文书之研究,依重野博士等的考证学和政治的编年史的日本历史研究法,更深细地找着其问题,强调其考究之态度,而且于二十二年因为利斯博士和重野博士等之协力,创立史学会,创刊史学杂志。这种新研究陆续地发表以后,一切问题就更加深细地研究起来了,同时前面所讲的田口卯吉、福泽谕吉等之研究,所有日本历史全体大观,是历史家所最应回避的态度。这样一来,明治四十年,早稻田大学出版就有当时之大家及新进学徒刊行叙述各时代的《日本时代史》,很能表现这种史风的特质了!

三、明治以后历史研究的趋势

因此明治政府所企图的新欧美风的社会，也就渐次发达来了，在那发展的途上，日本倡言东亚和平之确立——换言之就是朝鲜保护权的确立——在明治二十七、八年和中国战争，十年后又和俄国战争，造成所谓日本一等国，和欧美诸国并驾齐驱，而发展到像伦敦《泰晤士报》记者所说似的，以为明治天皇之崩御，为近代日本发展之极致的状态。像这种重大问题，其封建的意识之破坏，在教育上已经不是简单的问题了。这时候明治四十四年所爆发的，就是南北朝问题，但是在其他部分，全然和前面相同，分为各时代，用那叙述政治变迁的《国史眼》的教科书，以指导学生。但是这时期之中等学校，都注重实用学问的英语、数学、物理、化学等，至于日本历史，只作为暗记物，教师、学生都不十分重视，一直到大正时代，此种风气尚未消灭了！

但是大正三年七月，欧战爆发，日本因为日英同盟之关系，曾卷入漩涡，在东亚一隅的日本，真所谓黄金时代，其产业的飞跃发展，实无限量。对于日本历史之研究，亦给以很大的反映，将从前重视政治史之观念，扫除干净，经济、法制、外交、思潮、艺术等，也逐次加以研究，换言之，就是文化史研究的热度，甚为激增。大正十一年《日本文化史》（十二册）、十五年《综合日本史大系》（十二册之预定——刊行中）都先后集合起来了，将政治、法制、经济、外交、思想、艺术等，逐次地并列，加以说明，表现很新式的历史型式，但是这些现象，互相在怎样的关系下结合，以及在怎样的体制上见到社会全般的发展，完全没有顾到，在一方面观之，好像明治初期各官厅所从事于各种编纂事业的研究型式，再行出现，但其意义，在本质上则完全不同，这种状态，当然算是改正向来偏重政治史的日本历史教科书。而欧洲大战时，因显著的产业发达，一方增设著名的学校，如中学校、女学校等，都完全是对于小市民子弟，给予普通教育的机关而开放的。不料大战后数年，其产业显著的发展者，反而生出恐怖的状态，与年俱积了，因此思想问题也就严重起来了，社会运动也就深刻化了，所以在这时候日本历史教科书之更改，也有很多重要的意义。国史教育之重视，是自明治以后，最为强盛，其教科书都是以新的型式而更改，昭和六年二月，所以有中等学校教授要目改正的提出，也就是这个缘故。

从前一年生所受的教育，在一年时很简单，四、五年时则详细陈述，其内容分为上古、上世、中世、近世、最近世各时代，明治时代史风之特质，又分别为王朝时代、镰仓时代、南北朝时代、室町（足利）时代、安土桃山（织丰）时代、江户时代等时代，历史叙述之方法，反而取消，详述内治外交及其他文化之发展，其中所说建国体制、氏族制度、大化改新、律令制定、武士兴起、武家政治、武士道、明治新政等的日本历史，都是在最后有促进《国民之觉悟》的刊载。这些书籍，可说都是依文部省制定的教授要目，由多数学者，从多数书肆，搜集多数教科书里面的插绘、地图、系图、年表等而来的，其特色是很多的。而且这时候很盛行的，有批评大正时代文化史之研究，凡关于相互间之现象、全体之如何交错发展，以及日本现实社会的地盘变迁等等，都在青年学子的协力研究里面。可以看出来的，就是古代史研究之盛行，是使之想起德川初期、明治以后为对象的研究之盛行，是使之想起明治初期的研究，日本历史之新研究在各种意味上都重视起来了，但对于日本教育上到现在究竟有什么影响，还不得不加以研究的。

四、现行历史教育制度的批评

上面所说的是日本历史研究发展的经过情形，现在我们还要就日本目前历史教育之诸问题，加以检讨。原来历史教育制度，就国际立场而言，小学校究竟应否课以外国史，实属问题。我们觉得只要在与自己国家有关系的地方，特别加以联络教材便可。现在日本教育制度，其历史教育是由寻小五年开始，虽大抵尚可，不过像日本神话类的东西，应有在低学年课读的必要，低学年之儿童，在理智未发达的时候，极易接受神话的教育，故四学年以下的儿童课教之，极为有效。至于有体系的历史，那就要由第五学年开始，到第六学年上则全部历史，使之大概告一段落，这自然是合理的。自后到高小一、二学年时，将寻小之教育，尽行扩充,使之复习一遍,以底于成,亦属妥适。惟日本现行制度之高小三年生,通全国都很少,若像现在一样,要到高小三年生才教完明治以后之现代史,那高小二年生自必流于简略,而缺乏自然彻底,使多数国民对于重要的现代史,反不甚明了,亟应用另外的见解,以改正其国史之一贯政策,不但使之适合整个高小的学生程度,同时更应顾到青年训练所和实业补习学校之教科书,以及青年会、处女会等之读物,那才好了。

至于中学校之历史教育制度,则有甲、乙号之不同,稍嫌复杂,在今日中学四年制、五年制问题尚未解决的时候,和向来之制度比较起来,有大加改进的必要。原来之制度,是修满四年后,便入学于高等学校,关于历史教育上最紧要的现代史,还没有学完,这是极缺陷的事情。可是现行学制则不然,不但甲号之五年毕业生修完了现代史,就是乙号之四年修了者,也受完了很好的现代史,而能和上级学校,谋切实的联络,这一件很大的改善。不过向来在日本都是低学年用很少的时间教授国史,高学年反用很多的时间教以东洋和西洋的外国史,这种制度,是日本传统的方式,而亟应改善的问题。这决不是蔑视外国史。在现今世界交通频繁的时候,国民当然有了解外国的必要,何况明白外国史,更可与自己的国家相比较,若不摄取外国文化,那自己国家之文明必无发达的希望。不过物有本末,事有先后,一个国家的国民,最要紧的,要预先明白其本国国史,普通教育的外国史,不过是证明本国的教科书而已,所以先学外国史,后学本国史,在原则上是很对的。欧美各国大都是课了外国史后,到高年级时,再加很多的时间课本国史,日本的现行制度依着这种原则加以改善,这是一大进步。就是女子学校也是本着这个方针,以排列历史钟点,这是很可仿效的。

五、中等教科书国营论及其编纂方法的批评

日本中等教科书之国营论,是由历史上缓缓鼓起的,近来因为论调过高,新闻杂志也就大加批评起来了。既然改为国定教科书,那不光是教科书定价便宜的问题,以减轻国民负担,就是内容也应当很整理,究

竟中学、女子、实业诸学校采用划一的教科书,于教育上有多少意义。要知中等学校和小学校不同,学校种类既不同,其教育目的亦异,虽同属历史教科书,其教材当然有不同的地方。因此,不如任之于民间多数著述家,国家只要施行严密的审定和改良,或预先由政府提示要点和原则,任民间著述家去编定章节之题目、教材之分配和安排。这样一来,某个著作家或是注重政治,某个著作家或是注重文化,分别开始执笔,自然会有优异特殊的教科书出世。所以民间自由制度,决不是随便可以写成的,而是很合于国家对于中等教育之本旨所需要的教科书。可是现今日本对于中等教育的历史教科书,是政府提示要目,编著者依其所定要目而安排其教科,仍不失过分划一的教科书之毛病,而将民间著述之风味,完全化为乌有,这不能不说是教科书国营论之失败了。

原来小学校之于国史,是为着培养全国国民一般的国民性格而设的,采取国定制度,是比较合理的,但是为避免教材的重复计,编纂的方法就应该不同了,寻小要以各时代之代表人物,高小要以表现于各时代之事实,高小三年级要以各时代之思想为背景而着笔,以避免自然和重复而紧密其联络,以期国民教育之彻底化。其次就是收容高小二年毕业的师范学校之历史教育,和收容寻小毕业生的中等学校的,照理当然是完全不同,决不能将中学校教科书,依样地用于师范学校,这是完全无意义的,师范教育是培养将来之小学师资,和中学教育不同,其教科书则不能任诸民间编辑,而应由国家担任编纂。像现在所用历史教科书无论对于教师自修上或是学生教本上,都不适用,应切实加以改革一下才好。

但是中等学校甲号一年生课历史的趣旨,由于寻常小学以人物编纂为中心,缺乏时代观念,所以进中学校后,必先以灌输国史之时代概念为目的,时间不在多,教科书之内容也希望不要太复杂繁琐。这样一来,到了教授东洋史、西洋史的时候,也可省些教材而改善为合于普通教育之趣旨,最后到了四年、五年之高年级时,更可深刻地教以全部国史。又在乙号学了外国史后,在三、四年时,虽一次修了日本史,就和其他高等学校相联络,亦属无妨。更进到五年的时候,那观点为之一变,授以文化中心之日本史,而期达到合于以前意旨的教科书之编纂,惟每易蹈于过去传统的习气,不易达到改善之意,亦未始非缺憾之一了。

六、对于活用教科书之批评

日本中等学校的历史教育根本精神,虽无不同,因而为师范、中学、女子、实业等学校,其性质不同,无论日本史及外国史教科书之选择,都应充分注意,慎重选择,以求达到其各种学校教育之目的,因此凡中学校之教科书流用于女学校,或流用于师范学校,都是不可的。若是没有这种理想教科书的时候,那实际教育者,就要充分加以考虑,设法补订一下才好,我们参观许多中等学校的时候,都感觉有这样注意的必要。又日本无论中小学都太注重教科书,只知依样糊涂地教授,一年间所定的时间,总是呆板地课读,真不知其用意何在？在我们教育者要先认清课目,活用教材,看其每章每节的主眼点在哪里,某节较为重要,某节可以轻略,仔细加以处理,甲之教材简略,乙之教材详细,其辩理情形,各有不同。若历史教科用书,能办到这几点,就可以符合民间之希望,但是这不是国家所应当提示的,而须靠着教育实际家自身之研究,教育者万不可视教育为机械的东西,那就好了。其次就是中等教育者要好好地调查小学校的本国史,参照其小学校既习之国史知识而决定中等教科书之教材取舍问题,这样一来,既可免时间之不足,又可避免教材之重复,对于中等历史教育的补助很大,很值得注意的。

此外日本最近各方面,都热心于乡土研究。历史教育尤其是国史教育的时间,特别注意乡土教材,诚是很好的趋势。不过乡土之范围,小学校和中等学校应有广狭之差别,其适用教材也依被教育者之心理状态和知识程度而不同。若能好好注意这一点,那一则依乡土资料而产生一般的历史教育,陶冶其爱乡心；一则可以打破教授之划一化,在教化上确有很大的效果。不过日本教育界向来都把乡土资料作为附属品,牺牲历史之大紧要事项,而有破坏历史体系的弊害,最近乡土历史活用之声浪,高入云霄,很应该注意到这点。最后关于普通教育的历史教育,无论何处,都应依据事实以陶冶人格及培养国民性为主。为着达到这种目的起见,自然要靠教育者本身之热诚,以感化教育为主，过去偏重知识教育的毛病，就是使被教育者没有一点感动，像这种讲故事似的，使受教育者勉强记忆，那于国民思想善导上，是没有什么效果的。

以上所述，是日本历史教育发展之大概情形及现今中小学历史教育的一般批评，特记于此，以资我国教育界的参考。

二四，九，二六。于南昌一中。

(本文刊于《日本评论》第 7 卷第 3 期，1935 年)

苏联的历史教育

仲持

一九三四年以前,苏联的教育界对于历史这一门学科,抱着偏狭的见解。在中学校里,历史只当作社会学的一部门,大学里设着三种历史课程,也只侧重于近代及经济方面。他们对于古代史和中古史一向是不注意的。自从去年中央决议,全国学校应对历史一科特别重视,以后苏联的历史教育就有了显著的改进。照现在的学制,历史科从第三、第四学年开始,所教的是苏联史的常识。第五、第六、第七这三学年中教着古代史和中古史,第八学年才教到近代。第九、第十两学年中教着最近的历史,当然也讲到时事。大学的历史科,有五年的学程,起初三年研究通史和相关的问题,最后两年作专门的研究。

莫斯科大学的史学系有教授及讲师七十二人,分为考古、古代史、中古史、近代史、殖民地史和苏联史六门,每门包括着若干科。在大学的历史教室里,有的四壁悬挂着庞贝的壁画、罗马帝国的地图、荷马时代和斯巴达卡斯时代的图表,显得这里是专门讲授古代史的。有的陈列着古代的箭头和穴居人的模型,显得这里是专门讲授前史时代的社会的。现在大学里研究历史的范围不复限于阶级斗争和个别的历史人物,却扩大到过去社会错综的生活的全体,包括文化和哲学在内。教授和研究生利着全国所有的公私文书和档案,把以往的历史重作彻底的研究。据莫斯科大学的佛里兰教授对美国教育考察团说:"在古代奴隶史、基督教史,以及别的主题上,我们做过不少重要的研究了。就古罗马来说,我们不但研究过斯巴达卡斯的叛乱,还研究过其他许多几乎失传的奴隶反抗的事件。近几年来,我们把希腊、罗马的古典重刊了一套,以供历史研究者的参考。我们还出版了许多通俗的书籍,把我们研究的成果传播于社会的大众。我们这里出版的著名民族丛书是有广大的销路。"

(本文刊于《世界知识》第 3 卷第 2 期,1935 年)

尼采与近代历史教育

陈铨

一、尼采与历史进化的观念

一八七一年德国的军队在俾斯麦的领袖之下，长驱直入巴黎，造成了德国历史上最光荣的一页。这一次战争的成功，主要的原因，到底是什么呢？尼采曾经亲身到德国军营中去服务，他认为德国军队能够胜利，完全靠德国民族诚实的勇敢。但是在本国许多思想家的眼光看来，这不仅是德国民族诚实勇敢的胜利，同时也是德国文化的胜利。尼采认为这是极端错误的见解，因为据他看来，德国民族根本还不知道文化的意义，德国根本还没有文化。因为文化是活的，不是死的；是整个的，不是零碎的；是人生，不是知识。德国一般人之所谓文化，大部分从德国近代历史教育得来。这一些历史家，告诉他们许多历史上死的、零碎的知识，有了这些知识，他们以为就有文化了，其实这一些知识不但不能够帮助他们前进到更光明、活泼的人生，反而使他们的人生停滞、暗淡、腐化、消灭。

我们想来还记得，中国新文化运动最高强的时候，有一个外来的观念，曾经在中国思想界，发生剧烈的影响，就是"历史进化"的观念。这一个观念，有人曾经把他当成神圣的经典，歌舞崇拜，尼采却把它认为最不长进的思想，痛恨攻击。尼采以为世界的过程，根本就是错误的幻想；进化的观念，根本就是进步的障阨。历史只能为少数人，不是为大多数；为成年人，不是为年青人；为伟大的人，不是为平庸的人，他才有相当的功效。因为前一种人，能够驾驭历史，后一种人往往被历史驾驭,历史越学得多,他们越糊涂,过去越回顾得厉害,他们越不能摆脱。他们只觉得他们是前人的后人,历史进化的一部分,因此他们忘记了他们自己,失掉了独立的精神、前进的勇气。尼采并且发现人类一切最伟大事业建设的时候,往往是"前无古人,后无来者"的时候,就是忘记了历史,摆脱了历史上一切的束缚的时候。只有忘记了历史,我们才能觉得我们不是前人的后人,我们是我们自己,我们才有打破一切,推翻一切,重新估定一切价值,建设创造一切的勇气。

尼采并不是说,他根本不要历史。他是要我们不要因为历史的知识,忘记了活泼的人生。我们在破坏、建设的时候,应当时时刻刻都有摆脱历史束缚的能力。这样历史才能够帮助我们,不至于阻陃我们。

尼采是一个"人生"的哲学家,也是一个"文化"的哲学家。他不愿意人生的发展,受任何方面停滞、腐化的影响。他认为欧洲的文化,已经到了日暮途穷的末路。基督教的上帝已经死了,科学客观冷静的研究也把人类创造的热情、丰富的幻想、活泼的生命摧残了,他一生整个的努力,就是想创造一种新文化。这一种新文化,一定要充满了生命,充满了创造,充满了幻想,充满了自由,科学的知识不能冷静它,历史的实施不能束缚它。这样人生才可以达到最光明的境界,文化才可以达到最高尚的理想。

中国有四千多年的历史,我们处着现在生存竞争的时代,对于这过去四千多年的历史,应当采取什么态度?中国现在正在突飞猛进地吸收西洋的思想,对于西洋这两千多年的历史,又应当采取什么态度?中国的文化,有许多地方不适合于现代,已经是明显的事实,然而西洋的先知先觉,对于他们自己的文化,也发现了许多的危机,我们对于将来文化的创造,应当采取什么态度?在这种地方,我觉得尼采的议论,很可以帮助启发我们的思想。我们也许不赞成尼采的主张,但是尼采的主张,至少可以作我们最好的借镜。所以我把他对于近代历史教育的思想,用浅明的字句,介绍给中国的读者。

二、不历史与超历史的态度

尼采一开场,就教我们望望对面山上的羊群。他们从早到晚,行动,休息,有时喜欢,有时埋怨,他们没有深厚的悲哀,也没有十分的满意,他们不知道过去,他们也不忧虑将来,他们只知道现在。人类虽然自己觉得骄傲,但是对于这一种禽兽的快乐,总不免有嫉妒的心情,有时甚至于想学它们那个样子。但是这是办不到的事情,因为人类始终不能忘记过去的经验,总是如影随形地跟着他。不管他跑得怎样快,历史的锁链,他始终不能摆脱。这真是最奇怪不过的事情,在一刹那间,当时此地的经验,立刻就成过去,而且这一个过去,立刻又会转来麻烦第二个刹那。时间就像一株树,生命的叶子,不断地掉下来,忽然一阵微风,把一片叶子,吹在人的怀中,于是他就说:"我记得……"就在这一个顷刻,过去的锁链,立刻又重重叠叠地加在他的身上了。

人类和禽兽最大的分别,就是人类生活有历史,禽兽的生活没有历史。禽兽只知道现在,人类却时时刻刻都要支持过去的重量,把他压迫得气都喘不过来。只有在小孩的时候,他还能够在过去和将来中间,快乐游戏,但是只可惜他的游戏不能久长,很快地他就明白了"有一次"是什么意义,这一个"有一次"给人类带来了无穷的斗争疲倦和痛苦,使他们知道,他们的生存永远是过去,不是现在。一直到最后,死亡才赐给他们所想望的忘记,但是生命也随着消逝了。

如果我们在人生里边,还要想寻快乐,那么"忘记"确是最重要不过的本事。假如一个人在一个时间里,不能够忘记过去,像胜利之神一样,站在一点面积上而不头昏,那么他永远也不会快乐,永远也不会做什么事情来使别人快乐。最坏的程度,他可简直不能够相信他自己的生存,他只看一切的事物都风驰云卷地变化,他自己完全失掉在这种变化潮流中间。最后他就像黑亚克利突斯的弟子一样,简直不敢举起他自己的手指。忘记不仅是快乐的源泉,同时也是动作的基础。就像光明和黑暗,两种对于生物都有密切的关系。一个人感觉每样的事物的历史性,就会像一个人不敢睡觉、一个禽兽不敢停止饮食一样。所以没有记忆,才有快乐的生活。拿真正的意义来说,没有忘记,生活简直是不可能。在某一程度中间,历史的观念,就好像失眠症一样,可以摧残毁坏一种生命、一个民族或者一个文化系统。

固然人类同禽兽不同的地方,就在他能够利用过去的知识,来帮助解决现在的困难,但是历史太多的时候,又往往使他对于自己没有把握,完全没有进取的勇气。世界上凡是伟大的事情,都只有忘记了历史,摆脱了过去一切的束缚,才能够建设。假如一个人处处顾忌这样,顾忌那样,那么他一步也不敢动了。举个实际的例子来说:我们常常看见一个人对于一个女人或者一种理论,发生了强烈的感情的时候,他的世界立刻就完全变了。背后的事物,全看不见,新来的声音,也毫无意义。但是他的感觉却比平常有十倍百倍地锐敏,一切的颜色、光线、音乐,他都明白感觉,他好像五种器官,同时并用,来抓住它们。他以前所有价值的判断,通通要不得了,许多东西,他不能再认为有价值,因为他不能再感觉它们。他很奇怪,他从前会这样久,作别人言论意见的傀儡,他的回想只不断地绕着过去兜圈子,但是一步也不敢离开。他现在的情形,是最没有保障,对于过去一点不感谢,一切的警告他都置之不理,他只让他自己浮沉、漂荡在黑夜和忘记的大海中间。这一种情形,当然是不历史的,甚至于是反历史的,但是它确是世界上一切伟大事业的摇篮。没有一个艺术家画他的图画,没有一个将官得他的胜利,没有一个民族恢复它的自由,不希望这一种不历史、反历史的状况。如果照歌德的话,一个实行家没有良心,那么他也没有知识。他忘记了许多事情,来做一件事情。他对于过去往往不公平,他心目中只有一条规律,就是现在生存的规律。所以他对于他的工作,有过甚的爱,世界上一切最好的工作,都全靠过甚的爱来完成,爱的对象是不是值得,反而不关紧要。

假如我们分析过去伟大事件发生时那一种不历史的状况,冷静地观察研究,那么我们也许可以得到一种"超历史"的观点。我们可以发现这一些事件发生时一切不公平和盲目的态度,我们会变成"超历史",因为我们不会从历史里边,得一种新的激励来建设将来的事业,因为我们根本就不会把历史拿来太认真。如果我们问几位朋友,他们是否愿意重新生活过去的二十年,他们一定都会说不愿意,但是他们不同的理由,却表明不同的态度。一种人一定说他不愿意生活过去的二十年,他愿意生活以后的二十年。这一种人就是有历史观念的人,因为过去的回忆,引起他们将来的希望。他们总想公理会有最后的胜利,快乐就在他们攀登山峰的后边。他们相信人生的意义，随着世界的进化，会越来越清楚。他只是回想过去来明白现在，希望将来他们不知道，他们天天讲历史，他的思想、行动却一点不历史，他们脑子中横梗着进化的观念，实际上并不是为科学的真理，乃是为人生的要求。

但是同样否定的答复，也可以用旁的理由来解释，这就是"超历史的人"的解释。他在历史进化途程中，看不见解脱，世界是完全的，每一个顷刻都在完成它自己的目标。过去的二十年不能教训的，将来的二十年也一样地不能教训。到底教训的目的，是快乐还是抑制，是德操还是追悔，历来"超历史的人"倒没有共同的结论，但是有一点他们是共同的，就是过去和现在的外貌虽然不同，根本却是一样。他们共同造成永远不变价值、永远存在的形式。就像千百种不同的语言，根本都是用来满足人类最基本的需要。一位真正明了这种需要的人，在语言方面，实在是找不出什么新的东西。同样"超历史"的哲学，对于各国民族、个人的历史，从内面观察，结果也没有分别。他明白了事物的内心，他简直对于频来的事实感觉厌倦。所以最勇敢的人，到最后也许心中会感觉着：人生没有任何事情值得我们努力，世界上没有任何痛苦，值得我们吁嗟。我们尽可以镇静，不必空着急。

但是我们尽可以不用管"超历史"的人的聪明智慧，我们宁肯今天作一个快乐前进的实行家。只要我们把历史变成我们生活的工具就好了！只要我们能够比"超历史"的人得着更多的生活，那么我们很愿意承认他们的聪明智慧。因为在那一种情形之下，我们的愚昧，比他们的聪明还有更伟大的将来。

总括起来说尼采对于历史的意见是这样的：

一种历史的现象完全了解，归纳成知识的一部分，在知道这种历史的人方面，是一种死的知识。因为他已经发现历史上的疯狂、不公平、盲目的感情，以及一切不合理支配人生的力量。但是这一种力量，一经认识，立刻就变得没有力量了。历史的教育，如果对于将来要发生影响，一定要依着一种人生的势力，这一种势力，应当支配历史，历史不应该支配它。因为历史必须要受人生的支配，要受一种不历史的势力的支配，所以历史决不能像数学一样，成为一种纯粹的科学。人生到底需要多少历史，这真是一个最严重的问题。因为历史太多，人生就要摧残腐化；历史太少，人生就要冷静灭亡，两种途程，都不是人生应当有的现象。

三、历史对于人生的需要

人生需要历史的帮助，可以从三方面的关系来说：第一就是人类的行动和斗争，第二就是人类的守旧和尊敬，第三就是人类的痛苦和他要求解放的欲望。因为这三种性质不同的需要，我们就有三种性质不同的历史：第一种是"碑铭"的历史，第二种是"古代"的历史，第三种是"批评"的历史。

历史对于一位实行家、一位预备要奋斗牺牲的人，是很需要的，因为历史可以供给他一些先例、一些师表、一些安慰。他不能够在现代人里边找出这样值得仿效的伟人来。诚如歌德所说，我们的时代是这样坏，时人在活人中间撞不着可以帮助他的天才。颇立毕渥斯认为政治的历史，是统治国家的人的预备。因为历史可以帮助我们忍受不幸的事情，它告诉我们，别人曾经受过什么痛苦。

假如一个人认识了历史这一种意义，他一定会痛恨那些无聊的游览古迹的旅行家、徘徊博物馆的参观者，因为这一些人不过想凭吊过去的兴亡，他却要在古人那里，得着奋斗的勇气。他的目的是快乐，也许不是自己的快乐，往往是一个民族的快乐，或者全人类的快乐。他不愿意安居乐业，他利用历史来作反抗惰性的武器。除了名誉以外，他不希望什么报酬，这就是说他只希望在历史的庙子里面得着一个神龛，好作后人的模范。他们相信，人类的伟大，是会永远存在的，人生最高尚的事业，还留待后人，因为他们有这一种相信，所以他们要求"碑铭"的历史。

但是假如我们真正要想在历史上面去找一个模范，这是多么困难的事情！只要这一个模范，能够给我们奋斗的力量，其他和我们一切不同的地方，我们都不管了，我们只想从前可能的事情，现在也应当可能，但是我们忘记，世界上决没有这样完全凑巧的事实。除非天上的星辰，仍然在同样的位置,地上的人事,完全一丝不差,我们决不能希望历史上伟大的陈迹,像戏剧表演一样,第五幕终结以后,又从第一幕重新做起,而且在紧要的时候,同样的有观世音菩萨,出来搭救。这就是为什么仿效历史的人,千千万万都可怜地失败,同时少数仿效成功的人,他们也并没有证明历史上的真理。动机和时候,结果和原因,历史上都不会相同,我们想勉强在历史上去寻同样的事实,来作我们的模范,简直等于刻舟求剑。

因为我们要利用历史,来作我们效仿的模范,所以我们往往不知不觉地把历史上的事实,改变修饰,成功一种小说。所以有时候碑铭的历史和神话的小说,简直没有什么区分。大部分的事实,都像河水一样,飘流过去了,我们所看见的,只是这儿那儿一些美丽鲜明的小岛。大人物的性格中间,似乎都有许多不近人情的地方,我们所看见的,只是令人惊异的伟大。碑铭的历史,多半不是正确的历史。它便勇敢流于鲁莽,热心变成疯狂。帝国推翻了,君主弑害了,革命爆发了,因为能干野心的人,想仿效历史上伟大的陈迹。至于碑铭的历史落在昏庸懦弱的人手里,那么流毒更不堪设想。

第二种历史,"古代"的历史,对于守旧虔敬的人,也是很需要的,因为他们回顾他们生存的来源,发生爱情与信仰,他们对于生命,充满了感谢的情绪。他们很小心保存前人遗留下来的东西,好再遗留给后人。祖先的遗产,改变了他们精神的状况,因为他们整个精神只思想着祖先的遗产。一切重要、不重要的东西,在他们都是神圣不可侵犯。祖先的历史,成了他们自己的历史,一切城池宫殿河山,一切过去的喜怒哀乐,都好像是他们目前经历的事实。他们整个的努力,就是要想保持祖先的光荣。过去的回想,给他们精神无限的安慰。

这一种精神上的安慰,就是"古代"的历史对我们最大的贡献。有时候,国家的情形,个人的地位,尽管不可形容地危急腐败,但是一直想着过去,心中就不感觉着悲哀。这就是为什么,著名的历史家尼布尔,只要拿着一本历史,可以在一个泥坑里同一群没有知识的农夫,快乐地生活,不感觉生活上缺乏什么。这样历史就可以把一群没有出息的民族,安置在他们祖先的家庭风俗中间,安居乐业,不求长进,因此免掉一切竞争奋斗的痛苦。这一种守旧的势力,使人类停滞不变,好像不合道理,但是确是一种健康的不合道理,对于社会是很有利益的。我们都知道,移民和探险可怕的结果,我们常看见一个民族,对于过去失掉了信仰,不休息地去寻求新的事物,生活是如何样地不安定。就像一株树一样,感觉它的根子,一个民族也想回到它的过去,过去的光荣粉饰了他现在的生活,这就是我们现在所喜欢讲的"历史的观念"。

就像"碑铭"的历史一样,"古代"的历史,也不是准确的历史。因为这两种历史,都是利用历史来达到人生的目的,所以对于历史上的事实,一定有许多的改变错误,因为他们根本就看不清楚。就好像一根树一样,它看不见它自己的根子,它只能感觉它自己的根子,而且就在这一种不清楚状态之下,他更能够得着根子的利益。

但是"古代"的历史,也有它的危机。过去的一切,往往不分轻重,都认为有最大的价值。谁要对于过去,不肯遵从,谁要想发起一种新的运动,同旧的思想相反抗,那么一般的人一定会激烈地排斥攻击,把他当作公共的仇敌。在这一种情形之下,新的思想不能采纳,旧的思想已经陈腐,历史对于人生,就不能使他达到更高尚的境界。所谓历史的观念,不能保全旧有的生命,只能僵化旧有的生命。也像一根树一样,枝叶先行枯萎,到后来根子也随着死亡。"古代"的历史,只要不给人类精神一种新的鼓励使他去创造现在新鲜的生命,它本身就没有什么价值。一般好古的人,只在陈腐的土堆中寻古物,他们呼吸污浊的空气,他们随便得着什么,都很满意,古籍的桌子上随便掉下来了一点东西,他们就抢着狼吞虎咽。

就算"古代"的历史没有腐化到这一种程度,就算他还能够对现代生活,有相当的利益,但是假如他太有力量,也会发生许多的危险。因为他只知道保守人生,不知道创造人生,所以他是新事物创造冲动的阻碍。因为他在过去已经存在了许久的时间,所以他要求将来永远地存在。我们只消想大家对于过去的风俗习惯、宗教信仰、政治主张,曾经如何样地崇拜、尊敬,现在一旦拿一种新的事实来代替它,一般的人,当然会认为这是大逆不道的举动。

所以前两种历史,虽然有他们的长处,也有他们的短处,要弥缝他们的短处，我们不能不有第三种历史，就是"批评"的历史。"批评"的历史对于人生，也有极大的帮助。

人类必须有摆脱过去的力量，而且必须应用这一种力量来生活。他必定要能够把过去的事实，拿来评衡判断，最后毫无留恋地攻击它。每一个过去都值得我们攻击。人生的事实就是如此，它里边一定包含有人类的力量，同时也包含得有人类的弱点。这里并不是用公理来判断，也不是用仁慈来批评，乃是人生，乃是那一种朦胧驱迫的力量渴望着我们这样。它的判断，常常都是不公平的、不仁慈的，因为它并不是从纯粹的知识得来，但是它判断的结果，同公理判断的结果，往往也是一样的。因为每件生存的东西，都是值得破坏的东西，最好是没东西生存。我们需要最大的力量来生活，同时又忘记生活和不公平是同一的东西。马丁路德说世界是上帝不小心创造出来的，假如他早梦想到世界会像这样不公平，他决不会创造它。同样需要忘记的生活，有时也需要破坏。因为假如一件不公平的事情，到了某种明白的程度，如像一种包办、一种阶级、一个朝代，那么它就应该倒台。它的过去，要受批评的研究，他的根子要受利刃的宰割，他所受的光荣、尊敬就要无情地拿来放在脚下践踏。

但是这一种过程，常常都是很危险的，甚至于对人生本身都发生危险，因为用批评过去、破坏过去来帮助人生的人，常常对自己、对他人，都很危险。因为我们是前代人的结果，我们也是他们错误感情罪恶的结果，无摆脱这一些枷锁，差不多是不可能的事情。我们尽管攻击他们的错误，我们以为我们自己可以逃掉他们的错误，但是我们不能逃掉，因为我们就是从这些错误里边发生。所以我们天生遗传的性情，和我们新得的知识、古代的习惯，和严厉的训练，常常发生极大的冲突，因为我们极力去培养一种新的本能、新的性情、新的生活方式来代替旧的一切。这当然是很危险的事情，因为新的天性习惯，总没有旧的有力量。所以我们常常知道更好的理论，却是不能够实行。不过新的理论，也有战胜的时候，奋斗的人因此也喜不自胜。"批评"的历史，对于人生是这样的需要，所以我们冒危险、遇困难也得要利用。我们的安慰，就是"第一种天性"曾经是第二种，第二种战胜的天性，也可以成为第一种。

四、近代历史教育对人生的五害

以上尼采说明历史对于人生的需要。每一个人，每一个民族，都需要过去的知识，不管它是"碑铭的""古代的"或者"批评的"历史，这完全看他自己的力量和需要来决定。但是这一种需要，并不是少数学者求知识的需要，得着知识便心满意足，这一种需要常常都和人生的目的，有着密切的关系，而且绝对要受人生的支配。这就是一个时代、一种文化、一个民族，对于历史自然的关系。饥饿是它的源泉，需要是它的基础，内心的力量，给他相当的限制。过去的知识，是要来辅助现在和将来，不是拿来软化现在，推翻将来的生命。

这一些道理，看起来都很简单，只要头脑清楚、没有特殊嗜好的人，都很容易相信。但是看看现代的历史教育，尼采却很惊异地发现许多奇怪的现象。

历史同人生的关系，完全消灭了。大家对于历史教育所要求的，只有一个口号，就是"科学"。历史必须要变成科学，人生倒成了不重要的事情。受过近代历史教育的人，脑子里边充满了各式各样相互冲突、相互矛盾的事实。他们时时刻刻都卑躬折节地去欢迎外来的宾客，请他们上座，尊敬、崇拜他们，有时这些宾客打起架来，他也没有办法。近代的人肚子里边，好像吃了许多生硬的石头，不断地在里边擦擦地响，这一种响声，就是近代历史教育的成绩。他们并没有饥饿，但是他们吃了许多的东西。但是他们还自鸣得意，说我现在已经有材料了，我所需要的，只是形式，但是这同生存的原则，刚好相反。所有近代的文化，根本不是生存的文化，乃是一种文化的知识，它一切行为的动机，不过是一种习惯、一种仿效、一个可怜的笑话。受过近代历史教育的人，他感觉得像一条蛇，混吞了一只兔子，在太阳里边躺着，除非有十分的必要，他动也不想动。因为他们所得的始终不过是不消化的知识，没有内心的生活来支配他，然而没有内心的生活，历史的教育，就是毫无价值的教育。

假如一位希腊的人，再到现代的世界，他一定发现，近代所谓"教育",差不多简直就等于"历史的教育",因为我们整个教育的时间,都花费在记忆过去的事情。假如这一位希腊人告诉我们,教育不一定要历史,那我们一定要笑他。但是希腊的人,他们能够凭他们最高尚的教育去创造一切,却完全靠他们"不历史"的观念。拿他们来同近代的人相比,我们也许发现他们历史的知识,比我们相差得很远,但是他生活创造的能力,却不是我们所梦想得到的。因为我们什么都知道,但是我们自己本身却没有东西。我们的脑子里,充满了历史上的风俗、艺术、哲学、宗教、科学的知识,简直可以算是"行动的百科全书"！材料和形式,内心和外物,完全分离独立,我们不是真正有文化的人,因为有文化的人,应当是一个"生存的统一",不能达到这一种统一,根本不配谈历史教育。

尼采认为顽固不化的历史知识太多,对于人生,有五种害处:第一,是内心和外物的分立,没有坚强的人格来统一他们;第二,现代的人容易骄傲,以为他们比任何时代都公平;第三,一个民族的本能,因此遏制毁坏,不能成熟发达;第四,我们相信,我们是人类的老年时期,我们不过是前人的后人;第五,我们养成一种旁观的态度,因此消灭我们活泼的力量。

就第一点来说,近代的人,受了过多的历史教育,内心和外界分立,没有坚强的人格来统一他们。从前罗马人,因为征服的地方太宽,外国的风俗习惯不断地涌进罗马来,因此失掉了他们原来罗马的性格。近代的人,也是如此。他们不断地看见世界各国复杂的现象,历史家不断地把新材料供给他们。因为他们看得太多,感觉逐渐迟钝,到后来简直成了旁观者,连革命、战争天大的事情,都不能感动他们。一个战争还没有终结,已经印成几千万页的历史,一般读历史的人,因此也不感觉这个是战争,只感它是历史。这样人事上一切的经验,转瞬都在历史中死亡,对活人再没有任何的影响。有许多事情,连小孩子都看得见,受过完备历史教育的人,反而看不见,他尽管额上都起了皱纹,但是他的头脑比小孩子还简单,因为他的本能已经被历史摧残尽了,他的个性也摇动了,他对自己,再没有信心,他得了许多零乱的知识,但是他没有坚强的人格来支配。

从前历史是要教我们诚实，现在的历史只教我们虚伪。我们只学了一些外表，我们并没有真诚。我们的言行完全不一致，艺术、宗教因此也不能帮助我们打破陈腐的习惯、虚伪的风气，使文化适合我们真正的需要。近代历史的教育，只教训我们关于这些需要，说许多谎话，连我们自己都成了"行动的谎话"。

近代历史教育，是这样的虚伪，这样的不自然、无价值，所以科学里面最诚恳的科学——哲学——简直没有立足的余地。在这一种勉强的世界，外表相同的世界，哲学只是寂寞浪游人的自语，没有人过哲学的生活，没有人不鄙弃哲学。就算还有人在研究哲学，但是他们所谈的哲学，也不过是"从前有一次"的死知识，在真正教育中间，却不能有任何的地位。近代的人也许还需要哲学来装点门面，但是他们早已经不知道哲学是什么东西。我们看见近代的哲学家，我们忍不住要疑问："他们到底还是人吗？他们还是思想、著作、谈话的机器呢？"

歌德讲莎士比亚：没有人像他那样鄙弃衣服的准确，但是他太知道一切人类所穿同样内心的衣服。大家以为他善于描写罗马人，其实他描写的乃是有血有肉的英国人。但是无论如何，他们从头到脚，都是真正的人，穿上罗马的衣服，也没有什么不可以。但是我们能够把现代的人，穿上罗马的衣服吗？尼采认为这一定办不到。因为现代的人都不是真正的人，他们只有人的形状。就算他们还有点个性，他们的个性已经堕落到了这一种程度，永远也不能再立起来。这都是近代历史教育的结果，结果使近代的人，完全失掉了他们自己的个性。世界上只有坚强人格的人，才当得起历史；个性薄弱的人，遇着历史，好像遇着一阵狂风，把他整个的身子都吹走了。一个人自己不能够相信自己，只想在历史上去寻找忠告，他对于自己目前应该怎样对付，怎样感觉，这样胆小，当然不配做什么大的事情，就作也一定失败。渐渐历史同这种人的关系，就完全断绝了。因为历史上老是伟大的人物，他自己没有个性，当然不能仿效成功伟大的人物。历史上无论那一位伟大的人物，在他都是一样，就像一位受过宫刑的人，无论那一位女人，对他都是一样地没有意义。

离开第一种懦弱的人，我们来讲一讲近代所谓强壮的人，这就是历史对于人生第二种害处。近代的人容易骄傲，以为他们比任何时代都公平。到底他们是不是公平呢？到底所谓对历史的客观态度，能不能够给他们公平的观念和习惯呢？也许他们自以为公平，其实就是偏见呢？梭格拉第认为一个没有德操却自以为有德操的人，简直和疯狂差不多。这样的想象，比真正的罪恶还更有害。因为罪恶还可以补救，想象只有使他一天天地变坏，一天天地不公平。

近代所谓公平，不过是对于历史上的人物、事实，发表一些冷酷无情的判断。他们自己以为客观，其实就是偏见；他们自己以为诚实，其实是糊涂；他们自以为公平，其实是最不公平。因为判断是最不容易的事情。只有最高尚的人，才能给最准确的判断；天资低下的人，只应当宽容，如果他们也要自以为公平，那么他们就很容易成世界上最不公平的人。并且通常大家以为只要一位历史家，能够客观地去寻求事实，他就算公平，其实同一样地寻求事实，有各种不同的动机，因此就有各种不同的判断，我们怎么敢说，客观求事实的历史家一定就会公平呢？近代的人，总喜欢把他所处的时代，一般流行的意见，来批评历史上的事实，他们以为现代大家都承受的议论，自然是客观的议论，他们以为这儿一定是真理。他们的工作，就是用现在来衡量过去。如果一种历史不用这些标准来写，他们就说这是"主观"的历史。

真正的客观，需要一种幻想。历史家对于过去的事情，动机和结果，看得非常清楚，因此个人的人格，不致于影响他的判断。这差不多同一位画家画画时，完全摆脱自己的一切关系，忘掉了自己，全副精神，都放进一副迅雷暴雨的景象里，完全一样。一位历史家，对于他的对象，也需要这样的专心和想象。但是在这一种情形之下，我们仍不能说，画家和历史家所得的景象，是事物的本来面目。因为这种时候，本来是艺术家创造艺术的时候，他所得的结果，当然也不是历史上真实的图画，乃是艺术上真正的图画。拿这种意义来说，对历史客观的思想，是戏剧家的事情。历史家必须像戏剧家那样，从这件事情联想到那一件事情，把所有的事实，组织成一个整个，假设历史中间，一定有一种统一的计划，假如这个计划不在那儿，你也得放进那儿。这样人类才可以战胜过去，表现他对于艺术的冲动，但是决不是对于真理和公平的冲动。

所谓客观的态度和真正的事实，通常的人都以为有密切的关系，其实不然。世界尽管有许多的历史，里边完全没有一点真正的事实，然而大家仍然可以说他们有最高程度的客观。格锐拔慈甚至于说："历史不过是人类精神想明白对他不清楚事实的态度。他把事实联络起来，这一些事实的关系，只有天才知道。他把不懂的事情，改换成懂得的事情。他把自己因果的观念，放进外界的世界，外界的世界也许只能够从里边来解释。他假设机会的存在，也许那儿有千万的小原因在影响。每人都有他特别的需要，所以千千万万的趋势，都跑拢来，直的、弯的、平行的、交互的、前进的、后退的、互相帮助的或互相障扼的。它们都有机会的貌似，使我们要离开他们自然的影响，去建设关于过去必定发生的事情、普遍的规律，简直是不可能。"这一个"必定"发生的"必定"本来是没有法子知道，但是所谓客观的历史家，总想把它明白表示出来。历史上主观的成分，既然这样不可逃避，那么所谓纯粹客观的历史，也不过是一场幻想。

历史本身既然不能够纯粹客观，但是一般的历史家却又要努力去求客观，所以结果只养成一种冷静旁观的态度。大家总以为越冷静就越客观，所以对于历史上发生的事情，丝毫不发生任何的感动。最干燥的句子，他们以为是正当的句子。他们认为完全不受过去影响的人，才是正当描写过去的人。这样一来，历史同人类，完全不发生任何的关系，这就是他们所说的"客观"！

不要以为自己公平，不要以为自己会判断。公平判断，是最不容易的事情，假如你没有生成这一种天才，那么你最好不要胡乱去尝试。对于前代的判断，并不一定就是后代不可缺少的工作。后代的人，很少有真正能对前代公平的人，只有最少数的人，才有这一种资格。谁强迫你去判断？假如你自己愿意，那么你就应该首先证明，你能够公平。你既然是判断的人，你就应该比被判断的人，站得高些。但是你是后来的人，照例后来的宾客，应该坐末席。你如果想要坐首席，那么你必定要先作一两件伟大的事业。英雄识英雄，好汉识好汉，你自己要不伟大，你有什么资格来判断伟大？

通常历史都勉强去建设普遍的规律，然而这些规律又往往都是大家早已经知道了的规律。他们费了无限的精神、无量的时间，结果告诉我们的，不过是一个普通的人稍微经验一两件事实，就可以知道的原则。那么历史的研究，根本又有什么意义呢？假如一本戏剧，它的价值完全在第五幕，那么以前的四幕，岂不是太费工夫，太无作用了么？真正伟大的历史家，同真正伟大的艺术家一样，应该能够从过去事实中间，发现深厚的意义、一般人从来没有听见过的事情。肤浅的历史家、没有伟大个性的历史家，无论他如何地勤勉，无论他脑子里堆积了多少的知识，他仍然永远不能伟大。历史只能让有经验、有个性的人去写。一个没有经验过比别人更伟大、更高尚事实的人，根本就没有资格去判断过去伟大、高贵的事实、人物。过去的事实，都是将来的预言。只有建设将来的人，才配得上判断过去。一位伟大的人，应该时刻抱着伟大的希望，向前奋斗，自己成了映照将来的镜子，完全忘记自己是前人的、后人的迷信。他想着将来，他已经够有许多思想的余地，他用不着去请教历史告诉他方法、工具。假如他要传记，他不要"某某和他的时代"那样的传记，他的传记应当是"某某反对他的时代"。假如有一百个这样的人，受过反对现代的教育，沉浸在伟烈的言行，达到了成熟的时期，已经够永远解决现代喧嚷、卑鄙的历史教育。

  过度的历史对于人类的第三种害处，就是它遏制、毁坏一个民族的本能，使他不能成熟发达，主要的原因，就是历史观念没有限制，可以破坏一个民族靠着生存的幻想。所谓历史的公平，就算用纯洁的心来使用，已经可以发生这种的危险，因为假如历史观念后边没有积极的冲动，假如破坏行动不是建设的预备，假如判断只是为判断而判断，那么一个民族创造的本能，一定因此要受遏制摧残。即如一个宗教，假如变成仅仅一种历史的知识，用科学的方法来研究，用公平的态度来判断，那么一种宗教立刻就会失掉它的意义。因为历史科学的研究，可以找出许多宗教上虚伪可笑、凶恶残酷的事实出来，虔敬的幻想不能不归于消灭。但是一种事物，没有虔敬的幻想就不能生存。因为一个人只有在爱的幻象中间，只有在无条件完全信仰至善至美中间，他才能够创造。任何事物，只要强迫一个人抛去他无条件的爱，同时也斩断了他力量的根基，他一定要枯萎凋谢。艺术和历史，在这个地方，刚好相反。也许只有历史变成艺术的时候，它才能够保持鼓动人类的本能。这样的历史，一定不是现代科学分析的历史，也许一般人会说他不是正确的历史。但是假如一种历史,只能破坏,不能建设,那么这一种历史,又还有什么存在的价值呢。

基督教现在已经渐渐变成历史的知识,它的生命也因此被摧残。其他一切生存的东西,假如经过历史的解剖,也要遭受同样的命运。一切的生物,都需要一种空气、一种神秘的云雾,来围绕着它们。假如这一个面网取掉,它们立刻就要枯萎消灭。伟大的事物,没有幻想不能发达,德国的诗人项斯萨格斯早就这样说过了。每一个民族,每一个人类,都需要这样一个幻想的面网、保护的云雾。但是现代的人,痛恨这些东西,他们把历史比生命还更看得重要。他们大声呼喊:"科学现在起首治理人生。"这也许是可能的事情,但是这样一个被治理的人生,根本就没有多少价值。因为这种科学领导的人生,对于将来,没有从前那样本能和幻象领导的人生那样伟大。现在的世界,不需要人格,只需要机器,人类不久也会完全变成机器一样。一般少年的人,都是盲目的,对于一切的事情,只知道承受,过去的历史对于他们不发生什么影响,他们都是无家可归的人,他们怀疑一切的理想、一切的道德。他们懂得各时代的观念,但是他们自己是怎么一回事,他们完全不懂。他们只想作真理的奴隶,他们忘记了自己的人生。

现代历史教育对于我们第四种害处,就是我们相信我们是人类的老年时期,我们不过是前人的后人。在这个地方,尼采对于黑格尔相传下来的"历史进化"的观念,激烈反对。黑格尔在他的历史哲学里边,认为人类的历史,是人类精神向绝对自由前进的表现。所以人类历史总是进化的。黑格尔把世界文化分成三个时期:第一个是东方文化,为幼年时期,在里边只有一个人自由;第二个时期是希腊文化,为少年时期,里边有少数人自由;第三个是日耳曼文化,为老年时期,里边每人都自由。这一种分期的方法,把日耳曼文化认为登峰造极,日耳曼现代的人不过是进化的结果、前人的后人,这是尼采所最反对的。尼采是最崇拜希腊文化的人,他认为日耳曼民族本身,除了希腊文化、基督教文化以外,根本就没有文化。但是希腊文化所以这样富于创造力,完全因为它"不历史"的性格,它能够不受过去的束缚,自己认识自己。就如希腊的人,也像黑格尔那样,认为他们的文化,登峰造极,他们是进化的结果,是前人的后人,那么他们对于世界,早已经不会有那样大的贡献了。

所以历史进化的观念,把自己看成前人的后人,尼采认为是最不长进的思想。尼采以为谈历史进化的人,他们都不谈创造,只谈改良;不谈革命,只谈适合环境。但一个人只想改良,只想适合环境,久而久之,好像点头点惯了的木偶,随便对着什么东西都点头,他身体的活动,完全照牵线人手势的轻重。他们以为历史上每一个成功都有理智的力量,每一件事实都有逻辑的胜利,所以他们赶快对历史磕头,五体投地地佩服。宗教神话,对于现代都没有力量了,但是历史进化的观念,对于现代,却有这样大的魔力。

最后现代历史教育,对于我们第五种害处,就是我们养成一种旁观的态度,因此消灭我们活泼的力量。现代的人,都不能摆脱历史的束缚,都承认历史上发生的事情,有不得不然的原因。既然一切都是不得不然,那么还有什么努力奋斗的必要?所以结果他完全抱一种旁观讥讽的态度,他美其名曰:"消灭我自己的人格来完全皈依世界的过程。"这一种人还有什么人格?他有的不过是蚯蚓的"人格"而已!历史是进化的,现代人类是进化的最高结果。历史的想象,从来没有像现在这样利害,历史家甚至于在黏土里面,发现他们自己进化的来源。人类的历史,不过是黏土植物、动物的继续。人类站在进化的尖塔上面,心理说不出来的满意,因为他们自己以为他们是自然最完美的东西。他们还要什么努力,什么创造,什么伟大的事业,他们自己已经够伟大了。

其实他们这样的历史知识,并不能帮助他们自己成为自然最完美的东西,他们的知识,只能摧残他们自己活泼的力量。世界一切的事物,都是演化,他们就完全消灭在演化中间。他们只是随着演化潮流,浮沉起伏,他们完全不知道还有他们自己。他们也立志不要他们自己。哈德曼有名的"不自觉的哲学",就是这一种旁观态度的结晶。他们认为就算人类完全厌倦这一种生存,我们的时代只能像现在这样,人类已经到了老年,只有中等人材,才能够胜利。艺术是柏林经济家晚间的娱乐。现在的世界已经不需要天才,或者是因为像把珠子抛给猪仔,或者因为我们的时代已经进步到了天才不关重要的程度。在这一种社会进化状况里边,每一个工人都过的舒服的生活,剩余的时间,都拿来培养他们的知识。这样一来，天才是牺牲了，中等人材是胜利了，世界的末日也快到了！

真正理想的世界，不是袖手旁观可以达到的，是要牺牲一切才可以奋斗出来。不要无知的群众，要伟大的个人，才可以担当这一个最严重的责任。他们只是振作精神，快乐地向前迈进，让那些千万的侏儒，在地下爬着走。历史的工作，就是要传达这一个使命，供给动机和力量来产生这样的伟人，人类整个的目的，就是为着要产生这样的人物。世界的过程，不过是一种笑话；进化的观念，是最不长进的思想；旁观的态度，是消灭人生的态度。我们不要黑格尔，我们不要哈德曼那样的思想领袖，我们不要一切减少人类活泼力、创造力的历史，我们要伟人，我们要人生！

五、尼采对于青年的希望

最末尼采对于青年，抱着无穷的希望。青年人有活泼的生命，有进取的精神。他们才了解为什么尼采要这样激烈反对近代的历史教育。因为近代历史教育，只堆积一些无意义的知识，不仅不能帮助人生，反而对人生，增加许多的祸害。近代的历史家都以为文化不过是知识，这完全是肤浅、错误的观察。文化应该直接从人生里边出来，人生是一切的源泉，一切的推动力。抛弃了人生，来谈知识，来谈文化，来谈教育，那是可怜的笑话。

近代的历史教育，都是从这一种错误的文化观念出发。它的目的，不是要养成一个受了完全教育的人，只是要养成一些教授、一些专家、一些科学家。这一些人，只想赶快站在旁边，好清楚地观察人生。他们对于历史上、科学上各方面的知识，应有尽有，他们好像一个收印象的机器，一点不漏。他们又像一个永远吃不饱的大肚子，无论它吃了多少，始终就不知道饥饿是怎么一回事情。这样教育的目的、结果，根本上违反人性。只要还没有十分沉溺在里边的人，才能够感觉。只有青年才能够感觉，因为他们还有自然的本能，教育还没有完全摧残干净。但是谁要同近代历史教育宣战，一定要先把青年人抓住，使他们完全了解。但是要如何才办得到呢？

主要的方法，就是破除这一个迷信，认为这一种教育是必要的。近代教育制度，尽管有种种的改变，但是对于这一个基本观念，却始终没有改变，就是一个"受过教育的人"应该有多少文化的知识。所以他们教育的起点，不是"人生"的知识，乃是"文化"的知识。这一种文化的知识，用一种历史知识的形式，来强迫灌输进青年的思想中间，使他们的头脑，充满了观念，都是间接从过去的时代、民族，不是直接从人生得来。他想自己去经验人生，但是他感觉一种严密组织成系统的经验，在他的脑子中成长。他自己的欲望，因此就埋没了。这好像引一位学画的人，到博物馆里边去参观，不引他到画室里去练习。人生是一种手艺，不经过勤勉的练习，是没有希望成功的。

近代历史教育，就像一种疾病一样，已经深入人生，不经过一番强烈的努力，没有法子摆脱。近代的青年，如果能够明白认识这一种不健康的状态，如果能够相信，强壮的身体是可以恢复的，那么他们就可以不惟不受历史的祸害，还能够利用历史来作他们力量的补品。但是他们怎么样才可以达到这个目的呢？有两种方法：一种就是"不历史"，一种就是"超历史"。这两点，在上文都已经说过了，尼采重提这两点，来终结他这一番讨论。

"不历史"就是忘记的方法，在自己的周围，画一个圈子，暂时不管圈子以外的事情。"超历史"就是一种方法，能够从变化的过程中间，到一种永久稳固的状态，就是到艺术和宗教。科学对于艺术、宗教和忘记的方法都持反对的态度，因为艺术、宗教是继续的、永久的，科学是完结的、历史的。它尤其恨忘记的态度，因为忘记是知识的死亡，它极力要把人类这个圈子破坏，把它扔在无边无际的大海。

假如人类能够在这个大海上生存，那也没有什么，但是海上建筑的屋宇根本就没有稳固性，风浪一起，就立刻化为乌有。人类如果不相信永远稳固的东西，人生就没有基础，渐渐就变得薄弱无生气。到底人生要紧一点呢？还是知识要紧一点呢？当然是人生要紧。一种知识，如果它要消灭人生，它也只好消灭自己。没有人生，就没有知识，所以知识也必须要维持人生。科学也要善于应用，假如它要危害人生，我们就得要用"不历史"的和"超历史"的方法来抵抗它,因为它们是医治历史疾病最好的药品。用这种药品的时候,我们也许稍为感觉一点不舒服,但是这并不能证明,我们医治的方法,有什么错误。

在这里尼采希望青年人,作第一时期屠龙的战士,他们的努力,可以获得更美丽幸福的文化,但是他们自己却不能享受。他们一方面受疾病的痛苦,一方面又要受医药的痛苦,但是他们相信他们自己的健康和力量。他们的工作,就是推翻现代的基础,他们不用现代的一切口号来表示他们的生存,他们战争破坏的行动,使他们相信自己生存的力量。你也许可以批评说这些青年人没有历史的教育,但是青年人决不会顾虑你的批评。你也许可以批评他们粗鲁横暴,但是他们还不够老,不能够安安静静。他们享受青年人一切的权利、一切的安慰,特别是勇敢的诚实、激烈的希望。在起初的时候,也许他们在科学方面,不能同受过近代历史教育的人相比,但是他们渐渐就会成熟,就会超过。他们的方法,就是"知道自己"。在有一个时期,希腊人也犯了同样的弊病,他们也被过去和外来的历史压倒。他们的文化,也是乱七八糟,内容复杂冲突,但是希腊人不久就学会组织这一种紊乱,他们听从阿婆罗的忠告,自己想着自己,自己找出自己真正的需要,那些虚伪、貌似的需要,通通置之不理。这样他们自己找寻着了自己,他们不是侵入他们东方文化的后来人,他们摆脱过去遗产的压迫。经过激烈的战争以后,他们成了自己的主人,他们成了后来文化国家的模范。

在近代历史教育之下,我们每一个人,都应该回想到自己,找出自己真正的需要。我们要诚实,我们要稳定,我们要反对一切间接的思想、间接的学问、间接的行动。我们要明白文化不仅是人生的装饰,因为一切装饰的东西,都隐藏着虚伪的东西。新文化的观念,应当是一个高尚的人格,没有内心和外界的区分,没有传统的习惯,没有虚伪,是思想和意志的统一,是人生和现象的联合。我们还应当知道,希腊人所以成功完全靠他们道德的力量,每件诚恳的事情,都是走进真正文化的一步。也许这一种诚恳,不合近代历史教育的理想,甚至于还会推翻整个装饰文化的系统。

(本文刊于《中山文化教育馆季刊》第 4 卷第 3 期,1937 年)

史大林治下的历史教育

Paul Olberg 著　鞠子明译

　　俄国的新历史教本,很惹起欧洲人的注意。苏联历史课本,在沙士达可夫(Schestakoff)教授领导下面许多作者共同作成,作为小学教本。苏联 Trud 报谨慎地指出这是"伟大的世界领袖史大林同志计划且直接指导的"。同一报纸又说:"这不仅是对我们学校教本,也是对于马克思主义史学有价值的贡献。"《真理报》说他是"史大林给予我们的孩子的真正礼物"。

　　在原则上,这本书暗示出苏联历史教育的一个新阶段,实际上,也暗示出苏联下一代政治教育的新阶段。自此,据说苏联的历史与文化,就开始于一九一七年布尔什维克革命。革命以前的俄国,与创世纪中的大地一样,只有混乱与黑暗。现在,据《真理报》说:"这本书,将可强使苏联学童得到一种惨淡印象的阴惨时代,一扫而空,苏联的历史,只从一九一七年开始,不然的话,除掉不重要的社会形式的兴衰以外,'过去'这一时代,是不会有什么有兴趣与重要的事的。"俄国史迹的解说,自然是很欢迎的,不过由现在看来,新的历史教授方法,确含育着某种进步。不幸的很,新历史教本,对于俄国以前的政策,绝不作客观的与批判的解释。它反而搜集了俄国初期发展的最坏的成分,他承认他们,并且实际上毫不犹疑地为人辩证。这种趋向是特别的民族主义的,且具有充分的政治反动的意味。苏联的官僚历史家已从一极端跑到另一极端了。俄国史上每一个相连续时代的统治者的意志,都被歌咏为决断的因素。要注意,这种意志,几于永远是明晰的、聪明的与强有力的。因此,这些统治者显然地可成功许多事业。以前的教本,完全不承认个人在历史中有地位,新教本则实质上认为"个人"有"神力",至于那些气候、地理、经济、政治因素,俄帝国之兴起与巩固对于广大的则几于是不重要的。同样,对于"可怕的伊凡"与大彼得所追寻的武力政策,也被温恭地推崇着。对于"可怕的伊凡"的政府,教本发现了下述令人悯恕的环境:"在童年时,伊凡在专制的 Bojars 之下长成,他们伤害了他的感情,因此使他的恶劣气质得以发展。"历史家,这样为他的政策辩护了。Oprit Ghina 的恐怖主义,目的在以血与铁来维护沙皇的独裁,现在被称为是国家所必需的;沙皇也被推崇为大政治家,他巩固了俄国皇室专制制度,且在一些分散的省份中建树一个强大的国家。这些权力政治的图形是与事实不符的。甚至如 Kluchewsky 之类的顽固史学家,在理智的研究过"可怕的伊凡"的时代以后,也显明地在责俄皇的统治。

为什么对于俄国以前的统治者这样慈善呢?答案在教本中很易于找到,如下:因为必须把他们当作"现代的人民领袖史大林"的历史上的前辈来看待。自然,史大林,据教本说,绝不能有这些前辈的坏气质。例如,他不像"可怕的伊凡",他曾在高加索乔治亚地方,受过良好的教育,显然是根据科门斯基、卢梭、派斯它洛基、佛禄倍儿及其他名教育家的人道主义的教育。历史教本,常将聪明和善的沙皇,与卑恶顽固的 Bojars 贵族与当人对比起来。这一切寄生虫,书中说他们只能激起反叛,且对统治者叛变,并且也应该予以严厉处罚。这种图画,也不难解释:这些 Borjars 小伙子与贵族,都应描画成史大林的反对派,托洛斯基、季诺继耶夫、加门湟夫、布哈林及其他人的前辈。教员,应知道如何使历史上之对立的危险,充分表显出来。

教本中的民族主义与军国主义的精神,特别在叙述战争时表现出来。一律的,一切战争,都是敌人强迫俄国参加的;并且同样一律的,俄国总是胜利者,因为强大的苏俄是无敌的。自然,也有例外,不过这些更证实这个定律。俄国也常常战败,不过这不是由于敌人的军事、政治、经济之优越。天哪,俄国当是无敌的,只由于内部有"奸细"方战败。只举一个重要的例子吧:因为大臣对之叛变,"可怕的伊凡"方败于波兰、立陶宛与瑞典。在欧战中,由于俄国大臣与将官们以及皇后将军事秘密告知德国,俄国方不能战胜。这样,德国将官与纳粹在野党所宣传的"暗逸"使德国战败的故事,也同样被用于苏联历史教本中。

大家都知道,据苏俄的官方文书说,俄国与德在 Brest Litovsk 的和约,是托洛斯基严格地在列宁指导之下签订的。但是,教本则认为苏俄吃亏了,"因为叛徒托洛斯基及其走狗布哈林阻止议和的进行"。因此,俄国失掉了大片的土地。自然,你想在这本书内,找出托洛斯基在布罗斯特和约后,曾组织红军,曾作过多年军政部长的事是很难的;学生们,自然也不许知道布哈林曾多年被认为布尔什维克党的领袖人物,且曾作过《真理报》及 *Lzésla* 报的主笔。对于一九二〇年俄波战争之结束与红军在瓦萨之大败,教本说:"红军未进到瓦萨,就被令撤退。"显然的,一切事都很好。后面便是一个爱国兵士的谐语:"我们这样教训了波兰绅士,直到现在他们还忘不了这件事。"

现代俄国历史教育之显然说谎与肆意奸诈,在叙述近二十年来俄国之发展方面,达到了无比的程度。教本在这一部分劈头就说:"由布尔什维克革命成功之日起,列宁就与史大林开始组织苏维埃政府……""苏维埃政府使俄国人民得到完全的解放——世界上其他国家都没有的解放。"实在,先不要欢喜:列宁与史大林的建设工作,一再地被搅扰。谁来搅扰呢? 列强,他们最恨这快活的社会主义国家。谁是"内奸"呢? 听吧? 反对史大林政策的老布尔什维克一群民! 他们这样活动:"卑贱的国民公敌、法西斯走狗,托洛斯基与其徒党,莱可夫及布哈林,在苏联境内组织暗杀、暴动、间谍团体。他们暗杀了忠诚的布尔什维克基洛夫。他们也暗害了其他的普罗领袖,附和托洛斯基与莱可夫的法西斯暴徒,破坏火车,爆炸或焚烧煤矿与工厂,破坏机器,毒害工人及其他一切破坏行动。"故事这样说,他们都想恢复资本主义,"不过这些土匪都被捕获处罚了"。

对于以前多年占据高位的布尔什维克领袖这样咒骂的理由是:将独裁时代的失败,归咎于怠工;为以后几年的恐怖主义寻求口实;将"光荣的"与"政治家样的"史大林,与"可鄙的内奸"对比起来。对于咒骂叛徒与间谍的故事是无止境的,他甚至教学童"仔细地追求可疑的人物,这样可以捉到法西斯的走狗",他们借口列宁曾说过,"好共产主义者是一个好的政治警察"。

像无比的超人一样,史大林克服了一切由反革命与敌对列强引起的困难,这样使快活的社会主义国家之建树,达到目的。很惊异的,我们读到"甚至在一九三三年时,苏联即追及且超过了欧洲许多国家",不过,这些国家没有举出名字来。在革命与社会主义术语之外衣下,故事这样写出苏俄在布尔什维克领导之中变成"乐土"。教本常着意于只有"我们的祖国是一个社会主义国家":以前是世界上最落伍的国家,现在变成最强大最进步的了,因此"我们这样爱苏联且因他而骄傲"。自然,苏联宪法是世界上最好的。"苏联飞机比别国飞机飞得高飞得远","世界上那里有最美最好的地下火车呢"?自然,只有莫斯科。同样,在苏联,艺术与科学也比别处发达些,"苏联的音乐家与戏剧家是第一流的艺术家。苏联钢琴家与提琴家在国际比赛中得过第一奖"。所以显然的,在以前驰名于世界的俄国文学家、音乐家与戏剧家就根本没有。关于巴洛夫教授的故事是特别辛辣的——表示苏联科学家是住在且工作于天国的代表。我们读教本吧:"只有在苏联政府之下,巴洛夫,科学院之一员,能够发展他的天才。由于有俄国人民的爱护、苏联当局之资助,巴洛夫做出许多关于人类生活的发明。"实际上,在一九〇四年时,巴洛夫教授便因生理学之成就而得到诺贝尔奖金。那时候,布尔什维克党在梦中也有想到一个苏维埃国家。或者,他在苏联治下,比其他成百的教授少受一点剥削吧。另一方面,他能工作的环境,或可忍受一点,这只是由于他已是世界上闻名的;苏联宣传,可利用他的名字。

在描写史大林自己的工作时,教本这样推崇他的人品,几乎使我们想到凯撒。苏联独裁者,已转为"世界的领导者——大史大林"。在序言上,我们看到俄帝国"最古的一国"乔治亚,是史大林的故乡。以后便把史大林已作与想作的事都推崇到天上。假如,他告诉我们在一九〇五年革命失败后,"列宁逃到国外,史大林在国内,尽管法律不许,他仍然为社会主义而斗争;他们准备为工人而洒最后一滴血"。在一九一七年克伦斯基时代,列宁尚活着,史大林便是四次党大会的主席。不过会议录证明他没有什么地位。以后,"史大林受命去击败坦尼肯的军队"。史大林"作出第一五年计划"。因为与史大林私人甚好而高尔基得到特别荣誉事,在教本中也不能忘记了。史大林"给人民以世界上最好的宪法",因此被尊为"史大林宪法"。正像西维尔的《理发匠》一书中的菲哥洛,各处都有他,到处都有胜利。假如别人在苏联政府中有点重要地位,那他总被写成史大林的同僚或下属。他讲的胡说,都是政治与哲学上的金石之言。内战时布尔什维克军事会议图上,把史大林画成一个军事领袖,用极果敢的姿态在解释地图。书中许多插图中,只有四个人占了一全页,其他人只能占一半或一角,这四人是马克思、恩格斯、列宁,以及"世界的领导者,大史大林"。

读过这本只有讽刺与悲剧的历史教本以后,你只能替苏俄下几代人难过,他们要在一本离真正历史甚远、离俄国的命运甚远的历史教本下长大,在这里,显然地在社会主义名称之下,正式地教授着残忍的独裁制度。新历史教育,反映出目前克里姆宫的心理与史大林个人独裁的心理。由这一点来看,教本,还是苏联正在经过的戏剧般的阶段之有价值的记录。

(本文译自 *The Contemporary Reoiew* 四月号)
(本文刊于《国际周报(香港)》1939 年第 53 期)

德意志历史教育之目的与方法

伊藤文雄著　王镜译

一

向来叙述教育思想或教育史,其主要都留意在如何与哲学思想或哲学史相关联之一点,但哲学思想与教育思想的关联,决不是哲学思想是原因而教育思想是结果。哲学思想与教育思想,恰如由一大根干而发生出来两个小干一样,这两者的关联,就是连结这二小干的大根干,而这个大根干就是社会。叙述哲学思想与教育思想的关联,当然是必要。但是只叙述这个关联,于理解哲学思想或教育思想的变迁,是不充分的,必须研究此二小干的大根干的社会的地盘,方能完全理解。何故呢？因为哲学思想与教育思想都是以社会情形为地盘而形成的缘故。

我现在并不叙述这个教育思想变迁的根本问题,我是在阐明德国历史教育,略述过去四十年德国社会情形的变化与在此变化上的教育思想的变迁,然后再说明德国历史教育尤其是初等与中等教育之历史教育目的与方法。

希特勒治下的德国,称为第三帝国,这"第三帝国教育",就是现代德国教育的标语。这第三帝国,就是民族社会主义的世界观下的"纳粹"德国。现在先述第三帝国之第三意义。既有第三,当然必有第二,也必有第一,这是必然的。

德意志之第一帝国：就是"欧德大帝"治下之神圣罗马帝国,约在一千年前,即西历九三六年,"欧德一世",在"东法兰克"王国,即今之德国,而即位,并合诸侯领土,封亲族,固王权之基础。降"包黑密亚"与

"波兰",击历代侵入德之"洪牙利""马加尔"人,以绝其祸根。又赴意大利,助法皇以降其敌,法皇嘉其功,召"欧德",奉神圣罗马帝国王冠,以请兼意大利之王位,此为神圣罗马帝国。于此,德意志王遂得皇帝之资格,大扬国威。此时为日本"藤原氏"之盛时。

德意志之第二帝国:就是第十九世纪末叶,"维利谋一世""毕士马尔克"宰相治下的统一德国,这是以"普罗夏"为中心之北部德意志诸国之关税同盟(1830年)的经济上统一为起始,而弄到政治上之统一。经过"普奥战争""普法战争","凡尔赛"宫殿"普罗夏"王"维利谋一世"的德意志皇帝即位,德意志宪法之制定(1871年)后,德意志第二帝国,才完成统一。

德意志第三帝国:就是"希特勒"治下"纳粹德意志"。德意志第三帝国之意图,在所谓"第三"帝国里,是很明显的,就是德意志民族全体统一国家的建设。

我们叙述德国历史教育地盘之一般教育思想变迁,须以自德意志第二帝国末叶到第一次欧战后成立之"外马尔宪法"共和制德意志之经过,与一九三三年希特勒掌握政权之社会情形的变化,以为前提。

一般思想,虽是社会情形的所产,但思想一旦产生后,思想自体就是一个独立性,所以思想变迁,不是同社会变迁走同一步调,乃是在一般社会情形发展后而变迁的。

通观德意志教育思想变迁,自十九世纪末叶到二十世纪之初的第一次欧战,社会的教育思想为其根干,可谓文化的教育思想萌芽时代;自第一次欧战后,即自一九二〇年德意志共和制初叶到一九三〇年前后,可谓文化的教育思想全盛时代。另一方面,公民教育思想,又在勃兴。这个公民教育思想,也可说是第一次欧战后澎湃而起的世界的民主主义思想教育的形态。德国某教育学家,关于这一点最为注目,乃分德意志教育思想为:文化教育思想、公民教育思想,与政治教育思想之三阶段的变迁。现代德国教育思想之全体性格,真是所谓政治的教育思想!可知德意志教育,已由文化的立场,而演变到政治的立场。

据"阿尔富雷·背克"之见解:民族社会主义教育目的:第一是以政治而行教育,是养成国民的或民族的人格,高唱民族精神、指导者精神,以及创造精神；第二是为政治而行教育，养成社会的人格。这个以政治而行教育与为政治而行教育两个教育，须在具体的民族社会主义的人格上而综合起来。

我现在想叙述的目的，并不是在说明德意志一般的教育思想，即所谓第三帝国教育的全般，乃是要阐述德意志历史教育目的与方法，并指明现代德意志教育是非常带有政治的性格，与分析自从文化教育而公民教育而政治教育的经过。

二

德意志教育制度：基础教育为八年制国民学校。中等教育分为八年制中等学校，国民学校四年肄业，即可进入该中等学校；与六年制之中等学校，国民教育六年肄业，即可进入。六年制中等学校等于八年制中等学校自三年级到八年级之六年程度，由国民学校六年级肄业后，即可进入八年制中等学校三年级。

德意志国民学校，并不像日本国民学校学科与科目之分门别类，但中等学校，两国有类似的学科区别。与日本中学校最类似的文化中学，同和日本女学校相类似的女子文科中学校，两者学科均有德意志科（国民科）、数理科、外国文科与宗教科。至于德意志科、数理科，与外国文科，各又分为二科目或五科目。女子实业学校则设有体育科、国民科、数理科、家政科、外国文科及宗教科。在教则上，并不规定教科要旨与其他一切，仅规定科目上的目标、目的、教材及方法。这是与日本不同的。

至于历史，是在德意志科里而包含的。德意志科目分德文、历史、艺术与音乐。至于女子学校，外添一门技艺。

三

至于德意志历史教育目标、方法：第一，我们须先在德国教则中，拔粹国民学校历史教授目的与方法，次就中等学校历史教育目的与方法，略为一述。

德国国民学校的政治教育，都是由历史教授担任。历史教授使儿童养成对德国过去的伟大观念与畏敬，并培养小学生对历史的使命与德意志民族将来的信念。历史教授又须使小学生理解为德意志民族生命的前途，德国国民的须奋斗一事，是德国国民向来的命运必该如此。并须引导少年能有现在德意志政治使命的自觉，为民族与祖国，从心里愿意牺牲的精神。

为达到这个目的，历史教授须时刻而留心政治事件；但对于经济与文化问题，亦须时常研究。尤其是对于北方德意志历史上的民族与领袖的伟大业绩，更须使其生动化。历史教授须知"日耳曼"德意志指导者的英雄精神与思想，以鼓舞青少年，使其觉醒国防的重要与养成国防的欲望。

以上这一节的叙述，就是德意志国民学校历史教授目的与方法。我们通观这一节，就不难知道德意志历史教育目标是在那一点。至于中等学校历史教育目的与方法，再叙述一下。

历史内容为德意志民族之本质与伟大性，与为贯彻内外自己主张而奋斗的精神。历史教授使学生理解德国学生由母胎一诞生时，就与德国民族生命是走同一步骤的，启培学生对伟大的德意志民族过去的畏敬与信仰的观念，涵养德意志民族的使命与将来强固的信念；同时并养成对其他民族生存权尊敬之念，这是德国教授历史的目的。详言之，历史教授使青年学生研究民族的过去，理解现代历史的演进，以求青年们感得个人对于德意志民族全体的责任，而鼓舞青年于政治的行动。这样，历史教授才能使青年觉醒对祖先与子孙的责任与感情，而为德意志祖国的永远将来，不惜赌其生命。

这样以来，从德意志将来的民族社会主义运动的理念里，而可得德意志过去的新理念的途径。历史教授，从现在的生动的信念而出发，使青年回顾德意志民族过去奋斗的过程，在今日新时代的黎明期中，使其在将来之展望中而为德意志民族一分子的自觉。用这种教授历史方法，使青年理会高贵的德意志民族过去的业绩，以使青年价值感情与价值意欲的深化。

为确认过去及将来展开的伟大民族之在世界,罩以现代的体验,是不充分的。须更不断地活动,不断地来究明发展途上的民族人种的根源力。换言之,须理解历史的人物与历史的关联,才能洞察德意志民族的遗传的素质之优秀一贯性。

教授历史目的,须不断地叙述历史的经过,指明历史发展的方向,研究历史的命运法则事实及实现历史的人物及时代,教授历史的目的,才能达到。详言之,历史教授,不可将所有的事实,无差别地而提示于学生,须将有意义、有生命、有永远法则的伟大事实而教给学生。能理会伟大的历史行为,才能理会历史的关联。所以非生命的、非有力量的教授历史内容,是绝对不必要的。

如究问历史上之罪过时,历史教授须不要避其价值判断。至于价值判断之规准,须以于德意志民族生命与进步之有助的人物与行为之影响、民族统一的价值贡献,与人种遗传的保存贡献为标准。至于价值判断,须用严正而且公平,又须是客观的态度。

教授历史之最高原则,为直观的原理。如用抽象的方法教授历史,必使学生生命陷于枯涸,所以即对于上级学生教授历史,也须将历史的生活各个的过程上的具体的与直观的史实而提示于学生。

教授历史特为给学生内面的感激起见,其有效的手段,就是教师自身叙述历史的史实与口谈其具体的事实。口讲的内容需丰富,又须是客观的、公平与直观的,而且又须是能鼓舞学生精神的。为达验到这个目的,教师自身,须自己体验教材,而且以自己所体的为内容,以求教材的生动化。

以上所述,是德国历史教育之目的与方法,我想于日本而可以借镜者,定必不少。尚乞指正!

原文载《日本教育》五月号。六月三日译于北京。

(本文刊于《教育建设(南京)》第 3 卷第 2 期,1941 年)

论日本历史教育

瞿络琛

甲、投降前日本历史教育

（一）军国主义教育的"功效"

一九〇四年—〇五年日俄一战，日本以一个东方新兴的小邦，击败了当时称雄世界的帝俄，实大出乎世人意料之外。其时很多人批评日本之所以能以小击大，以弱敌强，主要是由于中小学军国主义教育的成功。在战争期中，日本"出征"军人所表现出的那番激昂慷慨的士气，国内老少男女一致为战争而效力的那种踊跃狂热的精神，就是万人一心，气凌霄汉，所以才能获得那样非常的胜利。而此种军人的士气，国民的战志，却不能不说是明治以来军国主义教育所培养的成果。日俄战后，日政府更着重于所谓"忠君爱国"的国民教育的实施。尤其"九一八事变"后，为配合国策，曾对学校制度与教学内容大加改变，以期加强军国主义的训练，适于全国总动员，以完成国家战时体制。在这次大战中，日本"皇军"被军阀驱使，在大陆、海洋上疯狂作战，后来战况逆转，四面受敌，处于绝境，但仍作困兽之斗，宁为"玉碎"的牺牲。日本一般国民被其统治者强迫动员，直至投降前夕，尚不相信其所从事之所谓"大东亚圣战"会有失败的一天。就是现在，日本投降已经两年多了，尽管民主和平主义的口号，叫得如何响亮，大多数国民心理，还是在追念往日帝国的繁荣，而不无存他日"东山再起"之望。八十年来日本军国主义教育已深深培植了这一代日本人侵略主义的思想。也可以说：这一代日本人有生以来，即是在封建社会的环境中生长大的，军国主义教育的学校里教养成的。现在,仅凭着几道命令和几种方案,要在短时间内,将其彻底根除,这是不可想象的事。所以我们今日谈日本民主化,不应于短期内遽抱乐观,不应仅注意于政治、经济的设施,而应对于这百年树人的大计——日本再教育工作,予以最大的关切与注意。

(二)历史教育的宗旨与方针

明治以来,日本政府在中小学中怎样实施其军国主义的教育?就思想与精神训练言,是着重于历史、地理、修身三科的讲授,而尤侧重于历史教育。日本教育的根本精神,是一本于明治天皇的"教育敕语",日教育当局遵奉天皇敕语,以决定日本历史教育的宗旨和历史教学的方针。此项宗旨与方针历年迭有修改,今以投降前最后所定者为依据,约言之,日本中小学历史教学的宗旨是要国民"遵行皇祖皇宗的遗训,仰体皇祖皇宗宏远的肇国与深厚的树德,明了皇国发展的真相,以延绵皇国的大生命"。①这即是要国民效忠皇室,尽瘁皇国,以完成扩张"大日本帝国"的使命。

日教育当局本着上述宗旨,所订日本历史教学的方针,对于初小学生,是要具体指导其深切明了"肇国的宏远、皇统的无穷、历代天皇的鸿业、忠良贤哲的事迹、举国奉公的史实、皇国发展的经过"。对于高小学生,则更伸张上述的意义,使其体会"日本国运的隆昌、文化的发展及肇国精神的表现",②此所谓日本历史教学方针,即是要使高初小学生明白"神国""神皇""神统"的由来,臣民效忠的事迹,"帝国"扩张的经过,而能善自省察自身的责任,继承"祖武",以完成列祖列宗的"鸿图鸿业"。

从上可以看出,日本历史教育的宗旨与方针,是本于帝国专制主义、极端国家主义及军国主义的理论与思想。本着上述宗旨与方针,日文部省决定中小学日本历史教科书的取材,应依据下列的标准:"一、在景仰历代天皇的圣德与鸿业;二、在显彰尊皇敬神的事历;三、在阐明神国意识的传统;四、在描写海外发展的雄图;五、在宣扬尚武兴学的美风;六、在简述国防施设的沿革;七、在说明大东亚建设的由来。"③这种取材标准,完全使历史教科书成为日本统治阶级宣传其统治理论与统制国民思想的教本。历史本来是近代社会科学或人文科学中最为客

---

①②③ 日文部省一九四三年刊《初等科国史》总说中"国民科国史指导精神"。

观、最讲实证的一门科学,日本统治阶级则用作为达其政治阴谋的一种工具。

(三)旧历史教科书的内容

日本中小学历史教科书,是根据以上宗旨方针与取材标准,由文部省编定为国定本,颁发全国中小学一致采用。此种教科书内容,自明治以来,时有更改,愈到后来,所包含反动侵略思想的成分愈多。今将投降前最后的日本历史国定本教科书——文部省一九四三年刊(初等国史)的标题与重要内容述之如次:

标题	重要内容
第一、神国	首篇为日本开国神话,叙述高天原的男女神,生大八洲国,后生天照大神,派其孙琼琼杵尊,赐以三种神器,降临高千穗峰,来统治人间,至神武天皇始奠居大和极原,为第一代天皇。
一、高千穗之峰	
二、极原的宫居	
三、五十铃川	
第二、大和国原	
一、泽披庶民	述仁德应神雄略天皇的治绩。
二、法隆寺	述栾德太子之政治。
三、大化改新	以大化改新为中心,叙舒明、皇涵、孝德、齐明、天智五天皇治绩。
第三、奈良之都	
一、都大寺与国分寺	以圣武天皇治世为中心,叙天武、持统、文武、元明、元正五天皇之事迹。
二、遣唐使与防人	以遣唐使之史事为中心,叙孝谦、淳仁、称德、光仁四天皇之治绩。并述和气清唐之事迹。
第四、京都与地方	
一、平安京	以平安奠都为中心,叙桓武天皇之治世。
二、太宰府	记宇多、醍醐两天皇及菅原道真之事迹。
三、凤凰堂	叙藤原氏之荣华,及后三条、白河二天皇之亲政。

第五、镰仓武士
一、源氏与平家	以源氏与平家的兴隆为中心，叙前九年役、后三年役保元平治之乱。
二、富士的卷狩	叙赖朝之兴起、平家之灭亡、镰仓幕府之成立与承久之乱。
三、神风	叙"元寇"来袭，被神风吹灭敌舰。

第六、吉野山
一、建武中兴	记后醍醐天皇之建武中兴。
二、大义之光	叙尊氏之谋反，与南朝诸忠臣之战死。

第七、八重之潮路
一、金阁与银阁	以足利义满、义政为中心叙室町幕府政治。
二、八幡船与南蛮船	叙冒险的贸易商与倭寇之渡航海外。
三、国民的觉悟	记战国时代之事。

第八、忠心耿耿
一、安土城	记织田信长的兴师勤皇与平定海内经过。
二、聚乐第	记丰田秀吉的兴师勤皇与平定海内的经过。
三、扇面之地图	叙丰臣秀吉之北伐朝鲜。

第九、江户与长崎
一、参勤交代	叙德川家康统一国内的事迹及政策。
二、日本町	叙欧人之东渐及日本人之向海外发展。
三、锁国	记锁国之经过。

第十、天颜之下
一、大御心	叙朝廷与幕府的关系。
二、名藩主	记有名将军老中（辅佐将军者）及有名藩主之治绩。
三、国学	叙日本"国学"及尊主思想之兴起。

第十一、雄心
一、海防	记英、俄等国对日本之压迫及日本海防问题之发生。
二、尊皇攘夷	叙尊王攘夷运动。

第十二、发展中的日本
　　一、明治的维新　　　叙维新的经过。
　　二、宪法与敕语　　　叙宪法颁布经过与天皇敕语。
　　三、富国强兵　　　　叙富国强兵与充实国力的经过。
第十三、东亚的安定
　　一、日清战役　　　　叙述中日甲午战争之经过。
　　二、日俄战争　　　　叙述日俄战争之经过。
第十四、世界的动向
　　一、从明治到昭和　　叙自明治至昭和时期之外交关系,合并朝
　　　　　　　　　　　　鲜及明治天皇的逝去等。
　　二、太平洋的波风　　记第一次欧洲大战及大正时之国际情势。
第十五、昭和的大御代
　　一、满洲事变　　　　叙"九一八事变"的经过、"满洲国"的成立
　　　　　　　　　　　　及退出国际联盟等事。
　　二、大东亚战争　　　叙述"七七事变"、太平洋战争发生及三国
　　　　　　　　　　　　同盟订立经过。
　　三、大御代的光荣　　叙述二千六百年祝典、"满洲皇帝"来朝及
　　　　　　　　　　　　天皇颁给青年学生之敕语以鼓励国民的
　　　　　　　　　　　　战志。

（四）旧历史教科书检讨

观以上旧日本历史教科书内容,我们可以看出有三个特点:

一、神秘的神话传说

书中所叙日本远古神话传说,全依据《古事记》与《日本书纪》的记载。这两部书,约于公元八世纪编成,所记开国神话,则为一千五百年前的事,其内容荒诞不足信,自不必言,而日本统治阶级必欲将此等神话,当作正史,列入教本,其用意所在,不外二者:

　　1.增强民族优越感　藉着此种神话传说,使国民相信:日本国家是"神国",天皇是神的化身,日本民族是神的后代,此种"神国""神皇""神民"为冠绝万国者。以此,日本大和民族当为世界最优秀的民族,日本国体当为举世所无的国体,日本天皇应为统治世界之主。这自然使

得日本国民抱有藐视世界人类的观念，发生一种强烈的民族优越感。特权阶级则得以利用此种国民心理驱使国民向外掠夺，以实现"八纮一宇"的理想。

2.确立天皇统治大权　日本大地既为神所生，日本人民既为神的后代，则此现身神的天皇与日本国土人民连为一体，不可分离，天皇当然为日本亿万斯年的统治者。统治阶级解释道：日本民族好似一大家族，天皇为此一大家族的宗主，故天皇不仅在政治上为国家的元首，而且在宗教上为日本国教的教主，天皇受自天照大神的三种神器剑镜玉，即为日本统治大权的所在，是以大日本帝国应由万世一系之天皇统治之，谁也不应有稍有僭越非分之想。

日本统治阶级还进一步解释："世界其他国家常有改朝换代革命之事发生。日本则神统绵延，为万古不易的国体。此因其他国家君主系以力得天下，如失其力，即将被逐出其位。日本乃神皇一体、君民一致的国家，天皇以王道治世，举国臣民，均遍沾恩泽，自与他国君主之以力得天下、以力治天下者异。因此过去从无变革之事发生，将来亦无此顾虑。"

从上可见日本的历史教育，也就是一种宗教教育，有如欧洲中古的寺院教育一样，将神道神权的思想与历史混为一体，统治阶级藉此以遂其对内对外的政治阴谋。其实，以上解释全不合真正的史实。天皇在日本历史上实际握有政权的日子很短，日本史书上的所谓王朝时代，天皇似尚有支配以京都、奈良为中心的一带地方的政治权力，其他时代，天皇的名义虽然存在，但国家大权或在宫廷贵族之手，或归于武人的掌握，在战国时代天下混乱，世人且不知天皇何在，后来不知从何处找来了一位野孩子做了天皇算是承继正统，天皇曾在一个很长时期，若有若无。所谓古今中外所无的万世一系的天皇传统，根本没有那回事，全是特权阶级的捏造。

二、以天皇为中心的政治史

旧日本历史教科书可说是一部以天皇为中心的政治史。此观上表所记教科书内容，可以明白。近代历史科学，本以记载人类文明进化及社会经济演变为主旨，至若皇朝传统、帝王的文治武功，只能算一家一族的事,而无关于人类文明与国民生活,这种帝王传记体史书,早为旧时代陈物,不能视为科学的历史。日本统治阶级既系以历史教育为其麻醉人民的手段,故其所编教科书,仍以"皇统的无穷""历代天皇的鸿业"为其记述中心,藉此以培养国民"崇德报祖"与"忠君爱国"之心。于此有二事须注意者:

1. 世界各国国史书也不乏赞颂上代帝王功德者,有如英国史书记述维多利亚、伊丽莎白王朝的治绩,中国史书记述汉、唐盛代的帝王的功业,但同时英国、中国史书对于若干暴虐无道的君主也同样地率直记载。日本历代天皇,即据日本史书记载,也有不少秽德乱行之主,而在教科书中竟全不及此。至如天皇的"圣德治绩",有如"神武建国""大化革新""建武中兴""明治维新"与"昭和御代",书中则特加宣扬,其用意无非使天皇神圣化,不使其有些许缺点,至有损"盛德"。

2. 天皇既为神圣不可侵犯,国民自应对天皇效其忠诚,以尽国民的本分。故日本历史,可说是一部臣民效忠天皇史,人的忠奸善恶的标准,均以其是否效忠天皇为断。据日本史书,人民尝因不堪暴政压迫,起而作反抗现政权的运动,史不绝书的"百姓一揆"(即农民暴动)即为此种运动的表现,这些事都在教科书中被删除了。至如拥护现政权以屠戮民众之辈,有如楠木正成、织田信长、丰臣秀吉等,书中特加表扬,誉为忠臣烈士,使其成为国民崇拜的英雄。这种笔法,无非鼓动臣民肝脑涂地,效忠天皇,以巩固特权阶级的统治。

三、对外扩张的侵略史

旧日本历史教科书,一方自眩日本为不灭的神国,外人绝无进入日本之可能,有如其所述海上"神风"打沉蒙古军船的神奇故事,足见其狂妄自大。这种思想,深入人心,此次大战日本国民之所以深信日本本土有金城汤池之固者,亦与此种"神风"的迷信有关。一方则歌颂武力,鼓动对外侵略。书中最早就有征伐三韩的记载,在中国唐、明二代,日军又有所谓北伐朝鲜之举。明治以后,日本国力充实,更有计划地实行大陆南进政策,教科书中于叙述富国强兵之后,紧接着就是甲午战争、日俄战争、合并朝鲜、出兵山东、进据南太平洋诸岛,一连串对外用兵扩张领土的事实。"九一八事变"后,更利用国际局势对外大肆侵略,发动对华战争、太平洋战争,教科书中于对外用兵的理由,初谓日本系为自卫自存而战,嗣以东亚盟主自居,为建设"王道乐土"、图东亚各民族之"共存共荣"而战,最后更高唱所谓"八纮一宇",以世界制霸为其理想。统治阶级的这一串侵略理论,实在夸张其侵略政策的成功,强调其侵略行为的合理,而使其国民坚信此为日本民族自立自存的唯一路线,因得以鞭策全民,对外作战,以遂其无涯之欲壑。

以上三点,神秘的神话传说、以天皇为中心的政治史、对外侵略的战争史,可说是旧日本历史教科书的特点。纯洁无瑕的儿童,在接受其知识之始,就灌输以此种本国史知识,形成其先入为主的观念,这影响于日本国民思想之巨,自不待言。

乙、投降后日本历史教育

(一)盟总对于日本历史教学的指示

盟军占领日本后,于一九四五年十月二十二日发出"管理令日本教育制度",其中谓:"从速审核现行课程教科书教材,删除宣传军国主义及极端国家主义之思想部分,并应立即编订新课程教科书、教本教材,以育成有教养、爱和平及负责任之公民为目的。"[1]同年十二月十五日发出"废止国家神道令",其中谓:"凡以下列理论,主张日本负有扩张其统治权于其他国家及人民之使命,均认为军国主义及极端国家主义的观念应予彻底清除:一、日本天皇以其祖先、血统及特殊起源,应高于他国元首的理论;二、日本国民以其祖先、血统及特殊起源,应较其他国民优越的理论;三、日本群岛以其神圣,及其他特殊起源,应较其他国土地为优越的理论;四、欺骗日本国民使从事于侵略战争及礼赞以武力为与其他国民解决纷争之一切理论。"[2]以上两项命令,前者是令改编教科书删除军国主义及极端国家主义的思想部分,后者是令将日本古代的神话传说及侵略理论在教科书中一律删除。

---

[1] Scap Directive: Memorandum Conaming Administration of the Educational System of Japan, 22 oct, 1945.
[2] 同书,Memorandum Concerning Abolition of Govermental sponsorship Support, Porpetaortion, Contral and Desscmination of State Shinto, 15 Dec, 1945.

同年十二月三十一日盟总发出停止修身、日本历史及地理学科课程令，内容重要者有五："一、文部省应即时令各学校停止讲授修身、日本历史及地理课程，此后未得盟总之许可，不得再开此项课程；二、文部省应即时废止为指示上项科目方法之一切法令规则及训令；三、文部省应将上项科目教科书、教员用参考书，概行收集，详细具报；四、文部省应即编订临时教授要纲，以暂行代替上项课程，直至上项课程再开时为止，此项临时教授要纲，应以提示基本的社会经济与政治的真实，并叙述其与世界及学生生活之关系为主旨；五、文部省应速本上述原则，改订修身日本历史及地理教科书，呈送审核。"①

盟总于发出上述改革日本教育令后，并延请美国教育家组织考察团来日考察，该团一行二十七人在斯塔德博士（Dr.George D.Stoddard）领导之下，于一九四六年三月抵日，经一月考察，制成报告书送盟总采择，由盟总发交日政府参照实施。此报告书对于日本历史教育下述之批评与建议：

> 历史、地理二科乃为帮助学生在时间与空间上明了其自身之地位而设。此两科目乃给学生展开其历史的眺望，认识其物质的环境以及其自己环境与世界关系的客观基础。日本史地二科则侧重于上述不同的观点。其记载的历史系有意地与神话混合，地理系为本国辩护，自宗教观点言，乃持自国中心主义。史地二科在日本教科课程中，实非客观的科学，而系在政治的及军国主义的教育上，有其重要的作用。
>
> 日本史地教科书不能仅以修改了事，必须从相异之历史观点，重新编订。史地两科目之全面的改革，将费学者数年之工夫，并须依下列计划进行。兹建议如次：
>
> 史地新教科书的编纂责任，不应仅由文部省中人负之，应网罗日本有权威之学者组成研究会，提供确实与客观的资料。此种资料以及本报告书中所述原则，将为编纂新历史教科书的根据。此种研究会将与档案保存所的设立、学术团体的组成、研究报告的刊

---

① 同上书，Memorandum Concerning Supension of Courses in morals Japanese History and Geography, 31 Dec.1945.

行,以及大学、专门中学校社会科学研究的补充,取得联系。以上数者之共同终极目的,乃在推进以及侵略及和平为任务之世界,社会之一员的民主主义的日本教育。①

投降后日本的教育改革计划,主要是采纳美国教育考察团的报告的意见,上述报告书中的批评与建议,以及盟总迭次的指示,将是日本改革历史教育的依据。

(二) 日文部省决定编纂日本历史的新方针

日文部省遵照盟总指示,成立教科用书委员会,聘请学者,从事于教科书的编纂。其所决定日本历史新教科书编纂的方针如次:一、删除助长军国主义、极端国家主义与国家神道的宣传与排外思想的教材;二、以公正的立场,研究真理的科学态度,综合地、合理地把握历史的发展;三、不单叙治乱兴亡之迹,并不偏于政权争夺的历史,应从社会事象的各方面,究明国民生活的具体的开展的真相;四、彻底扫除独善偏狭的史观,立于世界的立场,重视国际亲善、共存共荣的史实,举出各民族相互敬爱与文化交流互惠的事迹,以求世界和平的增进与人类文化的进展。②

将前述编订历史教科书的旧方针,与现订之新方针比较,可知前者具有神秘的、专制的、排外的、侵略的、非科学的性质;后者能破除神秘,除去优越感及侵略毒素,而一本于民主、科学的原则。

(三) 新历史教科书的内容

日文部省依据上述方针改编中小学历史教科书,小学用书名"国之步",中等学校用书名"日本的历史",师范学校用书名"日本历史",相继呈送盟总核准刊出。盟总于一九四六年十月十二日对日政府发出调令许可全国学校恢复日本历史课程的讲授,但必须采用以上文部省编订经盟总核准之教科书。③ 今将小学用书"国之步"重要内容述如次:

---

① Report of the United States Education Mission to Japan: The Aimes and Content of Japanese Education, pp.15—18.
② 丸山国雄著:《新国史教育》,七九页。
③ *Scap Diretives*: Memorandum concerning Reopening of School Courses in Japanese History, 12 Oct, 1946.

标题	重要内容
第一、日本的黎明	
一、历史的开始	记原始日人石器渔猎时代生活。
二、大和的朝廷	记神日本磐余彦天皇在大和建国，及大和朝廷势力之扩张。
三、接受大陆文化	记以朝鲜为桥梁大陆文化之输入。
第二、日本的开化	
一、圣德太子	记圣德太子之治绩。
二、大化改新	记采纳唐代文化，实行新政。
三、奈良之都	记定都奈良与佛教盛行。
四、与外国交往	记派使及留学生赴唐，与唐僧来日。
第三、平安京时代	
一、平安之都	记移都京都，与同化蝦夷。
二、藤原氏的荣华	记政权归于藤原贵族。
三、光辉的文化	记藤原当政时，艺术、文学之发达。
四、地方情形	记庄园制度之发生。
五、武士的具起	记武士平源二氏之斗争。
第四、武家政治	
一、镰仓幕府	记源赖朝建立镰仓幕府，掌握政权。
二、社会与文化	记镰仓幕府时之经济、佛教、教育与艺术。
第五、由镰仓到室町	
一、建武中兴	记天皇召勤王军倒幕，恢复政权。
二、室町幕府	记足利义满建立室町幕府，政权复归于将军。
三、海外贸易与文化	记与中国朝鲜贸易，及文化发达。
四、新时代的动向	记群雄混战与欧人来日。
第六、安士与桃山	
一、国内的统一	记织田信长与丰臣秀吉之平定群雄，统一全国。
二、外交与文化	记秀吉用兵朝鲜之失败与当时之美术工艺。

第七、江户幕府
一、江户之城　　　记德川幕府制度。
二、朱印船　　　　记日本商船渡中国沿海贸易。
三、锁国　　　　　记宽永锁国与严禁基督教。

第八、江户与大阪
一、农村与城市　　记封建社会之武士农民与商人生活。
二、元禄年间　　　记元禄时期之文学、艺术与货币之流通。
三、学问之道　　　记儒教兰学（荷兰学术）及日本国学之研究。

第九、幕府之衰亡
一、世界之动向　　记十八、十九世纪之世界动向。
二、城市市民的力量　记士、农、工、商各阶层人生活之转变。
三、开国　　　　　记日本开港后之攘夷尊王倒幕运动，与幕府之灭亡。

第十、明治维新
一、新政的成立　　记维新大政方针，与官制、政制与兵制。
二、新的社会　　　记社会阶级土地制度之改革与交通产业之发达。
三、文化的动向　　记学制建立，西洋学术、宗教输入与风俗改变。
四、立宪政治　　　记宪法制定经过及宪法内容。

第十一、世界与日本
一、明治外交　　　记与中国朝鲜订约，中、日台湾交涉及与欧美各国修改条约经过。
二、东洋的纠纷　　记甲午战争、日俄战争的经过。
三、产业的发达　　记日本机器工业与铁道之发展。
四、明治文化　　　记日本教育、自然科学、文学、美术之进步。

第十二、由大正到昭和
一、欧洲大战与日本　记加入欧战及凡尔赛条约成立与华府会议之召开。

二、太平洋战争　　　　记"九一八事变"、"七七事变"、太平洋战争以至日本投降。最后以天皇于一九四六年元旦广播"人间天皇宣言"作结。

（四）读新历史教科书的意见

此官修小学新历史教科书出版后，引起日本学术界非常的重视，曾对此发生了激烈的论争。因为这部官修教科书，是今日日本国一千三百余万小学生的教本，是今后每一个日本学龄儿童必须接受的本国民族历史的知识，实有支配后一代日本国民思想的巨大的作用，绝非坊间所出的普通书籍可比。综观各方评论，尚多能本科学的态度、民主的立场，发表批判的意见。文部省的御用学者也曾为此著论自辩，惟以敌不过舆论的指责，曾声明过此为临时粗制的急就章，而有待于将来的修正。今试对此教科书作一番检讨。平心而论，此新历史教科书与旧书相较，确有相当的进步。旧书首章"神国"，在新书中已完全删掉，而以石器渔猎时代开始，叙述古代人民的生活。新书并能矫正过去偏重政治史的毛病，脱去叙述皇室荣华与战乱杀伐的窠臼，而能注意于社会、经济、文化的史实。关于对外战争，也去掉了过去若干气势凌人的征服者的语句，较有客观的叙述。这不能不承认此为新书的优点。但我们如将盟总的指示，和日本人自订的编书方针，与此新书对照，则殊觉未能十分吻合。日本国内自由主义学者对此书攻击得最烈者，乃认此书仍保留有神话的残渣，仍以天皇正统为历史中心，而非平民大众的历史。有如：一、书中叙大和建国，虽不名"神武天皇"而仍名为"神日本磐余彦天皇"，这是不是仍表明天皇为神而非人？二、书中谓纪元节颁布宪法，此是否仍承认公元前六六○年神武建国的谬说？三、书中对于有损"天皇圣德"及人民反对皇朝的运动，仍与旧书同样，毫不提及，这依然是一部臣民效忠天皇史；四、书中所述的文学艺术与文化，都是以皇室、贵族、将军为对象，而未注意到通俗大众，此仍是一部特权阶级的历史。

最值得注意的是最后所述现代史三段，此三段包括两重要部分：一为明治维新，一为对外战争。兹特就此加以检讨：

一、明治维新

书中"明治维新"一段，叙维新治绩似与旧书无所区别，充满歌颂赞

扬之词,而毫未加以客观的、合理的批判,试举例如次:①

1. 关于身分制度的改革谓:"江户时代,国民因其身分、职业不同,上下的区别极严,至明治时,乃废止此种区别,分为华族、士族、平民三种,国民均受平等之待遇,此即所谓四民平等。"实则,维新以后,封建社会残留的阶级制度仍然存在,所谓皇族、华族均是一种特权阶级,在政治上、社会上受到特殊的待遇,所谓"四民平等"根本与事实不合。

2. 关于土地之改革谓:"江户时代,田地不许自由买卖,现则许其自由买卖,并规定以金钱缴纳地租,此为良善之改革。"实则,明治政府对土地制度及农民经济并未施行何等有意义之改革,大多数佃农受少数地主之封建剥削,都市与农村形成贫富相差极巨的两种社会,这就是日本半封建帝国主义国家形成的主要原因,何以能谓为良善之改革?

3. 关于教育与宗教的改革,一则谓学制颁布,四民受教育机会均等,一则谓除佛教、神道之外尚有基督教流行。对于日本军国主义教育之推行,以及国家强迫人民信奉神道国教,则一字不提。

4. 关于宪法颁法谓:"江户时代为武家政治,明治初年为官僚政治,自宪法颁布以后,乃为立宪政治。"此即称誉这一部明治宪法为立宪政治之宪法,至于这部天皇钦赐的宪法所包含神权的、专制的、封建的、非民主的内容,则毫未说明。对此不有所阐明,怎样能明白日本国家的性质?"日本军阀官僚"怎样得专权擅政,引导全民族入于自杀的道路?

5. 关于产业发达,书中只述及日本本为农业国家,因采用机器后,工业始渐发达,文明始渐进步,对于日本资本主义之畸形发展,及其封建性格,亦未指出。不于此有所阐明,怎样能明白日本勤劳大众受财阀榨取的真相? 日本何以不惜以武力向海外争夺市场?

综观书中明治维新全段,通是颂扬赞美之词,中无一不满之语,岂明治一代的典章文物,全为尽善尽美而无懈可击? 如此又何必修改旧史,今日日本人上下一致,都在盛唱日本的民主化,我以为日本民主化的最重要工作,是要日本人在思想精神上有所改变,这只有从自己的历史上求觉悟及反省,尤其明治一代的历史,值得日人重新仔细检讨。要知日本近代侵略帝国主义国家的形成,并不是大正、昭和才开始的,而

---

① 文省部刊:《国之步下》,三〇—三八页。

是由明治时代种其祸根，如不于此追本溯源，揭发真相，无以使日本国民对于国家不幸遭遇，获得正确的了解；如任此书流传，仍足令日本国民对其由来景仰的"明治天皇圣代"的光辉史绩，发生无限追忆向往之情，引起下一代国民更作"继承祖业，再展鸿谟"的梦想。

二、对外战争

书中"世界与日本""自大正至昭和"两段中，叙述近五十年来日本对外侵略的几次战争，这尤其值得我们注意。据闻：文部省御用史家写这一段历史，最难下笔，照直书来吧，实非衷心所愿；若因袭旧说吧，又为当前国际情势所不许。现在看他们怎样叙述此段历史。①

1. 日出兵攻台 本书对一八七四年日出兵攻台湾事，谓："日、清两国因台湾问题发生纠葛，我全权大臣大久保利通渡清，与李鸿章商谈，方得和平解决。"此次日本当政者一方为试探中国实力，准备南进，一方冀藉对外用兵得胜镇压国内的征韩派，乃以琉球民被台湾生番杀害为口实，出兵攻台，以屡战无功，始与中国和解。日本无故兴师攻台，自是侵略行动，而书中意将此等无故兴师之事，全不提及，仅用"台湾问题"四字，轻轻掩饰过去。

2. 甲午战争 本书论甲午战争原因谓："朝鲜东学党作乱，我国与清国协商，结果，因两国意见不合，战争开始。"为什么"意见不合"，是否日本要驱逐中国势力于朝鲜之外，以图独霸朝鲜？所谓"战争开始"，究是清军攻击日军，还是日军攻击清军？牙山海战，高升号的被击沉，究竟谁先开炮？这些事都未提及，读此，谁又能明了战争责任所在。

3. 日俄战争 本书论日俄战争原因谓："俄国于辛丑之役后，不撤退东北驻军，清国屡与之商谈毫无效果，后俄国更迫近朝鲜，有再前进之势，我国迭以好言与之相商，以意见不合，竟于一九〇五年二月与俄战。"这一段把帝俄的侵略企图说明了，但日本的"意见"怎样？是不是要独占朝鲜，与俄平分东北权利？未见说明，仅以"不合"二字了结。

书中叙日俄战争结果："俄允将长春旅顺间铁道、关东州租借权及库页岛南部让给日本。"这是日本取俄国在东北之地位而代之，日本势力从此伸入东北，渐启其觊觎东北全土的妄念。这即是"九一八事变"

---

① 文省部刊：《国之步下》，三九一五一页。

的伏根,这次世界大战的因子。在日本新历史中应该特别指出,俾国民知所警惕才是,不意本书给此下的断语是:"因此,长时期纷扰的东洋,赖此战争,渐进入于和平。"这与旧教科书中侵略的语调有何不同?这能不能表示日人对其所推行的大陆政策,有些诉悔过的诚意?接着书中更具体说道:"随而,日俄之间缔日俄协约,两国再结亲密的关系。又与朝鲜订日韩协约,更相商谈结果,我遂于一九一〇年合并韩国。"这即是"东洋进入于和平"的解释,所谓日俄协约是帝俄与日本划分东北、南北部为两国势力范围地的条约,即日本侵占东北的初步计划,这正是东洋和平的威胁,怎能谓"东洋进入于和平"?所谓合并韩国,世人俱知此为日本以武力强迫亡人之国,而此竟以"商谈结果"四字,表明朝鲜人自愿与日本合并,这何异于当年亡韩刽子手伊藤博文、寺内正毅等的口吻?

4. 欧洲大战　日本乘欧战发生,各国无力东顾之时,积极向中国侵略,如占领胶、澳,进兵济南,提出二十一条等,本书中竟完全省略。到欧战结束,订立《凡尔赛和约》时,始突谓和约规定:"日本承受德国在胶州湾与山东省一切权益。"其意在表明日本的合法利益所在,以下对于中国拒绝签字一事既不提及。后述华府会议,也不将日本退还此所得非法权益事叙入,据本书所载,此项权益似仍为日本所有。

5. 东北事变　本书叙东北事变原因:"欧洲大战后,吾国情形渐变,尤以军部势力凌驾于政治、经济之上,世局为之混乱,'五二五事件''二二六事件'等流血暴动相继迭起,结果竟爆发东北事件,我与中华民国之间因发生严重纠纷,东洋和平从此搅乱。"阅此,虽可知东北事变系由日本军部所发动,但日本对东北的野心,历年侵略东北的事实,是东北事变发生的背景,是读史者所应根本明白的问题,却无法自书中明了。

本书叙东北事变的导火线:"一九三一年九月奉天附近的南满铁道,突然炸毁,以此驻东北日军乃攻占奉天,接续攻击各地,于是发生东北事变。"这里虽承认日军攻占东北各地的事实,但揣文意似将炸毁南满铁道仍诿为我方所为,其实这本是关东军采攻击行动的借口,是日军阀发动事变的惯技,今于此依旧用上,仍为昔年军阀的旧调。

6. "支那事变"（即"七七事变"，按日人常称我为支那，我驻日代表团曾迭请毋再用此名，应称我正式国名地名，报纸杂志多已改正，此官订教科书仍多沿旧不改） 本书叙"七七事变"发生谓："一九三七年七月中日两军突然在北平附近卢沟桥发生战争。"这没有说明谁先动手，一笔将日军藉搜索失踪士兵为名，向宛平进攻挑动战争的责任脱卸。虽然书中于事变前提到日军进攻华北，事变以后提到日军攻占北平、青岛、南京等地，从前后文意，可以联贯猜想日兵进攻卢沟桥，惟在重要关键，何以必欲闪烁其词，令人不解。

7. 太平洋战争 本书叙太平洋战争发生原因谓："日美交涉陷于僵局，乃发生战争。"日美交涉谈的是什么事？谁应负责交涉破裂的责任？这是最重要的，是书中却不提及。不过书中自认太平洋战争，是"日本于突袭珍珠港后，始对英美宣战"，即自认日本先动手攻击，且是不宣而战，算是一句前所未有的肯定语。

至于这次世界大战的责任，究竟谁负呢？书中一则曰："当时政府初欲将'支那事变'从速解决，互相友好，为此曾多所尽力，但以战争扩大，无法着手，军部为积极作战，竟搜罗所有，形成极大的体势。"又曰："在日美交涉时，政府与军部意见不同，以至内阁改组，由军人组阁，谈判竟陷于僵局。"这明明将战争的责任完全归于军人，而为一般当政的文人——重臣、官僚——脱卸责任。至于一般助桀为虐的民间人物——大财阀、军需资本家、右倾团体指导者与言论界权威，似乎都在本书下列几句话中："我国现已失败了，国民长时期苦于战争，此皆由军部压迫国民，妄兴战争，以致蒙此不幸。"把战争的责任轻轻解脱了。

综上所述，本书对于对外关系的叙述，有的歪曲史事，有的隐藏史事，有的模糊史事，此固有背盟总指示，亦与日人自订的方针不合。有人说：儿童头脑单纯，小学教科书取材只能从简，省略史事或所不免。其实上面所举的几个例子，或者仅须加以肯定的说明，或者只须简单的补充即足，并不至于增加篇幅。像这样模糊隐蔽，只有使小学生坠入五里雾中，莫名究竟，或者因教师的曲解误解，更使小学生接受一些不正确的知识。

又有人说：任何民族都有其自尊心，像菲薄先人，自承己失，这一类话,是有伤民族的自尊心,我们为人设身处地着想,于情不无可原。实则,此与所谓民族自尊心毫不相干。一个人有了恶行如果能坦白承认,自行悔改,必有其新的前途,此中国古谓所谓"人孰无过,过而能改,善莫大焉"。一个民族何尝不是一样。日本自从无条件投降后,举国上下,均以遵照《波茨坦宣言》,重新改造日本。如果这是言出至诚,自当坦白承认过去制度的缺陷、侵略的罪恶,而革面洗心,彻底改悔,向和平民主的大道迈进,这样才能得到盟国的信任、世人的同情。小学儿童是下一代国家的主人翁,更应使其对过去制度缺点及侵略罪恶,有明确、切实的了解,以培养其和平民主的意识,开拓其心胸与抱负,这与将来日本的民主化有绝大的关系,而万不可讳疾忌医,隐过饰非,以重种他日的恶果。

（五）结论

以上将投降前后日本历史教育作了一番检讨。旧军国主义的历史教育已成陈迹,新民主主义的历史教育方在着手。诚如美国教育考察团所言:这是须费学者数年工夫的一种艰巨工作,不可一蹴而就。我们希望新历史教育的推行,不仅注意于表面的方针与原则,而须切实注意到教材与教学内容,加以长时间的不断努力,以求真正达成教育民主化的目的。

（本文刊于《亚洲世纪》第 2 卷第 4—5 期,1948 年）

图书在版编目(CIP)数据

历史教育论/尤学工选编.---上海:上海古籍出版社,2020.9
(中国近代史学文献丛刊)
ISBN 978-7-5325-9721-5

Ⅰ.①历… Ⅱ.①尤… Ⅲ.①历史教学-教育史-中国-近代-文集 Ⅳ.①K-4

中国版本图书馆 CIP 数据核字(2020)第 151724 号

中国近代史学文献丛刊
历史教育论
尤学工 选编
上海古籍出版社出版发行
(上海瑞金二路 272 号 邮政编码 200020)
(1) 网址: www.guji.com.cn
(2) E-mail: guji1@guji.com.cn
(3) 易文网网址: www.ewen.co
浙江新华数码印务有限公司印刷
开本 635×965 1/16 印张 44.5 插页 5 字数 641,000
2020 年 9 月第 1 版 2020 年 9 月第 1 次印刷
ISBN 978-7-5325-9721-5
K·2886 定价: 188.00 元
如有质量问题,请与承印公司联系